40 Y² 5540

Combinaisons nouvelles pour Ouvrages illustrés à primes.

HISTOIRE
DE LA
RÉVOLUTION DE FÉVRIER 1848
PAR
B. SARRANS.

Ouvrage splendidement illustré de gravures sur acier. — 2 magnifiques volumes divisés en 40 séries.

LE PÈRE TOM
OU
LES MYSTÈRES DE L'ESCLAVAGE AUX ÉTATS-UNIS
PAR
HARRIETT STOWE

Splendide édition illustrée de 12 gravures sur acier, en 2 volumes divisés en 40 séries.

CHEFS-D'OEUVRE
DE
WALTER-SCOTT

Ivanhoë, Waverley, Quentin-Durward,

Trois beaux volumes illustrés de 12 gravures sur acier et divisés en 40 séries.

Redgauntlet, Guy-Mannering, la Jolie Fille de Perth,

Trois beaux volumes illustrés de gravures et divisés en 40 séries.

Tout Abonné à l'un des ouvrages spécifiés, contenant 40 séries à 1 fr. 50 c. et coûtant 60 fr. en totalité, a droit à une prime ordinaire, Pendule de Salon, Montre d'Argent, Couvert en Argent, Chaîne en Or, Glace d'Appartement, etc., etc.

En s'abonnant à deux ouvrages dans cette combinaison, s'élevant ensemble à une dépense totale de 120 fr., on peut réunir les deux primes en une seule et faire choix d'une belle Montre en Or pour homme ou pour dame, à cylindre, avec 4 trous en rubis, guillochée et non repassée. Cette combinaison permet ainsi aux Abonnés d'acquérir un objet utile ou agréable, au plus extrême bon marché, et en payant cette minime dépense à raison de 1 fr. 50 c. chaque semaine, d'une manière presque insensible, sans entraîner pour eux la moindre gêne, ni la plus légère privation.

LE

JUIF ERRANT.

PARIS.—Imp. SERRIERE et C°, rue Montmartre, 131.

LE
JUIF ERRANT

PAR

EUGÈNE SUE.

SECOND VOLUME.

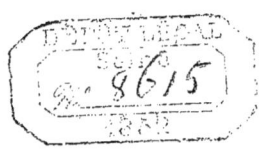

PARIS.

A L'ADMINISTRATION DE LIBRAIRIE,
RUE NOTRE-DAME-DES-VICTOIRES, 32.

1852.

DOUZIÈME PARTIE.

LES PROMESSES DE RODIN.

(SUITE.)

CHAPITRE VI.

L'ACCUSATEUR.

Baleinier, un moment déconcerté par la présence inattendue d'un magistrat et par l'attitude inexplicable de Rodin, reprit bientôt son sang-froid, et s'adressant à son confrère de robe longue : — Si j'essayais de me faire entendre de vous par signes, c'est que, tout en désirant respecter le silence que monsieur gardait en rentrant chez moi (le docteur indiqua d'un coup d'œil le magistrat), je voulais vous témoigner ma surprise d'une visite dont je ne savais pas devoir être honoré.

— C'est à mademoiselle que j'expliquerai le motif de mon silence, monsieur, en la priant de vouloir bien l'excuser — répondit le magistrat, et il s'inclina légèrement devant Adrienne, à laquelle il continua de s'adresser.

— Il vient de m'être fait à votre sujet une déclaration si grave, mademoiselle, que je n'ai pu m'empêcher de rester un moment muet et recueilli à votre aspect, tâchant de lire sur votre physionomie, dans votre attitude, si l'accusation que l'on avait déposée entre mes mains était fondée... et j'ai tout lieu de croire qu'elle l'est en effet.

— Pourrais-je enfin savoir, monsieur — dit le docteur Baleinier d'un ton parfaitement poli mais ferme — à qui j'ai l'honneur de parler?

— Monsieur, je suis juge d'instruction, et je viens éclairer ma religion sur un fait que l'on m'a signalé...

— Veuillez, monsieur, me faire l'honneur de vous expliquer — dit le docteur en s'inclinant.

— Monsieur, reprit le magistrat, nommé M. de Gernande, homme de cinquante ans environ, rempli de fermeté, de droiture, et sachant allier les austères devoirs de sa position avec une bienveillante politesse — monsieur, on vous reproche d'avoir commis une... erreur fort grave, pour ne pas employer une expression plus fâcheuse... Quant à l'espèce de cette erreur, j'aime mieux croire que vous, monsieur, un des princes de la science, vous avez pu vous tromper complétement dans l'appréciation d'un fait médical, que de vous soupçonner d'avoir oublié tout ce qu'il y avait de plus sacré dans l'exercice d'une profession qui est presque un sacerdoce...

— Lorsque vous aurez spécifié les faits, monsieur — répondit le jésuite de robe courte avec une certaine hauteur — il me sera facile de prouver que ma conscience scientifique ainsi que ma conscience d'honnête homme sont à l'abri de tout reproche.

— Mademoiselle — dit M. de Gernande en s'adressant à Adrienne — est-il vrai que vous ayez été conduite dans cette maison par surprise?

— Monsieur — s'écria M. Baleinier — permettez-moi de vous faire observer que la manière dont vous posez cette question est outrageante pour moi.

— Monsieur, c'est à mademoiselle que j'ai l'honneur d'adresser la parole

— répondit sévèrement M. de Gernande — et je suis seul juge de la convenance de mes questions.

Adrienne allait répondre affirmativement à la question du magistrat, lorsqu'un regard expressif du docteur Baleinier lui rappela qu'elle allait peut-être exposer Dagobert et son fils à de cruelles poursuites. Ce n'était pas un bas et vulgaire sentiment de vengeance qui animait Adrienne, mais une légitime indignation contre d'odieuses hypocrisies; elle eût regardé comme une lâcheté de ne pas les démasquer; mais, voulant essayer de tout concilier, elle dit au magistrat avec un accent rempli de douceur et de dignité :

— Monsieur, permettez-moi de vous adresser à mon tour une question.

— Parlez, mademoiselle.

— La réponse que je vais vous faire sera-t-elle regardée par vous comme une dénonciation formelle?

— Je viens ici, mademoiselle, pour rechercher avant tout la vérité... aucune considération ne doit vous engager à la dissimuler.

— Soit, monsieur — reprit Adrienne — mais, supposé qu'ayant de justes sujets de plainte, je vous les expose afin d'obtenir l'autorisation de sortir de cette maison, me sera-t-il ensuite permis de ne pas donner suite à la déclaration que je vous aurai faite?

— Vous pourrez, sans doute, abandonner toute poursuite, mademoiselle; mais la justice reprendra votre cause au nom de la société, si elle a été lésée dans votre personne.

— Le pardon me serait-il interdit, monsieur? Un dédaigneux oubli du mal qu'on m'aurait fait ne me vengerait-il pas assez?

— Vous pourrez personnellement pardonner, oublier, mademoiselle; mais, j'ai l'honneur de vous le répéter, la société ne peut montrer la même indulgence dans le cas où vous auriez été victime d'une coupable machination... et j'ai tout lieu de craindre qu'il n'en ait été ainsi... La manière dont vous vous exprimez, la générosité de vos sentimens, le calme, la dignité de votre attitude, tout me porte à croire que l'on m'a dit vrai.

— J'espère, monsieur — dit le docteur Baleinier en reprenant son sang-froid — que vous me ferez du moins connaître la déclaration qui vous a été faite?

— Il m'a été affirmé, monsieur — dit le magistrat d'un ton sévère — que mademoiselle de Cardoville a été conduite ici par surprise...

— Par surprise?

— Oui, monsieur.

— Il est vrai, mademoiselle a été conduite ici par surprise — répondit le jésuite de robe courte après un moment de silence.

— Vous en convenez? demanda M. de Gernande.

— Sans doute, monsieur, je conviens d'avoir eu recours à un moyen que l'on est malheureusement obligé d'employer lorsque les personnes qui ont besoin de nos soins n'ont pas conscience de leur fâcheux état...

— Mais, monsieur — reprit le magistrat — l'on m'a déclaré que mademoiselle de Cardoville n'avait jamais eu besoin de vos soins.

— Ceci est une question de médecine légale dont la justice n'est pas seule appelée à décider, monsieur, et qui doit être examinée, débattue contradictoirement — dit M. Baleinier reprenant toute son assurance.

— Cette question sera, en effet, monsieur, d'autant plus sérieusement débattue, que l'on vous accuse d'avoir séquestré mademoiselle de Cardoville quoiqu'elle jouît de toute sa raison.

— Et puis-je vous demander dans quel but — dit M. Baleinier avec un léger haussement d'épaules et d'un ton ironique — dans quel intérêt j'aurais commis une indignité pareille, en admettant que ma réputation ne me mette pas au-dessus d'une accusation si odieuse et si absurde?

— Vous auriez agi, monsieur, dans le but de favoriser un complot de famille tramé contre mademoiselle de Cardoville, dans un intérêt de cupidité.

— Et qui a osé faire, monsieur, une dénonciation aussi calomnieuse — s'écria le docteur Baleinier avec une indignation chaleureuse — qui a eu l'audace d'accuser un homme respectable et, j'ose le dire, respecté à tous égards, d'avoir été le complice de cette infamie?

— C'est... moi... — dit froidement Rodin.

— Vous!... — s'écria le docteur Baleinier.

Et, reculant de deux pas, il resta comme foudroyé...

— C'est moi... qui vous accuse — reprit Rodin d'une voix nette et brève.

— Oui, c'est monsieur qui, ce matin même, muni des preuves suffisantes, est venu réclamer mon intervention en faveur de mademoiselle de Cardoville — dit le magistrat en se reculant d'un pas, afin qu'Adrienne pût apercevoir son défenseur.

Jusqu'alors, dans cette scène, le nom de Rodin n'avait pas encore été prononcé; mademoiselle de Cardoville avait entendu souvent parler du secrétaire de l'abbé d'Aigrigny, sous de fâcheux rapports; mais, ne l'ayant jamais vu, elle ignorait que son libérateur n'était autre que ce jésuite; aussi jeta-t-elle aussitôt sur lui un regard mêlé de curiosité, d'intérêt, de surprise et de reconnaissance. La figure cadavéreuse de Rodin, sa laideur repoussante, ses vêtemens sordides, eussent, quelques jours auparavant, causé à Adrienne un dégoût peut-être invincible; mais la jeune fille se rappelant que la Mayeux, pauvre, chétive, difforme, et vêtue presque de haillons, était douée, malgré ses dehors disgracieux, d'un des plus nobles cœurs que l'on pût admirer, ce ressouvenir fut singulièrement favorable au jésuite. Mademoiselle de Cardoville oublia qu'il était laid et sordide pour songer qu'il était vieux, qu'il semblait pauvre et qu'il venait la secourir.

Le docteur Baleinier, malgré sa ruse, malgré son audacieuse hypocrisie, malgré sa présence d'esprit, ne pouvait cacher à quel point la dénonciation de Rodin le bouleversait; sa tête se perdait en pensant que, le lendemain même de la séquestration d'Adrienne dans cette maison, c'était l'implacable appel de Rodin, à travers le guichet de la chambre, qui l'avait empêché, lui, Baleinier, de céder à la pitié que lui inspirait la douleur désespérée de cette malheureuse fille amenée à douter presque de sa raison. Et c'était Rodin, lui si inexorable, lui l'âme damnée, le subalterne dévoué du père d'Aigrigny, qui dénonçait le docteur, et qui amenait un magistrat pour obtenir la mise en liberté d'Adrienne... alors que, la veille, le père d'Aigrigny avait encore ordonné de redoubler de sévérité envers elle!...

Le jésuite de robe courte se persuada que Rodin trahissait d'une abominable façon le père d'Aigrigny, et que les amis de mademoiselle de Cardoville avaient corrompu et soudoyé ce misérable secrétaire; aussi M. Baleinier, exaspéré par ce qu'il regardait comme une monstrueuse trahison, s'écria de nouveau avec indignation et d'une voix entrecoupée par la colère : — Et c'est vous, monsieur.., vous qui avez le front de m'accuser... vous... qui... il y a peu de jours encore...

Puis, réfléchissant qu'accuser Rodin de complicité, c'était s'accuser soi-même, il eut l'air de céder à une trop vive émotion, et reprit avec amertume :

— Ah! monsieur, monsieur, vous êtes la dernière personne que j'aurais crue capable d'une si odieuse dénonciation... c'est honteux!...

— Et qui donc mieux que moi pouvait dénoncer cette indignité? — répondit Rodin d'un ton rude et cassant. — N'étais-je pas en position d'apprendre... mais malheureusement trop tard, de quelle machination mademoiselle de Cardoville et d'autres encore... étaient victimes?... Alors, quel était mon devoir d'honnête homme? Avertir M. le magistrat... lui prouver ce que j'avançais et l'accompagner ici. C'est ce que j'ai fait.

— Ainsi, monsieur le magistrat — reprit le docteur Baleinier — ce n'est pas seulement moi que cet homme accuse, mais il ose accuser encore...

— J'accuse M. l'abbé d'Aigrigny — reprit Rodin d'une voix haute et tranchante, en interrompant le docteur — j'accuse madame de Saint-Dizier, je vous accuse, vous, monsieur, d'avoir, par un vil intérêt, séquestré mademoiselle de Cardoville dans cette maison et les filles de M. le maréchal Simon dans le couvent voisin. Est-ce clair?

— Hélas! ce n'est que trop vrai — dit vivement Adrienne; — j'ai vu ces pauvres enfans bien éplorées me faire des signes de désespoir.

L'accusation de Rodin, relative aux orphelines, fut un nouveau et formidable coup pour le docteur Baleinier. Il fut alors surabondamment prouvé que le *traître* avait complètement passé dans le camp ennemi... Ayant hâte de mettre un terme à cette scène si embarrassante, il dit au magistrat, en tâchant de faire bonne contenance, malgré sa vive émotion : — Je pourrais, monsieur, me borner à garder le silence et dédaigner de telles accusations, jusqu'à ce qu'une décision judiciaire leur eût donné une autorité quelconque... Mais, fort de ma conscience... je m'adresse à mademoiselle de Cardoville elle-même... et je la supplie de dire si ce matin encore je ne lui annonçais pas que sa santé serait bientôt dans un état assez satisfaisant pour qu'elle pût quitter cette maison. J'adjure mademoiselle, au nom de sa loyauté bien connue, de me répondre si tel n'a pas été mon langage; et si, en le tenant, je ne me trouvais pas seul avec elle, et si...

— Allons donc! monsieur — dit Rodin en interrompant insolemment Baleinier; — supposé que cette chère demoiselle avoue cela par pure générosité, qu'est-ce que cela prouve en votre faveur? Rien du tout...

— Comment, monsieur... — s'écria le docteur — vous vous permettez...

— Je me permets de vous démasquer sans votre agrément; c'est un inconvénient, il est vrai; mais qu'est-ce que vous venez nous dire, que seul avec mademoiselle de Cardoville vous lui avez parlé comme si elle était vraiment folle!... Parbleu! voilà qui est bien concluant!

— Mais, monsieur... — dit le docteur.

— Mais, monsieur — reprit Rodin sans le laisser continuer — il est évident que, dans la prévision de ce qui arrive aujourd'hui, afin de vous ménager une échappatoire, vous avez feint d'être persuadé de votre exécrable mensonge, même aux yeux de cette pauvre demoiselle, afin d'invoquer plus tard le bénéfice de votre conviction prétendue... Allons donc! ce n'est pas à des gens de bon sens, de cœur droit, que l'on fait de ces contes-là.

— Ah çà, monsieur... — s'écria Baleinier courroucé.

— Ah çà, monsieur — reprit Rodin d'une voix plus haute et dominant toujours celle du docteur — est-il vrai, oui ou non, que vous vous réservez le faux-fuyant de rejeter cette odieuse séquestration sur une erreur scientifique? Moi, je dis oui... et j'ajoute que vous vous croyez hors d'affaire, parce que vous dites maintenant : Grâce à mes soins, mademoiselle a recouvré sa raison; que veut-on de plus?

— Je dis cela, monsieur, et je le soutiens.

— Vous soutenez une fausseté, car il est prouvé que jamais la raison de mademoiselle n'a été un instant égarée.

— Et moi, monsieur, je maintiens qu'elle l'a été.

— Et moi, monsieur, je prouverai le contraire — dit Rodin.

— Vous! et comment cela? — s'écria le docteur.

— C'est ce que je me garderai de vous dire quant à présent... comme vous le pensez bien... — répondit Rodin avec un sourire ironique; puis il ajouta avec indignation : — Mais, tenez, monsieur, vous devriez mourir de honte, d'oser soulever une question semblable devant mademoiselle; épargnez-lui au moins une telle discussion.

— Monsieur...

— Allons donc! Fi! monsieur... vous dis-je, fi!... cela est odieux à soutenir devant mademoiselle; odieux si vous dites vrai, odieux si vous mentez — reprit Rodin avec dégoût.

— Mais c'est un acharnement inconcevable — s'écria le jésuite de robe courte exaspéré — et il me semble que monsieur le magistrat fait preuve de partialité en laissant accumuler contre moi tant de si grossières calomnies!

— Monsieur — répondit sévèrement M. de Gernande — j'ai le droit, non-seulement d'entendre, mais de provoquer tout entretien contradictoire dès qu'il peut éclairer ma religion; de tout ceci, il résulte, même à votre avis, monsieur le docteur, que l'état de la santé de mademoiselle de Cardoville est assez satisfaisant pour qu'elle puisse rentrer dans sa famille aujourdhui même.

— Je n'y vois pas du moins de très grave inconvénient, monsieur — dit le docteur; — seulement je maintiens que la guérison n'est pas aussi complète qu'elle aurait pu l'être, et je décline, à ce sujet, toute responsabilité pour l'avenir.

— Vous le pouvez d'autant mieux — dit Rodin — qu'il est douteux que mademoiselle s'adresse désormais à vos honnêtes lumières.

— Il est donc inutile d'user de mon initiative pour vous demander d'ouvrir à l'instant les portes de cette maison à mademoiselle de Cardoville — dit le magistrat au directeur.

— Mademoiselle est libre — dit Baleinier — parfaitement libre.

— Quant à la question de savoir si vous avez séquestré mademoiselle à l'aide d'une supposition de folie... la justice en est saisie, monsieur, vous serez entendu.

— Je suis tranquille, monsieur — répondit M. Baleinier en faisant bonne contenance — ma conscience ne me reproche rien.

— Je le désire, monsieur — dit M. de Gernande. — Si graves que soient les apparences, et surtout lorsqu'il s'agit de personnes dans une position telle que la vôtre, monsieur, nous désirons toujours trouver des innocens. Puis, s'adressant à Adrienne : — Je comprends, mademoiselle, tout ce que cette scène a de pénible, a de blessant pour votre délicatesse et pour votre générosité... il dépendra de vous plus tard, ou de vous porter partie civile contre M. Baleinier, ou de laisser la justice suivre son cours... Un mot encore... l'homme de cœur et de loyauté (le magistrat montra Rodin) qui a pris votre défense d'une manière si franche, si désintéressée, m'a dit qu'il croyait savoir que vous voudriez peut-être bien vous charger momentanément des filles de M. le maréchal Simon... je vais de ce pas les réclamer au couvent où elles ont été conduites aussi par surprise.

— En effet, monsieur — répondit Adrienne — aussitôt que j'ai appris l'arrivée des filles de M. le maréchal Simon à Paris, mon intention a été de leur offrir un appartement chez moi. Mesdemoiselles Simon sont mes proches parentes. C'est à la fois pour moi un devoir et un plaisir de les traiter en sœurs. Je vous serai donc, monsieur, doublement reconnaissante, si vous voulez bien me les confier...

— Je crois ne pouvoir mieux agir dans leur intérêt — reprit M. de Gernande. Puis s'adressant à M. Baleinier : — Consentirez-vous, monsieur, à ce que j'amène ici tout à l'heure mesdemoiselles Simon ? j'irai les chercher pendant que mademoiselle de Cardoville fera ses préparatifs de départ; elles pourront ainsi quitter cette maison avec leur parente.

— Je prie mademoiselle de Cardoville de disposer de cette maison comme de la sienne en attendant le moment de son départ — répondit M. Baleinier.
— Ma voiture sera à ses ordres pour la conduire.

— Mademoiselle — dit le magistrat en s'approchant d'Adrienne — sans préjuger la question qui sera prochainement portée devant la justice, je puis du moins regretter de n'avoir pas été appelé plus tôt auprès de vous ; j'aurais pu vous épargner quelques jours de cruelle souffrance... car votre position a dû être bien cruelle.

— Il me restera du moins, au milieu de ces tristes jours, monsieur — dit Adrienne avec une dignité charmante — un bon et touchant souvenir, celui de l'intérêt que vous m'avez témoigné, et j'espère que vous voudrez bien me mettre à même de vous remercier chez moi... non de la justice que vous m'avez accordée, mais de la manière si bienveillante et j'oserais dire si paternelle avec laquelle vous me l'avez rendue... Et puis enfin, monsieur — ajouta mademoiselle de Cardoville en souriant avec grâce — je tiens à vous prouver que ce qu'on appelle ma *guérison* est bien réel.

M. de Gernande s'inclina respectueusement devant mademoiselle de Cardoville.

Pendant le court entretien du magistrat et d'Adrienne, tous deux avaient tourné entièrement le dos à M. Baleinier et à Rodin. Ce dernier, profitant de ce moment, mit vivement dans la main du docteur un billet qu'il venait d'écrire au crayon dans le fond de son chapeau. Baleinier, ébahi, stupéfait, regarda Rodin. Celui-ci fit un signe particulier en portant son pouce à son front, qu'il sillonna deux fois verticalement, puis demeura impassible.

Ceci s'était passé si rapidement, que, lorsque M. de Gernande se retourna, Rodin, éloigné de quelques pas du docteur Baleinier, regardait mademoiselle de Cardoville avec un respectueux intérêt.

— Permettez-moi de vous accompagner, monsieur — dit le docteur en précédant le magistrat, auquel mademoiselle de Cardoville fit un salut plein d'affabilité.

Tous deux sortirent, Rodin resta seul avec mademoiselle de Cardoville.

Après avoir conduit M. de Gernande jusqu'à la porte extérieure de sa maison, M. Baleinier se hâta de lire le billet écrit au crayon par Rodin ; il était conçu en ces termes :

« Le magistrat se rend au couvent par la rue, courez-y par le jardin ; dites

» à la supérieure d'obéir à l'ordre que j'ai donné au sujet des deux jeunes
» filles; cela est de la dernière importance. »

Le signe particulier que Rodin lui avait fait et la teneur de ce billet prouvèrent au docteur Baleinier, marchant ce jour d'étonnemens en ébahissemens, que le secrétaire du révérend père, loin de trahir, agissait toujours *pour la plus grande gloire du Seigneur*. Seulement, tout en obéissant, M. Baleinier cherchait en vain à comprendre le motif de l'inexplicable conduite de Rodin. qui venait de saisir la justice d'une affaire qu'on devait d'abord étouffer, et qui pouvait avoir les suites les plus fâcheuses pour le père d'Aigrigny, pour madame de Saint-Dizier et pour lui, Baleinier.

Mais revenons à Rodin, resté seul avec mademoiselle de Cardoville.

CHAPITRE VII.

LE SECRÉTAIRE DU PÈRE D'AIGRIGNY.

A peine le magistrat et le docteur Baleinier eurent-ils disparu, que mademoiselle de Cardoville, dont le visage rayonnait de bonheur, s'écria en regardant Rodin avec un mélange de respect et de reconnaissance.

— Enfin, grâce à vous, monsieur... je suis libre... libre... Oh! je n'avais jamais senti tout ce qu'il y a de bien-être, d'expansion, d'épanouissement dans ce mot adorable... liberté!!

Et le sein d'Adrienne palpitait; ses narines roses se dilataient, ses lèvres vermeilles s'entr'ouvraient comme si elle eût aspiré avec délices un air vivifiant et pur.

— Je suis depuis peu de jours dans cette horrible maison — reprit-elle — mais j'ai assez souffert de ma captivité pour faire vœu de rendre chaque année quelques pauvres prisonniers pour dettes à la liberté. Ce vœu vous paraît sans doute un peu *moyen âge* — ajouta-t-elle en souriant — mais il ne faut pas prendre à cette noble époque seulement ses meubles et ses vitraux... Merci donc doublement, monsieur, car je vais vous faire complice de cette pensée de *délivrance* qui vient d'éclore, vous le voyez, au milieu du bonheur que je vous dois, et dont vous paraissez ému, touché. Ah! que ma joie vous dise ma reconnaissance, et qu'elle vous paye de votre généreux secours! — reprit la jeune fille avec exaltation.

Mademoiselle de Cardoville, en effet, remarquait une complète transfiguration dans la physionomie de Rodin. Cet homme, naguère si dur, si tranchant, si inflexible à l'égard du docteur Baleinier, semblait sous l'influence des sentimens les plus doux, les plus affectueux. Ses petits yeux de vipère, à demi voilés, s'attachaient sur Adrienne avec une expression d'ineffable intérêt... Puis, comme s'il eût voulu s'arracher tout à coup à ces impressions, il dit en se parlant à lui-même : — Allons, allons, pas d'attendrissement. Le temps est trop précieux!... ma mission n'est pas remplie... non, elle ne l'est pas... ma chère demoiselle — ajouta-t-il en s'adressant à Adrienne — ainsi... croyez-moi... nous parlerons plus tard de reconnaissance. Parlons vite du présent, si important pour vous et pour votre famille... Savez-vous ce qui se passe?

Adrienne regarda le jésuite avec surprise, et lui dit : — Que se passe-t-il donc, monsieur?

— Savez-vous le véritable motif de votre séquestration dans cette maison..... savez-vous ce qui a fait agir madame de Saint-Dizier et l'abbé d'Aigrigny?

En entendant prononcer ces noms détestés, les traits de mademoiselle de Cardoville, naguère si heureusement épanouis, s'attristèrent, et elle répondit avec amertume : — La haine, monsieur..... a sans doute animé madame de Saint-Dizier contre moi...

— Oui... la haine... et de plus le désir de vous dépouiller impunément d'une fortune immense...

— Moi... monsieur, et comment?

— Vous ignorez donc, ma chère demoiselle, l'intérêt que vous aviez à vous trouver, le 13 février, rue Saint-François, pour un héritage?

— J'ignorais cette date et ces détails, monsieur ; mais je savais incomplétement par quelques papiers de famille, et grâce à une circonstance assez extraordinaire, qu'un de nos ancêtres...

— Avait laissé une somme énorme à partager entre ses descendans, n'est-ce pas.

— Oui, monsieur...

— Ce que malheureusement vous ignoriez, ma chère demoiselle, c'est que les héritiers étaient tenus de se trouver réunis le 13 février à heure fixe : ce jour et cette heure passés, les retardataires devaient être dépossédés. Comprenez-vous maintenant pourquoi on vous a enfermée ici, ma chère demoiselle ?

— Oh oui ! je comprends — s'écria mademoiselle de Cardoville : — à la haine que me portait ma tante, se joignait la cupidité... tout s'explique. Les filles du maréchal Simon, héritières comme moi, ont été séquestrées comme moi...

— Et cependant — s'écria Rodin — vous et elles n'êtes pas les seules victimes...

— Quelles sont donc les autres, monsieur ?

— Un jeune Indien...

— Le prince Djalma ? — dit vivement Adrienne.

— Il a failli être empoisonné par un narcotique... dans le même intérêt.

— Grand Dieu ! — s'écria la jeune fille en joignant les mains avec épouvante. — C'est horrible ! lui... lui... ce jeune prince que l'on dit d'un caractère si noble, si généreux ! Mais j'avais envoyé au château de Cardoville...

— Un homme de confiance chargé de ramener le prince à Paris ; je sais cela, ma chère demoiselle ; mais, à l'aide d'une ruse, cet homme a été éloigné, et le jeune Indien livré à ses ennemis.

— Et à cette heure... où est-il ?

— Je n'ai que de vagues renseignemens ; je sais seulement qu'il est à Paris ; mais je ne désespère pas de le retrouver ; je ferai ces recherches avec une ardeur presque paternelle ; car on ne saurait trop aimer les rares qualités de ce pauvre fils de roi. Quel cœur, ma chère demoiselle ! quel cœur !!! oh ! c'est un cœur d'or, brillant et pur comme l'or de son pays.

— Mais il faut retrouver le prince, monsieur — dit Adrienne avec émotion.

— Il faut ne rien négliger pour cela, je vous en conjure ; c'est mon parent... il est seul ici... sans appui, sans secours.

— Certainement — reprit Rodin avec commisération — pauvre enfant... car c'est presque un enfant... dix-huit ou dix-neuf ans... jeté au milieu de Paris, dans cet enfer, avec ses passions neuves, ardentes, sauvages, avec sa naïveté, sa confiance, à quels périls ne serait-il pas exposé !

— Mais il s'agit d'abord de le retrouver, monsieur — dit vivement Adrienne — ensuite nous le soustrairons à ces dangers... Avant d'être enfermée ici, apprenant son arrivée en France, j'avais envoyé un homme de confiance lui offrir les services d'un ami inconnu ; je vois maintenant que cette folle idée, que l'on m'a reprochée, était fort sensée... Aussi, j'y tiens plus que jamais ; le prince est de ma famille, je lui dois une généreuse hospitalité... je lui destinais le pavillon que j'occupais chez ma tante...

— Mais vous, ma chère demoiselle ?

— Aujourd'hui même je vais aller habiter une maison que depuis quelque temps j'avais fait préparer, étant bien décidée à quitter madame de Saint-Dizier et à vivre seule et à ma guise. Ainsi, monsieur, puisque votre mission est d'être le bon génie de notre famille, soyez aussi généreux envers le prince Djalma que vous l'avez été pour moi, pour les filles du maréchal Simon ; je vous en conjure, tâchez de découvrir la retraite de ce pauvre fils de roi, comme vous dites ; gardez-moi le secret et faites-le conduire dans ce pavillon, qu'un ami inconnu lui offre... qu'il ne s'inquiète de rien ; on pourvoira à tous ses besoins ; il vivra comme il doit vivre..... en prince.

— Oui, il vivra en prince, grâce à votre royale munificence... Mais jamais touchant intérêt n'aura été mieux placé... Il suffit de voir, comme je l'ai vue, sa belle et mélancolique figure, pour...

— Vous l'avez donc vu, monsieur ? — dit Adrienne en interrompant Rodin.

— Oui, ma chère demoiselle, je l'ai vu pendant deux heures environ... et il ne m'en a pas fallu davantage pour le juger : ses traits charmans sont le miroir de son âme.

— Et où l'avez-vous vu, monsieur?

— A votre ancien château de Cardoville, ma chère demoiselle, non loin duquel la tempête l'avait jeté... et où je m'étais rendu afin de... — Puis, après un moment d'hésitation, Rodin reprit comme emporté par sa franchise : — Eh! mon Dieu! où je m'étais rendu pour faire une action mauvaise, honteuse et misérable... il faut bien l'avouer...

— Vous, monsieur... au château de Cardoville? pour une mauvaise action! — s'écria Adrienne profondément surprise...

Hélas! oui, ma chère demoiselle — répondit naïvement Rodin. — En un mot, j'avais ordre de M. l'abbé d'Aigrigny de mettre votre ancien régisseur dans l'alternative ou d'être renvoyé, ou de se prêter à une indignité... oui, à quelque chose qui ressemblait fort à de l'espionnage et à de la calomnie;.... mais l'honnête et digne homme a refusé...

— Mais qui êtes-vous donc? — dit mademoiselle de Cardoville de plus en plus étonnée.

— Je suis... Rodin... ex-secrétaire de M. l'abbé d'Aigrigny..... bien peu de chose, comme vous le voyez.

Il faut renoncer à rendre l'accent à la fois humble et ingénu du jésuite en prononçant ces mots, qu'il accompagna d'un salut respectueux.

A cette révélation, mademoiselle de Cardoville se recula brusquement. Nous l'avons dit, Adrienne avait quelquefois entendu parler de Rodin, l'humble secrétaire de l'abbé d'Aigrigny, comme d'une sorte de machine obéissante et passive. Ce n'était pas tout : le régisseur de la terre de Cardoville, en écrivant à Adrienne au sujet du prince Djalma, s'était plaint des propositions perfides et déloyales de Rodin. Elle sentit donc s'éveiller une vague défiance lorsqu'elle apprit que son libérateur était l'homme qui avait joué un rôle si odieux. Du reste, ce sentiment défavorable était balancé par ce qu'elle devait à Rodin et par la dénonciation qu'il venait de formuler si nettement contre l'abbé d'Aigrigny devant le magistrat; et puis enfin par l'aveu même du jésuite, qui, s'accusant lui-même, allait ainsi au devant du reproche qu'on pouvait lui adresser. Néanmoins, ce fut avec une sorte de froide réserve que mademoiselle de Cardoville continua cet entretien commencé par elle avec autant de franchise que d'abandon et de sympathie.

Rodin s'aperçut de l'impression qu'il causait; il s'y attendait : il ne se déconcerta donc pas le moins du monde lorsque mademoiselle de Cardoville lui dit en l'envisageant bien en face et attachant sur lui un regard perçant :

— Ah!... vous êtes monsieur Rodin... le secrétaire de M. l'abbé d'Aigrigny?

— Dites ex-secrétaire, s'il vous plaît, ma chère demoiselle — répondit le jésuite; — car vous sentez bien que je ne remettrai jamais les pieds chez l'abbé d'Aigrigny... Je m'en suis fait un ennemi implacable, et je me trouve sur le pavé... Mais il n'importe... Qu'est-ce que je dis! mais tant mieux, puisqu'à ce prix-là des méchans sont démasqués et d'honnêtes gens secourus.

Ces mots, dits très simplement et très dignement, ramenèrent la pitié au cœur d'Adrienne. Elle songea qu'après tout, ce pauvre vieux homme disait vrai. La haine de l'abbé d'Aigrigny ainsi dévoilé devait être inexorable, et, après tout, Rodin l'avait bravée pour faire une généreuse révélation.

Pourtant, mademoiselle de Cardoville reprit froidement : — Puisque vous saviez, monsieur, les propositions que vous étiez chargé de faire au régisseur de la terre de Cardoville si honteuses, si perfides, comment avez-vous pu consentir à vous en charger?

— Pourquoi, pourquoi? — reprit Rodin avec une sorte d'impatience pénible. Eh! mon Dieu! parce que j'étais alors complètement sous le charme de l'abbé d'Aigrigny ; un des hommes les plus prodigieusement habiles que je connaisse, et, je l'ai appris depuis avant-hier seulement, un des hommes les plus prodigieusement dangereux qu'il y ait au monde ; il avait vaincu mes scrupules en me persuadant que la fin justifiait les moyens... Et, je dois l'avouer, la fin qu'il semblait se proposer était belle et grande ; mais avant-hier... j'ai été cruellement désabusé... un coup de foudre m'a réveillé. Tenez, ma chère demoiselle — ajouta Rodin avec une sorte d'embarras et de confusion — ne parlons plus de mon fâcheux voyage à Cardoville. Quoique je n'aie été qu'un instrument ignorant et aveugle, j'en ai autant de honte et de chagrin que si j'avais agi de moi-même. Cela me pèse et m'oppresse. Je vous en prie, parlons plutôt de vous, de ce qui vous intéresse ; car l'âme se dilate aux généreuses pensées, comme la poitrine se dilate à un air pur et salubre.

Rodin venait de faire si spontanément l'aveu de sa faute, il l'expliquait si naturellement, il en paraissait si sincèrement contrit, qu'Adrienne, dont les soupçons n'avaient pas d'ailleurs d'autres élémens, sentit sa défiance beaucoup diminuer.

— Ainsi — reprit-elle en examinant toujours Rodin — c'est à Cardoville que vous avez vu le prince Djalma ?

— Oui, mademoiselle, et de cette rapide entrevue date mon affection pour lui : aussi je remplirai ma tâche jusqu'au bout ; soyez tranquille, ma chère demoiselle, pas plus que vous, pas plus que les filles du maréchal Simon, le prince ne sera victime de ce détestable complot, qui ne s'est malheureusement pas arrêté là.

— Et qui donc encore a-t-il menacé ?

— M. Hardy, homme rempli d'honneur et de probité, aussi votre parent, aussi intéressé dans cette succession, a été éloigné de Paris par une infâme trahison... Enfin, un dernier héritier, malheureux artisan, tombant dans un piège habilement tendu, a été jeté dans une prison pour dettes.

— Mais, monsieur — dit tout à coup Adrienne — au profit de qui cet abominable complot, qui en effet m'épouvante, était-il donc tramé ?

— Au profit de M. l'abbé d'Aigrigny ! — répondit Rodin.

— Lui, et comment ? de quel droit ? il n'était pas héritier !

— Ce serait trop long à vous expliquer, ma chère demoiselle ; vous saurez tout un jour ; soyez seulement convaincue que votre famille n'avait pas d'ennemi plus acharné que l'abbé d'Aigrigny.

— Monsieur — dit Adrienne cédant à un dernier soupçon — je vais vous parler bien franchement. Comment ai-je pu mériter ou vous inspirer le vif intérêt que vous me témoignez, et que vous étendez même sur toutes les personnes de ma famille ?

— Mon Dieu, ma chère demoiselle — répondit Rodin en souriant — si je vous le dis... vous allez vous moquer de moi... ou ne pas me comprendre...

— Parlez, je vous en prie, monsieur, ne doutez ni de moi ni de vous.

— Eh bien je me suis intéressé, dévoué à vous, parce que votre cœur est généreux, votre esprit élevé, votre caractère indépendant et fier... une fois bien à vous, ma foi ! les vôtres, qui sont d'ailleurs aussi fort dignes d'intérêt, ne m'ont plus été indifférens :... les servir c'était vous servir encore.

— Mais, monsieur... en admettant que vous me jugiez digne des louanges beaucoup trop flatteuses que vous m'adressez... comment avez-vous pu juger de mon cœur, de mon esprit, de... mon caractère ?

— Je vais vous le dire, ma chère demoiselle, mais auparavant je dois vous faire encore un aveu dont j'ai grand'honte... Lors même que vous ne seriez pas si merveilleusement douée, ce que vous avez souffert depuis votre entrée dans cette maison devrait suffire, n'est-ce pas ? pour vous mériter l'intérêt de tout homme de cœur.

— Je le crois, monsieur.

— Je pourrais donc expliquer ainsi mon intérêt pour vous. Eh bien ! pourtant... je l'avoue, cela ne m'aurait pas suffi. Vous auriez été simplement mademoiselle de Cardoville, très riche, très noble et très belle jeune fille, que votre malheur m'eût fort apitoyé sans doute ; mais je me serais dit : Cette pauvre demoiselle est très à plaindre, soit ; mais moi, pauvre homme, qu'y puis-je ? Mon unique ressource est ma place de secrétaire de l'abbé d'Aigrigny, et c'est lui qu'il me faut d'abord attaquer ! Il est tout-puissant, et je ne suis rien ; lutter contre lui c'est me perdre sans espoir de sauver cet infortunée. Tandis qu'au contraire, sachant ce que vous étiez, ma chère demoiselle, ma foi ! je me suis révolté dans mon infériorité. Non, non, me suis-je dit, mille fois non ! Une si belle intelligence, un si grand cœur, ne seront pas victimes d'un abominable complot... Peut-être je serai brisé dans la lutte, mais du moins j'aurai tenté de combattre.

Il est impossible de dire avec quel mélange de finesse, d'énergie, de sensibilité, Rodin avait accentué ces paroles. Ainsi que cela arrive fréquemment aux gens singulièrement disgracieux et repoussans dès qu'ils sont parvenus à faire oublier leur laideur, cette laideur même devient un motif d'intérêt, de commisération, et l'on se dit : Quel dommage qu'un tel esprit, qu'une telle âme habite un corps pareil! et l'on se sent touché, presque attendri par ce contraste.

Il en était ainsi de ce que mademoiselle de Cardoville commençait à éprouver pour Rodin, car autant il s'était montré brutal et insolent envers le docteur Baleinier, autant il était simple et affectueux avec elle. Une seule chose excitait vivement la curiosité de mademoiselle de Cardoville : c'était de savoir comment Rodin avait conçu le dévouement et l'admiration qu'elle lui inspirait.

— Pardonnez mon indiscrète et opiniâtre curiosité, monsieur... mais je voudrais savoir...

— Comment vous m'avez été... moralement révélée, n'est-ce pas?... Mon Dieu, ma chère demoiselle, rien n'est plus simple... En deux mots voici le fait : l'abbé d'Aigrigny ne voyait en moi qu'une machine à écrire, un instrument obtus, muet et aveugle...

— Je croyais à M. d'Aigrigny plus de perspicacité.

— Et vous avez raison, ma chère demoiselle... c'est un homme d'une sagacité inouïe ;... mais je le trompais... en affectant plus que de la simplicité... Pour cela, n'allez pas me croire faux... Non... je suis fier... oui, fier... à ma manière, et ma fierté consiste à ne jamais paraître au-dessus de ma position, si subalterne qu'elle soit. Savez-vous pourquoi ? C'est qu'alors, si hautains que soient mes supérieurs... je me dis : Ils ignorent ma valeur ; ce n'est donc pas moi, c'est l'infériorité de la condition qu'ils humilient... A cela, je gagne deux choses : mon amour-propre est à couvert, et je n'ai à haïr personne.

— Oui, je comprends cette sorte de fierté — dit Adrienne de plus en plus frappée du tour original de l'esprit de Rodin.

— Mais revenons à ce qui vous regarde, ma chère demoiselle. — La veille du 13 février, M. l'abbé d'Aigrigny me remet un papier sténographié, et me dit : — Transcrivez cet interrogatoire, vous y ajouterez que cette pièce vient à l'appui de la décision d'un conseil de famille, qui déclare, d'après le rapport du docteur Baleinier, l'état de l'esprit de mademoiselle de Cardoville assez alarmant pour exiger sa réclusion dans une maison de santé.

— Oui — dit Adrienne avec amertume — il s'agissait d'un long entretien que j'ai eu avec madame de Saint-Dizier, ma tante, et que l'on écrivait à mon insu.

— Me voici donc tête à tête avec mon mémoire sténographié ; je commence à le transcrire... Au bout de dix lignes, je reste frappé de stupeur, je ne sais si je rêve ou si je veille... — Comment! folle! — m'écriai-je — mademoiselle de Cardoville folle!... Mais les insensés sont ceux-là qui osent soutenir une monstruosité pareille!... — De plus en plus intéressé, je poursuis ma lecture ;... je l'achève... Oh! alors, que vous dirai-je?... Ce que j'ai éprouvé, voyez-vous, ma chère demoiselle, ne se peut exprimer : c'était de l'attendrissement, de la joie, de l'enthousiasme!...

— Monsieur... — dit Adrienne.

— Oui, ma chère demoiselle, de l'enthousiasme!... Que ce mot ne choque pas votre modestie : sachez donc que ces idées si neuves, si indépendantes, si courageuses, que vous exposiez avec tant d'éclat devant votre tante, vous sont à votre insu presque communes avec une personne pour laquelle vous ressentirez plus tard le plus tendre, le plus religieux respect...

— Et de qui voulez-vous parler, monsieur? s'écria mademoiselle de Cardoville de plus en plus intéressée.

Après un moment d'hésitation apparente, Rodin reprit :

— Non... non... il est inutile maintenant de vous en instruire... Tout ce que je puis vous dire, ma chère demoiselle, c'est que, ma lecture finie, je courus chez l'abbé d'Aigrigny afin de le convaincre de l'erreur où je le voyais à votre égard... impossible de le joindre... mais hier matin je lui ai dit vivement ma façon de penser ; il ne parut étonné que d'une chose, de s'apercevoir que je pensais. Un dédaigneux silence accueillit toutes mes instances. Je crus sa bonne foi surprise ; j'insistai encore, mais en vain ; il m'ordonna de le suivre à la maison où devait s'ouvrir le testament de votre aïeul. J'étais tellement aveuglé sur l'abbé d'Aigrigny qu'il fallut, pour m'ouvrir les yeux, l'arrivée successive du soldat, de son fils, puis du père du maréchal Simon... Leur indignation me dévoila l'étendue d'un complot tramé de longue main avec une effrayante habileté. Alors je compris pourquoi l'on vous retenait ici en vous faisant passer pour folle ; alors je compris pourquoi les filles du maréchal Simon avaient été conduites au couvent. Alors enfin mille souvenirs me revinrent à l'esprit ; des fragmens de lettres, de mémoires, que l'on m'avait donnés à copier ou à chiffrer, et dont je ne m'étais pas jusque là expliqué la signification, me mirent sur la voie de cette odieuse machination. Manifester, séance tenante, l'horreur subite que je ressentais pour ces indignités, c'était tout perdre ; je ne fis pas cette faute. Je luttai de ruse avec l'abbé d'Aigrigny ; je parus encore plus avide que lui. Cet immense héritage aurait dû m'appartenir que je ne me serais pas montré plus âpre, plus impitoyable à la curée. Grâce à ce stratagème, l'abbé d'Aigrigny ne se douta de rien : un hasard providentiel ayant sauvé cet héritage de ses mains, il quitta la maison dans une consternation profonde. Moi, dans une joie indicible, car j'avais le moyen de vous sauver, de vous venger, ma chère demoiselle, hier soir, comme toujours, je me rendis à mon bureau. Pendant l'absence de l'abbé, il me fut facile de parcourir toute sa correspondance relative à l'héritage ; de la sorte, je pus relier tous les fils de cette trame immense... Oh ! alors, ma chère demoiselle, devant les découvertes que je fis... et que je n'aurais jamais faites sans cette circonstance, je restai anéanti, épouvanté.

— Quelles découvertes, monsieur ?

— Il est des secrets terribles pour qui les possède. Ainsi, n'insistez pas, ma chère demoiselle ; mais, dans cet examen, la ligue formée par une insatiable cupidité contre vous et contre vos parens m'apparut dans toute sa ténébreuse audace. Alors, le vif et profond intérêt que j'avais déjà ressenti pour vous, chère demoiselle, augmenta encore et s'étendit aux autres innocentes victimes de ce complot infernal. Malgré ma faiblesse, je me promis de tout risquer pour démasquer l'abbé d'Aigrigny... Je réunis les preuves nécessaires pour donner à ma déclaration devant la justice une autorité suffisante... Et ce matin... je quittai la maison de l'abbé... sans lui révéler mes projets... Il pouvait employer, pour me retenir, quelque moyen violent ; pourtant, il eût été lâche à moi de l'attaquer sans le prévenir... Une fois hors de chez lui... je lui ai écrit que j'avais en main assez de preuves de ses indignités pour l'attaquer loyalement au grand jour... je l'accusais... il se défendrait. Je suis allé chez un magistrat, et vous savez...

A ce moment, la porte s'ouvrit ; une des gardiennes parut et dit à Rodin :
— Monsieur, le commissionnaire que vous et monsieur le juge ont envoyé rue Brise-Miche, vient de revenir.
— A-t-il laissé la lettre ?
— Oui, monsieur, on l'a montée tout de suite.
— C'est bien !... laissez-nous.
La gardienne sortit.

CHAPITRE VIII.

LA SYMPATHIE.

Si mademoiselle de Cardoville avait pu conserver quelques soupçons sur la sincérité du dévoûment de Rodin à son égard, ils auraient dû tomber devant ce raisonnement malheureusement fort naturel et presque irréfragable : comment supposer la moindre intelligence entre l'abbé d'Aigrigny et son secrétaire, alors que celui-ci, dévoilant complètement les machinations de son maître, le livrait aux tribunaux ? alors qu'enfin Rodin allait en ceci peut-être plus loin que mademoiselle de Cardoville n'aurait été elle-même ? Quelle arrière-pensée supposer au jésuite ? tout au plus celle de chercher à s'attirer par ses services la fructueuse protection de la jeune fille. Et encore ne venait-il pas de protester contre cette supposition, en déclarant que ce n'était pas à mademoiselle de Cardoville, belle, noble et riche, qu'il s'était dévoué, mais à la jeune fille au cœur fier et généreux ? Et puis enfin, ainsi que le disait Rodin lui-même, quel homme, à moins d'être un misérable, ne se fût intéressé au sort d'Adrienne ? Un sentiment singulier, bizarre, mélange de curiosité, de surprise et d'intérêt, se joignait à la gratitude de mademoiselle de Cardoville pour Rodin ; pourtant, reconnaissant un esprit supérieur sous cette humble enveloppe, un soupçon grave lui vint tout à coup à l'esprit.

— Monsieur — dit-elle à Rodin — j'avoue toujours aux gens que j'estime les mauvais doutes qu'ils m'inspirent, afin qu'ils se justifient et m'excusent si je me trompe.

Rodin regarda mademoiselle de Cardoville avec surprise ; et paraissant supputer mentalement les soupçons qu'il avait pu lui inspirer, il répondit après un moment de silence : — Peut-être s'agit-il de mon voyage à Cardoville, de mes mauvaises propositions à votre brave et digne régisseur ?... Mon Dieu ! je...

— Non, non, monsieur... — dit Adrienne en l'interrompant—vous m'avez fait spontanément cet aveu, et je comprends qu'aveuglé sur le compte de M. d'Aigrigny, vous ayez exécuté passivement des instructions auxquelles la délicatesse répugnait... Mais comment se fait-il qu'avec votre valeur incontestable, vous occupiez auprès de lui, et depuis longtemps, une position aussi subalterne ?

— C'est vrai — dit Rodin en souriant — cela doit vous surprendre d'une manière fâcheuse, ma chère demoiselle ; car un homme de quelque capacité qui reste longtemps dans une condition infime, a évidemment quelque vice radical, quelque passion mauvaise ou basse...

— Ceci, monsieur, est généralement vrai...

— Et personnellement vrai... quant à moi.

— Ainsi, monsieur, vous avouez ?...

— Hélas ! j'avoue que j'ai une mauvaise passion, à laquelle j'ai depuis quarante ans sacrifié toutes les chances de parvenir à une position sortable.

— Et cette passion... monsieur ?

— Puisqu'il faut vous faire ce vilain aveu... c'est la paresse... oui, la paresse... l'horreur de toute activité d'esprit, de toute responsabilité morale, de toute initiative. Avec les douze cents livres que me donnait l'abbé d'Aigrigny, j'étais l'homme le plus heureux du monde ; j'avais foi dans la noblesse de ses vues ; sa pensée était la mienne, sa volonté la mienne. Ma besogne finie, je rentrais dans ma pauvre petite chambre, j'allumais mon poêle, je dînais de racines ; puis, prenant quelque livre de philosophie bien inconnu, et rêvant là-dessus, je lâchais bride à mon esprit, qui, contenu tout le jour, m'entraînait à travers les théories, les utopies les plus délectables. Alors, de toute la hauteur de mon intelligence emportée, Dieu sait où, par l'audace de mes pensées, il me semblait dominer et mon maître et les grands génies de la terre. Cette fièvre durait bien, ma foi, trois ou quatre heures ; après quoi je dormais d'un bon somme ; chaque matin je me rendais allègrement à ma besogne, sûr de mon pain du lendemain, sans souci de l'avenir, vivant de peu, attendant avec impatience les joies de ma soirée solitaire, et me disant à part moi, en griffonnant comme une machine stupide : Hé ! hé !... pourtant... si je voulais.

— Certes... vous auriez pu comme un autre peut-être arriver à une haute position — dit Adrienne, singulièrement touchée de la philosophie pratique de Rodin.

— Oui... je le crois, j'aurais pu arriver... mais dès que je le pouvais... à quoi bon ? Voyez-vous, ma chère demoiselle, ce qui rend souvent les gens d'une valeur quelconque inexplicables pour le vulgaire... c'est qu'ils se contentent souvent de dire : *si je voulais !*

— Mais enfin, monsieur... sans tenir beaucoup aux aisances de la vie, il est un certain bien-être que l'âge rend presque indispensable, auquel vous renoncez absolument...

— Détrompez-vous, s'il vous plaît, ma chère demoiselle — dit Rodin en souriant avec finesse — je suis très sybarite, il me faut absolument un bon vêtement, un bon poêle, un bon matelas, un bon morceau de pain, un bon radis, bien piquant, assaisonné de bon sel gris, de bonne eau limpide ; et, pourtant, malgré la complication de mes goûts, mes douze cents francs me suffisent et au-delà, puisque je puis faire quelques économies.

— Et maintenant que vous voici sans emploi, comment allez-vous vivre, monsieur ? — dit Adrienne de plus en plus intéressée par la bizarrerie de cet homme, et pensant à mettre son désintéressement à l'épreuve.

— J'ai un petit boursicaut; il me suffira pour rester ici jusqu'à ce que j'aie délié jusqu'au dernier fil la noire trame du père d'Aigrigny; je me dois cette réparation pour avoir été sa dupe; trois ou quatre jours suffiront, je l'espère, à cette besogne. Après quoi j'ai la certitude de trouver un modeste emploi dans ma province, chez un receveur particulier des contributions. Il y a peu de temps déjà quelqu'un me voulant du bien, m'avait fait cette offre; mais je n'avais pas voulu quitter le père d'Aigrigny, malgré les grands avantages que l'on me proposait... Figurez-vous donc huit cents francs, ma chère demoiselle, huit cents francs, nourri et logé... Comme je suis un peu sauvage, j'aurais préféré être logé à part;... mais, vous sentez bien, on me donne déjà tant... que je passerai par-dessus ce petit inconvénient.

Il faut renoncer à peindre l'ingénuité de Rodin en faisant ces petites confidences ménagères, et surtout abominablement mensongères, à mademoiselle de Cardoville, qui sentit son dernier soupçon disparaître.

— Comment, monsieur — dit-elle au jésuite avec intérêt — dans trois ou quatre jours vous aurez quitté Paris?

— Je l'espère bien, ma chère demoiselle, et cela... — ajouta-t-il d'un ton mystérieux — et cela pour plusieurs raisons;... mais ce qui me serait bien précieux — reprit-il d'un ton grave et pénétré en contemplant Adrienne avec attendrissement — ce serait d'emporter au moins avec moi cette conviction que vous m'avez su quelquefois gré d'avoir, à la seule lecture de votre entretien avec la princesse de Saint-Dizier, deviné en vous une valeur peut-être sans pareille de nos jours, chez une jeune personne de votre âge et de votre condition...

— Ah! monsieur — dit Adrienne en souriant — ne vous croyez pas obligé de me rendre sitôt les louanges sincères que j'ai adressées à votre supériorité d'esprit... J'aimerais mieux de l'ingratitude.

— Eh! mon Dieu... je ne vous flatte pas, ma chère demoiselle; à quoi bon? Nous ne devons plus nous revoir... Non, je ne vous flatte pas... je vous comprends, voilà tout... et ce qui va vous sembler bizarre, c'est que votre aspect complète l'idée que je m'étais faite de vous, ma chère demoiselle, en lisant votre entretien avec votre tante; ainsi quelques côtés de votre caractère, jusqu'alors obscurs pour moi, sont maintenant vivement éclairés.

— En vérité, monsieur, vous m'étonnez de plus en plus...

— Que voulez-vous? je vous dis naïvement mes impressions; à cette heure, je m'explique parfaitement, par exemple, votre amour passionné du beau, votre culte religieux pour les sensualités raffinées, vos ardentes aspirations vers un monde meilleur, votre courageux mépris pour bien des usages dégradans, serviles, auxquels la femme est soumise; oui, maintenant, je comprends mieux encore le noble orgueil avec lequel vous contemplez ce flot d'hommes vains, suffisans, ridicules, pour qui la femme est une créature à eux dévolue, de par les lois qu'ils ont faites à leur image, qui n'est pas belle. Selon ces tyranneaux, la femme, espèce inférieure, à laquelle un concile de cardinaux a daigné reconnaître une âme à deux voix de majorité, ne doit-elle pas s'estimer mille fois heureuse d'être la servante de ces petits pachas, vieux à trente ans, essoufflés, époufflés, blasés, qui, las de tous les excès, voulant se reposer dans leur épuisement, songent, comme on dit, à *faire une fin*, ce qu'ils entreprennent en épousant une pauvre jeune fille qui désire, elle, au contraire, *faire un commencement!*

Mademoiselle de Cardoville eût certainement souri aux traits satiriques de Rodin, si elle n'eût pas été singulièrement frappée de l'entendre s'exprimer dans des termes si appropriés à ses idées à elle... lorsque pour la première fois de sa vie elle voyait cet homme dangereux. Adrienne oubliait ou plutôt ignorait qu'elle avait affaire à un de ces jésuites d'une rare intelligence, et que ceux-là unissent les connaissances et les ressources mystérieuses de l'espion de police à la profonde sagacité du confesseur: prêtres diaboliques, qui, au moyen de quelques renseignemens, de quelques aveux, de quelques lettres, reconstruisent un caractère, comme Cuvier reconstruisait un corps d'après quelques fragmens zoologiques.

Adrienne, loin d'interrompre Rodin, l'écoutait avec une curiosité croissante. Sûr de l'effet qu'il produisait, celui-ci continua d'un ton indigné : — Et votre tante et l'abbé d'Aigrigny vous traitaient d'insensée parce que vous vous révoltiez contre le joug futur de ces tyranneaux! parce qu'en haine des vices honteux de l'esclavage, vous vouliez être indépendante avec les loyales qualités de l'indépendance, libre avec les fières vertus de la liberté !

— Mais, monsieur — dit Adrienne de plus en plus surprise — comment mes pensées peuvent-elles vous être aussi familières ?

— D'abord, je vous connais parfaitement, grâce à votre entretien avec madame de Saint-Dizier ; et puis, si par hasard nous poursuivions tous deux le même but, quoique par des moyens divers — reprit finement Rodin en regardant mademoiselle de Cardoville d'un air d'intelligence — pourquoi nos convictions ne seraient-elles pas les mêmes ?

— Je ne vous comprends pas... monsieur... De quel but voulez-vous donc parler ?...

— Du but que tous les esprits élevés, généreux, indépendans poursuivent incessamment... les uns agissant comme vous, ma chère demoiselle, par passion, par instinct, sans se rendre compte peut-être de la haute mission qu'ils sont appelés à remplir. Ainsi, par exemple, lorque vous vous complaisez dans les délices les plus raffinées, lorsque vous vous entourez de tout ce qui charme vos sens... croyez-vous ne céder qu'à l'attrait du beau ? qu'à un besoin de jouissances exquises ?... Non, non, mille fois non... car alors vous ne seriez qu'une créature incomplète, odieusement personnelle, une sèche égoïste d'un goût très recherché... rien de plus... et à votre âge, ce serait hideux, ma chère demoiselle, ce serait hideux.

— Monsieur, ce jugement si sévère... le portez-vous donc sur moi ? — dit Adrienne avec inquiétude, tant cet homme lui imposait déjà malgré elle.

— Certes, je le porterais sur vous, si vous aimiez le luxe pour le luxe ; mais non, non, un sentiment tout autre vous anime — reprit le jésuite ; — ainsi raisonnons un peu : éprouvant le besoin passionné de toutes ces jouissances, vous en sentez le prix ou le manque plus vivement que personne, n'est-il pas vrai ?

— En effet, monsieur — dit Adrienne, vivement intéressée.

— Votre reconnaissance et votre intérêt sont donc déjà forcément acquis à ceux-là qui, pauvres, laborieux, inconnus, vous procurent ces merveilles du luxe dont vous ne pouvez vous passer ?

— Ce sentiment de gratitude est si vif chez moi, monsieur — reprit Adrienne de plus en plus ravie de se voir si bien comprise ou devinée — qu'un jour je fis inscrire sur un chef-d'œuvre d'orfévrerie, au lieu du nom de son vendeur, le nom de son auteur, pauvre artiste jusqu'alors inconnu, et qui, depuis, a conquis sa véritable place.

— Vous le voyez, je ne me trompais pas — reprit Rodin—l'amour de ces jouissances vous rend reconnaissante pour ceux qui vous les procurent ; et ce n'est pas tout : me voilà, moi, par exemple, ni meilleur ni pire qu'un autre, mais habitué à vivre de privations dont je ne souffre pas le moins du monde. Eh bien ! les privations de mon prochain me touchent nécessairement bien moins que vous, ma chère demoiselle, car vos habitudes de bien-être... vous rendent plus forcément compatissante que toute autre pour l'infortune... Vous souffririez trop de la misère pour ne pas plaindre et secourir ceux qui en souffrent.

— Mon Dieu ! monsieur — dit Adrienne, qui commençait à se sentir sous le charme funeste de Rodin — plus je vous entends, plus je suis convaincue que vous défendez mille fois mieux que moi ces idées, qui m'ont été si durement reprochées par madame de Saint-Dizier et par l'abbé d'Aigrigny. Oh ! parlez... parlez, monsieur... je ne puis vous dire avec quel bonheur... avec quelle fierté je vous écoute.

Et attentive, émue, les yeux attachés sur le jésuite, avec autant d'intérêt que de sympathie et de curiosité, Adrienne, par un gracieux mouvement de tête qui lui était familier, rejeta en arrière les longues boucles de sa chevelure dorée, comme pour mieux contempler Rodin, qui reprit : — Et vous vous étonnez, ma chère demoiselle, de n'avoir été comprise ni par votre tante ni par l'abbé d'Aigrigny ? Quel point de contact aviez-vous avec ces esprits hypocrites, jaloux, rusés, tels que je puis les juger maintenant ? Voulez-vous une nouvelle preuve de leur haineux aveuglement ? parmi ce qu'ils appelaient vos monstrueuses folies, quelle était la plus scélérate, la plus damnable ? c'était votre résolution de vivre désormais seule et à votre guise, de disposer librement de votre présent et de votre avenir ; ils trouvaient cela odieux, détestable, immoral. Et pourtant votre résolution était-elle dictée par un fol amour de liberté? non! Par une aversion désordonnée de tout joug, de toute contrainte? non! Par l'unique désir de vous singulariser? non! car alors, je vous aurais durement blâmée.

— D'autres raisons, m'ont, en effet, guidée, monsieur, je vous l'assure — dit vivement Adrienne, devenant très jalouse de l'estime que son caractère pourrait inspirer à Rodin.

— Eh! je le sais bien, vos motifs n'étaient et ne pouvaient être qu'excellens — reprit le jésuite. — Cette résolution si attaquée, pourquoi la prenez-vous? Est-ce pour braver les usages reçus? non, vous les avez respectés tant que la haine de madame de Saint-Dizier ne vous a pas forcée de vous soustraire à son impitoyable tutelle. Voulez-vous vivre seule pour échapper à la surveillance du monde? Non, vous serez cent fois plus en évidence dans cette vie exceptionnelle que dans toute autre condition! Voulez-vous enfin mal employer votre liberté? Non, mille fois non! pour faire le mal, on recherche l'ombre, l'isolement; posée, au contraire, comme vous le serez, tous les yeux jaloux et envieux du troupeau vulgaire seront constamment braqués sur vous... Pourquoi donc enfin prenez-vous cette détermination si courageuse, si rare, qu'elle en est unique chez une jeune personne de votre âge? Voulez-vous que je vous le dise, moi... ma chère demoiselle? Eh bien! vous voulez prouver par votre exemple que toute femme au cœur pur, à l'esprit droit, au caractère ferme, à l'âme indépendante, peut noblement et fièrement sortir de la tutelle humiliante que l'usage lui impose! Oui, au lieu d'accepter une vie d'esclave en révolte, vie fatalement vouée à l'hypocrisie et au vice, vous voulez, vous, vivre aux yeux de tous, indépendante, loyale et respectée... Vous voulez enfin avoir, comme l'homme, le libre arbitre, l'entière responsabilité de tous les actes de votre vie, afin de bien constater qu'une femme complètement livrée à elle-même peut égaler l'homme en raison, en sagesse, en droiture, et le surpasser en délicatesse et en dignité... Voilà votre dessein, ma chère demoiselle. Il est noble, il est grand. Votre exemple sera-t-il imité? je l'espère! Mais ne le serait-il pas, que votre généreuse tentative vous placera toujours haut et bien! croyez-moi.

Les yeux de mademoiselle de Cardoville brillaient d'un fier et doux éclat, ses joues étaient légèrement colorées, son sein palpitait, elle redressait sa tête charmante par un mouvement d'orgueil involontaire; enfin, complètement sous le charme de cet homme diabolique, elle s'écria : — Mais, monsieur, qui êtes-vous donc pour connaître, pour analyser ainsi mes plus secrètes pensées, pour lire dans mon âme plus clairement que je n'y lis moi-même, pour donner une nouvelle vie, un nouvel élan à ces idées d'indépendance qui depuis si longtemps germent en moi? qui êtes-vous donc enfin pour me relever si fort à mes propres yeux, que maintenant j'ai la conscience d'accomplir une mission honorable pour moi, et peut-être utile à celles de mes sœurs qui souffrent dans un dur servage?... Encore une fois, qui êtes-vous, monsieur?

— Qui je suis, mademoiselle! — répondit Rodin avec un sourire d'adorable bonhomie; — je vous l'ai dit, je suis un pauvre vieux bonhomme qui, depuis quarante ans, après avoir chaque jour servi de machine à écrire les idées des autres, rentre chaque soir dans son réduit, où il se permet alors d'élucubrer ses idées à lui; un brave homme qui, de son grenier, assiste et prend même un peu de part au mouvement des esprits généreux qui marchent vers un but plus prochain peut-être qu'on ne le pense communément... Aussi, ma chère demoiselle, je vous disais tout à l'heure, vous et moi nous tendons aux mêmes fins, vous sans y réfléchir et en continuant d'obéir à vos rares et divins instincts. Aussi, croyez-moi, vivez, vivez toujours belle, toujours libre, toujours heureuse! c'est votre mission; elle est plus providentielle que vous ne le pensez; oui, continuez à vous entourer de toutes les merveilles du luxe et des arts; raffinez encore vos sens, épurez encore vos goûts par le choix exquis de vos jouissances; dominez par l'esprit, par la grâce, par la pureté, cet imbécile et laid troupeau d'hommes, qui, dès demain, vous voyant seule et libre, va vous entourer; ils vous croiront une proie facile, dévolue à leur cupidité, à leur égoïsme, à leur sotte fatuité. Raillez, stigmatisez ces prétentions niaises et sordides; soyez reine de ce monde et digne d'être respectée comme une reine... Aimez... brillez... jouissez... c'est votre rôle ici-bas; n'en doutez pas! toutes ces fleurs dont Dieu vous comble à profusion porteront un jour des fruits excellens. Vous aurez cru vivre seulement pour le plaisir... vous aurez vécu pour le plus noble but où puisse prétendre une âme grande et belle... Aussi, peut-être... dans quelques années d'ici, nous nous rencontrerons encore : vous, de plus en plus belle et fêtée... moi, de plus en plus vieux et obscur ; mais, il n'importe... une voix secrète vous dit maintenant, j'en suis sûr, qu'entre nous deux, si dissemblables, il existe un lien caché, une communion mystérieuse que désormais rien ne pourra détruire !

En prononçant ces derniers mots avec un accent si profondément ému qu'Adrienne en tressaillit, Rodin s'était rapproché d'elle sans qu'elle s'en aperçût, et, pour ainsi dire, sans marcher, en traînant ses pas et en glissant sur le parquet, par une sorte de lente circonvolution de reptile ; il avait parlé avec tant d'élan, tant de chaleur, que sa face blafarde s'était légèrement colorée, et que sa repoussante laideur disparaissait presque devant le pétillant éclat de ses petits yeux fauves, alors bien ouverts, ronds et fixes, qu'il attachait obstinément sur Adrienne ; celle-ci, penchée, les lèvres entr'ouvertes, la respiration oppressée, ne pouvait non plus détacher ses regards de ceux du jésuite ; il ne parlait plus, et elle écoutait encore. Ce qu'éprouvait cette belle jeune fille, si élégante, à l'aspect de ce vieux petit homme, chétif, laid et sale, était inexplicable. La comparaison si vulgaire, et pourtant si vraie, de l'effrayante fascination du serpent sur l'oiseau, pourrait néanmoins donner une idée de cette impression étrange.

La tactique de Rodin était habile et sûre. Jusqu'alors mademoiselle de Cardoville n'avait raisonné ni ses goûts ni ses instincts ; elle s'y était livrée parce qu'ils étaient inoffensifs et charmans. Combien donc devait-elle être heureuse et fière d'entendre un homme doué d'un esprit supérieur, non-seulement la louer de ces tendances, dont elle avait été naguère si amèrement blâmée, mais l'en féliciter comme d'une chose grande, noble et divine ! Si Rodin se fût seulement adressé à l'amour-propre d'Adrienne, il eût échoué dans ses menées perfides, car elle n'avait pas la moindre vanité ; mais il s'adressait à tout ce qu'il y avait d'exalté, de généreux dans le cœur de cette jeune fille ; ce qu'il semblait encourager, admirer en elle, était réellement digne d'encouragement et d'admiration. Comment n'eût-elle pas été dupe de ce langage qui cachait de si ténébreux, de si funestes projets ?

Frappée de la rare intelligence du jésuite, sentant sa curiosité vivement excitée par quelques mystérieuses paroles que celui-ci avait dites à dessein, ne s'expliquant pas l'action singulière que cet homme pernicieux exerçait déjà sur son esprit, ressentant une compassion respectueuse en songeant qu'un homme de cet âge, de cette intelligence, se trouvait dans la position la plus précaire, Adrienne lui dit avec sa cordialité naturelle : — Un homme de votre mérite et de votre cœur, monsieur, ne doit pas être à la merci du caprice des circonstances ; quelques-unes de vos paroles ont ouvert à mes yeux des horizons nouveaux ; je sens que, sur beaucoup de points, vos conseils pourront m'être très utiles à l'avenir ; enfin, en venant m'arracher de cette maison, en vous dévouant aux autres personnes de ma famille, vous m'avez donné des marques d'intérêt que je ne puis oublier sans ingratitude... Une position bien modeste, mais assurée, vous a été enlevée... permettez-moi de...

— Pas un mot de plus, ma chère demoiselle — dit Rodin en interrompant mademoiselle de Cardoville d'un air chagrin ; — je ressens pour vous une profonde sympathie ; je m'honore d'être en communauté d'idées avec vous ; je crois enfin fermement que quelque jour vous aurez à demander conseil au pauvre vieux philosophe : à cause de tout cela, je dois, je veux conserver envers vous la plus complète indépendance...

— Mais, monsieur, c'est au contraire moi qui serais votre obligée, si vous vouliez accepter ce que je désirais tant vous offrir.

— Oh ! ma chère demoiselle — dit Rodin en souriant — je sais que votre générosité saura toujours rendre la reconnaissance légère et douce ; mais, encore une fois, je ne puis rien accepter de vous... Un jour peut-être... vous saurez pourquoi.

— Un jour ?

— Il m'est impossible de vous en dire davantage. Et puis, supposez que je vous aie quelque obligation, comment vous dire alors tout ce qu'il y a en vous de bon et de beau? Plus tard, si vous me devez beaucoup pour mes conseils, tant mieux, je n'en serai que plus à l'aise pour vous blâmer si je vous trouve à blâmer.

— Mais alors, monsieur, la reconnaissance envers vous m'est donc interdite?

— Non... non — dit Rodin avec une apparente émotion. — Oh! croyez-moi, il viendra un moment solennel où vous pourrez vous acquitter d'une manière digne de vous et de moi.

Cet entretien fut interrompu par la gardienne, qui en entrant dit à Adrienne : — Mademoiselle, il y a en bas une petite ouvrière bossue qui demande à vous parler; comme, d'après les nouveaux ordres de M. le docteur, vous êtes libre de recevoir qui vous voulez... je viens vous demander s'il faut la laisser monter... Elle est si mal mise que je n'ai pas osé.

— Qu'elle monte! — dit vivement Adrienne, qui reconnut la Mayeux au signalement donné par la gardienne — qu'elle monte...

— M. le docteur a aussi donné l'ordre de mettre sa voiture à la disposition de mademoiselle; faut-il faire atteler?

— Oui... dans un quart d'heure — répondit Adrienne à la gardienne, qui sortit; puis, s'adressant à Rodin :

— Maintenant le magistrat ne peut tarder, je crois, à amener ici mesdemoiselles Simon?

— Je ne le pense pas, ma chère demoiselle; mais quelle est cette jeune ouvrière bossue? — demanda Rodin d'un air indifférent.

— C'est la sœur adoptive d'un brave artisan qui a tout risqué pour venir m'arracher de cette maison... monsieur — dit Adrienne avec émotion. — Cette jeune ouvrière est une rare et excellente créature; jamais pensée, jamais cœur plus généreux n'ont été cachés sous des dehors moins...

Mais s'arrêtant en pensant à Rodin, qui lui semblait à peu près réunir les mêmes contrastes physiques et moraux que la Mayeux, Adrienne ajouta en regardant avec une grâce inimitable le jésuite, assez étonné de cette soudaine réticence : — Non... cette noble fille n'est pas la seule personne qui prouve combien la noblesse de l'âme, combien la supériorité de l'esprit, font prendre en indifférence de vains avantages dus seulement au hasard ou à la richesse.

Au moment où Adrienne prononçait ces dernières paroles, la Mayeux entra dans la chambre.

TREIZIÈME PARTIE.

UN PROTECTEUR.

CHAPITRE PREMIER

LES SOUPÇONS.

Mademoiselle de Cardoville s'avança vivement au devant de la Mayeux et lui dit d'une voix émue en lui tendant les bras :

— Venez... venez... il n'y a plus maintenant de grille qui nous sépare!

A cette allusion, qui lui rappelait que naguère sa pauvre mais laborieuse main avait été respectueusement baisée par cette belle et riche patricienne, la jeune ouvrière éprouva un sentiment de reconnaissance à la fois ineffable et fier. Comme elle hésitait à répondre à l'accueil cordial d'Adrienne, celle-ci l'embrassa avec une touchante effusion. Lorsque la Mayeux se vit entourée des bras charmans de mademoiselle de Cardoville, lorsquelle sentit les lèvres fraîches et fleuries de la jeune fille s'appuyer fraternellement sur ses joues pâles et maladives, elle fondit en larmes sans pouvoir prononcer une parole.

Rodin, retiré dans un coin de la chambre, regardait cette scène avec un secret malaise; instruit du refus plein de dignité opposé par la Mayeux aux tentations perfides de la supérieure du couvent de Sainte-Marie, sachant le dévoûment profond de cette généreuse créature pour Agricol, dévoûment qui s'était si valeureusement reporté depuis quelques jours sur mademoiselle de Cardoville, le jésuite n'aimait pas à voir celle-ci prendre à tâche d'augmenter encore cette affection. Il pensait sagement qu'on ne doit jamais dédaigner un ennemi ou un ami, si petits qu'ils soient. Or, son ennemi était celui-là qui se dévouait à mademoiselle de Cardoville; puis enfin, on le sait, Rodin alliait à une rare fermeté de caractère certaines faiblesses superstitieuses, et il se sentait inquiet de la singulière impression de crainte que lui inspirait la Mayeux : il se promit de tenir compte de ce pressentiment ou de cette prévision.

. . . .

Les cœurs délicats ont quelquefois dans les plus petites choses des instincts d'une grâce, d'une bonté charmantes. Ainsi, après que la Mayeux eut versé d'abondantes et douces larmes de reconnaissance, Adrienne, prenant un mouchoir richement garni, en essuya pieusement les pleurs qui inondaient le mélancolique visage de la jeune ouvrière.

Ce mouvement, si naïvement spontané, sauva la Mayeux d'une humiliation; car, hélas! humiliation et souffrance, tels sont les deux abîmes que côtoie sans cesse l'infortune : aussi, pour l'infortune, la moindre délicate prévenance est-elle presque toujours un double bienfait. Peut-être va-t-on sourire de dédain au puéril détail que nous allons donner pour exemple; mais la pauvre Mayeux, n'osant pas tirer de sa poche son vieux petit mouchoir en lambeaux, serait longtemps restée aveuglée par ses larmes, si mademoiselle de Cardoville n'était pas venue les essuyer.

— Vous êtes bonne... oh! vous êtes noblement charitable... mademoiselle!
C'est tout ce que put dire l'ouvrière d'une voix profondément émue, et encore plus touchée de l'attention de mademoiselle de Cardoville qu'elle ne l'eût peut-être été d'un service rendu.

— Regardez-la... monsieur — dit Adrienne à Rodin, qui se rapprocha vivement. — Oui... — ajouta la jeune patricienne avec fierté... — c'est un trésor que j'ai découvert... Regardez-la, monsieur, et aimez-la comme je l'aime, honorez-la comme je l'honore. C'est un de ces cœurs... comme nous les cherchons.

— Et comme nous les trouvons, Dieu merci! ma chère demoiselle — dit Rodin à Adrienne en s'inclinant devant l'ouvrière.

Celle-ci leva lentement les yeux sur le jésuite; à l'aspect de cette figure cadavéreuse qui lui souriait avec bénignité, la jeune fille tressaillit : chose étrange! elle n'avait jamais vu cet homme, et instantanément elle éprouva pour lui presque la même impression de crainte, d'éloignement, qu'il venait de ressentir pour elle. Ordinairement timide et confuse, la Mayeux ne pouvait détacher son regard de celui de Rodin; son cœur battait avec force, ainsi qu'à l'approche d'un grand péril; et, comme l'excellente créature ne craignait que pour ceux qu'elle aimait, elle se rapprocha involontairement d'Adrienne, tenant toujours ses yeux attachés sur Rodin.

Celui-ci, trop physionomiste pour ne pas s'apercevoir de l'impression redoutable qu'il causait, sentit augmenter son aversion instinctive contre l'ouvrière. Au lieu de baisser les yeux devant elle, il sembla l'examiner avec une attention si soutenue, que mademoiselle de Cardoville en fut étonnée.

— Pardon, ma chère fille — dit Rodin en ayant l'air de rassembler ses souvenirs et en s'adressant à la Mayeux — pardon, mais je crois... que je ne me trompe point... n'êtes-vous pas allée, il y a peu de jours, au couvent de Sainte-Marie... ici près?

— Oui, monsieur...

— Plus de doute... c'est vous!... Où avais-je donc la tête?—s'écria Rodin. — C'est bien vous... j'aurais dû m'en douter plus tôt...

— De quoi s'agit-il donc, monsieur? — demanda Adrienne.

— Ah! vous avez bien raison, ma chère demoiselle — dit Rodin en montrant du geste la Mayeux : — voilà un cœur, un noble cœur, comme nous les cherchons. Si vous saviez avec quelle dignité, avec quel courage cette pauvre enfant, qui manquait de travail, et pour elle manquer de travail c'est manquer de tout; si vous saviez, dis-je, avec quelle dignité elle a repoussé le honteux salaire que la supérieure du couvent avait eu l'indignité de lui offrir pour l'engager à espionner une famille où elle lui proposait de la placer!...

— Ah!... c'est infâme! — s'écria mademoiselle de Cardoville avec dégoût. — Une telle proposition à cette malheureuse enfant... à elle!...

— Mademoiselle — dit amèrement la Mayeux — je n'avais pas de travail... j'étais pauvre, on ne me connaissait pas;... on a cru pouvoir tout me proposer...

— Et moi, je dis — reprit Rodin — que c'était une double indignité de la part de la supérieure de tenter la misère, et qu'il est doublement beau à vous d'avoir refusé.

— Monsieur... — dit la Mayeux avec un embarras modeste.

— Oh, oh! on ne m'intimide pas, moi — reprit Rodin — louange ou blâme, je dis brutalement ce que j'ai sur le cœur... Demandez à cette chère demoiselle. — Et il indiqua du regard Adrienne. — Je vous dirai donc très haut que je pense autant de bien de vous que mademoiselle de Cardoville en pense elle-même.

— Croyez-moi, mon enfant — dit Adrienne — il est des louanges qui honorent, qui récompensent, qui encouragent... et celles de M. Rodin sont du nombre... Je le sais, oh! oui... je le sais.

— Du reste, ma chère demoiselle, il ne faut pas me faire tout l'honneur de ce jugement...

— Comment cela, monsieur?

— Cette chère fille n'est-elle pas la sœur adoptive d'Agricol Baudoin, le brave ouvrier, le poète énergique et populaire? Eh bien! est-ce que l'affection d'un tel homme n'est pas la meilleure des garanties, et ne permet pas, pour ainsi dire, de juger sur l'étiquette? — ajouta Rodin en souriant.

— Vous avez raison, monsieur — dit Adrienne — car, sans connaître cette chère enfant, j'ai commencé à m'intéresser très vivement à son sort du jour où son frère adoptif m'a parlé d'elle... Il s'exprimait avec tant de chaleur, tant d'abandon, que tout de suite j'ai estimé la jeune fille capable d'inspirer un si noble attachement.

Ces mots d'Adrienne, joints à une autre circonstance, troublèrent si vivement la Mayeux, que son pâle visage devint pourpre. On le sait, l'infortunée aimait Agricol d'un amour aussi passionné que douloureux et caché; toute allusion même indirecte à ce sentiment fatal causait à la jeune fille un embarras cruel. Or, au moment où mademoiselle de Cardoville avait parlé de l'attachement d'Agricol pour la Mayeux, celle-ci avait rencontré le regard observateur et pénétrant de Rodin, fixé sur elle;... seule avec Adrienne, la jeune ouvrière en entendant parler du forgeron n'eût éprouvé qu'un ressentiment de gêne passager; mais il lui sembla malheureusement que le jésuite, qui lui inspirait déjà une frayeur involontaire, venait de lire dans son cœur et d'y surprendre le secret du funeste amour dont elle était victime... De là l'éclatante rougeur de l'infortunée, de là son embarras visible, si pénible, qu'Adrienne en fut frappée.

Un esprit subtil et prompt comme celui de Rodin, au moindre effet recherche aussitôt la cause. Procédant par rapprochement, le jésuite vit d'un côté une fille contrefaite mais très intelligente et capable d'un dévoûment passionné; de l'autre un jeune ouvrier, beau, hardi, spirituel et franc. — Élevés ensemble, sympathiques l'un à l'autre par beaucoup de points, ils doivent s'aimer fraternellement — se dit-il; — mais l'on ne rougit pas d'un amour fraternel, et la Mayeux a rougi et s'est troublée sous mon regard: aimerait-elle Agricol d'amour?

Sur la voie de cette découverte, Rodin voulut poursuivre son inquisition jusqu'au bout. Remarquant la surprise que le trouble visible de la Mayeux causait à Adrienne, dit à celle-ci en souriant et en désignant la Mayeux d'un signe d'intelligence : — Hein ! voyez-vous, ma chère demoiselle, comme elle rougit... cette pauvre petite, quand on parle du vif attachement de ce brave ouvrier pour elle ?

La Mayeux baissa la tête, écrasée de confusion.

Après une pause d'une seconde, pendant laquelle Rodin garda le silence, afin de donner au trait cruel le temps de bien pénétrer au cœur de l'infortunée, le bourreau reprit : — Mais voyez donc cette chère fille, comme elle se trouble.

Puis, après un autre silence, s'apercevant que la Mayeux, de pourpre qu'elle était, devenait d'une pâleur mortelle et tremblait de tous ses membres, le jésuite craignit d'avoir été trop loin, car Adrienne dit à la Mayeux avec intérêt : — Ma chère enfant, pourquoi donc vous troubler ainsi ?

— Eh ! c'est tout simple — reprit Rodin avec une simplicité parfaite, car, sachant ce qu'il voulait savoir, il tenait à paraître ne se douter de rien ; — eh ! c'est tout simple, cette chère fille a la modestie d'une bonne et tendre sœur pour son frère. A force de l'aimer... à force de s'assimiler à lui quand on le loue, il lui semble qu'on la loue elle-même...

— Et comme elle est aussi modeste qu'excellente — ajouta Adrienne en prenant les mains de la Mayeux — la moindre louange, ou pour son frère adoptif, ou pour elle, la trouble au point où nous la voyons ;... ce qui est un véritable enfantillage dont je veux la gronder bien fort.

Mademoiselle de Cardoville parlait de très bonne foi, l'explication donnée par Rodin lui semblant et étant en effet fort plausible.

Ainsi que toutes les personnes qui, redoutant à chaque minute de voir pénétrer leur douloureux secret, se rassurent aussi vite qu'elles s'effraient, la Mayeux se persuada... eut besoin de se persuader, pour ne pas mourir de honte, que les dernières paroles de Rodin étaient sincères, et qu'il ne se doutait pas de l'amour qu'elle ressentait pour Agricol. Alors ses angoisses diminuèrent, et elle trouva quelques paroles à adresser à mademoiselle de Cardoville.

— Excusez-moi, mademoiselle — dit-elle timidement ; — je suis si peu habituée à une bienveillance semblable à celle dont vous me comblez, que je réponds mal à vos bontés pour moi.

— Mes bontés, pauvre enfant ! — dit Adrienne — je n'ai encore rien fait pour vous. Mais, Dieu merci ! dès aujourd'hui, je pourrai tenir ma promesse, récompenser votre dévoûment pour moi, votre courageuse résignation, votre saint amour du travail et la dignité dont vous avez donné tant de preuves au milieu des plus cruelles préoccupations ; en un mot, dès aujourd'hui, si cela vous convient, nous ne nous quitterons plus.

— Mademoiselle, c'est trop de bonté — dit la Mayeux d'une voix tremblante — mais je...

— Ah ! rassurez-vous — dit Adrienne en l'interrompant et en la devinant — si vous acceptez, je saurai concilier, avec mon désir un peu égoïste de vous avoir auprès de moi, l'indépendance de votre caractère, vos habitudes du travail, votre goût pour la retraite et votre besoin de vous dévouer à tout ce qui mérite la commisération ; et même, je ne vous le cache pas, c'est en vous donnant surtout les moyens de satisfaire à ces généreuses tendances, que je compte vous séduire et vous fixer près de moi.

— Mais qu'ai-je donc fait, mademoiselle — dit naïvement la Mayeux — pour mériter tant de reconnaissance de votre part ? N'est-ce pas vous, au contraire, qui avez commencé par vous montrer si généreuse envers mon frère adoptif ?

— Oh ! je ne vous parle pas de reconnaissance — dit Adrienne — nous sommes quittes ;... mais je vous parle de l'affection, de l'amitié sincère que je vous offre.

— De l'amitié... à moi... mademoiselle ?

— Allons ! allons ! — lui dit Adrienne avec un charmant sourire — ne soyez pas orgueilleuse, parce que vous avez l'avantage de la position ; et puis, j'ai mis dans ma tête que vous seriez mon amie... et, vous le verrez, cela sera ;... mais maintenant, j'y songe... et c'est un peu tard... quelle bonne fortune vous amène ici ?

— Ce matin, M. Dagobert a reçu une lettre dans laquelle on le priait de se rendre ici, où il trouverait, disait-on, de bonnes nouvelles relativement à ce qui l'intéresse le plus au monde... Croyant qu'il s'agissait des demoiselles Simon, il m'a dit : La Mayeux, vous avez pris tant d'intérêt à ce qui regarde ces chères enfans, qu'il faut que vous veniez avec moi ; vous verrez ma joie en les retrouvant; ce sera votre récompense...

Adrienne regarda Rodin. Celui-ci fit un signe de tête affirmatif, et dit : — Oui, oui, chère demoiselle, c'est moi qui ai écrit à ce brave soldat... mais sans signer et sans m'expliquer davantage ; vous saurez pourquoi.

— Alors, ma chère enfant, comment êtes-vous venue seule? — dit Adrienne.

— Hélas! mademoiselle, j'ai été, en arrivant, si émue de votre accueil, que je n'ai pu vous dire mes craintes.

— Quelles craintes! demanda Rodin.

— Sachant que vous habitiez ici, mademoiselle, j'ai supposé que c'était vous qui aviez fait tenir cette lettre à M. Dagobert; je le lui ai dit, il l'a cru comme moi. Arrivé ici, son impatience était si grande, qu'il a demandé dès la porte si les orphelines étaient dans cette maison, il les a dépeintes. On lui a dit que non. Alors, malgré mes supplications, il a voulu aller au couvent s'informer d'elles.

— Quelle imprudence !... s'écria Adrienne.

— Après ce qui s'est passé lors de l'escalade nocturne du couvent ! — ajouta Rodin en haussant les épaules.

— J'ai eu beau lui faire observer — reprit la Mayeux — que la lettre n'annonçait pas positivement qu'on lui remettrait les orphelines... mais qu'on le renseignerait sans doute sur elles, il n'a pas voulu m'écouter, et m'a dit : — Si je n'apprends rien... j'irai vous rejoindre... mais elles étaient avant-hier au couvent; maintenant tout est découvert, on ne peut me les refuser.

— Et avec une tête pareille — dit Rodin en souriant — il n'y a pas de discussion possible...

— Pourvu, mon Dieu, qu'il ne soit pas reconnu ! — dit Adrienne en songeant aux menaces de M. Baleinier.

— Ceci n'est pas présumable — reprit Rodin — on lui refusera la porte... Voilà, je l'espère, le plus grand mécompte qui l'attendra ; du reste, le magistrat ne peut tarder à revenir avec ces jeunes filles... Je n'ai plus besoin ici... d'autres soins m'appellent. Il faut que je m'informe du prince Djalma ; aussi, veuillez dire quand et où je pourrai vous voir, ma chère demoiselle, afin de vous tenir au courant de mes recherches... et de convenir de tout ce qui regarde le prince Djalma, si, comme je l'espère, ces recherches ont de bons résultats.

— Vous me trouverez chez moi, dans ma nouvelle maison, où je vais aller en sortant d'ici, rue d'Anjou, à l'ancien hôtel de Beaulieu... Mais, j'y songe — dit tout à coup Adrienne après quelques momens de réflexion — il ne me paraît ni convenable, ni peut-être prudent, pour plusieurs raisons, de loger le prince Djalma dans le pavillon que j'occupe à l'hôtel de Saint-Dizier. J'ai vu, il y a peu de temps, une charmante petite maison toute meublée, toute prête ; quelques embellissemens réalisables en vingt-quatre heures en feront un très joli séjour... Oui, ce sera mille fois préférable — ajouta mademoiselle de Cardoville après un nouveau silence ; — et puis, ainsi je pourrai garder sûrement le plus strict incognito.

— Comment ! — s'écria Rodin, dont les projets se trouvaient dangereusement dérangés par cette nouvelle résolution de la jeune fille — vous voulez qu'il ignore...

— Je veux que le prince Djalma ignore absolument quel est l'ami inconnu qui lui vient en aide ; je désire que mon nom ne lui soit pas prononcé, et qu'il ne sache pas même que j'existe... quant à présent du moins... Plus tard... dans un mois peut-être... je verrai, les circonstances me guideront.

— Mais cet incognito — dit Rodin cachant son vif désappointement — ne sera-t-il pas bien difficile à garder?

— Si le prince eût habité mon pavillon, je suis de votre avis, le voisinage de ma tante aurait pu l'éclairer, et cette crainte est une des raisons qui me font renoncer à mon premier projet... Mais le prince habitera un quartier assez éloigné... la rue Blanche. Qui l'instruirait de ce qu'il doit ignorer? Un de mes vieux amis, M. Norval, vous, monsieur, et cette digne enfant — elle montra la Mayeux — sur la discrétion de qui je puis compter comme sur la vôtre, vous connaissez seuls mon secret... il sera donc parfaitement gardé... Du reste, demain nous causerons plus longuement à ce sujet ; il faut d'abord que vous parveniez à retrouver ce malheureux jeune prince.

Rodin, quoique profondément courroucé de la subite détermination d'Adrienne au sujet de Djalma, fit bonne contenance et répondit : — Vos intentions seront scrupuleusement suivies, ma chère demoiselle, et demain, si vous le permettez, j'irai vous rendre bon compte... de ce que vous daigniez appeler tout à l'heure ma mission providentielle.

— A demain donc... et je vous attendrai avec impatience — dit affectueusement Adrienne à Rodin. — Permettez-moi toujours de compter sur vous, comme de ce jour vous pouvez compter sur moi. Il faudra m'être indulgent, car je prévois que j'aurai encore bien des conseils, bien des services à vous demander... moi qui déjà... vous dois tant...

— Vous ne me devrez jamais assez, ma chère demoiselle, jamais assez — dit Rodin en se dirigeant discrètement vers la porte après s'être incliné devant Adrienne.

Au moment où il allait sortir, il se trouva face à face avec Dagobert.

— Ah !... enfin j'en tiens un... — s'écria le soldat en saisissant le jésuite au collet d'une main vigoureuse.

CHAPITRE II.

LES EXCUSES.

Mademoiselle de Cardoville, en voyant Dagobert saisir si rudement Rodin au collet, s'était écriée avec effroi, en faisant quelques pas vers le soldat : — Au nom du ciel ? monsieur... que faites-vous ?

— Ce que je fais! répondit durement le soldat sans lâcher Rodin et en tournant la tête du côté d'Adrienne, qu'il ne reconnaissait pas — je profite de l'occasion pour serrer la gorge d'un des misérables de la bande du renégat, jusqu'à ce qu'il m'ait dit où sont mes pauvres enfans.

— Vous m'étranglez... — dit le jésuite d'une voix syncopée en tâchant d'échapper au soldat.

— Où sont les orphelines, puisqu'elles ne sont pas ici et qu'on m'a fermé la porte du couvent sans vouloir me répondre ? — cria Dagobert d'une voix tonnante.

— A l'aide ! — murmura Rodin.

— Ah ! c'est affreux ! — dit Adrienne.

Et pâle, tremblante, s'adressant à Dagobert, les mains jointes : — Grâce, monsieur !... écoutez-moi... écoutez-le...

— Monsieur Dagobert ! — s'écria la Mayeux en courant saisir de ses faibles mains le bras de Dagobert et lui montrant Adrienne... — c'est mademoiselle de Cardoville... Devant elle, quelle violence !... et puis, vous vous trompez... sans doute.

Au nom de mademoiselle de Cardoville, la bienfaitrice de son fils, le soldat se retourna brusquement et lâcha Rodin ; celui-ci, rendu cramoisi par la colère et par la suffocation, se hâta de rajuster son collet et sa cravate.

— Pardon, mademoiselle... — dit Dagobert en allant vers Adrienne, encore pâle de frayeur — je ne savais pas qui vous étiez ;... mais le premier mouvement m'a emporté malgré moi...

— Mais, mon Dieu ! qu'avez-vous contre monsieur ? — dit Adrienne. — Si vous m'aviez écoutée, vous sauriez...

— Excusez-moi si je vous interromps, mademoiselle — dit le soldat à Adrienne d'une voix contenue. Puis s'adressant à Rodin, qui avait repris son sang-froid : — Remerciez mademoiselle, et allez-vous-en ;... si vous restez là... je ne réponds pas de moi...

— Un mot seulement, mon cher monsieur — dit Rodin — je...

— Je vous dis que je ne réponds pas de moi si vous restez là ! — s'écria Dagobert en frappant du pied.

— Mais, au nom du ciel, dites au moins la cause de cette colère... — reprit

Adrienne — et surtout ne vous fiez pas aux apparences; calmez-vous et écoutez-nous...

— Que je me calme, mademoiselle ! — s'écria Dagobert avec désespoir ; — mais je ne pense qu'à une chose... mademoiselle... à l'arrivée du maréchal Simon ; il sera à Paris aujourd'hui ou demain...

— Il serait possible ! — dit Adrienne.

Rodin fit un mouvement de surprise et de joie.

— Hier soir — reprit Dagobert — j'ai reçu une lettre du maréchal ; il a débarqué au Havre ; depuis trois jours, j'ai fait démarches sur démarches, espérant que les orphelines me seraient rendues, puisque la machination de ces misérables avait échoué (et il montra Rodin avec un nouveau geste de colère). — Eh bien ! non... ils complotent encore quelque infamie. Je m'attends à tout...

— Mais, monsieur — dit Rodin en s'avançant — permettez-moi de vous...

— Sortez ! — s'écria Dagobert, dont l'irritation et l'anxiété redoublaient en songeant que d'un moment à l'autre le maréchal pouvait arriver à Paris ; sortez... car, sans mademoiselle... je me serais au moins vengé sur quelqu'un...

Rodin fit un signe d'intelligence à Adrienne, dont il se rapprocha prudemment, lui montra Dagobert d'un geste de commisération touchante, et dit à ce dernier — Je sortirai donc, monsieur, et... d'autant plus volontiers que je quittais cette chambre quand vous y êtes entré.

Puis, se rapprochant tout à fait de mademoiselle de Cardoville, le jésuite lui dit à voix basse — Pauvre soldat !... la douleur l'égare ; il serait incapable de m'entendre. Expliquez-lui tout, ma chère demoiselle ; il sera bien attrapé — ajouta-t-il d'un air fin ; — mais, en attendant — reprit Rodin en fouillant dans la poche de côté de sa redingote et en tirant un petit paquet — remettez-lui ceci, je vous prie, ma chère demoiselle !... c'est ma vengeance ;... elle sera bonne.

Et comme Adrienne, tenant le petit paquet dans sa main, regardait le jésuite avec étonnement, celui-ci mit son index sur sa lèvre comme pour recommander le silence à la jeune fille, gagna la porte en marchant à reculons sur la pointe des pieds, et sortit après avoir encore d'un geste de pitié montré Dagobert, qui, dans un morne abattement, la tête baissée, les bras croisés sur la poitrine, restait muet aux consolations empressées de la Mayeux.

Lorsque Rodin eut quitté la chambre, Adrienne, s'approchant du soldat, lui dit de sa voix douce et avec l'expression d'un profond intérêt : — Votre entrée si brusque m'a empêchée de vous faire une question bien intéressante pour moi... Et votre blessure ?

— Merci, mademoiselle — dit Dagobert en sortant de sa pénible préoccupation — merci ! ça n'est pas grand'chose, mais je n'ai pas le temps d'y songer... Je suis fâché d'avoir été si brutal devant vous, d'avoir chassé ce misérable ;... mais c'est plus fort que moi ; à la vue de ces gens-là mon sang ne fait qu'un tour.

— Et pourtant, croyez-moi, vous avez été trop prompt à juger... la personne qui était là tout à l'heure.

— Trop prompt... mademoiselle... mais ce n'est pas d'aujourd'hui que je le connais... Il était avec ce renégat d'abbé d'Aigrigny...

— Sans doute... ce qui ne l'empêche pas d'être un honnête et excellent homme...

— Lui ?... — s'écria Dagobert.

— Oui... et il n'est en ce moment même occupé que d'une chose... de vous faire rendre vos chères enfans.

— Lui ?... — reprit Dagobert en regardant Adrienne comme s'il ne pouvait croire à ce qu'il entendait — lui... me rendre mes enfans ?

— Oui... plutôt que vous ne le pensez, peut-être.

— Mademoiselle — dit tout-à-coup Dagobert — il vous trompe... vous êtes dupe de ce vieux gueux-là.

— Non, dit Adrienne en secouant la tête en souriant, j'ai des preuves de sa bonne foi ;... d'abord, c'est lui qui me fait sortir de cette maison.

— Il serait vrai ! — dit Dagobert confondu.

— Très vrai, et, qui plus est, voici quelque chose qui vous raccommodera peut-être avec lui — dit Adrienne en remettant à Dagobert le petit paquet que Rodin venait de lui donner au moment de s'en aller ; — ne voulant pas vous exaspérer davantage par sa présence, il m'a dit: Mademoiselle, remettez ceci à ce brave soldat; ce sera ma vengeance.

Dagobert regardait mademoiselle de Cardoville avec surprise en ouvrant machinalement le petit paquet. Lorsqu'il l'eut développé et qu'il eut reconnu sa croix d'argent, noircie par les années, et le vieux ruban rouge fané qu'on lui avait dérobés à l'auberge du Faucon-Blanc avec ses papiers, il s'écria, d'une voix entrecoupée, le cœur palpitant:—Ma croix !... ma croix !... c'est ma croix !

Et, dans l'exaltation de sa joie, il pressait l'étoile d'argent contre sa moustache grise.

Adrienne et la Mayeux se sentaient profondément touchées de l'émotion du soldat, qui s'écria en courant vers la porte par où venait de sortir Rodin :

— Après un service rendu au maréchal Simon, à ma femme ou à mon fils, on ne pouvait rien faire de plus pour moi... Et vous répondez de ce brave homme, mademoiselle? Et je l'ai injurié... maltraité devant vous... Il a droit à une réparation... il l'aura. Oh ! il l'aura.

Ce disant, Dagobert sortit précipitamment de la chambre, traversa deux pièces en courant, gagna l'escalier, le descendit rapidement et atteignit Rodin à la dernière marche.

— Monsieur — lui dit le soldat d'une voix émue, en le saisissant par le bras — il faut remonter tout de suite.

— Il serait pourtant bon de vous décider à quelque chose, mon cher monsieur — dit Rodin en s'arrêtant avec bonhomie; il y a un instant vous m'ordonniez de m'en aller, maintenant, il s'agit de revenir. A quoi nous arrêtons-nous ?

— Tout à l'heure, monsieur, j'avais tort, et quand j'ai un tort, je le répare. Je vous ai injurié, maltraité devant témoins, je vous ferai mes excuses devant témoins.

— Mais, mon cher monsieur... je vous... rends grâce... je suis pressé...

— Qu'est-ce que cela me fait que vous soyez pressé ?... Je vous dis que vous allez remonter tout de suite... ou sinon... ou sinon... ou sinon — reprit Dagobert en prenant la main du jésuite et en la serrant avec autant de cordialité que d'attendrissement — ou sinon le bonheur que vous me causez en me rendant ma croix ne sera pas complet.

— Qu'à cela ne tienne; alors, mon bon ami, remontons... remontons...

— Et non-seulement vous m'avez rendu ma croix... que j'ai... eh bien oui ! que j'ai pleurée, allez, sans le dire à personne — s'écria Dagobert avec effusion; — mais cette demoiselle m'a dit que, grâce à vous... ces pauvres enfans ! Voyons... pas de fausse joie... Est-ce bien vrai ? mon Dieu ! est-ce bien vrai ?

— Hé ! hé !... voyez-vous le curieux — dit Rodin en souriant avec finesse. Puis il ajouta : — Allons, allons, soyez tranquille... on vous les rendra, vos deux anges... vieux diable à quatre.

Et le jésuite remonta l'escalier.

— On me les rendra... aujourd'hui? — s'écria Dagobert.

Et au moment où Rodin gravissait les marches, il l'arrêta brusquement par la manche.

— Ah çà, mon bon ami — dit le jésuite—décidément, nous arrêtons-nous? montons-nous? descendons-nous? Sans reproche, vous me faites aller comme un tonton.

— C'est juste... là-haut nous nous expliquerons mieux. Venez... alors, venez vite... — dit Dagobert.

Puis, prenant Rodin sous le bras, il lui fit hâter le pas et le ramena triomphant dans la chambre où Adrienne et la Mayeux étaient restées, très surprises de la subite disparition du soldat.

— Le voilà... le voilà !—s'écria Dagobert en rentrant. Heureusement je l'a attrapé au bas de l'escalier.

— Et vous m'avez fait remonter d'un fier pas ! ajouta Rodin passablement essoufflé.

— Maintenant, monsieur — dit Dagobert d'une voix grave—je déclare devant mademoiselle que j'ai eu tort de vous brutaliser, de vous injurier; je vous en fais mes excuses, monsieur, et je reconnais avec joie que je vous dois...

oh!... beaucoup... oui... beaucoup, et, je vous le jure, quand je dois..... je paye.

Et Dagobert tendit encore sa loyale main à Rodin, qui la serra d'une façon fort affable en ajoutant : — Eh, mon Dieu! de quoi s'agit-il donc? Quel est donc ce grand service dont vous parlez?

— Et cela! — dit Dagobert en faisant briller sa croix aux yeux de Rodin; mais vous ne savez donc pas ce que c'est pour moi que cette croix!

— Supposant, au contraire, que vous deviez y tenir, je comptais avoir le plaisir de vous la remettre moi-même. Je l'avais apportée pour cela... Mais, entre nous, dès mon arrivée, si... si *familièrement* accueilli... que je n'ai pas eu le temps de...

— Monsieur — dit Dagobert confus — je vous assure que je me repens cruellement de ce que j'ai fait.

— Je le sais... mon bon ami.. n'en parlons donc plus... Ah çà, vous y teniez donc beaucoup, à cette croix?

Si j'y tenais, monsieur! — s'écria Dagobert; — mais cette croix — et il la baisa encore—c'est ma relique à moi... Celui de qui elle me venait était mon saint... mon dieu... et il l'avait touchée...

— Comment! — dit Rodin en feignant de regarder la croix avec autant de curiosité que d'admiration respectueuse— comment, Napoléon... le grand Napoléon aurait touché de sa propre main de sa main, victorieuse... cette noble étoile de l'honneur?

— Oui, monsieur, de sa main; il l'avait placée là, sur ma poitrine sanglante, comme pansement à ma cinquième blessure... aussi, voyez-vous, je crois qu'au moment de crever de faim, entre du pain et ma croix... je n'aurais pas hésité... afin de l'avoir en mourant sur le cœur... Mais assez... assez... Parlons d'autre chose... C'est bête, un vieux soldat, n'est-ce pas — ajouta Dagobert en passant sa main sur ses yeux; puis, comme s'il avait honte de nier ce qu'il éprouvait : — Eh bien, oui! — reprit-il en relevant vivement la tête, et ne cherchant pas à cacher une larme qui roulait sur sa joue — oui, je pleure de joie d'avoir retrouvé ma croix... ma croix que l'Empereur m'avait donnée... *de sa main victorieuse*, comme dit ce brave homme...

— Bénie soit donc ma pauvre vieille main de vous avoir rendu ce trésor glorieux — dit Rodin avec émotion. Et il ajouta : — Ma foi! la journée sera bonne pour tout le monde; aussi je vous l'annonçais ce matin dans ma lettre...

— Cette lettre sans signature, demanda le soldat de plus en plus surpris — c'était vous?...

— C'était moi qui vous l'écrivais. Seulement, craignant quelque nouveau piége de l'abbé d'Aigrigny, je n'ai pas voulu, vous entendez bien, m'expliquer plus clairement.

— Ainsi, mes orphelines... je vais les revoir?

Rodin fit un signe de tête affirmatif plein de bonhomie.

— Oui, tout à l'heure, dans un instant peut-être... — dit Adrienne en souriant. — Eh bien! avais-je raison de vous dire que vous aviez mal jugé monsieur?

— Eh! que ne me disait-il cela quand je suis entré! — s'écria Dagobert ivre de joie.

— Il y avait à cela un inconvénient, mon ami — dit Rodin — c'est que, dès votre entrée, vous avez entrepris de m'étrangler...

— C'est vrai... j'ai été trop prompt; encore une fois, pardon; mais que voulez-vous que je vous dise?... Je vous avais toujours vu contre nous avec l'abbé d'Aigrigny, et, dans le premier moment...

— Mademoiselle — dit Rodin en s'inclinant devant Adrienne — cette chère demoiselle vous dira que j'étais, sans le savoir, complice de bien des perfidies ; mais, dès que j'ai pu voir clair dans ces ténèbres... j'ai quitté le mauvais chemin où j'étais engagé malgré moi, pour marcher vers ce qui était honnête, droit et juste.

Adrienne fit un signe de tête affirmatif à Dagobert, qui semblait l'interroger du regard.

— Si je n'ai pas signé la lettre que je vous ai écrite, mon bon ami, ç'a été de crainte que mon nom ne vous inspirât de mauvais soupçons; si, enfin, je vous ai prié de vous rendre ici et non pas au couvent, c'est que j'avais peur, comme cette chère demoiselle, que vous ne fussiez reconnu par le concierge ou par le jardinier, et votre escapade de l'autre nuit pouvait rendre cette reconnaissance dangereuse.

— Mais M. Baleinier est instruit de tout, j'y songe maintenant. — dit Adrienne avec inquiétude ; — il m'a menacée de dénoncer M. Dagobert et son fils si je portais plainte.

— Soyez tranquille, ma chère demoiselle ; c'est vous maintenant qui dicterez les conditions... — répondit Rodin. — Fiez-vous à moi ; quant à vous, mon bon ami... vos tourmens sont finis.

— Oui — dit Adrienne : — un magistrat rempli de droiture, de bienveillance, est allé chercher au couvent les filles du maréchal Simon ; il va les ramener ici ; mais, comme moi, il a pensé qu'il serait plus convenable qu'elles vinssent habiter ma maison... Je ne puis cependant prendre cette décision sans votre consentement... car c'est à vous que ces orphelines ont été confiées par leur mère.

— Vous voulez la remplacer auprès d'elles, mademoiselle — reprit Dagobert ; — je ne peux que vous remercier de bon cœur pour moi et pour ces enfans... Seulement, comme la leçon a été rude, je vous demanderai de ne pas quitter la porte de leur chambre ni jour ni nuit. Si elles sortent avec vous, vous me permettrez de les suivre à quelques pas sans les quitter de l'œil, ni plus ni moins que ferait Rabat-Joie, qui s'est montré meilleur gardien que moi. Une fois le maréchal arrivé... et ce sera d'un jour à l'autre, la consigne sera levée... Dieu veuille qu'il arrive bientôt !

— Oui — reprit Rodin d'une voix ferme — Dieu veuille qu'il arrive bientôt, car il aura à demander un terrible compte de la persécution de ses filles à l'abbé d'Aigrigny, et pourtant M. le maréchal ne sait pas tout encore...

— Et vous ne tremblez pas pour le renégat? — reprit Dagobert en pensant que bientôt peut-être le marquis se trouverait face à face avec le maréchal.

— Je ne tremble ni pour les lâches ni pour les traîtres — répondit Rodin.

— Et lorsque M. le maréchal Simon sera de retour... — Puis, après une réticence de quelques instants, il continua : — Que M. le maréchal me fasse l'honneur de m'entendre, et il sera édifié sur la conduite de l'abbé d'Aigrigny. M. le maréchal saura que ses amis les plus chers sont, autant que lui-même, en butte à la haine de cet homme si dangereux.

— Comment donc cela ? — dit Dagobert.

— Eh, mon Dieu ! vous-même — dit Rodin — vous êtes un exemple de ce que j'avance.

— Moi !...

— Croyez-vous que le hasard seul ait amené la scène de l'auberge du Faucon blanc, près de Leipsick?

— Qui vous a parlé de cette scène? — dit Dagobert confondu.

— Ou vous acceptiez la provocation de Morok — continua le jésuite sans répondre à Dagobert — et vous tombiez dans un guet-apens... ou vous la refusiez, et alors vous étiez arrêté faute de papiers ainsi que vous l'avez été, puis jeté en prison comme un vagabond avec ces pauvres orphelines... Maintenant, savez-vous quel était le but de cette violence? De vous empêcher d'être ici le 13 février.

— Mais plus je vous écoute, monsieur — dit Adrienne — plus je suis effrayée de l'audace de l'abbé d'Aigrigny et de l'étendue des moyens dont il dispose... En vérité — reprit-elle avec une profonde surprise — si vos paroles ne méritaient pas toute créance...

— Vous en douteriez, n'est-ce pas, mademoiselle? — dit Dagobert ; — c'est comme moi, je ne peux pas croire que, si méchant qu'il soit, ce renégat ait eu des intelligences avec un montreur de bêtes, au fond de la Saxe ; et puis, comment aurait-il su que moi et les enfans nous devions passer à Leipsick? C'est impossible, mon brave homme.

— En effet, monsieur — reprit Adrienne — je crains que votre animadversion, d'ailleurs très légitime, contre l'abbé d'Aigrigny, ne vous égare, et que vous ne lui attribuiez une puissance et une étendue de relations presque fabuleuses.

Après un moment de silence, pendant lequel Rodin regarda tour à tour Adrienne et Dagobert avec une sorte de commisération, il reprit : — Et comment M. l'abbé d'Aigrigny aurait-il eu votre croix en sa possession sans ses relations avec Morok? — demanda Rodin au soldat.

— Mais, au fait, monsieur — dit Dagobert : la joie m'a empêché de réfléchir; comment se fait-il que ma croix soit entre vos mains?

— Justement parce que l'abbé d'Aigrigny avait à Leipsick les relations dont vous et cette chère demoiselle paraissez douter.

— Mais ma croix, comment vous est-elle parvenue à Paris?

— Dites-moi, vous avez été arrêté à Leipsick faute de papiers, n'est-ce pas?

— Oui... mais je n'ai jamais pu comprendre comment mes papiers et mon argent avaient disparu de mon sac... Je croyais avoir eu le malheur de les perdre.

Rodin haussa les épaules et reprit : — Ils vous ont été volés à l'auberge du Faucon blanc, par Goliath, un des affidés de Morok, et celui-ci a envoyé les papiers et la croix à l'abbé d'Aigrigny pour lui prouver qu'il avait réussi à exécuter les ordres qui concernaient les orphelines et vous-même : c'est avant-hier que j'ai eu la clef de cette machination ténébreuse ; croix et papiers se trouvaient dans les archives de l'abbé d'Aigrigny; les papiers formaient un volume trop considérable; on se serait aperçu de leur soustraction; mais, d'après ma lettre, espérant vous voir ce matin, et sachant combien un soldat de l'Empereur tient à sa croix, relique sacrée comme vous dites, mon bon ami, ma foi! je n'ai pas hésité : j'ai mis la relique dans ma poche. Après tout, me suis-je dit, ce n'est qu'une restitution, et ma délicatesse s'exagère peut-être la portée de cet abus de confiance.

— Vous ne pouviez faire une action meilleure — dit Adrienne — et, pour ma part, en raison de l'intérêt que je porte à M. Dagobert, je vous en suis personnellement reconnaissante. — Puis, après un moment de silence, elle reprit avec anxiété : — Mais, monsieur, de quelle effrayante puissance dispose donc M. d'Aigrigny... pour avoir en pays étranger des relations si étendues et si redoutables?

— Silence! — s'écria Rodin à voix basse en regardant autour de lui d'un air épouvanté — silence... silence!... Au nom du ciel, ne m'interrogez pas là-dessus!!!

CHAPITRE III.

RÉVÉLATIONS.

Mademoiselle de Cardoville, très étonnée de la frayeur de Rodin lorsqu'elle lui avait demandé quelque explication sur le pouvoir si formidable, si étendu, dont disposait l'abbé d'Aigrigny, lui dit : — Mais, monsieur, qu'y a-t-il donc de si étrange dans la question que je viens de vous faire?

Rodin, après un moment de silence, jetant les yeux autour de lui avec une inquiétude parfaitement simulée, répondit à voix basse : — Encore une fois, mademoiselle, ne m'interrogez pas sur un sujet si redoutable; les murailles de cette maison ont des oreilles, ainsi qu'on dit vulgairement.

Adrienne et Dagobert se regardèrent avec une surprise croissante.

La Mayeux, par un instinct d'une persistance incroyable, continuait à éprouver un sentiment de défiance invincible contre Rodin. Quelquefois elle le regardait longtemps à la dérobée, tâchant de pénétrer sous le masque de cet homme, qui l'épouvantait. Un moment le jésuite rencontra le regard inquiet de la Mayeux obstinément attaché sur lui; il lui fit aussitôt un petit signe de tête plein d'aménité; la jeune fille, effrayée de se voir surprise, détourna les yeux en tressaillant.

— Non, non, ma chère demoiselle — reprit Rodin avec un soupir, en voyant que mademoiselle de Cardoville s'étonnait de son silence — ne m'interrogez pas sur la puissance de l'abbé d'Aigrigny.

— Mais, encore une fois, monsieur — reprit Adrienne — pourquoi cette hésitation à me répondre? Que craignez-vous?

— Ah! ma chère demoiselle — dit Rodin en frissonnant — ces gens-là sont si puissans!... leur animosité est si terrible!

— Rassurez-vous, monsieur, je vous dois trop pour que mon appui vous manque jamais.

— Eh! ma chère demoiselle — s'écria Rodin presque blessé — jugez-moi mieux, je vous en prie. Est-ce donc pour moi que je crains?... Non, non, je suis trop obscur, trop inoffensif; mais c'est vous, mais c'est M. le maréchal Simon, mais ce sont les autres personnes de votre famille qui ont tout à redouter... Ah! tenez, ma chère demoiselle, encore une fois, ne m'interrogez pas; il est des secrets funestes à ceux qui les possèdent...

— Mais enfin, monsieur, ne vaut-il pas mieux connaître les périls dont o est menacé?

— Quand on sait la manœuvre de son ennemi, on peut se défendre au moins — dit Dagobert. — Vaut mieux une attaque en plein jour qu'une embuscade.

— Puis, je vous l'assure — reprit Adrienne — le peu de mots que vous m'avez dits m'inspirent une vague inquiétude...

— Allons, puisqu'il le faut... — ma chère demoiselle — reprit le jésuite en paraissant faire un grand effort sur lui-même — puisque vous ne comprenez pas à demi-mot... je serai plus explicite;... mais rappelez-vous — ajouta-t-il d'un ton grave. — rappelez-vous que votre insistance me force à vous apprendre ce qu'il vaudrait peut-être mieux ignorer.

— Parlez, de grâce, monsieur, parlez, dit Adrienne.

Rodin, rassemblant autour de lui Adrienne, Dagobert et la Mayeux, leur dit à voix basse d'un air mystérieux : — N'avez-vous donc jamais entendu parler d'une association puissante qui étend son réseau sur toute la terre, qui compte des affiliés, des séides, des fanatiques dans toutes les classes de la société... qui a eu et qui a encore souvent l'oreille des rois et des grands... association toute-puissante, qui d'un mot élève ses créatures aux positions les plus hautes, et d'un mot aussi les rejette dans le néant dont elle seule a pu les tirer ?

— Mon Dieu! monsieur — dit Adrienne — quelle est donc cette association formidable? Jamais je n'en ai jusqu'ici entendu parler.

— Je vous crois, et pourtant votre ignorance à ce sujet m'étonne au dernier point, ma chère demoiselle.

— Et pourquoi cet étonnement?

— Parce que vous avez vécu longtemps avec madame votre tante, et vu souvent "abbé d'Aigrigny.

— J'ai vécu chez madame de Saint-Dizier, mais non pas avec elle, car pour mille raisons elle m'inspirait une aversion légitime.

— Mais au fait, ma chère demoiselle, ma remarque n'était pas juste; c'est là plus qu'ailleurs où, devant vous surtout, on devait garder le silence sur cette association, et c'est pourtant grâce à elle que madame de Saint-Dizier a joui d'une si redoutable influence dans le monde sous le dernier règne.... Eh bien! sachez-le donc! C'est le concours de cette association qui rend l'abbé d'Aigrigny un homme si dangereux; par elle il a pu surveiller, poursuivre, atteindre différens membres de votre famille, ceux-ci en Sibérie, ceux-là au fond de l'Inde, d'autres enfin au milieu des montagnes de l'Amérique, car, je vous l'ai dit, c'est par hasard avant-hier, en compulsant les papiers de l'abbé d'Aigrigny, que j'ai été mis sur la trace, puis convaincu de son affiliation à cette compagnie, dont il est le chef le plus actif et le plus capable.

— Mais, monsieur, le nom... le nom de cette compagnie — dit Adrienne.

— Eh bien!... c'est!... — et Rodin s'arrêta.

— C'est... — reprit Adrienne, aussi intéressée que Dagobert et que la Mayeux — c'est...

Rodin regarda autour de lui, ramena par un signe les autres acteurs de cette scène plus près de lui, et dit à voix basse en accentuant lentement ses paroles : — C'est... la compagnie de Jésus.

Et il tressaillit.

— Les jésuites! — s'écria mademoiselle de Cardoville ne pouvant retenir un éclat de rire d'autant plus franc que, d'après les mystérieuses précautions oratoires de Rodin, elle s'attendait à une révélation selon elle beaucoup plus terrible; — les jésuites! — reprit-elle en riant toujours — mais ils n'existent que dans les livres; ce sont des personnages historiques très effrayans, je le crois ; mais pourquoi déguiser ainsi madame de Saint-Dizier et M. d'Aigrigny ? Tels qu'ils sont, ne justifient-ils pas assez mon aversion et mon dédain !

Après avoir écouté silencieusement mademoiselle de Cardoville, Rodin reprit d'un air grave et pénétré : — Votre aveuglement m'effraie, ma chère demoiselle, le passé aurait dû vous faire craindre pour l'avenir, car, plus que personne, vous avez déjà subi la funeste action de cette compagnie dont vous regardez l'existence comme un rêve.

— Moi, monsieur ? dit Adrienne en souriant, quoiqu'un peu surprise.
— Vous...
— Et dans quelle circonstance ?
— Vous me le demandez, ma chère demoiselle, vous me le demandez... et vous avez été enfermée ici comme folle ? N'est-ce donc pas vous dire que le maître de cette maison est un des membres laïques les plus dévoués de cette compagnie, et, comme tel, l'instrument aveugle de l'abbé d'Aigrigny ?
— Ainsi — dit Adrienne sans sourire cette fois — M. Baleinier ?...
— Obéissait à l'abbé d'Aigrigny, le chef le plus redoutable de cette redoutable société... Il emploie son génie au mal ; mais, il faut l'avouer, c'est un homme de génie ;... aussi est-ce surtout sur lui qu'une fois hors d'ici, vous et les vôtres devrez concentrer toute votre surveillance, tous vos soupçons ; car, croyez-moi, je le connais, il ne regarde pas la partie comme perdue ; il faut vous attendre à de nouvelles attaques, sans doute d'un autre genre, mais, par cela même, peut-être plus dangereuses encore...

— Heureusement... vous nous prévenez, mon brave — dit Dagobert — et vous serez avec nous.

— Je puis bien peu, mon bon ami ; mais ce peu est au service des honnêtes gens — dit Rodin.

— Maintenant — dit Adrienne d'un air pensif, complètement persuadée par l'air de conviction de Rodin — je m'explique l'inconcevable influence que ma tante exerçait sur le monde ; je l'attribuais seulement à ses relations avec des personnages puissans ; je croyais bien qu'elle était, ainsi que l'abbé d'Aigrigny, associée à de ténébreuses intrigues dont la religion était le voile, mais j'étais loin de croire à ce que vous m'apprenez.

— Et combien de choses vous ignorez encore ! — reprit Rodin. — Si vous saviez, ma chère demoiselle, avec quel art ces gens-là vous environnent, à votre insu, d'agens qui leurs sont dévoués ! Lorsqu'ils ont intérêt à en être instruits, aucun de vos pas ne leur échappe. Puis, peu à peu, ils agissent lentement, prudemment et dans l'ombre ; ils vous circonviennent par tous les moyens possibles, depuis la flatterie jusqu'à la terreur... vous séduisent ou vous effraient, pour vous dominer ensuite sans que vous ayiez conscience de leur autorité ; tel est leur but, et, il faut l'avouer, ils l'atteignent souvent avec une détestable habileté.

Rodin avait parlé avec tant de sincérité, qu'Adrienne tressaillit ; puis, se reprochant cette crainte, elle reprit : — Et pourtant, non... non, jamais je ne pourrai croire à un pouvoir si infernal ; encore une fois, la puissance de ces prêtres ambitieux est d'un autre âge... Dieu soit loué ! ils ont disparu à tout jamais.

— Oui, certes, ils ont disparu, car ils savent se disperser et disparaître dans certaines circonstances ; mais c'est surtout alors qu'ils sont le plus dangereux ; car la défiance qu'ils inspiraient s'évanouit, et ils veillent toujours, eux, dans les ténèbres. Ah ! ma chère demoiselle, si vous connaissiez leur effrayante habileté ! Dans ma haine contre tout ce qui est oppressif, lâche et hypocrite, j'avais étudié l'histoire de cette terrible compagnie avant de savoir que l'abbé d'Aigrigny en faisait partie. Ah ! c'est à épouvanter... Si vous saviez quels moyens ils emploient !... Quand je vous dirai que, grâce à leurs ruses diaboliques, les apparences les plus pures, les plus dévouées, cachent souvent les piéges les plus horribles... — Et les regards de Rodin parurent s'arrêter *par hasard* sur la Mayeux ; mais, voyant qu'Adrienne ne s'apercevait pas de cette insinuation, le jésuite reprit : — En un mot, êtes-vous en butte à leurs poursuites, ont-ils intérêt à vous capter, oh ! de ce moment, défiez-vous de tout ce qui vous entoure, soupçonnez les attachemens les plus nobles, les affections les plus tendres, car ces monstres parviennent quelquefois à corrompre vos meilleurs amis, et à s'en faire contre vous des auxiliaires d'autant plus terribles, que votre confiance est plus aveugle.

— Ah! c'est impossible — s'écria Adrienne révoltée; — vous exagérez... Non, non, l'enfer n'aurait rien rêvé de plus horrible que de telles trahisons...

— Hélas!... ma chère demoiselle... un de vos parents, M. Hardy, le cœur le plus loyal, le plus généreux, a été ainsi victime d'une trahison infâme... Enfin, savez-vous ce que la lecture du testament de votre aïeul nous a appris? C'est qu'il est mort victime de la haine de ces gens-là, et qu'à cette heure, après cent cinquante ans d'intervalle, ses descendans sont encore en butte à la haine de cette indestructible compagnie.

— Ah! monsieur... cela épouvante — dit Adrienne en sentant son cœur se serrer. — Mais il n'y a donc pas d'armes contre de telles attaques?...

— La prudence, ma chère demoiselle, la réserve la plus attentive, l'étude la plus incessamment défiante de tout ce qui vous approche.

— Mais c'est une vie affreuse qu'une telle vie! monsieur; mais c'est une torture que d'être ainsi en proie à des soupçons, à des doutes, à des craintes continuelles!

— Eh! sans doute!... ils le savent bien, les misérables... C'est ce qui fait leur force;... souvent ils trompent par l'excès même des précautions que l'on prend contre eux. Aussi, ma chère demoiselle, et vous, digne et brave soldat, au nom de ce qui vous est cher, défiez-vous, ne hasardez pas légèrement votre confiance; prenez bien garde, vous avez failli être victimes de ces gens-là; vous les aurez toujours pour ennemis implacables... Et vous aussi, pauvre et intéressante enfant — ajouta le jésuite en s'adressant à la Mayeux — suivez mes conseils... craignez-les... ne dormez que d'un œil, comme dit le proverbe.

— Moi, monsieur — dit la Mayeux; — qu'ai-je fait? qu'ai-je à craindre?

— Ce que vous avez fait? Eh! mon Dieu... N'aimez-vous pas tendrement cette chère demoiselle, votre protectrice? n'avez-vous pas tenté de venir à son secours? N'êtes-vous pas la sœur adoptive du fils de cet intrépide soldat, du brave Agricol! Hélas! pauvre enfant, ne voilà-t-il pas assez de titres à leur haine, malgré votre obscurité? Ah! ma chère demoiselle, ne croyez pas que j'exagère. Réfléchissez... réfléchissez... Songez à ce que je viens de rappeler au fidèle compagnon d'armes du maréchal Simon, relativement à son emprisonnement à Leipsick; songez à ce qui vous est arrivé à vous-même, que l'on a osé conduire ici au mépris de toute loi, de toute justice, et alors vous verrez qu'il n'y a rien d'exagéré dans ce tableau de la puissance occulte de cette compagnie... Soyez toujours sur vos gardes, et surtout, ma chère demoiselle, dans tous les cas douteux, ne craignez pas de vous adresser à moi. En trois jours j'ai assez appris par ma propre expérience, sur leur manière d'agir, pour pouvoir vous indiquer un piége, une ruse, un danger, et vous en défendre.

— Dans une pareille circonstance, monsieur — répondit mademoiselle de Cardoville — à défaut de reconnaissance, mon intérêt ne vous désignerait-il pas comme mon meilleur conseiller!

Selon la tactique habituelle des fils de Loyola, qui tantôt nient eux-mêmes leur propre existence afin d'échapper à leurs adversaires, tantôt, au contraire, proclament avec audace la puissance vivace de leur organisation afin d'intimider les faibles, Rodin avait éclaté de rire au nez du régisseur de la terre de Cardoville, lorsque celui-ci avait parlé de l'existence des *jésuites*, tandis qu'à ce moment, en retraçant ainsi leurs moyens d'action, il tâchait, et il avait réussi à jeter dans l'esprit de mademoiselle de Cardoville quelques germes de frayeur qui devaient peu à peu se développer par la réflexion, et servir plus tard les projets sinistres qu'il méditait.

La Mayeux ressentait toujours une grande frayeur à l'endroit de Rodin; pourtant, depuis qu'elle l'avait entendu dévoiler à Adrienne la sinistre puissance de l'ordre qu'il disait si redoutable, la jeune ouvrière, loin de soupçonner le jésuite d'avoir l'audace de parler ainsi d'une association dont il était membre, lui savait gré, presque malgré elle, des importans conseils qu'il venait de donner à mademoiselle de Cardoville. Le nouveau regard qu'elle jeta sur lui à la dérobée (et que Rodin surprit aussi, car il observait la jeune fille avec une attention soutenue) fut empreint d'une gratitude pour ainsi dire étonnée.

Devinant cette impression, voulant l'améliorer encore, tâcher de détruire les fâcheuses préventions de la Mayeux, et aller surtout au devant d'une révélation qui devait être faite tôt ou tard, le jésuite eut l'air d'avoir oublié quelque chose de fort important, et s'écria en se frappant le front : — A quoi pensé-je donc ? — Puis, s'adressant à la Mayeux : — Savez-vous, ma chère fille, où est votre sœur ?

Aussi interdite qu'attristée de cette question inattendue, la Mayeux répondit en rougissant beaucoup, car elle se rappelait sa dernière entrevue avec la brillante reine Bacchanal : — Il y a quelques jours que je n'ai vu ma sœur, monsieur.

— Eh bien ! ma chère fille, elle n'est pas heureuse — dit Rodin — j'ai promis à une de ses amies de lui envoyer un petit secours ; je me suis adressé à une personne charitable ; voici ce que l'on m'a donné pour elle... — Et il tira de sa poche un rouleau cacheté qu'il remit à la Mayeux, aussi surprise qu'attendrie.

— Vous avez une sœur malheureuse... et je n'en sais rien — dit vivement Adrienne à l'ouvrière ; — ah ! mon enfant, c'est mal !

— Ne la blâmez pas... — dit Rodin. — D'abord elle ignorait que sa sœur fût malheureuse, et puis elle ne pouvait pas vous demander, *à vous*, ma chère demoiselle, de vous y intéresser.

Et comme mademoiselle de Cardoville regardait Rodin avec étonnement, il ajouta en s'adressant à la Mayeux : — N'est-il pas vrai, ma chère fille ?

— Oui, monsieur — dit l'ouvrière en baissant les yeux et rougissant de nouveau ; puis elle ajouta vivement et avec anxiété : — Mais ma sœur, monsieur, où l'avez-vous vue ? où est-elle ? comment est-elle malheureuse ?

— Tout ceci serait trop long à vous dire, ma chère fille, allez le plus tôt possible rue Clovis, maison de la fruitière, demandez à parler à votre sœur de la part de M. Charlemagne ou de M. Rodin, comme vous voudrez, car je suis également connu dans ce pied-à-terre sous mon nom de baptême comme sous mon nom de famille, et vous saurez le reste... Dites seulement à votre sœur que, si elle est sage, que si elle persiste dans ses bonnes résolutions, l'on continuera de s'occuper d'elle.

La Mayeux, de plus en plus surprise, allait répondre à Rodin, lorsque la porte s'ouvrit, et M. de Gernande entra. La figure du magistrat était grave et triste.

— Et les filles du maréchal Simon ? — s'écria mademoiselle de Cardoville.

— Malheureusement je ne vous les amène pas — répondit le juge.

— Et où sont-elles, monsieur ? qu'en a-t-on fait ? Avant-hier encore elles étaient dans ce couvent ! — s'écria Dagobert bouleversé de ce complet renversement de ses espérances.

A peine le soldat eut-il prononcé ces mots, que, profitant du mouvement qui groupait les acteurs de cette scène autour du magistrat, Rodin se recula de quelques pas, gagna discrètement la porte, et disparut sans que personne se fût aperçu de son absence.

Pendant que le soldat, ainsi rejeté tout-à-coup au plus profond de son désespoir, regardait M. de Gernande, attendant sa réponse avec angoisse, Adrienne dit au magistrat : — Mais, mon Dieu ! monsieur, lorsque vous vous êtes présenté dans le couvent, que vous a répondu la supérieure au sujet de ces jeunes filles ?

— La supérieure a refusé de s'expliquer, mademoiselle. — Vous prétendez, monsieur — m'a-t-elle dit — que les jeunes personnes dont vous parlez sont retenues ici contre leur gré ;... puisque la loi vous donne cette fois le droit de pénétrer dans cette maison, visitez-la... — Mais, madame, veuillez me répondre positivement — ai-je dit à la supérieure — affirmez-vous être complétement étrangère à la séquestration des jeunes filles que je viens réclamer ? — Je n'ai rien à dire à ce sujet, monsieur. Vous vous dites autorisé à faire des perquisitions ; faites-les. — Ne pouvant obtenir d'autres explications — ajouta le magistrat — j'ai parcouru le couvent dans toutes ses parties, je me suis fait ouvrir toutes les chambres ;... mais malheureusement je n'ai trouvé aucune trace de ces jeunes filles...

— Ils les auront envoyées dans un autre endroit — s'écria Dagobert — et qui sait?... bien malades peut-être... Ils les tueront, mon Dieu! ils les tueront! — s'écria-t-il avec un accent déchirant.

— Après un tel refus, que faire, mon Dieu! quel parti prendre? Ah! de grâce, éclairez-nous, monsieur, vous notre conseil, vous notre providence — dit Adrienne en se retournant pour parler à Rodin, qu'elle croyait derrière elle. — Quel serait votre...

Puis s'apercevant que le jésuite avait tout à coup disparu, elle dit à la Mayeux avec inquiétude : — Et M. Rodin, où est-il donc?

— Je ne sais pas, mademoiselle — répondit la Mayeux en regardant autour d'elle ; — il n'est plus là.

— Cela est étrange — dit Adrienne — disparaître si brusquement...

— Quand je vous disais que c'était un traître! — s'écria Dagobert en frappant du pied avec rage ; — ils s'entendent tous...

— Non, non — dit mademoiselle de Cardoville — ne croyez pas cela ; mais l'absence de M. Rodin n'en est pas moins très regrettable, car, dans cette circonstance difficile, grâce à la position que M. Rodin a occupée auprès de M. d'Aigrigny, il aurait pu peut-être donner d'utiles renseignemens.

— Je vous avouerai, mademoiselle, que j'y comptais presque — dit M. de Gernande — et j'étais revenu ici autant pour vous apprendre le fâcheux résultat de mes recherches que pour demander à cet homme de cœur et de droiture, qui a si courageusement dévoilé d'odieuses machinations, de nous éclairer de ses conseils dans cette circonstance.

Chose assez étrange! depuis quelques instans Dagobert, profondément absorbé, n'apportait plus aucune attention aux paroles du magistrat, si importantes pour lui. Il ne s'aperçut même pas du départ de M. de Gernande, qui se retira après avoir promis à Adrienne de ne rien négliger pour arriver à connaître la vérité au sujet de la disparition des orphelines.

Inquiète de ce silence, voulant quitter à l'instant la maison et engager Dagobert à l'accompagner, Adrienne, après un coup d'œil d'intelligence échangé avec la Mayeux, s'approchait du soldat, lorsqu'on entendit au dehors de la chambre des pas précipités et une voix mâle s'écriant avec impatience :

— Où est-il? où est-il?

A cette voix, Dagobert eut l'air de s'éveiller en sursaut, fit un bond, poussa un cri et se précipita vers la porte.

Elle s'ouvrit...

Le maréchal Simon y parut.

CHAPITRE IV.

PIERRE SIMON.

Le maréchal Pierre Simon, duc de Ligny, était de haute taille, simplement vêtu d'une redingote bleue fermée jusqu'à la dernière boutonnière, où se nouait un bout de ruban rouge. On ne pouvait voir une physionomie plus loyale, plus expansive, d'un caractère plus chevaleresque que celle du maréchal ; il avait le front large, le nez aquilin, le menton fermement accusé, et le teint brûlé par le soleil de l'Inde. Ses cheveux, coupés très ras, grisonnaient sur les tempes ; mais ses sourcils étaient encore aussi noirs que sa large moustache retombante: sa démarche libre, hardie, ses mouvemens décidés, témoignaient de son impétuosité militaire. Homme du peuple, homme de guerre et d'élan, la chaleureuse cordialité de sa parole appelait la bienveillance et la sympathie ; aussi éclairé qu'intrépide, aussi généreux que sincère, on remarquait surtout en lui une mâle fierté plébéienne; ainsi que d'autres sont fiers d'une haute naissance, il était fier, lui, de son obscure origine, parce qu'elle était ennoblie par le grand caractère de son père, républicain rigide, intelligent et laborieux artisan, depuis quarante ans l'honneur, l'exemple, la glorification des travailleurs.

En acceptant avec reconnaissance le titre aristocratique dont l'empereur l'avait décoré, Pierre Simon avait agi comme ces gens délicats qui, recevant d'une affectueuse amitié un don parfaitement inutile, l'acceptent avec reconnaissance en faveur de la main qui l'offre. Le culte religieux de Pierre Simon envers l'Empereur n'avait jamais été aveugle; autant son dévoûment, son ardent amour pour son idole fut instinctif et pour ainsi dire fatal... autant son admiration fut grave et raisonnée. Loin de ressembler à ces traîneurs de sabre qui n'aiment la bataille que pour la bataille, non-seulement le maréchal Simon admirait son héros comme le plus grand capitaine du monde, mais il l'admirait surtout parce qu'il savait que l'Empereur avait fait ou accepté la guerre dans l'espoir d'imposer un jour la paix au monde; car si la paix consentie par la gloire et par la force est grande, féconde et magnifique, la paix consentie par la faiblesse et par la lâcheté est stérile, désastreuse et déshonorante. Fils d'artisan, Pierre Simon admirait encore l'Empereur, parce que cet impérial parvenu avait toujours su faire noblement vibrer la fibre populaire, et que, se souvenant du peuple dont il était sorti, il l'avait fraternellement convié à jouir de toutes les pompes de l'aristocratie et de la royauté.

. . . .

Lorsque le maréchal Simon entra dans la chambre, ses traits étaient altérés; à la vue de Dagobert, un éclair de joie illumina son visage; il se précipita vers le soldat en lui tendant les bras, et s'écria : — Mon ami!! mon vieil ami!...

Dagobert répondit avec une muette effusion à cette affectueuse étreinte; puis le maréchal, se dégageant de ses bras, et attachant sur lui des yeux humides, lui dit d'une voix si palpitante d'émotion que ses lèvres tremblaient :
— Eh bien! tu es arrivé à temps pour le 13 février?
— Oui, mon général... mais tout est remis à quatre mois...
— Et... ma femme?... mon enfant?...
A cette question, Dagobert tressaillit, baissa la tête et resta muet...
— Ils ne sont donc pas ici? — demanda Pierre Simon avec plus de surprise que d'inquiétude. — On m'a dit chez toi que ni ma femme ni mon enfant n'y étaient; mais que je te trouverais... dans cette maison... je suis accouru... ils n'y sont donc pas?
— Mon général... — dit Dagobert en devenant d'une grande pâleur — mon général...

Puis essuyant les gouttes de sueur froide qui perlaient sur son front, il ne put articuler une parole de plus, sa voix s'arrêtait dans son gosier desséché.

— Tu me fais... peur! — s'écria Pierre Simon en devenant pâle comme son soldat et en le saisissant par le bras.

A ce moment Adrienne s'avança, les traits empreints de tristesse et d'attendrissement; voyant le cruel embarras de Dagobert, elle voulut venir à son aide et dit à Pierre Simon d'une voix douce et émue : — Monsieur le maréchal... je suis mademoiselle de Cardoville... une parente... de vos chères enfans...

Pierre Simon se retourna vivement, aussi frappé de l'éblouissante beauté d'Adrienne que des paroles qu'elle venait de prononcer... Il balbutia dans sa surprise : — Vous, mademoiselle... parente... de *mes enfans*...

Et il appuya sur ces mots en regardant Dagobert avec stupeur.

— Oui, monsieur le maréchal... *vos* enfans... — se hâta de dire Adrienne — et l'amour de ces deux charmantes sœurs jumelles...

— Sœurs jumelles! — s'écria Pierre Simon en interrompant mademoiselle de Cardoville avec une explosion de joie impossible à rendre.

— Deux filles au lieu d'une. Ah! combien leur mère doit être heureuse...
— Puis il ajouta en s'adressant à Adrienne : — Pardon, mademoiselle, d'être si peu poli, de vous remercier si mal de ce que vous m'apprenez;... mais vous concevez, il y a dix-sept ans que je n'ai vu ma femme. J'arrive... et au lieu de trouver deux êtres à chérir... j'en trouve trois... De grâce, mademoiselle, je désirerais savoir toute la reconnaissance que je vous dois. Vous êtes notre parente? je suis sans doute ici chez vous... Ma femme, mes enfans sont là... n'est-ce pas?... Craignez-vous que ma brusque apparition ne leur soit mauvaise? j'attendrai;... mais tenez, mademoiselle, j'en suis certain, vous êtes aussi bonne que belle... ayez pitié de mon impatience... Préparez-les bien vite toutes les trois... à me revoir.

II   5

Dagobert, de plus en plus ému, évitait les regards du maréchal et tremblait comme la feuille.

Adrienne baissait les yeux sans répondre; son cœur se brisait à la pensée de porter un coup terrible au maréchal Simon.

Celui-ci s'étonna bientôt de ce silence; regardant tour à tour Adrienne et le soldat d'abord d'un air inquiet et bientôt alarmé, il s'écria : — Dagobert!... tu me caches quelque chose...

— Mon général... — répondit-il en balbutiant — je vous assure... je... je...

— Mademoiselle — s'écria Pierre Simon — par pitié, je vous en conjure, parlez-moi franchement, mon anxiété est horrible... Mes premières craintes reviennent... Qu'y a-t-il ?... Mes filles... ma femme sont-elles malades? sont-elles en danger? Oh! parlez! parlez!

— Vos filles, monsieur le maréchal — dit Adrienne — ont été un peu souffrantes... par suite de leur long voyage; mais il n'y a rien d'inquiétant dans leur état...

— Mon Dieu!... c'est ma femme... alors... c'est ma femme qui est en danger.

— Du courage, monsieur — dit tristement mademoiselle de Cardoville. — Hélas! il vous faut chercher des consolations dans la tendresse des deux anges qui vous restent.

— Mon général — dit Dagobert d'une voix ferme et grave — je suis venu de Sibérie... seul... avec vos deux filles.

— Et leur mère! leur mère! — s'écria Pierre Simon d'une voix déchirante.

— Le lendemain de sa mort, je me suis mis en route avec les deux orphelines — répondit le soldat.

— Morte!... — s'écria Pierre Simon avec accablement — morte... Un morne silence lui répondit.

A ce coup inattendu, le maréchal chancela, s'appuya au dossier d'une chaise et tomba assis en cachant son visage dans ses mains. Pendant quelques minutes on n'entendit que des sanglots étouffés; car non-seulement Pierre Simon aimait sa femme avec idolâtrie, pour toutes les raisons que nous avons dites au commencement de cette histoire; mais par un de ces singuliers compromis que l'homme longtemps et cruellement éprouvé fait, pour ainsi dire, avec la destinée, Pierre Simon, fataliste comme toutes les âmes tendres, se croyant en droit de compter enfin sur du bonheur après tant d'années de souffrances, n'avait pas un moment douté qu'il retrouverait sa femme et son enfant, double consolation que la destinée lui devait, après de si grandes traverses.

Au contraire de certaines gens que l'habitude de l'infortune rend moins exigeans, Pierre Simon avait compté sur un bonheur aussi complet que l'avait été son malheur... Sa femme et son enfant, telles étaient les seules conditions uniques, indispensables de la félicité qu'il attendait; sa femme eût survécu à ses filles, qu'elle ne les eût pas plus remplacées pour lui qu'elles ne remplaçaient leur mère à ses yeux: faiblesse ou *cupidité* de cœur, cela était ainsi; nous insistons sur cette singularité, parce que les suites de cet incessant et douloureux chagrin exerceront une grande influence sur l'avenir du maréchal Simon.

Adrienne et Dagobert avaient respecté la douleur accablante de ce malheureux homme. Lorsqu'il eut donné un libre cours à ses larmes, il redressa son mâle visage, alors d'une pâleur marbrée, passa la main sur ses yeux rougis, se leva et dit à Adrienne : — Pardonnez-moi, mademoiselle... je n'ai pu vaincre ma première émotion... Permettez-moi de me retirer... J'ai de cruels détails à demander au digne ami qui n'a quitté ma femme qu'à son dernier moment... Veuillez avoir la bonté de me faire conduire auprès de mes enfans... de mes pauvres orphelines !...

Et la voix du maréchal s'altéra de nouveau.

— Monsieur le maréchal, dit mademoiselle de Cardoville — tout à l'heure encore nous attendions ici vos chères enfans... malheureusement notre espérance a été trompée...

Pierre Simon regarda d'abord Adrienne sans lui répondre, et comme s'il ne l'avait pas entendue ou comprise.

— Mais rassurez-vous — reprit la jeune fille — il ne faut pas encore désespérer...

— Désespérer ? — répéta machinalement le maréchal en regardant tour à tour mademoiselle de Cardoville et Dagobert — désespérer ! et de quoi ? mon Dieu !

— De revoir vos enfans, monsieur le maréchal — dit Adrienne — votre présence, à vous leur père... rendra les recherches bien plus efficaces.

— Les recherches !... — s'écria Pierre Simon. — Mes filles ne sont donc pas ici ?

— Non, monsieur — dit enfin Adrienne — on les a enlevées à l'affection de l'excellent homme qui les avait amenées du fond de la Russie, et on les a conduites dans un couvent...

— Malheureux ! — s'écria Pierre Simon en s'avançant menaçant et terrible vers Dagobert — tu me répondras de tout...

— Ah ! monsieur, ne l'accusez pas ! — s'écria mademoiselle de Cardoville.

— Mon général — dit Dagobert d'une voix brève mais douloureusement résignée — je mérite votre colère... c'est ma faute : forcé de m'absenter de Paris, j'ai confié les enfans à ma femme ; son confesseur lui a tourné l'esprit, lui a persuadé que vos filles seraient mieux dans un couvent que chez nous ; elle l'a cru, elle les y a laissé conduire ; maintenant... on dit au couvent qu'on ne sait pas où elles sont ; voilà la vérité... Faites de moi ce que vous voudrez... je n'ai qu'à me taire et à endurer.

— Mais c'est infâme !... — s'écria Pierre Simon en désignant Dagobert avec un geste d'indignation désespérée ; — mais à qui donc se confier... si celui-là m'a trompé... mon Dieu !...

— Ah ! monsieur le maréchal, ne l'accusez pas ! — s'écria mademoiselle de Cardoville — ne le croyez pas : il a risqué sa vie, son honneur, pour arracher vos enfans de ce couvent... et il n'est pas le seul qui ait échoué dans cette tentative ; tout à l'heure encore un magistrat... malgré le caractère, malgré l'autorité dont il est revêtu... n'a pas été plus heureux. Sa fermeté envers la supérieure, ses recherches minutieuses dans le couvent ont été vaines : impossible jusqu'à présent de retrouver ces malheureuses enfans.

— Mais ce couvent — s'écria le maréchal Simon en se redressant, la figure pâle et bouleversée par la douleur et la colère — ce couvent, où est-il ? Ces gens-là ne savent donc pas ce que c'est qu'un père à qui on enlève ses enfans ?

Au moment où le maréchal Simon prononçait ces paroles, tourné vers Dagobert, Rodin, tenant Rose et Blanche par la main, apparut à la porte, laissée ouverte. En entendant l'exclamation du maréchal, il tressaillit de surprise ; un éclair de joie diabolique éclaira son sinistre visage, car il ne s'attendait pas à rencontrer Pierre Simon si à propos.

Mademoiselle de Cardoville fut la première qui s'aperçut de la présence de Rodin. Elle s'écria en courant à lui : — Ah ! je ne me trompais pas... notre providence... toujours... toujours...

— Mes pauvres petites — dit tout bas Rodin aux jeunes filles en leur montrant Pierre Simon — c'est votre père.

— Monsieur ! — s'écria Adrienne en accourant sur les pas de Rose et de Blanche — vos enfans !... les voilà !...

Au moment où Pierre Simon se retournait brusquement, ses deux filles se jetèrent entre ses bras ; il se fit un profond silence, et l'on n'entendit plus que des sanglots entrecoupés de baisers et d'exclamations de joie.

— Mais venez donc au moins jouir du bien que vous avez fait ! — dit mademoiselle de Cardoville en essuyant ses yeux et en retournant auprès de Rodin, qui, resté dans l'embrasure de la porte, où il s'appuyait, semblait contempler cette scène avec un profond attendrissement.

Dagobert, à la vue de Rodin ramenant les enfans, d'abord frappé de stupeur, n'avait pu faire un mouvement ; mais, entendant les paroles d'Adrienne, et cédant à un élan de reconnaissance pour ainsi dire insensée, il se jeta à deux genoux devant le jésuite, en joignant ses mains comme s'il eût prié, et s'écria d'une voix entrecoupée : — Vous m'avez sauvé en ramenant ces enfans...

— Ah ! monsieur, soyez béni.... — dit la Mayeux en cédant à l'entraînement général.

— Mes bons amis, c'est trop — dit Rodin, comme si tant d'émotions eussent été au-dessus de ses forces ; — c'est en vérité trop pour moi ; excusez-moi auprès du maréchal... et dites-lui que je suis assez payé par la vue de son bonheur.

— Monsieur... de grâce... — dit Adrienne — que le maréchal vous connaisse, qu'il vous voie au moins.

— Oh! restez... vous qui nous sauvez tous — s'écria Dagobert en tâchant de retenir Rodin de son côté.

La *Providence*, ma chère demoiselle, ne s'inquiète plus du bien qui est fait, mais du bien qui reste à faire... — dit Rodin avec un accent rempli de finesse et de bonté. — Ne faut-il pas à cette heure songer au prince Djalma? Ma tâche n'est pas finie, et les momens sont précieux.

— Allons, ajouta-t-il en se dégageant doucement de l'étreinte de Dagobert — allons, la journée a été aussi bonne que je l'espérais : l'abbé d'Aigrigny est démasqué ; vous êtes libre, ma chère demoiselle ; vous avez retrouvé votre croix, mon brave soldat ; la Mayeux est assurée d'une protectrice, et M. le maréchal embrasse ses enfans... Je suis pour un peu dans toutes ces joies-là... ma part est belle... mon cœur content... Au revoir, mes amis, au revoir...

Ce disant, Rodin fit de la main un salut affectueux à Adrienne, à la Mayeux et à Dagobert, et disparut après leur avoir montré d'un regard ravi le maréchal Simon, qui, assis et couvrant ses deux filles de larmes et de baisers, les tenait étroitement embrassées et restait étranger à ce qui se passait autour de lui.

Une heure après cette scène, mademoiselle de Cardoville et la Mayeux, le maréchal Simon, ses deux filles et Dagobert avaient quitté la maison du docteur Baleinier.

En terminant cet épisode, deux mots de *moralité* à l'endroit des *maisons d'aliénés* et des *couvens*.

Nous l'avons dit, et nous le répétons, la législation qui régit la surveillance des maisons d'aliénés nous paraît insuffisante.

Des faits récemment portés devant les tribunaux, d'autres faits d'une haute gravité qui nous ont été confiés, nous semblent évidemment prouver cette insuffisance.

Sans doute il est accordé aux magistrats toute latitude pour visiter les maisons d'aliénés ; cette visite leur est même recommandée ; mais *nous savons de source certaine* que les nombreuses et incessantes occupations des magistrats, dont le personnel est d'ailleurs très souvent hors de proportion avec les travaux qui les surchargent, rendent ces inspections tellement rares, qu'elles sont pour ainsi dire illusoires.

Il nous semblerait donc utile de créer des inspections au moins semi-mensuelles, particulièrement affectées à la surveillance des maisons d'aliénés et composées d'un médecin et d'un magistrat, afin que les réclamations fussent soumises à un examen contradictoire.

Sans doute, la justice ne fait jamais défaut lorsqu'elle est suffisamment édifiée ; mais combien de formalités, combien de difficultés pour qu'elle le soit, et surtout lorsque le malheureux qui a besoin d'implorer son appui, se trouvant dans un état de suspicion, d'isolement, de séquestration forcée, n'a pas au dehors un ami pour prendre sa défense et réclamer en son nom auprès de l'autorité!

N'appartient-il donc pas au pouvoir civil d'aller au devant de ces réclamations par une surveillance périodique fortement organisée?

Et ce que nous disons des maisons d'aliénés doit s'appliquer peut-être plus impérieusement encore aux couvens de femmes, aux séminaires et aux maisons habitées par des congrégations.

Des griefs aussi très récens, très évidens, et dont la France entière a retenti, ont malheureusement prouvé que la violence, que les séquestrations, que les traitemens barbares, que les détournemens de mineures, que l'emprisonnement illégal, accompagné de tortures, étaient des faits, sinon fréquens, du moins possibles, dans les maisons religieuses. Il a fallu des hasards singuliers, d'audacieuses et cyniques brutalités, pour que ces détestables actions parvinssent à la connaissance du public. Combien d'autres victimes ont été et sont peut-être encore ensevelies dans ces grandes maisons silencieuses, où nul regard *profane* ne pénètre, et qui, de par les immunités du clergé, échappent à la surveillance du pouvoir civil !

N'est-il pas déplorable que ces demeures ne soient pas soumises aussi à une inspection périodique, composée, si l'on veut, d'un aumônier, d'un magistrat ou de quelque délégué de l'autorité municipale?

S'il ne se passe rien que de licite, que d'humain, que de charitable, dans ces établissemens qui ont tout le caractère et par conséquent encourent toute la responsabilité des établissemens publics, pourquoi cette révolte, pourquoi cette indignation courroucée du parti prêtre, lorsqu'il s'agit de toucher à ce qu'il appelle ses franchises?

Il y a quelque chose au-dessus des constitutions délibérées et promulguées à Rome : — c'est la loi française, la loi commune à tous, qui accorde à tous protection, mais qui, en retour, impose à tous respect et obéissance.

CHAPITRE V.

L'INDIEN A PARIS.

Depuis trois jours, mademoiselle de Cardoville était sortie de chez le docteur Baleinier. La scène suivante se passait dans une petite maison de la rue Blanche, où Djalma avait été conduit au nom d'un protecteur inconnu.

Que l'on se figure un joli salon rond, tendu d'étoffe de l'Inde, fond gris-perle à dessins pourpre, sobrement rehaussés de quelques fils d'or ; le plafond, vers son milieu, disparaît sous de pareilles draperies nouées et réunies par un gros cordon de soie ; à chacun des deux bouts de ce cordon, retombant inégalement, est suspendue, en guise de gland, une petite lampe indienne de filigrane d'or, d'un merveilleux travail. Par une de ces ingénieuses combinaisons si communes dans les pays *barbares*, ces lampes servent aussi de brûle-parfums ; de petites plaques de cristal bleu enchâssées au milieu de chaque vide laissé par la fantaisie des arabesques, et éclairées par une lumière intérieure, brillent d'un azur si limpide, que ces lampes d'or semblent constellées de saphirs transparens; de légers nuages de vapeur blanchâtre s'élèvent incessamment de ces deux lampes et répandent dans l'espace leur senteur embaumée.

Le jour n'arrive dans ce salon (il est environ deux heures de relevée) qu'en traversant une petite serre chaude que l'on voit à travers une glace sans tain, formant porte-fenêtre, et pouvant disparaître dans l'épaisseur de la muraille, en glissant le long d'une rainure pratiquée au plancher. Un store de Chine peut, en s'abaissant, cacher ou remplacer cette glace.

Quelques palmiers nains, des musas et autres végétaux de l'Inde, aux feuilles épaisses et d'un vert métallique, disposés en bosquets dans cette serre chaude, servent de perspective et, pour ainsi dire, de fond à deux larges massifs diaprés de fleurs exotiques, séparés par un petit chemin dallé en faïence japonaise jaune et bleue, qui vient aboutir au pied de la glace.

Le jour, déjà considérablement affaibli par le réseau de feuilles qu'il traverse, prend une nuance d'une douceur singulière, en se combinant avec la lueur azurée des lampes à parfums, et les clartés vermeilles de l'ardent foyer d'une haute cheminée de porphyre oriental.

Dans cette pièce un peu obscure, tout imprégnée de suaves senteurs mêlées à l'odeur aromatique du tabac persan, un homme à chevelure brune et pendante, portant une longue robe d'un vert sombre, serrée autour des reins par une ceinture bariolée, est agenouillé sur un magnifique tapis de Turquie; il attise avec soin le fourneau d'or d'un *houka*; le flexible et long tuyau de cette pipe, après avoir déroulé ses nœuds sur le tapis, comme un serpent d'écarlate écaillée d'argent, aboutit entre les doigts ronds et effilés de Djalma, mollement étendu sur le divan.

Le jeune prince a la tête nue, ses cheveux de jais à reflets bleuâtres, séparés au milieu de son front, flottent onduleux et doux autour de son visage et de son cou d'une beauté antique et d'une couleur chaude, transparente, dorée comme l'ambre ou la topaze; accoudé sur un coussin, il appuie son menton sur la paume de sa main droite; la large manche de sa robe, retombant presque jusqu'à la saignée, laisse voir sur son bras, rond comme celui d'une femme, les signes mystérieux autrefois tatoués dans l'Inde par l'aiguille de l'Etrangleur.

Le fils de Khadja-Sing tient de sa main gauche le bouquin d'ambre de sa pipe. Sa robe de magnifique cachemire blanc, dont la bordure palmée de mille couleurs monte jusqu'à ses genoux, est serrée à sa taille mince et cambrée par les larges plis d'un châle orange : le galbe élégant et pur de l'une des jambes de cet Antinoüs asiatique, à demi découverte par un pli de sa robe, se dessine sous une espèce de guêtre, très juste, en velours cramoisi, brodée d'argent, échancrée sur le cou-de-pied d'une petite mule de maroquin blanc à talon rouge. A la fois douce et mâle, la physionomie de Djalma exprimait ce calme mélancolique et contemplatif habituel aux Indiens et aux Arabes, heureux privilégiés qui, par un rare mélange, unissent l'indolence méditative du rêveur à la fougueuse énergie de l'homme d'action; tantôt délicats, nerveux, impressionnables comme des femmes, tantôt déterminés, farouches et sanguinaires comme des bandits.

Et cette comparaison semi-féminine, appliquée au moral des Indiens et des Arabes, tant qu'ils ne sont pas entraînés par l'élan de la bataille ou l'ardeur du carnage, peut aussi leur être appliquée presque physiquement; car si, de même que les femmes de race pure, ils ont les extrémités mignonnes, les attaches déliées, les formes aussi fines que souples, cette enveloppe délicate et souvent charmante cache toujours des muscles d'acier, d'un ressort et d'une vigueur toute virile.

Les longs yeux de Djalma, semblables à des diamans noirs enchâssés dans une nacre bleuâtre errent machinalement des fleurs exotiques au plafond; de temps à autre il approche de sa bouche le bout d'ambre du houka; puis, après une lente aspiration, entr'ouvrant ses lèvres rouges, fermement dessinées sur l'éblouissant émail de ses dents, il expire une petite spirale de fumée fraîchement aromatisée par l'eau de roses qu'elle traverse.

— Faut-il remettre du tabac dans le houka? — dit l'homme agenouillé en se tournant vers Djalma et montrant les traits accentués et sinistres de Faringhea l'Etrangleur.

Le jeune prince resta muet, soit que, dans son mépris oriental pour certaines races, il dédaignât de répondre au métis, soit qu'absorbé dans ses rêveries il ne l'eût pas entendu.

L'Etrangleur se tut, s'accroupit sur le tapis, puis, les jambes croisées, les coudes appuyés sur ses genoux, son menton dans ses deux mains, et les yeux incessamment fixés sur Djalma, il attendit la réponse ou les ordres de celui dont le père était surnommé le *Père du Généreux.*

Comment Faringhea, ce sanglant sectateur de Bohwanie, divinité du meurtre, avait-il accepté ou recherché des fonctions si humbles?

Comment cet homme, d'une portée d'esprit peu vulgaire, cet homme dont l'éloquence passionnée, dont l'énergie avaient recruté tant de séides à la *Bonne-OEuvre,* s'était-il résigné à une condition si subalterne?

Comment enfin cet homme, qui, profitant de l'aveuglement du jeune prince à son égard, pouvait offrir une si belle proie à Bohwanie, respectait-il les jours du fils de Khadja-Sing?

Comment enfin s'exposait-il à la fréquente rencontre de Rodin, dont il était connu sous de fâcheux antécédens?

La suite de ce récit répondra à ces questions.

L'on peut seulement dire à cette heure qu'après un long entretien qu'il avait eu la veille avec Rodin, l'Etrangleur l'avait quitté, l'œil baissé, le maintien discret.

Après avoir gardé le silence pendant quelque temps, Djalma, tout en suivant du regard la bouffée de fumée blanchâtre qu'il venait de lancer dans l'espace, s'adressant à Faringhea sans tourner les yeux vers lui, lui dit dans ce langage à la fois hyperbolique et concis, assez familier aux Orientaux :—
L'heure passe;... le vieillard au cœur bon n'arrive pas;... mais il viendra... Sa parole est sa parole...

— Sa parole est sa parole, monseigneur — répéta Faringhea d'un ton affirmatif; — quand il a été vous trouver, il y a trois jours, dans cette maison où ces misérables, pour leurs méchans desseins, vous avaient conduit traîtreusement endormi, comme ils m'avaient endormi moi-même... moi, votre

serviteur vigilant et dévoué... il vous a dit : « L'ami inconnu qui vous a en-
» voyé chercher au château de Cardoville m'adresse à vous, prince; ayez
» confiance, suivez-moi; une demeure digne de vous vous est préparée. »
Il vous a dit encore, monseigneur : « Consentez à ne pas sortir de cette
» maison jusqu'à mon retour; votre intérêt l'exige ; dans trois jours vous me
» reverrez, alors toute liberté vous sera rendue... » Vous avez consenti,
monseigneur, et depuis trois jours vous n'avez pas quitté cette maison.

— Et j'attends le vieillard avec impatience — dit Djalma — car cette solitude me pèse... Il doit y avoir tant de choses à admirer à Paris! Et surtout...

Djalma n'acheva pas, et retomba dans sa rêverie.

Après quelques momens de silence, le fils de Khadja-Sing dit tout à coup à Faringhea d'un ton de sultan impatient et désœuvré : — Parle-moi!

— De quoi vous parler, monseigneur?

— De ce que tu voudras — dit Djalma avec un insouciant dédain, en attachant au plafond ses yeux à demi voilés de langueur, — une pensée me poursuit;... je veux m'en distraire... parle-moi...

Faringhea jeta un coup d'œil pénétrant sur les traits du jeune Indien ; il les vit colorés d'une légère rougeur.

— Monseigneur — dit le métis — votre pensée... je la devine...

Djalma secoua la tête sans regarder l'Etrangleur. Celui-ci reprit : — Vous songez aux femmes de Paris, monseigneur...

— Tais-toi, esclave... — dit Djalma.

Et il se retourna brusquement sur le sofa, comme si l'on eût touché le vif d'une blessure douloureuse.

— Faringhea se tut.

Au bout de quelques momens, Djalma reprit avec impatience, en jetant au loin le tuyau du houka et cachant ses deux yeux sous ses mains : — Tes paroles valent encore mieux que le silence... Maudites soient mes pensées, maudit soit mon esprit qui évoque ces fantômes!

— Pourquoi fuir ces pensées, monseigneur? Vous avez dix-neuf ans, votre adolescence s'est tout entière passée à la guerre ou en prison, et jusqu'à ce jour vous êtes resté aussi chaste que Gabriel, ce jeune prêtre chrétien notre compagnon de voyage.

Quoique Faringhea ne se fût en rien départi de sa respectueuse déférence envers le prince, celui-ci sentit une légère ironie percer à travers l'accent du métis lorsqu'il prononça le mot *chaste*.

Djalma lui dit avec un mélange de hauteur et de sévérité : — Je ne veux pas, auprès de ces civilisés, passer pour un barbare, comme ils nous appellent;... aussi je me glorifie d'être chaste.

— Je ne vous comprends pas, monseigneur.

— J'aimerai peut-être une femme pure, comme l'était ma mère lorsqu'elle a épousé mon père... et ici, pour exiger la pureté d'une femme, il faut être chaste comme elle...

A cette énormité, Faringhea ne put dissimuler un sourire sardonique.

— Pourquoi ris-tu, esclave? — dit impérieusement le jeune prince.

— Chez les *civilisés*... comme vous dites, monseigneur, l'homme qui se marierait dans toute la fleur de son innocence... serait blessé à mort par le ridicule.

— Tu mens, esclave; il ne serait ridicule que s'il épousait une jeune fille qui ne fût pas pure comme lui.

— Alors, monseigneur, au lieu d'être blessé... il serait tué par le ridicule, car il serait deux fois impitoyablement raillé.

— Tu mens... tu mens... ou, si tu dis vrai, qui t'a instruit?

— J'avais vu des femmes parisiennes à l'île de France et à Pondichéry, monseigneur; puis j'ai beaucoup appris pendant notre traversée : je causais avec un jeune officier pendant que vous causiez avec le jeune prêtre.

— Ainsi, comme les sultans de nos harems, les civilisés exigent des femmes une innocence qu'ils n'ont plus?

— Ils en exigent d'autant plus qu'ils en ont moins, monseigneur.

— Exiger ce qu'on n'accorde pas, c'est agir de maître à esclave ; et ici, de quel droit cela?

— Du droit que prend celui qui fait le droit... c'est comme chez nous, monseigneur.

— Et les femmes, que font-elles?

— Elles empêchent les fiancés d'être trop ridicules aux yeux du monde lorsqu'ils se marient.

— Et une femme qui trompe... ici on la tue? — dit Djalma se redressant brusquement et attachant sur Faringhea un regard farouche qui étincela tout à coup d'un feu sombre.

— On la tue, monseigneur, toujours comme chez nous : femme surprise, femme morte.

— Despotes comme nous, pourquoi les civilisés n'enferment-ils pas comme nous leurs femmes pour les forcer à une fidélité qu'ils ne gardent pas?

— Parce qu'ils sont civilisés comme des barbares... et barbares comme des civilisés, monseigneur.

— Tout cela est triste, si tu dis vrai — reprit Djalma d'un air pensif. Puis il ajouta avec une certaine exaltation et en employant, selon son habitude, le langage quelque peu mystique et figuré, familier à ceux de son pays :

— Oui, ce que tu me dis m'afflige, esclave... car deux gouttes de rosée du ciel se fondant ensemble dans le calice d'une fleur... ce sont deux cœurs confondus dans un virginal et pur amour... deux rayons de feu s'unissant en une seule flamme inextinguible, ce sont les brûlantes et éternelles délices de deux amans devenus époux.

Si Djalma parla des pudique jouissances de l'âme avec un charme inexprimable, lorsqu'il peignit un bonheur moins idéal ses yeux brillèrent comme des étoiles; il frissonna légèrement, ses narines se gonflèrent, l'or pâle de son teint devint vermeil, et le jeune prince retomba dans une rêverie profonde.

Faringhea ayant remarqué cette dernière émotion, reprit : — Et si, comme le fier et brillant *oiseau-roi* (1) de notre pays, le sultan de nos bois, vous préfériez à des amours uniques et solitaires des plaisirs nombreux et variés; beau, jeune, riche comme vous l'êtes, monseigneur, si vous recherchiez ces séduisantes Parisiennes, vous savez... ces voluptueux fantômes de vos nuits, ces charmans tourmenteurs de vos rêves; si vous jetiez sur elles des regards hardis comme un défi, supplians comme une prière ou brûlans comme un désir, croyez-vous que bien des yeux à demi voilés ne s'enflammeraient pas au feu de vos prunelles! Alors ce ne seraient plus les monotones délices d'un unique amour... chaîne pesante de notre vie; non, ce seraient les mille voluptés du harem... mais du harem peuplé de femmes libres et fières, que l'amour heureux ferait vos esclaves. Pur et contenu jusqu'ici, il ne peut exister pour vous d'excès..... croyez-moi donc; ardent, magnifique, c'est vous, fils de notre pays, qui deviendrez l'amour, l'orgueil, l'idolâtrie de ces femmes; et ces femmes, les plus séduisantes du monde entier, n'auront bientôt plus que pour vous des regards languissans et passionnés!

Djalma avait écouté Faringhea avec un silence avide. L'expression des traits du jeune Indien avait complètement changé : ce n'était plus cet adolescent mélancolique et rêveur, invoquant le saint souvenir de sa mère, et ne trouvant que dans la rosée du ciel, dans le calice des fleurs, des images assez pures pour peindre la chasteté, l'amour qu'il rêvait; ce n'était même plus le jeune homme rougissant d'une ardeur pudique à la pensée des délices permises d'une union légitime. Non, non, les incitations de Faringhea avaient fait éclater tout à coup un feu souterrain : la physionomie enflammée de Djalma, ses yeux tour à tour étincelans et voilés, l'inspiration mâle et sonore de sa poitrine annonçaient l'embrasement de son sang et le bouillonnement de ses passions, d'autant plus énergiques qu'elles avaient été jusqu'alors contenues. Aussi... s'élançant tout à coup du divan, souple, vigoureux et léger comme un jeune tigre, Djalma saisit Faringhea à la gorge en s'écriant : — C'est un poison brûlant que tes paroles!...

— Monseigneur, dit Faringhea sans opposer la moindre résistance — votre esclave est votre esclave...

Cette soumission désarma le prince.

---

(1) Variété des oiseaux de paradis, gallinacés fort amoureux.

— Ma vie vous appartient — répéta le métis.

— C'est moi qui t'appartiens, esclave! — s'écria Djalma en le repoussant. — Tout à l'heure j'étais suspendu à tes lèvres... dévorant tes dangereux mensonges!...

— Des mensonges, monseigneur!... Paraissez seulement à la vue de ces femmes : leurs regards confirmeront mes paroles.

— Ces femmes m'aimeraient... moi qui n'ai vécu qu'à la guerre et dans les forêts!

— En pensant que si jeune, vous avez déjà fait une sanglante chasse aux hommes et aux tigres... elles vous adoreront, monseigneur.

— Tu mens...

— Je vous le dis, monseigneur, en voyant votre main, qui, aussi délicate que les leurs, s'est si souvent trempée dans le sang ennemi, elles voudront la baiser encore en pensant que, dans nos forêts, votre carabine armée, votre poignard entre vos dents, vous avez souri aux rugissemens du lion ou de la panthère que vous attendiez...

— Mais je suis un sauvage... un barbare...

— Et c'est pour cela qu'elles seront à vos pieds, elles se sentiront à la fois effrayées et charmées en songeant à toutes les violences, à toutes les fureurs, à tous les emportemens de jalousie, de passion et d'amour auxquels un homme de votre sang, de votre jeunesse et de votre ardeur doit se livrer..... Aujourd'hui doux et tendre, demain ombrageux et farouche, un autre jour ardent et passionné... tel vous serez... tel il faut être pour les entraîner... Oui, oui, qu'un cri de rage s'échappe entre deux caresses, qu'elles retombent enfin brisées, palpitantes de plaisir, d'amour et de frayeur..... et vous ne serez plus pour elles un homme... mais un dieu...

— Tu crois?... — s'écria Djalma emporté malgré lui par la sauvage éloquence de l'Etrangleur...

— Vous savez... vous sentez que je dis vrai — s'écria celui-ci en étendant le bras vers le jeune Indien.

— Eh bien, oui — s'écria Djalma le regard étincelant, les narines gonflées, en parcourant le salon pour ainsi dire par soubresauts et par bonds sauvages — je ne sais si j'ai ma raison ou si je suis ivre, mais il me semble que tu dis vrai;...... oui, je le sens, on m'aimera avec délire, avec furie;...... parce que j'aimerai avec délire, avec furie;...... on frissonnera de plaisir, de frayeur, parce que moi-même..... en pensant à cela, je frissonne de bonheur et d'épouvante..... Esclave, tu dis vrai, ce sera quelque chose d'enivrant et de terrible que cet amour...

En prononçant ces mots, Djalma était superbe d'impétueuse sensualité; c'était chose belle et rare, l'homme arrivé pur et contenu jusqu'à l'âge où doivent se développer dans leur toute-puissante énergie les admirables instincts qui, comprimés, faussés ou pervertis, peuvent altérer la raison on s'égarer en débordemens effrénés, en crimes effroyables, mais qui, dirigés vers une grande et noble passion, peuvent et doivent, par leur violence même, élever l'homme, par le dévoûment et par la tendresse, jusqu'aux limites de l'idéal.

— Oh! cette femme... cette femme... devant qui je tremblerai et qui tremblera devant moi... où est-elle donc? s'écria Djalma dans un redoublement d'ivresse. — La trouverai-je jamais?

— *Une*, c'est beaucoup, monseigneur — reprit Faringhea avec sa froideur sardonique : — qui cherche *une* femme la trouve rarement dans ce pays; qui cherche *des* femmes est embarrassé du choix.

Au moment où le métis faisait cette impertinente réponse à Djalma, on put voir à la petite porte du jardin de cette maison, porte qui s'ouvrait sur une ruelle déserte, s'arrêter une voiture *coupée*, d'une extrême élégance, à caisse bleue lapis et à train blanc aussi rechampi de bleu; cette voiture était admirablement attelée de beaux chevaux de sang bai-doré à crins noirs; les écussons des harnais étaient d'argent ainsi que les boutons de la livrée des gens, livrée bleu-clair à collet blanc; sur la housse, aussi bleue et galonnée de blanc, ainsi que sur les panneaux des portières, on voyait des armoiries en losange sans cimier ni couronne, ainsi que cela est d'usage pour les jeunes filles.

Deux femmes étaient dans cette voiture : mademoiselle de Cardoville et Florine.

CHAPITRE VI.

LE RÉVEIL.

Pour expliquer la venue de mademoiselle de Cardoville à la porte du jardin de la maison occupée par Djalma, il faut jeter un coup d'œil rétrospectif sur les événemens.

Mademoiselle de Cardoville, en quittant la maison du docteur Baleinier, était allée s'établir dans son hôtel de la rue d'Anjou. Pendant les derniers mois de son séjour chez sa tante, Adrienne avait fait secrètement restaurer et meubler cette belle habitation, dont le luxe et l'élégance venaient d'être encore augmentés de toutes les merveilles du pavillon de l'hôtel de Saint-Dizier.

Le *monde* trouvait fort extraordinaire qu'une jeune fille de l'âge et de la condition de mademoiselle de Cardoville eût pris la résolution de vivre complétement seule, libre, et de tenir sa maison ni plus ni moins qu'un garçon majeur, une toute jeune veuve ou un mineur émancipé. Le *monde* faisait semblant d'ignorer que mademoiselle de Cardoville possédait ce que ne possèdent pas tous les hommes majeurs et deux fois majeurs : un caractère ferme, un esprit élevé, un cœur généreux, un sens très droit et très juste. Jugeant qu'il lui fallait, pour la direction subalterne et pour la surveillance intérieure de sa maison, des personnes fidèles, Adrienne avait écrit au régisseur de la terre de Cardoville et à sa femme, anciens serviteurs de la famille, de venir immédiatement à Paris, M. Dupont devant ainsi remplir les fonctions d'intendant, et madame Dupont celles de femme de charge ; un ancien ami du père de mademoiselle de Cardoville, le comte de Montbron, vieillard des plus spirituels, jadis homme fort à la mode, mais toujours très connaisseur en toutes sortes d'élégance, avait conseillé à Adrienne d'agir en princesse et de prendre un écuyer, lui indiquant, pour remplir ces fonctions, un homme fort bien élevé, d'un âge plus que mûr, qui, grand amateur de chevaux, après s'être ruiné en Angleterre, à Newmarket, au derby, et chez Tatersall (1), avait été réduit, ainsi que cela arrive souvent à des gentlemen de ce pays, à conduire les diligences à grandes guides, trouvant dans ces fonctions un gagne-pain honorable et un moyen de satisfaire son goût pour les chevaux. Tel était M. de Bonneville, le protégé du comte de Montbron. Par son âge et par ses habitudes de savoir-vivre, cet écuyer pouvait accompagner mademoiselle de Cardoville à cheval, et, mieux que personne, surveiller l'écurie et la tenue des voitures. Il accepta donc cet emploi avec reconnaissance ; et, grâce à ses soins éclairés, les attelages de mademoiselle de Cardoville purent rivaliser avec ce qu'il y avait en ce genre de plus élégant à Paris.

Mademoiselle de Cardoville avait repris ses femmes, Hébé, Georgette et Florine.

Celle-ci avait dû d'abord entrer chez la princesse de Saint-Dizier, pour y continuer son rôle de *surveillante* au profit de la supérieure du couvent de Sainte-Marie ; mais ensuite de la nouvelle direction donnée à l'affaire Rennepont par Rodin, il fut décidé que Florine, si la chose se pouvait, reprendrait son service auprès de mademoiselle de Cardoville. Cette place de confiance, mettant cette malheureuse créature à même de rendre d'importans et ténébreux services aux gens qui tenaient son sort entre leurs mains, la contraignait à une trahison infâme. Malheureusement tout avait favorisé cette machination. On le sait : Florine, dans une entrevue avec la Mayeux, peu de jours après que mademoiselle de Cardoville fut renfermée chez le docteur Baleinier, Florine, cédant à un mouvement de repentir, avait donné à l'ouvrière des conseils très utiles aux intérêts d'Adrienne, en faisant dire à Agri-

---

(1) Célèbre marchand et entreposeur de chevaux, de meutes, etc., etc., à Londres.

col de ne pas remettre à madame de Saint-Dizier les papiers qu'il avait trouvés dans la cachette du pavillon, mais de ne les confier qu'à mademoiselle de Cardoville elle-même. Celle-ci, instruite plus tard de ce détail par la Mayeux, ressentit un redoublement de confiance et d'intérêt pour Florine, la reprit à son service presque avec reconnaissance, et la chargea aussitôt d'une mission toute confidentielle ; c'est-à-dire de surveiller les arrangemens de la maison louée pour l'habitation de Djalma.

Quant à la Mayeux, cédant aux sollicitations de mademoiselle de Cardoville, et ne se voyant plus utile à la femme de Dagobert, dont nous parlerons plus tard, elle avait consenti à demeurer à l'hôtel de la rue d'Anjou, auprès d'Adrienne, qui, avec cette rare sagacité de cœur qui la caractérisait, avait confié à la jeune ouvrière, qui lui servait aussi de secrétaire, le *département* des secours et aumônes.

Mademoiselle de Cardoville avait d'abord songé à garder auprès d'elle la Mayeux, simplement à titre d'*amie*, voulant ainsi honorer et glorifier en elle la sagesse dans le travail, la résignation dans la douleur, et l'intelligence dans la pauvreté ; mais, connaissant la dignité naturelle de la jeune fille, elle craignit avec raison que, malgré la circonspection délicate avec laquelle cette hospitalité toute fraternelle serait présentée à la Mayeux, celle-ci n'y vît une aumône déguisée ; Adrienne préféra donc, toujours en la traitant en amie, lui donner un emploi tout intime. De cette façon, la juste susceptibilité de l'ouvrière serait ménagée, puisqu'elle *gagnerait sa vie* en remplissant des fonctions qui satisferaient ses instincts si adorablement charitables. En effet, la Mayeux pouvait, plus que personne, accepter la sainte mission que lui donnait Adrienne ; sa cruelle expérience du malheur, la bonté de son âme angélique, l'élévation de son esprit, sa rare activité, sa pénétration à l'endroit des douloureux secrets de l'infortune, sa connaissance parfaite des classes pauvres et laborieuses disaient assez avec quel tact, avec quelle intelligence, l'excellente créature seconderait les généreuses intentions de mademoiselle de Cardoville.

. . . .

Parlons maintenant des divers événemens qui, ce jour-là, avaient précédé l'arrivée de mademoiselle de Cardoville à la porte du jardin de la maison de la rue Blanche.

Vers les dix heures du matin, les volets de la chambre à coucher d'Adrienne, hermétiquement fermés, ne laissaient pénétrer aucun rayon du jour dans cette pièce, seulement éclairée par la lueur d'une lampe sphérique en albâtre oriental, suspendue au plafond par trois longues chaînes d'argent. Cette pièce, terminée en dôme, avait la forme d'une tente à huit pans coupés ; depuis la voûte jusqu'au sol, elle était tendue de soie blanche, recouverte de longues draperies de mousseline blanche aussi, largement bouillonnée, et retenues le long des murs par des embrasses fixées de distance en distance à de larges patères d'ivoire. Deux portes aussi d'ivoire merveilleusement incrusté de nacre conduisaient, l'une à la salle de bains, l'autre à la chambre de toilette, sorte de petit temple élevé au culte de la beauté, meublé comme il l'était au pavillon de l'hôtel Saint-Dizier. Deux autres pans étaient occupés par des fenêtres complètement cachées sous des draperies ; en face du lit, encadrant de splendides chenets en argent ciselé, une cheminée de marbre pentélique, véritable neige cristallisée, dans laquelle on avait sculpté deux ravissantes cariatides et une frise représentant des oiseaux et des fleurs ; au-dessus de cette frise, et fouillée à jour dans le marbre avec une délicatesse extrême, était une sorte de corbeille ovale, d'un contour gracieux, qui remplaçait la table de la cheminée et était garnie d'une masse de camélias roses ; leurs feuilles d'un vert éclatant, leurs fleurs d'une nuance légèrement carminée, étaient les seules couleurs qui vinssent accidenter l'harmonieuse blancheur de ce réduit virginal.

Enfin, à demi entouré de flots de mousseline blanche qui descendaient de la voûte comme de légers nuages, on apercevait le lit très bas et à pieds d'ivoire richement sculptés, reposant sur le tapis d'hermine qui garnissait le plancher. Sauf une plinthe aussi d'ivoire admirablement travaillé et rehaussé de nacre, ce lit était partout doublé de satin blanc ouaté et piqué comme un immense sachet. Les draps de batiste, garnis de valenciennes, s'étant quelque peu dérangés, découvraient l'angle d'un matelas recouvert de taffetas blanc, et le coin d'une légère couverture de moire, car il régnait sans cesse dans cet appartement une température égale et tiède comme celle d'un beau jour de printemps.

Par un scrupule singulier provenant de ce même sentiment qui avait fait inscrire à Adrienne, sur un chef-d'œuvre d'orfévrerie, le nom de son *auteur* au lieu du nom de son *vendeur*, elle avait voulu que tous ces objets, d'une somptuosité si recherchée, fussent confectionnés par des artisans choisis parmi les plus intelligens, les plus laborieux et les plus probes, à qui elle avait fait fournir les matières premières ; de la sorte, on avait pu ajouter, au prix de leur main-d'œuvre, ce dont auraient bénéficié les intermédiaires en spéculant sur leur travail; cette augmentation de salaire considérable avait répandu quelque bonheur et quelque aisance dans cent familles nécessiteuses, qui, bénissant ainsi la magnificence d'Adrienne, lui donnaient, disait-elle, le *droit de jouir de son luxe comme d'une action juste et bonne.*

Rien n'était donc plus frais, plus charmant à voir que l'intérieur de cette chambre à coucher.

Mademoiselle de Cardoville venait de s'éveiller ; elle reposait au milieu de ces flots de mousseline, de dentelle, de batiste et de soie blanche, dans une pose remplie de mollesse et de grâce; jamais, pendant la nuit, elle ne couvrait ses admirables cheveux dorés (procédé certain pour les conserver longtemps dans toute leur magnificence, disaient les Grecs) ; le soir, ses femmes disposaient les longues boucles de sa chevelure soyeuse en plusieurs tresses plates dont elles formaient deux larges et épais bandeaux qui, descendant assez pour cacher presque entièrement sa petite oreille, dont on ne voyait que le lobe rosé, allaient se rattacher à la grosse natte enroulée derrière la tête. Cette coiffure, empruntée à l'antiquité grecque, seyait aussi à ravir aux traits si purs, si fins de mademoiselle de Cardoville, et semblait tellement la rajeunir, qu'au lieu de dix-huit ans on lui en eût donné quinze à peine ; ainsi rassemblés et encadrant étroitement les tempes, ses cheveux, perdant leur teinte claire et brillante, eussent paru presque bruns, sans les reflets d'or vif qui couraient çà et là sur l'ondulation des tresses. Plongée dans cette torpeur matinale dont la tiède langueur est si favorable aux molles rêveries, Adrienne était accoudée sur son oreiller, la tête un peu fléchie, ce qui faisait valoir encore l'idéal contour de son cou et de ses épaules nues; ses lèvres souriantes, humides et vermeilles, étaient, comme ses joues, aussi froides que si elle venait de les baigner dans une eau glacée; ses blanches paupières voilaient à demi ses grands yeux d'un noir brun et velouté, qui tantôt regardaient languissamment le vide... tantôt s'arrêtaient avec complaisance sur les fleurs roses et sur les feuilles vertes de la corbeille de camélias.

Qui peindrait l'ineffable sérénité du réveil d'Adrienne... réveil d'une âme si belle et si chaste, dans un corps si chaste et si beau ! réveil d'un cœur aussi pur que le souffle frais et embaumé de jeunesse qui soulevait doucement ce sein virginal... virginal et blanc comme la neige immaculée... Quelle croyance, quel dogme, quelle formule, quel symbole religieux, ô paternel, ô divin Créateur ! donnera jamais une plus adorable idée de ton harmonieuse et ineffable puissance, qu'une jeune vierge qui, s'éveillant ainsi dans toute l'efflorescence de la beauté, dans toute la grâce de la pudeur dont tu l'as douée, cherche dans sa rêveuse innocence le secret de ce céleste instinct d'amour que tu as mis en elle, comme en toutes tes créatures, ô toi qui n'es qu'amour éternel, que bonté infinie !

Les pensées confuses qui, depuis son réveil, semblaient doucement agiter Adrienne, l'absorbaient de plus en plus ; sa tête se pencha sur sa poitrine ; son beau bras retomba sur sa couche; puis ses traits, sans s'attrister, prirent cependant une expression de mélancolie touchante. Son plus vif désir était accompli : elle allait vivre indépendante et seule. Mais cette nature affectueuse, délicate, expansive et merveilleusement complète, sentait que Dieu ne l'avait pas comblée des plus rares trésors pour les enfouir dans une froide et égoïste solitude; elle sentait tout ce que l'amour pourrait inspirer de grand, de beau, et à elle-même et à celui qui saurait être digne d'elle. Confiante dans la vaillance, dans la noblesse de son caractère, fière de l'exemple qu'elle voulait donner aux autres femmes, sachant que tous les yeux seraient fixés sur elle avec envie, elle ne se sentait pour ainsi dire que trop sûre d'elle-même ; loin de craindre de mal choisir, elle craignait de ne pas trouver parmi qui choisir, tant son goût s'était épuré ; puis, eût-elle même rencontré son idéal, elle avait une manière de voir à la fois si étrange et pourtant si juste, si extraordinaire et pourtant si sensée, sur l'indépendance et sur la dignité que la femme devait, selon elle, conserver à l'égard de l'homme, qu'inexorablement décidée à ne faire aucune concession à ce sujet, elle se demandait si l'homme de son choix accepterait jamais les conditions jusqu'alors inouïes qu'elle lui imposerait. En rappelant à son souvenir les *prétendans possibles* qu'elle avait jusqu'alors vus dans le monde, elle se souvenait du tableau malheureusement très réel tracé par Rodin avec une verve caustique, au sujet des épouseurs. Elle se souvenait aussi, non sans un certain orgueil, des encouragemens que cet homme lui avait donnés, non pas en la flattant, mais en l'engageant à poursuivre l'accomplissement d'un dessein véritablement grand, généreux et beau.

Le courant ou le caprice des pensées d'Adrienne l'amena bientôt à songer à Djalma. Tout en se félicitant de remplir envers ce parent de sang royal les devoirs d'une hospitalité royale, la jeune fille était loin de faire du prince le héros de son avenir. D'abord elle se disait, non sans raison, que cet enfant à demi sauvage, aux passions, sinon indomptables, du moins encore indomptées, transporté tout à coup au milieu d'une civilisation raffinée, était inévitablement destiné à de violentes épreuves, à de fougueuses transformations. Or, mademoiselle de Cardoville, n'ayant dans le caractère rien de viril, rien de dominateur, ne se souciait pas de civiliser ce jeune sauvage. Aussi, malgré l'intérêt ou plutôt à cause de l'intérêt qu'elle portait au jeune Indien, elle s'était fermement résolue à ne pas se faire connaître à lui avant deux ou trois mois ; bien décidée en outre, si le hasard apprenait à Djalma qu'elle était sa parente, à ne pas le recevoir. Elle désirait donc, sinon l'éprouver, du moins le laisser assez libre de ses actes, de ses volontés, pour qu'il pût jeter le premier feu de ses passions, bonnes ou mauvaises. Ne voulant pas, cependant, l'abandonner sans défense à tous les périls de la vie parisienne, elle avait confidemment prié le comte de Montbron d'introduire le prince Djalma dans la meilleure compagnie de Paris, et de l'éclairer des conseils de sa longue expérience.

M. de Montbron avait accueilli la demande de mademoiselle de Cardoville avec le plus grand plaisir, se faisant, disait-il, une joie de lancer son jeune tigre royal dans les salons, et de le mettre aux prises avec la fleur des élégantes et les *beaux* de Paris, offrant de parier et de tenir tout ce qu'on voudrait pour son sauvage pupille.

— Quant à moi, mon cher comte — avait-elle dit à M. de Montbron avec sa franchise habituelle — ma résolution est inébranlable ; — vous m'avez dit vous-même l'effet que va produire dans le monde l'apparition du prince Djalma, un Indien de dix-neuf ans, d'une beauté surprenante, fier et sauvage comme un jeune lion arrivant de sa forêt ; c'est nouveau, c'est extraordinaire, avez-vous ajouté ; aussi les coquetteries *civilisatrices* vont le poursuivre avec un dévoûment dont je suis effrayé pour lui : or, sérieusement, mon cher comte, il ne peut pas me convenir de paraître vouloir rivaliser de zèle avec tant de belles dames qui vont s'exposer intrépidement aux griffes de votre jeune tigre. Je m'intéresse fort à lui, parce qu'il est mon cousin, parce qu'il est beau, parce qu'il est brave, mais surtout parce qu'il n'est pas vêtu à cette horrible mode européenne. Sans doute ce sont là de rares qualités, mais elles ne suffisent pas jusqu'à présent à me faire changer d'avis. D'ailleurs le bon vieux philosophe, mon nouvel ami, m'a donné, à propos de notre Indien, un conseil que vous avez approuvé, vous qui n'êtes pas philosophe, mon cher comte : c'est, pendant quelque temps, de recevoir chez moi, mais de n'aller chez personne ; ce qui d'abord m'épargnera sûrement l'inconvénient de rencontrer mon royal cousin, et ensuite me permettra de faire un choix rigoureux même parmi ma société habituelle ; comme ma maison sera excellente, ma position fort originale, et que l'on soupçonnera toute sorte de méchans secrets à pénétrer chez moi, les curieuses et les curieux ne me manqueront pas, ce qui m'amusera beaucoup, je vous l'assure.

Et comme M. de Montbron lui demandait si l'*exil* du pauvre jeune tigre indien durerait longtemps, Adrienne lui avait répondu : — Recevant à peu près toutes les personnes de la société où vous l'aurez conduit, je trouverai très piquant d'avoir ainsi sur lui des jugemens divers. Si certains hommes en disent beaucoup de bien, certaines femmes beaucoup de mal... j'aurai bon espoir... En un mot, l'opinion que je me formerai en démêlant ainsi le vrai du faux, fiez-vous à ma sagacité pour cela, abrégera ou prolongera, ainsi que vous le dites, l'*exil* de mon royal cousin.

Telles étaient encore les intentions formelles de mademoiselle de Cardoville à l'égard de Djalma, le jour même où elle devait se rendre avec Florine à la maison qu'il occupait; en un mot, elle était absolument décidée à ne pas se faire connaître à lui avant quelques mois.

. . . .

Adrienne, après avoir ce matin-là ainsi longtemps songé aux chances que l'avenir pouvait offrir aux besoins de son cœur, tomba dans une nouvelle et profonde rêverie. Cette ravissante créature, pleine de vie, de sève et de jeunesse, poussa un léger soupir, étendit ses deux bras charmans au-dessus de sa tête, tournée de profil sur son oreiller, et resta quelques momens comme accablée... comme anéantie... Ainsi immobile sous les blancs tissus qui l'enveloppaient, on eût dit une admirable statue de marbre se dessinant à demi sous une légère couche de neige.

Tout à coup, Adrienne se dressa brusquement sur son séant, passa la main sur son front et sonna ses femmes. Au premier bruit argentin de la sonnette, les deux portes d'ivoire s'ouvrirent. Georgette parut sur le seuil de la chambre de toilette, dont Lutine, la petite chienne noir et feu à collier d'or, s'échappa avec des jappemens de joie. Hébé parut sur le seuil de la chambre de bain.

Au fond de cette pièce, éclairée par le haut, on voyait, sur un tapis de cuir vert de Cordoue à rosaces d'or, une vaste baignoire de cristal, en forme de conque allongée. Les trois seules soudures de ce hardi chef-d'œuvre de verrerie disparaissaient sous l'élégante courbure de plusieurs grands roseaux d'argent qui s'élançaient du large socle de la baignoire, aussi d'argent ciselé, et représentant des enfans et des dauphins se jouant au milieu des branches de corail naturel et de coquilles azurées. Rien n'était d'un plus riant effet que l'incrustation de ces rameaux pourpres et de ces coquilles d'outremer sur le fond mat des ciselures d'argent; la vapeur balsamique qui s'élevait de l'eau tiède, limpide et parfumée, dont était remplie la conque de cristal, s'épandait dans la salle de bain, et entra comme un léger brouillard dans la chambre à coucher.

Voyant Hébé, dans son frais et joli costume, lui apporter sur un de ses bras nus et potelés un long peignoir, Adrienne lui dit : — Où est donc Florine, mon enfant?

— Mademoiselle, il y a deux heures qu'elle est descendue; on l'a fait demander pour quelque chose de très pressé.

— Et qui l'a fait demander?

— La jeune personne qui sert de secrétaire à mademoiselle... Elle était sortie ce matin de très bonne heure; aussitôt son retour elle a fait demander Florine, qui depuis n'est pas revenue.

— Cette absence est sans doute relative à quelque affaire importante de mon angélique *ministre* des secours et aumônes — dit Adrienne en souriant et en songeant à la Mayeux.

Puis elle fit signe à Hébé de s'approcher de son lit.

. . . .

Environ deux heures après son lever, Adrienne s'étant fait, comme de coutume, habiller avec une rare élégance, renvoya ses femmes et demanda la Mayeux, qu'elle traitait avec une déférence marquée, la recevant toujours seule.

La jeune ouvrière entra précipitamment, le visage pâle, ému, et lui dit d'une voix tremblante : — Ah! mademoiselle... mes pressentimens étaient fondés; on vous trahit...

— De quels pressentimens parlez-vous, ma chère enfant? — dit Adrienne surprise — et qui me trahit?

— M. Rodin... — répondit la Mayeux.

CHAPITRE VII.

LES DOUTES.

En entendant l'accusation portée par la Mayeux contre Rodin, mademoiselle de Cardoville regarda la jeune fille avec un nouvel étonnement.

Avant de poursuivre cette scène, disons que la Mayeux avait quitté ses pauvres vieux vêtemens, et était habillée de noir avec autant de simplicité que de goût. Cette triste couleur semblait dire son renoncement à toute vanité humaine, le deuil éternel de son cœur et les austères devoirs que lui imposait son dévoûment à toutes les infortunes. Avec cette robe noire, la Mayeux portait un large col rabattu, blanc et net comme son petit bonnet de gaze à rubans gris, qui, laissant voir ses deux bandeaux de beaux cheveux bruns, encadrait son mélancolique visage aux doux yeux bleus; ses mains longues et fluettes, préservées du froid par des gants, n'étaient plus, comme naguère, violettes et marbrées, mais d'une blancheur presque diaphane.

Les traits altérés de la Mayeux exprimaient une vive inquiétude. Mademoiselle de Cardoville, au comble de la surprise, s'écria : — Que dites-vous ?...

— M. Rodin vous trahit, mademoiselle.

— Lui !... C'est impossible...

— Ah ! mademoiselle... mes pressentimens ne m'avaient pas trompée.

— Vos pressentimens ?

— La première fois que je me suis trouvée en présence de M. Rodin, malgré moi j'ai été saisie de frayeur; mon cœur s'est douloureusement serré... et j'ai craint..., pour vous... mademoiselle.

— Pour moi ? — dit Adrienne — et pourquoi n'avez-vous pas craint pour vous, ma pauvre amie ?

— Je ne sais, mademoiselle, mais tel a été mon premier mouvement, et cette frayeur était si invincible que, malgré la bienveillance que M. Rodin me témoignait pour ma sœur, il m'épouvantait toujours.

— Cela est étrange. Mieux que personne je comprends l'influence presque irrésistible des sympathies ou des aversions;... mais, dans cette circonstance... Enfin — reprit Adrienne après un moment de réflexion... — il n'importe ; comment aujourd'hui vos soupçons se sont-ils changés en certitude ?

— Hier, j'étais allée porter à ma sœur Céphyse le secours que M. Rodin m'avait donné pour elle au nom d'une personne charitable... Je ne trouvai pas Céphyse chez l'amie qui l'avait recueillie... Je priai la portière de la maison de prévenir ma sœur que je reviendrais ce matin... C'est ce que j'ai fait. Mais, pardonnez-moi, mademoiselle, quelques détails nécessaires.

— Parlez, parlez, mon amie.

— La jeune fille qui a recueilli ma sœur chez elle — dit la pauvre Mayeux très embarrassée, en baissant les yeux et en rougissant — ne mène pas une conduite très régulière. Une personne avec qui elle a fait plusieurs parties de plaisir, nommée M. Dumoulin, lui avait appris le véritable nom de M. Rodin, qui, occupant dans cette maison un pied-à-terre, s'y faisait appeler M. Charlemagne.

— C'est ce qu'il nous a dit chez M. Baleinier; puis, avant-hier, revenant sur cette circonstance, il m'a expliqué la nécessité où il se trouvait pour certaines raisons d'avoir ce modeste logement dans ce quartier écarté... et je n'ai pu que l'approuver.

— Eh bien ! hier M. Rodin a reçu chez lui M. l'abbé d'Aigrigny !

— L'abbé d'Aigrigny ! — s'écria mademoiselle de Cardoville.

— Oui, mademoiselle, il est resté deux heures enfermé avec M. Rodin.

— Mon enfant, on vous aura trompée.

— Voici ce que j'ai su, mademoiselle: l'abbé d'Aigrigny était venu le matin pour voir M. Rodin; ne le trouvant pas, il avait laissé chez la portière son nom écrit sur du papier, avec ces mots : — *Je reviendrai dans deux heures.* — La jeune fille dont je vous ai parlé, mademoiselle, a vu ce papier. Comme tout ce qui regarde M. Rodin semble assez mystérieux, elle a eu la curiosité d'attendre M. l'abbé d'Aigrigny chez la portière pour le voir entrer, et, en effet, deux heures après, il est revenu et a trouvé M. Rodin chez lui.

— Non... non... — dit Adrienne en tressaillant — c'est impossible, il y a erreur...

— Je ne le pense pas, mademoiselle; car, sachant combien cette révélation était grave, j'ai prié la jeune fille de me faire à peu près le portrait de l'abbé d'Aigrigny.

— Eh bien?

— L'abbé d'Aigrigny a — m'a-t-elle dit — quarante ans environ; il est d'une taille haute et élancée, vêtu simplement, mais avec soin; ses yeux sont gris, très grands et très perçans, ses sourcils épais, ses cheveux châtains, sa figure complétement rasée et sa tournure très décidée.

— C'est vrai... — dit Adrienne, ne pouvant croire ce qu'elle entendait. — Ce signalement est exact.

— Tenant à avoir le plus de détails possible — reprit la Mayeux — j'ai demandé à la portière si M. Rodin et l'abbé d'Aigrigny semblaient courroucés l'un contre l'autre lorsqu'elle les a vus sortir de la maison; elle m'a dit que non; que l'abbé avait seulement dit à M. Rodin, en le quittant à la porte de la maison : « Demain... je vous écrirai... c'est convenu... »

— Est-ce donc un rêve, mon Dieu? — dit Adrienne en passant ses deux mains sur son front avec une sorte de stupeur : je ne puis douter de vos paroles, ma pauvre amie, et pourtant c'est M. Rodin qui vous a envoyée lui-même dans cette maison, pour y porter des secours à votre sœur; il se serait donc ainsi exposé à voir pénétrer par vous ses rendez-vous secrets avec l'abbé d'Aigrigny ! Pour un traître, ce serait bien maladroit.

— Il est vrai, j'ai fait aussi cette réflexion. Et cependant la rencontre de ces deux hommes m'a paru si menaçante pour vous, mademoiselle, que je suis revenue dans une grande épouvante.

Les caractères d'une extrême loyauté se résignent difficilement à croire aux trahisons; plus elles sont infâmes, plus ils en doutent; le caractère d'Adrienne était de ce nombre, et, de plus, une des qualités de son esprit était la rectitude : aussi, bien que très impressionnée par le récit de la Mayeux, elle reprit : — Voyons, mon amie, ne nous effrayons pas à tort, ne nous hâtons pas trop de croire au mal... Cherchons toutes deux à nous éclairer par le raisonnement : rappelons les faits. M. Rodin m'a ouvert les portes de la maison de M. Baleinier; il a devant moi porté plainte contre l'abbé d'Aigrigny; il a par ses menaces obligé la supérieure du couvent à lui rendre les filles du maréchal Simon; il est parvenu à découvrir la retraite du prince Djalma; il a exécuté fidèlement mes intentions au sujet de mon jeune parent; hier encore il m'a donné les plus utiles conseils... Tout ceci est bien réel, n'est-ce pas?

— Sans doute, mademoiselle.

— Maintenant, que M. Rodin, en mettant les choses au pis, ait une arrière-pensée, qu'il espère être généreusement rémunéré par nous, soit; mais, jusqu'à présent, son désintéressement a été complet...

— C'est encore vrai, mademoiselle — dit la pauvre Mayeux, obligée, comme Adrienne, de se rendre à l'évidence des faits accomplis.

— A cette heure, examinons la possibilité d'une trahison. Se réunir à l'abbé d'Aigrigny pour me trahir? mais me trahir : où? comment? sur quoi? Qu'ai-je à craindre? N'est-ce pas, au contraire, l'abbé d'Aigrigny et madame de Saint-Dizier qui vont avoir à rendre un compte à la justice du mal qu'ils m'ont fait?

— Mais alors, mademoiselle, comment expliquer la rencontre de deux hommes qui ont tant de motifs d'aversion et d'éloignement?... D'ailleurs, cela ne cache-t-il pas quelques projets sinistres? et puis, mademoiselle, je ne suis pas la seule à penser ainsi...

— Comment cela?

— Ce matin, en rentrant, j'étais si émue, que mademoiselle Florine m'a demandé la cause de mon trouble; je sais, mademoiselle, combien elle vous est attachée.

— Il est impossible de m'être plus dévouée ; récemment encore, vous m'avez vous-même appris le service signalé qu'elle m'a rendu pendant ma séquestration chez M. Baleinier.

— Eh bien ! mademoiselle, ce matin à mon retour, croyant nécessaire de vous faire avertir le plus tôt possible, j'ai tout dit à mademoiselle Florine. Comme moi, plus que moi peut-être, elle a été effrayée du rapprochement de Rodin et de M. d'Aigrigny. Après un moment de réflexion, elle m'a dit : — Il est, je crois, inutile d'éveiller mademoiselle ; qu'elle soit instruite de cette trahison deux ou trois heures plus tôt ou plus tard, peu importe ; pendant ces trois heures, je pourrai peut-être découvrir quelque chose. J'ai une idée que je crois bonne ; excusez-moi auprès de mademoiselle ; je reviens bientôt... Puis, mademoiselle Florine a fait demander une voiture, et elle est sortie.

— Florine est une excellente fille — dit mademoiselle de Cardoville en souriant, car la réflexion la rassurait complétement ; — mais, dans cette circonstance, je crois que son zèle et son bon cœur l'ont égarée, comme vous, ma pauvre amie ; savez-vous que nous sommes deux étourdies, vous et moi, de ne pas avoir jusqu'ici songé à une chose qui nous aurait à l'instant rassurées ?

— Comment donc, mademoiselle ?

— L'abbé d'Aigrigny redoute maintenant beaucoup M. Rodin ; il sera venu le chercher jusque dans ce réduit pour lui demander merci. Ne trouvez-vous par comme moi cette explication, non-seulement satisfaisante, mais la seule raisonnable ?

— Peut-être, mademoiselle — dit la Mayeux après un moment de réflexion.

— Oui, cela est probable... — Puis après un nouveau silence, et comme si elle eût cédé à une conviction supérieure à tous les raisonnemens possibles, elle s'écria : — Et pourtant, non, non ! croyez-moi, mademoiselle, on vous trompe, je le *sens*... toutes les apparences sont contre ce que j'affirme... mais, croyez-moi, ces pressentimens sont trop vifs pour ne pas être vrais... Et puis, enfin, est-ce que vous ne devinez pas trop bien les plus secrets instincts de mon cœur, pour que moi, je ne devine pas à mon tour les dangers qui vous menacent ?

— Que dites-vous ? qu'ai-je donc deviné ? — reprit mademoiselle de Cardoville involontairement émue, et frappée de l'accent convaincu et alarmé de la Mayeux, qui reprit :

— Ce que vous avez deviné ? Hélas ! toutes les ombrageuses susceptibilités d'une malheureuse créature à qui le sort a fait une vie à part ; et il faut bien que vous sachiez que si je me suis tue jusqu'ici, ce n'est pas par ignorance de ce que je vous dois ; car enfin qui vous a dit, mademoiselle, que le seul moyen de me faire accepter vos bienfaits sans rougir serait d'y attacher des fonctions qui me rendraient utile et secourable aux infortunes que j'ai si longtemps partagées ? Qui vous a dit, lorsque vous avez voulu me faire désormais asseoir à votre table, comme *votre amie*, moi, pauvre ouvrière, en qui vous vouliez glorifier le travail, la résignation et la probité, qui vous a dit, lorsque je vous répondais par des larmes de reconnaissance et de regrets, que ce n'était pas une fausse modestie, mais la conscience de ma difformité ridicule qui me faisait vous refuser ? Qui vous a dit que sans cela j'aurais accepté avec fierté au nom de mes sœurs du peuple ? Car vous m'avez répondu ces touchantes paroles : — *Je comprends votre refus, mon amie ; ce n'est pas une fausse modestie qui le dicte, mais un sentiment de dignité que j'aime et que je respecte.* — Qui donc vous a dit encore — reprit la Mayeux avec une animation croissante — que je serais bien heureuse de trouver une petite retraite solitaire dans cette magnifique maison, dont la splendeur m'éblouit ? Qui vous a dit cela, pour que vous ayiez daigné choisir, comme vous l'avez fait, le logement beaucoup trop beau que vous m'avez destiné ? Qui vous a dit encore que, sans envier l'élégance des charmantes créatures qui vous entourent et que j'aime déjà parce qu'elles vous aiment, je me sentirais toujours, par une comparaison involontaire, embarrassée, honteuse devant elles ? Qui vous a dit cela ? pour que vous ayiez toujours songé à les éloigner quand vous m'appeliez ici, mademoiselle ?... Oui, qui vous a enfin révélé toutes les pénibles et secrètes susceptibilités d'une position exceptionnelle comme la mienne ? Qui vous les a révélées ? Dieu, sans doute, lui qui, dans sa grandeur infinie, pourvoit à la création des mondes, et qui sait aussi paternellement s'occuper du pauvre petit insecte caché dans l'herbe... Et vous ne voulez pas que la reconnaissance d'un cœur que vous devinez si bien s'élève à son tour jusqu'à la divination de ce qui peut vous nuire? Non, non, mademoiselle, les uns ont l'instinct de leur propre conservation, d'autres, plus heureux, ont l'instinct de la conservation de ceux qu'ils chérissent... Cet instinct, Dieu me l'a donné... On vous trahit, vous dis-je... on vous trahit!

Et la Mayeux, le regard animé, les joues légèrement colorées par l'émotion, accentua si énergiquement ces derniers mots, les accompagna d'un geste si affirmatif, que mademoiselle de Cardoville, déjà ébranlée par les chaleureuses paroles de la jeune fille, on vint à partager ses appréhensions. Puis, quoiqu'elle eût déjà été à même d'apprécier l'intelligence supérieure, l'esprit remarquable de cette pauvre enfant du peuple, jamais mademoiselle de Cardoville n'avait entendu la Mayeux s'exprimer avec autant d'éloquence; touchante éloquence d'ailleurs, qui prenait sa source dans le plus noble des sentimens. Cette circonstance ajouta encore à l'impression que ressentait Adrienne. Au moment où elle allait répondre à la Mayeux, on frappa à la porte du salon où se passait cette scène, et Florine entra.

En voyant la physionomie alarmée de sa camériste, mademoiselle de Cardoville lui dit vivement: — Eh bien, Florine!... qu'y a-t-il de nouveau? d'où viens-tu, mon enfant?

— De l'hôtel Saint-Dizier, mademoiselle.

— Et pourquoi y aller? — demanda mademoiselle de Cardoville avec surprise.

— Ce matin, mademoiselle (et Florine désigna la Mayeux) m'a confié ses soupçons, ses inquiétudes;... je les ai partagés. La visite de M. l'abbé d'Aigrigny chez M. Rodin me paraissait déjà fort grave; j'ai pensé que, si M. Rodin s'était rendu depuis quelques jours à l'hôtel Saint-Dizier, il n'y aurait plus de doutes sur sa trahison....

— En effet — dit Adrienne de plus en plus inquiète. — Eh bien?

— Mademoiselle m'ayant chargé de surveiller le déménagement du pavillon, il y restait différens objets; pour me faire ouvrir l'appartement, il fallait m'adresser à madame Grivois; j'avais donc prétexte de retourner à l'hôtel.

— Ensuite... Florine... ensuite?

— Je tâchai de faire parler madame Grivois sur M. Rodin, mais ce fut en vain.

— Elle se défiait de vous, mademoiselle — dit la Mayeux. — On devait s'y attendre.

— Je lui demandai — continua Florine — si l'on avait vu M. Rodin à l'hôtel depuis quelque temps... Elle répondit évasivement. Alors, désespérant de rien savoir — reprit Florine — je quittai madame Grivois, et, pour que ma visite n'inspirât aucun soupçon, je me rendais au pavillon, lorsqu'en détournant une allée, que vois-je! à quelques pas de moi, se dirigeant vers la petite porte du jardin... M. Rodin, qui croyait sans doute sortir plus secrètement ainsi.

— Mademoiselle!... vous l'entendez — s'écria la Mayeux en joignant les mains d'un air suppliant; — rendez-vous à l'évidence...

— Lui!... chez la princesse de Saint-Dizier — s'écria mademoiselle de Cardoville, dont le regard, ordinairement si doux, brilla tout à coup d'une indignation véhémente; puis elle ajouta d'une voix légèrement altérée : — Continue, Florine.

— A la vue de M. Rodin, je m'arrêtai — reprit Florine — et reculant aussitôt, je gagnai le pavillon sans être vue, j'entrai vite dans le petit vestibule de la rue. Ses fenêtres donnent auprès de la porte du jardin; je les ouvre, laissant les persiennes fermées, je vois un fiacre; il attendait M. Rodin, car, quelques minutes après, il y monta en disant au cocher : — Rue Blanche, nº 39.

— Chez le prince!... — s'écria mademoiselle de Cardoville.

— Oui, mademoiselle.

— En effet, M. Rodin devait le voir aujourd'hui — dit Adrienne en réfléchissant.

— Nul douté que s'il vous trahit, mademoiselle, il trahit aussi le prince, qui, bien plus facilement que vous, deviendra sa victime.

— Infamie!... infamie!... infamie! — s'écria tout à coup mademoiselle de Cardoville en se levant, les traits contractés par une douloureuse colère... — Une trahison pareille!... Ah! ce serait à douter de tout... ce serait à douter de soi-même.

— Oh! mademoiselle... c'est effrayant! n'est-ce pas? — dit la Mayeux en frissonnant.

— Mais alors, pourquoi m'avoir sauvée, moi et les miens, avoir dénoncé l'abbé d'Aigrigny? — reprit mademoiselle de Cardoville. — En vérité, la raison s'y perd... C'est un abîme... Oh! c'est quelque chose d'affreux que le doute!

— En revenant — dit Florine en jetant un regard attendri et dévoué sur sa maîtresse — j'avais songé à un moyen qui permettrait à mademoiselle de s'assurer de ce qui est... mais il n'y aurait pas une minute à perdre...

— Que veux-tu dire? — reprit Adrienne en regardant Florine avec surprise.

— M. Rodin va être bientôt seul avec le prince — dit Florine.

— Sans doute — dit Adrienne.

— Le prince se tient toujours dans le petit salon qui s'ouvre sur la serre chaude... C'est là qu'il recevra M. Rodin.

— Ensuite? — reprit Adrienne.

— Cette serre chaude, que j'ai fait arranger d'après les ordres de mademoiselle, a son unique sortie par une petite porte donnant dans une ruelle; c'est par là que le jardinier entre chaque matin, afin de ne pas traverser les appartemens... Une fois son service terminé, il ne revient pas de la journée...

— Que veux-tu dire? Quel est ton projet? — dit Adrienne en regardant Florine de plus en plus surprise.

— Les massifs de plantes sont disposés de telle façon qu'il me semble que, lors même que le store qui peut cacher la glace séparant le salon de la serre chaude ne serait pas abaissé, on pourrait, je crois, sans être vu, s'approcher assez pour entendre ce qui se dit dans cette pièce... C'est toujours par la porte de la serre que j'entrais ces jours derniers pour en surveiller l'arrangement... Le jardinier avait une clef... moi une autre... Heureusement je ne la lui ai pas encore rendue... Avant une heure, mademoiselle peut savoir à quoi s'en tenir sur M. Rodin;... car, s'il trahit le prince... il la trahit aussi.

— Que dis-tu? — s'écria mademoiselle de Cardoville.

— Mademoiselle part à l'instant avec moi; nous arrivons à la porte de la ruelle... J'entre seule pour plus de précaution, et si l'occasion me paraît favorable... je reviens...

— De l'espionnage... — dit mademoiselle de Cardoville avec hauteur et en interrompant Florine — vous n'y songez pas...

— Pardon, mademoiselle — dit la jeune fille en baissant les yeux d'un air confus et désolé: — vous conserviez quelques soupçons;... ce moyen me semblait le seul qui pût ou les confirmer ou les détruire.

— S'abaisser jusqu'à aller surprendre un entretien? jamais — reprit Adrienne.

— Mademoiselle — dit tout à coup la Mayeux, pensive depuis quelque temps — permettez-moi de vous le dire, mademoiselle Florine a raison... Ce moyen est pénible... mais lui seul pourra vous fixer peut-être à tout jamais sur M. Rodin... Et puis enfin, malgré l'évidence des faits, malgré la presque certitude de nos pressentimens, les apparences les plus accablantes peuvent être trompeuses. C'est moi qui la première ai accusé M. Rodin auprès de vous... Je ne me pardonnerais de ma vie de l'avoir accusé à tort... Sans doute... il est, ainsi que vous le dites, mademoiselle, pénible d'épier... de surprendre une conversation... — Puis, faisant un violent et douloureux effort sur elle-même, la Mayeux ajouta, en tâchant de retenir les larmes de honte qui voilaient ses yeux : — Cependant, comme il s'agit de vous sauver peut-être, mademoiselle, car si c'est une trahison... l'avenir est effrayant... j'irai... si vous voulez... à votre place... pour...

— Pas un mot de plus, je vous en prie — s'écria mademoiselle de Cardoville en interrompant la Mayeux. Moi, je vous laisserais faire, à vous, ma pauvre amie, et dans mon seul intérêt... ce qui me semble dégradant... Jamais...

Puis s'adressant à Florine : — Va prier M. de Bonneville de faire atteler ma voiture à l'instant.

— Vous consentez ! — s'écria Florine en joignant les mains, sans chercher à contenir sa joie ; et ses yeux devinrent aussi humides de larmes.

— Oui, je consens — répondit Adrienne d'une voix émue — si c'est une guerre... une guerre acharnée qu'on veut me faire, il faut s'y préparer... et il y aurait, après tout, faiblesse et duperie à ne pas se mettre sur ses gardes. Sans doute, cette démarche me répugne, me coûte ; mais c'est le seul moyen d'en finir avec des soupçons qui seraient pour moi un tourment continuel... et de prévenir peut-être de grands maux. Puis, pour des raisons fort importantes, cet entretien de M. Rodin et du prince Djalma... peut être pour moi doublement décisif, quant à la confiance ou à l'inexorable haine que j'aurai pour M. Rodin. Ainsi, vite, Florine, un manteau, un chapeau et ma voiture... tu m'accompagneras... Vous, mon amie, attendez-moi ici, je vous prie — ajouta-t-elle en s'adressant à la Mayeux.

Une demi-heure après cet entretien, la voiture d'Adrienne s'arrêtait, ainsi qu'on l'a vu, à la petite porte du jardin de la rue Blanche.

Florine entra dans la serre, et revint bientôt dire à sa maîtresse : — Le store est baissé, mademoiselle ; M. Rodin vient d'entrer dans le salon où est le prince...

Mademoiselle de Cardoville assista donc, invisible, à la scène suivante, qui se passa entre Rodin et Djalma.

CHAPITRE VIII.

LA LETTRE.

Quelques instans avant l'entrée de mademoiselle de Cardoville dans la serre chaude, Rodin avait été introduit par Faringhea auprès du prince, qui, encore sous l'empire de l'exaltation passionnée où l'avaient plongé les paroles du métis, ne paraissait pas s'apercevoir de l'arrivée du jésuite.

Celui-ci, surpris de l'animation des traits de Djalma, de son air presque égaré, fit un signe interrogatif à Faringhea, qui répondit aussi à la dérobée et de la manière symbolique que voici : après avoir posé son index sur son cœur et sur son front, il montra du doigt l'ardent brasier qui brûlait dans la cheminée ; cette pantomime signifiait que la tête et le cœur de Djalma étaient en feu. Rodin comprit sans doute, car un imperceptible sourire de satisfaction effleura ses lèvres blafardes ; puis il dit tout haut à Faringhea : — Je désire être seul avec le prince ;... baissez le store, et veillez à ce que nous ne soyons pas interrompus...

Le métis s'inclina, alla toucher un ressort placé auprès de la glace sans tain, et elle rentra dans l'épaisseur de la muraille à mesure que le store s'abaissa ; s'inclinant de nouveau, le métis quitta le salon. Ce fut donc peu de temps après sa sortie que mademoiselle de Cardoville et Florine arrivèrent dans la serre chaude, qui n'était plus séparée de la pièce où se trouvait Djalma que par l'épaisseur transparente du store de soie blanche brodée de grands oiseaux de couleur.

Le bruit de la porte que Faringhea ferma en sortant sembla rappeler le jeune Indien à lui-même ; ses traits, encore légèrement animés, avaient cependant repris leur expression de calme et de douceur ; il tressaillit, passa la main sur son front, regarda autour de lui, comme s'il sortait d'une rêverie profonde ; puis, s'avançant vers Rodin d'un air à la fois respectueux et confus, il lui dit, en employant une appellation habituelle à ceux de son pays envers les vieillards : — Pardon, mon père...

Et toujours selon la coutume pleine de déférence des jeunes gens envers les vieillards, il voulut prendre la main de Rodin pour la porter à ses lèvres, hommage auquel le jésuite se refusa en se reculant d'un pas.

— Et de quoi me demandez-vous pardon, mon cher prince ? — dit-il à Djalma.

— Quand vous êtes entré je rêvais ; je ne suis pas tout de suite venu à vous... Encore pardon, mon père...
— Et je vous pardonne de nouveau, mon cher prince ; mais causons, si vous le voulez bien ; reprenez votre place sur ce canapé... et même votre pipe, si le cœur vous en dit.
Mais Djalma, au lieu de se rendre à l'invitation de Rodin et de s'étendre sur le divan, selon son habitude, s'assit sur un fauteuil, malgré les instances du *vieillard au cœur bon*, ainsi qu'il appelait le jésuite.
— En vérité, vos formalités me désolent, mon cher prince — lui dit Rodin ; — vous êtes ici chez vous, au fond de l'Inde, ou du moins nous désirons que vous croyiez y être.
— Bien des choses me rappellent ici mon pays — dit Djalma d'une voix douce et grave. — Vos bontés me rappellent mon père, et celui qui l'a remplacé auprès de moi — ajouta l'Indien en songeant au maréchal Simon, dont on lui avait jusqu'alors et pour cause laissé ignorer l'arrivée.
Après un moment de silence, il reprit d'un ton rempli d'abandon, en tendant sa main à Rodin : — Vous voilà, je suis heureux.
— Je comprends votre joie, mon cher prince, car je viens vous désemprisonner... ouvrir votre cage... Je vous avais prié de vous soumettre à cette petite réclusion volontaire, absolument dans votre intérêt.
— Demain je pourrai sortir ?
Aujourd'hui même, mon cher prince.
Le jeune Indien réfléchit un instant, et reprit : — J'ai des amis, puisque je suis ici dans ce palais qui ne m'appartient pas ?
— En effet... vous avez des amis... d'excellens amis... — répondit Rodin.
A ces mots la figure de Djalma sembla s'embellir encore. Les plus nobles sentimens se peignirent tout à coup sur cette mobile et charmante physionomie ; ses grands yeux noirs devinrent légèrement humides ; après un nouveau silence, il se leva, disant à Rodin d'une voix émue : — Venez.
— Où cela, cher prince ?... — dit l'autre fort surpris.
— Remercier mes amis... j'ai attendu trois jours ;... c'est long.
— Permettez, cher prince... permettez.. j'ai à ce sujet bien des choses à vous apprendre, veuillez vous rasseoir.
Djalma se rassit docilement sur son fauteuil.
Rodin reprit : — Il est vrai... vous avez des amis... ou plutôt vous avez *un* ami ; *les* amis sont rares.
— Mais vous ?
— C'est juste... Vous avez donc deux amis, mon cher prince : moi... que vous connaissez... et un autre que vous ne connaissez pas... et qui désire vous rester inconnu...
— Pourquoi ?
— Pourquoi ? — répondit Rodin un peu embarrassé, parce que le bonheur qu'il éprouve à vous donner des preuves de son amitié... sont au prix de ce mystère.
— Pourquoi se cacher quand on fait le bien ?
— Quelquefois pour cacher le bien qu'on fait, mon cher prince.
— Je profite de cette amitié ; pourquoi se cacher de moi ?
Les *pourquoi* réitérés du jeune Indien semblaient assez désorienter Rodin, qui reprit cependant : — Je vous l'ai dit, cher prince, votre ami secret verrait peut-être sa tranquillité compromise s'il était connu...
— S'il était connu... pour mon ami ?
— Justement, cher prince.
Les traits de Djalma prirent aussitôt une expression de dignité triste ; il releva fièrement la tête, et dit d'une voix hautaine et sévère : — Puisque cet ami se cache, c'est qu'il rougit de moi ou que je dois rougir de lui... je n'accepte d'hospitalité que des gens dont je suis digne ou qui sont dignes de moi ;... je quitte cette maison.
Et ce disant, Djalma se leva si résolument que Rodin s'écria : — Mais écoutez-moi donc, mon cher prince... vous êtes, permettez-moi de vous le dire, d'une pétulance, d'une susceptibilité incroyables... Quoique nous ayons tâché de vous rappeler votre beau pays, nous sommes ici en pleine Europe, en pleine France, en plein Paris ; cette considération doit un peu modifier votre manière de voir ; je vous en conjure, écoutez-moi.

Djalma, malgré la complète ignorance de certaines conventions sociales, avait trop de bon sens, trop de droiture, pour ne pas se rendre à la raison, quand elle lui semblait... raisonnable; les paroles de Rodin le calmèrent. Avec cette modestie ingénue dont les natures pleines de force et de générosité sont presque toujours douées, il répondit doucement : — Mon père, vous avez raison, je ne suis plus dans mon pays ;... ici... les habitudes sont différentes ; je vais réfléchir.

Malgré sa ruse et sa souplesse, Rodin se trouvait parfois dérouté par les allures sauvages et par l'imprévu des idées du jeune Indien. Aussi le vit-il, à sa grande surprise, rester pensif pendant quelques minutes; après quoi, Djalma reprit d'un ton calme mais fermement convaincu : — Je vous ai obéi, j'ai réfléchi, mon père.

— Eh bien, mon cher prince ?

— Dans aucun pays du monde, sous aucun prétexte, un homme d'honneur qui a de l'amitié pour un autre homme d'honneur, ne doit la cacher.

— Mais s'il y a pour lui danger d'avouer cette amitié ?... — dit Rodin, fort inquiet de la tournure que prenait l'entretien.

Djalma regarda le jésuite avec un étonnement dédaigneux, et ne répondit pas.

— Je comprends votre silence, mon cher prince ; un homme courageux doit braver le danger, soit ; mais si c'était vous que le danger menaçât, dans le cas où cette amitié serait découverte, cet homme d'honneur ne serait-il pas excusable, louable même, de vouloir rester inconnu ?

— Je n'accepte rien d'un ami qui me croit capable de le renier par lâcheté...

— Cher prince, écoutez-moi.

— Adieu, mon père.

— Réfléchissez...

— J'ai dit... — reprit Djalma d'un ton bref et presque souverain en marchant vers la porte.

— Eh, mon Dieu ! s'il s'agissait d'une femme ? — s'écria Rodin, poussé à bout et courant à lui, car il craignit réellement de voir Djalma quitter la maison, et renverser ainsi absolument ses projets.

Aux derniers mots de Rodin, l'Indien s'arrêta brusquement.

— Une femme ? — dit-il en tressaillant et devenant vermeil — il s'agit d'une femme ?

— Eh bien, oui ! s'il s'agissait d'une femme... — reprit Rodin — comprendriez-vous sa réserve, le secret dont elle est obligée d'entourer les preuves d'affection qu'elle désire vous donner ?

— Une femme ? — répéta Djalma d'une voix tremblante en joignant les mains avec adoration... Et son ravissant visage exprima un saisissement ineffable, profond. — Une femme ? — dit-il encore — une Parisienne ?...

— Oui, mon cher prince, puisque vous me forcez à cette indiscrétion, il faut bien vous l'avouer ; il s'agit d'une... véritable Parisienne... d'une digne matrone... remplie de vertus, et dont le... grand âge mérite tous vos respects.

— Elle est bien vieille ? — s'écria le pauvre Djalma, dont le rêve charmant disparaissait tout à coup.

— Elle serait mon aînée de quelques années — répondit Rodin avec un sourire ironique, s'attendant à voir le jeune homme exprimer une sorte de dépit comique ou de regret courroucé.

Il n'en fut rien. A l'enthousiasme amoureux, passionné, qui avait un instant éclaté sur les traits du prince, succéda une expression respectueuse et touchante ; il regarda Rodin avec attendrissement et lui dit d'une voix émue :

— Cette femme est donc pour moi une mère ?

Il est impossible de rendre avec quel charme à la fois pieux, mélancolique et tendre, l'Indien accentua le mot *une mère*.

— Vous l'avez dit, mon cher prince, cette respectable dame veut être une mère pour vous... Mais je ne puis vous révéler la cause de l'affection qu'elle vous porte... Seulement, croyez-moi, cette affection est sincère ; la cause en est honorable ; si je ne vous en dis pas le secret, c'est que chez nous les secrets des femmes, jeunes ou vieilles, sont sacrés.

— Cela est juste, et son secret sera sacré pour moi ; sans la voir, je l'aimerai avec respect. Ainsi l'on aime Dieu sans le voir...

— Maintenant, cher prince, laissez-moi vous dire quelles sont les intentions de votre maternelle amie... Cette maison restera toujours à votre disposition si vous vous y plaisez : des domestiques français, une voiture et des chevaux seront à vos ordres; l'on se chargera des comptes de votre maison. Puis, comme un fils de roi doit vivre royalement, j'ai laissé dans la chambre voisine une cassette renfermant cinq cents louis; chaque mois une somme pareille vous sera comptée; si elle ne vous suffit pas pour ce que nous appelons vos menus plaisirs, vous me le direz, on l'augmentera...

A un mouvement de Djalma, Rodin se hâta d'ajouter : — Je dois vous dire tout de suite, mon cher prince, que votre délicatesse doit être parfaitement en repos. D'abord... on accepte tout d'une mère... puis, comme dans trois mois environ, vous serez mis en possession d'un énorme héritage, il vous sera facile, si cette obligation vous pèse (et c'est à peine si la somme, au pis-aller, s'élèvera à quatre ou cinq mille louis), il vous sera facile de rembourser ces avances; ne ménagez donc rien, satisfaites à toutes vos fantaisies... on désire que vous paraissiez dans le plus grand monde de Paris, comme doit paraître le fils d'un roi surnommé le *Père du Généreux*. Ainsi, encore une fois, je vous en conjure, ne soyez pas retenu par une fausse délicatesse... si cette somme ne vous suffit pas...

— Je demanderai... davantage; ma mère a raison... un fils de roi doit vivre en roi.

Telle fut la réponse que fit l'Indien, avec une simplicité parfaite, sans paraître étonné le moins du monde de ces offres fastueuses; et cela devait être: Djalma eût fait ce qu'on faisait pour lui, car l'on sait quelles sont les traditions de prodigue magnificence et de splendide hospitalité des princes indiens. Djalma avait été aussi ému que reconnaissant en apprenant qu'une femme l'aimait d'affection maternelle... Quant au luxe dont elle voulait l'entourer, il l'acceptait sans étonnement et sans scrupule.

Cette *résignation* fut une autre déconvenue pour Rodin, qui avait préparé plusieurs excellens argumens pour engager l'Indien à accepter.

— Voici donc ce qui est bien convenu, mon cher prince — reprit le jésuite; — maintenant, comme il faut que vous voyiez le monde, et que vous y entriez par la meilleure porte, ainsi que nous disions... un des amis de votre maternelle protectrice, M. le comte de Montbron, vieillard rempli d'expérience et appartenant à la plus haute société, vous présentera dans l'élite des maisons de Paris...

— Pourquoi ne m'y présentez-vous pas, vous, mon père?

— Hélas! mon cher prince, regardez-moi donc;... dites-moi si ce serait là mon rôle... Non, non, je vis seul et retiré. Et puis — ajouta Rodin après un silence en attachant sur le jeune prince un regard pénétrant, attentif et curieux, comme s'il eût voulu le soumettre à une sorte d'expérimentation par les paroles suivantes — et puis, voyez-vous, M. de Montbron sera mieux à même que moi, dans le monde où il va... de vous éclairer sur les piéges que l'on pourrait vous tendre. Car si vous avez des amis..... vous avez aussi des ennemis... vous le savez, de lâches ennemis, qui ont abusé d'une manière infâme de votre confiance, qui se sont raillés de vous. Et comme malheureusement leur puissance égale leur méchanceté, il serait peut-être plus prudent à vous de tâcher de les éviter... de les fuir... au lieu de leur résister en face.

Au souvenir de ses ennemis, à la pensée de les fuir, Djalma frissonna de tout son corps, ses traits devinrent tout à coup d'une pâleur livide; ses yeux démesurément ouverts, et dont la prunelle se cercla ainsi de blanc, étincelèrent d'un feu sombre; jamais le mépris, la haine, la soif de la vengeance n'éclatèrent plus terribles sur une face humaine... Sa lèvre supérieure, d'un rouge de sang, laissant voir ses petites dents blanches et serrées, se retroussait mobile, convulsive, et donnait à sa physionomie, naguère si charmante, une expression de férocité tellement animale, que Rodin se leva de son fauteuil et s'écria :

— Qu'avez-vous... prince?... vous m'épouvantez!

Djalma ne répondit pas; à demi penché sur son siége, ses deux mains crispées par la rage, appuyées l'une sur l'autre, il semblait se cramponner à l'un des bras du fauteuil, de peur de céder à un accès de fureur épouvantable. A ce moment, le hasard voulut que le bout d'ambre du tuyau de houka eût roulé sous son pied; la tension violente qui contractait tous les nerfs de l'Indien était si puissante, il était, malgré sa jeunesse et sa svelte apparence, d'une telle vigueur, que d'un brusque mouvement il pulvérisa le bout d'ambre malgré son extrême dureté.

— Mais, au nom du ciel ! qu'avez-vous, prince ? — s'écria Rodin.

— Ainsi j'écraserai mes lâches ennemis — s'écria Djalma, le regard menaçant et enflammé.

Puis, comme si ces paroles eussent mis le comble à sa rage, il bondit de son siége, et alors, les yeux hagards, il parcourut le salon pendant quelques secondes, allant et venant dans tous les sens, comme s'il eût cherché une arme autour de lui, poussant de temps à autre une sorte de cri rauque, qu'il tâchait d'étouffer en portant ses deux poings crispés à sa bouche... tandis que ses mâchoires tressaillaient convulsivement... C'était la rage impuissante de la bête féroce altérée de carnage. Le jeune Indien était ainsi d'une beauté grande et sauvage ; on sentait que ces divins instincts d'une ardeur sanguinaire et d'une aveugle intrépidité, alors exaltés à ce point par l'horreur de la trahison et de la lâcheté, dès qu'ils s'appliquaient à la guerre ou à ces chasses gigantesques de l'Inde, plus meurtrières encore que la bataille, devaient faire de Djalma ce qu'il était : un héros.

Rodin admirait avec une joie sinistre et profonde la fougueuse impétuosité des passions de ce jeune Indien, qui, dans des circonstances données, devaient faire des explosions terribles. Tout à coup, à la grande surprise du jésuite, cette tempête se calma. La fureur de Djalma s'apaisa presque subitement, parce que la réflexion lui en démontra bientôt la vanité. Alors, honteux de cet emportement puéril, il baissa les yeux. Sa figure resta pâle et sombre ; puis, avec une tranquillité froide, plus redoutable encore que la violence à laquelle il venait de se laisser entraîner, il dit à Rodin :

— Mon père, vous me conduirez aujourd'hui en face de mes ennemis.

— Et dans quel but, mon cher prince ?... Que voulez-vous ?

— Tuer ces lâches !

— Les tuer !!! Vous n'y pensez pas.

— Faringhea m'aidera.

— Encore une fois, songez donc que vous n'êtes pas ici sur les bords du Gange, où l'on tue son ennemi comme on tue le tigre à la chasse.

— On se bat avec un ennemi loyal, on tue un traître comme un chien maudit — reprit Djalma avec autant de conviction que de tranquillité.

— Ah ! prince... vous dont le père a été appelé le Père du Généreux — dit Rodin d'une voix grave — quelle joie trouverez-vous à frapper des êtres aussi lâches que méchans ?

— Détruire ce qui est dangereux est un devoir.

— Ainsi... prince... la vengeance ?

— Je ne me venge pas d'un serpent — dit l'Indien d'une hauteur amère — je l'écrase.

— Mais, mon cher prince, ici on ne se débarrasse pas de ses ennemis de cette façon ; si l'on a à se plaindre...

— Les femmes et les enfans se plaignent — dit Djalma en interrompant Rodin ; — les hommes frappent.

— Toujours au bord du Gange, mon cher prince ; mais pas ici... Ici la société prend en main votre cause, l'examine, la juge, et, s'il y a lieu, punit...

— Dans mon offense, je suis juge et bourreau...

— De grâce, écoutez-moi : vous avez échappé aux piéges odieux de vos ennemis, n'est-ce pas ? Eh bien ! supposez que cela ait été grâce au dévoûment de la vénérable femme qui a pour vous la tendresse d'une mère ; maintenant si elle vous demandait leur grâce, elle qui vous a sauvé d'eux... que feriez-vous ?

L'Indien baissa la tête, resta quelques momens sans répondre.

Profitant de son hésitation, Rodin continua : — Je pourrais vous dire : Prince, je connais vos ennemis ; mais dans la crainte de vous voir commettre quelque terrible imprudence, je vous cacherai leurs noms à tout jamais. Eh bien ! non, je vous jure que, si la respectable personne qui vous aime comme un fils trouve juste et utile que je vous dise ces noms, je vous les dirai ; mais jusqu'à ce qu'elle ait prononcé, je me tairai.

Djalma regarda Rodin d'un air sombre et courroucé.

A ce moment, Faringhea entra et dit à Rodin :

— Un homme, porteur d'une lettre, est allé chez vous... On lui a dit que vous étiez ici... Il est venu... Faut-il recevoir cette lettre ? Il dit que c'est de la part de M. l'abbé d'Aigrigny...

— Certainement — dit Rodin ; puis il ajouta : — Si le prince le permet ! Djalma fit un signe de tête. Faringhea sortit...

— Vous pardonnez, cher prince ; j'attendais ce matin une lettre fort importante ; comme elle tardait à venir, ne voulant pas manquer de vous voir, j'ai recommandé chez moi de m'envoyer cette lettre ici.

Quelques instans après, Faringhea revint avec une lettre qu'il remit à Rodin ; après quoi le métis sortit.

CHAPITRE IX.

ADRIENNE ET DJALMA.

Lorsque Faringhea eut quitté le salon, Rodin prit la lettre de l'abbé d'Aigrigny d'une main, et de l'autre parut chercher quelque chose, d'abord dans la poche de côté de sa redingote, puis dans sa poche de derrière, puis dans le gousset de son pantalon ; puis enfin, ne trouvant rien, il posa la lettre sur le genou râpé de son pantalon noir, et se *tâta* partout, des deux mains, d'un air de regret et d'inquiétude.

Les divers mouvemens de cette pantomime, jouée avec une bonhomie parfaite, furent couronnés par cette exclamation : — Ah ! mon Dieu ! c'est désolant !

— Qu'avez-vous ? — lui demanda Djalma, sortant du sombre silence où il était plongé depuis quelques instans.

— Hélas ! mon cher prince — reprit Rodin — il m'arrive la chose du monde la plus vulgaire, la plus puérile, ce qui ne l'empêche pas d'être pour moi infiniment fâcheuse... j'ai oublié ou perdu mes lunettes ; or, par ce demi-jour et surtout à cause de la détestable vue que le travail et les années m'ont faite, il m'est absolument impossible de lire cette lettre, fort importante, car on attend de moi une réponse très prompte, très simple et très catégorique, un oui ou un non... L'heure presse ; c'est désespérant... Si encore — ajouta Rodin en appuyant sur ces mots sans regarder Djalma, mais afin que ce dernier les remarquât — si encore quelqu'un pouvait me rendre ce service de lire pour moi... mais non... personne... personne...

— Mon père, lui dit obligeamment Djalma — voulez-vous que je lise pour vous ? La lecture finie, j'aurai oublié ce que j'aurai lu.

— Vous ? — s'écria Rodin, comme si la proposition de l'Indien lui eût semblé à la fois exorbitante et dangereuse — c'est impossible, prince... vous... lire cette lettre...

— Alors, excusez ma demande — dit doucement Djalma.

— Mais, au fait — reprit Rodin après un moment de réflexion et se parlant à lui-même — pourquoi non ?

Et il ajouta en s'adressant à Djalma : — Vraiment, vous auriez cette complaisance, mon cher prince ? Je n'aurais pas osé vous demander ce service.

Ce disant, Rodin remit la lettre à Djalma, qui la lut à voix haute.

Cette lettre était ainsi conçue :

« Votre visite de ce matin à l'hôtel de Saint-Dizier, d'après ce qui m'a
» été rapporté, doit être considérée comme une nouvelle agression de votre
» part.

» Voici la dernière proposition que l'on vous a annoncée ; peut-être
» sera-t-elle aussi infructueuse que la démarche que j'ai bien voulu tenter
» hier en me rendant rue Clovis.

» Après cette longue et pénible explication, je vous ai dit que je vous écri-
» rais ; je tiens ma promesse, voici donc mon ultimatum.

» Et d'abord un avertissement : Prenez garde... Si vous vous opiniâtrez à
» soutenir une lutte inégale, vous serez exposé même à la haine de ceux
» que vous voulez follement protéger. On a mille moyens de vous perdre au-
» près d'eux en les éclairant sur vos projets. On leur prouvera que vous avez

» trempé dans le complot que vous prétendez maintenant dévoiler, et cela
» non pas par générosité, mais par cupidité. »

Quoique Djalma eût la parfaite délicatesse de sentir que la moindre question à Rodin au sujet de cette lettre serait une grave indiscrétion, il ne put s'empêcher de tourner vivement la tête vers le jésuite en lisant ce passage.

— Mon Dieu, oui ! il s'agit de moi... de moi-même. Tel que vous me voyez, mon cher prince — ajouta-t-il en faisant allusion à ses vêtemens sordides — on m'accuse de cupidité.

— Et quels sont ces gens que vous protégez ?

— Mes protégés ?... — dit Rodin en feignant quelque hésitation, comme s'il eût été embarrassé pour répondre — qui sont mes protégés ?... Hum... hum... je vais vous dire... Ce sont... ce sont de pauvres diables sans aucune ressource, gens de rien, mais gens de bien, n'ayant que leur bon droit dans... un procès qu'ils soutiennent ; ils sont menacés d'être écrasés par des gens puissans, très puissans... Ceux-là, heureusement, ne sont pas assez connus pour que je puisse les démasquer au profit de mes protégés... Que voulez-vous ?... pauvre et chétif, je me range naturellement du côté des pauvres et des chétifs... Mais continuez, je vous prie...

Djalma reprit :

« Vous avez donc tout à redouter en continuant de nous être hostile, et
» rien à gagner en embrassant le parti de ceux que vous appelez vos amis ;
» ils seraient plus justement nommés vos dupes, car s'il était sincère, votre
» désintéressement serait inexplicable... Il doit donc cacher, et il cache, je le
» répète, des arrière-pensées de cupidité.
» Eh ! sous ce rapport même... on peut vous offrir un ample dédommage-
» ment, avec cette différence que vos espérances sont uniquement fondées
» sur la reconnaissance probable de vos amis, éventualité fort chanceuse,
» tandis que nos offres seront réalisées à l'instant même ; pour parler nette-
» ment, voici ce que l'on exige de vous : ce soir même, avant minuit pour
» tout délai, vous aurez quitté Paris, et vous vous engagerez à n'y pas re-
» venir avant six mois. »

Djalma ne put retenir un mouvement de surprise, et regarda Rodin.

— C'est tout simple — reprit-il ; — le procès de mes pauvres protégés sera jugé avant cette époque, et, en m'éloignant, on m'empêche de veiller sur eux ; vous comprenez, mon cher prince — dit Rodin avec une indignation amère. — Veuillez continuer et m'excuser de vous avoir interrompu ;... mais tant d'impudence me révolte...

Djalma continua :

« Pour que nous ayions la certitude de votre éloignement de Paris durant
» six mois, vous vous rendrez chez un de nos amis en Allemagne ; vous re-
» cevrez chez lui une généreuse hospitalité ; mais vous y demeurerez for-
» cément jusqu'à l'expiration du délai. »

— Oui... une prison volontaire — dit Rodin.

« A ces conditions, vous recevrez une pension de 1,000 fr. par mois, à dater
» de votre départ de Paris, 10,000 fr. comptant et 20,000 fr. après les six mois
» écoulés. Le tout vous sera suffisamment garanti. Enfin, au bout de six mois,
» on vous assurera une position aussi honorable qu'indépendante. »

Djalma s'étant arrêté par un mouvement d'indignation involontaire, Rodin lui dit : — Continuez, je vous prie, cher prince ; il faut lire jusqu'au bout, cela vous donnera une idée de ce qui se passe au milieu de notre civilisation.

Djalma reprit :

« Vous connaissez assez la marche des choses et ce que nous sommes pour
» savoir qu'en vous éloignant nous voulons seulement nous défaire d'un
» ennemi peu dangereux, mais très importun ; ne soyez pas aveuglé par
» votre premier succès. Les suites de votre dénonciation seront étouffées,
» parce qu'elle est calomnieuse ; le juge qui l'a accueillie se repentira cruelle-
» ment de son odieuse partialité. Vous pouvez faire de cette lettre tel usage
» que vous voudrez. Nous savons ce que nous écrivons, à qui nous écrivons
» et comment nous écrivons. Vous recevrez cette lettre à trois heures. Si, à
» quatre heures, nous n'avons pas de vous une acceptation de votre main,

» pleine et entière, au bas de cette lettre... la guerre recommence... non pas
» demain, mais ce soir. »

Cette lecture finie, Djalma regarda Rodin, qui lui dit : — Permettez-moi d'appeler Faringhea.

Et ce disant, il frappa sur un timbre. Le métis parut.

Rodin reçut la lettre des mains de Djalma, la déchira en deux morceaux, la froissa entre ses mains, de manière à en faire une espèce de boule, et dit au métis en la lui remettant : — Vous donnerez ce chiffon de papier à la personne qui attend, et vous lui direz que telle est ma réponse à cette lettre indigne et insolente; vous entendez bien... à cette lettre indigne et insolente.

— J'entends bien — dit le métis, et il sortit.

— C'est peut-être une guerre dangereuse pour vous, mon père — dit l'Indien avec intérêt.

— Oui, cher prince, dangereuse peut-être... Mais je ne fais pas comme vous... moi; je ne veux pas tuer mes ennemis parce qu'ils sont lâches et méchans... je les combats... sous l'égide de la loi; imitez-moi donc... — Puis, voyant les traits de Djalma se rembrunir, Rodin ajouta : — J'ai tort... je ne veux plus vous conseiller à ce sujet... Seulement, convenons de remettre cette question au seul jugement de votre digne et maternelle protectrice. Demain je la verrai; si elle y consent, je vous dirai les noms de vos ennemis. Sinon... non.

— Et cette femme... cette seconde mère... — dit Djalma, est d'un caractère tel que je pourrai me soumettre à son jugement?

— Elle... — s'écria Rodin en joignant les mains et en poursuivant avec une exaltation croissante; — elle... mais c'est ce qu'il y a de plus noble, de plus généreux, de plus vaillant sur la terre!... elle... votre protectrice! mais vous seriez réellement son fils... elle vous aimerait de toute la violence de l'amour maternel, que s'il s'agissait pour vous de choisir entre une lâcheté ou la mort, elle vous dirait : — Meurs! quitte à mourir avec vous.

— Oh! noble femme!... Ma mère était ainsi! — s'écria Djalma avec entraînement.

— Elle...—reprit Rodin dans un enthousiasme croissant, et se rapprochant de la fenêtre cachée par le store, sur lequel il jeta un regard oblique et inquiet. — Votre protectrice! mais figurez-vous donc le courage, la droiture, la loyauté en personne. Oh! loyale surtout!... Oui, c'est la franchise chevaleresque de l'homme de grand cœur jointe à l'altière dignité d'une femme qui, de sa vie... entendez-vous bien, de sa vie, non-seulement n'a jamais menti, non-seulement n'a jamais caché une de ses pensées, mais qui mourrait plutôt que de céder au moindre de ces petits sentiments d'astuce, de dissimulation ou de ruse presque forcés chez les femmes ordinaires par leur situation même.

Il est difficile d'exprimer l'admiration qui éclatait sur la figure de Djalma en entendant le portrait tracé par Rodin; ses yeux brillaient, ses joues se coloraient, son cœur palpitait d'enthousiasme.

— Bien, bien, noble cœur — lui dit Rodin en faisant un nouveau pas vers le store — j'aime à voir votre belle âme resplendir sur vos beaux traits... en m'entendant ainsi parler de votre protectrice inconnue. Ah! c'est qu'elle est digne de cette adoration sainte qu'inspirent les nobles cœurs, les grands caractères.

— Oh! je vous crois—s'écria Djalma avec exaltation;—mon cœur est pénétré d'admiration et aussi d'étonnement; car ma mère n'est plus, et une telle femme existe!

— Oh! oui, pour la consolation des affligés, elle existe; oui, pour l'orgueil de son sexe, elle existe; oui, pour faire adorer la vérité, exécrer le mensonge, elle existe... Le mensonge, la feinte surtout, n'ont jamais terni cette loyauté brillante et héroïque comme l'épée d'un chevalier... Tenez, il y a peu de jours, cette noble femme m'a dit d'admirables paroles, que je n'oublierai de ma vie : — Monsieur, dès que j'ai un soupçon sur quelqu'un que j'aime ou que j'estime...

Rodin n'acheva pas. Le store, si violemment secoué au dehors, que son ressort se brisa, se releva brusquement à la grande stupeur de Djalma, qui vit apparaître à ses yeux mademoiselle de Cardoville.

Le manteau d'Adrienne avait glissé de ses épaules, et au violent mouvement qu'elle fit en s'approchant du store, son chapeau, dont les rubans étaient dénoués, était tombé. Sortie précipitamment, n'ayant eu le temps que de jeter une pelisse sur le costume pittoresque et charmant dont par caprice elle s'habillait souvent dans sa maison, elle apparaissait si rayonnante de beauté aux yeux éblouis de Djalma, parmi ces feuilles et ces fleurs, que l'Indien se croyait sous l'empire d'un songe...

Les mains jointes, les grands yeux ouverts, le corps légèrement penché en avant, comme s'il l'eût fléchi pour prier, il restait pétrifié d'admiration.

Mademoiselle de Cardoville, émue, le visage légèrement coloré par l'émotion, sans entrer dans le salon, se tenait debout sur le seuil de la porte de la serre chaude.

Tout ceci s'était passé en moins de temps qu'il n'en faut pour l'écrire; à peine le store eut-il été relevé, que Rodin, feignant la surprise, s'écria :
— Vous ici... mademoiselle?

— Oui, monsieur — dit Adrienne d'une voix altérée — je viens terminer la phrase que vous avez commencée; je vous avais dit que, lorsqu'un soupçon me venait à l'esprit, je le disais hautement à la personne qui me l'inspirait. Eh bien! je l'avoue, à cette loyauté j'ai failli : j'étais venue pour vous épier, au moment même où votre réponse à l'abbé d'Aigrigny me donnait un nouveau gage de votre dévoûment et de votre sincérité ; je doutais de votre droiture au moment même où vous rendiez témoignage de ma franchise... Pour la première fois de ma vie, je me suis abaissée jusqu'à la ruse... cette faiblesse mérite une punition, je la subis ; une réparation, je vous la fais ; des excuses, je vous les offre...—Puis s'adressant à Djalma, elle ajouta:
— Maintenant, prince, le secret n'est plus permis... je suis votre parente, mademoiselle de Cardoville, et j'espère que vous accepterez d'une sœur une hospitalité que vous accepteriez d'une mère.

Djalma ne répondit pas. Plongé dans une contemplation extatique devant cette soudaine apparition qui surpassait les plus folles, les plus éblouissantes visions de ses rêves, il éprouvait une sorte d'ivresse qui, paralysant en lui la pensée, la réflexion, concentrait toute la puissance de son être dans la vue... et, de même que l'on cherche en vain à étancher une soif inextinguible..... le regard enflammé de l'Indien aspirait pour ainsi dire avec une avidité dévorante toutes les rares perfections de cette jeune fille.

En effet, jamais deux types plus divins n'avaient été mis en présence. Adrienne et Djalma offraient l'idéal de la beauté de l'homme et de la beauté de la femme. Il semblait y avoir quelque chose de fatal, de providentiel dans le rapprochement de ces deux natures si jeunes et si vivaces... si généreuses et si passionnées, si héroïques et si fières, qui, chose singulière, avant de se voir connaissaient déjà toute leur valeur morale ; car si, aux paroles de Rodin, Djalma avait senti s'éveiller dans son cœur une admiration aussi subite que vive et pénétrante pour les vaillantes et généreuses qualités de cette bienfaitrice inconnue, qu'il retrouvait dans mademoiselle de Cardoville, celle-ci avait été tour à tour émue, attendrie ou effrayée de l'entretien qu'elle venait de surprendre entre Rodin et Djalma, selon que celui-ci avait témoigné de la noblesse de son âme, de la délicate bonté de son cœur ou du terrible emportement de son caractère ; puis elle n'avait pu retenir un mouvement d'étonnement, presque d'admiration, à la vue de la surprenante beauté du prince, et bientôt après, un sentiment étrange, douloureux, une espèce de commotion électrique avait ébranlé tout son être lorsque ses yeux s'étaient rencontrés avec ceux de Djalma. Alors, cruellement troublée, et souffrant de ce trouble qu'elle maudissait, elle avait tâché de dissimuler cette impression profonde en s'adressant à Rodin pour s'excuser de l'avoir soupçonné... Mais le silence obstiné que gardait l'Indien venait de redoubler l'embarras mortel de la jeune fille.

Levant de nouveau les yeux vers le prince afin de l'engager à répondre à son offre fraternelle, Adrienne, rencontrant encore son regard d'une fixité sauvage et ardente, baissa les yeux avec un mélange d'effroi, de tristesse et de fierté blessée; alors elle se félicita d'avoir deviné l'inexorable nécessité où elle se voyait désormais de tenir Djalma éloigné d'elle, tant cette nature ardente et emportée lui causait déjà de craintes. Voulant mettre un terme à cette position pénible, elle dit à Rodin d'une voix basse et tremblante : — De grâce, monsieur... parlez au prince; répétez-lui mes offres... Je ne puis rester ici plus longtemps.

Ce disant, Adrienne fit un pas pour rejoindre Florine.

Djalma, au premier mouvement d'Adrienne, s'élança vers elle d'un bond comme un tigre sur la proie qu'on veut lui ravir. La jeune fille, épouvantée de l'expression d'ardeur farouche qui enflammait les traits de l'Indien, se rejeta en arrière en poussant un grand cri. A ce cri, Djalma revint à lui-même, et se rappela tout ce qui venait de se passer; alors pâle de regrets et de honte, tremblant, éperdu, les yeux noyés de larmes, les traits bouleversés et empreints du plus profond désespoir, il tomba aux genoux d'Adrienne, et, élevant vers elle ses mains jointes, il lui dit d'une voix adorablement douce, suppliante et timide : — Oh! restez..... restez..... ne me quittez pas..... depuis si longtemps...... je vous attends...

A cette prière faite avec la craintive ingénuité d'un enfant, avec une résignation qui contrastait si étrangement avec l'emportement farouche dont Adrienne venait d'être si fort effrayée, elle répondit, en faisant signe à Florine de se disposer à partir :

— Prince... il m'est impossible de rester plus long-temps ici...

— Mais vous reviendrez? — dit Djalma en contraignant ses larmes — je vous reverrai?...

— Oh! non, jamais!... jamais!... — dit mademoiselle de Cardoville d'une voix éteinte, puis, profitant du saisissement où sa réponse avait jeté Djalma, Adrienne disparut rapidement derrière un des massifs de la serre chaude.

Au moment où Florine, se hâtant de rejoindre sa maîtresse, passait devant Rodin, il lui dit d'une voix basse et rapide : — Il faut en finir demain avec la Mayeux.

Florine frissonna de tout son corps, et, sans répondre à Rodin, disparut comme Adrienne derrière un des massifs.

Djalma, brisé, anéanti, était resté à genoux, la tête baissée sur sa poitrine; sa ravissante physionomie n'exprimait ni colère ni emportement, mais une stupeur navrante; il pleurait silencieusement. Voyant Rodin s'approcher de lui, il se releva; mais il tremblait si fort, qu'il put à peine d'un pas chancelant regagner le divan, où il tomba en cachant sa figure dans ses mains.

Alors Rodin, s'avançant, lui dit d'un ton doucereux et pénétré :—Hélas!... je craignais ce qui arrive. Je ne voulais pas vous faire connaître votre bienfaitrice, et je vous avais même dit qu'elle était vieille; savez-vous pourquoi, cher prince?

Djalma, sans répondre, laissa tomber ses mains sur ses genoux, et tourna vers Rodin son visage encore inondé de larmes.

— Je savais que mademoiselle de Cardoville était charmante, je savais qu'à votre âge l'on devient facilement amoureux — poursuivit Rodin — et je voulais vous épargner ce malheureux inconvénient, mon cher prince, car votre belle protectrice aime éperdûment un beau jeune homme de cette ville...

A ces mots, Djalma porta vivement ses deux mains sur son cœur, comme s'il venait d'y recevoir un coup aigu, poussa un cri de douleur féroce, sa tête se renversa en arrière, et il retomba évanoui sur le divan.

Rodin l'examina froidement pendant quelques secondes, et dit en s'en allant et en brossant du coude son vieux chapeau : — Allons... ça mord... ça mord...

CHAPITRE X.

LES CONSEILS.

Il est nuit. Neuf heures viennent de sonner. C'est le soir du jour où mademoiselle de Cardoville s'est, pour la première fois, trouvée en présence de Djalma; Florine, pâle, émue, tremblante, vient d'entrer, un bougeoir à la main, dans une chambre à coucher meublée avec simplicité, mais très confortable.

Cette pièce fait partie de l'appartement occupé par la Mayeux chez Adrienne; il est situé au rez-de-chaussée et a deux entrées : l'une s'ouvre sur le jardin, l'autre sur la cour ; c'est de ce côté que se présentent les personnes qui viennent s'adresser à la Mayeux pour obtenir des secours ; une antichambre où l'on attend, un salon où elle reçoit les demandes, telles sont les pièces occupées par la Mayeux, et complétées par la chambre à coucher dans laquelle Florine vient d'entrer d'un air inquiet, presque alarmée, effleurant à peine le tapis du bout de ses pieds chaussés de satin, suspendant sa respiration et prêtant l'oreille au moindre bruit. Plaçant son bougeoir sur la cheminée, la camériste, après un rapide coup d'œil dans la chambre, alla vers un bureau d'acajou surmonté d'une jolie bibliothèque bien garnie ; la clef était aux tiroirs de ce meuble ; ils furent tous les trois visités par Florine. Ils contenaient différentes demandes de secours, quelques notes écrites de la main de la Mayeux. Ce n'était pas là ce que cherchait Florine. Un casier, contenant trois cartons, séparait la table du petit corps de bibliothèque ; ces cartons furent aussi vainement explorés ; Florine fit un geste de dépit chagrin, regarda autour d'elle, écouta encore avec anxiété, puis, avisant une commode, elle y fit de nouvelles et inutiles recherches. Au pied du lit était une petite porte conduisant à un grand cabinet de toilette ; Florine y pénétra, chercha d'abord, sans succès, dans une vaste armoire où étaient suspendues plusieurs robes noires nouvellement faites pour la Mayeux, par les ordres de mademoiselle de Cardoville. Apercevant au bas et au fond de cette armoire, et à demi cachée sous un manteau, une mauvaise petite malle, Florine l'ouvrit précipitamment ; elle y trouva soigneusement pliées les pauvres vieilles hardes dont la Mayeux était vêtue lorsqu'elle était entrée dans cette opulente maison.

Florine tressaillit, une émotion involontaire contracta ses traits ; songeant qu'il ne s'agissait pas de s'attendrir, mais d'obéir aux ordres implacables de Rodin, elle referma brusquement la malle et l'armoire, sortit du cabinet de toilette, et revint dans la chambre à coucher. Après avoir examiné le bureau, une idée subite lui vint. Ne se contentant pas de fouiller de nouveau les cartons, elle retira tout à fait le premier du casier, espérant peut-être trouver ce qu'elle cherchait entre le dos de ce carton et le fond de ce meuble ; mais elle ne vit rien. Sa seconde tentative fut plus heureuse : elle trouva caché, où elle l'espérait, un cahier de papier assez épais. Elle fit un mouvement de surprise, car elle s'attendait à autre chose ; pourtant elle prit ce manuscrit, l'ouvrit et le feuilleta rapidement. Après avoir parcouru plusieurs pages, elle manifesta son contentement et fit un mouvement pour mettre ce cahier dans sa poche ; mais après un moment de réflexion, elle le replaça où il était d'abord, rétablit tout en ordre, reprit son bougeoir, et quitta l'appartement sans avoir été surprise, ainsi qu'elle y avait compté, sachant la Mayeux auprès de mademoiselle de Cardoville pour quelques heures.

. . . .

Le lendemain des recherches de Florine, la Mayeux, seule dans sa chambre à coucher, était assise dans un fauteuil, au coin d'une cheminée où flambait un bon feu ; un épais tapis couvrait le plancher ; à travers les rideaux des fenêtres, on apercevait la pelouse d'un grand jardin ; le silence profond n'était interrompu que par le bruit régulier du balancement d'une pendule et par le pétillement du foyer. La Mayeux, les deux mains appuyées aux bras du fauteuil, se laissait aller à un sentiment de bonheur qu'elle n'avait jamais aussi complètement goûté depuis qu'elle habitait cet hôtel. Pour elle, habituée depuis si longtemps à de cruelles privations, il y avait un charme inexprimable dans le calme de cette retraite, dans la vue riante du jardin, et surtout dans la conscience de devoir le bien-être dont elle jouissait à la résignation et à l'énergie qu'elle avait montrées au milieu de tant de rudes épreuves heureusement terminées.

Une femme âgée, d'une figure douce et bonne, qui avait été, par la volonté expresse d'Adrienne, attachée au service de la Mayeux, entra et lui dit : — Mademoiselle, il y a là un jeune homme qui désire vous parler tout de suite pour une affaire très pressée... il se nomme Agricol Baudoin.

A ce nom, la Mayeux poussa un léger cri de joie et de surprise, rougit légèrement, se leva, et courut à la porte qui conduisait au salon où se trouvait Agricol.

— Bonjour, ma bonne Mayeux ! — dit le forgeron en embrassant cordialement la jeune fille, dont les joues devinrent brûlantes et cramoisies sous ces baisers fraternels.

— Ah! mon Dieu! — s'écria tout à coup l'ouvrière en regardant Agricol avec angoisse — et ce bandeau noir que tu as sur le front!... Tu as donc été blessé?

— Ce n'est rien — dit le forgeron — absolument rien... n'y songe pas... je te dirai tout à l'heure... comment cela m'est arrivé;... mais auparavant j'ai des choses bien importantes à te confier.

— Viens dans ma chambre alors; nous serons seuls — dit la Mayeux en précédant Agricol.

Malgré l'assez grande inquiétude qui se peignait sur les traits d'Agricol, il ne put s'empêcher de sourire de contentement en entrant dans la chambre de la jeune fille, et en regardant autour de lui.

— A la bonne heure, ma pauvre Mayeux... voilà comme j'aurais voulu toujours te voir logée; je reconnais bien là mademoiselle de Cardoville... Quel cœur!... quelle âme!... Tu ne sais pas... elle m'a écrit avant-hier... pour me remercier de ce que j'avais fait pour elle... en m'envoyant une épingle d'or très simple, que je pouvais accepter, m'a-t-elle écrit, car elle n'avait d'autre valeur que d'avoir été portée par sa mère... Si tu savais comme j'ai été touché de la délicatesse de ce don!

— Rien ne doit étonner d'un cœur pareil au sien — répondit la Mayeux.

— Mais ta blessure... ta blessure...

— Tout à l'heure, ma bonne Mayeux... j'ai tant de choses à t'apprendre!... Commençons par le plus pressé, car il s'agit, dans un cas très grave, de me donner un bon conseil... tu sais combien j'ai confiance dans ton excellent cœur et dans ton jugement... Et puis, après, je te demanderai de me rendre un bon service — oh, oui! un grand service — ajouta le forgeron d'un ton pénétré, presque solennel, qui étonna la Mayeux; puis il reprit :— Mais commençons par ce qui ne m'est pas personnel.

— Parle vite.

— Depuis que ma mère est partie avec Gabriel pour se rendre dans la petite cure de campagne qu'il a obtenue, et depuis que mon père loge avec M. le maréchal Simon et ses demoiselles, j'ai été, tu le sais, demeurer à la fabrique de M. Hardy, avec mes camarades, dans la *maison commune*. Or... ce matin... ah! il faut te dire que M. Hardy, de retour d'un long voyage qu'il a fait dernièrement, s'est de nouveau absenté depuis quelques jours, pour affaires. Ce matin donc, à l'heure du déjeuner, j'étais resté à travailler un peu après le dernier coup de cloche; je quittais les bâtimens de la fabrique pour aller au réfectoire, lorsque je vois entrer dans la cour une femme qui venait de descendre d'un fiacre; elle s'avance vivement vers moi; je remarque qu'elle est blonde, quoique son voile fût à moitié baissé, d'une figure aussi douce que jolie, et mise comme une personne très distinguée. Mais, frappé de sa pâleur, de son air inquiet, effrayé, je lui demande ce qu'elle désire : — Monsieur — me dit-elle d'une voix tremblante en paraissant faire un effort sur elle-même — êtes-vous l'un des ouvriers de cette fabrique? — Oui, madame. — M. Hardy est donc en danger? — s'écria-t-elle. — M. Hardy, madame! mais il n'est pas de retour à la fabrique. — Comment! reprit-elle — M. Hardy n'est pas revenu ici hier au soir, il n'a pas été très dangereusement blessé par une machine en visitant ses ateliers? — En prononçant ces mots, les lèvres de cette pauvre jeune dame tremblaient bien fort, et je voyais de grosses larmes rouler dans ses yeux. — Dieu merci, madame! rien n'est plus faux que tout cela — lui dis-je; — car M. Hardy n'est pas de retour; on annonce seulement son arrivée pour demain ou après. — Ainsi, monsieur... vous dites bien vrai, M. Hardy n'est pas arrivé, n'est pas blessé? — reprit la jolie dame en essuyant ses yeux. — Je vous dis la vérité, madame : si M. Hardy était en danger, je ne serais pas si tranquille en vous parlant de lui. — Ah! merci! mon Dieu! merci! — s'écria la jeune dame. — Puis elle m'exprima sa reconnaissance d'un air si heureux, si touché, que j'en fus ému. Mais tout à coup, comme si alors elle avait honte de la démarche qu'elle venait de faire, elle rabaissa son voile, me quitta précipitamment, sortit de la cour et remonta dans le fiacre qui l'avait amenée. Je me dis : c'est une dame qui s'intéresse à M. Hardy et qui aura été alarmée par un faux bruit.

— Elle l'aime sans doute — dit la Mayeux attendrie — et, dans son inquiétude, elle aura commis peut-être une imprudence en venant s'informer de ses nouvelles.

— Tu ne dis que trop vrai. Je la regarde remonter dans son fiacre avec intérêt, car son émotion m'avait gagné... Le fiacre repart... mais que vois-je quelques instans après! un cabriolet de place que la jeune dame n'avait pu apercevoir, caché qu'il était par l'angle d'une muraille; et au moment où il détourne, je distingue parfaitement un homme, assis à côté du cocher, lui faisant signe de prendre le même chemin que le fiacre.

— Cette pauvre jeune dame était suivie — dit la Mayeux avec inquiétude.

— Sans doute; aussi je m'élance après le fiacre, je l'atteins, et, à travers les stores baissés, je dis à la jeune dame, en courant à côté de la portière : —Madame, prenez garde à vous, vous êtes suivie par un cabriolet.

— Bien!... bien! Agricol... et t'a-t-elle répondu?

— Je l'ai entendue crier : — Grand Dieu! — avec un accent déchirant. Et le fiacre a continué de marcher. Bientôt le cabriolet a passé devant moi; j'ai vu à côté du cocher un homme grand, gros et rouge, qui, m'ayant vu courir après le fiacre, s'est peut-être douté de quelque chose, car il m'a regardé d'un air inquiet.

— Et quand arrive M. Hardy? — reprit la Mayeux.

— Demain ou après-demain; maintenant, ma bonne Mayeux, conseille-moi... Cette jeune dame aime M. Hardy, c'est évident... Elle est sans doute mariée, puisqu'elle avait l'air très embarrassé en me parlant et qu'elle a poussé un cri d'effroi en apprenant qu'on la suivait... Que dois-je faire?... J'avais envie de demander avis au père Simon; mais il est si rigide!... Et puis à son âge... une affaire d'amour!... Au lieu que toi, ma bonne Mayeux, qui es si délicate et si sensible... tu comprendras cela.

La jeune fille tressaillit, sourit avec amertume; Agricol ne s'en aperçut pas et continua : — Aussi je me suis dit : Il n'y a que la Mayeux qui puisse me conseiller. En admettant que M. Hardy revienne demain, dois-je lui dire ce qui s'est passé, ou bien...

— Attends donc... — s'écria tout à coup la Mayeux en interrompant Agricol et en paraissant rassembler ses souvenirs — lorsque je suis allée au couvent de Sainte-Marie demander de l'ouvrage à la supérieure, elle m'a proposé d'entrer ouvrière à la journée dans une maison où je devais... surveiller... tranchons le mot... espionner.

— La misérable!...

— Et sais-tu — dit la Mayeux — sais-tu chez qui l'on me proposait d'entrer pour faire cet indigne métier? Chez une dame de... Frémont ou Brémont, je ne me souviens plus bien, femme excessivement religieuse, mais dont la fille, jeune dame mariée, que je devais surtout épier — me dit la supérieure — recevait les visites trop assidues d'un manufacturier.

— Que dis-tu? — s'écria Agricol — ce manufacturier serait?...

— M. Hardy... j'avais trop de raisons pour ne pas oublier ce nom, que la supérieure a prononcé... Depuis ce jour tant d'événemens se sont passés, que j'avais oublié cette circonstance. Ainsi, il est probable que cette jeune dame est celle dont on m'avait parlé au couvent.

— Et quel intérêt la supérieure du couvent avait-elle à cet espionnage? — demanda le forgeron.

— Je l'ignore;... mais, tu le vois, l'intérêt qui la faisait agir subsiste toujours, puisque cette jeune dame a été épiée... et peut-être, à cette heure, est dénoncée... déshonorée... Ah! c'est affreux!

Puis, voyant Agricol tressaillir vivement, la Mayeux ajouta : — Mais qu'as-tu donc?...

— Et pourquoi non? — se dit le forgeron en se parlant à lui-même — si tout cela... partait de la même main!... La supérieure d'un couvent peut bien s'entendre avec un abbé... Mais alors... dans quel but...

— Explique-toi donc, Agricol — reprit la Mayeux. — Et puis enfin, ta blessure... comment l'as-tu reçue? Je t'en conjure, rassure-moi.

— Et c'est justement de ma blessure que je vais te parler... car, en vérité, plus j'y songe, plus l'aventure de cette jeune dame me paraît se relier à d'autres faits.

— Que dis-tu?

— Figure-toi que, depuis quelques jours, il se passe des choses singulières aux environs de notre fabrique : d'abord, comme nous sommes en carême, un abbé de Paris, un grand bel homme — dit-on — est déjà venu prêcher dans le petit village de Villiers, qui n'est qu'à un quart de lieue de nos ateliers... Cet abbé a trouvé moyen, dans son prêche, de calomnier et d'attaquer M. Hardy.

— Comment cela?

— M. Hardy a fait une sorte de règlement imprimé, relatif à notre travail et aux droits dans les bénéfices qu'il nous accorde : ce règlement est suivi de plusieurs maximes aussi nobles que simples, de quelques préceptes de fraternité à la portée de tout le monde, extraits de différens philosophes et de différentes religions... De ce que M. Hardy a choisi ce qu'il y avait de plus pur parmi les différens préceptes religieux, M. l'abbé a conclu que M. Hardy n'avait aucune religion, et il est parti de ce thème, non-seulement pour l'attaquer en chaire, mais pour désigner notre fabrique comme un foyer de perdition, de damnation et de corruption, parce que, le dimanche, au lieu d'aller écouter ses sermons ou d'aller au cabaret, nos camarades, leurs femmes et leurs enfans passent la journée à cultiver leurs petits jardins, à faire des lectures, à chanter en chœur ou à danser en famille dans notre maison commune; l'abbé a même été jusqu'à dire que le voisinage d'un tel amas d'athées, c'est ainsi qu'il nous appelle, pouvait attirer la fureur du ciel sur un pays... que l'on parlait beaucoup du choléra, qui s'avançait, et qu'il serait possible que, grâce à notre voisinage impie, tous les environs fussent frappés de ce fléau vengeur.

— Mais, dire de telles choses à des gens ignorans — s'écria la Mayeux — c'est risquer de les exciter à de funestes actions.

— C'est justement ce que voulait l'abbé.

— Que dis-tu?

— Les habitans des environs, encore excités, sans doute, par quelques meneurs, se montrent hostiles aux ouvriers de la fabrique: on a exploité, sinon leur haine, du moins leur envie... En effet, nous voyant vivre en commun, bien logés, bien nourris, bien chauffés, bien vêtus, actifs, gais et laborieux, leur jalousie s'est encore aigrie par les prédications de l'abbé et par les sourdes menées de quelques mauvais sujets que j'ai reconnus pour être les plus mauvais ouvriers de M. Tripeaud... notre concurrent. Toutes ces excitations commencent à porter leurs fruits; il y a déjà eu deux ou trois rixes entre nous et les habitans des environs... C'est dans une de ces bagarres que j'ai reçu un coup de pierre à la tête...

— Et cela n'a rien de grave, Agricol, bien sûr? — dit la Mayeux avec inquiétude.

— Rien, absolument, te dis-je... mais les ennemis de M. Hardy ne se sont pas bornés aux prédications : ils ont mis en œuvre quelque chose de bien plus dangereux !

— Et quoi encore?

— Moi, et presque tous mes camarades, nous avons fait solidement le coup de fusil en juillet; mais il ne nous convient pas, quant à présent, et pour cause, de reprendre les armes; ce n'est pas l'avis de tout le monde, soit; nous ne blâmons personne, mais nous avons notre idée; et le père Simon, qui est brave comme son fils, et aussi patriote que personne, nous approuve et nous dirige. Eh bien! depuis quelques jours, on trouve tout autour de la fabrique, dans le jardin, dans les cours, des imprimés où on nous dit :... « Vous êtes des lâches, des égoïstes; parce que le hasard vous a donné un bon maître, vous restez indifférens aux malheurs de vos frères et aux moyens de les émanciper; le bien-être matériel vous énerve. »

— Mon Dieu! Agricol, quelle effrayante persistance dans la méchanceté!

— Oui... et malheureusement, ces menées ont commencé à avoir quelque influence sur plusieurs de nos plus jeunes camarades; comme, après tout, on s'adressait à des sentimens généreux et fiers, il y a eu de l'écho... déjà quelques germes de division se sont développés dans nos ateliers, jusqu'alors si fraternellement unis; on sent qu'il y règne une sourde fermentation... une froide défiance remplace, chez quelques-uns, la cordialité accoutumée... Maintenant, si je te dis que je suis presque certain que ces imprimés, jetés par-dessus les murs de la fabrique, et qui ont fait éclater entre nous quelques fermens de discorde, ont été répandus par des émissaires de l'abbé prêcheur... ne trouves-tu pas que tout cela, coïncidant avec ce qui est arrivé ce matin à cette jeune dame, prouve que M. Hardy a, depuis peu, de nombreux ennemis?

— Comme toi, je trouve cela effrayant, Agricol — dit la Mayeux — et cela est si grave, que M. Hardy pourra seul prendre une décision à ce sujet... Quant à ce qui est arrivé ce matin à cette jeune dame, il me semble que sitôt le retour de M. Hardy, tu dois lui demander un entretien, et, si délicate que soit une pareille révélation, lui dire ce qui s'est passé.

— C'est cela qui m'embarrasse... Ne crains-tu pas que je paraisse ainsi vouloir entrer dans ses secrets?

— Si cette jeune dame n'avait pas été suivie, j'aurais partagé tes scrupules... Mais on l'a épiée; elle court un danger... selon moi, il est de ton devoir de prévenir M. Hardy... Suppose, comme cela est probable, que cette dame soit mariée... ne vaut-il pas mieux, pour mille raisons, que M. Hardy soit instruit de tout?

— C'est juste, ma bonne Mayeux... je suivrai ton conseil; M. Hardy saura tout... Maintenant, nous avons parlé des autres... parlons de moi... oui, de moi... car il s'agit d'une chose dont peut dépendre le bonheur de ma vie — ajouta le forgeron d'un ton grave qui frappa la Mayeux.

— Tu sais — reprit Agricol après un moment de silence — que, depuis mon enfance, je ne t'ai rien caché... que je t'ai tout dit... tout absolument?

— Je le sais, Agricol, je le sais — dit la Mayeux en tendant sa main blanche et fluette au forgeron, qui la serra cordialement et qui continua : — Quand je dis que je ne t'ai rien caché... je me trompe... je t'ai toujours caché mes amourettes... et cela, parce que, bien que l'on puisse tout dire à une sœur... il y a pourtant des choses dont on ne doit pas parler à une digne et honnête fille comme toi...

— Je te remercie, Agricol;... j'avais... remarqué cette réserve de ta part... — répondit la Mayeux en baissant les yeux et contraignant héroïquement la douleur qu'elle ressentait — je t'en remercie.

— Mais par cela même que je m'étais imposé de ne jamais te parler de mes amourettes, je m'étais dit :... S'il m'arrive quelque chose de sérieux... enfin un amour qui me fasse songer au mariage!... oh! alors, comme l'on confie d'abord à sa sœur ce que l'on soumet ensuite à son père et à sa mère, ma bonne Mayeux sera la première instruite.

— Tu es bien bon! Agricol...

— Eh bien!... le quelque chose de sérieux est arrivé... Je suis amoureux comme un fou, et je songe au mariage.

A ces mots d'Agricol, la pauvre Mayeux se sentit pendant un instant paralysée; il lui sembla que son sang s'arrêtait et se glaçait dans ses veines; pendant quelques secondes... elle crut mourir... son cœur cessa de battre;... elle le sentit, non pas se briser, mais se fondre, mais s'annihiler... Puis, cette foudroyante émotion passée, ainsi que les martyrs, qui trouvaient dans la surexcitation même d'une douleur atroce cette puissance terrible qui les faisait sourire au milieu des tortures, la malheureuse fille trouva, dans la crainte de laisser pénétrer le secret de son ridicule et fatal amour, une force incroyable; elle releva la tête, regarda le forgeron avec calme, presque avec sérénité, et lui dit d'une voix assurée : — Ah! tu aimes quelqu'un... sérieusement...

— C'est-à-dire, ma bonne Mayeux, que, depuis quatre jours... je ne vis pas... ou plutôt je ne vis que de cet amour...

— Il y a seulement... quatre jours... que tu es amoureux?...

— Pas davantage... mais le temps n'y fait rien...

— Et.. elle est bien jolie?

— Brune... une taille de nymphe, blanche comme un lis... des yeux bleus... grands comme ça, et aussi doux... aussi bons... que les tiens...

— Tu me flattes, Agricol.

— Non, non... c'est Angèle que je flatte... car elle s'appelle ainsi... Quel joli nom!... n'est-ce pas, ma bonne Mayeux?

— C'est un nom charmant... — dit la pauvre fille en comparant avec une douleur amère le contraste de ce gracieux nom avec le sobriquet de *la Mayeux*, que le brave Agricol lui donnait sans y songer.

Elle reprit avec un calme effrayant : — Angèle... oui, c'est un nom charmant!...

— Eh bien ! figure-toi que ce nom semble être l'image non-seulement de sa figure, mais de son cœur... En un mot... c'est un cœur, je le crois du moins, presque au niveau du tien.

— Elle a mes yeux... elle a mon cœur — dit la Mayeux en souriant — c'est singulier comme nous nous ressemblons...

Agricol ne s'aperçut pas de l'ironie désespérée que cachaient les paroles de la Mayeux, et il reprit avec une tendresse aussi sincère qu'inexorable :
— Est-ce que tu crois, ma bonne Mayeux, que je me serais laissé prendre à un amour sérieux, s'il n'y avait pas eu dans le caractère, dans le cœur, dans l'esprit de celle que j'aime, beaucoup de toi ?

— Allons, frère... — dit la Mayeux en souriant... oui, l'infortunée eut le courage, eut la force de sourire... — allons, frère, tu es en veine de galanterie aujourd'hui... Et où as-tu connu cette jolie personne ?

— C'est tout bonnement la sœur d'un de mes camarades ; sa mère est à la tête de la lingerie commune des ouvriers ; elle a eu besoin d'une aide à l'année, et comme, selon l'habitude de l'association, l'on emploie de préférence les parens des sociétaires... madame Bertin, c'est le nom de la mère de mon camarade, a fait venir sa fille de Lille, où elle était auprès d'une de ses tantes, et depuis cinq jours elle est à la lingerie... Le premier soir que je l'ai vue... j'ai passé trois heures, à la veillée, à causer avec elle, sa mère et son frère ;... je me suis senti saisi dans le vif du cœur ; le lendemain, le surlendemain, ça n'a fait qu'augmenter ;... et maintenant j'en suis fou... bien résolu à me marier... selon ce que tu diras... Cependant... oui... cela t'étonne... mais tout dépend de toi ; je ne demanderai la permission à mon père et à ma mère qu'après que tu auras parlé.

— Je ne te comprends pas, Agricol.

— Tu sais la confiance absolue que j'ai dans l'incroyable instinct de ton cœur ; bien des fois tu m'as dit : Agricol, défie-toi de celui-ci, aime celui-là, aie confiance dans cet autre... Jamais tu ne t'es trompée. Eh bien ! il faut que tu me rendes le même service... Tu demanderas à mademoiselle de Cardoville la permission de t'absenter ; je te mènerai à la fabrique ; j'ai parlé de toi à madame Bertin et à sa fille comme de ma sœur chérie ;... et selon l'impression que tu ressentiras après avoir vu Angèle... je me déclarerai ou je ne me déclarerai pas... C'est, si tu veux, un enfantillage, une superstition de ma part, mais je suis ainsi.

— Soit — répondit la Mayeux avec un courage héroïque — je verrai mademoiselle Angèle ; je te dirai ce que j'en pense... et cela, entends-tu... sincèrement.

— Je le sais bien... Et quand viendras-tu ?

— Il faut que je demande à mademoiselle de Cardoville quel jour elle n'aura pas besoin de moi ;... je te le ferai savoir...

— Merci ! ma bonne Mayeux — dit Agricol avec effusion ; puis il ajouta en souriant : — Et prends ton meilleur jugement... ton jugement des grands jours...

— Ne plaisante pas, frère... — dit la Mayeux d'une voix douce et triste — ceci est grave... il s'agit du bonheur de toute ta vie...

A ce moment on frappa discrètement à la porte.

— Entrez — dit la Mayeux.

Florine parut.

— Mademoiselle vous prie de vouloir bien passer chez elle, si vous n'êtes pas occupée — dit Florine à la Mayeux.

Celle-ci se leva, et s'adressant au forgeron : — Veux-tu attendre un moment, Agricol ? je demanderai à mademoiselle de Cardoville de quel jour je pourrai disposer, et je viendrai te le redire.

Ce disant, la jeune fille sortit, laissant Agricol avec Florine.

— J'aurais bien désiré remercier aujourd'hui mademoiselle de Cardoville — dit Agricol — mais j'ai craint d'être indiscret.

— Mademoiselle est un peu souffrante — dit Florine — et elle n'a reçu personne, monsieur ; mais je suis sûre que, dès qu'elle ira mieux, elle se fera un plaisir de vous voir.

La Mayeux rentra et dit à Agricol : — Si tu veux venir me prendre demain sur les trois heures, afin de ne pas perdre ta journée entière, nous irons à la fabrique et tu me ramèneras dans la soirée.

— Ainsi à demain, trois heures, ma bonne Mayeux.

— A demain, trois heures, Agricol.

Le soir de ce même jour, lorsque tout fut calme dans l'hôtel, la Mayeux, qui était restée jusqu'à dix heures auprès de mademoiselle de Cardoville, rentra dans sa chambre à coucher, ferma sa porte à clef, puis, se trouvant enfin libre et sans contrainte, elle se jeta à genoux devant un fauteuil et fondit en larmes.

La jeune fille pleura longtemps... bien longtemps. Lorsque ses larmes furent taries, elle essuya ses yeux, s'approcha de son bureau, ôta le carton du casier, prit dans cette cachette le manuscrit que Florine avait rapidement feuilleté la veille, et écrivit une partie de la nuit sur ce cahier.

CHAPITRE XI.

LE JOURNAL DE LA MAYEUX.

Nous l'avons dit, la Mayeux avait écrit une partie de la nuit sur le cahier découvert et parcouru la veille par Florine, qui n'avait pas osé le dérober avant d'avoir instruit de son contenu les personnes qui la faisaient agir, et sans avoir pris leurs derniers ordres à ce sujet.

Expliquons l'existence de ce manuscrit avant de l'ouvrir au lecteur.

Du jour où la Mayeux s'était aperçue de son amour pour Agricol, le premier mot de ce manuscrit avait été écrit. Douée d'un caractère essentiellement expansif, et pourtant se sentant toujours comprimée par la terreur du ridicule, terreur dont la douloureuse exagération était la seule faiblesse de la Mayeux, à qui cette infortunée eût-elle confié le secret de sa funeste passion, si ce n'est au papier... à ce muet confident des âmes ombrageuses ou blessées, à cet ami patient, silencieux et froid, qui, s'il ne répond pas à des plaintes déchirantes, du moins toujours écoute, toujours se souvient?

Lorsque son cœur déborda d'émotions, tantôt tristes et douces, tantôt amères et déchirantes, la pauvre ouvrière, trouvant un charme mélancolique dans ces épanchemens muets et solitaires, tantôt revêtus d'une forme poétique, simple et touchante, tantôt écrits en prose naïve, s'était habituée peu à peu à ne pas borner ces confidences à ce qui touchait Agricol; bien qu'il fût au fond de toutes ses pensées, certaines réflexions que faisait naître en elle la vue de la beauté, de l'amour heureux, de la maternité, de la richesse et de l'infortune, étaient, pour ainsi dire, trop intimement empreintes de sa personnalité si malheureusement exceptionnelle pour qu'elle osât même les communiquer à Agricol.

Tel était donc ce journal d'une pauvre fille du peuple, chétive, difforme et misérable, mais douée d'une âme angélique et d'une belle intelligence développée par la lecture, par la méditation, par la solitude; pages ignorées qui cependant contenaient des aperçus saisissans et profonds sur les êtres et sur les choses, pris du point de vue particulier où la fatalité avait placé cette infortunée.

Les lignes suivantes, çà et là brusquement interrompues ou tachées de larmes, selon le cours des émotions que la Mayeux avait ressenties la veille en apprenant le profond amour d'Agricol pour Angèle, formaient les dernières pages de ce journal.

« Vendredi 3 mars 1832.

» ... Ma nuit n'avait été agitée par aucun rêve pénible; ce matin, je me
» suis levée sans aucun triste pressentiment.

» J'étais calme, tranquille, lorsque Agricol est arrivé.

» Il ne m'a pas paru ému; il a été, comme toujours, simple, affectueux; il

» m'a d'abord parlé d'un événement relatif à M. Hardy, et puis, sans hésitation,
» il m'a dit :

» — *Depuis quatre jours, je suis éperdûment amoureux... Ce sentiment est
» si sérieux, que je pense à me marier... Je viens te consulter.*

» Voilà comme cette révélation si accablante pour moi m'a été faite... na-
» turellement, cordialement, moi d'un côté de la cheminée, Agricol de l'au-
» tre, comme si nous avions causé de choses indifférentes.

» Il n'en faut cependant pas plus pour briser le cœur... Quelqu'un entre,
» vous embrasse fraternellement, s'assied... vous parle... et puis...

» Oh! mon Dieu... mon Dieu... ma tête se perd.

. . . .

» Je me sens plus calme... Allons, courage, pauvre cœur... Courage ; si un
» jour l'infortune m'accable de nouveau, je relirai ces lignes, écrites sous
» l'impression de la plus cruelle douleur que je doive jamais ressentir, et je
» me dirai : Qu'est-ce que le chagrin actuel auprès du chagrin passé ?

» Douleur bien cruelle que la mienne!... Elle est illégitime, ridicule, hon-
» teuse ; je n'oserais pas l'avouer, même à la plus tendre, à la plus indulgente
» des mères...

» Hélas! c'est qu'il est des peines bien affreuses, qui pourtant font à bon
» droit hausser les épaules de pitié ou de dédain. Hélas!... c'est qu'il est des
» malheurs défendus...

» Agricol m'a demandé d'aller voir demain la jeune fille dont il est passion-
» nément épris, et qu'il épousera si l'instinct de mon cœur lui conseille... ce
» mariage... Cette pensée est la plus douloureuse de toutes celles qui m'ont
» torturée depuis qu'il m'a si impitoyablement annoncé cet amour.

» Impitoyablement... non, Agricol ;... non, non, frère, pardon de cet injuste
» cri de ma souffrance !... Est-ce que tu sais... est-ce que tu peux te douter
» que je t'aime plus fortement que tu n'aimes et que tu n'aimeras jamais cette
» charmante créature ?

» *Brune, une taille de nymphe, blanche comme un lis, et des yeux bleus...
» longs comme cela, et presque aussi doux que les tiens...*

» Voilà comme il a dit en me faisant son portrait.

» Pauvre Agricol, aurait-il souffert, mon Dieu! s'il avait su que chacune
» de ses paroles me déchiraient le cœur !

» Jamais je n'ai mieux senti qu'en ce moment la commisération profonde,
» la tendre pitié que vous inspire un être affectueux et bon, qui dans sa sin-
» cère ignorance vous blesse à mort et vous sourit...

» Aussi on ne le blâme pas... non... on le plaint de toute la douleur qu'il
» éprouverait en découvrant le mal qu'il vous cause.

» Chose étrange! jamais Agricol ne m'avait paru plus beau que ce matin...
» Comme son mâle visage était doucement ému en me parlant des inquiétu-
» des de cette jeune et jolie dame !... En l'écoutant me raconter ces angoisses
» d'une femme qui risque à se perdre pour l'homme qu'elle aime... je sentais
» mon cœur palpiter violemment... mes mains devenir brûlantes... une molle
» langueur s'emparer de moi... Ridicule et dérision !!! Est-ce que j'ai le droit,
» moi, d'être émue ainsi ?

. . . .

» Je me souviens que, pendant qu'il parlait, j'ai jeté un regard rapide sur
» la glace ; j'étais fière d'être si bien vêtue ; lui ne l'a pas seulement remar-
» qué ; mais il n'importe ; il m'a semblé que mon bonnet m'allait bien,
» que mes cheveux étaient brillans, que mon regard était doux...

» Je trouvais Agricol si beau... que je suis parvenue à me trouver moins
» laide que d'habitude !!! sans doute pour m'excuser à mes propres yeux d'o-
» ser l'aimer.

» Après tout... ce qui arrive aujourd'hui devait arriver un jour ou un autre.

» Oui... et cela est consolant comme cette pensée... pour ceux qui aiment
» la vie : — que la mort n'est rien... parce qu'elle doit arriver un jour ou l'autre.

» Ce qui m'a toujours préservée du suicide... ce dernier mot de l'infortuné
» qui préfère aller vers Dieu à rester parmi ses créatures... c'est le sentiment
» du devoir... Il ne faut pas songer qu'à soi.

» Et je me disais aussi : Dieu est bon... toujours bon... puisque les êtres les
» plus déshérités... trouvent encore à aimer... à se dévouer. Comment se fait-

» il qu'à moi, si faible et si infirme, il m'ait toujours été donné d'être secou-
» rable ou utile à quelqu'un?

» Ainsi... aujourd'hui... j'étais bien tentée d'en finir avec la vie... — ni
» Agricol ni sa mère n'avaient plus besoin de moi... Oui... mais ces malheu-
» reux dont mademoiselle de Cardoville m'a fait la providence?... Mais ma
» bienfaitrice elle-même... quoiqu'elle m'ait affectueusement grondée de la
» ténacité de mes soupçons sur *cet homme?*... Plus que jamais je suis effrayée
» pour elle... Plus que jamais... je la sens menacée... plus que jamais j'ai foi
» à l'utilité de ma présence auprès d'elle...

» Il faut donc vivre...

» Vivre pour aller voir demain cette jeune fille... qu'Agricol aime éperdû-
» ment?

» Mon Dieu !... pourquoi donc ai-je toujours connu la douleur et jamais
» la haine?... Il doit y avoir une amère jouissance dans la haine... Tant de
» gens haïssent!!... Peut-être vais-je la haïr... cette jeune fille... Angèle...
» comme il l'a nommée... en me disant naïvement :

» *Un nom charmant... Angèle... n'est-ce pas, la Mayeux?*

» Rapprocher ce nom, qui rappelle une idée pleine de grâce, de ce sobri-
» quet, ironique symbole de ma difformité !

» Pauvre Agricol... pauvre frère... Dis! la bonté est donc quelquefois aussi
» impitoyablement aveugle que la méchanceté !...

» Moi, haïr cette jeune fille !... Et pourquoi? M'a-t-elle dérobé la beauté qui
» séduit Agricol? Puis-je lui en vouloir d'être belle ?

» Quand je n'étais pas encore faite aux conséquences de ma laideur, je me
» demandais, avec une amère curiosité, pourquoi le Créateur avait doué si
» inégalement ses créatures.

» L'habitude de certaines douleurs m'a permis de réfléchir avec calme, j'ai
» fini par me persuader... et je crois qu'à la laideur et à la beauté sont atta-
» chées les plus nobles émotions de l'âme... l'admiration et la compassion !

» Ceux qui sont comme moi... admirent ceux qui sont beaux... comme An-
» gèle, comme Agricol... et ceux-là éprouvent à leur tour une commisération
» touchante pour ceux qui me ressemblent...

» L'on a quelquefois malgré soi des espérances bien insensées... De ce que
» jamais Agricol, par un sentiment de convenance, ne me parlait de ses
» *amourettes*, comme il a dit... je me persuadais quelquefois qu'il n'en avait
» pas;... qu'il m'aimait; mais que pour lui le ridicule était, comme pour
» moi, un obstacle à tout aveu. Oui, et j'ai même fait des vers sur ce sujet.
» Ce sont, je crois, de tous les moins mauvais.

» Singulière position que la mienne !... Si j'aime... je suis ridicule;... si
» l'on m'aime... on est plus ridicule encore.

» Comment ai-je pu assez oublier cela... pour avoir souffert... pour souf-
» frir comme je souffre aujourd'hui? Mais bénie soit cette souffrance, puis-
» qu'elle n'engendre pas la haine.... non, car je ne haïrai pas cette jeune
» fille; je ferai mon devoir de sœur jusqu'à la fin... j'écouterai bien mon
» cœur; j'ai l'instinct de la conservation des autres ; il me guidera, il m'é-
» clairera...

» Ma seule crainte est de fondre en larmes à la vue de cette jeune fille, de
» ne pouvoir vaincre mon émotion. Mais alors, mon Dieu! quelle révélation
» pour Agricol que mes pleurs!! Lui... découvrir ce fol amour qu'il m'ins-
» pire... oh! jamais... le jour où il le saurait serait le dernier de ma vie... Il y
» aurait alors pour moi quelque chose au-dessus du devoir, la volonté d'échap-
» per à la honte, à une honte incurable que je sentirais toujours brûlante
» comme un fer chaud... Non, non, je serai calme. — D'ailleurs, n'ai-je pas
» tantôt, devant lui, subi courageusement une terrible épreuve? Je serai
» calme ; il faut d'ailleurs que ma personnalité ne vienne pas obscurcir cette
» seconde vue, si clairvoyante pour ceux que j'aime.

» Oh! pénible... pénible tâche,.. car il faut aussi que la crainte même de
» céder involontairement à un sentiment mauvais ne me rende pas trop
» indulgente pour cette jeune fille. Je pourrais de la sorte compromettre
» l'avenir d'Agricol, puisque ma décision, dit-il, doit le guider.

» Pauvre créature que je suis !... Comme je m'abuse! Agricol me demande
» mon avis, parce qu'il croit que je n'aurai pas le triste courage de venir con-

» trarier sa passion; ou bien il me dira :... Il n'importe... j'aime... et je
» brave l'avenir...
» Mais alors, si mes avis, si l'instinct de mon cœur ne doivent pas le gui-
» der, si sa résolution est prise d'avance, à quoi bon demain cette mission
» si cruelle pour moi?
» A quoi bon? à lui obéir! ne m'a-t-il pas dit : Viens ?
» En songeant à mon dévoûment pour lui, combien de fois, dans le plus
» secret, dans le plus profond abîme de mon cœur, je me suis demandé si
» jamais la pensée lui est venue de m'aimer autrement que comme une sœur!
» s'il s'est jamais dit quelle femme dévouée il aurait en moi !
» Et pourquoi se serait-il dit cela? tant qu'il l'a voulu, tant qu'il le voudra,
» j'ai été et je serai pour lui aussi dévouée que si j'étais sa femme, sa sœur,
» sa mère. Pourquoi cette pensée lui serait-elle venue? Songe-t-on jamais à
» désirer ce qu'on possède ?...
» Moi mariée à lui... mon Dieu! Ce rêve aussi insensé qu'ineffable... ces
» pensées d'une douceur céleste, qui embrassent tous les sentimens, depuis
» l'amour jusqu'à la maternité... ces pensées et ces sentimens ne me sont-ils
» pas défendus sous peine d'un ridicule ni plus ni moins grand que si je por-
» tais des vêtemens ou des atours que ma laideur et ma difformité m'inter-
» disent ?
» Je voudrais savoir si, lorsque j'étais plongée dans la plus cruelle dé-
» tresse, j'aurais plus souffert que je ne souffre aujourd'hui en apprenant le
» mariage d'Agricol. La faim, le froid, la misère m'eussent-ils distraite de
» cette douleur atroce, ou bien cette douleur atroce m'eût-elle distraite du
» froid, de la faim et de la misère?
» Non, non, cette ironie est amère; il n'est pas bien à moi de parler ainsi.
» Pourquoi cette douleur si profonde? En quoi l'affection, l'estime, le res-
» pect d'Agricol pour moi sont-ils changés? Je me plains... Et que serait-ce
» donc, grand Dieu! si, comme sela se voit, hélas! trop souvent, j'étais belle,
» aimante, dévouée, et qu'il m'eût préféré une femme moins belle, moins
» aimante, moins dévouée que moi!... Ne serais-je pas mille fois encore
» plus malheureuse? car je pourrais, car je devrais le blâmer... tandis que je
» ne puis lui en vouloir de n'avoir jamais songé à une union impossible à
» force de ridicule...
» Et l'eût-il voulu... est-ce que j'aurais jamais eu l'égoïsme d'y consentir?...
» J'ai commencé à écrire bien des pages de ce journal comme j'ai com-
» mencé celles-ci... le cœur noyé d'amertume; et presque toujours, à mesure
» que je disais au papier ce que je n'aurais osé dire à personne... mon âme
» se calmait, puis la résignation arrivait... la résignation... ma sainte à moi,
» celle-là qui, souriant les yeux pleins de larmes, souffre, aime et n'espère
» jamais ! ! »

. . . .

~~~~~~~~~~~~

Ces mots étaient les derniers du journal.
On voyait à l'abondante trace de larmes que l'infortunée avait dû souvent éclater en sanglots...
En effet, brisée par tant d'émotions, la Mayeux, à la fin de la nuit, avait replacé le cahier derrière le carton, le croyant là, non plus en sûreté que partout ailleurs (elle ne pouvait pas soupçonner le moindre abus de confiance), mais moins en vue que dans un des tiroirs de son bureau, qu'elle ouvrait fréquemment à la vue de tous.
Ainsi que la courageuse créature se l'était promis, voulant accomplir dignement sa tâche jusqu'à la fin, le lendemain elle avait attendu Agricol, et bien affermie dans sa profonde et héroïque résolution, elle s'était rendue avec le forgeron à la fabrique de M. Hardy.
Florine, instruite du départ de la Mayeux, mais retenue une partie de la journée par son service auprès de mademoiselle de Cardoville, et préférant d'ailleurs attendre la nuit pour accomplir les nouveaux ordres qu'elle avait demandés et reçus, depuis qu'elle avait fait connaître par une lettre le con-

tenu du journal de la Mayeux; Florine, certaine de n'être pas surprise, entra, lorsque la nuit fut tout à fait venue, dans la chambre de la jeune ouvrière... Connaissant l'endroit où elle trouverait le manuscrit, elle alla droit au bureau, déplaça le carton, puis, prenant dans sa poche une lettre cachetée, elle se disposa à la mettre à la place du manuscrit qu'elle devait soustraire. A ce moment, elle trembla si fort qu'elle fut obligée de s'appuyer un instant sur la table.

On l'a dit, tout bon sentiment n'était pas éteint dans le cœur de Florine; elle obéissait fatalement aux ordres qu'elle recevait, mais elle ressentait douloureusement tout ce qu'il y avait d'horrible et d'infâme dans sa conduite... S'il ne se fût agi absolument que d'elle, sans doute elle aurait eu le courage de tout braver plutôt que de subir une odieuse domination?... mais il n'en était pas malheureusement ainsi, et sa perte eût causé un désespoir mortel à une personne qu'elle chérissait plus que la vie... Elle se résignait donc... non sans de cruelles angoisses, à d'abominables trahisons. Quoiqu'elle ignorât presque toujours dans quel but on la faisait agir, et notamment à propos de la soustraction du journal de la Mayeux, elle pressentait vaguement que la substitution de cette lettre cachetée au manuscrit devait avoir pour la Mayeux de funestes conséquences, car elle se rappelait ces mots sinistres prononcés la veille par Rodin : — Il faut en finir demain... avec la Mayeux.

Qu'entendait-il par ces mots ? Comment la lettre qu'il lui avait ordonné de mettre à la place du journal concourrait-elle à ce résultat?

Elle l'ignorait, mais elle comprenait que le dévoûment si clairvoyant de la Mayeux causait un juste ombrage aux ennemis de mademoiselle de Cardoville, et qu'elle-même, Florine, risquait d'un jour à l'autre de voir ses perfides découvertes par la jeune ouvrière.

Cette dernière crainte fit cesser les hésitations de Florine; elle posa la lettre derrière le carton, le remit à sa place, et, cachant le manuscrit dans son tablier, elle sortit furtivement de la chambre de la Mayeux.

CHAPITRE XII.

SUITE DU JOURNAL DE LA MAYEUX.

Florine, revenue dans sa chambre quelques heures après y avoir caché le manuscrit soustrait dans l'appartement de la Mayeux, cédant à la curiosité, voulut le parcourir. Bientôt elle ressentit un intérêt croissant, une émotion involontaire en lisant ces confidences intimes de la jeune ouvrière. Parmi plusieurs pièces en vers, qui toutes respiraient un amour passionné pour Agricol, amour si profond, si naïf, si sincère, que Florine en fut touchée et oublia la difformité ridicule de la Mayeux; parmi plusieurs pièces de vers, disons-nous, se trouvaient différens fragmens, pensées ou récits, relatifs à des faits divers. Nous en citerons quelques-uns, afin de justifier l'impression profonde que cette lecture causait à Florine.

FRAGMENS DU JOURNAL DE LA MAYEUX.

«... C'était aujourd'hui ma fête. Jusqu'à ce soir, j'ai conservé une folle espérance.

» Hier, j'étais descendue chez madame Baudoin pour panser une plaie
» légère qu'elle avait à la jambe. Quand je suis entrée, Agricol était là.
» Sans doute il parlait de moi avec sa mère, car ils se sont tus tout à coup
» en échangeant un sourire d'intelligence; et puis j'ai aperçu, en passant
» auprès de la commode, une jolie boîte en carton, avec une pelote sur le
» couvercle... Je me suis sentie rougir de bonheur... J'ai cru que ce petit
» présent m'était destiné, mais j'ai fait semblant de ne rien voir.

SUITE DU JOURNAL DE LA MAYEUX.

» Pendant que j'étais à genoux devant sa mère, Agricol est sorti; j'ai re-
» marqué qu'il emportait la jolie boîte. Jamais madame Baudoin n'a été plus
» tendre, plus maternelle pour moi que ce soir-là. Il m'a semblé qu'elle se
» couchait de meilleure heure que d'habitude. — C'est pour me renvoyer
» plus vite, ai-je pensé — afin que je jouisse plus tôt de la surprise qu'A-
» gricol m'a préparée.
» Aussi, comme le cœur me battait en remontant vite, vite à mon cabinet!
» je suis restée un moment sans ouvrir la porte pour faire durer mon bon-
» heur plus longtemps.
» Enfin... je suis entrée, les yeux voilés de larmes de joie; j'ai regardé
» sur ma table, sur ma chaise... sur mon lit, rien;... la petite boîte n'y était
» pas. Mon cœur s'est serré; puis je me suis dit : ce sera pour demain, car
» ce n'est aujourd'hui que la veille de ma fête.
» La journée s'est passée... Le soir est venu... Rien... La jolie boîte n'était
» pas pour moi... Il y avait une pelotte sur son couvercle... Cela ne pouvait
» convenir qu'à une femme... A qui Agricol l'a-t-il donnée ?...
» En ce moment je souffre bien...
» L'idée que j'attachais à ce qu'Agricol me souhaitât ma fête est puérile...
» j'ai honte de me l'avouer;... mais cela m'eût prouvé qu'il n'avait pas ou-
» blié que j'avais un autre nom que celui de la Mayeux, que l'on me donne
» toujours...
» Ma susceptibilité à ce sujet est si malheureuse, si opiniâtre, qu'il m'est
» impossible de ne pas ressentir un moment de honte et de chagrin toutes
» les fois qu'on m'appelle ainsi : *la Mayeux*... Et pourtant, depuis mon en-
» fance... je n'ai pas eu d'autre nom.
» C'est pour cela que j'aurais été bien heureuse qu'Agricol profitât de l'oc-
» casion de ma fête pour m'appeler une seule fois de mon modeste nom...
» *Madeleine*.
. . . .
» Heureusement il ignorera toujours ce vœu et ce regret. »

Florine, de plus en plus émue à la lecture de cette page d'une simplicité
si douloureuse, tourna quelques feuillets et continua :
« ... Je viens d'assister à l'enterrement de cette pauvre petite Victoire
» Herbin, notre voisine... Son père, ouvrier tapissier, est allé travailler au
» mois, loin de Paris... Elle est morte à dix-neuf ans, sans parens autour
» d'elle :... son agonie n'a pas été douloureuse ; la brave femme qui l'a veil-
» lée jusqu'au dernier moment nous a dit qu'elle n'avait pas prononcé d'au-
» tres mots que ceux-ci :
» — *Enfin... enfin...*
» Et cela *comme avec contentement*, ajoutait la veilleuse.
» Chère enfant! elle était devenue bien chétive ; mais à quinze ans,
» c'était un bouton de rose... et si jolie... si fraîche... des cheveux blonds,
» doux comme de la soie! mais elle a peu à peu dépéri; son état de car-
» deuse de matelas l'a tuée... Elle a été, pour ainsi dire, empoisonnée à
» la longue par les émanations des laines (1)... son métier étant d'autant plus

(1) On lit les détails suivans dans la *Roche populaire*, excellent recueil rédigé par des ouvriers, dont nous avons déjà parlé :
« CARDEUSE DE MATELAS. — La poussière qui s'échappe de la laine fait du cardage un état nuisible à la santé, mais dont le danger est encore augmenté par les falsifications commerciales. Quand un mouton est tué, la laine du cou est teinte de sang ; il faut la décolorer, afin de pouvoir la vendre. A cet effet, on la trempe dans de la chaux qui, après en avoir opéré le blanchiment, y reste en partie ; c'est l'ouvrière qui en souffre ; car, lorsqu'elle fait cet ouvrage, la chaux, qui se détache sous forme de poussière, se porte à sa poitrine par le fait de l'aspiration, et le plus souvent lui occasionne des crampes d'estomac et des vomissemens qui la mettent dans un état déplorable ; la plupart d'entre elles y renoncent ; celles qui s'y obstinent gagnent pour le moins un catarrhe ou un asthme qui ne les quitte qu'à la mort.
» Vient ensuite le crin, dont le plus cher, celui que l'on appelle échantillon, n'est même pas pur. On peut juger par là ce que doit être le commun; que les ouvrières appellent *crin au vitriol*,

» malsain et plus dangereux qu'elle travaillait pour de pauvres ménages,
» dont la literie est toujours de rebut.

» Elle avait un courage de lion et une résignation d'ange; elle me disait
» toujours de sa petite voix douce, entrecoupée çà et là par une toux sèche
» et fréquente : — Je n'en ai pas pour longtemps, va, à aspirer la poudre de
» vitriol et de chaux toute la journée; je vomis le sang, et j'ai quelquefois
» des crampes d'estomac qui me font évanouir.

» — Mais change d'état — lui disais-je.

» — Et le temps de faire un autre apprentissage ? — me répondait-elle —
» et puis maintenant, il est trop tard, je suis *prise*, je le sens bien... *Il n'y a
» pas de ma faute* — ajoutait la bonne créature — car je n'ai pas choisi mon
» état; c'est mon père qui l'a voulu; heureusement il n'a pas besoin de moi.
» Et puis, quand on est mort... on n'a plus à s'inquiéter de rien, on ne craint
» pas le chômage.

» Victoire disait cette triste vulgarité très sincèrement et avec une sorte
» de satisfaction. Aussi elle est morte en disant : *Enfin... enfin...*

» Cela est bien pénible à penser, pourtant, que le travail auquel le pauvre
» est obligé de demander son pain devient souvent un long suicide!

» Je disais cela l'autre jour à Agricol; il me répondit qu'il y avait bien
» d'autres métiers mortels : les ouvriers dans les *eaux fortes*, dans la *céruse*
» et dans le *minium* entre autres, gagnent des maladies prévues et incura-
» bles dont ils meurent.

» — Sais-tu — ajoutait Agricol — sais-tu ce qu'ils disent lorsqu'ils par-
» tent pour ces ateliers meurtriers? — *Nous allons à l'abattoir!...*

» Ce mot, d'une épouvantable vérité, m'a fait frémir.

» — Et cela se passe de nos jours!... lui ai-je dit le cœur navré: et on sait
» cela? Et parmi tant de gens puissans, aucun ne songe à cette mortalité qui
» décime ses frères, forcés de manger ainsi un pain homicide?

» — Que veux-tu, ma pauvre Mayeux? — me répondait Agricol — tant
» qu'il s'agit d'enrégimenter le peuple pour le faire tuer à la guerre, on ne
» s'en occupe que trop; s'agit-il de l'organiser pour le faire vivre... per-
» sonne n'y songe, sauf M. Hardy, mon bourgeois. Et on dit : — Bah! la
» faim, la misère ou la souffrance des travailleurs, qu'est-ce que ça fait? Ce
» n'est pas de la politique... *On se trompe* — ajoutait Agricol — C'EST PLUS
» QUE DE LA POLITIQUE!

» ... Comme Victoire n'avait pas laissé de quoi payer un service à l'église, il
» n'y a eu que la *présentation* du corps sous le porche; car il n'y a pas même
» une simple messe des morts pour le pauvre;... et puis, comme on n'a pas
» pu donner 18 francs au curé, aucun prêtre n'a accompagné le char des
» pauvres à la fosse commune.

» Si les funérailles, ainsi abrégées, ainsi restreintes, ainsi tronquées, suf-
» fisent au point de vue religieux, pourquoi en imaginer d'autres? Est-ce
» donc par cupidité?... Si elles sont, au contraire, insuffisantes, pourquoi
» rendre l'indigent seul victime de cette insuffisance?

» Mais à quoi bon s'inquiéter de ces pompes, de cet encens, de ces chants,
» dont on se montre plus ou moins prodigue ou avare?... à quoi bon? à quoi
» bon? Ce sont encore là des choses vaines et terrestres, et de celles-là non
» plus l'âme n'a de souci lorsque, radieuse, elle remonte vers le Créateur. »

~~~~~~~~~~

« Hier, Agricol m'a fait lire un article de journal, dans lequel on employait
» tour à tour le blâme violent ou l'ironie amère et dédaigneuse pour atta-
» quer ce qu'on appelle la *funeste tendance* de quelques gens du peuple à
» s'instruire, à écrire, à lire les poètes, et quelquefois à faire des vers.

---

et qui est composé du rebut des poils de chèvres, de boucs, et des soies de sangliers, que l'on
passe au vitriol d'abord, puis dans la teinture, pour brûler et déguiser les corps étrangers, tels
que la paille, les épines, et même les morceaux de peaux, qu'on ne prend pas la peine d'ôter, et
qu'on reconnaît souvent quand on travaille ce crin, duquel sort une poussière qui fait autant de
ravage que celle de la laine à la chaux. »

» Les jouissances matérielles nous sont interdites par la pauvreté. Est-il
» humain de nous reprocher de chercher les jouissances de l'esprit?
» Quel mal peut-il résulter de ce que chaque soir, après une journée labo-
» rieuse, sevrée de tout plaisir, de toute distraction, je me plaise, à l'insu de
» tous, à assembler quelques vers... ou à écrire sur ce journal les impres-
» sions bonnes ou mauvaises que j'ai ressenties?
» Agricol est-il moins bon ouvrier, parce que, de retour chez sa mère, il
» emploie sa journée du dimanche à composer quelques-uns de ces chants
» populaires qui glorifient les labeurs nourriciers de l'artisan, qui disent à
» tous : Espérance et fraternité! Ne fait-il pas un plus digne usage de son
» temps que s'il le passait au cabaret?
» Ah! ceux-là qui nous blâment de ces innocentes et nobles diversions à
» nos pénibles travaux et à nos maux se trompent, lorsqu'ils croient qu'à
» mesure que l'intelligence s'élève et se raffine, on supporte plus impatiem-
» ment les privations et la misère, et que l'irritation s'en accroît contre les
» heureux du monde!...
» En admettant même que cela soit, et cela n'est pas, ne vaudrait-il pas
» mieux avoir un ennemi intelligent, éclairé, à la raison et au cœur duquel
» on puisse s'adresser, qu'un ennemi stupide, farouche et implacable?
» Mais non, au contraire, les inimitiés s'effacent à mesure que l'esprit se
» développe, l'horizon de la compassion s'élargit; l'on arrive ainsi à com-
» prendre les douleurs morales; l'on reconnaît alors que souvent les riches
» ont de terribles peines, et c'est déjà une communion sympathique que la
» fraternité d'infortune.
» Hélas! eux aussi perdent et pleurent amèrement des enfans idolâtrés,
» des maîtresses chéries, des mères adorables; chez eux aussi, parmi les fem-
» mes surtout, il y a, au milieu du luxe et de la grandeur, bien des cœurs
» brisés, bien des âmes souffrantes, bien des larmes dévorées en secret...
» Qu'ils ne s'effraient donc pas...
» En s'éclairant... en devenant leur égal en intelligence, le peuple apprend
» à plaindre les riches s'ils sont malheureux et bons... à les plaindre davan-
» tage encore s'ils sont heureux et méchans. »

« ...... Quel bonheur!... quel beau jour! Je ne me possède pas de joie. Oh!
» oui, l'homme est bon, est humain, est charitable. Oh! oui, le Créateur a
» mis en lui tous les instincts généreux... et, à moins d'être une exception
» monstrueuse, ce n'est jamais volontairement qu'il fait le mal.
» Voilà ce que j'ai vu tout à l'heure, je n'attends pas à ce soir pour l'é-
» crire; cela pour ainsi dire *refroidirait* dans mon cœur.
» J'étais allée porter de l'ouvrage sur la place du Temple; à quelques pas
» de moi, un enfant de douze ans au plus, tête et pieds nus, malgré le froid,
» vêtu d'un pantalon et d'un mauvais bourgeron en lambeaux, conduisait
» par la bride un grand et gros cheval de charrette, dételé, mais portant son
» harnais;... de temps à autre le cheval s'arrêtait court, refusant d'avan-
» cer;... l'enfant n'ayant pas de fouet pour le forcer de marcher, le tirait en
» vain par sa bride; le cheval restait immobile... Alors le pauvre petit s'é-
» criait : O mon Dieu! mon Dieu! — et pleurait à chaudes larmes... en
» regardant autour de lui pour implorer quelque secours des passans.
» Sa chère petite figure était empreinte d'une douleur si navrante, que,
» sans réfléchir, j'entrepris une chose dont je ne puis maintenant m'empê-
» cher de sourire, car je devais offrir un spectacle bien grotesque.
» J'ai une peur horrible des chevaux, et j'ai encore plus peur de me mettre
» en évidence. Il n'importe, je m'armai de courage, j'avais un parapluie à la
» main... je m'approchai du cheval, et, avec l'impétuosité d'une fourmi qui
» voudrait ébranler une grosse pierre avec un brin de paille, je donnai de
» toute ma force un grand coup de parapluie sur la croupe du récalcitrant
» animal.
» Ah! merci! ma bonne dame — s'écria l'enfant en essuyant ses larmes —
» frappez-le encore une fois, s'il vous plaît; il avancera peut-être.
» Je redoublai héroïquement; mais, hélas! le cheval, soit méchanceté, soit

» paresse, fléchit les genoux, se coucha, se vautra sur le pavé, puis, s'em-
» barrassant dans son harnais, il le brisa et rompit son grand collier de
» bois; je m'étais éloignée bien vite dans la crainte de recevoir des coups de
» pied... L'enfant, devant ce nouveau désastre, ne put que se jeter à genoux
» au milieu de la rue, puis, joignant les mains en sanglotant, il s'écria
» d'une voix désespérée : — Au secours!... au secours!...
» Ce cri fut entendu; plusieurs passans s'attroupèrent, une correction
» beaucoup plus efficace que la mienne fut administrée au cheval rétif, qui
» se releva... mais dans quel état, grand Dieu! sans son harnais!
» Mon maître me battra — s'écria le pauvre enfant en redoublant de san-
» glots — je suis déjà en retard de deux heures, car le cheval ne voulait pas
» marcher, et voilà son harnais brisé... Mon maître me battra, me chassera.
» Qu'est-ce que je deviendrai, mon Dieu!... je n'ai plus ni père ni mère.
» A ces mots prononcés avec une exclamation déchirante, une brave mar-
» chande du Temple, qui était parmi les curieux, s'écria d'un air attendri :
» — Plus de père! plus de mère!... Ne te désole pas, pauvre petit, il y a
» des ressources au Temple, on va raccommoder ton harnais, et si mes com-
» mères sont comme moi, tu ne t'en iras pas pieds nus et tête nue par un
» temps pareil.
» Cette proposition fut accueillie avec acclamation; on emmena l'enfant
» et le cheval; les uns s'occupèrent de raccommoder le harnais, puis une
» marchande fournit une casquette, l'autre une paire de bas, celle-ci des
» souliers, celle-là une bonne veste; en un quart d'heure, l'enfant fut bien
» chaudement vêtu, le harnais réparé, et un grand garçon de dix-huit ans,
» brandissant un fouet qu'il fit claquer aux oreilles du cheval en manière
» d'avertissement, dit à l'enfant, qui, regardant tour à tour et ses bons vê-
» temens et les marchandes, se croyait le héros d'un conte de fées :
» — Où demeure ton maître, mon garçon?
» — Quai du Canal-Saint-Martin, monsieur — répondit-il d'une voix émue
» et tremblante de joie.
» — Bon! — dit le jeune homme — je vais t'aider à reconduire ton cheval,
» qui, avec moi, marchera droit, et je dirai à ton maître que ton retard vient
» de sa faute. On ne confie pas un cheval rétif à un enfant de ton âge.
» Au moment de partir, le pauvre petit dit timidement à la marchande en
» ôtant sa casquette :
» — Madame, voulez-vous permettre que je vous embrasse?
» Et ses yeux se remplirent de larmes de reconnaissance. Il y avait du
» cœur chez cet enfant.
» Cette scène de charité populaire m'avait délicieusement émue; je suivis
» des yeux aussi longtemps que je pus le grand jeune homme et l'enfant,
» qui avait peine à suivre cette fois les pas du cheval, subitement rendu do-
» cile par la peur du fouet.
» Eh bien! oui, je le répète avec orgueil, la créature est naturellement
» bonne et secourable : rien n'a été plus spontané que ce mouvement de
» pitié, de tendresse, dans cette foule, lorsque ce pauvre petit s'est écrié :
» Que devenir!... je n'ai plus ni père ni mère!...
» Malheureux enfant!... c'est vrai, ni père ni mère... me disais-je... Livré
» à un maître brutal, qui le couvre à peine de quelques guenilles et le mal-
» traite;... couchant sans doute dans le coin d'une écurie... pauvre petit! il
» est encore doux et bon, malgré la misère et le malheur... Je l'ai bien vu,
» il était plus reconnaissant que joyeux du bien qu'on lui faisait... Mais
» peut-être cette bonne nature, abandonnée, sans appui, sans conseil, sans
» secours, exaspérée par les mauvais traitemens, se faussera, s'aigrira...
» Puis viendra l'âge des passions... puis les excitations mauvaises...
» Ah!... chez le pauvre déshérité, la vertu est doublement sainte et res-
» pectable. »

~~~~~~~~~~

« ...... Ce matin, après m'avoir, comme toujours, doucement grondée de
» ce que je n'allais pas à la messe, la mère d'Agricol m'a dit ce mot si tou-
» chant dans sa bouche ingénûment croyante : — Heureusement je prie

» plus pour toi que pour moi, ma pauvre Mayeux; le bon Dieu m'entendra,
» *et tu n'iras, je l'espère, qu'en purgatoire...*
» Bonne mère... âme angélique, elle m'a dit ces paroles avec une douceur
» si grave et si pénétrée, avec une foi si sérieuse dans l'heureux résultat de
» sa pieuse intercession, que j'ai senti mes yeux devenir humides, et je me
» suis jetée à son cou aussi sérieusement, aussi sincèrement reconnaissante,
» que si j'avais cru aller au purgatoire.
» ..... Ce jour a été heureux pour moi; j'aurai, je l'espère, trouvé du tra-
» vail, et je devrai ce bonheur à une jeune personne remplie de cœur et de
» bonté; elle doit me conduire demain au couvent de Sainte-Marie, où elle
» croit que l'on pourra m'employer... »

Florine, déjà profondément émue par la lecture de ce journal, tressaillit à ce passage où la Mayeux parlait d'elle, et continua :

« Jamais je n'oublierai avec quel touchant intérêt, avec quelle délicate
» bienveillance cette jeune fille m'a accueillie, moi, si pauvre et si malheu-
» reuse. Cela ne m'étonne pas, d'ailleurs; elle était auprès de mademoiselle
» de Cardoville. Elle devait être digne d'approcher de la bienfaitrice d'Agri-
» col. Il me sera toujours cher et précieux de me rappeler son nom; il est
» gracieux et joli comme son visage; elle se nomme Florine..... Je ne suis
» rien, je ne possède rien, mais si les vœux fervens d'un cœur pénétré de re-
» connaissance pouvaient être entendus, mademoiselle Florine serait heu-
» reuse, bien heureuse.
» Hélas! je suis réduite à faire des vœux pour elle... seulement des vœux...
» car je ne puis rien... que me souvenir et l'aimer. »

Ces lignes, qui disaient si simplement la gratitude sincère de la Mayeux, portèrent le dernier coup aux hésitations de Florine; elle ne put résister plus longtemps à la généreuse tentation qu'elle éprouvait. A mesure qu'elle avait lu les divers fragmens de ce journal, son affection, son respect, pour la Mayeux avaient fait de nouveaux progrès; plus que jamais elle sentait tout ce qu'il y avait d'infâme à elle de livrer peut-être aux sarcasmes et aux dédains les plus secrètes pensées de cette infortunée. Heureusement le bien est souvent aussi contagieux que le mal. Electrisée par tout ce qu'il y avait de chaleureux, de noble et d'élevé dans les pages qu'elles venait de lire, ayant retrempé sa vertu défaillante à cette source vivifiante et pure, Florine, cédant enfin à un de ces bons mouvemens qui l'entraînaient parfois, sortit de chez elle, emportant le manuscrit, bien déterminée, si la Mayeux n'était pas de retour, à le remettre où elle l'avait pris; bien résolue aussi de dire à Rodin que, cette seconde fois, ses recherches au sujet du journal avaient été vaines, la Mayeux s'étant sans doute aperçue de la première tentative de soustraction.

CHAPITRE XIII.

LA DÉCOUVERTE.

Peu de temps avant que Florine se fût décidée à réparer son indigne abus de confiance, la Mayeux était revenue de la fabrique après avoir accompli jusqu'au bout un douloureux devoir. A la suite d'un long entretien avec Angèle, frappée comme Agricol de la grâce ingénue, de la sagesse et de la bonté dont semblait douée cette jeune fille, la Mayeux avait eu la courageuse franchise d'engager le forgeron à ce mariage.

La scène suivante se passait donc, alors que Florine, achevant de parcourir le journal de la jeune ouvrière, n'avait pas encore pris la louable résolution de le rapporter.

Il était dix heures du soir. La Mayeux, de retour à l'hôtel de Cardoville, venait d'entrer dans sa chambre; et, brisée par tant d'émotions, elle s'était jetée dans un fauteuil. Le plus profond silence régnait dans la maison; il n'était interrompu çà et là que par le bruit d'un vent violent qui au dehors agitait les arbres du jardin. Une seule bougie éclairait la chambre, tendue d'une étoffe d'un vert sombre. Ces teintes obscures et les vêtemens noirs de la Mayeux faisaient paraître sa pâleur plus grande encore. Assise sur un fauteuil au coin du feu, la tête baissée sur sa poitrine, ses mains croisées sur ses genoux, la jeune fille était mélancolique et résignée : on lisait sur sa physionomie l'austère satisfaction que laisse après soi la conscience du devoir accompli.

Ainsi que tous ceux qui, élevés à l'impitoyable école du malheur, n'apportent plus d'exagération dans le sentiment de leur chagrin, hôte trop familier, trop assidu, pour qu'on le traite avec *luxe*, la Mayeux était incapable de se livrer longtemps à des regrets vains et désespérés à propos d'un fait accompli. Sans doute le coup avait été soudain, affreux; sans doute il devait laisser un douloureux et long retentissement dans l'âme de la Mayeux, mais il devait bientôt passer, si cela peut se dire, à l'état de ses souffrances *chroniques*, devenues presque partie intégrante de sa vie.

Et puis, la noble créature, si indulgente envers le sort, trouvait encore des consolations à sa peine amère; aussi elle s'était sentie vivement touchée des témoignages d'affection que lui avait donnés Angèle, la fiancée d'Agricol, et elle avait éprouvé une sorte d'orgueil de cœur en voyant avec quelle aveugle confiance, avec quelle joie ineffable le forgeron accueillait les heureux pressentimens qui semblaient consacrer son bonheur.

La Mayeux se disait encore :

— Au moins, je ne serai plus agitée malgré moi, non par des espérances, mais par des suppositions aussi ridicules qu'insensées. Le mariage d'Agricol met un terme à toutes les misérables rêveries de ma pauvre tête.

Et puis enfin la Mayeux trouvait surtout une consolation réelle, profonde, dans la certitude où elle était d'avoir pu résister à cette terrible épreuve, et cacher à Agricol l'amour qu'elle ressentait pour lui, car l'on sait combien étaient redoutables, effrayantes, pour l'infortunée, les idées de ridicule et de honte qu'elle croyait attachées à la découverte de sa folle passion.

Après être restée quelque temps absorbée, la Mayeux se leva et se dirigea lentement vers son bureau.

— Ma seule récompense — dit-elle en apprêtant ce qui lui était nécessaire pour écrire — sera de confier au triste et muet témoin de mes peines cette nouvelle douleur; j'aurai du moins tenu la promesse que je m'étais faite à moi-même; croyant, au fond de mon âme, cette jeune fille capable d'assurer la félicité d'Agricol... je le lui ai dit, à lui, avec sincérité... Un jour, dans bien longtemps, lorsque je relirai ces pages, j'y trouverai peut-être une compensation à ce que je souffre maintenant.

Ce disant, la Mayeux retira le carton du casier... N'y trouvant pas son manuscrit, elle jeta d'abord un cri de surprise.

Mais quel fut son effroi lorsqu'elle aperçut une lettre à son adresse remplaçant son journal!

La jeune fille devint d'une pâleur mortelle; ses genoux tremblèrent; elle faillit s'évanouir; mais sa terreur croissante lui donna une énergie factice, elle eut la force de rompre le cachet de cette lettre. Un billet de 500 fr., qu'elle contenait, tomba sur la table, et la Mayeux lut ce qui suit :

« Mademoiselle,

» C'est quelque chose de si original et de si joli à lire dans vos mémoires,
» que l'histoire de votre amour pour Agricol, que l'on ne peut résister au
» plaisir de lui faire connaître cette grande passion dont il ne se doute guère,
» et à laquelle il ne peut manquer de se montrer sensible.

» On profitera de cette occasion pour procurer à une foule d'autres per-
» sonnes, qui en auraient été malheureusement privées, l'amusante lecture
» de votre journal. Si les copies et les extraits ne suffisent pas, on le fera
» imprimer; on ne saurait trop répandre les belles choses; les uns pleure-
» ront, les autres riront; ce qui paraîtra superbe à ceux-ci, fera éclater de
» rire ceux-là; ainsi va le monde; mais ce qu'il y a de certain, c'est que
» votre journal fera du bruit, on vous le garantit.

» Comme vous êtes capable de vouloir vous soustraire à votre triomphe, et
» que vous n'aviez que des guenilles sur vous lorsque vous êtes entrée, par
» charité, dans cette maison où vous voulez dominer et faire *la dame*, ce qui

» ne va pas à votre *taille* pour plus d'une raison, on vous fait tenir 500 fr.
» par la présente lettre, pour vous payer votre papier, et afin que vous ne
» soyez pas sans ressources dans le cas où vous seriez assez modeste pour
» craindre les félicitations qui, dès demain, vous accableront, car, à l'heure
» qu'il est, votre journal est déjà en circulation.
» Un de vos confrères,
» *Un vrai* Mayeux. »

Le ton grossièrement railleur et insolent de cette lettre, qui, à dessein, semblait écrite par un laquais jaloux de la venue de la malheureuse créature dans la maison, avait été calculé avec une infernale habileté, et devait immanquablement produire l'effet que l'on en espérait.

— Oh! mon Dieu!... — Telles furent les seules paroles que put prononcer la jeune fille dans sa stupeur et dans son épouvante.

Maintenant, si l'on se rappelle en quels termes passionnés étaient exprimé l'amour de cette infortunée pour son frère adoptif, si l'on a remarqué plusieurs passages de ce manuscrit, où elle révélait les douloureuses blessures qu'Agricol lui avait souvent faites sans le savoir, si l'on se rappelle enfin quelle était sa terreur du ridicule, on comprendra son désespoir insensé, après la lecture de cette lettre infâme. La Mayeux ne songea pas un moment à toutes les nobles paroles, à tous les récits touchans que renfermait son journal; la seule et horrible idée qui foudroya l'esprit égaré de cette malheureuse, fut que, le lendemain, Agricol, mademoiselle de Cardoville, et une foule insolente et railleuse, auraient connaissance et seraient instruits de cet amour d'un ridicule atroce, qui devait, croyait-elle, l'écraser de confusion et de honte.

Ce nouveau coup fut si étourdissant, que la Mayeux plia un moment sous ce choc imprévu. Durant quelques minutes, elle resta complétement inerte, anéantie; puis, avec la réflexion, lui vint tout à coup la conscience d'une nécessité terrible...

Cette maison si hospitalière, où elle avait trouvé un refuge assuré après tant de malheurs, il lui fallait la quitter à tout jamais. La timidité craintive, l'ombrageuse délicatesse de la pauvre créature, ne lui permettaient pas de rester une minute de plus dans cette demeure, où les plus secrets replis de son âme venaient d'être ainsi surpris, profanés et livrés sans doute aux sarcasmes et aux mépris.

Elle ne songea pas à demander justice et vengeance à mademoiselle de Cardoville : apporter un ferment de trouble et d'irritation dans cette maison au moment de l'abandonner, lui eût semblé de l'ingratitude envers sa bienfaitrice. Elle ne chercha pas à deviner quel pouvait être l'auteur ou le motif d'une si odieuse soustraction et d'une lettre si insultante. A quoi bon... décidée qu'elle était à fuir les humiliations dont on la menaçait!

Il lui parut vaguement (ainsi qu'on l'avait espéré) que cette indignité devait être l'œuvre de quelque subalterne jaloux de l'affectueuse déférence que lui témoignait mademoiselle de Cardoville;... ainsi pensait la Mayeux avec un désespoir affreux. Ces pages, si douloureusement intimes, qu'elle n'eût pas osé confié à la mère la plus tendre, la plus indulgente, parce que, écrites, pour ainsi dire, avec le sang de ses blessures, elles reflétaient avec une fidélité trop cruelle les mille plaies secrètes de son âme endolorie... ces pages allaient servir... servaient peut-être, à l'heure même, de jouet et de risée aux valets de l'hôtel.

. . . .

L'argent qui accompagnait cette lettre et la façon insultante dont il lui était offert confirmaient encore ses soupçons. On voulait que la peur de la misère ne fût pas un obstacle à sa sortie de la maison.

Le parti de la Mayeux fut pris avec cette résignation calme et décidée qui lui était familière... Elle se leva; ses yeux brillans et un peu hagards ne versaient pas une larme : depuis la veille elle avait trop pleuré; d'une main tremblante et glacée elle écrivit ces mots sur un papier qu'elle laissa à côté du billet de 500 francs:

« *Que mademoiselle de Cardoville soit bénie du bien qu'elle m'a fait, et*
» *qu'elle me pardonne d'avoir quitté sa maison, où je ne puis rester désormais.* »

Ceci écrit, la Mayeux jeta au feu la lettre infâme qui semblait lui brûler les mains... Puis, donnant un dernier regard à cette chambre meublée presque avec luxe, elle frémit involontairement en songeant à la misère qui l'attendait de nouveau, misère plus affreuse encore que celle dont jusqu'alors elle avait été victime, car la mère d'Agricol était partie avec Gabriel, et la malheureuse enfant ne devait même plus, comme autrefois, être consolée dans sa détresse par l'affection presque maternelle de la femme de Dagobert.

Vivre seule... absolument seule... avec la pensée que sa fatale passion pour Agricol était moquée par tous et peut-être aussi par lui... tel était l'avenir de la Mayeux. Cet avenir... cet abîme l'épouvanta;... une pensée sinistre lui vint à l'esprit;... elle tressaillit, et l'expression d'une joie amère contracta ses traits.

Résolue à partir, elle fit quelques pas pour gagner la porte, et en passant devant la cheminée, elle se vit involontairement dans la glace, pâle comme une morte et vêtue de noir;... alors elle songea qu'elle portait un habillement qui ne lui appartenait pas... et se souvint du passage de la lettre où on lui reprochait les guenilles qu'elle portait avant d'entrer dans cette maison.

— C'est juste! — dit-elle avec un sourire déchirant, en regardant sa robe noire — ils m'appelleraient voleuse...

Et la jeune fille, prenant son bougeoir, entra dans le cabinet de toilette, et là reprit les pauvres vieux vêtemens qu'elle avait voulu conserver comme une sorte de pieux souvenirs de son infortune. A cet instant seulement les larmes de la Mayeux coulèrent avec abondance... Elle pleurait, non de désespoir de vêtir de nouveau la livrée de la misère; mais elle pleurait de reconnaissance, car cet entourage de bien-être auquel elle disait un éternel adieu lui rappelait à chaque pas les délicatesses et les bontés de mademoiselle de Cardoville; aussi, cédant à un mouvement presque involontaire, après avoir repris ses pauvres vieux habits, elle tomba à genoux au milieu de la chambre, et s'adressant par la pensée à mademoiselle de Cardoville, elle s'écria d'une voix entrecoupée par des sanglots convulsifs:

— Adieu... et pour toujours adieu!... vous qui m'appelliez votre amie... votre sœur...

Tout à coup la Mayeux se releva avec terreur; elle avait entendu marcher doucement dans le corridor qui conduisait du jardin à l'une des porte de son appartement, l'autre porte s'ouvrant sur le salon.

C'était Florine, qui, trop tard, hélas! rapportait le manuscrit.

Eperdue, épouvantée du bruit de ces pas, se voyant déjà le jouet de la maison, la Mayeux, quittant sa chambre, se précipita dans le salon, le traversa en courant, ainsi que l'antichambre, gagna la cour, frappa aux carreaux du portier. La porte s'ouvrit et se referma sur elle.

Et la Mayeux avait quitté l'hôtel de Cardoville.

. . . .

Adrienne était ainsi privée d'un gardien dévoué, fidèle et vigilant.

Rodin s'était débarrassé d'une antagoniste active et pénétrante, qu'il avait toujours et avec raison redoutée. Ayant, on l'a vu, deviné l'amour de la Mayeux pour Agricol, la sachant poète, le jésuite supposa logiquement qu'elle devait avoir écrit secrètement quelques vers empreints de cette passion fatale et cachée. De là l'ordre donné à Florine de tâcher de découvrir quelques preuves écrites de cet amour; de là cette lettre si horriblement bien calculée dans sa grossièreté, et dont, il faut le dire, Florine ignorait la substance, l'ayant reçue après avoir sommairement fait connaître le contenu du manuscrit qu'elle s'était une première fois contentée de parcourir sans le soustraire.

. . . .

Nous l'avons dit, Florine, cédant trop tard à un généreux repentir, était arrivée chez la Mayeux au moment où celle-ci, épouvantée, quitta l'hôtel. La camériste, apercevant une lumière dans le cabinet de toilette, y courut; elle vit sur une chaise l'habillement noir que la Mayeux venait de quitter, et, à quelque pas, ouverte et vide, la mauvaise petite malle où elle avait jusqu'alors conservé ses pauvres vêtemens. Le cœur de Florine se brisa; elle courut au bureau : le désordre des cartons, le billet de 500 fr. laissé à côté des deux lignes écrites à mademoiselle de Cardoville, tout lui prouva que son obéissance aux ordres de Rodin avait porté de funestes fruits, et que la Mayeux avait quitté la maison pour toujours.

Florine, reconnaissant l'inutilité de sa tardive résolution, se résigna en soupirant à faire parvenir le manuscrit à Rodin; puis, forcée par la fatalité de sa misérable position à se consoler du mal par le mal même, elle se dit que du moins sa trahison deviendrait moins dangereuse par le départ de la Mayeux.

Le surlendemain de ces événemens, Adrienne reçut ce billet de Rodin, en réponse à une lettre qu'elle lui avait écrite pour lui apprendre le départ inexplicable de la Mayeux:

« Ma chère demoiselle,

» Obligé de partir ce matin même pour la fabrique de l'excellent M. Hardy, » où m'appelle une affaire fort grave, il m'est impossible d'aller vous pré- » senter mes très humbles devoirs. Vous me demandez : Que penser de la » disparition de cette pauvre fille? Je n'en sais en vérité rien... L'avenir ex- » pliquera tout à son avantage... je n'en doute pas... Seulement, souvenez- » vous de ce que je vous ai dit chez le docteur Baleinier au sujet de *certaine* » *société* et des secrets émissaires dont elle sait entourer si perfidement les » personnes qu'elle a intérêt à faire épier.

» Je n'inculpe personne, mais rappelons simplement des faits. Cette pau- » vre fille m'a accusé.... et je suis, vous le savez, le plus fidèle de vos servi- » teurs...

» Elle ne possédait rien.... et l'on a trouvé 500 francs dans son bureau.

» Vous l'avez comblée... et elle abandonne votre maison sans oser expli- » quer la cause de sa fuite inqualifiable.

» Je ne conclus pas, ma chère demoiselle... il me répugne toujours, à moi, » d'accuser sans preuves;... mais réfléchissez et tenez-vous bien sur vos gar- » des; vous venez peut-être d'échapper à un grand danger. Redoublez de » circonspection et de défiance, c'est du moins le respectueux avis de votre » très humble et très obéissant serviteur.

» RODIN. »

QUATORZIEME PARTIE.

LA FABRIQUE.

CHAPITRE PREMIER.

LE RENDEZ-VOUS DES LOUPS.

C'était un dimanche matin.

Le jour même où mademoiselle de Cardoville avait reçu la lettre de Rodin, lettre relative à la disparition de la Mayeux.

Deux hommes causaient attablés dans l'un des cabarets du petit village de Villiers, situé à peu de distance de la fabrique de M. Hardy.

Ce village était généralement habité par des ouvriers carriers et par des tailleurs de pierre employés à l'exploitation des carrières environnantes.

Rien de plus rude, de plus pénible et de moins rétribué que les travaux de ces artisans; aussi, Agricol l'avait dit à la Mayeux, établissaient-ils une comparaison pénible pour eux entre leur sort toujours misérable, et le bien-être, l'aisance presque incroyable dont jouissaient les ouvriers de M. Hardy, grâce à sa généreuse et intelligente direction, ainsi qu'aux principes d'association et de communauté qu'il avait mis en pratique parmi eux.

Le malheur et l'ignorance causent toujours de grands maux. Le malheur s'aigrit facilement et l'ignorance cède parfois aux conseils perfides. Pendant longtemps le bonheur des ouvriers de M. Hardy avait été naturellement envié, mais non jalousé avec haine. Dès que les ténébreux ennemis du fabricant, ralliés à M. Tripeaud, son concurrent, eurent intérêt à ce que ce paisible état de chose changeât, il changea. Avec une adresse et une persistance diaboliques, on parvint à allumer les plus basses passions; on s'adressa par des émissaires choisis à quelques ouvriers carriers ou tailleurs de pierre du voisinage dont l'inconduite avait aggravé la misère. Notoirement connus pour leur turbulence, audacieux et énergiques, ces hommes pouvaient exercer une dangereuse influence sur la majorité de leurs compagnons paisibles, laborieux, honnêtes, mais faciles à intimider par la violence. A ces turbulens meneurs, déjà aigris par l'infortune, on exagéra encore le bonheur des ouvriers de M. Hardy, et l'on parvint ainsi à exciter en eux une jalousie haineuse. On alla plus loin : les prédications incendiaires d'un abbé, membre de la congrégation, venu exprès de Paris pour prêcher pendant le carême contre M. Hardy, agirent puissamment sur les femmes de ces ouvriers, qui, pendant que leurs maris hantaient le cabaret, se pressaient au sermon. Profitant de la peur croissante que l'approche du choléra inspirait alors, on frappa de terreur ces imaginations faibles et crédules en leur montrant la fabrique de M. Hardy comme un foyer de corruption, de damnation, capable d'attirer la vengeance du ciel et conséquemment le fléau vengeur sur le canton. Les hommes, déjà profondément irrités par l'envie, furent encore incessamment excités par leurs femmes, qui, exaltées par le prêche de l'abbé, maudissaient ce ramassis d'athées qui pouvaient attirer tant de malheurs sur le pays. Quelques mauvais sujets appartenant aux ateliers du baron Tripeaud et soudoyés par lui (nous avons dit quel intérêt cet *honorable* industriel avait à la ruine de M. Hardy) vinrent augmenter l'irritation générale et combler la mesure en soulevant une de ces terribles questions de *compagnonnage* qui, de nos jours, font malheureusement encore couler quelquefois tant de sang?

Un assez grand nombre d'ouvriers de M. Hardy, avant d'entrer chez lui, étaient membres d'une société de compagnonnage dite des *Dévorans*, tandis que plusieurs tailleurs de pierres et carriers des environs appartenaient à la société dite des *Loups* : or, de tout temps des rivalités souvent implacables ont existé entre les *Loups* et les *Dévorans* et amené des luttes meurtrières, d'autant plus à déplorer que sous beaucoup de points l'institution du compagnonnage est excellente, en cela qu'elle est basée sur le principe si fécond, si puissant de l'association. Malheureusement, au lieu d'embrasser tous les corps d'état dans une seule communion fraternelle, le compagnonnage se fractionne en sociétés collectives et distinctes dont les rivalités soulèvent parfois de sanglantes collisions (1).

(1) Disons-le à la louange des ouvriers, ces scènes cruelles deviennent d'autant plus rares qu'ils s'éclairent davantage et qu'ils ont plus conscience de leur dignité. Il faut aussi attribuer ces tendances meilleures à la juste influence d'un excellent livre sur le compagnonnage, publié par M. Agricol Perdiguier, dit Avignonnais-la-Vertu, compagnon menuisier (Paris, Pagnerre, 1841. 2 vol. in-18). Dans cet ouvrage, rempli d'érudition et de détails curieux sur les différentes sociétés du compagnonnage, M. Agricol Perdiguier s'élève avec l'indignation de l'honnête homme contre ces scènes de violence capables de nuire à ce qu'il y a d'utile et de pratique dans le compagnonnage. — Ce livre, écrit avec une droiture, avec une raison, avec une modération remarquables, est non-seulement un bon livre, mais une noble et courageuse action ; car M. Agricol Perdiguier a eu à lutter longtemps, à lutter vaillamment pour ramener ses frères à des idées sages et pacifiques. — Disons enfin que M. Perdiguier à fondé à l'aide de ses seules ressources, au faubourg Saint-Antoine, un modeste établissement de la plus grande utilité pour la classe ouvrière. — Il loge dans sa maison, modèle d'ordre et de probité, environ quarante ou cinquante compagnons menuisiers, auxquels il professe chaque soir, après le travail de la journée, un cours de géométrie et d'architecture linéaire, appliqué à la coupe du bois. Nous avons assisté à l'un de ces cours, et il est impossible de professer avec plus de clarté, et, il faut le dire, d'être

Depuis huit jours, les *Loups*, surexcités par tant d'obsessions diverses, brûlaient donc de trouver une occasion et un prétexte pour en venir aux mains avec les *Dévorans*; mais ceux-ci ne fréquentant pas les cabarets et ne sortant presque jamais de la fabrique pendant la semaine, avaient rendu jusqu'alors cette rencontre impossible, et les *Loups* s'étaient vus forcés d'attendre le dimanche avec une farouche impatience. Du reste, un grand nombre de carriers et de tailleurs de pierres, gens paisibles et bons travailleurs, ayant refusé, quoique *Loups* eux-mêmes, de s'associer à cette manifestation hostile contre les *Dévorans* de la fabrique de M. Hardy, les meneurs avaient été obligés de se recruter de plusieurs vagabonds et fainéans des barrières, que l'appât du tumulte et du désordre avait facilement enrôlés sous le drapeau des *Loups* guerroyeurs.

Telle était donc la sourde fermentation qui agitait le petit village de Villiers pendant que les deux hommes dont nous avons parlé étaient attablés dans un cabaret. Ces hommes avaient demandé un cabinet pour être seuls.

L'un d'eux était jeune encore et assez bien vêtu; mais son débraillé, sa cravate lâche, à demi dénouée, sa chemise tachée de vin, sa chevelure en désordre, ses traits fatigués, son teint marbré, ses yeux rougis, annonçaient qu'une nuit d'orgie avait précédé cette matinée, tandis que son geste brusque et lourd, sa voix éraillée, son regard parfois éclatant ou stupide, prouvaient qu'aux dernières fumées de l'ivresse de la veille se joignaient déjà les premières atteintes d'une ivresse nouvelle.

Le compagnon de cet homme lui dit en choquant son verre contre le sien:
— A votre santé, mon garçon!
— A la vôtre — répondit le jeune homme — quoique vous me fassiez l'effet d'être le diable...
— Moi! le diable?
— Oui.
— Et pourquoi?
— D'où me connaissez-vous?
— Vous repentez-vous de m'avoir connu?
— Qui vous a dit que j'étais prisonnier à Sainte-Pélagie?
— Vous ai-je tiré de prison?
— Pourquoi m'en avez-vous tiré?
— Parce que j'ai bon cœur.
— Vous m'aimez peut-être... comme le boucher aime le bœuf qu'il mène à l'abattoir.
— Vous êtes fou!
— On ne paye pas dix mille francs pour quelqu'un sans motif.
— J'ai un motif.
— Lequel? Que voulez-vous faire de moi?
— Un joyeux compagnon qui dépense rondement de l'argent sans rien faire, et qui passe toutes les nuits comme la dernière. Bon vin, bonne chère, jolies filles et gaies chansons... Est-ce un si mauvais métier?

Après être resté un moment sans répondre, le jeune homme reprit d'un air sombre: — Pourquoi la veille de ma sortie de prison avez-vous mis pour condition à ma liberté que j'écrirais à ma maîtresse que je ne voulais plus la voir? pourquoi avez-vous exigé que cette lettre vous fût donnée, à vous?
— Un soupir!... vous y pensez encore?
— Toujours...
— Vous avez tort... votre maîtresse est loin de Paris à cette heure... je l'ai vue monter en diligence avant de revenir vous tirer de Sainte-Pélagie.
— Oui... j'étouffais dans cette prison, j'aurais, pour sortir, donné mon âme au diable; vous vous en serez douté et vous êtes venu... Seulement au lieu

---

compris avec plus d'intelligence. A dix heures du soir, après quelque lecture faite en commun, tous les hôtes de M. Perdiguier regagnent leur modeste réduit (ils sont forcés, par le bas prix des salaires, de coucher généralement quatre dans la même petite chambre). M. Perdiguier nous disait que l'étude et l'instruction sont de si puissans moyens de moralisation, que depuis six ans il n'a eu à renvoyer qu'*un seul* de ses locataires. — Au bout de trois ou quatre jours — nous disait-il — *les mauvais sujets sentent que leur place n'est pas ici, et ils s'en vont d'eux-mêmes*. Nous sommes heureux de pouvoir *rendre ici cet hommage public à un homme rempli de savoir, de droiture, et du plus noble dévoûment à la classe ouvrière*.

de mon âme vous m'avez pris Céphyse... Pauvre reine Bacchanal! Et pourquoi? Mille tonnerres! me le direz-vous enfin?

— Un homme qui a une maîtresse qui le tient au cœur comme vous tient la vôtre, n'est plus un homme;... dans l'occasion il manque d'énergie.

— Dans quelle occasion?

— Buvons...

— Vous me faites boire trop d'eau-de-vie.

— Bah!... tenez! voyez, moi.

— C'est ça qui m'effraie... et me paraît diabolique... Une bouteille d'eau-de-vie ne vous fait pas sourciller. Vous avez donc une poitrine de fer et une tête de marbre?

— J'ai longtemps voyagé en Russie; là on boit pour se réchauffer... Ici pour s'échauffer... Allons... buvons... Mais du vin.

— Allons donc! le vin est bon pour les enfans, l'eau-de-vie pour les hommes comme nous...

— Va pour l'eau-de-vie... ça brûle;... mais la tête flambe... et l'on voit alors toutes les flammes de l'enfer.

— C'est ainsi que je vous aime, mordieu!

— Tout à l'heure... en me disant que j'étais trop épris de ma maîtresse, et et que dans l'occasion j'aurais manqué d'énergie, de quelle occasion vouliez-vous parler?

— Buvons...

— Un instant... Voyez-vous, mon camarade, je ne suis pas plus bête qu'un autre. A vos demi-mots, j'ai deviné une chose.

— Voyons.

— Vous savez que j'ai été ouvrier, que je connais beaucoup de camarades, que je suis bon garçon, qu'on m'aime assez, et vous voulez vous servir de moi comme d'un appeau pour en amorcer d'autres.

— Ensuite?

— Vous devez être quelque courtier d'émeute... quelque commissionnaire en révolte.

— Après?

— Et vous voyagez pour une société anonyme qui travaille dans les coups de fusils?

— Est-ce que vous êtes poltron?

— Moi?... j'ai brûlé de la poudre en juillet... et ferme!

— Vous en brûleriez bien encore?

— Autant vaut ce feu d'artifice-là qu'un autre... Par exemple, c'est plus pour l'agréable que pour l'utile... les révolutions; car tout ce que j'ai retiré des barricades des trois jours, ç'a été de brûler ma culotte et de perdre ma veste... Voilà ce que le peuple a gagné dans ma personne. Ah ça! voyons, *en avant, marchons!!!* de quoi retourne-t-il?

— Vous connaissez plusieurs des ouvriers de M. Hardy?

— Ah! c'est pour ça que vous m'avez amené ici.

— Oui... vous allez vous trouver avec plusieurs ouvriers de sa fabrique.

— Des camarades de chez M. Hardy qui mordent à l'émeute? ils sont trop heureux pour ça... Vous vous trompez.

— Vous le verrez tout à l'heure.

— Eux, si heureux!... Qu'est-ce qu'ils ont à réclamer?

— Et leurs frères? et ceux qui, n'ayant pas un bon maître, meurent de faim et de misère, et les appellent pour se joindre à eux? Est-ce que vous croyez qu'ils resteront sourds à leur appel? M. Hardy, c'est l'exception. Que le peuple donne un bon coup de collier, l'exception devient la règle, et tout le monde est content.

— Il y a du vrai dans ce que vous dites là; seulement, il faudra que le coup de collier soit drôle pour qu'il rende jamais bon et honnête mon gredin de bourgeois, le baron Tripeaud, qui m'a fait ce que je suis... un bambocheur fini...

— Les ouvriers de M. Hardy vont venir; vous êtes leur camarade, vous n'avez aucun intérêt à les tromper; ils vous croiront... Joignez-vous à moi pour les décider...

— A quoi?

— A quitter cette fabrique où ils s'amollissent, où ils s'énervent dans l'égoïsme sans songer à leurs frères.
— Mais s'ils quittent la fabrique, comment vivront-ils?
— On y pourvoira... jusqu'au grand jour.
— Et jusque-là, que faire?
— Ce que vous avez fait cette nuit : boire, rire et chanter, et après, pour tout travail, s'habituer dans la chambre au maniement des armes.
— Et qui fait venir ces ouvriers ici?
— Quelqu'un leur a déjà parlé; on leur a fait parvenir des imprimés où on leur reprochait leur indifférence pour leurs frères... Voyons, m'appuierez-vous?
— Je vous appuierai... d'autant plus que je commence à me... soutenir difficilement moi-même... Je ne tenais au monde qu'à Céphyse; je sens que je suis sur une mauvaise pente... vous me poussez encore... Roule ta bosse! aller au diable d'une façon ou d'une autre, ça m'est égal... Buvons...
— Buvons à l'orgie de la nuit prochaine;... la dernière n'était qu'une orgie de novice...
— En quoi êtes-vous donc fait, vous? Je vous regardais; pas un instant je ne vous ai vu rougir ou sourire... ou vous émouvoir;... vous étiez là, planté comme un homme de fer.
— Je n'ai plus quinze ans, il faut autre chose pour me faire rire;... mais, cette nuit... je rirai.
— Je ne sais pas si c'est l'eau-de-vie;... mais je veux que le diable me berce si vous ne me faites pas peur en disant que vous rirez cette nuit!—Et ce disant, le jeune homme se leva en trébuchant; il commençait à être ivre de nouveau.
On frappa à la porte.
— Entrez.
L'hôte du cabaret parut.
—Il y a en bas un jeune homme; il s'appelle M. Olivier; il demande M. Morok.
— C'est moi; faites monter.
L'hôte sortit.
— C'est un de nos hommes; mais il est seul — dit Morok, dont la rude figure exprima le désappointement. — Seul... cela m'étonne... j'en attendais plusieurs... le connaissez-vous?
— Olivier... oui... un blond... il me semble...
— Nous le verrons bien... le voici.
En effet, un jeune homme d'une figure ouverte, hardie et intelligente, entra dans le cabinet.
— Tiens... Couche-tout-Nu? — s'écria-t-il à la vue du convive de Morok.
— Moi-même. Il y a des siècles qu'on ne t'a vu, Olivier.
—C'est tout simple... mon garçon, nous ne travaillons pas au même endroit.
— Mais vous êtes seul? reprit Morok. Et montrant Couche-tout-Nu, il ajouta : — On peut parler devant lui... il est des nôtres. Mais comment êtes-vous seul?
— Je viens seul, mais je viens au nom de mes camarades.
— Ha! — fit Morok avec un soupir de satisfaction — ils consentent.
— Ils refusent... et moi aussi.
— Comment, mordieu! ils refusent?... Ils n'ont donc pas plus de tête que des femmes? — s'écria Morok les dents serrées de rage.
— Écoutez-moi — reprit froidement Olivier : — nous avons reçu vos lettres, vu votre agent; nous avons eu la preuve qu'il était, en effet, affilié à des sociétés secrètes où nous connaissons plusieurs personnes.
— Eh bien!... pourquoi hésitez-vous?
— D'abord, rien ne nous prouve que ces sociétés soient prêtes pour un mouvement.
— Je vous le dis, moi...
—Il le... dit... lui—dit Couche-tout-Nu en balbutiant.—Et je... l'affirme... *En avant, marchons !!*
— Cela ne suffit pas — reprit Olivier — et d'ailleurs nous avons réfléchi... Pendant huit jours, l'atelier a été divisé; hier encore la discussion a été vive, pénible; mais ce matin le père Simon nous a fait venir; on s'est expliqué

devant lui; il nous a convaincus;... nous attendrons; si le mouvement éclate... nous verrons...

— C'est votre dernier mot ?
— C'est notre dernier mot.
— Silence! — s'écria tout à coup Couche-tout-Nu en prêtant l'oreille et en se balançant sur ses jambes avinées :—on dirait au loin les cris d'une foule...

En effet, on entendit d'abord sourdre, puis croître de moment en moment une rumeur éloignée, qui peu à peu devint formidable.

— Qu'est-ce que cela ? — dit Olivier surpris.
— Maintenant — reprit Morok en souriant d'un air sinistre — je me rappelle que l'hôte m'a dit en entrant qu'il y avait une grande fermentation dans le village contre la fabrique. Si vous et vos camarades vous vous étiez séparés des autres ouvriers de M. Hardy, comme je le croyais, ces gens, qui commencent à hurler, auraient été pour vous... au lieu d'être contre vous!...

—Ce rendez-vous était donc un guet-apens ménagé pour armer les ouvriers de M. Hardy les uns contre les autres ?—s'écria Olivier;—vous espériez donc que nous aurions fait cause commune avec les gens que l'on excite contre la fabrique, et que...

Le jeune homme ne put continuer. Une terrible explosion de cris, de hurlemens, de sifflets, ébranla le cabaret.

Au même instant la porte s'ouvrit brusquement, et le cabaretier, pâle, tremblant, se précipita dans le cabinet en s'écriant : — Messieurs !... est-ce qu'il y a quelqu'un parmi vous qui appartienne à la fabrique de M. Hardy?

— Moi... — dit Olivier.
— Alors vous êtes perdu!... voilà les *Loups* qui arrivent en masse, ils crient qu'il y a ici des *Dévorans* de chez M. Hardy, et ils demandent bataille... à moins que les *Dévorans* ne renient la fabrique et qu'ils ne se mettent de leur bord.

— Plus de doute, c'était un piége!... — s'écria Olivier en regardant Morok et Couche-tout-Nu d'un air menaçant — on comptait nous compromettre si mes camarades étaient venus!

—Un piége... moi?... Olivier...—dit Couche-tout-Nu en balbutiant—jamais!
— Bataille aux *Dévorans*! ou qu'ils viennent avec les *Loups*! — cria tout d'une voix la foule irritée, qui paraissait envahir la maison.

— Venez... — s'écria le cabaretier; et, sans donner à Olivier le temps de lui répondre, il le saisit par le bras, et ouvrant une fenêtre qui donnait sur le toit d'un appentis peu élevé, il lui dit : — Sauvez-vous par cette fenêtre, laissez-vous glisser, et gagnez les champs; il est temps...

Et comme le jeune ouvrier hésitait, le cabaretier ajouta avec effroi : —Seul contre deux cents, que voulez-vous faire ? Une minute de plus et vous êtes perdu... Les entendez-vous? Ils sont entrés dans la cour, ils montent.

En effet, à ce moment les huées, les sifflets, les cris, redoublèrent de violence; l'escalier de bois qui conduisait au premier étage s'ébranla sous les pas précipités de plusieurs personnes; et ce cri arriva perçant et proche : — Bataille aux *Dévorans* !

— Sauve-toi, Olivier! — s'écria Couche-tout-Nu presque dégrisé par le danger.

A peine avait-il prononcé ces mots, que la porte de la grande salle qui précédait ce cabinet s'ouvrit avec un fracas épouvantable.

— Les voilà!... — dit le cabaretier en joignant les mains avec effroi.
Puis courant à Olivier, il le poussa pour ainsi dire par la fenêtre; car, une jambe sur l'appui, l'ouvrier hésitait encore.

La croisée refermée, le tavernier revint auprès de Morok à l'instant où celui-ci quittait le cabinet pour la grande salle où les chefs des *Loups* venaient de faire irruption, pendant que leurs compagnons vociféraient dans la cour et dans l'escalier.

Huit ou dix de ces insensés, que l'on poussait à leur insu à ces scènes de désordre, s'étaient des premiers précipités dans la salle, les traits animés par le vin et par la colère: la plupart étaient armés de longs bâtons.

Un carrier d'une taille et d'une force herculéennes, coiffé d'un mauvais mouchoir rouge dont les lambeaux flottaient sur ses épaules, misérablement vêtu d'une peau de bique à moitié usée, brandissait une lourde pince de fer, et paraissait diriger le mouvement; les yeux injectés de sang, la physionomie menaçante et féroce, il s'avança vers le cabinet, faisant mine de vouloir repousser Morok, et s'écriant d'une voix tonnante : — Où sont les *Dévorans*!!... les *Loups* en veulent manger !

Le cabaretier se hâta d'ouvrir la porte du cabinet en disant : — Il n'y a personne, mes amis... il n'y a personne ;... voyez vous-mêmes.

— C'est vrai — dit le carrier surpris, après avoir jeté un coup d'œil dans le cabinet ; — où sont-ils donc? on nous avait dit qu'il y en avait ici une quinzaine. Ou ils auraient marché avec nous sur la fabrique, ou il y aurait eu bataille, et les *Loups* auraient mordu !

— S'ils ne sont pas venus — dit un autre — ils viendront; il faut les attendre.

— Oui... oui, attendons-les.

— On se verra de plus près !

— Puisque les *Loups* veulent voir des *Dévorans* — dit Morok — pourquoi ne vont-ils pas hurler autour de la fabrique de ces mécréans, de ces athées?.. Aux premiers hurlemens des *Loups*... ils sortiraient et il y aurait bataille...

— Il y aurait... bataille — répéta machinalement Couche-tout-Nu.

— A moins que les *Loups* n'aient peur des *Dévorans* ! — ajouta Morok.

— Puisque tu parles de peur... toi ! tu vas marcher avec nous... et tu nous verras aux prises ! — s'écria le formidable carrier d'une voix tonnante en s'avançant vers Morok.

Et nombre de voix se joignirent à la voix du carrier.

— Les *Loups* avoir peur des *Dévorans* !

— Ce serait la première fois.

— La bataille... la bataille ! et que ça finisse !

— Ça nous assomme à la fin... Pourquoi tant de misère pour nous et tant de bonheur pour eux ?

— Ils ont dit que les carriers étaient des bêtes brutes, bonnes à monter dans les roues de carrière comme des chiens de tournebroche — dit un émissaire du baron Tripeaud !

— Et qu'eux autres *Dévorans* se feraient des casquettes avec la peau des *Loups*... — ajouta un autre.

— Ni eux ni leurs femmes ne vont jamais à la messe. C'est des païens... des vrais chiens ! — cria un émissaire de l'abbé prêcheur.

— Eux, à la bonne heure... faut bien qu'ils fassent le dimanche à leur manière ! mais leurs femmes, ne pas aller à la messe !... ça crie vengeance...

— Aussi le curé a dit que cette fabrique-là, à cause de ses abominations, serait capable d'attirer le choléra sur le pays...

— C'est vrai... il l'a dit au prêche.

— Nos femmes l'ont entendu !...

— Oui, oui, à bas les *Dévorans*, qui veulent attirer le choléra sur le pays !

— Bataille !... bataille !... — cria-t-on en chœur.

— A la fabrique, donc ! mes braves *Loups* ! — cria Morok d'une voix de Stentor — à la fabrique !

— Oui ! à la fabrique ! à la fabrique ! — répéta la foule avec des trépignemens furieux, car, peu à peu, tous ceux qui avaient pu monter et tenir dans la grande salle ou sur l'escalier s'y étaient entassés.

Ces cris furieux rappelant un instant Couche-tout-Nu à lui-même, il dit tout bas à Morok : — Mais c'est donc un carnage que vous voulez? Je n'en suis plus.

— Nous aurons le temps d'avertir à la fabrique... Nous les quitterons en route — lui dit Morok. Puis il cria tout haut en s'adressant à l'hôte, effrayé de ce désordre : — De l'eau-de-vie ! que l'on puisse boire à la santé des braves *Loups* ! C'est moi qui régale !

Et il jeta de l'argent au cabaretier, qui disparut et revint bientôt avec plusieurs bouteilles d'eau-de-vie et quelques verres.

— Allons donc ! des verres ! — s'écria Morok ; — est-ce que des camarades comme nous boivent dans des verres ?...

Et, faisant sauter le bouchon d'une bouteille, il porta le goulot à ses lèvres et la passa au gigantesque carrier après avoir bu.

— A la bonne heure — dit le carrier — à la régalade ! capon qui s'en dédit ! ça va aiguiser les dents des *Loups* !

— A vous autres, camarades ! — dit Morok en distribuant les bouteilles.
— Il y aura du sang à la fin de tout ça — murmura Couche-tout-Nu, qui, malgré son état d'ivresse, comprenait tout le danger de ces funestes excitations.

En effet, bientôt le nombreux rassemblement quitta la cour du cabaret pour courir en masse à la fabrique de M. Hardy.

Ceux des ouvriers et habitans du village qui n'avaient pas voulu prendre part à ce mouvement d'hostilité (et ils étaient en majorité) ne parurent pas au moment où la troupe menaçante traversa la rue principale ; mais un assez grand nombre de femmes, fanatisées par les prédications de l'abbé, encouragèrent par leurs cris la troupe militante.

A sa tête s'avançait le gigantesque carrier, brandissant sa formidable pince de fer ; puis derrière lui, pêle-mêle, armés les uns de bâtons, les autres de pierres, suivait le gros de la troupe. Les têtes, encore exaltées par de récentes libations d'eau-de-vie, étaient arrivées à un état d'effervescence effrayant. Les physionomies étaient farouches, enflammées, terribles. Ce déchaînement des plus mauvaises passions faisait pressentir de déplorables conséquences.

Se tenant par le bras et marchant quatre ou cinq de front, les *Loups* s'excitaient encore par leurs chants de guerre répétés avec une excitation croissante, et dont voici le dernier couplet :

> Elançons-nous, pleins d'assurance,
> Exerçons nos bras vigoureux.
> Eh bien ! nous voilà devant eux. (*Bis*.)
> Enfans d'un roi brillant de gloire,
> C'est aujourd'hui que sans pâlir
> Il faut savoir vaincre ou mourir ;
> La mort, la mort ou la victoire !
> Du grand roi Salomon (1), intrépides enfans,
> Faisons, faisons un noble effort,
> Nous serons triomphans !
>   . . . .

Morok et Couche-tout-Nu avaient disparu pendant que la troupe en tumulte sortait du cabaret pour se rendre à la fabrique.

CHAPITRE II.

LA MAISON COMMUNE.

Pendant que les *Loups*, ainsi qu'on vient de le voir, se préparaient à une sauvage agression contre les *Dévorans*, la fabrique de M. Hardy avait, cette matinée-là, un air de fête parfaitement d'accord avec la sérénité du ciel ; car le vent était nord et le froid assez piquant pour une belle journée de mars.

Neuf heures du matin venaient de sonner à l'horloge de la *maison commune* des ouvriers, séparée des ateliers par une large route plantée d'arbres. Le soleil levant inondait de ses rayons cette imposante masse de bâtimens situés à une lieue de Paris, dans une position aussi riante que salubre, d'où l'on apercevait les coteaux boisés et pittoresques qui, de ce côté, dominent la grande ville. Rien n'était d'un aspect plus simple et plus gai que la *maison commune* des ouvriers. Son toit de chalet en tuiles rouges s'avançait au delà des murailles blanches, coupées çà et là par de larges assises de briques qui contrastaient agréablement avec la couleur verte des persiennes du pre-

---

(1) Les *Loups* et les *Gavots*, entre autres, font remonter l'institution de leur compagnonnage jusqu'au roi Salomon. (Voir, pour plus de détails, le curieux ouvrage de M. Agricol Perdiguier, que nous avons déjà cité et d'où ce chant de guerre est extrait.)

mier et du second étages. Ces bâtimens, exposés au midi et au levant, étaient entourés d'un vaste jardin de dix arpens, ici planté d'arbres en quinconce, là distribué en potager et en verger.

Avant de continuer cette description, qui peut-être semblera quelque peu *féerique*, établissons d'abord que les *merveilles* dont nous allons esquisser le tableau ne doivent pas être considérées comme des utopies, comme des rêves; rien, au contraire, n'était plus positif, et même, hâtons-nous de le dire et surtout de le prouver (de ce temps-ci, une telle affirmation donnera singulièrement de poids et d'intérêt à la chose), ces merveilles étaient le résultat d'une *excellente spéculation*, et, au résumé, représentaient un *placement aussi lucratif qu'assuré*.

Entreprendre une chose belle, utile et grande; douer un nombre considérable de créatures humaines d'un bien-être idéal, si on le compare au sort affreux, presque homicide, auquel elles sont presque toujours condamnées; les instruire, les relever à leurs propres yeux; leur faire préférer aux grossiers plaisirs du cabaret, ou plutôt à ces étourdissemens funestes que ces malheureux y cherchent fatalement pour échapper à la conscience de leur déplorable destinée; leur faire préférer à cela les plaisirs de l'intelligence, le délassement des arts; moraliser, en un mot, l'homme par le bonheur; enfin, grâce à une généreuse initiative, à un exemple d'une pratique facile, prendre place parmi les bienfaiteurs de l'humanité, et *faire* en même temps, pour ainsi dire, *forcément* une *excellente affaire*... ceci paraît fabuleux. Tel était cependant le secret des merveilles dont nous parlons.

. . . .

Entrons dans l'intérieur de la fabrique.

Agricol, ignorant la cruelle disparition de la Mayeux, se livrait aux plus heureuses pensées en songeant à *Angèle*, et achevait sa *toilette* avec une certaine coquetterie, afin d'aller trouver sa fiancée.

Disons deux mots du logement que le forgeron occupait dans la maison commune, à raison du prix incroyablement minime de *soixante-quinze francs* par an, comme les autres célibataires. Ce logement, situé au deuxième étage, se composait d'une belle chambre et d'un cabinet exposés en plein midi et donnant sur le jardin; le plancher, de sapin, était d'une blancheur parfaite; le lit de fer, garni d'une paillasse de feuilles de maïs, d'un excellent matelas et de moelleuses couvertures; un bec de gaz et la bouche d'un calorifère donnaient, selon le besoin, de la lumière et une douce chaleur dans cette pièce, tapissée d'un joli papier perse et ornée de rideaux pareils; une commode, une table en noyer, quelques chaises, une petite bibliothèque, composaient l'ameublement d'Agricol; enfin, dans le cabinet, fort grand et fort clair, se trouvaient un placard pour serrer les habits, une table pour les objets de toilette, et une large cuvette de zinc au-dessous d'un robinet donnant de l'eau à volonté.

Si l'on compare ce logement agréable, salubre, commode, à la mansarde obscure, glaciale et délabrée que le digne garçon payait quatre-vingt-dix francs par an dans la maison de sa mère, et qu'il lui fallait aller gagner chaque soir en faisant plus d'une lieue et demie, on comprendra le sacrifice qu'il faisait à son affection pour cette excellente femme.

Agricol, après avoir jeté un dernier coup d'œil assez satisfait sur son miroir en peignant sa moustache et sa large impériale, quitta sa chambre pour aller rejoindre Angèle à la lingerie commune; le corridor qu'il traversa était large, éclairé par le haut, et planchéié de sapin d'une extrême propreté.

Malgré les quelques fermens de discorde jetés depuis peu par les ennemis de M. Hardy au milieu de l'association d'ouvriers si fraternellement unis, on entendait de joyeux chants dans presque toutes les chambres qui bordaient le corridor, et Agricol, en passant devant plusieurs portes ouvertes, échangea cordialement un bonjour matinal avec plusieurs de ses camarades.

Le forgeron descendit prestement l'escalier, traversa la cour en boulingrin, plantée d'arbres au milieu desquels jaillissait une fontaine d'eau vive, et gagna l'autre aile du bâtiment. Là se trouvait l'atelier où une partie des femmes et des filles des ouvriers associés, qui n'étaient pas employées à la fabrique, confectionnaient les effets de lingerie. Cette main-d'œuvre, jointe à l'énorme économie provenant de l'achat des toiles en gros, fait directement dans les fabriques par l'association, réduisait incroyablement le prix de revient de chaque objet. Après avoir traversé l'atelier de lingerie, vaste salle donnant sur le jardin, bien aéré pendant l'été (1), bien chauffé pendant l'hiver, Agricol alla frapper à la porte de la mère d'Angèle.

Si nous disons quelques mots de ce logis, situé au premier étage, exposé au levant et donnant sur le jardin, c'est qu'il offrait pour ainsi dire le spécimen de l'habitation du *ménage* dans l'association, au prix toujours incroyablement minime de *cent vingt-cinq francs par an*.

Une sorte de petite entrée donnant sur le corridor conduisait à une très grande chambre, de chaque côté de laquelle se trouvait une chambre un peu moins grande, destinée à leur famille lorsque filles ou garçons étaient trop grands pour continuer de coucher dans l'un des deux dortoirs établis comme des dortoirs de pension et destinés aux enfans des deux sexes. Chaque nuit la surveillance de ces dortoirs était confiée à un père ou à une mère de famille appartenant à l'association. Le logement dont nous parlons, se trouvant, comme tous les autres, complétement débarrassé de l'attirail de la cuisine, qui se faisait en grand et en commun dans une autre partie du bâtiment, pouvait être tenu avec une extrême propreté. Un assez grand tapis, un bon fauteuil, quelques jolies porcelaines sur une étagère en bois blanc bien ciré, plusieurs gravures pendues aux murailles, une pendule de bronze doré, un lit, une commode et un secrétaire d'acajou, annonçaient que les locataires de ce logis joignaient un peu de superflu à leur bien-être.

Angèle, que l'on pouvait dès ce moment appeler la fiancée d'Agricol, justifiait de tout point le portrait flatteur tracé par le forgeron dans son entretien avec la pauvre Mayeux; cette charmante jeune fille, âgée de dix-sept ans au plus, vêtue avec autant de simplicité que de fraîcheur, était assise à côté de sa mère. Lorsque Agricol entra, elle rougit légèrement à sa vue.

— Mademoiselle — dit le forgeron — je viens remplir ma promesse, si votre mère y consent.

— Certainement, monsieur Agricol, j'y consens — répondit cordialement la mère de la jeune fille. — Elle n'a pas voulu visiter la maison commune et ses dépendances, ni avec son père, ni avec son frère, ni avec moi, pour avoir le plaisir de la visiter avec vous aujourd'hui dimanche... C'est bien le moins que vous, qui parlez si bien, vous fassiez les honneurs de la maison à cette nouvelle débarquée: il y a déjà une heure qu'elle vous attend, et avec quelle impatience !

— Mademoiselle, excusez-moi — dit gaîment Agricol : — en pensant au plaisir de vous voir... j'ai oublié l'heure... C'est là ma seule excuse.

— Ah ! maman... — dit la jeune fille à sa mère d'un ton de doux reproche et en devenant vermeille comme une cerise — pourquoi avoir dit cela ?

— Est-ce vrai, oui ou non ? Je ne t'en fais pas un reproche, au contraire ; va mon enfant, M. Agricol t'expliquera mieux que moi encore ce que tous les ouvriers de la fabrique doivent à M. Hardy.

— Monsieur Agricol — dit Angèle en nouant les rubans de son joli bonnet — quel dommage que votre bonne petite sœur adoptive ne soit pas avec vous !

— La Mayeux ? Vous avez raison, mademoiselle ; mais ce ne sera que partie remise, et la visite qu'elle nous a faite hier ne sera pas la dernière...

La jeune fille, après avoir embrassé sa mère, sortit avec Agricol, dont elle prit le bras.

— Mon Dieu, monsieur Agricol — dit Angèle — si vous saviez combien

(1) M. Adolphe Bobierre, dans un petit livre récemment publié (*De l'Air considéré sous le rapport de la salubrité* — Fournier, 7, rue Saint-Benoît), entre dans les détails les plus curieux et les plus positifs sur l'indispensable nécessité de renouveler l'air pour la conservation de la santé. Il résulte des expériences de la science ce fait irréfragable, que, pour que l'homme soit dans sa condition normale, *il lui faut, par heure, de six à dix mètres cubes d'air frais et renouvelé.* Or, on frémit quand on songe aux ateliers obscurs et étouffés où sont souvent entassés une multitude d'ouvriers. Parmi les excellentes conclusions de la brochure de M. Bobierre, nous citons celle-ci, en nous joignant à lui pour appeler sur cette proposition l'attention du conseil de salubrité, qui rend chaque jour de grands services :

— Dès qu'un atelier devra réunir un nombre d'ouvriers supérieur à dix, il sera soumis à l'inspection des délégués du conseil de salubrité, qui constateront que sa disposition n'est pas de nature à altérer la santé des ouvriers qui y sont renfermés.

j'ai été surprise en entrant dans cette belle maison, moi qui étais habituée à voir tant de misère chez les pauvres ouvriers de notre province... misère que j'ai partagée aussi... tandis qu'ici tout le monde a l'air si heureux, si content!... c'est comme une féerie; en vérité, je crois rêver; et quand je demande à ma mère l'explication de cette féerie, elle me répond : — M. Agricol t'expliquera cela.

— Savez-vous pourquoi je suis si heureux de la douce tâche que je vais remplir, mademoiselle? — dit Agricol avec un accent à la fois grave et tendre — c'est que rien ne pouvait venir plus à propos.

— Comment cela, monsieur Agricol?

— Vous montrer cette maison, vous faire connaître toutes les ressources de notre association, c'est pouvoir vous dire : — Ici, mademoiselle, le travailleur, certain du présent, certain de l'avenir, n'est pas, comme tant de ses pauvres frères, obligé de renoncer souvent au plus doux besoin du cœur... au désir de se choisir une compagne pour la vie... cela... dans la crainte d'unir sa misère à une autre misère.

Angèle baissa les yeux et rougit.

— Ici le travailleur peut se livrer sans inquiétude à l'espoir des douces joies de la famille, bien sûr de ne pas être déchiré plus tard par la vue des horribles privations de ceux qui lui sont chers; ici, grâce à l'ordre, au travail, au sage emploi des forces de chacun, hommes, femmes, enfans, vivent heureux et satisfaits; en un mot, vous expliquer tout cela — ajouta Agricol en souriant d'un air plus tendre — c'est vous prouver qu'ici, mademoiselle, l'on ne peut faire rien de plus raisonnable... que de s'aimer, et rien de plus sage... que de se marier.

— Monsieur... Agricol — repondit Angèle d'une voix doucement émue et en rougissant encore plus — si nous commencions notre promenade?

A l'instant, mademoiselle — répondit le forgeron, heureux du trouble qu'il avait fait naître dans cette âme ingénue. — Mais tenez, nous sommes tout près du dortoir des petites filles. Ces oiseaux gazouilleurs sont dénichés depuis longtemps; allons-y.

— Volontiers, monsieur Agricol.

Le jeune forgeron et Angèle entrèrent bientôt dans un vaste dortoir, pareil à celui d'une excellente pension. Les petits lits en fer étaient symétriquement rangés; à chacune des extrémités se voyaient les lits des deux mères de famille qui remplissaient tour à tour le rôle de surveillantes.

— Mon Dieu! comme ce dortoir est bien distribué, monsieur Agricol! et quelle propreté! Qui donc soigne cela si parfaitement?

— Les enfans eux-mêmes; il n'y a pas ici de serviteurs: il existe entre ces bambins une émulation incroyable; c'est à qui aura mieux fait son lit; cela les amuse au moins autant que de faire le lit de leur poupée. Les petites filles, vous le savez, adorent *jouer au ménage*. Eh bien! ici elles y jouent sérieusement, et le ménage se trouve merveilleusement fait...

— Ah! je comprends... on utilise leurs goûts naturels pour toutes ces sortes d'amusemens.

— C'est là tout le secret; vous les verrez partout très utilement occupées, et ravies de l'importance que ces occupations leur donnent.

— Ah! monsieur Agricol — dit timidement Angèle — quand on compare ces beaux dortoirs, si sains, si chauds, à ces horribles mansardes glacées où les enfans sont entassés pêle-mêle sur une mauvaise paillasse, grelottant de froid, ainsi que cela est chez presque tous les ouvriers de notre pays!

— Et à Paris donc! mademoiselle... c'est peut-être pis encore.

— Ah! combien il faut que M. Hardy soit bon, généreux, et riche surtout, pour dépenser tant d'argent à faire du bien!

— Je vais vous étonner beaucoup, mademoiselle — dit Agricol en souriant — vous étonner tellement que peut-être vous ne me croirez pas...

— Pourquoi donc cela, monsieur Agricol?

— Il n'y a pas certainement au monde un homme d'un cœur meilleur et plus généreux que M. Hardy; il fait le bien pour le bien, sans songer à son intérêt; eh bien! figurez-vous, mademoiselle Angèle! qu'il serait l'homme le plus égoïste, le plus intéressé, le plus avare... qu'il trouverait encore un énorme profit à nous mettre à même d'être aussi heureux que nous le sommes.

— Cela est-il possible, monsieur Agricol? Vous me le dites, je vous crois; mais, si le bien est si facile... et même si avantageux à faire, pourquoi ne le fait-on pas davantage?

— Ah! mademoiselle, c'est qu'il faut trois conditions bien rares à rencontrer chez la même personne : — *Savoir — pouvoir — vouloir.*

— Hélas! oui : ceux qui savent... ne peuvent pas.

— Et ceux qui peuvent, ne savent ou ne veulent pas.

— Mais M. Hardy, comment trouve-t-il tant d'avantage au bien dont il vous fait jouir?

— Je vous expliquerai cela tout-à-l'heure, mademoiselle.

— Ah! quelle bonne et douce odeur de fruits! — dit tout à coup Angèle.

— C'est que le fruitier commun n'est pas loin; je parie que vous allez trouver encore là plusieurs de nos petits oiseaux du dortoir occupés ici, non pas à picorer, mais à travailler, s'il vous plaît.

Et Agricol, ouvrant une porte, fit entrer Angèle dans une grande salle garnie de tablettes où des fruits d'hiver étaient symétriquement rangés ; plusieurs enfans de sept à huit ans, proprement et chaudement vêtus, rayonnans de santé, s'occupaient gaîment, sous la surveillance d'une femme, de séparer et de trier les fruits gâtés.

— Vous voyez — dit Agricol — partout, autant que possible, nous utilisons les enfans; ces occupations sont des amusemens pour eux, répondent aux besoins de mouvement, d'activité de leur âge, et, de la sorte, on ne demande pas aux jeunes filles et aux femmes un temps bien mieux employé.

— C'est vrai, monsieur Agricol; combien tout cela est sagement ordonné!

— Et si vous les voyiez, ces bambins, à la cuisine, quels services ils rendent! Dirigés par une ou deux femmes, ils font la besogne de huit ou dix servantes.

— Au fait — dit Angèle en souriant — à cet âge on aime tant à jouer *à la dînette*! Ils doivent être ravis.

— Justement, et de même, sous le prétexte de *jouer au jardinet*, ce sont eux qui, au jardin, sarclent la terre, font la cueillette des fruits et des légumes, arrosent les fleurs, passent le râteau dans les allées, etc.; en un mot, cette armée de bambins travailleurs, qui ordinairement restent jusqu'à l'âge de dix à douze ans sans rendre aucun service, ici est très utile; sauf trois heures d'école, bien suffisantes pour eux, depuis l'âge de six ou sept ans, leurs récréations sont très sérieusement employées, et certes ces chers petits êtres, par l'économie de *grands bras* que procurent leurs travaux, gagnent beaucoup plus qu'ils ne coûtent, et puis, enfin, mademoiselle, ne trouvez-vous pas qu'il y a dans la présence de l'enfance ainsi mêlée à tous labeurs quelque chose de doux, de pur, presque de sacré, qui impose aux paroles, aux actions, une réserve toujours salutaire? L'homme le plus grossier respecte l'enfance...

— A mesure que l'on réfléchit, comme on voit en effet que tout ici est calculé pour le bonheur de tous! — dit Angèle avec admiration.

— Et cela n'a pas été sans peine : il a fallu vaincre les préjugés, la routine... Mais tenez, mademoiselle Angèle... nous voici devant la cuisine commune — ajouta le forgeron en souriant — voyez si cela n'est pas aussi imposant que la cuisine d'une caserne ou d'une grande pension.

En effet, l'officine culinaire de la maison commune était immense; tous ses ustensiles étincelaient de propreté; puis, grâce aux procédés aussi merveilleux qu'économiques de la science moderne (toujours inabordables aux classes pauvres, auxquelles ils seraient indispensables, parce qu'ils ne peuvent se pratiquer que sur une grande échelle), non-seulement le foyer et les fourneaux étaient alimentés avec une quantité de combustible deux fois moindre que celle que chaque ménage eût individuellement dépensée, mais l'excédant de calorique suffisait, au moyen d'un calorifère parfaitement organisé, à répandre une chaleur égale dans toutes les chambres de la maison commune. Là encore, des enfans, sous la direction de deux ménagères, rendaient de nombreux services. Rien de plus comique que le sérieux qu'ils mettaient à remplir leurs fonctions culinaires; il en était de même de l'aide qu'ils apportaient à la boulangerie, où se confectionnait, à un rabais extraordinaire (on achetait la farine en gros), cet excellent *pain de ménage*, salubre et nourrissant, mélange de pur froment et de seigle, si préférable à ce pain blanc et léger qui n'obtient souvent ces qualités qu'à l'aide de substances malfaisantes.

— Bonjour, madame Bertrand — dit gaîment Agricol à une digne matrone qui contemplait gravement les lentes évolutions de plusieurs tournebroches dignes des noces de Gamache, tant ils étaient glorieusement chargés de morceaux de bœuf, de mouton et de veau, qui commençaient à prendre une couleur d'un brun doré des plus appétissantes;—bonjour, madame Bertrand—reprit Agricol ; — selon le règlement, je ne dépasse pas le seuil de la cuisine; je veux seulement la faire admirer à mademoiselle, qui est arrivée ici depuis peu de jours.

— Admirez, mon garçon, admirez... et surtout voyez comme cette marmaille est sage et travaille bien!...

Et, ce disant, la matrone indiqua du bout de la grande cuiller de lèchefrite qui lui servait de sceptre une quinzaine de marmots des deux sexes, assis autour d'une table, profondément absorbés dans l'exercice de leurs fonctions, qui consistaient à pélurer des pommes de terre et à éplucher des herbes.

— Nous aurons donc un vrai festin de Balthasar, madame Bertrand? — demanda Agricol en riant.

— Ma foi! un vrai festin comme toujours, mon garçon... Voilà la carte du dîner d'aujourd'hui : bonne soupe de légumes au bouillon, bœuf rôti avec des pommes de terre autour, salade, fruits, fromage, et pour extra du dimanche des tourtes au raisiné que fait la mère Denis à la boulangerie; et, c'est le cas de le dire, à cette heure le four chauffe.

— Ce que vous me dites là, madame Bertrand, me met furieusement en appétit — dit gaîment Agricol. — Du reste on s'aperçoit bien quand c'est votre tour d'être de cuisine — ajouta-t-il d'un air flatteur.

— Allez, allez, grand moqueur! — dit gaîment le cordon bleu de service.

— C'est encore cela qui m'étonne tant, monsieur Agricol — dit Angèle à Agricol en continuant de marcher à côté de lui — c'est de comparer la nourriture si insuffisante, si malsaine, des ouvriers de notre pays, à celle que l'on a ici.

— Et pourtant nous ne dépensons pas plus de vingt-cinq sous par jour, pour être beaucoup mieux nourris que nous ne serions pour trois francs à Paris.

— Mais c'est à n'y pas croire, monsieur Agricol. Comment est-ce donc possible?

— C'est toujours grâce à la baguette de M. Hardy. Je vous expliquerai cela tout à l'heure.

— Ah! que j'ai aussi d'impatience de le voir, M. Hardy!

— Vous le verrez bientôt, peut-être aujourd'hui; car on l'attend d'un moment à l'autre. Mais tenez, voici le réfectoire que vous ne connaissez pas, puisque votre famille, comme d'autres ménages, a préféré se faire apporter à manger chez elle... Voyez donc quelle belle pièce... et si gaie, sur le jardin en face de la fontaine !

En effet, c'était une vaste salle bâtie en forme de galerie et éclairée par dix fenêtres ouvrant sur un jardin; des tables recouvertes de toile cirée bien luisante étaient rangées près des murs: de sorte que, pendant l'hiver, cette pièce servait le soir, après les travaux, de salle de réunion et de veillée, pour les ouvriers qui préféraient passer la soirée en commun au lieu de la passer seuls chez eux ou en famille. Alors, dans cette immense salle, bien chauffée par le calorifère, brillamment éclairée au gaz, les uns lisaient, d'autres jouaient aux cartes, ceux-là causaient ou s'occupaient de menus travaux.

— Ce n'est pas tout — dit Agricol à la jeune fille — vous trouverez, j'en suis sûr, cette pièce encore plus belle lorsque vous saurez que le jeudi et le dimanche elle se transforme en salle de bal, et le mardi et le samedi soir en salle de concert!

— Vraiment!...

— Certainement, répondit fièrement le forgeron. Nous avons parmi nous des musiciens exécutans, très capables de faire danser ; de plus, deux fois la semaine, nous chantons presque tous en chœur, hommes, femmes, enfans(1).

(1) Nous serons compris de ceux qui ont entendu les admirables concerts de l'Orphéon, où plus de mille ouvriers, hommes, femmes et enfans, chantent avec un merveilleux ensemble.

Malheureusement, cette semaine, quelques troubles survenus dans la fabrique ont empêché nos concerts.

— Autant de voix! cela doit être superbe.

— C'est très beau, je vous assure... M. Hardy a toujours beaucoup encouragé chez nous cette distraction d'un effet si puissant, dit-il, et il a raison, sur l'esprit et sur les mœurs. Pendant un hiver, il a fait venir ici, à ses frais, deux élèves du célèbre M. Wilhem; et, depuis, notre école a fait de grands progrès. Vraiment, je vous assure, mademoiselle Angèle, que, sans nous flatter, c'est quelque chose d'assez émouvant que d'entendre environ deux cents voix diverses chanter en chœur quelque hymne au travail ou à la liberté... Vous entendrez cela, et vous trouverez, j'en suis sûr, qu'il y a quelque chose de grandiose, et pour ainsi dire d'élevant pour le cœur, dans l'accord fraternel de toutes ces voix se fondant en un seul son, grave, sonore et imposant.

— Oh! je le crois; mais quel bonheur d'habiter ici! Il n'y a que des joies, car le travail ainsi mélangé de plaisirs devient un bonheur.

— Hélas! il y a ici comme partout des larmes et des douleurs — dit tristement Agricol. — Voyez-vous là... ce bâtiment isolé, bien exposé ?

— Oui, quel est-il?

— C'est notre salle de malades... Heureusement, grâce à notre régime sain et salubre, elle n'est pas souvent au complet; une cotisation annuelle nous permet d'avoir un très bon médecin; de plus, une caisse de secours mutuels est organisée de telle sorte, qu'en cas de maladie chacun de nous reçoit les deux tiers de ce qu'il reçoit en santé.

— Comme tout cela est bien entendu! Et là-bas, monsieur Agricol, de l'antre côté de la pelouse?

— C'est la buanderie et le lavoir d'eau courante, chaude et froide, et puis, sous ce hangar, est le séchoir; plus loin, les écuries et les greniers de fourrage pour les chevaux du service de la fabrique.

— Mais enfin, monsieur Agricol, allez-vous me dire le secret de toutes ces merveilles?

— En dix minutes vous allez comprendre cela, mademoiselle.

Malheureusement la curiosité d'Angèle fut à ce moment déçue : la jeune fille se trouvait avec Agricol près d'une barrière à claire-voie servant de clôture au jardin, du côté de la grande allée qui séparait les ateliers de la maison commune. Tout à coup, une bouffée de vent apporta le bruit très lointain de fanfares guerrières et d'une musique militaire; puis on entendit le galop retentissant de deux chevaux qui s'approchaient rapidement, et bientôt arriva, monté sur un beau cheval noir à longue queue flottante et à housse cramoisie, un officier général; ainsi que sous l'empire, il portait des bottes à l'écuyère et une culotte blanche; son uniforme bleu étincelait de broderies d'or, le grand-cordon rouge de la Légion-d'Honneur était passé sur son épaulette droite quatre fois étoilée d'argent, et son chapeau largement bordé d'or était garni de plume blanche, distinction réservée aux maréchaux de France. On ne pouvait voir un homme de guerre d'une tournure plus martiale, plus chevaleresque, et plus fièrement campé sur son cheval de bataille.

Au moment où le maréchal Simon, car c'était lui, arrivait devant Angèle et Agricol, il arrêta brusquement sa monture sur ses jarrets, en descendit lestement, et jeta ses rênes d'or à un domestique en livrée, qui le suivait à cheval.

— Où faudra-t-il attendre monsieur le duc? — demanda le palefrenier.

— Au bout de l'allée — dit le maréchal.

Et se découvrant avec respect, il s'avança vivement, le chapeau à la main, au devant d'une personne qu'Angèle et Agricol ne voyaient pas encore.

Cette personne parut bientôt au détour de l'allée : c'était un vieillard à la figure énergique et intelligente; il portait une blouse fort propre, une casquette de drap sur ses longs cheveux blancs, et les mains dans ses poches il fumait paisiblement une vieille pipe d'écume de mer.

— Bonjour, mon bon père — dit respectueusement le maréchal en embrassant avec effusion un vieil ouvrier, qui, après lui avoir rendu tendrement son étreinte, lui dit, voyant qu'il conservait son chapeau à la main : — Couvre-toi donc, mon garçon... mais comme te voilà beau!—ajouta-t-il en souriant.

— Mon père, c'est que je viens d'assister à une revue tout près d'ici... et j'ai profité de cette occasion pour être plus tôt près de vous.

— Ah çà! est-ce que l'occasion m'empêchera d'embrasser mes petites filles aujourd'hui comme tous les dimanches?

— Non, mon père, elles vont venir en voiture, Dagobert les accompagnera.

— Mais... qu'as-tu donc? Tu me sembles soucieux.

— C'est qu'en effet, mon père — dit le maréchal d'un air péniblement ému — j'ai de graves choses à vous apprendre.

— Viens chez moi alors — dit le vieillard assez inquiet.

Et le maréchal et son père disparurent au tournant de l'allée.

Angèle était restée si stupéfaite de ce que ce brillant officier-général, qu'on appelait M. le duc, avait pour père un vieil ouvrier en blouse, que, regardant Agricol d'un air interdit, elle lui dit : — Comment! monsieur Agricol... ce vieil ouvrier?...

— Est le père de M. le maréchal duc de Ligny... l'ami... oui, je peux le dire — ajouta Agricol d'une voix émue — l'ami de mon père, à moi, qui a fait la guerre pendant vingt ans sous ses ordres.

— Etre si haut placé et se montrer si respectueux, si tendre pour son père! — dit Angèle. — Le maréchal doit avoir un bien noble cœur; mais comment laisse-t-il son père ouvrier?

— Parce que le père Simon ne quitterait son état et la fabrique pour rien au monde; il est né ouvrier, il veut mourir ouvrier, quoiqu'il ait pour fils un duc, un maréchal de France.

CHAPITRE III.

LE SECRET.

Après que l'étonnement fort naturel qu'Angèle avait éprouvé à l'arrivée du maréchal Simon fut dissipé, Agricol lui dit en souriant :

— Je ne voudrais pas, mademoiselle Angèle, profiter de cette circonstance pour m'épargner de vous dire le secret de toutes les merveilles de notre *maison commune*.

— Oh! je ne vous aurais pas non plus laissé manquer à votre promesse, monsieur Agricol — répondit Angèle; — ce que vous m'avez déjà dit m'intéresse trop pour cela.

— Ecoutez-moi donc, mademoiselle. M. Hardy, en véritable magicien, a prononcé trois mots cabalistiques : — ASSOCIATION — COMMUNAUTÉ — FRATERNITÉ. — Nous avons compris le sens de ces paroles, et les merveilles que vous voyez ont été créées, à notre grand avantage, et aussi, je vous le répète, au grand avantage de M. Hardy.

— C'est toujours cela qui me paraît extraordinaire, monsieur Agricol.

— Supposez, mademoiselle, que M. Hardy, au lieu d'être ce qu'il est, eût été seulement un spéculateur au cœur sec, ne connaissant que le produit, se disant : Pour que ma fabrique me rapporte beaucoup, que faut-il? — Main-d'œuvre parfaite — grande économie de matière premières — parfait emploi du temps des ouvriers; en un mot, économie de fabrication afin de produire à très bon marché — excellence des produits afin de vendre très cher...

— Certainement, monsieur Agricol, un fabricant ne peut exiger davantage.

— Eh bien, mademoiselle, ces exigences eussent été satisfaites... ainsi qu'elles l'ont été; mais comment? Le voici : M. Hardy, seulement spéculateur, se serait d'abord dit : Eloignés de ma fabrique, ouvriers, pour s'y rendre, peineront; se levant plus tôt, ils dormiront moins; prendre sur le sommeil si nécessaire aux travailleurs, mauvais calcul; ils s'affaibliront, l'ouvrage s'en ressent; puis l'intempérie des saisons empirera cette longue course; l'ouvrier arrivera mouillé, frissonnant de froid, énervé avant le travail, et alors... quel travail !!!

— Cela est malheureusement vrai, monsieur Agricol; quand à Lille j'arrivais toute mouillée d'une pluie froide à la manufacture, j'en tremblais quelquefois toute la journée à mon métier.

— Aussi, mademoiselle Angèle, le spéculateur dira : — Loger mes ouvriers à la porte de ma fabrique c'est obvier à cet inconvénient. Calculons : —

L'ouvrier marié paye en moyenne, dans Paris, 250 fr. par an (1) une ou deux mauvaises chambres et un cabinet, le tout obscur, étroit, malsain, dans quelque rue noire et infecte; là il vit entassé avec sa famille; aussi quelles santés délabrées! toujours fiévreux, toujours chétifs; et quel travail attendre d'un fiévreux, d'un chétif? Quant aux ouvriers garçons, ils paient un logement moins grand, mais aussi insalubre, environ 150 fr. Or, additionnons : j'emploie cent quarante-six ouvriers mariés; ils payent donc à eux tous, pour leurs affreux taudis, 36,500 fr. par an; d'autre part, j'emploie cent quinze ouvriers garçons qui payent aussi par an 17,280 fr., total environ 50,000 fr. de loyer, le revenu d'un million.

— Mon Dieu, monsieur Agricol, quelle grosse somme font pourtant tous ces mauvais petits loyers réunis!

— Vous voyez, mademoiselle, 50,000 fr. par an! Le prix d'un logement de millionnaire; alors, que se dit notre spéculateur? — Pour décider mes ouvriers à abandonner leur demeure de Paris, je leur ferai d'énormes avantages. J'irai jusqu'à réduire de moitié le prix de leur loyer, et, au lieu de chambres malsaines, ils auront des appartemens vastes, bien aérés, bien exposés et facilement chauffés et éclairés à peu de frais; ainsi, cent quarante-six ménages me payant seulement 125 fr. de loyer, et cent quinze garçons 75 fr., j'ai un total de 26 à 27,000 fr... Un bâtiment assez vaste pour loger tout ce monde me coûtera tout au plus 500,000 fr. (2) J'aurai donc mon argent placé au moins à 5 0/0, et parfaitement assuré, puisque les salaires me garantiront le prix du loyer.

— Ah! monsieur Agricol, je commence à comprendre comment il peut être quelquefois avantageux de faire le bien, même dans un intérêt d'argent.

— Et moi je suis presque certain, mademoiselle, qu'à la longue les affaires faites avec droiture et loyauté sont toujours bonnes. Mais revenons à notre spéculateur. Voici donc — dira-t-il — mes ouvriers établis à la porte de ma fabrique, bien logés, bien chauffés, et arrivant toujours vaillans à l'atelier. Ce n'est pas tout... l'ouvrier anglais, qui mange de bon bœuf, qui boit de bonne bière, fait, à temps égal, deux fois le travail de l'ouvrier français (3), réduit à une détestable nourriture plus débilitante que confortante, grâce à l'empoisonnement des denrées. Mes ouvriers travailleraient donc beaucoup plus s'ils mangeaient beaucoup mieux. Comment faire, sans y mettre du mien? Mais j'y songe, le régime des casernes, des pensions et même des prisons, qu'est-il? la mise en commun des ressources individuelles, qui procurent ainsi une somme de bien-être impossible à réaliser sans cette associaciation. Or, si mes deux cent soixante ouvriers, au lieu de faire deux cent soixante cuisines détestables, s'associaient pour n'en faire qu'une pour tous, mais très bonne, grâce à des économies de toutes sorte, quel avantage pour moi... et pour eux! Deux ou trois ménagères suffiraient chaque jour, aidées par des enfans, à préparer les repas : au lieu d'acheter le bois, le charbon par fractions et de le payer le double (4) de sa valeur, l'association de mes ouvriers ferait, sous ma garantie (leurs salaires me garantiraient à mon tour), de grands approvisionnemens de bois, de farine, de beurre, d'huile, de vin, etc.,

---

(1) C'est, en effet, le prix moyen d'un logement d'ouvrier, composé au plus de deux petites pièces et d'un cabinet, au troisième ou quatrième étage.

(2) Ce chiffre est exact, peut-être même exagéré... Un bâtiment pareil, à une lieue de Paris, du côté de Montrouge, avec toutes les grandes dépendances nécessaires, cuisine, buanderie, lavoir, etc., réservoir à gaz, prise d'eau, calorifère, etc., entouré d'un jardin de dix arpens, aurait, à l'époque de ce récit, à peine coûté 500,000 fr. — Un constructeur expérimenté a bien voulu nous faire un devis détaillé qui confirme ce que nous avançons. — On voit donc que, *même à prix égal* de ce que payent généralement les ouvriers, on pourrait leur assurer des logemens parfaitement salubres et encore placer son argent à dix pour cent.

(3) Le fait a été expérimenté lors des travaux du chemin de fer de Rouen. Les ouvriers français qui, n'ayant pas de famille, ont pu adopter le régime des Anglais, on fait au moins autant de besogne, réconfortés qu'ils étaient par une nourriture saine et suffisante.

(4) Nous avons dit que la voie de bois en falourdes ou cotrets revenait au pauvre *à quatre-vingt-dix francs*; il en est de même de tous les objets de consommation pris au détail, le fractionnement et le déchet étant à son désavantage.

en s'adressant directement aux producteurs. Ainsi ils payeraient trois ou quatre sous la bouteille d'un vin pur et sain, au lieu de payer douze ou quinze sous un breuvage empoisonné. Chaque semaine l'association achèterait sur pied un bœuf et quelques moutons, les ménagères feraient le pain, comme à la campagne ; enfin avec ces ressources, de l'ordre et de l'économie, mes ouvriers auraient, pour vingt à vingt-cinq sous par jour, une nourriture salubre, agréable et suffisante.

— Ah! tout s'explique maintenant, monsieur Agricol!

— Ce n'est pas tout, mademoiselle ; continuant le rôle du spéculateur au cœur sec, il se dit : — Voici mes ouvriers bien logés, bien chauffés, bien nourris avec une économie de moiié ; qu'ils soient aussi bien chaudement vêtus ; leur santé a toutes chances d'être parfaite, et la santé, c'est le travail. L'association achètera donc en gros et au prix de fabrique (toujours sous ma garantie que le salaire m'assure), de chaudes et solides étoffes, de bonnes et fortes toiles, qu'une partie des femmes d'ouvriers confectionneront en vêtemens aussi bien que des tailleurs. Enfin, la fourniture des chaussures et des coiffures étant considérable, l'association obtiendra un rabais notable de l'entrepreneur... Eh bien! mademoiselle Angèle, que dites-vous de notre spéculateur?

— Je dis, monsieur Agricol — répondit la jeune fille avec une admiration naïve — que c'est à n'y pas croire ; et cela est si simple cependant !

— Sans doute, rien de plus simple que le bien... que le beau, et ordinairement on n'y songe guère... Remarquez aussi que notre homme ne parle absolument qu'au point de vue de son intérêt privé... Ne considérant que le côté matériel de la question... comptant pour rien l'habitude de fraternité, d'appui, de solidarité qui naît inévitablement de la vie commune, ne réfléchissant pas que le bien-être moralise et adoucit le caractère de l'homme, ne se disant pas que les forts doivent appui et enseignement aux faibles, ne songeant pas qu'après tout l'*homme honnête, actif et laborieux a droit, positivement droit à exiger de la société du travail et un salaire proportionné aux besoins de sa condition* ;... non, notre spéculateur ne pense qu'au produit brut ; eh bien ! vous le voyez, non-seulement il place sûrement son argent en maisons à cinq pour cent, mais il trouve de grands avantages au bien-être matériel de ses ouvriers.

— C'est juste, monsieur Agricol.

— Et que direz-vous donc, mademoiselle, quand je vous aurai prouvé que notre spéculateur a aussi un grand avantage à donner à ses ouvriers, en outre de leur salaire régulier, une part proportionnelle dans ses bénéfices?

— Cela me paraît plus difficile, monsieur Agricol.

— Ecoutez-moi quelques minutes encore, et vous serez convaincue.

En conversant ainsi, Angèle et Agricol étaient arrivés près de la porte du jardin de la maison commune.

Une femme âgée, vêtue très simplement, mais avec soin, s'approcha d'Agricol et lui dit : — M. Hardy est-il de retour à sa fabrique, monsieur?

— Non, madame, mais on l'attend d'un moment à l'autre.

— Aujourd'hui, peut-être?

— Aujourd'hui ou demain, madame.

— On ne sait pas à quelle heure il sera ici, monsieur?

— Je ne crois pas qu'on le sache, madame ; mais le portier de la fabrique, qui est aussi le portier de la maison de M. Hardy, pourra peut-être vous en instruire.

— Je vous remercie, monsieur.

— A votre service, madame.

— Monsieur Agricol — dit Angèle lorsque la femme qui venait d'interroger le forgeron fut éloignée — ne trouvez-vous pas que cette dame était bien pâle et avait l'air ému?

— Je l'ai remarqué comme vous, mademoiselle ; il m'a semblé voir rouler une larme dans ses yeux.

— Oui, elle avait l'air d'avoir pleuré. Pauvre femme! peut-être vient-elle demander quelques secours à M. Hardy. Mais qu'avez-vous, monsieur Agricol? vous semblez tout pensif.

Agricol pressentait vaguement que la visite de cette femme âgée, à la figure si triste, devait avoir quelque rapport avec l'aventure de la jeune et jolie dame blonde qui trois jours auparavant était venue si éplorée, si émue, demander des nouvelles de M. Hardy, et qui avait appris peut-être trop tard qu'elle avait été suivie et espionnée.

— Pardonnez-moi, mademoiselle — dit Agricol à Angèle ; — mais la présence de cette femme me rappelait une circonstance dont je ne puis malheureusement pas vous parler, car ce n'est pas mon secret à moi seul.

— Oh! rassurez-vous, monsieur Agricol — répondit la jeune fille en souriant — je ne suis pas curieuse, et ce que vous m'apprenez m'intéresse tant que je ne désire pas vous entendre parler d'autre chose.

— Eh bien donc! mademoiselle, quelques mots encore, et vous serez, comme moi, au courant de tous les secrets de notre association...

— Je vous écoute, monsieur Agricol.

— Parlons toujours au point de vue du spéculateur intéressé. Il se dit : — Voici mes ouvriers dans les meilleures conditions possibles pour travailler beaucoup ; maintenant, pour obtenir de gros bénéfices, que faire ? — Fabriquer à bon marché — vendre très cher. — Mais pas de bon marché sans l'économie des matières premières — sans la perfection des procédés de fabrication — sans la célérité du travail. — Or, malgré ma surveillance, comment empêcher mes ouvriers de prodiguer la matière? comment les engager, chacun dans sa spécialité, à chercher des procédés plus simples, moins onéreux?

— C'est vrai, monsieur Agricol, comment faire ?

— Et ce n'est pas tout, dira notre homme ; pour vendre très cher mes produits, il faut qu'ils soient irréprochables, excellens. Mes ouvriers font suffisamment bien ; ce n'est pas assez : il faut qu'ils fassent des chefs-d'œuvre.

— Mais, monsieur Agricol, une fois leur tâche suffisamment accomplie, quel intérêt auraient les ouvriers à se donner beaucoup de mal pour fabriquer des chefs-d'œuvre?

— C'est le mot, mademoiselle Angèle, QUEL INTÉRÊT ont-ils? Notre spéculateur aussi se dit bientôt : — Que mes ouvriers aient *intérêt* à économiser la matière première, *intérêt* à bien employer leur temps, *intérêt* à trouver des procédés de fabrication meilleurs, *intérêt* à ce que ce qui sort de leurs mains soit un chef-d'œuvre... alors mon but est atteint. Eh bien ! *intéressons* mes ouvriers dans les bénéfices que me procureront leur économie, leur activité, leur zèle, leur habileté : mieux ils fabriqueront, mieux je vendrai ; meilleure sera leur part et la mienne aussi.

— Ah! maintenant je comprends, monsieur Agricol.

— Et notre spéculateur spéculait bien ; avant d'être *intéressé*, l'ouvrier se disait : — Peu m'importe, à moi, qu'à la journée je fasse plus, qu'à la tâche je fasse mieux. Que m'en revient-il ? Rien! Eh bien! à strict salaire, strict devoir. Maintenant, au contraire, j'ai intérêt à avoir du zèle, de l'économie. Oh ! alors, tout change ; je redouble d'activité, je stimule celle des autres; un camarade est-il paresseux, cause-t-il un dommage quelconque à la fabrique, j'ai le droit de lui dire : — Frère, nous souffrons tous plus ou moins de ta fainéantise ou du tort que tu fais à la chose commune.

— Et alors comme l'on doit travailler avec ardeur, avec courage, avec espérance, monsieur Agricol !

— C'est bien là-dessus qu'a compté notre spéculateur ; et il se dira encore : Des trésors d'expérience, de savoir pratique, sont souvent enfouis dans les ateliers, faute de bon vouloir, d'occasion ou d'encouragement ; d'excellens ouvriers, au lieu de perfectionner, d'innover comme ils le pourraient, suivent indifféremment la routine... Quel dommage! car un homme intelligent, occupé toute sa vie d'un travail spécial, doit découvrir à la longue mille moyens de faire mieux ou plus vite ; je fonderai donc une sorte de comité consultatif, j'y appellerai mes chefs d'atelier et mes ouvriers les plus habiles ; notre intérêt est maintenant commun ; il jaillira nécessairement de vives lumières de ce foyer d'intelligences pratiques... Le spéculateur ne se trompe pas ; bientôt frappé des ressources incroyables, des mille procédés nouveaux, ingénieux, parfaits, tout à coup révélés par les travailleurs : — Mais, malheureux ! — s'écrie-t-il — vous saviez cela, et vous ne me le disiez pas? Ce qui me coûte depuis dix ans cent francs à fabriquer ne m'en aurait coûté que cinquante, sans compter une énorme économie de temps. — Mon bourgeois — répond l'ouvrier, qui n'est pas plus bête qu'un autre — quel intérêt avais-je, moi, à ce que vous fassiez ou non une économie de cinquante pour cent sur ceci ou sur cela? Aucun; à cette heure, c'est autre chose : vous me donnez, outre mon salaire, une part dans vos bénéfices, vous me relevez à mes propres yeux en consultant mon expérience, mon savoir; au lieu de me traiter comme une espèce inférieure, vous entrez en communion avec moi; il est de mon intérêt, il est de mon devoir de vous dire tout ce que je sais et de tâcher d'acquérir encore.

— Et voilà, mademoiselle Angèle, comment le spéculateur organiserait des ateliers à faire honte et envie à ses concurrens.

Maintenant, si, au lieu de ce calculateur au cœur sec, il s'agissait d'un homme qui, joignant à la science des chiffres les tendres et généreuses sympathies d'un cœur évangélique et l'élévation d'un esprit éminent, étendrait son ardente sollicitude non-seulement sur le bien-être matériel, mais sur l'émancipation morale des ouvriers, cherchant par tous les moyens possibles à développer leur intelligence, à rehausser leur cœur, et qui, fort de l'autorité que lui donneraient ses bienfaits, sentant surtout que celui-là de qui dépend le bonheur ou le malheur de trois cents créatures humaines a aussi *charge d'âmes*, guiderait ceux qu'il n'appellerait plus ses ouvriers, mais ses frères, dans les voies les plus droites, les plus nobles, tâcherait de faire naître en eux le goût de l'instruction, des arts, qui les rendrait enfin heureux et fiers d'une condition si souvent acceptée par d'autres qu'avec des larmes de malédiction et de désespoir... eh bien! mademoiselle Angèle, cet homme... c'est... Mais tenez, mon Dieu!... il ne pouvait arriver parmi nous qu'au milieu d'une bénédiction... Le voilà!... c'est M. Hardy!

— Ah! monsieur Agricol, dit Angèle émue en essuyant ses larmes — c'est les mains jointes de reconnaissance qu'il faudrait le recevoir.

— Tenez... voyez si cette noble et douce figure n'est pas l'image de cette âme admirable.

En effet, une voiture de poste, où se trouvait M. Hardy avec M. de Blessac, l'indigne ami qui le trahissait d'une manière si infâme, entrait à ce moment dans la cour de la fabrique.

. . . .

Quelques mots seulement sur les faits que nous venons d'essayer d'exposer dramatiquement, et qui se rattachent à l'organisation du travail; question capitale, dont nous nous occuperons encore avant la fin de ce livre.

Malgré les discours plus ou moins officiels des gens plus ou moins SÉRIEUX (il nous semble que l'on abuse un peu de cette lourde épithète) sur la PROSPÉRITÉ DU PAYS, il est un fait hors de toute discussion :

A savoir, que jamais les classes laborieuses de la société n'ont été plus misérables; car jamais les salaires n'ont été moins en rapport avec les besoins, pourtant plus que modestes des travailleurs.

Une preuve irrécusable de ce que nous avançons, c'est la tendance progressive des classes riches à venir en aide à ceux qui souffrent si cruellement. Les crèches, les maisons de refuge pour les enfans pauvres, les fondations philanthropiques, etc., démontrent assez que les heureux du monde pressentent que, malgré les assurances officielles à l'endroit de la *prospérité générale*, des maux terribles, menaçans fermentent au fond de la société.

Si généreuses que soient ces tentatives isolées, individuelles, elles sont, elles doivent être plus qu'insuffisantes. Les gouvernans seuls pourraient prendre une initiative efficace... mais ils s'en garderont bien.

Les gens *sérieux* discutent *sérieusement* l'importance de nos relations diplomatiques avec le Monomotapa, ou toute autre affaire aussi *sérieuse*, et ils abandonnent aux chances de la commisération privée, aux hasards du bon ou du mauvais vouloir des capitalistes et des fabricans, le sort de plus en plus déplorable de tout un peuple immense, intelligent, laborieux, *s'éclairant de plus en plus sur ses droits et sur sa force*, mais si affamé par les désastres d'une impitoyable concurrence, qu'il manque même souvent du travail dont il a peine à vivre! Soit... les gens *sérieux* ne daignent pas songer à ces formidables misères... Les *hommes d'Etat* sourient de pitié à la seule pensée d'attacher leur nom à une initiative qui les entourerait d'une popularité bienfaisante et féconde. — Soit... tous préfèrent attendre le moment où la question sociale éclatera comme la foudre ;... alors... au milieu de cette effrayante commotion, qui ébranlera le monde, on verra ce que deviendront les questions *sérieuses* et les hommes *sérieux* de ce temps-ci.

Pour conjurer, ou du moins pour reculer peut-être ce sinistre avenir, c'est donc encore aux sympathies privées qu'il faut s'adresser, au nom du bonheur, au nom de la tranquillité, au nom du salut de tous...

Nous l'avons dit il y a longtemps : SI LES RICHES SAVAIENT !!! Eh bien ! répétons-le, à la louange de l'humanité, *lorsque les riches savent*, ils font souvent le bien avec intelligence et générosité. Tâchons de leur démontrer, à eux et à ceux-là aussi de qui dépend le sort d'une foule innombrable de travailleurs, qu'ils peuvent être bénis, adorés, pour ainsi dire, *sans bourse délier*.

Nous avons parlé des *maisons communes* où les ouvriers trouveraient à des prix minimes les logemens salubres et bien chauffés. Cette excellente institution était sur le point de se réaliser en 1829, grâce aux charitables intentions de mademoiselle Amélie de Vitrolles (1). A cette heure, en Angleterre, lord Ashley s'est mis à la tête d'une compagnie qui se propose le même but, et qui offrira aux actionnaires un minimum de 4 0/0 d'intérêt garanti.

Pourquoi ne suivrait-on pas en France un pareil exemple, exemple qui aurait de plus l'avantage de donner aux classes pauvres les premier rudimens et les premiers moyens d'association ? Les immenses avantages de la vie commune sont évidens ; ils frappent tous les esprits ; mais le peuple est hors d'état de fonder les établissemens indispensables à ces communautés. Quels immenses services rendrait donc le riche en mettant les travailleurs à même de jouir de ces précieux avantages ! Que lui importerait à lui de faire construire une maison de rapport qui offrît un logement salubre à cinquante ménages, pourvu que son revenu fût assuré ! et il serait très facile de le lui garantir.

Pourquoi l'Institut, qui donne annuellement pour sujets de concours aux jeunes architectes des plans de palais, d'églises, de salles de spectacles, etc., ne demanderait-il pas quelquefois le plan d'un grand établissement destiné au logement des classes laborieuses, qui devrait réunir toutes les conditions d'économie et de salubrité désirables ?

Pourquoi le conseil municipal de Paris, dont l'excellent vouloir, dont la paternelle sollicitude pour les classes souffrantes se sont tant de fois admirablement manifestés, n'établirait-il pas dans les arrondissemens populeux des *maisons communes modèles* où l'on ferait les premières applications de la vie en commun ? Le désir d'être admis dans ces établissemens serait un puissant levier d'émulation, de moralisation, et aussi une consolante espérance... pour les travailleurs... Or, c'est quelque chose que l'espérance.

La ville de Paris ferait ainsi un bon placement, une bonne action, et son exemple déciderait peut-être les gouvernans à sortir de leur impitoyable indifférence.

Pourquoi enfin les capitalistes qui fondent des manufactures ne profiteraient-ils pas de cet enseignement pour joindre des maisons communes d'ouvriers à leurs usines ou à leurs fabriques ?

Il s'ensuivrait pour les fabricans eux-mêmes un avantage très considérable dans ces temps de concurrence désespérée. Voici comment : — La réduction du salaire est d'autant plus funeste, d'autant plus intolérable pour l'ouvrier, qu'elle l'oblige à se priver souvent des objets de première nécessité ; or, si en vivant isolément, trois francs lui suffisent à peine pour vivre, et que le fabricant lui facilite le moyen de vivre avec trente sous grâce à l'association, le salaire de l'artisan pourra, dans un moment de crise commerciale, être réduit de moitié, sans qu'il ait trop à souffrir de cette diminution, encore préférable au chômage, et le fabricant ne sera pas obligé de suspendre ses travaux.

Nous espérons avoir démontré l'avantage, l'utilité, la facilité d'une fondation de *maisons communes d'ouvriers*.

Nous avons ensuite posé ceci :

Qu'il serait non-seulement de la plus rigoureuse équité que le travailleur

---

(1) Voir la *Démocratie pacifique* du 19 octobre 1844.

participât aux bénéfices, fruit de son labeur et de son intelligence, mais que cette juste répartition profiterait même au fabricant.

Ici il ne s'agit plus d'hypothèses, de projets parfaitement réalisables d'ailleurs, il s'agit de faits accomplis.

Un de nos meilleurs amis, très grand industriel, dont le cœur vaut l'esprit, a créé un comité consultatif d'ouvriers et les a appelés (en outre de leur salaire) à jouir d'une part proportionnelle dans les bénéfices de son exploitation ; déjà les résultats ont dépassé ses espérances. Afin d'entourer cet exemple excellent de toutes les facilités possibles d'exécution dans le cas où quelques esprits à la fois sages et généreux voudraient l'imiter, nous donnons en note les bases de cette organisation (1).

Nous ferons remarquer seulement que les conditions actuelles de l'indus-

---

(1) Le règlement qui traite des fonctions du comité est précédé des considérations suivantes, aussi honorables pour le fabricant que pour ses ouvriers :

« Nous aimons à le reconnaître, chaque contre-maître, chaque chef de partie et chaque ouvrier contribue, dans la sphère de son travail, aux qualités qui recommandent les produits de notre manufacture. Ils doivent donc participer aux bénéfices qu'elle rapporte, et continuer à se vouer aux progrès qui restent à faire ; il est évident qu'il résultera un grand bien de la réunion des lumières et des idées de chacun. Nous avons, à cet effet, institué le comité dont la composition et les attributions seront réglées ci-après.

» Nous avons eu aussi pour but, dans cette institution, d'augmenter, par un fréquent échange d'idées entre les ouvriers, qui jusqu'à présent vivaient et travaillaient presque tous isolément, la somme de connaissances de chacun, et de les initier aux principes généraux d'une bonne et saine administration. De cette réunion des forces vives de l'atelier autour du chef de l'établissement, résultera le double bénéfice de l'amélioration intellectuelle et matérielle des ouvriers et l'accroissement de la prospérité de la manufacture.

» Admettant d'ailleurs, comme juste, que la part d'efforts de chacun soit récompensée, nous avons décidé que, sur les bénéfices nets de la maison, tous frais et allocations déduits, il sera prélevé une prime de *cinq pour cent*, laquelle sera partagée par portions égales entre tous les membres du comité, à l'exclusion du président, vice-président et secrétaires, et leur sera remise chaque année le 31 décembre. Cette prime sera augmentée d'*un pour cent* chaque fois que le comité aura admis trois membres nouveaux.

» La moralité, la bonne conduite, l'habileté et les diverses aptitudes du travail ont déterminé nos choix dans la désignation des ouvriers que nous appelons à la formation du comité. En accordant à ses membres la faculté de proposer l'adjonction de nouveaux membres, dont l'admission aura pour base les mêmes qualifications et qui seront élus par le comité lui-même, nous voulons présenter à tous les ouvriers de nos ateliers un but qu'il dépendra d'eux d'atteindre un peu plus tôt ou un peu plus tard. L'application à remplir tous leurs devoirs dans l'accomplissement le plus parfait de leurs travaux et dans leur conduite hors du travail leur ouvrira successivement la porte du comité. Ils seront aussi appelés à jouir d'une participation juste et raisonnable aux avantages résultant des succès qu'obtiendront les produits de notre manufacture, succès auxquels ils auront concouru, et qui ne pourront qu'augmenter par la bonne intelligence et par la féconde émulation qui régneront, nous n'en doutons pas, parmi les membres du comité.

Extrait des dispositions relatives au comité consultatif composé d'un président (chef de la fabrique), d'un vice-président — d'un secrétaire — et de quatorze membres — dont quatre chefs d'ateliers — e de dix ouvriers des plus intelligens dans chaque spécialité.

« Art. 6. Trois membres réunis auront le droit de proposer l'adjonction d'un nouveau membre, dont le nom sera inscrit pour qu'il soit délibéré sur son admission dans la séance suivante. Cette admission sera prononcée lorsque, au scrutin secret, le membre proposé aura obtenu les deux tiers des suffrages des membres présens.

» Art. 7. Le comité s'occupera, dans ses séances mensuelles :

» 1° De trouver les moyens de remédier aux inconvéniens qui se présentent chaque jour dans la fabrication.

» 2° De proposer les meilleurs moyens et les moins dispendieux d'établir une fabrication spéciale destinée aux pays d'outre-mer, et de combattre ainsi efficacement, par la supériorité de notre construction, la concurrence étrangère;

» 3° Des moyens d'arriver à la plus grande économie dans l'emploi des matériaux, sans nuire à la solidité ni à la qualité des objets fabriqués ;

» 4° D'élaborer et de discuter les propositions qui seront présentées par le président ou les divers membres du comité, ayant trait aux améliorations et aux perfectionnemens de la fabrication ;

» 5° Enfin, de mettre le prix de la main-d'œuvre en rapport avec la valeur des objets façonnés. »

Nous ajoutons, nous, que, d'après les renseignemens que M..... a bien voulu nous donner, la part du bénéfice de chacun de ses ouvriers (en outre de son salaire habituel) sera au moins de trois cents à trois cent cinquante francs par année. Nous regrettons cruellement que de modestes susceptibilités ne nous permettent pas de révéler le nom aussi honorable qu'honoré de l'homme de bien qui a pris cette généreuse initiative

trie et d'autres considérations n'ont pas permis de faire jouir tout d'abord la totalité des ouvriers de ce bénéfice, qui leur est octroyé d'ailleurs volontairement, et auquel tous participeront un jour.

Nous pouvons affirmer que, dès la quatrième séance de ce comité consultatif, l'honorable industriel dont nous parlons avait obtenu de tels résultats de l'appel fait aux connaissances pratiques de ses ouvriers, qu'il pouvait *déjà évaluer à* 30,000 *francs environ pour l'année* les bénéfices qui résulteraient soit de l'économie, soit du perfectionnement de la fabrication.

Résumons-nous :

Il y a dans toute industrie trois forces, trois agens, trois moteurs, dont les droits sont également respectables :

— Le capitaliste qui fournit l'argent ;
— L'homme intelligent qui dirige l'exploitation ;
— Le travailleur qui exécute.

Jusqu'à présent le travailleur n'a eu qu'une part minime, insuffisante à ses besoins ; ne serait-il pas juste, humain, de le rétribuer mieux, et cela directement ou indirectement, soit en lui facilitant le bien-être que procure l'association, soit en lui donnant une part dans les bénéfices, dus en partie à ses labeurs ?

En admettant même, au pis-aller et vu les détestables effets de la concurrence anarchique, que cette augmentation de salaire dût diminuer quelque peu la part du capitaliste et de l'exploitant, ceux-ci ne feraient-ils pas encore, non-seulement une chose généreuse et équitable, mais une chose avantageuse, en mettant leur fortune, leur industrie à l'abri de tout bouleversement, puisqu'ils auraient ôté aux travailleurs tout légitime prétexte de trouble, de douloureuses et justes réclamations ?

En un mot, ceux-là nous paraissent toujours singulièrement sages... qui assurent leurs biens contre l'incendie.

. . . .

Nous l'avons dit : M. Hardy et M. de Blessac étaient arrivés à la fabrique.

Peu de temps après, on vit de loin, du côté de Paris, s'avancer un modeste petit fiacre se dirigeant aussi vers la fabrique. Dans ce fiacre se trouvait Rodin.

CHAPITRE IV.

RÉVÉLATIONS.

Pendant la visite d'Angèle et d'Agricol à la *maison commune*, la bande des *Loups*, se recrutant sur la route d'un assez grand nombre d'habitués de cabaret, avait continué de marcher sur la fabrique, vers laquelle se dirigeait lentement le fiacre qui amenait Rodin de Paris.

M. Hardy, en descendant de voiture avec son ami, M. de Blessac, était entré dans le salon de la maison qu'il occupait auprès de la manufacture.

M. Hardy était d'une taille moyenne, élégante et frêle, qui annonçait une nature essentiellement nerveuse et impressionnable. Son front était large et ouvert, son teint pâle, ses yeux noirs, à la fois remplis de douceur et de pénétration, sa physionomie loyale, spirituelle et attrayante.

Un seul mot peindra le caractère de M. Hardy : sa mère l'appelait *la Sensitive* ; c'était en effet une de ces organisations d'une finesse, d'une délicatesse exquises, aussi expansives, aussi aimantes que nobles et généreuses, mais d'une telle susceptibilité, qu'au moindre froissement elles se replient et se concentrent en elles-mêmes. Si l'on joint à cette excessive sensibilité un amour passionné pour les arts, une intelligence d'élite, des goûts essentiellement choisis, raffinés, et que l'on songe aux mille déceptions ou déloyautés sans nombre dont M. Hardy avait dû être victime dans la carrière industrielle, on se demande comment ce cœur si délicat, si tendre, n'avait pas été mille fois brisé dans cette lutte incessante contre les intérêts les plus impitoyables. M. Hardy avait en effet beaucoup souffert : forcé de suivre la carrière industrielle pour faire honneur à des affaires que son père, modèle de droiture et de probité, avait laissées un peu embarrassées par suite des événemens de 1815, il était parvenu, à force de travail, de capacité, à atteindre une des positions les plus honorables de l'industrie ; mais, pour arriver à ce but, que d'ignobles tracasseries à subir, que de perfides concurrences à combattre, que de rivalités haineuses à lasser !

Impressionnable comme il l'était, M. Hardy eût mille fois succombé à ses fréquens accès d'indignation douloureuse contre la bassesse, de révolte amère contre l'improbité, sans le sage et ferme appui de sa mère ; de retour auprès d'elle, après une journée de lutte pénible ou de déceptions odieuses, il se trouvait tout à coup transporté dans une atmosphère d'une pureté si bienfaisante, d'une sérénité si radieuse, qu'il perdait presque à l'instant le souvenir des choses honteuses dont il avait été si cruellement froissé pendant le jour ; les déchiremens de son cœur s'apaisaient au seul contact de la grande et belle âme de sa mère ; aussi son amour pour elle était-il une véritable idolâtrie. Lorsqu'il la perdit, il éprouva un de ces chagrins calmes, profonds, comme le sont les chagrins qui ne finissent jamais, et qui, faisant pour ainsi dire partie de notre vie, ont même parfois leurs jours de mélancolique douceur. Peu de temps après cet affreux malheur, M. Hardy se rapprocha davantage de ses ouvriers ; il avait toujours été juste et bon pour eux ; mais, quoique la place que sa mère laissait dans son cœur dût à jamais rester vide, il se sentit pour ainsi dire un redoublement d'affectuosité, éprouvant d'autant plus le besoin de voir autour de lui des gens heureux qu'il souffrait davantage ; bientôt les merveilleuses améliorations qu'il apporta au bien-être physique et moral de tout ce qui l'entourait, servirent non de distraction, mais d'occupation à sa douleur. Peu à peu aussi il s'éloigna du monde et concentra sa vie dans trois affections : — une amitié tendre, dévouée, qui semblait résumer toutes ses amitiés passées — un amour ardent et sincère comme un dernier amour — et un attachement paternel pour ses ouvriers... Ses jours se passaient donc au milieu de ce petit monde rempli de reconnaissance, de respect pour lui, monde qu'il avait pour ainsi dire créé à son image à lui afin d'y trouver un refuge contre les douloureuses réalités dont il avait horreur, et de ne s'entourer ainsi que d'êtres bons, intelligens, heureux et capables de répondre à toutes les nobles pensées qui lui devenaient pour ainsi dire de plus en plus vitales. Ainsi, après bien des chagrins, M. Hardy, arrivé à la maturité de l'âge, possédant un ami sincère, une maîtresse digne de son amour, et se sachant certain de l'attachement passionné de ses ouvriers, avait donc rencontré, à l'époque de ce récit, toute la somme de félicité à laquelle il pouvait prétendre depuis la mort de sa mère.

. . . .

M. de Blessac, l'intime ami de M. Hardi, avait été longtemps digne de cette touchante et fraternelle affection ; mais l'on a vu par quel moyen diabolique le père d'Aigrigny et Rodin étaient parvenus à faire de M. de Blessac, jusqu'alors droit et sincère, l'instrument de leurs machinations.

Les deux amis, qui avaient un peu ressenti pendant la route la piquante vivacité du vent du nord, se réchauffaient à un bon feu allumé dans le petit salon de M. Hardi.

— Ah! mon cher Marcel, je commence décidément à vieillir — dit M. Hardy en souriant et s'adressant à M. de Blessac — j'éprouve de plus en plus le besoin de revenir chez moi... Quitter mes habitudes me devient vraiment pénible, et je maudis tout ce qui m'oblige à sortir de cet heureux petit coin de terre.

— Et quand je pense — répondit M. de Blessac, en ne pouvant s'empêcher de rougir légèrement — quand je pense, mon ami, que pour moi vous avez entrepris il y a quelque temps ce long voyage !

— Eh bien !... mon cher Marcel, ne venez-vous pas de m'accompagner à votre tour, dans une excursion qui sans vous eût été aussi ennuyeuse qu'elle a été charmante ?

— Mon ami, quelle différence ! j'ai contracté envers vous une dette que je ne pourrai jamais acquitter dignement.

— Allons donc ! mon bon Marcel..... est-ce qu'entre nous il y a la distinction du *tien* et du *mien* ? En fait de dévoûment, est-ce qu'il n'est pas aussi doux, aussi bon de donner que de recevoir ?

— Noble cœur... noble cœur !...

— Dites heureux cœur... oh! oui, bien heureux des dernières affections pour lesquelles il bat...

— Et qui, grand Dieu! mériterait le bonheur ici-bas... si ce n'est vous, mon ami?

— Ce bonheur, à qui le dois-je? à ces affections que j'ai trouvées là, prêtes à me soutenir, lorsque, privé de l'appui de ma mère, qui était toute ma force, je me serais senti, j'avoue ma faiblesse, presque incapable de supporter l'adversité.

— Vous, mon ami, d'un caractère si ferme, si résolu pour faire le bien? vous que j'ai vu lutter avec autant d'énergie que de courage pour amener le triomphe d'une idée honnête et équitable?

— Oui, mais plus j'avance dans ma carrière, plus les choses laides, honteuses, me causent d'aversion, et moins je me sens la force de les affronter.

— S'il le fallait, vous auriez plus de courage, mon ami.

— Mon bon Marcel — reprit M. Hardy avec une émotion douce et contenue — bien souvent je vous l'ai dit — mon courage, c'était ma mère. — Voyez-vous, ami, lorsque j'arrivais auprès d'elle, le cœur déchiré par quelque horrible ingratitude, ou révolté par quelque fourberie sordide, et que, prenant mes deux mains entre ses mains vénérables, elle me disait de sa voix tendre et grave : — Mon cher enfant, c'est aux ingrats et aux fripons à être navrés; plaignons les méchans; oublions le mal; ne songeons qu'au bien... — alors, ami, mon cœur, douloureusement contracté, s'épanouissait à la sainte influence de cette parole maternelle, et chaque jour je trouvais auprès d'elle la force nécessaire pour recommencer le lendemain une lutte cruelle contre les tristes nécessités de ma condition ; heureusement, Dieu a voulu qu'après avoir perdu cette mère chérie, j'aie pu rattacher ma vie à ces affections sans lesquelles, je l'avoue, je me sentirais faible et désarmé, car vous ne sauriez croire, Marcel, l'appui, la force que je trouve en votre amitié.

— Ne parlons pas de moi, mon ami — reprit M. de Blessac en dissimulant son embarras. — Parlons d'une autre affection presque aussi douce et aussi tendre que celle d'une mère.

— Je vous comprends, mon bon Marcel — reprit M. Hardy — je n'ai rien pu vous cacher, puisque, dans une circonstance bien grave, j'ai eu recours aux conseils de votre amitié... Eh bien, oui!... je crois que chaque jour de ma vie augmente encore mon adoration pour cette femme, la seule que j'aie passionnément aimée, la seule que maintenant j'aimerai jamais... Et puis, enfin... faut-il tout vous dire... ma mère, ignorant ce que Marguerite était pour moi, m'a fait si souvent son éloge que cela rend cet amour presque sacré à mes yeux.

— Et puis, il y a des rapports si étranges entre le caractère de madame de Noisy et le vôtre, mon ami... son idolâtrie pour sa mère surtout!

— C'est vrai, Marcel, cette abnégation de Marguerite a souvent fait mon tourment... Que de fois elle m'a dit avec sa franchise habituelle : — Je vous ai tout sacrifié.., mais je vous sacrifierais à ma mère!

— Dieu merci! mon ami, vous n'avez jamais à craindre de voir madame de Noisy exposée à cette lutte cruelle... Sa mère a depuis longtemps renoncé, m'avez-vous dit, à l'idée de retourner en Amérique, où M. de Noisy, parfaitement insouciant de sa femme, paraît fixé pour toujours... Grâce au discret dévoûment de cette excellente femme qui a élevé Marguerite, votre amour est entouré du plus profond mystère ;... qui pourrait le troubler à cette heure?

— Rien! oh rien... — s'écria M. Hardy — j'ai même presque des garanties de sa durée...

— Que voulez-vous dire... mon ami?...

— Je ne sais si je dois vous faire part...

— Ai-je été indiscret... mon ami?...

— Vous, mon bon Marcel?... le pouvez-vous penser?—dit M. Hardy d'un ton de reproche amical — non;... c'est que je n'aime à vous conter mes bonheurs que lorsqu'ils sont complets... et il manque quelque chose encore à la certitude de certain charmant projet...

Un domestique, entrant à ce moment, dit à M. Hardy ; — Monsieur, il y a là un vieux monsieur qui désire vous parler pour affaire très pressée...

— Déjà!... — dit M. Hardy avec une légère impatience. — Vous permettez, mon ami?... — Puis, à un mouvement que fit M. de Blessac pour se retirer dans une chambre voisine, M. Hardy reprit en souriant: —Non, non, restez... votre présence hâtera l'entretien.

— Mais s'il s'agit d'affaires, mon ami?

— Je les fais au grand jour, vous le savez... — Puis, s'adressant au domestique : — Priez ce monsieur d'entrer.

— Le postillon demande s'il peut s'en aller — dit le serviteur.

— Non, certes, il conduira M. de Blessac à Paris; qu'il attende.

Le domestique sortit et rentra aussitôt, introduisant Rodin, que M. de Blessac ne connaissait pas, sa trahison ayant été négociée par un autre intermédiaire.

— Monsieur Hardy? — dit Rodin en saluant respectueusement et en interrogeant tour à tour du regard les deux amis.

— C'est moi, monsieur, que voulez-vous?—répondit le fabricant avec bienveillance; à l'aspect de ce vieux homme, humble et mal vêtu, il s'attendait à une demande de secours.

— Monsieur... François Hardy? — répéta Rodin, comme s'il eût voulu encore s'assurer de l'identité du personnage.

— J'ai eu l'honneur de vous dire que c'était moi, monsieur...

— J'aurais, monsieur, une communication particulière à vous faire — dit Rodin.

—Vous pouvez parler... monsieur est mon ami—dit M. Hardy en montrant M. de Blessac.

— Mais... c'est à vous seul... que je désirerais parler, monsieur — reprit Rodin.

M. de Blessac allait se retirer, lorsque M. Hardy d'un coup d'œil le retint et dit à Rodin avec bonté, craignant que la présence d'un tiers le blessât, s'il avait une aumône à implorer : —Monsieur, permettez-moi de vous demander si c'est pour vous ou pour moi que vous désirez le secret de cet entretien?

— C'est pour vous... monsieur... absolument pour vous — répondit Rodin.

— Alors, monsieur — dit M. Hardy assez étonné — vous pouvez parler... je n'ai pas de secrets pour monsieur...

Après un moment de silence, Rodin reprit en s'adressant à M. Hardy :
— Monsieur... vous êtes digne, je le sais, du grand bien que l'on dit de vous... et, comme tel... vous méritez la sympathie de tout honnête homme.

— Je le crois... monsieur.

— Or, en honnête homme, je viens vous rendre un service.

— Et ce service... monsieur?

— Je viens vous dévoiler une infâme trahison... dont vous avez été victime.

— Je crois que vous vous trompez, monsieur.

— J'ai les preuves de ce que j'avance.

— Les preuves?

— Les preuves écrites... de la trahison que je viens dévoiler... je les ai là— répondit Rodin;—en un mot, un homme que vous avez cru votre ami vous a indignement trompé, monsieur.

— Et le nom de cet homme?

— M. Marcel de Blessac — dit Rodin.

A ces mots, M. de Blessac tressaillit, devint livide, et resta foudroyé.

A peine put-il murmurer d'une voix altérée : — Monsieur...

M. Hardy, sans regarder son ami, sans s'apercevoir de son trouble effrayant, le saisit par la main et lui dit vivement : — Silence!... mon ami.

Puis, l'œil étincelant d'indignation, et s'adressant à Rodin, qu'il n'avait pas cessé de regarder en face, il lui dit d'un air de mépris écrasant :—Ah!... vous accusez M. de Blessac?

— Je l'accuse — répondit nettement Rodin.

— Le connaissez-vous?

— Je ne l'ai jamais vu...

— Et que lui reprochez-vous?... Et comment osez-vous dire qu'il m'a trahi?

— Monsieur, deux mots — dit Rodin avec une émotion qu'il semblait contenir difficilement — un homme d'honneur qui voit un autre homme d'honneur sur le point d'être égorgé par un scélérat, doit-il, oui ou non, crier au meurtre?

— Oui, monsieur; mais quel rapport?...

— A mes yeux, monsieur, certaines trahisons sont aussi criminelles que des meurtres... et je viens me mettre entre le bourreau et la victime...

— Le bourreau? la victime? — dit M. Hardy de plus en plus étonné.

— Vous connaissez sans doute l'écriture de M. de Blessac — dit Rodin.

— Oui, monsieur...

— Lisez donc ceci...

Et Rodin tira de sa poche une lettre qu'il remit à M. Hardy.

Jetant alors seulement et pour la première fois les yeux sur M. de Blessac, le fabricant recula d'un pas... épouvanté de la pâleur mortelle de cet homme, qui, pétrifié de honte, ne trouvait pas une parole, car il était loin d'avoir l'audacieuse effronterie de la trahison.

— Marcel! — s'écria M. Hardy avec effroi et les traits bouleversés par ce coup imprévu. — Marcel!... comme vous êtes pâle!... vous ne répondez pas.

— Marcel!... vous êtes M. de Blessac! — s'écria Rodin en feignant un étonnement douloureux — ah! monsieur... si j'avais su...

— Mais vous n'entendez donc pas cet homme, Marcel?—s'écria M. Hardy.

— Il dit que vous m'avez trahi d'une manière infâme...

Et il saisit la main de M. de Blessac. Cette main était glacée.

— Oh! mon Dieu!... mon Dieu!... — dit M. Hardy en se reculant avec horreur. — Il ne répond rien... rien...

— Puisque je me trouve en face de M. de Blessac — reprit Rodin — je suis obligé de lui demander s'il ose nier avoir adressé plusieurs lettres *rue du Milieu-des-Ursins*, à Paris, sous le couvert de M. Rodin.

M. de Blessac resta muet.

M. Hardy, ne voulant pas encore croire à ce qu'il voyait, à ce qu'il entendait, ouvrit convulsivement la lettre que venait de lui remettre Rodin et en lut quelques lignes... entremêlant çà et là sa lecture d'exclamations qui peignaient sa douloureuse stupeur. Il n'eut pas besoin d'achever la lettre pour se convaincre de l'horrible trahison de M. de Blessac.

M. Hardy chancela, un moment ses sens l'abandonnèrent... à cette horrible découverte, il se sentit pris de vertige, la tête lui tourna au premier regard qu'il jeta dans cet abîme d'infamie. L'abominable lettre tomba de ses mains tremblantes.

Mais bientôt l'indignation, le courroux, le mépris, succédant à cet accablement, il s'élança pâle, terrible, sur M. de Blessac.

— Misérable!!! — s'écria-t-il en faisant un geste menaçant.

Puis, s'arrêtant au moment de frapper, il dit avec un calme effrayant : — Non... ce serait souiller ma main...—Et il ajouta en se tournant vers Rodin, qui s'était avancé vivement pour s'interposer : — Ce n'est pas la joue d'un infâme... que je dois souffleter... c'est votre loyale main que je dois serrer, monsieur;... car vous avez eu le courage de démasquer un traître et un lâche.

—Monsieur!—s'écria M. de Blessac éperdu de honte—je suis à vos ordres... et...

Il ne put achever. Un bruit de voix retentit derrière la porte, qui s'ouvrit violemment, et une femme âgée entra, malgré les efforts d'un domestique, en disant d'une voix altérée : — Je vous dis qu'il faut qu'à l'instant je parle à votre maître...

A cette voix, à la vue de cette femme, pâle, défaite, éplorée, M. Hardy, oubliant M. de Blessac, Rodin, la trahison infâme, recula d'un pas, en s'écriant : — Madame Duparc! vous ici!... qu'y a-t-il?

— Ah! monsieur... un grand malheur...

— Marguerite!... — s'écria M. Hardy d'une voix déchirante.

— Elle est partie!... monsieur...

—Partie!... — reprit M. Hardy aussi terrifié que si la foudre eût éclaté à ses pieds.

— Marguerite est partie! — répéta-t-il.

— Tout est découvert. Sa mère l'a emmenée... il y a trois jours ! — dit la malheureuse femme d'une voix défaillante.

— Partie... Marguerite... ça n'est pas vrai! On me trompe... — s'écria M. Hardy.

Et sans rien entendre, éperdu, épouvanté, il se précipita hors de sa maison, courut à la remise, et sautant dans sa voiture, qui, attelée de chevaux de poste, attendait M. de Blessac, il dit au postillon :
— A Paris, ventre à terre!...

Au moment où la voiture s'élançait rapide comme l'éclair sur la route de Paris, le vent, assez violent, apporta le bruit lointain du chant de guerre des *Loups*, qui s'avançaient en hâte vers la fabrique.

CHAPITRE V.

L'ATTAQUE.

Lorsque M. Hardy eut quitté la fabrique, Rodin, qui, ne s'attendait pas d'ailleurs à ce brusque départ, regagna lentement son fiacre ; mais tout-à-coup, il s'arrêta un moment et tressaillit d'aise et de surprise en voyant à quelque distance le maréchal Simon et son père se diriger vers une des ailes de la maison commune, car une circonstance fortuite avait jusqu'alors retardé l'entretien du père et du fils.
— Très bien! — dit Rodin — de mieux en mieux ; maintenant, pourvu que mon homme ait déniché et décidé cette petite *Rose-Pompon*.
Et Rodin se hâta d'aller rejoindre son fiacre.
A cet instant le vent, qui continuait à s'élever, apporta jusqu'à l'oreille du jésuite le bruit plus rapproché du chant de guerre des *Loups*. Après avoir un instant écouté attentivement cette rumeur lointaine, le pied sur le marche-pied, Rodin dit, en s'asseyant dans la voiture : — A l'heure qu'il est, le digne Josué Van Daël, de Java, ne se doute guère qu'en ce moment ses créances sur le baron Tripeaud sont en train de devenir excellentes.
Et le fiacre reprit le chemin de la barrière.

Plusieurs ouvriers, au moment de se rendre à Paris pour porter la réponse de leurs camarades à d'autres propositions relatives aux sociétés secrètes, avaient eu besoin de conférer à l'écart avec le père du maréchal Simon ; de là le retard de sa conversation avec son fils.
Le vieil ouvrier, contre-maître de la fabrique, occupait deux belles chambres situées au rez-de-chaussée, à l'extrémité de l'une des ailes de la maison commune ; un petit jardin d'une quarantaine de toises, qu'il s'amusait à cultiver, s'étendait au-dessous des fenêtres ; la porte vitrée qui conduisait à ce parterre étant restée ouverte, laissait pénétrer les rayons déjà chauds du soleil de mars dans le modeste appartement où venaient d'entrer l'ouvrier en blouse et le maréchal de France en grand uniforme.
Alors le maréchal, prenant les mains de son père entre les siennes, lui dit d'une voix si profondément émue que le vieillard en tressaillit : — Mon père... je suis bien malheureux!
Et une expression pénible, jusqu'alors contenue, assombrit soudain la noble physionomie du maréchal.
— Toi... malheureux! — s'écria le père Simon avec inquiétude en se rapprochant.
— Je vous dirai tout, mon père... — répondit le maréchal d'une voix altérée — car j'ai besoin des conseils de votre inflexible droiture.
— En fait d'honneur, de loyauté, tu n'as de conseils à demander à personne!
— Si, mon père... vous seul pouvez me tirer d'une incertitude qui est pour moi une torture atroce.
— Explique-toi... je t'en conjure.
— Depuis quelques jours mes filles semblent contraintes, absorbées. Pendant les premiers momens de notre réunion, elles étaient folles de joie et de bonheur... Tout-à-coup cela a changé ; elles s'attristent de plus en plus... Hier encore j'ai surpris une larme dans leurs yeux ; alors, tout ému, je les ai serrées contre ma poitrine, les suppliant de me dire leur chagrin... Sans me répondre,

elles ont jeté leurs bras autour de mon cou, et ont couvert mon visage de pleurs.

— Cela est étrange!... mais à quoi attribuer ce changement?

— Quelquefois je crains de ne pas leur avoir caché la douleur que me cause la mort de leur mère... et ces pauvres anges se désolent peut-être de se voir insuffisantes à mon bonheur. Pourtant, chose inexplicable! elles semblent non-seulement comprendre, mais partager ma douleur... Hier encore Blanche me disait:... — Combien nous serions tous plus heureux encore si notre mère était avec nous!...

— Elles partagent ta douleur; elles ne peuvent pas te la reprocher... La cause de leur chagrin n'est pas là.

— C'est ce que je me dis, mon père; mais quelle est-elle? Ma raison s'épuise en vain à la chercher. Quelquefois je vais jusqu'à imaginer qu'un méchant démon s'est glissé entre mes enfans et moi... Cette idée est stupide, absurde, je le sais; mais que voulez-vous?... lorsque de saines raisons vous manquent, on finit par se livrer aux suppositions les plus insensées.

— Qui peut vouloir se mettre entre tes filles et toi?

— Personne... je le sais.

— Allons — dit paternellement le vieil ouvrier — attends... prends patience, surveille, épie ces pauvres jeunes cœurs avec la sollicitude que je te sais, et tu découvriras, j'en suis sûr, quelque secret sans doute bien innocent.

— Oui, dit le maréchal en regardant fixement son père — oui, mais pour pénétrer ce secret... il faut ne pas les quitter...

— Pourquoi les quitterais-tu? — dit le vieillard, surpris de l'air sombre de son fils — n'es-tu pas maintenant pour toujours auprès d'elles... auprès de moi?

— Qui sait? — répondit le maréchal avec un soupir.

— Que dis-tu?...

— Sachez d'abord, mon père, tous les devoirs qui me retiennent ici;... vous saurez ensuite ceux qui pourraient m'éloigner de vous, de mes filles et de mon autre enfant...

— Quel enfant?

— Le fils de mon vieil ami le prince indien...

— Djalma? que lui arrive-t-il?

— Mon père... il m'épouvante...

— Lui?

Tout-à-coup une rumeur formidable, apportée par une violente rafale de vent, retentit au loin; ce bruit était si imposant, que le maréchal s'interrompit et dit à son père: — Qu'est-ce que cela?

Après avoir un instant prêté l'oreille aux sourdes clameurs qui s'affaiblirent et passèrent avec la bouffée du vent, le vieillard répondit:— Quelques chanteurs de barrières avinés qui courent la campagne.

— Cela ressemblait aux cris d'une foule nombreuse — reprit le maréchal.

Lui et son père écoutèrent de nouveau, le bruit avait cessé.

— Que me disais-tu? — reprit le vieil ouvrier; — que ce jeune Indien t'épouvantait? et pourquoi?

— Je vous ai dit, mon père, sa folle et malheureuse passion pour mademoiselle de Cardoville.

— Et c'est cela qui t'effraie? mon fils — dit le vieillard en regardant son fils avec surprise; — Djalma n'a que dix-huit ans.... et à cet âge, un amour chasse l'autre.

— S'il s'agit d'un amour vulgaire, oui, mon père... Mais songez donc qu'à une beauté idéale, mademoiselle de Cardoville, vous le savez, joint le caractère le plus noble, le plus généreux... et que, par une suite de circonstances fatales, oh! bien malheureusement fatales, Djalma a pu apprécier la rare valeur de cette belle âme.

— Tu as raison, ceci est plus grave que je ne pensais.

— Vous n'avez pas d'idée des ravages que fait cette passion chez cet enfant ardent et indomptable; quelquefois, à son abattement douloureux succèdent des entraînemens d'une férocité sauvage. Hier je l'ai surpris à l'improviste, l'œil sanglant, les traits contractés par la rage; cédant à un accès de folle fureur, il criblait de coups de poignard un coussin de drap rouge en s'écriant d'une voix haletante : — *Ah!... du sang... j'ai son sang...* — Malheureux! — lui dis-je — quel est cet emportement insensé? — *Je tue l'homme!* » me répondit-il d'une voix sourde et d'un air égaré. — C'est ainsi qu'il désigne le rival qu'il croit avoir.

— C'est en effet quelque chose de terrible qu'une telle passion... dans un pareil cœur — dit le vieillard.

— D'autres fois — reprit le maréchal — c'est contre mademoiselle de Cardoville que sa rage éclate; d'autres fois enfin contre lui-même. J'ai été obligé de faire disparaître ses armes, car un homme venu de Java avec lui, et qui lui paraît fort attaché, m'a prévenu qu'il avait quelque pensée de suicide.

— Malheureux enfant!...

— Eh bien! mon père — dit le maréchal Simon avec une profonde amertume — c'est au moment où mes filles, où cet enfant adoptif réclament toute ma sollicitude... que je suis peut-être à la veille de les abandonner...

— Les abandonner?

— Oui... pour satisfaire à un devoir plus sacré peut-être que ceux qu'imposent l'amitié, la famille — dit le maréchal avec un accent à la fois si grave et si solennel, que son père, profondément ému s'écria :

— Mais ce devoir, quel est-il?

— Mon père — dit le maréchal après être resté un instant pensif — qui m'a fait ce que je suis? qui m'a donné le titre de duc, le bâton de maréchal?

— Napoléon...

— Pour vous, républicain austère, je le sais, il a perdu tout son prestige lorsque de premier citoyen d'une république il s'est fait empereur.

— J'ai maudit sa faiblesse — dit tristement le père Simon; — le demi-dieu se faisait homme.

— Mais pour moi, mon père, pour moi, soldat, qui me suis toujours battu à ses côtés, sous ses yeux, pour moi qu'il a élevé des derniers rangs de l'armée jusqu'au premier, pour moi qu'il a comblé de bienfaits, d'affection, il a été plus qu'un héros... il a été un ami, et il y avait autant de reconnaissance que d'admiration dans mon idolâtrie pour lui. Exilé... j'ai voulu partager son exil, on m'a refusé cette grâce; alors j'ai conspiré, j'ai tiré l'épée contre ceux qui avaient dépouillé son fils de la couronne que la France lui avait donnée.

— Et, dans ta position, tu as bien agi... Pierre;... sans partager ton admiration, j'ai compris ta reconnaissance... projets d'exil, conspiration, j'ai tout approuvé... tu le sais.

— Eh bien! cet enfant déshérité, au nom duquel j'ai conspiré il y a dix-sept ans, est maintenant capable de tenir... l'épée de son père...

— Napoléon II! — s'écria le vieillard en regardant son fils avec une surprise et une anxiété extrêmes; — le roi de Rome!!!

— Roi!!! non, il n'est plus roi... Napoléon! non, il ne s'appelle plus Napoléon; il lui ont donné je ne sais quel nom autrichien,... car l'autre nom leur faisait peur... Tout leur fait peur... Aussi... savez-vous ce qu'ils en font, du fils de l'Empereur?... — reprit le maréchal avec une exaltation douloureuse...
— ils le torturent... ils le tuent lentement...

— Qui t'a dit?...

— Oh! quelqu'un qui le sait... et qui a dit vrai, trop vrai... Oui, le fils de l'empereur lutte de toutes ses forces contre une mort précoce; les yeux tournés vers la France... il attend... il attend... et personne ne vient;... personne... non... Parmi tous ces hommes que son père a faits aussi grands qu'ils étaient petits... pas un, non, pas un ne songe à cet enfant sacré qu'on étouffe et qui meurt...

— Et toi... tu y songes...

— Oui; mais pour y songer il m a fallu savoir... oh! à n'en pas douter, car ce n'est pas à la même source que j'ai pris tous mes renseignemens, il m'a fallu savoir que le sort cruel de cet enfant... à qui j'ai aussi prêté serment, moi;... car un jour, je vous l'ai dit, l'Empereur, fier et tendre père, me le montrant dans son berceau, m'a dit : — Mon vieil ami, tu seras au fils comme tu as été au père; car qui nous aime... aime notre France.

— Oui... je le sais... bien des fois tu m'as rappelé ces paroles, et comme toi... j'ai été ému...

— Eh bien ! mon père, si, instruit de ce que souffre le fils de l'Empereur, j'avais vu... et vu avec certitude, les preuves les plus évidentes que l'on ne m'abusait pas, si j'avais vu une lettre d'un haut personnage de la cour de Vienne, qui offrait à un homme fidèle au culte de l'Empereur les moyens d'entrer en relation avec le roi de Rome... et peut-être de l'enlever à ses bourreaux !

— Et ensuite — dit l'artisan en regardant fixement son fils — une fois Napoléon II libre ?

— Ensuite !!... — s'écria le maréchal. Puis il dit au vieillard d'une voix contenue : — Voyons, mon père, croyez-vous la France insensible aux humiliations qu'elle endure ?... Croyez-vous le souvenir de l'Empereur éteint ? Non, non, c'est surtout dans ces jours d'abaissement pour le pays que son nom sacré est invoqué tout bas... Que serait-ce donc si ce nom glorieux apparaissait à la frontière, revivant dans son fils ? Croyez-vous que le cœur de la France entière ne battrait pas pour lui ?

— C'est une conspiration... contre le gouvernement actuel..... avec Napoléon II pour drapeau — reprit l'ouvrier ; — c'est grave.

— Mon père, je vous ai dit que j'étais bien malheureux ; eh bien ! jugez-en... — s'écria le maréchal. — Non-seulement je me demande si je dois abandonner mes enfans et vous, pour me jeter dans les hasards d'une entreprise aussi audacieuse ; mais je me demande si je ne suis pas engagé envers le gouvernement actuel, qui, en reconnaissant mon titre et mon grade, ne m'a pas accordé de faveur... mais enfin m'a rendu justice... Que dois-je faire ? Abandonner tout ce que j'aime ou rester insensible aux tortures du fils de l'Empereur... de l'Empereur à qui je dois tout... à qui j'ai juré personnellement fidélité, et pour lui et pour son enfant ? Dois-je perdre cette unique occasion de le sauver peut-être, ou bien dois-je conspirer pour lui ;... dites-moi si je m'exagère ce que je dois à la mémoire de l'Empereur !... Dites, mon père, décidez ; pendant une nuit d'insomnie, j'ai tâché de démêler au milieu de ce chaos la ligne prescrite par l'honneur... je n'ai fait que marcher d'indécisions en indécisions..... Vous seul, mon père, je le répète, vous seul..... vous pouvez me guider.

Après être resté quelques momens pensif, le vieillard allait répondre à son fils, lorsque quelqu'un, après avoir traversé le petit jardin en courant, ouvrit la porte du rez-de-chaussée, et entra éperdu dans la chambre où se tenaient le maréchal Simon et son père.

C'était Olivier, le jeune ouvrier qui avait pu s'échapper du cabaret du village où s'étaient rassemblés les *Loups*.

— Monsieur Simon... monsieur Simon... — cria-t-il, pâle et haletant — les voilà... ils arrivent... ils vont attaquer la fabrique.

— Qui cela ?... s'écria le vieillard en se levant brusquement.

— Les *Loups*, quelques compagnons carriers et tailleurs de pierres auxquels se sont joints sur la route une foule de gens des environs et des rôdeurs de barrières. Tenez, les entendez-vous ?... ils crient : *Morts aux Dévorans* !

En effet, les clameurs approchaient de plus en plus distinctes.

— C'était le bruit que j'avais entendu tout à l'heure —. dit le maréchal en se levant à son tour.

— Ils sont plus de deux cents, monsieur Simon, dit Olivier ; ils sont armés de pierres, de bâtons, et, par malheur, la plupart des ouvriers de la fabrique sont à Paris. Nous ne sommes pas quarante ici en tout ; les femmes et les enfans se sauvent déjà dans les chambres, en poussant des cris d'effroi. Les entendez-vous ?...

En effet, le plafond retentissait sous des piétinemens précipités.

— Est-ce que cette attaque serait sérieuse ? — dit le maréchal à son père, qui paraissait de plus en plus inquiet.

— Très sérieuse — dit le vieillard ; — il n'y a rien de plus terrible que les rixes de compagnonnage, et, de plus, on met depuis longtemps tout en œuvre pour irriter les gens des environs contre la fabrique.

— Si vous êtes si inférieurs en nombre — dit le maréchal — il faut d'abord bien barricader toutes les portes... et ensuite...

Il ne put achever. Une explosion de cris forcenés fit trembler les vitres de la chambre, et éclata si proche et avec tant de force que le maréchal, son père et le jeune ouvrier sortirent aussitôt dans le petit jardin, borné d'un côté par un mur assez élevé qui donnait sur les champs.

Soudain, et alors que les cris redoublaient de violence, une grêle de pierres et de cailloux énormes, destinés à casser les vitres des fenêtres de la maison, défoncèrent quelques croisées du premier étage, ricochèrent sur le mur et tombèrent dans le jardin, autour du maréchal et de son père.

Fatalité !!! le vieillard, atteint à la tête par une grosse pierre, chancela... se pencha en avant et s'affaissa, tout sanglant, entre les bras du maréchal Simon, au moment où retentissaient au dehors, avec une furie croissante, les cris sauvages de : *Bataille et mort aux Dévorans!*

CHAPITRE VI.

LES LOUPS ET LES DÉVORANS.

C'était chose effrayante à voir que cette foule déchaînée, dont les premières hostilités venaient d'être si funestes au père du maréchal Simon.

Une aile de la maison commune où venait aboutir de ce côté le mur du jardin, donnait sur les champs; c'est par là que les *Loups* avaient commencé leur attaque. La précipitation de la marche, les stations que la troupe venait de faire à deux cabarets de la route, l'ardente impatience de la lutte qui s'approchait, avaient de plus en plus animé ces hommes d'une exaltation farouche. Leur première décharge de pierres lancées, la plupart des assaillans cherchaient à terre de nouvelles munitions; les uns, pour s'approvisionner plus à l'aise, tenaient leurs bâtons entre leurs dents, d'autres les avaient déposés le long du mur ; çà et là aussi plusieurs groupes se formaient tumultueusement autour des principaux meneurs de la bande ; les mieux vêtus de ces hommes portaient des blouses ou des bourgerons et des casquettes, d'autres étaient presque couverts de haillons, car, nous l'avons dit, un assez grand nombre de rôdeurs de barrières et de gens sans aveu, à figures sinistres et patibulaires, s'étaient joints, bon gré malgré, à la troupe des *Loups*; quelques femmes hideuses, déguenillées, qui semblent toujours surgir sur les pas de ces misérables, les accompagnaient, et par leurs cris, par leurs provocations, excitaient encore les esprits enflammés; l'une d'entre elles, grande, robuste, au teint empourpré, à l'œil aviné, à la bouche édentée, était coiffée d'une marmotte, d'où s'échappaient des cheveux jaunâtres en broussailles; elle portait sur sa robe en guenille un vieux tartan brun, croisé sur sa poitrine et noué derrière son dos. Cette mégère semblait possédée de rage. Elle avait relevé ses manches à demi déchirées ; d'une main elle brandissait un bâton, de l'autre elle tenait une grosse pierre : ses compagnons l'appelaient *Ciboule.*

L'horrible créature criait d'une voix rauque: — Je veux me mordre avec les femmes de la fabrique; j'en veux faire saigner.

Ces mots féroces étaient accueillis par les applaudissemens de ses compagnons et par des cris sauvages de : Vive Ciboule! qui l'excitaient jusqu'au délire.

Parmi les autres meneurs était un petit homme sec, pâle, à mine de furet, à la barbe noire en collier ; il portait une calotte grecque écarlate, et sa longue blouse neuve laissait voir un pantalon de drap très propre et des bottes fines. Evidemment cet homme était d'une condition différente de celle des autres gens de la troupe : c'était surtout lui qui prêtait les propos les plus irritans et les plus insultans aux ouvriers de la fabrique contre les habitans des environs; il criait beaucoup, mais il ne portait ni pierre ni bâton. Un homme à figure pleine, colorée, et dont la formidable basse-taille semblait appartenir à un chantre d'église, lui dit :

— Tu ne veux donc pas faire feu sur ces chiens d'impies, qui sont capables d'attirer le choléra dans le pays, comme a dit monsieur le curé ?

— Je ferai feu... mieux que toi — répondit le petit homme à mine de furet, avec un sourire singulier et sinistre.

— Et avec quoi feras-tu feu?

— Avec cette pierre, probablement — dit le petit homme en ramassant un gros caillou ; mais, au moment où il se baissait, un sac assez gonflé, mais très léger, qu'il paraissait tenir attaché sous sa blouse, tomba.

— Tiens, tu perds ton sac et tes quilles ! — dit l'autre. — Ça ne paraît guère lourd...

C'est des échantillons de laine — répondit l'homme à mine de furet, en ramassant précipitamment le sac et en le plaçant sous sa blouse ; puis il ajouta : — Mais, attention, je crois que voilà le carrier qui parle.

En effet, celui qui exerçait sur cette foule irritée l'ascendant le plus complet était le terrible carrier : sa taille gigantesque dominait tellement la multitude que l'on apercevait toujours sa grosse tête coiffée d'un mouchoir rouge en lambeaux, et ses épaules d'Hercule couvertes d'une peau de bique fauve, s'élever au-dessus du niveau de cette foule sombre, fourmillante, et seulement piquée çà et là de quelques bonnets de femmes comme d'autant de points blancs.

Voyant à quel degré d'exaspération arrivaient les esprits, le petit nombre d'ouvriers honnêtes, mais égarés, qui s'étaient laissé entraîner dans cette dangereuse entreprise, sous prétexte d'une querelle de compagnonnage, redoutant les suites de la lutte, essayèrent, mais trop tard, d'abandonner le gros de la troupe ; serrés de près, et pour ainsi dire encadrés au milieu des groupes les plus hostiles, craignant de passer pour lâches ou d'être en butte aux mauvais traitemens du plus grand nombre, ils se résignèrent à attendre un moment plus favorable pour s'échapper.

Aux cris sauvages qui avaient accompagné la première décharge de pierres, succédait un profond silence réclamé par la voix de stentor du carrier.

— Les *Loups* ont hurlé — s'écria-t-il — faut attendre et voir comment les *Dévorans* vont répondre et engager la bataille.

— Il faut les attirer tous hors de leur fabrique et livrer le combat dans un champ neutre — dit le petit homme à mine de furet, qui semblait être le légiste de la bande ; — sans cela... il y aurait violation de domicile.

— Violer !... Et qu'est-ce que ça nous fait, à nous, de violer ?... — cria l'horrible mégère surnommée Ciboule ; — dehors ou dedans, il faut que je m'arrache avec les fouineuses de la fabrique.

— Oui, oui — crièrent d'autres hideuses créatures aussi déguenillées que Ciboule — il ne faut pas que tout soit pour les hommes.

— Nous voulons faire aussi notre coup !

— Les femmes de la fabrique disent que toutes les femmes des environs sont des ivrognesses et des coureuses ! — cria le petit homme à mine de furet.

— Bon, ça leur sera payé.

— Il faut que les femmes s'en mêlent.

— Ça nous regarde.

— Puisqu'elles font les chanteuses dans leur maison commune — s'écria Ciboule — nous leur apprendrons l'air de : *Au secours... on m'assassine !*

Cette plaisanterie barbare fut accueillie par des cris, des huées, des trépignemens forcenés, auxquels la voix de stentor du carrier mit un terme, en criant : Silence !

— Silence !... silence ! — répondit la foule — écoutez le carrier.

— Si les *Dévorans* sont assez capons pour ne pas oser sortir après une seconde volée de pierres, voilà là-bas une porte ; nous l'enfoncerons, et nous irons les traquer dans leurs trous.

— Il vaudrait mieux les attirer au dehors pour la bataille, et qu'il n'en restât aucun dans l'intérieur de la fabrique... — dit le petit homme à mine de furet, qui semblait avoir une arrière-pensée.

— On se bat où on peut ! — cria le carrier d'une voix tonnante ; — pourvu qu'on se croche... tout va... On se peignerait sur le chaperon d'un toit ou sur la crête d'un mur, n'est-ce pas, mes *Loups* ?

— Oui !... oui ! — dit la foule électrisée par ces paroles sauvages ; — s'ils ne sortent pas... entrons de force.

— On le verra, leur palais !

— Ces païens n'ont pas seulement une chapelle — dit là voix de basse-taille ; — M. le curé les a damnés.

— Pourquoi donc qu'ils auraient un palais et nous des chenils ?

— Les ouvriers de M. Hardy prétendent que des chenils, c'est encore trop bon pour des canailles comme vous — cria le petit homme à mine de furet.
— Oui!... oui! ils l'ont dit.
— Alors, on brisera tout chez eux!
— On démolira leur bazar.
— On enverra la maison par les fenêtres.
— Et, après avoir fait chanter les fouineuses qui font les bégueules — s'écria Ciboule — on les fera danser à coups de pierre sur la tête.
— Allons... les *Loups*, attention! cria le carrier d'une voix de stentor — encore une décharge, et si les *Dévorans* ne sortent pas... à bas la porte.

Cette motion fut accueillie avec des hurlemens d'une ardeur farouche, et le carrier, dont la voix dominait le tumulte, cria de tous ses poumons herculéens : — Attention!... les *Loups*... pierre en main... et ensemble... Y êtes-vous?
— Oui! oui!... nous y sommes...
— Joue!... feu!...

Et, pour la ceconde fois, une nuée de pierres et de cailloux énormes alla s'abattre sur la façade de la maison commune qui donnait sur les champs; une partie de ces projectiles brisa les carreaux qui avaient été épargnés lors de la première volée ; au bruit sonore et aigu des vitres cassées, se joignirent des cris féroces, poussés à la fois, et comme un chœur formidable, par cette foule enivrée de ses propres excès :—Bataille... et mort aux *Dévorans*!

Mais bientôt ces cris devinrent frénétiques, lorsqu'à travers les fenêtres défoncées, les assaillans aperçurent des femmes qui passaient et repassaient, courant, épouvantées, les unes emportant des enfans, d'autres levant les bras au ciel en criant au secours, d'autres enfin, plus hardies, s'avançant en dehors des fenêtres afin de tâcher de fermer les persiennes.

— Ah! voilà les fourmis qui déménagent! — s'écria Ciboule en se baissant pour ramasser une pierre — faut les aider à coups de cailloux!

Et la pierre, lancée par la main virile et assurée de la mégère, alla frapper une malheureuse femme qui, penchée sur la plinthe de la croisée, tentait d'attirer un volet à soi.

— Touché... j'ai mis dans le blanc... — cria la hideuse créature.
— T'es bien nommée, *Ciboule*... tu touches *à la boule* — dit une voix.
— Vive Ciboule!
— Sortez donc! hé, les *Dévorans*, si vous l'osez!
— Eux qui ont dit cent fois que les gens des environs étaient trop lâches pour venir seulement regarder leur maison — dit le petit homme à mine de furet.
— Et à cette heure ils *canent*!
— Ils ne veulent pas sortir! — cria le carrier d'une voix de tonnerre — allons les fumer!!
— Oui... oui.
— Allons enfoncer la porte...
— Faudra bien que nous les trouvions.
— Allons... allons!...

Et la foule, le carrier en tête, non loin duquel marchait Ciboule, brandissant un bâton, s'avançait en tumulte vers une grande porte assez peu éloignée. Le terrain sonore trembla sous le piétinement précipité du rassemblement, qui alors ne criait plus; ce bruit confus, mais pour ainsi dire souterrain, semblait peut-être plus sinistre encore que les cris forcenés. Les *Loups* arrivèrent bientôt en face de cette porte en chêne massif.

Au moment où le carrier levait un formidable marteau de tailleur de pierres sur l'un des battans... ce battant s'ouvrit brusquement.

Quelques-uns des assaillans les plus déterminés allaient se précipiter par cette entrée ; mais le carrier se recula en étendant les bras, comme pour modérer cette ardeur et imposer silence aux siens; ceux-ci se groupèrent et s'entassèrent autour de lui.

La porte, entr'ouverte, laissait apercevoir un gros d'ouvriers, malheureusement peu nombreux, mais dont la contenance annonçait la résolution; ils s'étaient armés à la hâte de fourches, de pinces de fer, de bâtons; Agricol, placé à leur tête, tenait à la main son lourd marteau de forgeron. Le jeune ouvrier était très pâle; on voyait, au feu de ses prunelles, à sa physionomie provocante, à son assurance intrépide, que le sang de son père bouillait dans ses veines, et qu'il pouvait, dans une lutte pareille, devenir terrible. Pourtant il parvint à se contenir, et dit au carrier d'une voix ferme : — Que voulez-vous?

— Bataille! — cria le carrier d'une voix tonnante.

— Oui... oui... bataille!... — répéta la foule.

— Silence!... mes *Loups*... — cria le carrier en se retournant et en étendant sa large main vers la multitude.

Puis, s'adressant à Agricol : — Les *Loups* viennent demander bataille...

— Contre qui?

— Contre les *Dévorans.*

— Il n'y a pas ici de *Dévorans* — répondit Agricol — il y a des ouvriers tranquilles... retirez-vous...

— Eh bien! voici les *Loups* qui mangeront les ouvriers tranquilles.

— Les *Loups* ne mangeront personne — dit Agricol en regardant en face le carrier, qui s'approchait de lui d'un air menaçant — et les *Loups* ne feront peur qu'aux petits enfans.

— Ah!... tu crois? — dit le carrier avec un ricanement féroce.

Puis soulevant son lourd marteau de tailleur de pierres, il le mit pour ainsi dire sous le nez d'Agricol, en lui disant : — Et ça, c'est pour rire?

— Et ça? — reprit Agricol, qui, d'un mouvement rapide, heurta et repoussa vigoureusement de son marteau de forgeron le marteau du tailleur de pierres.

— Fer... contre fer... marteau contre marteau, ça me va — dit le carrier.

— Il ne s'agit pas de ce qui vous va — répondit Agricol en se contenant à peine — vous avez brisé nos fenêtres, épouvanté nos femmes, et blessé... peut-être à mort... le plus vieil ouvrier de la fabrique, qui en cet instant est entre les bras de son fils — et la voix d'Agricol s'altéra malgré lui ; — c'est assez, je crois.

— Non! les *Loups* ont plus faim que ça — répondit le carrier — il faut que vous sortiez d'ici... tas de capons... et que vous veniez là, dans la plaine, faire bataille.

— Oui! oui! bataille!... qu'ils sortent... — cria la foule hurlant, sifflant, agitant ses bâtons, et rétrécissant encore en se bousculant le petit espace qui la séparait de la porte.

— Nous ne voulons pas de la bataille — répondit Agricol; — nous ne sortirons pas de chez nous; mais si vous avez le malheur de passer ceci — et Agricol jetant sa casquette sur le sol, y appuya son pied d'un air intrépide — oui, si vous passez ceci, alors vous nous attaquerez chez nous... et vous répondrez de tout ce qui arrivera.

— Chez toi ou ailleurs, nous aurons bataille; les *Loups* veulent manger les *Dévorans!*... Tiens, voilà ton attaque! — s'écria le sauvage carrier en levant son marteau sur Agricol.

Mais celui-ci, se jetant de côté par une brusque retraite de corps, évita le coup et lança son marteau droit dans la poitrine du carrier, qui trébucha un moment, mais qui, bientôt raffermi sur ses jambes, se rua sur Agricol avec fureur, en criant : — A moi les *Loups!*

CHAPITRE VII.

LE RETOUR.

Dès que la lutte fut engagée entre Agricol et le carrier, la mêlée devint terrible, ardente, implacable; un flot d'assaillans, suivant les pas du carrier, se précipita par cette porte avec une irrésistible furie; d'autres ne pouvant traverser cette presse effroyable, où les plus impétueux culbutaient, étouffaient, broyaient les moins ardens, firent un assez long détour, allèrent briser un treillis à claire-voie appuyé d'une haie, et prirent pour ainsi dire les ouvriers de la fabrique entre deux feux. Les uns résistaient courageusement; d'autres, voyant Ciboule, suivie de quelques-unes de ses horribles compagnes et de plusieurs rôdeurs de barrières à figures sinistres, monter en hâte dans la maison commune, où s'étaient réfugiés les femmes et les enfans, se jetèrent à la poursuite de cette bande; mais quelques compagnons de la mégère ayant fait volte-face et vigoureusement défendu l'entrée de l'escalier contre les ouvriers, Ciboule, trois ou quatre de ses pareilles, et autant d'hommes non moins ignobles, purent se ruer dans plusieurs chambres, les uns pour piller, les autres pour tout briser.

Une porte, ayant d'abord résisté à leurs efforts, fut bientôt enfoncée. Ciboule se précipita dans l'appartement son bâton à la main, échevelée, furieuse, enivrée par le bruit et par le tumulte. Une belle jeune fille (c'était Angèle), qui semblait vouloir défendre l'entrée d'une seule chambre, se jeta à genoux, pâle, suppliante, les mains jointes, en s'écriant :

— Ne faites pas de mal à ma mère!

— Je t'étrennerai d'abord, et puis ta mère après — cria l'horrible femme en se jetant sur la malheureuse enfant et tâchant de lui labourer le visage avec ses ongles pendant que les rôdeurs de barrières brisaient la glace, la pendule à coups de bâton, et que les autres s'emparaient de quelques hardes.

Angèle poussait des cris douloureux en se débattant contre Ciboule, et tâchait toujours de défendre la pièce où s'était réfugiée sa mère, qui, penchée en dehors de la fenêtre, appelait Agricol à son secours.

Le forgeron était de nouveau aux prises avec le terrible carrier. Dans cette lutte corps à corps, leurs marteaux étaient devenus inutiles; l'œil sanglant, les dents serrées, poitrine contre poitrine, enlacés, noués l'un à l'autre comme deux serpents, ils faisaient des efforts inouïs pour se renverser. Agricol, courbé, tenait sous son bras droit le jarret gauche du carrier, étant parvenu à lui saisir ainsi la jambe en parant un coup de pied furieux; mais telle était la force herculéenne du chef des *Loups*, que, quoiqu'il fût arcbouté sur une seule jambe, il demeurait inébranlable comme une tour. De la main qu'il avait de libre (l'autre était serrée par Agricol comme un étau) il tâchait, par des coups de poing portés en dessous, de briser la mâchoire du forgeron qui, la tête baissée, appuyait son front sur le creux de la poitrine de son adversaire.

— Le *Loup* va casser les dents au *Dévorant*, qui ne dévorera plus rien — dit le carrier.

— Tu n'est pas un vrai *Loup* — répondit le forgeron en redoublant d'efforts; — les vrais *Loups* sont de braves compagnons qui ne se mettent pas dix contre un...

— Vrai ou faux, je te casserai les dents.

— Et moi la patte.

Ce disant, le forgeron imprima un mouvement si violent à la jambe du carrier, que celui-ci poussa un cri de douleur atroce, et, avec la rage d'une bête féroce, allongeant brusquement la tête, il parvint à mordre Agricol sur le côté du cou.

A cette morsure aiguë, le forgeron fit un mouvement qui permit au carrier de dégager sa jambe; alors, par un effort surhumain, il se précipita de tout son poids sur Agricol, le fit chanceler, trébucher et tomber sous lui.

A ce moment, la mère d'Angèle, penchée à une des fenêtres de la maison commune, s'écria d'une voix déchirante : — Au secours! monsieur Agricol... on tue ma fille!

— Laisse-moi... et foi d'homme, nous nous battrons demain... quand tu voudras — dit Agricol d'une voix haletante.

— Pas de réchauffé,.. je mange chaud — répondit le carrier; et saisissant le forgeron à la gorge d'une de ses mains formidables, il tâcha de lui mettre le genou sur la poitrine.

— Au secours! on tue ma fille!— criait la mère d'Angèle d'une voix éperdue.

— Grâce!... je te demande grâce!... Laisse-moi aller... — dit Agricol en faisant des efforts inouïs pour échapper à son adversaire.

— J'ai trop faim — répondit le carrier.

Agricol, exaspéré par la terreur que lui causait le danger d'Angèle, redoublait d'efforts, lorsque le carrier se sentit saisir à la cuisse par des crocs aigus, et, au même instant, il reçut trois ou quatre coups de bâton sur la tête, assénés d'une main vigoureuse.

Il lâcha prise... et il tomba étourdi sur un genou et sur une main, tâchant de parer de l'autre les coups qu'on lui portait, et qui cessèrent dès qu'Agricol fut délivré.

— Mon père... vous me sauvez... Pourvu que pour Angèle il ne soit pas trop tard ! — s'écria le forgeron en se relevant.

— Cours... va... ne t'occupe pas de moi — répondit Dagobert.

Et Agricol se précipita vers la maison commune.

Dagobert, accompagné de Rabat-Joie, était venu, ainsi qu'on l'a dit, conduire les filles du maréchal Simon auprès de leur grand-père. Arrivant au milieu du tumulte, le soldat avait rallié quelques ouvriers afin de défendre l'entrée de la chambre où le père du maréchal avait été porté expirant : c'est de ce poste que le soldat avait vu le danger d'Agricol.

Bientôt, un autre flot de la mêlée sépara Dagobert du carrier resté pendant quelques instans sans connaissance.

Agricol, arrivé en deux bonds à la maison commune, était parvenu à renverser les hommes qui défendaient l'escalier, et à se précipiter dans le corridor sur lequel s'ouvrait la chambre d'Angèle. Au moment où il arriva, la malheureuse enfant défendait machinalement son visage de ses deux mains contre Ciboule, qui, acharnée sur elle comme une hyène sur sa proie, tâchait de la dévisager.

Se précipiter sur l'horrible mégère, la saisir par sa crinière jaunâtre avec une vigueur irrésistible, la renverser en arrière et l'étendre ensuite sur le dos d'un violent coup de talon de botte dans la poitrine, tout ceci fut fait par Agricol avec la rapidité de la pensée.

Ciboule, rudement atteinte, mais exaspérée par la rage, se releva aussitôt ; à cet instant quelques ouvriers accourus sur les pas d'Agricol purent lutter avec avantage, et pendant que le forgeron relevait Angèle à moitié évanouie et la portait dans la chambre voisine, Ciboule et sa bande furent chassées de cette partie de la maison.

Après le premier feu de l'attaque, le très petit nombre de véritables *Loups*, comme disait Agricol, qui, honnêtes ouvriers d'ailleurs, avaient eu la faiblesse de se laisser entraîner dans cette entreprise sous prétexte d'une querelle de compagnonnage, voyant les excès que commençaient à commettre les gens sans aveu dont ils avaient été accompagnés presque malgré eux, ces braves *Loups*, disons-nous, se rangèrent brusquement du côté des *Dévorans*.

— Il n'y a plus ici de *Loups* et de *Dévorans*! — avait dit un des *Loups* les plus déterminés à Olivier, avec lequel il venait de se battre rudement et loyalement — il n'y a maintenant que d'honnêtes ouvriers qui doivent s'unir pour taper sur un tas de brigands qui ne sont venus ici que pour briser et piller.

— Oui... — reprit un autre — c'est malgré nous qu'on a commencé par casser les carreaux de votre maison.

— C'est le carrier qui a mis tout en branle... — dit un autre — les vrais *Loups* le renient ; il aura son compte.

— Tous les jours on se peigne dru... mais on s'estime (1).

Cette défection d'une partie des assaillans, malheureusement partie bien minime, donna cependant un nouvel élan aux ouvriers de la fabrique, et tous, *Loups* et *Dévorans*, quoique bien inférieurs en nombre, s'unirent contre les rôdeurs de barrières et autres vagabonds qui préludaient à des scènes déplorables.

Une bande de ces misérables, surexcitée et entraînée par le petit homme à mine de furet, secret émissaire du baron Tripeaud, se portait en masse aux ateliers de M. Hardy.

---

(1) Nous désirons qu'il soit bien entendu par le lecteur, que la seule nécessité de notre fable a donné aux *Loups* le rôle aggressif. Tout en essayant de montrer un des abus du compagnonnage, abus qui, d'ailleurs, tendent à s'effacer de jour en jour, nous ne voudrions pas paraître attribuer un caractère d'hostilité farouche à une secte plutôt qu'à une autre, aux *Loups* plutôt qu'aux *Dévorans*. Les *Loups*, compagnons tailleurs de pierres, sont généralement des ouvriers très laborieux, très intelligents, et dont la position est d'autant plus digne d'intérêt, que non-seulement leurs travaux, d'une précision presque mathématique, sont des plus rudes et des plus pénibles, mais que ces travaux leur manquent pendant deux ou trois mois de l'année, leur dure profession étant malheureusement une de celles que l'hiver frappe d'un chômage inévitable. Un assez grand nombre de *Loups*, afin de se perfectionner dans leur métier, suivent chaque soir un cours de géométrie linéaire appliquée à la coupe des pierres, analogue à celui que professe M. Agricol Perdiguier pour les menuisiers. Plusieurs compagnons tailleurs de pierres avaient même exhibé à la dernière exposition un modèle d'architecture en plâtre.

Alors commença une dévastation lamentable : ces gens, frappés de vertige par la rage de la destruction, brisèrent sans pitié des machines du plus grand prix, des métiers d'une délicatesse extrême ; des objets à demi fabriqués furent impitoyablement détruits ; une émulation sauvage exaltant ces barbares, ces ateliers, naguère modèle d'ordre et d'économie de travail, n'offrirent plus bientôt que des débris ; les cours furent jonchées d'objets de toutes sortes que l'on jetait par les fenêtres avec des cris féroces, avec des éclats de rire farouches. Puis, toujours grâce aux incitations du petit homme à mine de furet, les livres de commerce de M. Hardy, ces archives industrielles si indispensables au commerçant, furent jetés au vent, lacérés, foulés aux pieds par une espèce de ronde infernale composée de tout ce qu'il y avait de plus impur dans ce rassemblement, hommes et femmes, sordides, déguenillés, sinistres, qui s'étaient pris par la main et tournoyaient en poussant d'horribles clameurs.

Contraste étrange et douloureux ! Au bruit étourdissant de ces horribles scènes de tumulte et de dévastation, une scène d'un calme imposant et lugubre se passait dans la chambre du père du maréchal Simon, à laquelle veillaient quelques hommes dévoués.

Le vieil ouvrier était étendu sur son lit, la tête enveloppée d'un bandeau qui laissait voir ses cheveux blancs ensanglantés ; ses traits étaient livides, sa respiration oppressée, ses yeux fixes, presque sans regard.

Le maréchal Simon, debout au chevet du lit, courbé sur son père, épiait avec une angoisse désespérée le moindre signe de connaissance du moribond... dont un médecin tâtait le pouls défaillant.

Rose et Blanche, amenées par Dagobert, étaient agenouillées devant le lit, les mains jointes, les yeux baignés de larmes ; un peu plus loin, à demi caché dans l'ombre de la chambre, car les heures s'étaient écoulées et la nuit arrivait, se tenait Dagobert, les bras croisés sur sa poitrine, les traits douloureusement contractés.

Il régnait dans cette pièce un silence profond, solennel, interrompu çà et là par les sanglots étouffés de Rose et Blanche, ou par les aspirations pénibles du père Simon.

Les yeux du maréchal étaient secs, sombres et ardens ;... il ne les détachait de la figure de son père, que pour interroger le médecin du regard.

Il y a des fatalités étranges... Ce médecin était M. Baleinier.

La maison de santé du docteur se trouvant assez proche de la barrière la plus voisine de la fabrique, et étant renommée dans les environs, c'était chez lui que l'on avait d'abord couru pour chercher des secours.

Tout à coup, le docteur Baleinier fit un mouvement ; le maréchal Simon, qui ne le quittait pas des yeux, s'écria : — De l'espoir !...

— Du moins, monsieur le duc, le pouls se ranime un peu...

— Il est sauvé ! — dit le maréchal.

— Pas de fausses espérances, monsieur le duc — répondit gravement le docteur — le pouls se ranime... c'est l'effet de violens topiques que j'ai fait appliquer aux pieds ;... mais je ne sais quelle sera l'issue de cette crise...

— Mon père ! mon père ! m'entendez-vous ? — s'écria le maréchal en voyant le vieillard faire un léger mouvement de tête et agiter faiblement ses paupières.

En effet, bientôt il ouvrit les yeux ;... cette fois l'intelligence y brillait.

— Mon père... tu vis... tu me reconnais ! — s'écria le maréchal ivre de joie et d'espérance.

— Pierre... tu es là ?... — dit le vieillard d'une voix faible ; — ta main... donne...

Et il fit un léger mouvement.

— La voilà !... mon père... s'écria le maréchal en serrant la main du vieillard dans la sienne.

Puis, cédant à un mouvement d'ivresse involontaire, il se précipita sur son père, et couvrit ses mains, sa figure, ses cheveux, de baisers en s'écriant : Il vit !... mon Dieu !... il vit... il est sauvé !...

A cet instant, les cris de la lutte qui s'engageait de nouveau entre les vagabonds, les *Loups* et les *Dévorans*, arrivèrent aux oreilles du moribond.

— Ce bruit !... ce bruit !... — dit-il — on se bat donc ?...

— Cela s'apaise... je crois... — dit le maréchal pour ne pas inquiéter son père.

— Pierre... — dit le vieillard d'une voix faible et entrecoupée — je n'en ai pas... pour longtemps...
— Mon père...
— Mon enfant... laisse-moi parler... pourvu que... je puisse te... dire... tout...
— Monsieur — dit le docteur Baleinier au vieil ouvrier avec componction — le ciel va peut-être opérer un miracle en votre faveur, montrez-vous reconnaissant... et qu'un prêtre...
— Un prêtre, merci... monsieur... j'ai mon fils... — dit le vieillard — c'est entre ses bras... que je rendrai... cette âme qui a toujours été honnête et droite...
— Mourir... toi... — s'écria le maréchal — oh! non... non.
— Pierre... — dit le vieillard d'une voix qui, d'abord assez soutenue, s'affaiblit peu à peu — tu m'as... demandé... tout à l'heure conseil... pour une chose bien... grave... il me semble... que... le désir... de t'éclairer sur ton devoir... m'a pour un instant rappelé... à la vie... car... je mourrais bien malheureux... si... je te savais... dans une voie... indigne de toi... et de moi... Ecoute donc... mon fils... à ce moment suprême, un père... ne se trompe pas;... tu as un grand devoir à remplir :... sous peine de ne pas agir en homme d'honneur, de méconnaître ma... dernière volonté... tu dois sans... sans hésiter...

La voix du vieillard s'était de plus en plus affaiblie;... lorsqu'il prononça ces dernières paroles, elle devint absolument inintelligible. Les seuls mots que le maréchal Simon put distinguer furent ceux-ci :

Napoléon II... Serment... déshonneur... mon fils...

Puis le vieil ouvrier agita encore machinalement les lèvres... et ce fut tout...

Au moment où il expirait, la nuit était tout-à-fait venue, et ces cris terribles retentissaient tout à coup au dehors : — Au feu!... au feu!...

L'incendie éclatait au milieu de l'un des bâtimens des ateliers, rempli d'objets inflammables et dans lequel s'était glissé le petit homme à mine de furet.

En même temps on entendait au loin le roulement des tambours qui annonçaient l'arrivée d'un détachement de troupes venant de la barrière.

. . . .

Depuis une heure, et malgré tous les efforts, le feu dévore la fabrique.

La nuit est claire, froide ; le vent du nord est violent, il souffle, il mugit.

Un homme, marchant à travers champs, et à l'abri d'un pli de terrain assez élevé qui lui cache l'incendie, un homme s'avance à pas lents et inégaux.

Cet homme est M. Hardy.

Il a voulu revenir chez lui à pied, par la campagne, espérant que la marche apaiserait sa fièvre... fièvre glacée comme le frisson d'un mourant.

On ne l'avait pas trompé, cette maîtresse adorée, cette noble femme auprès de laquelle il aurait pu trouver un refuge ensuite de l'épouvantable déception qui venait de le frapper... cette femme a quitté la France.

Il ne peut en douter : Marguerite est partie pour l'Amérique; sa mère a exigé d'elle, pour expiation de sa faute, qu'elle ne lui écrirait pas un seul mot d'adieu, à lui pour qui elle avait sacrifié ses devoirs d'épouse. Marguerite a obéi...

Elle lui avait dit, d'ailleurs, souvent : — Entre ma mère et vous, je n'hésiterais pas. — Elle n'a pas hésité... Il n'y a donc plus d'espoir, plus aucun espoir ; l'Océan ne le séparerait pas de Marguerite, qu'il la sait assez aveuglément soumise à sa mère pour être certain que, de même, tout serait rompu... à tout jamais rompu.

C'est bien... il ne compte plus sur ce cœur... ce cœur... son dernier refuge.

Voilà donc les deux racines les plus vivantes de sa vie, arrachées, brisées du même coup, le même jour, presque à la fois.

Que te reste-t-il donc, pauvre *Sensitive*? ainsi que t'appelait ta tendre mère ;

Que te reste-t-il pour te consoler de ce dernier amour perdu... de cette amitié que l'infamie a tuée dans ton cœur?

Oh! il te reste ce coin de monde créé à ton image, cette petite colonie si paisible, si florissante, où, grâce à toi, le travail porte avec soi sa joie et sa récompense; ces dignes artisans que tu as faits si heureux, si bons, si reconnaissans... ne te manqueront pas... eux... C'est là aussi une affection sainte et grande;... qu'elle soit ton abri au milieu de cet affreux bouleversement de tes croyances les plus sacrées...

Le calme de cette riante et douce retraite, l'aspect du bonheur sans pareil que tes créatures y goûtent, reposeront ta pauvre âme si endolorie, si saignante, qu'elle ne vit plus que par la souffrance.

Allons!... te voilà bientôt au faîte de la colline, d'où tu peux apercevoir au loin, dans la plaine, ce paradis des travailleurs dont tu es le dieu béni et adoré.

M. Hardy était arrivé au sommet de la colline.

A ce moment, l'incendie, contenu pendant quelque temps, éclatait avec une furie nouvelle dans la maison commune, qu'il avait gagnée.

Une vive lueur, d'abord blanchâtre, puis rousse.... puis cuivrée, illumina au loin l'horizon.

M. Hardy regardait cela... avec une sorte de stupeur incrédule, presque hébétée. Tout-à-coup une immense gerbe de flamme jaillit au milieu d'un tourbillon de fumée accompagné d'une nuée d'étincelles, s'élança vers le ciel en jetant sur toute la campagne et jusqu'aux pieds de M. Hardy des reflets ardens...

La violence du vent du nord, chassant et couchant les flammes qui ondoyaient sous la bise, apporta bientôt aux oreilles de M. Hardy les sons pressés de la cloche d'alarme de sa fabrique embrasée...

QUINZIEME PARTIE.

RODIN DÉMASQUÉ.

CHAPITRE PREMIER.

LE NÉGOCIATEUR.

Peu de jours se sont écoulés depuis l'incendie de la fabrique de M. Hardy. La scène suivante se passe rue Clovis, dans la maison où Rodin avait eu un pied-à-terre alors abandonné, maison aussi habitée par Rose-Pompon, qui, sans le moindre scrupule, usait du ménage de son *ami* Philémon.

Il était environ midi; Rose-Pompon, seule dans la chambre de l'étudiant, toujours absent, déjeunait fort gaîment au coin de son feu, mais quel déjeuner singulier, quel feu étrange, quelle chambre bizarre!

Que l'on s'imagine une assez vaste pièce, éclairée par deux fenêtres sans rideaux; car ces croisées donnant sur des terrains vagues, le maître du logis n'avait à craindre aucun regard indiscret. L'un des côtés de la chambre servait de vestiaire : l'on y voyait appendu à un porte-manteau le galant costume de débardeur de Rose-Pompon, non loin de la vareuse de canotier de Philémon et de ses larges culottes de grosse toile grise, aussi goudronnées, mille sabords! mille requins! mille baleines! que si cet intrépide matelot avait habité la grande hune d'une frégate pendant un voyage de circumnavigation. Une robe de Rose-Pompon se drapait gracieusement au dessus des jambes d'un pantalon à pieds, qui semblaient sortir de dessous la jupe. Placé sur la dernière tablette d'une petite bibliothèque singulièrement poudreuse et négligée, on voyait, à côté de trois vieilles bottes (pourquoi trois bottes?) et de plusieurs bouteilles vides, on voyait une tête de mort, souvenir d'ostéologie et d'amitié laissé à Philémon par un sien ami, étudiant en médecine. Par suite d'une plaisanterie, fort goûtée dans le pays latin, cette tête tenait entre ses dents, magnifiquement blanches, une pipe de terre au fourneau noirci; de plus, son crâne luisant disparaissait à demi sous un vieux chapeau de *fort* résolument posé de côté et tout couvert de fleurs et de rubans fanés. Quand Philémon était ivre, il contemplait longuement cet ossuaire, et s'échappait jusqu'aux monologues les plus dithyrambiques, à propos de ce rapprochement philosophique entre la mort et les folles joies de la vie. Deux ou trois masques de plâtre aux nez et aux mentons plus ou moins ébréchés, cloués aux murs, témoignaient de la curiosité passagère de Philémon à l'endroit de la science phrénologique, études patientes et réfléchies, dont il avait tiré cette conclusion rigoureuse : — Qu'ayant à un point extraordinaire la bosse de la dette, il devait se résigner à la fatalité de son organisation, qui lui imposait le créancier comme une nécessité vitale. Sur la cheminée se dressait intact et dans sa majesté le gigantesque verre de *grande tenue* du canotier, accosté d'une théière de porcelaine veuve du goulot, et d'un encrier de bois noir à l'orifice à demi caché sous une couche de végétation verdâtre et moussue.

De temps à autre, le silence de cette retraite était interrompu par le roucoulement des pigeons auxquels Rose-Pompon avait donné une hospitalité cordiale dans le cabinet de travail de Philémon.

Frileuse comme une caille, Rose-Pompon se tenait au coin de cette cheminée, semblant aussi s'épanouir à la douce chaleur d'un vif rayon de soleil qui l'inondait d'une lumière dorée. Cette drôle de petite créature avait un costume des plus baroques, et qui, pourtant, faisait singulièrement valoir la fraîcheur fleurie de ses dix-sept ans, sa physionomie piquante et son ravissant minois couronné de jolis cheveux blonds, toujours dès le matin soigneusement lissés et peignés. En manière de robe de chambre, Rose-Pompon avait ingénument passé par dessus sa chemise la grande chemise de laine écarlate de Philémon, distraite de son costume officiel de canotier; le collet, ouvert et rabattu, laissait voir la blancheur de la toile du premier vêtement de la jeune fille, ainsi que son cou, la naissance de son sein arrondi et ses épaules à fossettes, doux trésor d'un satin si ferme et si poli, que la chemise écarlate semblait se réfléter sur la peau en une teinte rosée; les bras frais et potelés de la grisette sortaient à demi des larges manches retroussées; et l'on voyait aussi à demi, et croisées l'une sur l'autre, ses jambes charmantes, matinalement chaussées d'un bas blanc bien tiré, coupé à la cheville par un petit brodequin. Une cravate de soie noire serrant la chemise écarlate à taille de guêpe de Rose-Pompon, au dessus de ses hanches, dignes du religieux enthousiasme d'un moderne Phidias, donnait à ce vêtement, peut-être un peu trop voluptueusement accusateur, une grâce très originale.

Nous avons prétendu que le feu auquel se chauffait Rose-Pompon était étrange... qu'on en juge : l'effrontée, la prodigue, se trouvant à court de bois, se chauffait économiquement avec les embauchoirs de Philémon, qui, du reste, offraient à l'œil un combustible d'une admirable régularité.

Nous avons prétendu que le déjeuner de Rose-Pompon était singulier; qu'on en juge : sur une petite table placée devant elle était une cuvette où elle avait récemment plongé son frais minois dans une eau non moins fraîche que lui. Au fond de cette cuvette, complaisamment changée en saladier, Rose-Pompon prenait, il faut bien l'avouer, du bout de ses doigts, de grandes feuilles de salade verte comme un pré, vinaigrée à étrangler ; puis elle croquait ces verdures de toutes les forces de ses petites dents blanches, d'un émail trop inaltérable pour s'agacer. Pour boisson, elle avait préparé un verre d'eau et de sirop de groseilles, dont elle activait le mélange avec une petite cuiller de moutardier en bois. Enfin, comme hors-d'œuvre, on voyait une douzaine d'olives dans un de ces baguiers de verre bleu et opaque à vingt-cinq sous. Son dessert se composait de noix qu'elle s'apprêtait à faire à demi griller sur une pelle rougie au feu des embauchoirs de Philémon.

Que Rose-Pompon, avec une nourriture d'un choix si incroyable et si sauvage, fût digne de son nom par la fraîcheur de son teint, c'est un de ces divins miracles qui révèlent la toute-puissance de la jeunesse et de la santé.

Rose-Pompon, après avoir croqué sa salade, allait croquer ses olives, lorsque l'on frappa discrètement à sa porte modestement verrouillée à l'intérieur.

— Qui est là? — dit Rose-Pompon.

— Un ami... un vieux de la vieille — répondit une voix sonore et joyeuse.
— Vous vous enfermez donc?
— Tiens!... c'est vous, Nini-Moulin?
— Oui, ma pupille chérie... Ouvrez-moi donc tout de suite... Ça presse!
— Vous ouvrir?... Ah bien, par exemple!... faite comme je suis, ça serait gentil!
— Je crois bien... que faite comme vous l'êtes ça serait gentil et très gentil encore, ô la plus rose de tous les pompons dont l'amour ait jamais orné son carquois!!!
— Allez donc prêcher le carême et la morale dans votre journal... gros apôtre! — dit Rose-Pompon en allant restituer la chemise écarlate au costume de Philémon.
— Ah çà! est-ce que nous allons converser longtemps ainsi à travers la porte, pour la plus grande édification des voisins? — dit Nini-Moulin. — Songez que j'ai des choses très graves à vous apprendre, des choses qui vont vous renverser...
— Donnez-moi donc le temps de passer une robe... gros tourment!
— Si c'est à cause de ma pudeur, ne vous exagérez pas la susceptibilité; je ne suis pas bégueule, je vous accepterai très bien comme vous êtes.
— Et dire qu'un monstre pareil est le chéri de toutes les sacristies! — dit Rose-Pompon en ouvrant la porte et en finissant d'agrafer une robe à sa taille de nymphe.
— Ah! vous voilà donc enfin revenu au colombier, gentil oiseau voyageur! — dit Nini-Moulin en croisant les bras et en toisant Rose-Pompon avec un sérieux comique. — Et d'où sortez-vous, s'il vous plaît? Voilà trois jours que vous n'avez pas niché ici, vilaine petite colombe.
— C'est vrai... je suis de retour seulement depuis hier soir. Vous êtes donc venu pendant mon absence?
— Je suis venu tous les jours... et plutôt deux fois qu'une, mademoiselle, car j'ai des choses très graves à vous dire.
— Des choses graves! Alors nous allons joliment rire.
— Pas du tout, c'est très sérieux — dit Nini-Moulin en s'asseyant. Mais d'abord qu'est-ce que vous avez fait pendant ces trois jours que vous avez déserté le domicile... conjugal et philémonique?... Il faut que je sache cela avant de vous en apprendre davantage.
— Voulez-vous des olives? — dit Rose-Pompon en grignotant une de ces oléagineuses.
— Voilà votre réponse... je comprends... Malheureux Philémon!
— Il n'y a pas de malheureux Philémon là-dedans, mauvaise langue. Clara a eu un mort dans sa maison; et pendant les premiers jours qui ont suivi l'enterrement, elle a eu peur de passer les nuits toute seule.
— Je croyais Clara très suffisamment pourvue... contre ces craintes-là...
— C'est ce qui vous trompe, énorme vipère! puisque je suis allée chez cette pauvre fille pour lui tenir compagnie.
A cette affirmation, l'écrivain religieux chantonna entre ses dents d'un air parfaitement incrédule et narquois.
— C'est-à-dire que j'ai fait des traits à Philémon! — s'écria Rose-Pompon en cassant une noix avec l'indignation de la vertu injustement soupçonnée.
— Je ne dis pas des traits, mais un seul petit trait mignon et couleur de rose... Pompon.
— Je vous dis que ce n'était point pour mon plaisir que je me suis absentée d'ici... au contraire, car pendant ce temps-là... cette pauvre Céphyse a disparu...
— Oui, la reine Bacchanal est en voyage, la mère Arsène m'a dit cela; mais quand je vous parle Philémon vous me répondez Céphyse... ça n'est pas clair.
— Que je sois mangée par la panthère noire que l'on montre à la Porte-Saint-Martin, si je ne dis pas vrai!... Et à propos de ça, il faudra que vous louiez deux stalles pour me mener voir ces animaux, mon petit Nini-Moulin. On dit que c'est des amours de bêtes féroces.
— Ah çà! êtes-vous folle?
— Comment?
— Que je guide votre jeunesse comme un aïeul chicard au milieu des tuli-

pes plus ou moins orageuses, à la bonne heure, je ne risque pas d'y trouver mes religieux bourgeois ; mais vous mener justement à un spectacle de carême, puisqu'il n'y a que la représentation des bêtes... je n'aurais qu'à rencontrer là mes sacristains, je serais gentil avec vous sous le bras !

— Vous mettrez un faux nez... et des sous-pieds à votre pantalon, mon gros Nini, on ne vous reconnaîtra pas...

— Il ne s'agit pas de faux nez, mais de ce que j'ai à vous apprendre, puisque vous m'assurez que vous n'avez aucune intrigue.

— Je le jure — dit solennellement Rose-Pompon en étendant horizontalement sa main gauche, pendant que de la droite elle portait une noix à ses dents ; puis elle ajouta d'un air surpris en considérant le paletot-sac de Nini-Moulin : — Ah! mon Dieu ! comme vous avez de grosses poches... Qu'est-ce qu'il y a donc là-dedans ?

— Il y a des choses qui vous concernent, Rose-Pompon — dit gravement Dumoulin.

— Moi ?

— Rose-Pompon — dit tout à coup Nini-Moulin d'un air majestueux — voulez-vous avoir équipage ? voulez-vous, au lieu d'habiter cet affreux taudis, avoir un charmant appartement ? voulez-vous enfin être mise comme une duchesse ?

— Allons... encore des bêtises... Voyons, prenez-vous des olives ?... sinon, je mange tout... il n'en reste qu'une...

Nini-Moulin fouilla, sans répondre à cette offre gastronomique, dans l'une de ses poches, en retira un écrin renfermant un fort joli bracelet, et le fit miroiter aux yeux de la jeune fille.

— Ah! le délicieux bracelet ! — s'écria-t-elle en frappant dans ses petites mains. — Un serpentin vert qui se mord la queue... l'emblème de mon amour pour Philémon.

— Ne me parlez pas de Philémon... ça me gêne — dit Nini-Moulin en agrafant le bracelet au poignet de Rose-Pompon, qui le laissa faire en riant comme une folle et lui dit :

— C'est un achat dont on vous a chargé, gros apôtre, et vous en voulez voir l'effet. Eh bien ! il est charmant, ce bijou.

— Rose-Pompon — reprit Nini-Moulin — voulez-vous, oui ou non, des domestiques, une loge à l'Opéra et mille francs par mois pour votre toilette ?

— Toujours la même plaisanterie ? Bon... allez — dit la jeune fille en faisant scintiller le bracelet tout en mangeant ses noix ; — pourquoi toujours la même farce et n'en pas trouver d'autres ?

Nini-Moulin plongea de nouveau sa main dans sa poche et en tira cette fois une ravissante chaîne châtelaine qu'il passa au cou de Rose-Pompon.

— Oh! la belle chaîne ! — s'écria la jeune fille en regardant tour à tour l'étincelant bijou et l'écrivain religieux. — Si c'est encore vous qui avez choisi cela... vous avez joliment bon goût ; mais avouez que je suis bonne fille de vous servir ainsi de *montre* à bijoux.

— Rose-Pompon ! — reprit Nini-Moulin de plus en plus majestueux — ces bagatelles ne sont rien du tout auprès de ce que vous pouvez prétendre si vous écoutez les conseils de votre vieil ami...

Rose-Pompon commença de regarder Dumoulin avec surprise et lui dit : Qu'est-ce que cela signifie, Nini-Moulin ? Expliquez-vous donc ; quels sont ces conseils ?

Dumoulin ne répondit rien, replongea sa main dans ses intarissables poches, en tira cette fois un paquet qu'il développa soigneusement : c'était une magnifique mantille de dentelle noire.

Rose-Pompon s'était levée, saisie d'une admiration nouvelle. Dumoulin jeta prestement la riche mantille sur les épaules de la jeune fille.

— Mais c'est superbe ! Je n'ai jamais rien vu de pareil !... Quels dessins !... Quelles broderies ! — dit Rose-Pompon en examinant tout avec une curiosité naïve et, il faut le dire, parfaitement désintéressée ; puis elle ajouta :

— Mais c'est donc une boutique que votre poche ? Comment avez-vous tant de belles choses ?... — Puis partant d'un éclat de rire qui rendit vermeil son joli visage, elle s'écria : — J'y suis... j'y suis : c'est la corbeille de noces de madame Sainte-Colombe ! Je vous en fais mon compliment ! c'est choisi !

— Et où diable voulez-vous que je pêche de quoi acheter toutes ces merveilles? — dit Nini-Moulin. — Tout ceci, je vous le répète... est à vous si vous voulez, et si vous m'écoutez!

— Comment! dit Rose-Pompon avec une sorte de stupeur — ce que vous me dites est sérieux?

— Très sérieux.

— Ces propositions de vivre en grande dame?

— Ces bijoux vous sont garans de la réalité de ces offres.

— Et c'est vous... qui me proposez cela pour un autre, mon pauvre Nini-Moulin?

— Un instant... s'écria l'écrivain religieux avec une pudeur comique — vous devez me connaître assez, ô ma pupille chérie, pour être certaine que je serais incapable de vous engager à une action malhonnête... ou indécente... Je me respecte trop pour cela... sans compter que ce serait agaçant pour Philémon, qui m'a confié la garde de vos vertus.

— Alors, Nini-Moulin — dit Rose-Pompon de plus en plus stupéfaite — je n'y comprends plus rien, ma parole d'honneur.

— C'est pourtant bien simple... je...

— Ah! j'y suis... — s'écria Rose-Pompon en interrompant Nini-Moulin — c'est un monsieur qui veut m'offrir sa main, son cœur et quelque chose pour mettre avec... Vous ne pouviez pas me dire ça tout de suite?

— Un mariage? ah bien oui! dit Dumoulin en haussant les épaules.

— Il ne s'agit pas de mariage? — dit Rose-Pompon en retombant dans sa première surprise.

— Non.

— Et les propositions que vous me faites sont honnêtes, mon gros apôtre?

— On ne peut plus honnêtes. (Et Dumoulin disait vrai.)

— Je n'aurai pas à être infidèle à Philémon?

— Non.

— Ou fidèle à quelqu'un?

— Pas davantage.

Rose-Pompon resta confondue; puis elle reprit : — Ah çà! voyons, ne plaisantons pas. Je ne suis pas assez sotte pour me figurer que l'on me fera vivre en duchesse, le tout pour mes beaux yeux... s'il m'est permis de m'exprimer ainsi — ajouta la sournoise avec une hypocrite modestie.

— Vous pouvez parfaitement vous exprimer ainsi.

— Mais enfin — dit Rose-Pompon de plus en plus intriguée — qu'est-ce qu'il faudra que je donne en retour?

— Rien du tout.

— Rien?

— Pas seulement ça — et Nini-Moulin mordit le bout de son ongle.

— Mais qu'est-ce qu'il faudra que je fasse alors?

— Il faudra vous faire aussi gentille que possible, vous dorloter, vous amuser, vous promener en voiture. Vous le voyez, ça n'est pas bien fatigant... sans compter que vous contribuerez à une bonne action.

— En vivant en duchesse?

— Oui... ainsi, décidez-vous; ne me demandez pas plus de détails, je ne pourrais vous les donner;... du reste, vous ne serez pas retenue malgré vous;... essayez... de la vie que je vous propose; si elle vous convient... vous la continuerez; sinon, vous reviendrez dans votre philoménique ménage.

— Au fait...

— Essayez toujours, que risquez-vous?

— Rien; mais je ne puis croire que tout cela soit vrai. Et puis — ajouta-t-elle en hésitant — je ne sais si je dois...

Nini-Moulin alla à la fenêtre, l'ouvrit et dit à Rose-Pompon, qui accourut : — Regardez... à la porte de la maison.

— Une très jolie petite voiture, ma foi! Dieu! qu'on doit être bien là-dedans!

— Cette voiture est la vôtre. Elle vous attend.

— Comment! elle m'attend? — dit Rose-Pompon — il faudrait me décider aussitôt que ça?

— Ou pas du tout...

— Aujourd'hui?

— A l'instant.
— Mais où me conduisez-vous?
— Est-ce que je le sais?
— Vous ne savez pas où vous me conduisez?
— Non... (et Dumoulin disait encore vrai) le cocher a des ordres.
— Savez-vous que c'est joliment drôle tout cela, Nini-Moulin!
— Je l'espère bien;... si ce n'était pas drôle... où serait le plaisir?
— Vous avez raison.
— Ainsi, vous acceptez. A la bonne heure; j'en suis ravi pour vous et pour moi.
— Pour vous
— Oui, parce qu'en acceptant vous me rendrez un grand service...
— A vous?.. et comment?
— Peu vous importe, pourvu que je sois votre obligé.
— C'est juste...
— Allons... partons-nous?
— Bah!... après tout... on ne me mangera pas — dit résolument Rose-Pompon.

Et elle alla prendre en sautillant un *bibi* rose comme sa jolie figure, et, s'avançant devant une glace fêlée, le posa extrêmement *à la chien* sur ses bandeaux de cheveux blonds; ce qui, en découvrant son cou blanc ainsi que la soyeuse racine de son épais chignon, donnait en même temps la physionomie la plus lutine, nous ne voudrions pas dire la plus libertine, à sa jolie petite mine.

— Mon manteau! — dit-elle à Nini-Moulin, qui semblait être délivré d'une grande inquiétude depuis qu'elle avait accepté.
— Fi donc!... un manteau — répondit le sigisbé, qui, fouillant une dernière fois dans une dernière poche, véritable bissac, en retira un très beau châle de cachemire, qu'il jeta sur les épaules de Rose-Pompon.
— Un cachemire!!! — s'écria la jeune fille, toute palpitante d'aise et de joyeuse surprise. Puis elle ajouta, avec une contenance héroïque : — C'est fini... je me risque...

Et elle descendit légèrement, suivie de Nini-Moulin.
La brave fruitière-charbonnière était à sa boutique.
— Bonjour, mademoiselle; vous êtes matinale aujourd'hui! — dit-elle à la jeune fille.
— Oui, mère Arsène... voilà ma clef.
— Merci, mademoiselle.
— Ah! mon Dieu!... mais j'y pense — dit soudain Rose-Pompon à voix basse, en se retournant vers Nini-Moulin et s'éloignant de la portière — et Philémon?
— Philémon?
— S'il arrive!...
— Ah! diable!... — dit Nini-Moulin en se grattant l'oreille.
— Oui, si Philémon arrive... que lui dira-t-on? car je serai peut-être longtemps absente?
— Trois ou quatre mois, je suppose.
— Pas davantage?
— Je ne crois pas.
— Alors, c'est bon — dit Rose-Pompon; puis revenant auprès de la charbonnière, après un moment de réflexion, elle lui dit : — Mère Arsène, si Philémon arrivait, vous lui diriez que... je suis sortie... pour affaires...
— Oui, mademoiselle.
— Et qu'il n'oublie pas de donner à manger à mes pigeons, qui sont dans son cabinet.
— Oui, mademoiselle.
— Adieu, mère Arsène.
— Adieu, mademoiselle.

Et Rose-Pompon monta triomphalement en voiture avec Nini-Moulin.
— Que le diable m'emporte si je sais tout ce que cela va devenir! — se dit Jacques Dumoulin pendant que la voiture s'éloignait de la rue Clovis. — J'ai réparé ma sottise; maintenant je me moque du reste.

CHAPITRE II.

LE SECRET.

La scène suivante se passait peu de jours après l'enlèvement de Rose-Pompon par Nini-Moulin.

Mademoiselle de Cardoville était assise, rêveuse, dans son cabinet de travail, tendu de lampas vert et meublé d'une bibliothèque d'ébène rehaussée de grandes cariatides de bronze doré. A quelques indices significatifs, on devinait que mademoiselle de Cardoville avait cherché dans les arts des distractions à de graves et tristes préoccupations. Auprès d'un piano ouvert était une harpe placée devant un pupitre de musique; plus loin, sur une table chargée de boîtes de pastels et d'aquarelles, on voyait plusieurs feuilles de vélin couvertes d'ébauches très vivement colorées. La plupart représentaient des esquisses de sites asiatiques, enflammés de tous les feux du soleil d'Orient.

Fidèle à sa fantaisie de s'habiller chez elle d'une manière pittoresque, mademoiselle de Cardoville ressemblait ce jour-là à l'un de ces fiers portraits de Velasquez à la tournure si noble et si sévère... Sa robe était de moire noire à jupe largement étoffée, à taille très longue et à manches garnies de crevés de satin rose liserés de passequilles de jais. Une fraise à l'espagnole, bien empesée, montait presque jusqu'à son menton, et était comme assujétie autour du cou, par un large ruban rose. Cette guimpe, doucement agitée, s'échancrait sur les élégantes rondeurs d'un devant de corsage en satin rose lacé de fils de perles de jais, et se terminant en pointe à la ceinture. Il est impossible de dire combien ce vêtement noir, à plis amples et lustrés, relevé de rose et de jais brillant, s'harmonisait avec l'éblouissante blancheur de la peau d'Adrienne et les flots d'or de sa belle chevelure, dont les soyeux et longs anneaux tombaient jusque sur son sein. La jeune fille était à demi couchée et accoudée sur une causeuse recouverte en lampas vert; le dossier, assez élevé du côté de la cheminée, s'abaissait insensiblement jusqu'au pied de ce meuble. Une sorte de léger treillage de bronze doré, demi-circulaire, élevé de cinq pieds environ, tapissé de lianes fleuries (admirables *passiflores quadrangulatæ*, plantées dans une profonde jardinière en bois d'ébène, d'où sortait ce treillis), entourait ce canapé d'une sorte de paravent de feuillage, diapré de larges fleurs vertes au dehors, pourpre au dedans, et d'un émail aussi éclatant que ces fleurs de porcelaine que la Saxe nous envoie. Un parfum suave et léger comme un faible mélange de violette et de jasmin s'épandait de la corolle de ces admirables passiflores.

Chose assez étrange, une grande quantité de livres tout neufs (Adrienne les avait fait acheter depuis deux ou trois jours), et tout fraîchement coupés, étaient éparpillés autour d'elle, les uns sur la causeuse, les autres sur un petit guéridon, ceux-là enfin, au nombre desquels se trouvaient plusieurs grands atlas avec gravures, gisaient sur le somptueux tapis de martre qui s'étendait au pied du divan. Chose plus étrange encore, ces livres, de formats et d'auteurs différens, traitaient tous du même sujet.

La pose d'Adrienne révélait une sorte d'abattement mélancolique; ses joues étaient pâles; une légère auréole bleuâtre, cernant ses grands yeux noirs à demi voilés, leur donnait une expression de tristesse profonde. Bien des motifs causaient cette tristesse, entre autres la disparition de la Mayeux. Sans croire positivement aux perfides insinuations de Rodin, qui donnait à entendre que, dans sa crainte d'être démasquée par lui, celle-ci n'avait pas osé rester dans la maison, Adrienne éprouvait un cruel serrement de cœur en songeant que cette jeune fille, en qui elle avait eu tant de foi, avait fui son hospitalité presque fraternelle, sans lui adresser une parole de reconnaissance. On s'était en effet bien gardé de montrer les quelques lignes écrites à la hâte à sa bienfaitrice par la pauvre ouvrière au moment de partir; l'on n'avait parlé que du billet de 500 fr. trouvé sur son bureau, et cette dernière circonstance, pour ainsi dire inexplicable, avait aussi contribué à éveiller de cruels soupçons dans l'esprit de mademoiselle de Cardoville. Déjà elle ressentait les funestes effets de cette défiance de tout et de tous, que lui avait recommandée Rodin ; ce sentiment de défiance, de réserve, tendait à devenir d'autant plus puissant, que, pour la première fois de sa vie, mademoiselle de Cardoville, jusqu'alors étrangère au mensonge, avait un secret à cacher... un secret qui faisait à la fois son bonheur, sa honte et son tourment.

A demi couchée sur son divan, pensive, accablée, Adrienne parcourait, souvent distraite, un de ces ouvrages récemment achetés; tout à coup elle poussa un léger cri de surprise, sa main qui tenait le livre trembla comme la feuille, et de ce moment elle parut lire avec une attention passionnée, une curiosité dévorante. Bientôt ses yeux brillèrent d'enthousiasme; son sourire devint d'une douceur ineffable; elle semblait à la fois fière, heureuse et charmée... mais, au moment où elle venait de tourner un dernier feuillet, ses traits exprimèrent le désappointement et le chagrin. Alors elle recommença cette lecture qui lui avait causé un si doux enivrement ; mais cette fois ce fut avec une lenteur calculée qu'elle relut chaque page, épelant pour ainsi dire chaque ligne, chaque mot; puis, de temps en temps, elle s'interrompait, et alors, pensive, le front penché et appuyé sur sa belle main, elle semblait commenter, dans une rêverie profonde, les passages qu'elle venait de lire avec un tendre et religieux amour. Arrivant bientôt à un passage qui l'impressionna tellement qu'une larme brilla dans ses yeux, elle retourna brusquement le volume pour voir sur sa couverture le nom de son auteur. Pendant quelques secondes elle contempla ce nom avec une expression de singulière reconnaissance, et ne put s'empêcher de porter vivement à ses lèvres vermeilles la page où il se trouvait imprimé. Après avoir relu plusieurs fois les lignes dont elle avait été si frappée, oubliant sans doute la *lettre* pour l'*esprit*, elle se prit à réfléchir si profondément, que le livre glissa de ses mains et tomba sur le tapis...

Durant le cours de cette rêverie, le regard de la jeune fille s'était arrêté d'abord machinalement sur un admirable bas-relief supporté par un chevalet d'ébène, et placé près de l'une des croisées. Ce magnifique bronze, récemment fondu d'après un plâtre moulé sur l'antique, représentait le triomphe du *Bacchus indien*. Jamais l'art grec n'était peut-être arrivé à une si rare perfection.

Le jeune conquérant, à demi vêtu d'une peau de lion qui laissait admirer la pureté juvénile et charmante de ses formes, rayonnait d'une beauté divine. Debout dans un char traîné par deux tigres, l'air doux et fier à la fois, il s'appuyait d'une main sur un thyrse, et de l'autre il guidait avec une majesté tranquille son farouche attelage... A ce rare mélange de grâce, de vigueur et de sérénité, on reconnaissait le héros qui avait livré de si rudes combats aux hommes et aux monstres des forêts. Grâce au ton fauve du relief, la lumière, en frappant cette sculpture de côté, faisait admirablement ressortir la figure du jeune dieu, qui, fouillée presque en ronde bosse, et ainsi éclairée, resplendissait comme une magnifique statue d'or pâle sur le fond obscur et tourmenté du bronze...

Lorsque Adrienne avait d'abord arrêté son regard sur ce rare assemblage de perfections divines, ses traits étaient calmes, rêveurs; mais cette contemplation d'abord presque machinale devenant de plus en plus attentive et réfléchie, la jeune fille se leva tout à coup de son siège et s'approcha lentement du bas-relief, paraissant céder à l'invincible attraction d'une ressemblance extraordinaire. Alors une légère rougeur commença à poindre sur les joues de mademoiselle de Cardoville, envahit peu à peu son visage et s'étendit rapidement sur son front et sur son cou. Elle s'approcha davantage encore du bas-relief, et après avoir jeté autour d'elle un coup d'œil furtif, presque honteux, comme si elle eût craint d'être surprise dans une action blâmable, par deux fois elle approcha sa main tremblante d'émotion afin d'effleurer seulement du bout de ses doigts charmans le front de bronze du Bacchus indien.

Mais, par deux fois, une sorte d'hésitation pudique la retint.

Enfin, la tentation devint trop forte. Elle y succomba... et son doigt d'albâtre, après avoir délicatement caressé le visage d'or pâle du jeune dieu, s'appuya plus hardiment pendant une seconde sur son front noble et pur...

A cette pression, bien légère pourtant, Adrienne sembla ressentir une sorte de choc électrique; elle frissonna de tout son corps; ses yeux s'alanguirent, et, après avoir un instant nagé dans leur nacre humide et brillante, ils s'élevèrent vers le ciel, et, appesantis, se fermèrent à demi... alors la tête de la jeune fille se renversa quelque peu en arrière, ses genoux fléchirent insensiblement, ses lèvres vermeilles s'entr'ouvrirent pour laisser échapper son haleine embrasée, car son sein se soulevait avec force comme si la sève de la jeunesse et de la vie eût accéléré les battemens de son cœur et fait bouillonner son sang; bientôt enfin le brûlant visage d'Adrienne trahit malgré elle une sorte d'extase à la fois timide et passionnée, chaste et sensuelle, dont l'expression était on ne peut plus ineffable et touchante.

Ineffable et touchant spectacle, en effet, que celui d'une jeune vierge dont le front pudique rougit au premier feu d'un secret désir... Le créateur de toutes choses n'anime-t-il pas le corps ainsi que l'âme de sa divine étincelle? Ne doit-il pas être religieusement glorifié dans l'intelligence comme dans les sens, dont il a si paternellement doué ses créatures? Impies, blasphémateurs sont donc ceux-là qui cherchent à étouffer ces sens célestes, au lieu de guider, d'harmoniser leur divin essor.

Soudain mademoiselle de Cardoville tressaillit, redressa la tête, ouvrit les yeux comme si elle sortait d'un rêve, se recula brusquement, s'éloigna du bas-relief, et fit quelques pas dans la chambre avec agitation, en portant ses mains brûlantes à son front. Puis, retombant pour ainsi dire anéantie sur un siége, ses larmes coulèrent avec abondance; la plus amère douleur éclata sur ses traits, qui révélèrent alors les profonds déchiremens de la funeste lutte qui se livrait en elle-même. Puis ses larmes tarirent peu à peu. Et à cette crise d'accablement si pénible succéda une sorte de dépit violent, d'indignation courroucée contre elle-même, qui se traduisit par ces mots qui lui échappèrent.

— Pour la première fois de ma vie, je me sens faible et lâche... oh! oui... lâche!... bien lâche!...

. . . .

Le bruit d'une porte qui s'ouvrit et se referma tira mademoiselle de Cardoville de ses réflexions amères. Georgette entra et dit à sa maîtresse :

— Mademoiselle peut-elle recevoir M. le comte de Montbron?

Adrienne, sachant trop vivre pour témoigner devant ses femmes l'espèce d'impatience que lui causait une venue alors inopportune, dit à Georgette :— Vous avez dit à M. de Montbron que j'étais chez moi?

— Oui, mademoiselle.

— Priez-le d'entrer.

Quoique mademoiselle de Cardoville ressentît à ce moment une assez vive contrariété de l'arrivée de M. de Montbron, hâtons-nous de dire qu'elle avait pour lui une affection presque filiale, une estime profonde, et pourtant, par un contraste assez fréquent d'ailleurs, elle se trouvait presque toujours d'un avis opposé au sien, et il en résultait, lorsque mademoiselle de Cardoville avait toute sa liberté d'esprit, les discussions les plus follement gaies ou les plus animées, discussions dans lesquelles, malgré sa verve moqueuse et sceptique, sa vieille expérience, sa rare connaissance des hommes et des choses, disons enfin le mot, malgré sa *rouerie* de bonne compagnie, M. de Montbron n'avait pas toujours l'avantage, et il avouait très gaîment sa défaite. Ainsi, pour ne donner qu'une idée des dissentimens du comte et d'Adrienne, il avait, avant de se faire, ainsi qu'il disait gaîment, *son complice*, il avait toujours combattu (pour d'autres motifs que ceux allégués par madame de Saint-Dizier) sa volonté de vivre seule et à sa guise, tandis qu'au contraire Rodin, en donnant aux résolutions de la jeune fille à ce sujet un but rempli de grandeur, avait acquis sur elle une sorte d'influence.

Agé alors de soixante ans passés, le comte de Montbron avait été l'un des hommes les plus brillans du Directoire, du Consulat et de l'Empire; ses prodigalités, ses bons mots, ses impertinences, ses duels, ses amours, ses pertes au jeu, avaient presque toujours défrayé les entretiens de la société de son temps. Quant à son caractère, à son cœur et à son commerce, nous dirons qu'il était resté dans les termes de la plus sincère amitié presque avec toutes ses anciennes maîtresses. A l'heure où nous le présentons au lecteur, il était encore fort gros joueur et fort beau joueur; il avait, comme on disait autrefois, une *très grande mine*; l'air décidé, fin et moqueur; ses façons étaient celles du meilleur monde, avec une pointe d'impertinence agressive lorsqu'il n'aimait pas les gens; il était grand, très mince et d'une tournure encore svelte, presque juvénile; il avait le front haut et chauve, les cheveux blancs et courts, des favoris gris taillés en croissant, la figure longue, le nez aquilin, des yeux bleus très pénétrans et des dents encore fort belles.

— Monsieur le comte de Montbron! — dit Georgette en ouvrant la porte.

Le comte entra, et alla baiser la main d'Adrienne avec une sorte de familiarité paternelle.

— Allons! — se dit M. de Montbron — tâchons de savoir la vérité que je viens chercher, afin d'éviter peut-être un grand malheur.

CHAPITRE III.

LES AVEUX.

Mademoiselle de Cardoville, ne voulant pas laisser pénétrer la cause des violens sentimens qui l'agitaient, accueillit M. de Montbron avec une gaîté feinte et forcée; de son côté, celui-ci, malgré sa grande habitude du monde, se trouvant fort embarrassé d'aborder le sujet dont il désirait conférer avec Adrienne, résolut, comme on dit vulgairement, de *tâter le terrain* avant d'engager sérieusement la conversation.

Après avoir regardé la jeune fille pendant quelques secondes, M. de Montbron secoua la tête, et dit avec un soupir de regret: — Ma chère enfant... je ne suis pas content...

— Quelque peine de cœur... ou de *creps*? mon cher comte — dit Adrienne en souriant.

— Une peine de cœur — dit M. de Montbron.

— Comment, vous si beau joueur, vous auriez plus de souci d'un coup de tête féminin... que d'un coup de dé?

— J'ai une peine de cœur, et c'est vous qui la causez, ma chère enfant.

— Monsieur de Montbron, vous allez me rendre très orgueilleuse — dit Adrienne en souriant.

— Et vous auriez grand tort... car ma peine de cœur vient justement, je vous le dis brutalement, de ce que vous négligez votre beauté... Oui, voyez vos traits pâles, abattus, fatigués... depuis quelques jours vous êtes triste... vous avez quelque chagrin... j'en suis sûr.

— Mon cher monsieur de Montbron, vous avez tant de pénétration qu'il vous est permis d'en manquer une fois... et cela vous arrive... aujourd'hui. Je ne suis pas triste, je n'ai aucun chagrin... et je vais vous dire une bien énorme, une bien orgueilleuse impertinence : jamais je ne me suis trouvée si jolie.

— Il n'y a rien de plus modeste, au contraire, que cette prétention... Et qui vous a dit ce mensonge-là? une femme?

— Non... c'est mon cœur, et il a dit vrai — reprit Adrienne avec une légère émotion; puis elle ajouta : — Comprenez... si vous pouvez.

— Prétendez-vous par là que vous êtes fière de l'altération de vos traits, parce que vous êtes fière des souffrances de votre cœur? — dit M. de Montbron en examinant Adrienne avec attention. — Soit, j'avais donc raison, vous avez un chagrin... J'insiste... — ajouta le comte d'un ton vraiment pénétré — parce que cela m'est pénible...

— Rassurez-vous; je suis on ne peut plus heureuse, car à chaque instant je me complais dans cette pensée : qu'à mon âge je suis libre... absolument libre.

— Oui... libre... de vous tourmenter... libre... d'être malheureuse tout à votre aise.

— Allons, allons, mon cher comte — dit Adrienne — voici notre vieille querelle qui se ranime... je retrouve en vous l'allié de ma tante... et de l'abbé d'Aigrigny.

— Moi? oui... à peu près comme les républicains sont les alliés des légitimistes; ils s'entendent pour se dévorer plus tard... A propos de votre abominable tante, on dit que depuis quelques jours il se tient chez elle une manière de concile qui s'agite fort, véritable émeute mitrée. Votre tante est en bonne voie.

— Pourquoi pas? Vous l'eussiez vue autrefois ambitionner le rôle de la déesse Raison... Aujourd'hui nous la verrons peut-être canonisée... N'a-t-elle pas déjà accompli la première partie de la vie de sainte Madeleine?

— Vous ne direz jamais autant de mal d'elle qu'elle en fait, ma chère enfant... Néanmoins, quoique pour des raisons bien opposées... je pensais comme elle au sujet de votre caprice de vivre seule...

— Je le sais.

— Oui, et par cela même que je désirais vous voir mille fois plus libre encore que vous ne l'êtes... moi, je vous conseillais... tout bonnement...

— De me marier...

— Sans doute; de cette façon, votre chère liberté... avec ses conséquences, au lieu de s'appeler mademoiselle de Cardoville... se serait appelée madame de... qui vous voudrez... Nous vous aurions trouvé un excellent mari qui eût été responsable... de votre indépendance...

— Et qui aurait été responsable de ce ridicule mari? et qui se serait dégradée jusqu'à porter un nom moqué, bafoué par tous?... Moi, peut-être? — dit Adrienne en s'animant légèrement. — Non, non, mon cher comte; en bien ou en mal, je répondrai toujours seule de mes actions; à mon nom s'attachera, bonne ou mauvaise, une opinion que, seule du moins, j'aurai formée, car il me serait aussi impossible de déshonorer lâchement un nom qui ne serait pas le mien, que de le porter s'il n'était pas continuellement entouré de la profonde estime qu'il me faut. Or, comme on ne répond que de soi... je garderai mon nom.

— Il n'y a que vous au monde pour avoir des idées pareilles.

— Pourquoi? — dit Adrienne en riant — parce qu'il me paraît disgracieux de voir une pauvre jeune fille pour ainsi dire s'incarner et disparaître dans quelque homme très laid et très égoïste, et devenir, comme on le dit sans rire... elle, douce et jolie, devenir tout à coup la *moitié* de cette vilaine chose... Oui... ainsi, elle, fraîche et charmante rose, je suppose, la *moitié* d'un affreux chardon! Allons, mon cher comte, avouez-le... c'est quelque chose de fort odieux que cette métempsycose... conjugale — ajouta Adrienne avec un éclat de rire.

La gaîté factice, un peu fébrile, d'Adrienne, contrastait d'une manière si navrante avec la pâleur et l'altération de ses traits; il était si facile de voir qu'elle cherchait à étourdir un profond chagrin par ces rires forcés, que M. de Montbron en fut douloureusement touché; mais, dissimulant son émotion, il parut réfléchir un instant et prit machinalement un des livres tout récemment achetés et coupés dont Adrienne était entourée. Après avoir jeté un regard distrait sur ce volume, il continua en dissimulant la pénible émotion que lui causait le rire forcé de mademoiselle de Cardoville:

— Voyons, chère tête folle que vous êtes... une folie de plus... Supposons que j'aie vingt ans et que vous me fassiez l'honneur de m'épouser... on vous appellerait madame de Montbron, je suppose?

— Peut-être...

— Comment, peut-être? quoique mariés vous ne porteriez pas mon nom?

— Mon cher comte — dit Adrienne en souriant, ne poursuivons pas une hypothèse qui ne peut me laisser que... des regrets.

Tout à coup M. de Montbron fit un brusque mouvement et regarda mademoiselle de Cardoville avec une expression de surprise profonde... Depuis quelques momens, tout en causant avec Adrienne, le comte avait pris machinalement deux ou trois des volumes çà et là épars sur la causeuse, et machinalement encore il avait jeté les yeux sur ces ouvrages. Le premier portait pour titre : *Histoire moderne de l'Inde*; le second : *Voyage dans l'Inde*; le troisième : *Lettres sur l'Inde*.

De plus en plus surpris, M. de Montbron avait continué son investigation et avait vu se compléter cette nomenclature indienne par le quatrième volume des *Promenades dans l'Inde*; le cinquième : des *Souvenirs de l'Indoustan*; le sixième : *Notes d'un voyageur aux Indes orientales*.

De là une surprise que, pour plusieurs motifs fort graves, M. de Montbron n'avait pu cacher plus longtemps et que ses regards témoignèrent à Adrienne.

Celle-ci ayant complétement oublié la présence des volumes accusateurs dont elle était entourée, cédant à un mouvement de dépit involontaire, rougit légèrement; puis son caractère ferme et résolu reprenant le dessus, elle dit à M. de Montbron en le regardant en face : — Eh bien!... mon cher comte... de quoi vous étonnez-vous?

Au lieu de répondre, M. de Montbron semblait de plus en plus absorbé, pensif, en contemplant la jeune fille, et il ne put s'empêcher de dire en se parlant à soi-même : — Non... non... c'est impossible... et pourtant...

— Il serait peut-être indiscret à moi... d'assister à votre monologue, mon cher comte — dit Adrienne.

— Excusez-moi, ma chère enfant... mais ce que je vois me surprend à un point...

— Et que voyez-vous, je vous prie?

— Les traces d'une préoccupation aussi vive... aussi grande... que nouvelle... pour tout ce qui a rapport... à l'Inde — dit M. de Montbron en accentuant lentement ses paroles et attachant un regard pénétrant sur la jeune fille.

— Eh bien? — dit bravement Adrienne.

— Eh bien ! je cherche la cause de cette soudaine passion...

— Géographique?—dit mademoiselle de Cardoville en interrompant M. de Montbron. — Vous trouvez cette passion peut-être un peu sérieuse pour mon âge... mon cher comte;... mais il faut bien occuper ses loisirs... et puis enfin, ayant pour cousin un Indien quelque peu prince, il m'a pris envie d'avoir une idée du fortuné pays... d'où m'est arrivée cette sauvage parenté.

Ces derniers mots furent prononcés avec une amertume dont M. de Montbron fut frappé; aussi, observant attentivement Adrienne, il reprit : — Il me semble que vous parlez du prince... avec un peu d'aigreur.

— Non... j'en parle avec indifférence...

— Il mériterait pourtant... un sentiment tout autre...

— D'une toute autre personne peut-être — répondit sèchement Adrienne.

— Il est si malheureux!...— dit M. de Montbron d'un ton sincèrement pénétré. — Il y a deux jours encore, je l'ai vu... il m'a déchiré le cœur.

— Et que me font, à moi... ces déchiremens? — s'écria Adrienne avec une impatience douloureuse, presque courroucée.

— Je désirerais que de si cruels tourmens vous fissent au moins pitié... — répondit gravement le comte.

— A moi... pitié! — s'écria Adrienne d'un air de fierté révoltée. Puis, se contenant, elle ajouta froidement : — Ah ça... monsieur de Montbron, c'est une plaisanterie?... Ce n'est pas sérieusement que vous me demandez de m'intéresser aux tourmens amoureux de votre prince?

Il y eut un dédain si glacial dans ces derniers mots d'Adrienne, ses traits pâles et péniblement contractés trahirent une hauteur si amère, que M. de Montbron dit tristement : — Ainsi... cela est vrai... on ne m'avait pas trompé... Moi qui, par ma vieille et constante amitié, avais, je crois, quelques droits à votre confiance, je n'ai rien su... tandis que vous avez tout dit à un autre... Cela m'est pénible... très pénible.

— Je ne vous comprends pas, monsieur de Montbron.

— Eh! mon Dieu!... maintenant je n'ai plus de ménagemens à garder... — s'écria le comte. — Il n'y a plus, je le vois, aucun espoir pour ce malheureux enfant;... vous aimez quelqu'un. — Et comme Adrienne fit un mouvement: — Oh! il n'y a pas à le nier, reprit le comte — votre pâleur... votre tristesse depuis quelques jours... votre implacable indifférence pour le prince, tout me le dit... tout me le prouve... vous aimez...

Mademoiselle de Cardoville, blessée de la façon dont le comte parlait du sentiment qu'il lui supposait, reprit avec une dignité hautaine :—Vous devez savoir, monsieur de Montbron, qu'un secret surpris... n'est pas une confidence, et votre langage m'étonne...

— Eh! ma chère amie, si j'use du triste privilége de l'expérience... si je devine, si je vous dis que vous aimez... si je vais même presque jusqu'à vous reprocher cet amour... c'est qu'il s'agit pour ainsi dire de la vie ou de la mort de ce pauvre jeune prince, qui, vous le savez, m'intéresse maintenant autant que s'il était mon fils, car il est impossible de le connaître sans lui porter le plus tendre intérêt!

— Il serait singulier — reprit Adrienne avec un redoublement de froideur et d'ironie amère — que mon amour... en admettant que j'eusse un amour dans le cœur... eût une si étrange influence sur le prince Djalma... Que lui importe que j'aime? — ajouta-t-elle avec un dédain presque douloureux.

— Que lui importe!! Mais, en vérité, ma chère amie, permettez-moi de vous le dire, c'est vous qui plaisantez cruellement... Comment!... ce malheureux enfant vous aime avec toute l'ardeur aveugle d'un premier amour; deux fois déjà il a voulu, par le suicide, mettre fin à l'horrible torture que lui cause sa passion pour vous... et vous trouvez étrange que votre amour pour un autre... soit une question de vie ou de mort pour lui!...

— Mais il m'aime donc? — s'écria la jeune fille avec un accent impossible à rendre.

— A en mourir... vous dis-je; je l'ai vu...

Adrienne fit un mouvement de stupeur: de pâle qu'elle était elle devint pourpre, puis cette rougeur disparut, ses lèvres blanchirent et tremblèrent; son émotion fut si vive qu'elle resta quelques momens sans pouvoir parler, et mit la main sur son cœur comme pour en comprimer les battemens.

M. de Montbron, presque effrayé du changement subit de la physionomie d'Adrienne, de l'altération croissante de ses traits, se rapprocha vivement d'elle et s'écria:

— Mon Dieu! ma pauvre enfant, qu'avez-vous?

Au lieu de lui répondre, Adrienne lui fit un signe de la main comme pour le rassurer; le comte, en effet, se rassura, car le visage de la jeune fille, naguère contracté par la douleur, l'ironie et le dédain, semblait renaître au milieu des émotions les plus douces, les plus ineffables; l'impression qu'elle éprouvait était si enivrante, qu'elle semblait s'y complaire et craindre d'en perdre le moindre sentiment; puis la réflexion lui disant que peut-être elle était dupe d'une illusion ou d'un mensonge, elle s'écria tout à coup avec angoisse, en s'adressant à M. de Montbron: — Mais ce que vous me dites... est vrai... au moins...

— Ce que je vous dis!

— Oui... que le prince Djalma...

— Vous aime comme un insensé!... Hélas!... cela n'est que trop vrai.

— Non... non... — s'écria Adrienne avec une expression ravissante de naïveté — cela ne saurait être jamais trop vrai.

— Que dites-vous?... — s'écria le comte.

— Mais cette... femme?... — demanda Adrienne comme si ce mot lui eût brûlé les lèvres.

— Quelle femme?

— Celle qui était cause de ces déchiremens si douloureux.

— Cette femme?... qui voulez-vous que ce fût, sinon vous?

— Moi!... oh! oui, c'était moi, n'est-ce pas? rien que moi!

— Sur l'honneur... croyez-en mon expérience... jamais je n'ai vu une passion plus sincère et plus touchante...

— Oh! n'est-ce pas, jamais il n'a eu dans le cœur un autre amour que le mien?

— Lui!... jamais...

— On me l'a dit... pourtant...

— Qui?

— M. Rodin...

— Que Djalma?...

— Deux jours après m'avoir vue s'était épris d'un fol amour.

— M. Rodin... vous a dit cela? — s'écria M. de Montbron en paraissant frappé d'une idée subite. — Mais c'est aussi lui qui a dit à Djalma... que vous étiez éprise de quelqu'un...

— Moi...

— Et c'est cela qui causait l'affreux désespoir de ce malheureux enfant...

— Et c'est cela qui causait mon affreux désespoir, à moi!

— Mais vous l'aimez donc autant qu'il vous aime? — s'écria M. de Montbron transporté de joie.

— Si je l'aime! — dit mademoiselle de Cardoville.

Quelques coups frappés discrètement à la porte interrompirent Adrienne.

— Vos gens... sans doute... Remettez-vous — dit le comte.
— Entrez — dit Adrienne d'une voix émue.
Florine parut.
— Qu'est-ce? — dit mademoiselle.
— M. Rodin vient de venir. Craignant de déranger mademoiselle, il n'a pas voulu entrer; mais il reviendra dans une demi-heure... Mademoiselle voudra-t-elle le recevoir?
— Oui... oui — dit le comte à Florine — et lors même que je serais encore avec mademoiselle, introduisez-le... N'est-ce pas votre avis? — demand M. de Montbron à Adrienne.
— C'est mon avis... — répondit la jeune fille.
Et un éclair d'indignation brilla dans ses yeux en songeant à cette perfidie de Rodin.
— Ah! le vieux drôle!... — dit M. de Montbron. — Je m'étais toujours défié de ce cou tors.
Florine sortit, laissant le comte avec sa maîtresse.

CHAPITRE IV.

AMOUR.

Mademoiselle de Cardoville était transfigurée : pour la première fois sa beauté éclatait dans tout son lustre ; jusqu'alors voilée par l'indifférence ou assombrie par la douleur, un éblouissant rayon de soleil l'illuminait tout à coup. La légère irritation causée par la perfidie de Rodin avait passé comme une ombre imperceptible sur le front de la jeune fille. Que lui importaient maintenant ces mensonges, ces perfidies? N'étaient-elles pas déjouées?

Et à l'avenir... quel pouvoir humain pourrait se mettre entre elle et Djalma, si sûrs l'un de l'autre? Qui oserait lutter contre ces deux êtres résolus, et forts de la puissance irrésistible de la jeunesse, de l'amour et de la liberté? Qui oserait tenter de les suivre dans cette sphère embrasée où ils allaient, eux si beaux, eux si heureux, se confondre dans un amour si inextinguible, protégés et défendus par leur bonheur, armure à toute épreuve?

A peine Florine sortie, Adrienne s'approcha de M. de Montbron d'un pas rapide ; elle semblait grandie : à la voir légère, triomphante et radieuse, on eût dit une divinité marchant sur des nuées.

— Quand le verrai-je?

Tel fut son premier mot à M. de Montbron.

— Mais... demain ; il faut le préparer à tant de bonheur ; chez une nature si ardente... une joie si soudaine, si inattendue... peut être terrible.

Adrienne resta un moment pensive, et dit tout à coup : — Demain... oui... pas avant demain... j'ai une superstition du cœur.

— Laquelle?

— Vous le saurez... IL M'AIME... ce mot dit tout, renferme tout, comprend tout... est tout... et pourtant j'ai mille questions sur les lèvres... à propos de lui ;... je ne vous en ferai aucune avant demain... non, parce que, par une adorable fatalité... demain est, pour moi... un anniversaire sacré... D'ici là je vivrai un siècle... Heureusement... je puis attendre... Tenez... — Puis, faisant un signe à M. de Montbron, elle le conduisit près du Bacchus indien.— Comme il lui ressemble!... — dit-elle au comte.

— En effet — s'écria celui-ci — c'est étrange!

— Etrange? — reprit Adrienne en souriant avec une douce fierté, étrange qu'un héros, qu'un demi-dieu, qu'un idéal de beauté ressemble à Djalma?...

— Combien vous l'aimez!... — dit M. de Montbron profondément ému et presque ébloui de la félicité qui resplendissait sur le visage d'Adrienne.

— Je devais bien souffrir, n'est-ce pas? — lui dit-elle après un moment de silence.

— Mais si je ne m'étais pas décidé à venir ici aujourd'hui, en désespoir de cause, que serait-il arrivé?

— Je n'en sais rien ;... je serais morte peut-être... car je suis frappée là...

d'une manière incurable (et elle mit la main à son cœur). Mais ce qui eût été ma mort... sera ma vie...

— C'était horrible ! — dit le comte en tressaillant — une passion pareille concentrée en vous-même, fière comme vous l'êtes...

— Oui, fière !... mais non orgueilleuse... Aussi, en apprenant son amour pour une autre... en apprenant que l'impression que j'avais cru lui causer lors de notre première entrevue s'était aussitôt effacée... j'ai renoncé à tout espoir, sans pouvoir renoncer à mon amour ; au lieu de fuir son souvenir, je me suis entourée de ce qui pouvait me le rappeler... A défaut de bonheur, il y a encore une amère jouissance à souffrir par ce qu'on aime.

— Je comprends maintenant votre bibliothèque indienne.

Adrienne, sans répondre au comte, alla prendre sur le guéridon un des livres fraîchement coupés, et, l'apportant à M. de Montbron, lui dit en souriant, avec une expression de joie et de bonheur céleste : — J'avais tort de nier ; je suis orgueilleuse. Tenez... lisez cela... tout haut... je vous en prie ;... je vous dis que je puis attendre à demain.

Et du bout de son doigt charmant, elle indiqua au comte le passage en lui présentant le livre. Puis elle alla, pour ainsi dire, se blottir au fond de la causeuse, et là, dans une attitude profondément attentive, recueillie, le corps penché en avant, ses mains croisées sur le coussin, son menton appuyé sur ses mains, ses grands yeux attachés, avec une sorte d'adoration, sur le Bacchus indien qui lui faisait face, elle sembla, dans cette contemplation passionnée, se préparer à entendre la lecture de M. de Montbron.

Celui-ci, très étonné, commença après avoir regardé Adrienne, qui lui dit de sa voix la plus caressante : — Et bien doucement... je vous en conjure...

M. de Montbron lut le passage suivant, du journal d'un voyageur dans l'Inde :

« ... Lorsque je me trouvais à Bombay, en 1829, on ne parlait, dans toute la société anglaise, que d'un jeune héros, fils de... »

Le comte s'étant interrompu une seconde, à cause de la prononciation barbare du nom du père de Djalma, Adrienne lui dit vivement de sa douce voix :

— Fils de *Kadja-Sing*...

— Quelle mémoire ! — dit le comte en souriant.

Et il reprit :

« ...un jeune héros, le fils de Kadja-Sing, roi de Mundi. Au retour d'une expédition lointaine et sanglante dans les montagnes, contre ce roi indien, le colonel Drake était revenu rempli d'enthousiasme pour le fils de Kadja-Sing, nommé Djalma. Sortant à peine de l'adolescence, ce jeune prince a, dans cette guerre implacable, fait preuve d'une intrépidité si chevaleresque, d'un caractère si noble, que l'on a nommé son père le *Père du Généreux*. »

Cette coutume est touchante... — dit le comte. — Récompenser pour ainsi dire le père en lui donnant un surnom glorieux pour son fils, cela est grand... Mais quelle rencontre bizarre que ce livre ! — dit le comte surpris ; — il y a de quoi, je le comprends, exalter la tête la plus froide...

— Oh !... vous allez voir !... vous allez voir !... — dit Adrienne.

Le comte poursuivit sa lecture :

« Le colonel Drake, l'un des plus valeureux et des meilleurs officiers de l'armée anglaise, disait hier devant moi que, blessé grièvement et fait prisonnier par le prince Djalma, après une résistance énergique, il avait été emmené au camp établi dans le village de... »

Ici, même hésitation de la part du comte, à l'endroit d'un nom bien autrement sauvage que le premier ; aussi, ne voulant pas tenter l'aventure, il s'interrompit et dit à Adrienne : — Quant à celui-ci... j'y renonce.

— C'est pourtant si facile ! — reprit Adrienne, et elle prononça avec une inexprimable douceur le nom suivant, d'ailleurs fort doux : — Dans le village de *Shumshabad*.

— Voilà un procédé mnémonique infaillible pour retenir les noms géographiques — dit le comte, et il continua :

« Une fois arrivé au camp, le colonel Drake reçut l'hospitalité la plus touchante, et le prince Djalma eut pour lui les soins d'un fils. Ce fut là que le colonel eut connaissance de quelques faits qui portèrent à son comble son nthousiasme pour le prince Djalma. Il a raconté devant moi les deux suians :

« A l'un des combats, le prince était accompagné d'un jeune Indi n d'environ douze ans, qu'il aimait tendrement et qui lui servait de page, le suivant à cheval pour porter ses armes de rechange. Cet enfant était idolâtré par sa mère; au moment de l'expédition, elle avait confié son fils au prince Djalma en lui disant avec un stoïcisme digne de l'antiquité : — *Qu'il soit votre frère.* — *Il sera mon frère* — avait répondu le prince. — Au milieu d'une sanglante déroute, l'enfant est grièvement blessé, son cheval tué ; le prince, au péril de sa vie, malgré la précipitation d'une retraite forcée, le dégage, le prend en croupe et fuit; on les poursuit; un coup de feu atteint leur cheval ; mais il peut atteindre un massif de jungles, au milieu duquel, après quelques vains efforts, il tombe épuisé. L'enfant était incapable de marcher : le prince l'emporte, se cache avec lui au plus épais du taillis. Les Anglais arrivent, fouillent les jungles ; les deux victimes échappent. Après une nuit et un jour de marches, de contre-marches, de ruses, de fatigues, de périls inouïs, le prince, portant toujours l'enfant, dont l'une des jambes était à demi brisée, parvient à gagner le camp de son père, et dit simplement :
— *J'avais promis à sa mère qu'il serait mon frère, j'ai agi en frère.* »
— C'est admirable ! — s'écria le comte.
— Continuez... oh ! continuez — dit Adrienne en essuyant une larme, sans détourner ses yeux du bas-relief, qu'elle continuait de contempler avec une admiration croissante.

Le comte poursuivit :

« Une autre fois, le prince Djalma, suivi de deux esclaves noirs, se rend, avant le lever du soleil, dans un endroit très sauvage, pour s'emparer d'une portée de deux petits tigres âgés de quelques jours. Le repaire avait été signalé. Le tigre et sa femelle étaient encore au dehors à la curée. L'un des noirs s'introduit dans la tanière par une étroite ouverture; l'autre, aidé de Djalma, abat à coups de hache un assez gros tronçon d'arbre afin de disposer un piège pour prendre le tigre ou sa femelle. Du côté de l'ouverture, la caverne était presque à pic. Le prince y monte avec agilité afin de disposer le piège, avec l'autre noir ; tout à coup un rugissement effroyable retentit; en quelques bonds la femelle, revenant de curée, atteint l'ouverture de la tanière. Le noir qui tendait le piège avec le prince a le crâne ouvert d'un coup de dent, l'arbre tombe en travers de l'étroite entrée du repaire et empêche la femelle d'y pénétrer, et barre en même temps le passage au noir qui accourait avec les petits tigres.
» Au-dessus, à vingt pieds environ, sur une plate-forme de roches, le prince, couché à plat ventre, considérait cet affreux spectacle. La tigresse, rendue furieuse par les cris de ses petits, dévorait les mains du noir, qui, de l'intérieur du repaire, tâchait de maintenir le tronc d'arbre, son seul rempart, et poussait des cris lamentables. »
— C'est horrible ! — dit le comte.
— Oh ! continuez... continuez... — s'écria Adrienne avec exaltation ; — vous allez voir ce que peut l'héroïsme de la bonté.

Le comte poursuivit :

« Tout à coup le prince met son poignard entre ses dents, attache sa ceinture à un bloc de roc, prend la hache d'une main, de l'autre se laisse glisser le long de ce cordage improvisé, tombe à quelques pas de la bête féroce, bondit jusqu'à elle, et, rapide comme l'éclair, lui porte coup sur coup deux atteintes mortelles, au moment où le noir, perdant ses forces, abandonnant le tronc d'arbre, allait être mis en pièces. »
— Et vous vous étonniez de sa ressemblance avec ce demi-dieu, à qui la Fable même ne prête pas un dévoûment aussi généreux ! — s'écria la jeune fille avec une exaltation croissante.
— Je ne m'étonne plus, j'admire — dit le comte d'une voix émue — et, à ces deux nobles traits, mon cœur bat d'enthousiasme comme si j'avais vingt ans.
— Et le noble cœur de ce voyageur a battu comme le vôtre à ce récit — dit Adrienne — vous allez voir.
« Ce qui rend admirable l'intrépidité du prince, c'est que, selon les principes des castes indiennes, la vie d'un esclave n'a aucune importance ; aussi un fils de roi, en risquant sa vie pour le salut d'une pauvre créature si in-

fime, obéissait à un héroïque instinct de charité véritablement chrétienne, jusqu'alors inouïe dans ce pays.

» Deux traits pareils, disait avec raison le colonel Drake, suffisent à peindre un homme; c'est donc avec un sentiment de respect profond et d'admiration touchante que moi, voyageur inconnu, j'ai écrit le nom du prince Djalma sur ce livre de voyage, éprouvant toutefois une sorte de tristesse en me demandant quel sera l'avenir de ce prince perdu au fond de ce pays sauvage, toujours dévasté par la guerre. Si modeste que soit l'hommage que je rends à ce caractère digne des temps héroïques, son nom du moins sera répété avec un généreux enthousiasme par tous les cœurs sympathiques à ce qui est généreux et grand. »

— Et tout à l'heure, en lisant ces lignes si simples, si touchantes — reprit Adrienne — je n'ai pu m'empêcher de porter à mes lèvres le nom de ce voyageur.

— Oui... le voilà bien tel que je l'avais jugé — dit le comte de plus en plus ému, en rendant le livre à Adrienne, qui, se levant grave et touchante, lui dit:

— Le voilà tel que je voulais vous le faire connaître, afin que vous compreniez... mon adoration pour lui; car ce courage, cette héroïque bonté, je les avais devinés, lors d'un entretien surpris malgré moi, avant de me montrer à lui... De ce jour, je le savais aussi généreux qu'intrépide, aussi tendre, aussi sensible qu'énergique et résolu;... mais lorsque je le vis si merveilleusement beau... et si différent, par le noble caractère de sa physionomie, par ses vêtemens même, de tout ce que j'avais rencontré jusqu'alors;... quand je vis l'impression que je lui causai... et que j'éprouvai plus violente encore peut-être... je sentis ma vie attachée à cet amour.

— Et maintenant vos projets?

— Divins, radieux comme mon cœur... En apprenant son bonheur, je veux que Djalma éprouve ce même éblouissement dont je suis frappée et qui ne me permet pas encore de regarder... mon soleil en face... car, je vous le répète... d'ici à demain j'ai un siècle à vivre. Oui, chose étrange! j'aurais cru, après une telle révélation, sentir le besoin de rester seule plongée dans cet océan de pensées enivrantes. Eh bien! non... non, d'ici à demain, je redoute la solitude... J'éprouve je ne sais quelle impatience fébrile... inquiète... ardente... Oh! bénie serait la fée qui, me touchant de sa baguette, m'endormirait à cette heure jusqu'à demain.

— Je serai cette bienfaisante fée — dit tout à coup M. le comte en souriant.

— Vous?

— Moi.

— Et comment?

— Voyez la puissance de ma baguette; je veux vous distraire d'une partie de vos pensées en vous les rendant matériellement visibles...

— Expliquez-vous, de grâce.

— Et de plus mon projet aura encore pour vous un autre avantage. Ecoutez-moi : vous êtes si heureuse, que vous pouvez tout entendre... votre odieuse tante et ses odieux amis répandent le bruit que votre séjour chez M. Baleinier...

— A été nécessité par la faiblesse de mon esprit — dit Adrienne en souiant. — Je m'y attendais.

— C'est stupide; mais, comme votre résolution de vivre seule vous fait des envieux et des ennemis, vous sentez pourquoi il ne manquera pas de gens parfaitement disposés à donner créance à toutes les stupidités possibles.

— Je l'espère bien... Passer pour folle aux yeux des sots... c'est très flatteur.

— Oui, mais prouver aux sots qu'ils sont des sots, et cela à la face de tout Paris, c'est amusant : or, on commence à s'inquiéter de votre disparition ; vous avez interrompu vos promenades habituelles en voiture; ma nièce paraît seule depuis longtemps dans notre loge aux Italiens; vous voulez tuer, brûler le temps jusqu'à demain... Voici une occasion excellente : il est deux heures... à trois heures et demie ma nièce est ici en voiture; la journée est splendide... il y aura un monde fou au bois de Boulogne, vous faites une charmante promenade; on vous voit déjà là... puis, le grand air, le mouvement calmeront votre fièvre de bonheur... Et ce soir, c'est là que commence ma magie, je vous conduis dans l'Inde.

— Dans l'Inde?...

— Au milieu de l'une de ces forêts sauvages où l'on entend rugir les lions, les panthères et les tigres... Ce combat héroïque qui vous a tant émue tout à l'heure... nous l'aurons, sous nos yeux, réel et terrible...

— Franchement, mon cher comte, c'est une plaisanterie.

— Pas du tout, je vous promets de vous faire voir de véritables bêtes farouches, redoutables hôtes du pays de notre demi-dieu... tigres grondans.... lions rugissans... Cela ne vaudra-t-il pas vos livres?

— Mais encore...

— Allons, il faut vous donner le secret de mon pouvoir surnaturel; au retour de votre promenade, vous dînez chez ma nièce, et nous allons ensuite à un spectacle fort curieux qui se donne à la Porte-Saint-Martin... Un dompteur de bêtes des plus extraordinaires y montre des animaux parfaitement féroces au milieu d'une forêt (ici seulement commence l'illusion) et simule avec eux, tigres, lions et panthères, des combats formidables. Tout Paris court à ces représentations, et tout Paris vous y verra plus belle et plus charmante que jamais.

— J'accepte, j'accepte — dit Adrienne avec une joie d'enfant. — Oui... vous avez raison... j'éprouverai un plaisir étrange à voir ces monstres farouches, qui me rappelleront ceux que mon demi-dieu a si héroïquement combattus. J'accepte encore, parce que, pour la première fois de ma vie, je brûle du désir d'être trouvée belle... même par tout le monde... J'accepte... enfin... parce que... »

Mademoiselle de Cardoville fut interrompue, d'abord par un léger coup frappé à la porte, puis par Florine, qui entra en annonçant M. Rodin.

CHAPITRE V.

EXÉCUTION.

Rodin entra. D'un coup d'œil rapide jeté sur mademoiselle de Cardoville et sur M. de Montbron, il devina qu'il allait se trouver dans une position dificile. En effet, rien ne semblait moins *rassurant* pour lui que la contenance d'Adrienne et du comte.

Celui-ci, lorsqu'il n'aimait pas les gens, manifestait, nous l'avons dit, son antipathie par des façons d'une impertinence agressive, d'ailleurs soutenue par bon nombre de duels; aussi, à la vue de Rodin, ses traits prirent soudain une expression insolente et dure. Accoudé à la cheminée et causant avec Adrienne, il tourna dédaigneusement la tête par dessus son épaule sans répondre au profond salut du jésuite.

A la vue de cet homme, mademoiselle de Cardoville se sentit presque surprise de n'éprouver aucun mouvement d'irritation ou de haine. La brillante flamme qui brûlait dans son cœur le purifiait de tout sentiment vindicatif. Elle sourit au contraire, car, jetant un fier et doux regard sur le Bacchus indien, puis sur elle-même, elle se demandait ce que deux êtres si jeunes, si beaux, si libres, si amoureux, pouvaient avoir à cette heure à redouter de ce vieux homme crasseux, à mine ignoble et basse, qui s'avançait tortueusement avec ses circonvolutions de reptile. En un mot, loin de ressentir de la colère ou de l'aversion contre Rodin, la jeune fille n'éprouva qu'un accès de gaîté moqueuse, et ses grands yeux, déjà étincelans de félicité, pétillèrent bientôt de malice et d'ironie.

Rodin se sentit mal à l'aise. Les gens de sa robe préfèrent de beaucoup les ennemis violens aux ennemis moqueurs; tantôt ils échappent aux colères déchaînées contre eux en se jetant à genoux, en pleurant, gémissant, en se frappant la poitrine; tantôt, au contraire, ils les bravent en se redressant armés et implacables; mais devant la raillerie mordante ils se déconcertent aisément. Ainsi fut-il de Rodin; il pressentit que, placé entre Adrienne de Cardoville et M. de Montbron, il allait avoir, ainsi qu'on dit vulgairement, un fort *mauvais quart d'heure* à passer.

Le comte ouvrit le feu. Tournant la tête par dessus son épaule, il dit à Rodin : — Ah!... ah!... vous voici, monsieur l'homme de bien?

— Approchez... monsieur, approchez donc — reprit Adrienne avec un sourire moqueur; — vous, la perle des amis, vous, le modèle des philosophes... vous, l'ennemi déclaré de toute fourberie, de tout mensonge, j'ai mille complimens à vous faire...

— J'accepte tout de vous, ma chère demoiselle.... même des complimens immérités — dit le jésuite en s'efforçant de sourire, et découvrant ainsi ses vilaines dents jaunes et déchaussées ;—mais, puis-je savoir ce qui me mérite vos complimens?

— Votre pénétration, monsieur, car elle est rare — dit Adrienne.

— Et moi, monsieur — dit le comte — je rends hommage à votre véracité... non moins rare... trop rare... peut-être.

— Moi, pénétrant! en quoi, ma chère demoiselle — dit froidement Rodin ; — moi, véridique! en quoi, monsieur le comte? — ajouta-t-il en se tournant ensuite vers M. de Montbron.

— En quoi... monsieur? dit Adrienne — mais vous avez deviné un secret entouré de difficultés, de mystères sans nombre. En un mot, vous avez su lire au plus profond du cœur d'une femme...

— Moi, ma chère demoiselle?...

— Vous-même, monsieur; et réjouissez-vous... votre pénétration a eu les plus heureux résultats.

— Et votre véracité a fait merveille... — ajouta le comte.

— Il est doux au cœur de bien agir, même sans le savoir — dit Rodin se tenant toujours sur la défensive et épiant tour à tour d'un œil oblique le comte et Adrienne : — mais pourrai-je savoir ce dont on me loue.

— La reconnaissance m'oblige à vous en instruire, monsieur — dit Adrienne avec malice : — vous avez découvert et dit au prince Djalma que j'aimais passionnément... quelqu'un. — Eh bien!... glorifiez votre pénétration... c'était vrai...

— Vous avez découvert et dit à mademoiselle que le prince Djalma aimait passionnément... quelqu'un — reprit le comte ; — eh bien! glorifiez votre pénétration, mon cher monsieur... c'était vrai.

Rodin resta confondu, interdit.

— Ce quelqu'un que j'aimais si passionnément — dit Adrienne — c'était le prince...

— Cette personne que le prince aimait passionnément — reprit le comte — c'était mademoiselle.

Ces révélations, gravement inquiétantes et faites coup sur coup, abasourdirent Rodin; il resta muet, effrayé, songeant à l'avenir.

— Comprenez-vous, maintenant, monsieur, notre gratitude envers vous? — reprit Adrienne d'un ton de plus en plus railleur. — Grâce à votre sagacité, grâce au touchant intérêt que vous nous portiez, nous vous devons, le prince et moi, d'être éclairés sur nos sentimens mutuels.

Le jésuite reprit peu à peu son sang-froid, et son calme apparent irrita fort M. de Montbron, qui, sans la présence d'Adrienne, eût donné un tout autre tour au persifflage.

— Il y a erreur — dit Rodin — dans ce que vous me faites l'honneur de m'apprendre, ma chère demoiselle. Je n'ai de ma vie parlé du sentiment on ne peut plus convenable et respectable, d'ailleurs, que vous auriez pu avoir pour le prince Djalma...

— Il est vrai — reprit Adrienne — par un scrupule de discrétion exquise, lorsque vous me parliez du profond amour que le prince Djalma ressentait... vous poussiez la réserve, la délicatesse jusqu'à me dire que... ce n'était pas moi qu'il aimait...

— Et le même scrupule vous faisait dire au prince que mademoiselle de Cardoville aimait passionnément quelqu'un... qui n'était pas lui...

— Monsieur le comte — reprit sèchement Rodin — je ne devrais pas avoir besoin de vous dire que j'éprouve assez peu le besoin de me mêler d'intrigues amoureuses.

— Allons donc! c'est modestie ou amour-propre — dit insolemment le comte. — Dans votre intérêt, de grâce, pas de maladresse pareille... Si on vous prenait au mot?... Si ça se répandait?... Soyez donc meilleur ménager des honnêtes petits métiers que vous faites sans doute...

— Il en est un, du moins — dit Rodin en se redressant aussi agressif que

M. de Montbron — dont je vous devrai le rude apprentissage, monsieur le comte, c'est le pesant métier d'être votre auditeur.

— Ah çà! cher monsieur — reprit le comte avec dédain — est-ce que vous ignorez qu'il y a toutes sortes de moyens de châtier les impertinens et les fourbes?...

— Mon cher comte!... — dit Adrienne à M. de Montbron d'un ton de reproche.

Rodin reprit avec un flegme parfait : — Je ne vois pas trop, monsieur le comte, 1° ce qu'il y a de courageux à menacer et à appeler impertinent un pauvre vieux bonhomme comme moi; 2°...

— Monsieur Rodin — dit le comte en interrompant le jésuite — 1° un pauvre vieux bonhomme comme vous, qui fait le mal en se retranchant derrière sa vieillesse qu'il déshonore est à la fois lâche et méchant; il mérite un double châtiment; 2° quant à l'âge, je ne sache pas que les louvetiers et les gendarmes s'inclinent avec respect devant le pelage gris des vieux loups et les cheveux blancs des vieux coquins; qu'en pensez-vous, cher monsieur?

Rodin, toujours impassible, souleva sa flasque paupière, attacha une seconde à peine son petit œil de reptile sur le comte, et lui lança un regard rapide, froid et aigu comme un dard :... puis la paupière livide retomba sur la morne prunelle de cet homme à face de cadavre.

— N'ayant pas l'inconvénient d'être un vieux loup, et encore moins un vieux coquin — reprit paisiblement Rodin — vous me permettrez, monsieur le comte, de ne pas trop m'inquiéter des poursuites des louvetiers et des gendarmes; quant aux reproches que l'on me fait, j'ai une manière bien simple de répondre, je ne dis pas de me justifier;... je ne me justifie jamais.

— Vraiment! — dit le comte.

— Jamais — reprit froidement Rodin ; — mes actes se chargent de cela ; je répondrai donc simplement que, voyant l'impression profonde, violente, presque effrayante, causée par mademoiselle sur le prince...

— Que cette assurance que vous me donnez de l'amour du prince — dit Adrienne avec un sourire enchanteur et en interrompant Rodin — vous absolve du mal que vous avez voulu me faire... La vue de notre prochain bonheur... sera votre seule punition.

— Peut-être n'ai-je pas besoin d'absolution ou de punition, car, ainsi que j'ai eu l'honneur de le faire observer à monsieur le comte, ma chère demoiselle, l'avenir justifiera mes actes... Oui, j'ai dû dire au prince que vous aimiez une autre personne que lui, de même que j'ai dû vous dire qu'il aimait une autre personne que vous... et cela dans votre intérêt mutuel... Que mon attachement pour vous m'ait égaré... cela se peut, je ne suis pas infaillible... mais, après ma conduite passée envers vous, ma chère demoiselle, j'ai peut-être le droit de m'étonner d'être traité ainsi... Ceci n'est pas une plainte... Si je ne me justifie jamais... je ne me plains jamais non plus...

— Voilà parbleu quelque chose d'héroïque, mon cher monsieur — dit le comte ; — vous daignez ne pas vous plaindre ou vous justifier du mal que vous faites.

— Du mal que je fais? — Et Rodin regarda fixement le comte. — Jouons-nous aux énigmes?

— Et qu'est-ce donc, monsieur — s'écria le comte avec indignation — que d'avoir, par vos mensonges, plongé le prince dans un désespoir si affreux, qu'il a voulu deux fois attenter à ses jours; qu'est-ce donc d'avoir aussi, par vos mensonges, jeté mademoiselle dans une erreur si cruelle et si complète, que, sans la résolution que j'ai prise aujourd'hui, cette erreur durerait encore et aurait eu les suites les plus funestes ?

— Et pourriez-vous me faire l'honneur de me dire, monsieur le comte, quel intérêt j'ai, moi, à ces désespoirs, à ces erreurs, en admettant même que j'aie voulu les causer ?

— Un grand intérêt sans doute — dit durement le comte — et d'autant plus dangereux, qu'il est plus caché; car vous êtes de ceux, je le vois, à qui le malheur d'autrui doit rapporter plaisir et profit.

— C'est trop, monsieur le comte ; je me contenterai du profit — dit Rodin en s'inclinant.

— Votre impudent sang-froid ne me donnera pas le change; tout ceci est grave — reprit le comte. — Il est impossible qu'une si perfide fourberie soit un acte isolé... Qui sait si ce n'est pas là encore un des effets de la haine que madame de Saint-Dizier porte à mademoiselle de Cardoville?

Adrienne avait écouté la discussion précédente avec une attention profonde. Tout à coup, elle tressaillit comme éclairée par une révélation soudaine.

Après un moment de silence, elle dit à Rodin, sans amertume, sans colère, mais avec un calme rempli de douceur et de sérénité : — On dit, monsieur, que l'amour heureux fait des prodiges... Je serais tentée de le croire; car après qelques minutes de réflexion et en me rappelant certaines circonstances, voici que votre conduite m'apparaît sous un jour nouveau.

— Quelle serait donc cette nouvelle perspective, ma chère demoiselle?

— Pour que vous soyez à mon point de vue, monsieur, permettez-moi d'insister sur quelques faits : la Mayeux m'était généreusement dévouée; elle m'avait donné des preuves irrécusables d'attachement; son esprit valait son noble cœur ;... mais elle ressentait pour vous un éloignement invincible ; tout à coup elle disparaît mystérieusement de chez moi... et il n'a pas tenu à vous que j'aie sur elle d'odieux soupçons. M. de Montbron a pour moi une affection paternelle, mais, je dois vous l'avouer, peu de sympathie pour vous ; aussi, vous avez tâché de jeter la défiance entre lui et moi... Enfin, le prince Djalma éprouve un sentiment profond pour moi... et vous employez la fourberie la plus perfide pour tuer ce sentiment; dans quel but agissez-vous ainsi?... je l'ignore;... mais, à coup sûr, il m'est hostile.

— Il me semble, mademoiselle — dit sévèrement Rodin — qu'à votre ignorance se joint l'oubli des services rendus.

— Je ne veux pas nier, monsieur, que vous ne m'ayez retirée de la maison de M. Baleinier; mais, en définitive, quelques jours plus tard, j'étais infailliblement délivrée par M. de Montbron que voici...

— Vous avez raison, ma chère enfant — dit le comte; — il se pourrait bien que l'on ait voulu se donner le mérite de ce qui devait bientôt forcément arriver, grâce à vos vrais amis.

— Vous vous noyez, je vous sauve, vous m'êtes reconnaissante?... Erreur — dit Rodin avec amertume ; — un autre passant vous aurait sans doute sauvée plus tard.

— La comparaison manque un peu de justesse — dit Adrienne en souriant; — une maison de santé n'est pas un fleuve, et, quoique je vous croie maintenant très coupable, monsieur, de nager entre deux eaux, la natation vous a été inutile en cette circonstance... et vous m'avez simplement ouvert une porte... qui devait inévitablement s'ouvrir plus tard.

— Très bien, ma chère enfant — dit le comte en riant aux éclats de la réponse d'Adrienne.

— Je sais, monsieur, que vos excellens soins ne se sont pas étendus qu'à moi... Les filles de M. le maréchal Simon lui ont été ramenées par vous ;... mais il est à croire que les relations de M. le maréchal duc de Ligny, au sujet de ses enfans, n'eussent pas été vaines. Vous avez été jusqu'à rendre à un vieux soldat sa croix impériale, véritable relique sacrée pour lui ; c'est très touchant... Vous avez enfin démasqué l'abbé d'Aigrigny et M. Baleinier... mais j'étais moi-même décidée à les démasquer... Du reste, tout ceci prouve que vous êtes, monsieur, un homme d'infiniment d'esprit...

— Ah! mademoiselle! — fit humblement Rodin.

— Rempli de ressources et d'invention...

— Ah! mademoiselle!...

— Ce n'est pas ma faute si dans notre long entretien chez M. Baleinier vous avez trahi cette supériorité qui m'a frappée, je l'avoue, profondément frappée... et dont vous semblez assez embarrassé à cette heure... Que voulez-vous, monsieur, il est bien difficile à un rare esprit comme le vôtre de garder l'incognito. Cependant, comme il se pourrait que, par des voies différentes, oh! très différentes — ajouta la jeune fille avec malice — nous concourions au même but... (toujours selon notre entretien de chez M. Baleinier) je veux, dans l'intérêt de notre *communion future,* comme vous disiez, vous donner un conseil... et vous parler franchement.

Rodin avait écouté mademoiselle de Cardoville avec une apparente impassibilité, tenant son chapeau sous son bras, ses mains croisées sur son gilet et faisant tourner ses pouces. La seule marque extérieure du trouble terrible où le jetaient les calmes paroles d'Adrienne fut que les paupières livides du jésuite, hypocritement abaissées, devinrent peu à peu très rouges, tant le sang y affluait violemment.

Il répondit néanmoins à mademoiselle de Cardoville d'une voix assurée et en s'inclinant profondément : — Un bon conseil et une franche parole sont choses toujours excellentes...

— Voyez-vous, monsieur — reprit Adrienne avec une légère exaltation — l'amour heureux donne une telle pénétration, une telle énergie, un tel courage, que les périls, on s'en joue... les embûches, on les découvre... les haines, on les brave. Croyez-moi, la divine clarté qui rayonne autour de deux cœurs bien aimans suffit à dissiper toutes les ténèbres, à éclairer tous les piéges. Tenez... dans l'Inde... excusez cette faiblesse... j'aime beaucoup à parler de l'Inde — ajouta la jeune fille avec un sourire d'une grâce et d'une finesse indicibles — dans l'Inde les voyageurs, pour assurer leur tranquillité pendant la nuit, allument un grand feu autour de leur *ajoupa* (pardon encore de cette teinte de couleur locale), et aussi loin que s'étend l'auréole lumineuse elle met en fuite par sa seule clarté tous les reptiles impurs, venimeux que la lumière effraie et qui ne vivent que dans les ténèbres.

— Le sens de la comparaison m'a jusqu'ici échappé — dit Rodin en continuant de faire tourner ses pouces et en soulevant à demi ses paupières de plus en plus injectées.

— Je vais parler plus clairement — dit Adrienne en souriant. — Supposez, monsieur, que le dernier... service que vous venez de rendre à moi et au prince, car vous ne procédez que par services rendus... cela est fort neuf et fort habile... je le reconnais...

— Bravo, ma chère enfant — dit le comte avec joie — l'exécution sera complète.

— Ah !... c'est une exécution ? — dit Rodin toujours impassible.

— Non, monsieur — reprit Adrienne en souriant — c'est une simple conversation entre une pauvre jeune fille et un vieux philosophe ami du bien. Supposez donc que les fréquens... *services* que vous avez rendus à moi et aux miens m'aient tout à coup ouvert les yeux, ou plutôt — ajouta la jeune fille d'un ton grave — supposez que Dieu, qui donne à la mère l'instinct de défendre son enfant... m'ait donné à moi, avec mon bonheur, l'instinct de conservation de ce bonheur, et que je ne sais quel pressentiment, en éclairant mille circonstances jusqu'alors obscures, m'ait tout à coup révélé qu'au lieu d'être mon ami vous êtes peut-être l'ennemi le plus dangereux de moi et de ma famille.

— Ainsi nous passons de l'exécution aux suppositions — dit Rodin toujours imperturbable.

— Et de la supposition... monsieur, puisqu'il faut le dire, à la certitude — reprit Adrienne avec une fermeté digne et sereine. — Oui, maintenant je le crois, j'ai été quelque temps votre dupe... et je vous le dis sans haine, sans colère, mais avec regret, il est pénible de voir un homme de votre intelligence, de votre esprit.... s'abaisser à de telles machinations... et, après avoir fait jouer tant de ressorts diaboliques, n'arriver enfin qu'au ridicule... Car est-il rien de plus ridicule pour un homme comme vous que d'être vaincu par une jeune fille qui n'a pour arme, pour défense, pour lumières... que son amour !... En un mot, monsieur, je vous regarde dès aujourd'hui comme un ennemi implacable et dangereux ; car j'entrevois votre but sans deviner par quels moyens vous voulez l'atteindre : sans doute ces moyens seront dignes du passé. Eh bien ! malgré tout cela, je ne vous crains pas ; dès demain ma famille sera instruite de tout, et une union active, intelligente, résolue, nous tiendra bien en garde ; car il s'agit nécessairement de cet énorme héritage qu'on a déjà failli nous ravir. Maintenant, quels rapports peut-il y avoir entre les griefs que je vous reproche et la fin toute pécuniaire que l'on se propose ?... Je l'ignore absolument ;... mais, vous me l'avez dit vous-même, mes ennemis sont si dangereusement habiles, leurs ruses toujours si détournées, qu'il faut s'attendre à tout, prévoir tout : je me souviendrai de la leçon... Je vous ai promis de la franchise, monsieur ; en voilà, je suppose.

— Cela serait du moins imprudent... comme la franchise, si j'étais votre ennemi — dit Rodin toujours impassible. — Mais vous m'aviez aussi promis un conseil, ma chère demoiselle.

— Le conseil sera bref! N'essayez pas de lutter contre moi, parce qu'il y a, voyez-vous, quelque chose de plus fort que vous et les vôtres : c'est une femme qui défend son bonheur.

Adrienne prononça ces derniers mots avec une confiance si souveraine ; son beau regard étincelait, pour ainsi dire, d'une félicité si intrépide, que Rodin, malgré sa flegmatique audace, fut un moment effrayé.

Cependant il ne parut nullement déconcerté, et, après un moment de silence, il reprit avec un air de compassion presque dédaigneuse : — Ma chère demoiselle, nous ne nous reverrons jamais, c'est probable ;... rappelez-vous seulement une chose que je vous répète : Je ne me justifie jamais; l'avenir se charge de cela... Sur ce, ma chère demoiselle, je suis, nonobstant, votre très dévoué serviteur... — Et il salua. — Monsieur le comte... à vous rendre mes respectueux devoirs — ajouta-t-il en s'inclinant devant M. de Montbron plus humblement encore, et il sortit.

A peine Rodin fut-il sorti, qu'Adrienne courut à son bureau et écrivit quelques mots à la hâte, cacheta son billet, et dit à M. de Montbron : — Je ne verrai pas le prince avant demain... autant par superstition de cœur que parce qu'il est nécessaire pour mes projets que cette entrevue soit entourée de quelque solennité... Vous saurez tout ;... mais je veux lui écrire à l'instant ;... car, avec un ennemi tel que M. Rodin, il faut tout prévoir...

— Vous avez raison, ma chère enfant... cette lettre, vite...

Adrienne la lui donna.

— Je lui en dis assez pour calmer sa douleur... et pas assez pour m'ôter le délicieux bonheur de la surprise que je lui ménage demain.

— Tout cela est rempli de raison et de cœur; je cours chez le prince lui faire remettre votre billet... Je ne le verrai pas ; je ne pourrais répondre de moi... Ah çà! notre promenade de tantôt, notre spectacle de ce soir tiennent toujours?

— Certainement, j'ai plus que jamais besoin de m'étourdir jusqu'à demain ; puis, je le sens, le grand air me fera du bien ; cet entretien avec M. Rodin m'a un peu animée.

— Le vieux misérable !... Mais... nous en reparlerons... Je cours chez le prince... et je reviens vous prendre avec madame de Morinval pour aller aux Champs-Elysées.

Et le comte de Montbron sortit précipitamment, aussi joyeux qu'il était entré triste et désolé.

CHAPITRE VI.

LES CHAMPS-ÉLYSÉES.

Deux heures environ s'étaient passées depuis l'entretien de Rodin et de mademoiselle de Cardoville. De nombreux promeneurs, attirés aux Champs-Elysées par la sérénité d'un beau jour de printemps (le mois de mars touchait à sa fin), s'arrêtaient pour admirer un ravissant attelage.

Qu'on se figure une calèche bleu lapis, à train blanc aussi rechampi de bleu, attelée de quatre superbes chevaux de sang bai doré, à crinsnoirs, aux harnais étincelans d'ornemens d'argent et menés en Daumont par deux petits postillons de taille parfaitement égale, portant cape de velours noir, veste de casimir bleu-clair à collet blanc, culotte de peau et bottes à revers; deux grands valets de pied poudrés, à livrée également bleu-clair, à collet et paremens blancs, étaient assis sur le siège de derrière. On ne pouvait rien voir de mieux conduit, de mieux attelé ; les chevaux pleins de race, de vigueur et de feu, habilement menés par les postillons, marchaient d'un pas singulièrement égal, se cadençant avec grâce, mordant leur frein couvert d'écume, et secouant de temps à autre leurs cocardes de soie bleue et blanche à rubans flottans, au centre desquelles s'épanouissait une belle rose.

Un homme à cheval, mis avec une élégante simplicité, suivant l'autre côté de l'avenue, contemplait avec une sorte d'orgueilleuse satisfaction cet attelage qu'il avait pour ainsi dire créé; cet homme était M. de Bonneville, l'*écuyer* d'Adrienne, comme disait M. de Montbron, car cette voiture était celle de la jeune fille.

Un changement avait eu lieu dans le *programme* de la journée magique.

M. de Montbron n'avait pu remettre à Djalma le billet de mademoiselle de Cardoville, le prince étant parti dès le matin à la campagne avec le maréchal Simon, avait dit Faringhea; mais il devrait être de retour dans la soirée, et la lettre lui serait remise à son arrivée.

Complètement rassurée sur Djalma, sachant qu'il trouverait quelques lignes qui, sans lui apprendre le bonheur qui l'attendait, le lui feraient du moins pressentir, Adrienne, écoutant le conseil de M. de Montbron, était allée à la promenade dans sa voiture à elle, afin de bien constater aux yeux du monde qu'elle était bien décidée, malgré les bruits perfides répétés par madame de Saint-Dizier, à ne rien changer dans sa résolution de vivre seule et d'avoir sa maison.

Adrienne portait une petite capote blanche à demi-voile de blonde, qui encadrait sa figure rose et ses cheveux d'or; sa robe montante de velours grenat disparaissait presque sous un grand châle de cachemire vert. La jeune marquise de Morinval, aussi fort jolie, fort élégante, était assise à sa droite; M. de Montbron occupait en face d'elles deux le devant de la calèche.

Ceux qui connaissent le monde parisien, ou plutôt cette imperceptible fraction du monde parisien qui, pendant une heure ou deux, s'en va par chaque beau jour de soleil aux Champs-Elysées pour voir et pour être vue, comprendront que la présence de mademoiselle de Cardoville sur cette brillante promenade dut être un événement extraordinaire, quelque chose d'inouï. Ce que l'on appelle le *monde* ne pouvait en croire ses yeux en voyant cette jeune fille de dix-huit ans, riche à millions, appartenant à la plus haute noblesse, venir pour ainsi dire constater aux yeux de tous, en se montrant dans sa voiture, qu'en effet elle vivait entièrement libre et indépendante, contrairement à tous les usages, à toutes les convenances. Cette sorte d'émancipation semblait quelque chose de monstrueux, et l'on était presque étonné de ce que le maintien de la jeune fille, rempli de grâce et de dignité, démentit complètement les calomnies répandues par madame de Saint-Dizier et ses amis à propos de la folie prétendue de sa nièce.

Plusieurs *beaux*, profitant de ce qu'ils connaissaient la marquise de Morinval ou M. de Montbron, vinrent tour à tour la saluer et marchèrent pendant quelques minutes au pas de leurs chevaux à côté de la calèche, afin d'avoir occasion de voir, d'admirer et peut-être d'entendre mademoiselle de Cardoville; celle-ci combla tous ces vœux en parlant avec son charme et son esprit habituels; alors la surprise, l'enthousiasme furent à leur comble; ce que l'on avait d'abord taxé de bizarrerie presque insensée devint une originalité charmante, et il n'eût tenu qu'à mademoiselle de Cardoville d'être, de ce jour, déclarée la reine de l'élégance et de la mode.

La jeune fille se rendait très bien compte de l'impression qu'elle produisait, elle en était heureuse et fière en songeant à Djalma; lorsqu'elle le comparait à ces hommes à la mode, son bonheur augmentait encore. Et de fait, ces jeunes gens, dont la plupart n'avaient jamais quitté Paris, ou qui s'étaient au plus aventurés jusqu'à Naples ou jusqu'à Baden, lui semblaient *bien pâles* auprès de Djalma, qui, à son âge, avait tant de fois commandé et combattu dans de sanglantes guerres, et dont la réputation de courage et d'héroïque générosité, citée avec admiration par les voyageurs, arrivait du fond de l'Inde jusqu'à Paris. Et puis, enfin, les plus charmans élégans, avec leurs petits chapeaux, leurs redingotes étriquées et leurs grandes cravates, pouvaient-ils approcher du prince indien, dont la gracieuse et mâle beauté était encore rehaussée par l'éclat d'un costume à la fois si riche et si pittoresque!

Tout était donc, en ce jour de bonheur, joie et amour pour Adrienne; le soleil, se couchant dans un ciel d'une sérénité splendide, inondait la promenade de ses rayons dorés; l'air était tiède; les voitures se croisaient en tout sens, les chevaux des cavaliers passaient et repassaient rapides et fringans; une brise légère agitait les écharpes des femmes, les plumes de leurs chapeaux; partout enfin le bruit, le mouvement, la lumière.

Adrienne, du fond de sa voiture, s'amusait à voir miroiter sous ses yeux ce tourbillon étincelant de tout le luxe parisien; mais, au milieu de ce brillant chaos, elle voyait par la pensée se dessiner la mélancolique et douce figure de Djalma, lorsque quelque chose tomba sur ses genoux;... elle tressaillit.

C'était un bouquet de violettes un peu fanées.

Au même instant, elle entendit une voix enfantine qui disait, en suivant la calèche : — Pour l'amour de Dieu... ma bonne dame... un petit sou !

Adrienne tourna la tête et vit une pauvre petite fille pâle et hâve, d'une figure douce et triste, à peine vêtue de haillons, et qui tendait sa main en levant des yeux supplians. Quoique ce contraste si frappant de l'extrême misère au sein même de l'extrême luxe fût si commun qu'il n'était plus remarquable, Adrienne en fut doublement affectée; le souvenir de la Mayeux, peut-être alors en proie à la plus affreuse misère, lui vint à la pensée.

— Ah ! du moins — pensa la jeune fille — que ce jour ne soit pas pour moi seule un jour de radieux bonheur.

Se penchant un peu en dehors de la voiture, elle dit à la petite fille : — As-tu ta mère, mon enfant ?

— Non, madame ; je n'ai plus ni mère ni père...

— Qui prend soin de toi ?

— Personne, madame... On me donne des bouquets à vendre ; il faut que je rapporte des sous..... sans cela... on me bat.

— Pauvre petite !

— Un sou.... ma bonne dame, un sou, pour l'amour de Dieu ! — dit l'enfant en continuant d'accompagner la calèche, qui marchait alors au pas.

— Mon cher comte — dit Adrienne en souriant et en s'adressant à M. de Montbron — vous n'en êtes malheureusement pas à votre premier enlèvement... penchez-vous en dehors de la portière, tendez vos deux mains à cette enfant, enlevez-la prestement... nous la cacherons vite entre madame de Morinval et moi..... et nous quitterons la promenade sans que personne se soit aperçu de ce rapt audacieux.

— Comment ! — dit le comte avec surprise — vous voulez...

— Oui... je vous en prie.

— Quelle folie ?

— Hier peut-être vous auriez pu traiter ce caprice de folie, mais *aujourd'hui* — et Adrienne appuya sur ce mot en regardant M. de Montbron d'un air d'intelligence — mais *aujourd'hui* vous devez comprendre... que c'est presque un devoir.

— Oui, je le comprends, bon et noble cœur — dit le comte d'un air ému pendant que madame de Morinval, qui ignorait complètement l'amour de mademoiselle de Cardoville pour Djalma, regardait avec autant de surprise que de curiosité le comte et la jeune fille.

M. de Montbron, s'avançant alors au dehors de la portière et tendant ses mains à l'enfant, lui dit : — Donne-moi tes deux mains, petite.

Quoique bien étonnée, l'enfant obéit machinalement et tendit ses deux petits bras; alors le comte la prit par les poignets et l'enleva très adroitement, avec d'autant plus de facilité que la voiture était fort basse et, nous l'avons dit, allait au pas. L'enfant, plus stupéfaite encore qu'effrayée, ne dit mot. Adrienne et madame de Morinval laissèrent un vide entre elles; on y blottit la petite fille, qui disparut aussitôt sous les pans des châles des deux jeunes femmes.

Tout ceci fut exécuté si rapidement qu'à peine quelques personnes, passant dans les contre-allées, s'aperçurent de cet *enlèvement*.

— Maintenant, mon cher comte — dit Adrienne radieuse — sauvons-nous vite avec notre proie.

M. de Montbron se leva à demi et dit aux postillons :
— A l'hôtel.

Et les quatre chevaux partirent à la fois d'un trot rapide et égal.

— Il me semble que cette journée de bonheur est maintenant consacrée, et que mon luxe est *excusé* — pensait Adrienne ; — en attendant que je puisse retrouver cette pauvre Mayeux en faisant faire dès aujourd'hui mille recherches, sa place du moins ne sera pas vide.

Il y a souvent des rapprochemens étranges... Au moment où cette bonne pensée pour la Mayeux venait à l'esprit d'Adrienne, un grand mouvement de foule se manifestait dans l'une des contre-allées; plusieurs passans s'attroupèrent, bientôt d'autres personnes coururent se joindre au groupe.

— Voyez donc, mon oncle — dit madame de Morinval — comme la foule s'assemble là-bas ! Qu'est-ce que cela peut être ? Si l'on faisait arrêter la voiture pour envoyer savoir la cause de ce rassemblement ?

— Ma chère, j'en suis désolé, mais votre curiosité ne sera pas satisfaite — dit le comte en tirant sa montre ; il est bientôt six heures ; la représentation des bêtes féroces commencera à huit heures ; nous avons juste le temps de rentrer et de dîner... Est-ce votre avis, ma chère enfant ? — dit-il à Adrienne.

— Est-ce le vôtre, Julie ? — dit mademoiselle de Cardoville à la marquise.

— Sans doute — répondit la jeune femme.

— Je vous saurai d'ailleurs d'autant plus de gré de ne pas vous attarder, reprit le comte — qu'après vous avoir conduites à la Porte-Saint-Martin je serai obligé d'aller au club pour une demi-heure, afin d'y voter pour lord Campbell, que je présente.

— Nous resterons donc seules, Adrienne et moi, au spectacle, mon oncle ?

— Mais votre mari vient avec vous, je suppose.

— Vous avez raison, mon oncle ; ne nous abandonnez pas trop pour cela.

— Comptez-y, car je suis au moins aussi curieux que vous de voir ces terribles animaux, et le fameux Morok, l'incomparable dompteur de bêtes.

Quelques minutes après, la voiture de mademoiselle de Cardoville avait quitté les Champs-Elysées, emportant la petite fille et se dirigeant vers la rue d'Anjou.

Au moment où le brillant attelage disparaissait, l'attroupement dont on a parlé avait encore augmenté ; une foule compacte se pressait autour de l'un des grands arbres des Champs-Elysées, et l'on entendait sortir çà et là de ce groupe des exclamations de pitié.

Un promeneur, s'approchant d'un jeune homme placé aux derniers rangs de l'attroupement, lui dit :

— Qu'est-ce qu'il y a donc là ?

— On dit que c'est une pauvresse... une jeune fille bossue qui vient de tomber d'inanition...

— Une bossue... beau dommage !... il y en a toujours assez de bossues... — dit brutalement le promeneur avec un rire grossier.

— Bossue ou non... si elle meurt de faim... — répondit le jeune homme en contenant à peine son indignation — ça n'en est pas moins triste ; et il n'y a pas là de quoi rire, monsieur !

— Mourir de faim, bah ! — dit le promeneur en haussant les épaules. — Il n'y a que la canaille qui ne veut pas travailler qui meurt de faim... et c'est bien fait.

— Et moi, je parie, monsieur, qu'il y a une mort dont vous ne mourrez jamais, vous ! s'écria le jeune homme indigné de la cruelle insolence du promeneur.

— Que voulez-vous dire ? — reprit le promeneur avec hauteur.

— Je veux dire, monsieur, que ce n'est jamais le cœur qui vous étouffera.

— Monsieur ! — s'écria le promeneur d'un ton courroucé.

— Eh bien ! quoi, monsieur ? — reprit le jeune homme en regardant son interlocuteur en face.

— Rien... — dit le promeneur ; et, tournant brusquement les talons, il alla tout grondant rejoindre un cabriolet à caisse orange sur laquelle on voyait un énorme blason surmonté d'un *tortil* de baron. Un domestique, ridiculement galonné d'or sur vert et orné d'une énorme aiguillette qui lui battait les mollets, était debout à côté du cheval, et n'aperçut pas son maître.

— Tu bayes donc aux corneilles, animal — lui dit le promeneur en le poussant du bout de sa canne. Le domestique se retourna confus. — Monsieur... c'est que...

— Tu ne sauras donc jamais dire monsieur le baron, gredin ! — s'écria le promeneur courroucé. — Allons, ouvre la portière.

Le promeneur était M. Tripeaud, baron industriel, loup-cervier, agioteur.

La pauvre bossue était la Mayeux, qui venait en effet de tomber exténuée de misère et de besoin au moment où elle se rendait chez mademoiselle de Cardoville. La malheureuse créature avait trouvé le courage de braver la honte et les atroces railleries qu'elle redoutait en venant dans cette maison dont elle s'était volontairement exilée ; cette fois il ne s'agissait pas d'elle, mais de sa sœur Céphyse... la reine Bacchanal, de retour à Paris depuis la veille, et que la Mayeux voulait, grâce à Adrienne, arracher au sort le plus épouvantable. . . . .

Deux heures après ces différentes scènes, une foule énorme se pressait aux abords de la Porte-Saint-Martin afin d'assister aux exercices de Morok, qui devait simuler un combat avec la fameuse panthère noire de Java, nommée *la Mort*.

Bientôt Adrienne, M. et madame de Morinval descendirent de voiture devant l'entrée du théâtre; ils devaient y être rejoints par le comte de Montbron, qu'ils avaient en passant laissé au club.

CHAPITRE VII.

DERRIÈRE LA TOILE.

La salle immense de la Porte-Saint-Martin était remplie d'une foule impatiente. Ainsi que M. de Montbron l'avait dit à mademoiselle de Cardoville, *tout Paris* se pressait avec une vive et ardente curiosité aux représentations de Morok; il est inutile de dire que le dompteur de bêtes avait complètement abandonné le petit commerce de bimbeloteries dévotieuses auxquelles il se livrait si fructueusement à l'auberge du Faucon blanc, près de Leipsick; il en était de même des grandes enseignes sur lesquelles les effets surprenans de la soudaine conversion de Morok étaient traduits en peintures si bizarres; ces roueries surannées n'eussent pas été de mise à Paris.

Morok finissait de s'habiller dans une des loges d'acteur qu'on lui avait donnée; par dessus sa cotte de mailles, ses jambards et ses brassards, il portait un ample pantalon rouge que des cercles de cuivre doré attachaient à ses chevilles. Son long caftan d'étoffe brochée noir, or et pourpre, était serré à sa taille et à ses poignets par d'autres larges cercles de métal aussi dorés. Ce sombre costume donnait au dompteur de bêtes une physionomie plus sinistre encore. Sa barbe épaisse et jaunâtre tombait à grands flots sur sa poitrine, et il enroulait gravement une longue pièce de mousseline blanche autour de sa calotte rouge. Dévot prophète en Allemagne, comédien à Paris, Morok savait, comme ses protecteurs, parfaitement s'accommoder aux circonstances.

Assis dans un coin de la loge, et le contemplant avec une sorte d'admiration stupide, était Jacques Rennepont, dit Couche-tout-Nu. Depuis le jour où l'incendie avait dévoré la fabrique de M. Hardy, Jacques n'avait pas quitté Morok, passant chaque nuit dans des orgies dont l'organisation de fer du dompteur de bêtes bravait la funeste influence. Les traits de Jacques commençaient, au contraire, à s'altérer profondément : ses joues creuses, sa pâleur marbrée, son regard parfois hébété, parfois éclatant d'un sombre feu, trahissaient les ravages de la débauche; une sorte de sourire amer et sardonique effleurait presque continuellement ses lèvres desséchées. Cette intelligence, autrefois vive et gaie, luttait encore quelque peu contre le lourd hébêtement d'une ivresse presque continuelle. Déshabitué du travail, ne pouvant se passer de plaisirs grossiers, cherchant à noyer dans le vin un reste d'honnêteté qui se révoltait en lui, Jacques en était venu à accepter sans honte la large aumône des sensualités abrutissantes que lui faisait Morok, celui-ci soldant les frais assez considérables de leurs orgies, mais ne lui donnant jamais d'argent, afin de le garder toujours dans sa dépendance. Après avoir pendant quelque temps contemplé Morok avec ébahissement, Jacques lui dit : — C'est égal, c'est un fier métier que le tien... (ils se tutoyaient alors); tu peux te vanter qu'il n'y a pas, à l'heure qu'il est, deux hommes comme toi dans le monde entier... et c'est flatteur... C'est dommage que tu ne te bornes pas à ce beau métier-là.

—Que veux-tu dire?

—Et cette conspiration aux frais de laquelle tu me fais *nocer* tous les jours et toutes les nuits?

— Ça chauffe, mais le moment n'est pas encore venu; c'est pour cela que je veux t'avoir toujours sous la main jusqu'au grand jour... Te plains-tu?

— Non, mordieu! — dit Jacques — qu'est-ce que je ferais? Brûlé par l'eau-de-vie, comme je le suis, j'aurais la volonté de travailler que je n'en aurais plus la force;... je n'ai pas, comme toi, une tête de marbre et un corps de fer;... mais, pour me griser avec de la poudre au lieu de me griser avec autre chose... ça me va, je ne suis plus bon qu'à cet ouvrage-là...; et puis, ça m'empêche de penser.

— A quoi ?

— Tu sais bien... que quand je pense... je ne pense qu'à une chose... — dit Jacques d'un air sombre.

— La reine Bacchanal, encore ? — dit Morok avec dédain.

— Toujours... un peu; quand je n'y penserai plus du tout, c'est que je serai mort... ou tout-à-fait abruti... Démon!

— Tu ne t'es jamais mieux porté... et tu n'as jamais eu plus d'esprit... niais! — répondit Morok en attachant son turban.

L'entretien fut interrompu... Goliath entra précipitamment dans la loge.

La taille gigantesque de cet Hercule avait encore augmenté de carrure; il était costumé en Alcide: ses membres énormes, sillonnés de veines grosses comme le pouce, se gonflaient sous un maillot couleur de chair sur lequel tranchait un caleçon rouge.

— Qu'as-tu à entrer ici comme une tempête? — lui dit Morok.

— Il y a bien une autre tempête dans la salle; ils commencent à s'impatienter et crient comme des possédés; mais si ce n'était que ça!

— Qu'y a-t-il encore?

— *La Mort* ne pourra pas jouer ce soir...

Morok se retourna brusquement, presque avec inquiétude.

— Pourquoi cela? — s'écria-t-il.

— Je viens de la voir :... elle se tient rasée tout au fond de sa loge ;... ses oreilles sont si couchées sur sa tête, qu'on dirait qu'on les lui a coupées... Vous savez ce que cela veut dire.

— Est-ce là tout? — dit Morok en se retournant vers la glace pour achever sa coiffure.

— C'est bien assez, puisqu'elle est dans un de ses accès de rage. Depuis cette nuit où, en Allemagne, elle a éventré cette rosse de cheval blanc, je ne lui ai pas vu l'air si féroce ; ses yeux luisent comme deux chandelles.

— Alors on lui mettra sa belle collerette — dit simplement Morok.

— Sa belle collerette?

— Oui, son collier à ressort.

— Et il faudra que je vous aide comme femme de chambre — dit le géant; — jolie toilette à faire...

— Tais-toi...

— Ce n'est pas tout... — reprit Goliath d'un air embarrassé.

— Quoi encore?...

— J'aime autant vous le dire... tout de suite...

— Parleras-tu?

— Eh bien!... il est ici.

— Qui, bête brute?

— L'Anglais!

Morok tressaillit, ses bras tombèrent le long de son corps.

Jacques fut frappé de la pâleur et de la contraction des traits du dompteur de bêtes.

— L'Anglais... tu l'as vu! — s'écria Morok en s'adressant à Goliath; — tu en es sûr?

— Très sûr... Je regardais par le trou de la toile, je l'ai vu dans une petite loge presque sur le théâtre; il veut voir les choses de près :... il est bien facile à reconnaître à son front pointu, à son grand nez et à ses yeux ronds.

Morok tressaillit encore.

Cet homme, ordinairement d'une impassibilité farouche, parut de plus en plus troublé et si effrayé que Jacques lui dit : — Qu'est-ce donc que cet Anglais?

— Il me suivait depuis Strasbourg, où il m'avait rencontré — répondit Morok sans pouvoir cacher son abattement ; — il voyageait à petites journées, comme moi, avec ses chevaux, s'arrêtant où je m'arrêtais, afin de ne jamais manquer une de mes représentations. Mais, deux jours avant que d'arriver à Paris, il m'avait abandonné... je m'en croyais délivré — ajouta Morok en soupirant.

— Délivré... comme tu dis cela!... — reprit Jacques surpris ; — une si bonne pratique ; un admirateur pareil !

— Oui — dit Morok de plus en plus morne et accablé, ce misérable-là a parié une somme énorme que je serais dévoré devant lui pendant un de mes exercices, il espère gagner son pari ;... voilà pourquoi il ne me quitte pas.

Couche-tout-Nu trouva l'idée de l'Anglais d'une excentricité si réjouissante que, pour la première fois depuis longtemps, il partit d'un éclat de rire des plus francs.

Morok, devenant blême de rage, se précipita sur lui d'un air si menaçant, que Goliath fut obligé de s'interposer.

— Allons... allons — dit Jacques — ne te fâche pas ; puisque c'est sérieux... je ne ris plus...

Morok se calma et dit à Couche-tout-Nu d'une voix sourde : — Me crois-tu lâche ?

— Non, pardieu !

— Eh bien ! pourtant, cet Anglais à figure grotesque m'épouvante plus que mon tigre ou ma panthère...

— Tu me le dis... je te crois — répondit Jacques ; — ma je ne comprends pas en quoi la présence de cet homme t'épouvante...

— Mais songe donc, misérable ! — s'écria Morok — qu'obligé d'épier sans cesse le moindre mouvement de la bête féroce que je tiens domptée sous mon geste et mon regard, il y a pour moi quelque chose d'effrayant à savoir que deux yeux sont là... toujours là... fixes... attendant que la moindre distraction me livre aux dents des animaux !

— Maintenant je comprends — reprit Jacques, et il tressaillit à son tour. — Ça fait peur.

— Oui ;... car... une fois là... j'ai beau ne pas l'apercevoir, cet Anglais de malheur, il me semble voir toujours devant moi ses deux yeux ronds, fixes et grands ouverts... Mon tigre Caïn a déjà failli une fois me dévorer le bras... pendant une distraction que me causait cet Anglais que l'enfer confonde !... Tonnerre et sang ! — s'écria Morok — cet homme me sera fatal...

Et Morok marcha dans la loge avec agitation.

— Sans compter que la Mort a ce soir ses oreilles aplaties sur son crâne — reprit brutalement Goliath. — Si vous vous obstinez... c'est moi qui vous le dis... l'Anglais gagnera son pari ce soir...

— Sors d'ici, brute ;... ne me romps pas la tête de tes prédictions de malheur — s'écria Morok — et va préparer le collier de la Mort.

— Allons, chacun son goût... vous voulez que la panthère vous goûte — dit le géant en sortant pesamment après cette plaisanterie.

— Mais, puisque tu as ces craintes, dit Couche-tout-Nu — pourquoi ne dis-tu pas que la panthère est malade?

Morok haussa les épaules, et répondit avec une sorte d'exaltation farouche : — As-tu entendu parler de l'âpre plaisir du joueur qui met son honneur, sa vie sur une carte? Eh bien ! moi aussi... dans ces exercices de chaque jour, où ma vie est en jeu, je trouve un sauvage et âpre plaisir à braver la mort devant une foule frémissante, épouvantée de mon audace... Enfin, jusque dans l'effroi que m'inspire cet Anglais, je trouve quelquefois malgré moi je ne sais quel terrible excitant que j'abhorre et que je subis.

Le régisseur, entrant dans la loge du dompteur de bêtes, l'interrompit.

— Peut-on frapper les trois coups, monsieur Morok? — lui dit-il. — L'ouverture ne durera que dix minutes.

— Frappez — dit Morok.

— M. le commissaire de police vient de faire examiner de nouveau la double chaîne destinée à la panthère et le piton rivé au plancher du théâtre, au fond de la caverne du premier plan — ajouta le régisseur. — Tout a été trouvé d'une solidité très rassurante.

— Oui... rassurante... excepté pour moi... — murmura le dompteur de bêtes.

— Ainsi, monsieur Morok, on peut frapper?

— On peut frapper — répondit Morok.

Et le régisseur sortit.

CHAPITRE VIII.

LE LEVER DU RIDEAU.

Les trois coups d'usage retentirent solennellement derrière la toile, l'ouverture commença, et, il faut l'avouer, fut peu écoutée.

A l'intérieur, la salle offrait un coup d'œil très animé. Sauf deux avant-scènes des premières, l'une à droite, l'autre à gauche du spectateur, toutes les places étaient occupées.

Un grand nombre de femmes très élégantes, attirées comme toujours par l'étrangeté sauvage du spectacle, garnissaient les loges. Aux stalles se pressaient la plupart des jeunes gens qui, le matin, avaient parcouru les Champs-Elysées au pas de leurs chevaux. Quelques mots échangés d'une stalle à l'autre donneront une idée de leur entretien.

— Savez-vous, mon cher, qu'il n'y aurait pas une foule pareille et une salle si bien composée pour voir *Athalie*?

— Certainement. Que sont les pauvres hurlemens d'un comédien, auprès du rugissement du lion?...

— Moi, je ne comprends pas qu'on permette à ce Morok d'attacher sa panthère dans un coin du théâtre avec une chaîne à un anneau de fer... Si la chaîne cassait?

— A propos de chaîne brisée... voilà la petite madame de Blinville, qui n'est pas une tigresse... La voyez-vous aux secondes de face?

— Ça lui va très bien d'avoir brisé, comme vous dites, la chaîne conjugale ; elle est très en beauté cette année.

— Ah! voici la belle duchesse de Saint-Prix... Mais tout ce qu'il y a d'élégant est ici ce soir ;... je ne dis pas ça pour nous.

— C'est une véritable salle des Italiens... quel air de joie et de fête!

— Après tout, on fait bien de s'amuser, on ne s'amusera peut-être pas longtemps.

— Pourquoi donc?

— Et si le choléra vient à Paris?

— Ah bah!

— Est-ce que vous croyez au choléra, vous?

— Parbleu! il arrive du Nord en se promenant la canne à la main.

— Que le diable l'emporte en chemin, et que nous ne voyions pas ici sa figure verte!

— On dit qu'il est à Londres.

— Bon voyage!

— Moi, j'aime autant parler d'autre chose ; c'est une faiblesse si vous voulez ; moi, je trouve cela triste.

— Je le crois bien.

— Ah! messieurs... je ne me trompe pas... non... c'est elle!...

— Qui donc?

— Mademoiselle de Cardoville! Elle entre à l'avant-scène avec Morinval et sa femme. C'est une résurrection complète : ce matin, aux Champs-Elysées, ce soir, ici.

— C'est, ma foi, vrai! C'est bien mademoiselle de Cardoville.

— Mon Dieu! qu'elle est belle!...

— Prêtez-moi votre lorgnette.

— Hein... qu'en dites-vous?

— Ravissante... éblouissante!

— Et avec cette beauté, de l'esprit comme un démon, dix-huit ans, trois cent mille livres de rentes, une grande naissance, et... libre comme l'air.

— Oui, dire enfin que, pourvu que ça lui plût, je pourrais être demain, ou même aujourd'hui, le plus heureux des hommes.

— C'est à vous rendre fou ou enragé!

— On assure que son hôtel de la rue d'Anjou est quelque chose de féerique; on parle d'une salle de bains et d'une chambre à coucher dignes des *Mille et une Nuits*.

— Et libre comme l'air.... J'en reviens toujours là.

— Ah! si j'étais à sa place!...

— Moi, je serais d'une légèreté effrayante.

— Ah! messieurs! quel heureux mortel que celui qui sera aimé le premier!

— Vous croyez donc qu'elle en aimera plusieurs?

— Etant libre comme l'air...

— Voilà toutes les loges remplies, sauf l'avant-scène qui fait face à celle de mademoiselle de Cardoville; heureux les locataires de cette loge!

— Avez-vous vu aux premières l'ambassadrice d'Angleterre?

— Et la princesse d'Alvimar... quel bouquet monstre!...

— Je voudrais bien savoir le nom... de ce bouquet-là.

— Parbleu! c'est Germigny.

— Comme c'est flatteur pour les lions et les tigres d'attirer si belle compagnie!

— Remarquez-vous, messieurs, comme toutes les élégantes lorgnent mademoiselle de Cardoville?

— Elle fait événement...

— Elle a bien raison de se montrer : on la faisait passer pour folle.

— Ah! messieurs... la bonne... l'excellente figure!...

— Où donc, où donc?

— Là... dans cette petite loge au-dessous de celle de mademoiselle de Cardoville.

— C'est un casse-noisette de Nuremberg.

— C'est un homme de bois.

— A-t-il les yeux fixes et ronds!

— Et ce nez!

— Et ce front!

— C'est un grotesque.

— Ah! messieurs, silence! voici la toile qui se lève.

En effet, la toile se leva.

Quelques mots d'explication sont nécessaires pour l'intelligence de ce qui va suivre.

L'avant-scène du rez-de-chaussée à gauche du spectateur était coupée en deux loges; dans l'une se trouvaient plusieurs personnes désignées par les jeunes gens placés aux stalles.

L'autre compartiment, plus rapproché du théâtre, était occupé par l'*Anglais*, cet excentrique et sinistre parieur qui inspirait tant d'épouvante à Morok.

Il faudrait être doué du rare et fantastique génie d'Hoffmann pour dignement peindre cette physionomie à la fois grotesque et effrayante, qui se détachait des ténèbres du fond de la loge.

Cet Anglais avait cinquante ans environ, un front complètement chauve et allongé en cône; au-dessous de ce front, surmontés de sourcils affectant la forme de deux accens circonflexes, brillaient deux gros yeux verts, singulièrement ronds et fixes, très rapprochés d'un nez à courbure très saillante et très tranchante; un menton, ainsi qu'on le dit vulgairement, en *casse-noisette*, disparaissait à demi dans une haute et ample cravate de batiste blanche non moins roidement empesée que le col de chemise à coins arrondis, qui atteignait presque le lobe de l'oreille. Le teint de cette figure extrêmement maigre et osseuse était pourtant fort coloré, presque pourpre; ce qui faisait valoir le vert étincelant des prunelles et le blanc du globe de l'œil. La bouche, fort grande, tantôt sifflotait imperceptiblement un air de gigue écossaise (toujours le même air), tantôt se relevait légèrement vers ses coins, contractée par un sourire sardonique. L'Anglais était d'ailleurs mis avec une exquise recherche : son habit bleu à boutons de métal laissait voir son gilet de piqué blanc, d'une blancheur aussi irréprochable que son ample cravate; deux magnifiques rubis formaient les boutons de sa chemise, et il appuyait sur le bord de la loge des mains patriciennes soigneusement gantées de gants glacés. Lorsque l'on savait le bizarre et cruel désir qui amenait ce parieur à toutes ces représentations, sa grotesque figure, au lieu d'exciter un rire moqueur, devenait presque effrayante. L'on comprenait alors l'espèce d'épouvantable cauchemar causé à Morok par ces deux gros yeux ronds et fixes qui semblaient patiemment attendre la mort du dompteur de bêtes (et quelle horrible mort!) avec une confiance inexorable.

Au-dessus de la loge ténébreuse de l'Anglais, et offrant un gracieux contraste, se trouvaient dans l'avant-scène des premières M. et madame de Morinval et mademoiselle de Cardoville. Celle-ci avait pris place du côté du théâtre. Elle était coiffée en cheveux et portait une robe de crêpe de Chine d'un bleu céleste, rehaussée au corsage d'une broche à pendeloques de perles du plus bel orient, rien de plus; et Adrienne était charmante ainsi. A la main, elle tenait un énorme bouquet composé des plus rares fleurs de l'*Inde*; le stéphanotis, le gardénia, mélangeaient leur blancheur mate à la pourpre des hibiscus et des amaryllis de Java.

Madame de Morinval, placée de l'autre côté de la loge, était mise aussi avec goût et simplicité. M. de Morinval, fort beau jeune homme blond, très élégant, se tenait derrière les deux femmes. M. de Montbron devait revenir d'un moment à l'autre.

Rappelons enfin au lecteur qu'à droite du spectateur, l'avant-scène des premières qui faisait face à la loge d'Adrienne était restée jusqu'alors complètement vide. Le théâtre représentait une gigantesque forêt de l'Inde; au fond, de grands arbres exotiques se découpaient en ombelles ou en flèches sur des masses anguleuses de rochers à pic, laissant à peine voir quelques coins d'un ciel rougeâtre. Chaque coulisse formait un massif d'arbres entrecoupé de rocs; enfin, à gauche du spectateur, et absolument au-dessous de la loge d'Adrienne, on voyait l'échancrure irrégulière d'une noire et profonde caverne, qui semblait à demi écrasée sous un amas de blocs de granit jetés là par quelque éruption volcanique. Ce site, d'une âpreté, d'une grandeur sauvages, était merveilleusement composé, l'illusion aussi complète que possible; la rampe baissée, garnie d'un réflecteur pourpré, jetait sur ce sinistre paysage des tons ardens et voilés qui en augmentaient encore l'aspect lugubre et saisissant.

Adrienne, un peu penchée en dehors de sa loge, les joues légèrement animées, les yeux brillans, le cœur palpitant, cherchait à retrouver dans ce tableau la forêt solitaire dépeinte dans le récit de ce voyageur qui racontait avec quelle intrépidité généreuse Djalma s'était précipité sur une tigresse en furie pour sauver la vie d'un pauvre esclave noir réfugié dans une caverne.

Et de fait, le hasard servait merveilleusement le souvenir de la jeune fille. Tout absorbée par la contemplation de ce site et par les idées qu'il éveillait en son cœur, elle ne songeait nullement à ce qui se passait dans la salle. Il se passait pourtant quelque chose d'assez curieux à l'avant-scène qui, restée vide jusqu'alors, faisait face à la loge d'Adrienne.

La porte de cette loge s'était ouverte. Un homme de quarante ans environ, au teint bistré, y était entré; vêtu à l'indienne, d'une longue robe d'étoffe de soie orange, serrée à sa taille par une ceinture verte, il portait un petit turban blanc; après avoir disposé deux chaises sur le devant de la loge et regardé un instant de côté et d'autre dans la salle, il tressaillit; ses yeux noirs étincelèrent, et il ressortit vivement. Cet homme était Faringhea.

Cette apparition causait déjà dans la salle une surprise mêlée de curiosité; la majorité des spectateurs n'avait pas, comme Adrienne, mille raisons d'être absorbée par la seule contemplation d'un décor pittoresque. L'attention publique augmenta en voyant entrer dans la loge d'où venait de sortir Faringhea un jeune homme d'une rare beauté, aussi vêtu à l'indienne, d'une longue robe de cachemire blanc à manches flottantes, et coiffé d'un turban écarlate rayé d'or comme sa ceinture, où brillait un long poignard étincelant de pierreries... Ce jeune homme était Djalma.

Un instant il se tint debout à la porte, jetant, du fond de la loge, un regard presque indifférent sur cette salle immense, où se pressait une foule immense... bientôt, faisant quelques pas avec une sorte de majesté gracieuse et tranquille, le prince s'assit nonchalamment sur une des chaises, puis, tournant la tête vers la porte au bout de quelques secondes, il parut s'étonner de ne pas voir entrer une personne qu'il attendait sans doute.

Celle-ci parut enfin, l'ouvreuse finissait de la débarrasser de son manteau... Cette personne était une charmante jeune fille blonde, vêtue avec plus d'éclat que de goût, d'une robe de soie blanche à larges raies cerise, effrontément décolletée et à manches courtes; deux gros nœuds de rubans cerise placés de chaque côté de ses cheveux blonds encadraient la plus jolie, la plus mutine, la plus éveillée de toutes les petites mines.

On a déjà reconnu Rose-Pompon, gantée de gants blancs, longs, ridiculement surchargés de bracelets, mais qui du moins ne cachaient qu'à demi ses jolis bras; elle tenait à la main un énorme bouquet de roses. Loin d'imiter le calme démarche de Djalma, Rose-Pompon entra en sautillant dans la loge, remua bruyamment les chaises, se trémoussa quelque temps sur son siége avant de s'asseoir, afin d'étaler sa belle robe ; puis, sans être le moins du monde intimidée par cette brillante assemblée, elle fit d'un petit geste agaçant respirer l'odeur de son bouquet de roses à Djalma, et elle parut définitivement s'équilibrer sur la chaise qu'elle occupait.

Faringhea rentra, ferma la porte de la loge et s'assit derrière la prince.

Adrienne, toujours profondément absorbée dans la contemplation de la forêt indienne et dans ses doux souvenirs, n'avait fait aucune attention aux nouveaux arrivans...

Comme elle tournait complètement la tête du côté du théâtre et que Djalma ne pouvait, pour ainsi dire, l'apercevoir à ce moment que de profil perdu, il n'avait pas non plus reconnu mademoiselle de Cardoville...

CHAPITRE IX.

LA MORT.

L'espèce de *libretto* dans lequel se trouvait intercalé le combat de Morok et de la panthère noire était si insignifiant, que la majorité du public n'y prêtait aucune attention, réservant tout son intérêt pour la scène dans laquelle devait paraître le dompteur de bêtes. Cette indifférence du public explique la curiosité produite dans la salle par l'arrivée de Faringhea et de Djalma, curiosité qui se traduisit (comme naguère de nos jours lors de la présence des Arabes dans quelque lieu public) par une légère rumeur et un mouvement général de la foule.

La mine si éveillée, si gentille de Rose-Pompon, toujours charmante, malgré sa toilette singulièrement voyante, et surtout d'une prétention ridicule pour un pareil théâtre, ses façons très légères et plus que familières à l'égard du bel Indien qui l'accompagnait, augmentaient et avivaient encore la surprise; car, à ce moment même, Rose-Pompon, cédant, l'effrontée qu'elle était, à un mouvement d'agaçante coquetterie, avait, on l'a dit, approché son gros bouquet de roses de la figure de Djalma pour le lui faire sentir. Mais le prince, à la vue de ce paysage qui lui rappelait son pays, au lieu de paraître sensible à cette gentille provocation, resta quelques minutes rêveur, les yeux attachés sur le théâtre ; alors Rose-Pompon se mit à battre la mesure avec son bouquet sur le devant de sa loge, tandis que le balancement un peu trop cadencé de ses jolies épaules annonçait que cette danseuse endiablée commençait à être possédée d'idées chorégraphiques plus ou moins *orageuses*, en entendant un pas redoublé fort animé que l'orchestre jouait alors.

Placée absolument en face de la loge où venait de s'établir Faringhea, Djalma et Rose-Pompon, madame de Morinval s'était bientôt aperçue de l'arrivée de ces nouveaux personnages, et surtout des coquettes excentricités de Rose-Pompon : aussi la jeune marquise, se penchant vers mademoiselle de Cardoville, toujours absorbée dans ses ineffables souvenirs, lui avait dit en riant : — Ma chère, ce qu'il y a de plus amusant ici n'est pas sur le théâtre... Regardez donc en face de nous.

— En face de nous ! — répéta machinalement Adrienne.

Et après s'être retournée vers madame de Morinval d'un air surpris, elle jeta les yeux du côté qu'on lui indiquait... Elle regarda...

Que vit-elle !... Djalma assis à côté d'une jeune fille qui lui faisait familièrement respirer le parfum de son bouquet. Étourdie, frappée presque physiquement au cœur d'un coup électrique profond, aigu, Adrienne devint d'une pâleur mortelle... Par instinct elle ferma les yeux pendant une seconde, afin *de ne pas voir*... de même que l'on tâche de détourner le poignard qui, vous ayant déjà frappé, vous menace encore... Puis tout à coup, à cette sensation de douleur, pour ainsi dire matérielle, succéda une pensée terrible pour son amour et pour sa juste fierté.

— Djalma est ici avec cette femme... et il a reçu ma lettre — se disait-elle — ma lettre... où il a pu lire le bonheur qui l'attendait! »

A l'idée de ce sanglant outrage, la rougeur de la honte, de l'indignation, remplaça la pâleur d'Adrienne, qui, anéantie devant la réalité, se disait encore : *Rodin ne m'avait pas trompée!...*

Il faut renoncer à rendre la foudroyante rapidité de ces émotions qui vous torturent, qui vous tuent dans l'espace d'une minute... Ainsi Adrienne avait été précipitée du plus radieux bonheur au fond d'un abîme de douleurs atroces en moins d'une seconde... car elle fut à peine une seconde avant de répondre à madame de Morinval :

— Qu'y a-t-il donc de si curieux en face de nous, ma chère Julie?

Cette réponse évasive permettait à Adrienne de reprendre son sang-froid. Heureusement, grâce à ses longues boucles de cheveux, qui, de profil, cachaient presque entièrement ses joues, sa pâleur et sa rougeur subites échappèrent à madame de Morinval, qui reprit gaîment : — Comment, ma chère, vous ne voyez pas ces Indiens qui viennent d'entrer dans cette loge d'avant-scène... tenez... là... justement en face de la nôtre?

— Ah! oui... très bien ;... je les vois — répondit Adrienne d'une voix ferme.

— Et vous ne les trouvez pas très curieux ! — reprit la marquise.

— Allons, mesdames — dit en riant M. de Morinval — un peu d'indulgence pour de pauvres étrangers : ils ignorent nos usages, sans cela s'afficheraient-ils en si mauvaise compagnie à la face de tout Paris?

— En effet — dit Adrienne avec un sourire amer — leur ingénuité est si touchante !... Il faut les plaindre.

— Mais c'est qu'elle est malheureusement charmante, cette petite, avec sa robe décolletée et ses bras nus — dit la marquise ; — *cela* doit avoir seize ou dix-sept ans au plus. Regardez-la donc, ma chère Adrienne ; quel dommage!...

— Vous êtes dans un jour de charité, vous et votre mari, ma chère Julie — répondit Adrienne ; il faut plaindre ces Indiens... plaindre cette créature... Voyons, qui plaindrons-nous encore?

— Nous ne plaindrons pas ce bel Indien au turban rouge et or — dit le marquis en riant — car, si cela dure... la petite aux rubans cerise va l'embrasser... Par ma foi ! voyez donc comme elle se penche vers son sultan...

— Ils sont très amusans — dit la marquise en partageant l'hilarité de son mari et en lorgnant Rose-Pompon ; puis elle reprit au bout d'une minute, en s'adressant à Adrienne : — Je suis certaine d'une chose, moi :... c'est que, malgré ses mines évaporées, cette petite est folle de cet Indien... Je viens de surprendre un regard... qui dit beaucoup de choses.

— A quoi bon tant de pénétration, ma bonne Julie? — dit doucement Adrienne ; — quel intérêt avons-nous à lire dans le cœur de cette jeune fille ?...

— Si elle aime son sultan... elle a bien raison — dit le marquis en lorgnant à son tour — car, de ma vie, je n'ai rencontré quelqu'un de plus admirablement beau que cet Indien ! je ne le vois que de profil, mais ce profil est pur et fin comme un camée antique... Ne trouvez-vous pas, mademoiselle ? — ajouta le marquis en se penchant vers Adrienne. — Il est bien entendu que c'est une simple question d'art... que je me permets de vous adresser...

— Comme objet d'art? — répondit Adrienne ; — en effet, c'est fort beau.

— Ah çà ! — dit la marquise — elle est impertinente, cette petite ! Ne voilà-t-il pas qu'elle nous lorgne!...

— Bien! dit le marquis — et la voilà qui met sans façon sa main sur l'épaule de son Indien pour lui faire sans doute partager l'admiration que vous lui inspirez, mesdames...

En effet, Djalma, jusqu'alors distrait par la vue du décor qui lui rappelait son pays, était resté insensible aux agaceries de Rose-Pompon, et n'avait pas encore aperçu Adrienne.

— Ah bien! par exemple — disait Rose-Pompon en s'agitant sur le devant de sa loge et continuant de lorgner mademoiselle de Cardoville, car c'était elle, et non la marquise, qui attirait alors son attention — voilà qui est joliment rare... une délicieuse femme avec des cheveux roux, mais d'un bien joli roux, faut le dire... Regardez donc, *Prince Charmant!* — Et, on l'a dit, elle frappa légèrement sur l'épaule de Djalma, qui, à ces mots, tressaillit, tourna la tête, et, pour la première fois, aperçut mademoiselle de Cardoville.

Quoiqu'on l'eût presque préparé à cette rencontre, le prince éprouva un saisissement si violent, qu'éperdu, il allait involontairement se lever, mais il sentit peser vigoureusement sur son épaule la main de fer de Faringhea, qui, placé derrière lui, s'écria rapidement à voix basse et en langue hindoue : — Du courage.... et demain cette femme sera à vos pieds.

Et comme Djalma faisait un nouvel effort, le métis ajouta, pour le contenir : — Tout à l'heure elle a pâli, rougi de jalousie... pas de faiblesse, ou tout est perdu.

— Ah çà ! vous voilà encore à parler votre affreux patois — dit Rose-Pompon à Faringhea en se retournant. — D'abord ce n'est pas poli ; et puis ce langage est si baroque, qu'on dirait, quand vous le parlez, que vous cassez des noix.

— Je parle de vous à monseigneur — dit le métis. — Il s'agit d'une surprise qu'il vous ménage.

— Une surprise... c'est différent. Alors, dépêchez, entendez-vous, *Prince Charmant?*... — ajouta-t-elle en regardant tendrement Djalma.

— Mon cœur se brise — dit Djalma d'une voix sourde à Faringhea en employant toujours la langue hindoue.

— Et demain il bondira de joie et d'amour — reprit le métis. — Ce n'est qu'à force de mépris qu'on réduit une femme fière. Demain... vous dis-je, tremblante et confuse, elle sera suppliante à vos pieds.

— Demain... elle me haïra... à la mort ! — répondit le prince avec accablement.

— Oui... si maintenant elle vous voit faible et lâche... A cette heure, il n'y a plus à reculer... regardez-la donc bien en face, et ensuite prenez le bouquet de cette petite et voulez le porter à vos lèvres... Aussitôt vous verrez cette femme si fière rougir et pâlir comme tout à l'heure ; alors me croirez-vous ?

Djalma, réduit par le désespoir à tout tenter, subissant malgré lui la fascination des conseils diaboliques de Faringhea, regarda pendant une seconde mademoiselle de Cardoville bien en face, prit d'une main tremblante le bouquet de Rose-Pompon, puis jetant de nouveau les yeux sur Adrienne, il effleura le bouquet de ses lèvres.

A cette outrageante bravade, mademoiselle de Cardoville ne put retenir un tressaillement si brusque, si douloureux, que le prince en fut frappé.

— Elle est à vous... — lui dit le métis : — voyez-vous, monseigneur, comme elle a frémi... de jalousie ;... elle est à vous ; courage ! et bientôt elle vous préférera à ce beau jeune homme qui est derrière elle... car *c'est lui*... qu'elle croyait aimer jusqu'ici.

Et comme si le métis eût deviné le soulèvement de rage et de haine que cette révélation devait exciter dans le cœur du prince, il ajouta rapidement : — Du calme... du dédain !... N'est-ce pas cet homme qui maintenant doit vous haïr?

Le prince se contint et passa la main sur son front, que la colère avait rendu brûlant.

— Mon Dieu ! qu'est-ce que vous lui contez donc qui l'agace comme ça ? — dit Rose-Pompon à Faringhea d'un ton boudeur ; puis s'adressant à Djalma : — Voyons, *Prince Charmant*, comme on dit dans les contes de fées, rendez-moi mon bouquet. — Et elle le reprit.

— Vous l'avez porté à vos lèvres, j'aurais presque envie de le croquer...

Et elle ajouta tout bas en soupirant et en jetant un regard passionné sur Djalma : — Ce monstre de Nini-Moulin ne m'a pas trompée... Tout ça c'est très honnête, je n'ai pas seulement... ça à me reprocher.

Et du bout de ses petites dents blanches elle mordit le bout de l'ongle rose de sa main droite, qu'elle avait dégantée.

Est-il besoin de dire que la lettre d'Adrienne n'avait pas été remise au prince, et qu'il n'était nullement allé passer la journée à la campagne avec le maréchal Simon? Depuis trois jours que M. de Montbron n'avait vu Djalma, Faringhea lui avait persuadé qu'en affichant un autre amour, il réduirait mademoiselle de Cardoville. Quant à la présence de Djalma au théâtre, Rodin avait su par Florine que sa maîtresse allait le soir à la Porte-Saint-Martin.

Avant que Djalma l'eût reconnue, Adrienne, sentant ses forces défaillir, avait été sur le point de quitter le théâtre. L'homme qu'elle avait jusqu'alors porté si haut dans son cœur, celui qu'elle avait admiré à l'égal d'un héros et d'un dieu, celui qu'elle avait cru plongé dans un désespoir si affreux, qu'entraînée par la plus tendre pitié, elle lui avait loyalement écrit, afin qu'une douce espérance calmât ses douleurs;... celui-là enfin répondait à une généreuse preuve de franchise et d'amour en se donnant ridiculement en spectacle avec une créature indigne de lui. Pour la fierté d'Adrienne que d'incurables blessures! Peu lui importait que Djalma crût ou non la rendre témoin de cet indigne affront. Mais lorsqu'elle se vit reconnue par le prince, mais lorsqu'il poussa l'outrage jusqu'à la regarder en face, jusqu'à la braver en portant à ses lèvres le bouquet de la créature qui l'accompagnait, Adrienne, saisie d'une noble indignation, se sentit le courage de rester. Loin de fermer les yeux à l'évidence, elle éprouva une sorte de plaisir barbare à assister à l'agonie, à la mort de son pur et divin amour. Le front haut, l'œil fier et brillant, la joue colorée, la lèvre dédaigneuse, à son tour elle regarda le prince avec une méprisante fermeté; un sourire sardonique effleura ses lèvres, et elle dit à la marquise, tout occupée, ainsi que bon nombre de spectateurs, de ce qui se passait à l'avant-scène :

— Cette révoltante exhibition de mœurs sauvages est du moins parfaitement d'accord avec le reste du programme.

— Certes — dit la marquise — et mon cher oncle aura perdu ce qu'il y aura peut-être de plus amusant à voir.

— M. de Montbron? — dit vivement Adrienne avec une amertume à peine contenue; — oui... il regrettera de ne pas avoir *tout vu*... Il me tarde qu'il arrive... N'est-ce pas à lui que je dois cette charmante soirée?

Peut-être madame de Morinval eût remarqué l'expression de sanglante ironie qu'Adrienne n'avait pu complètement dissimuler, si tout à coup un rugissement rauque, prolongé, retentissant, n'eût attiré son attention et celle de tous les spectateurs, restés, nous l'avons dit, jusqu'alors fort indifférens aux scènes de remplissage destinées à amener l'apparition de Morok sur le théâtre. Tous les yeux se tournèrent instinctivement vers la caverne située à gauche du théâtre, au-dessous de la loge de mademoiselle de Cardoville; un frisson de curiosité ardente parcourut toute la salle...

Un second rugissement encore plus sonore, plus profond, et qui semblait plus irrité que le premier, sortit cette fois du souterrain, dont l'ouverture disparaissait à demi sous des broussailles artificielles, faciles à écarter. A ce rugissement, l'Anglais se leva debout dans sa petite loge, en sortit presque à mi-corps et se frotta vivement les mains; puis, complètement immobile, ses gros yeux verts, fixes et brillans, ne quittèrent plus l'entrée de la caverne.

A ces hurlemens féroces, Djalma avait aussi tressailli, malgré toutes les excitations d'amour, de jalousie, de haine, auxquelles il était en proie. La vue de cette forêt, les rugissemens de la panthère, lui causèrent une émotion profonde en réveillant de nouveau le souvenir de son pays et de ces chasses meurtrières qui, comme la guerre, ont des enivremens terribles; il eût tout-à-coup entendu les clairons et les gongs de l'armée de son père sonner l'attaque, qu'il n'eût pas été transporté d'une ardeur plus sauvage! Bientôt les groudemens sourds, comme un tonnerre lointain, couvrirent presque les râlemens stridens de la panthère : le lion et le tigre, Judas et Caïn, lui répondaient du fond du théâtre, où étaient leurs cages... A cet effrayant concert, dont ses oreilles avaient été tant de fois frappées au milieu des solitudes de l'Inde, lorsqu'il y campait pour la chasse ou pour la guerre, le sang de Djalma bouillonna dans ses veines, ses yeux étincelèrent d'une ardeur farouche; la tête un peu penchée en avant, les deux mains crispées sur le rebord de la loge, tout son corps frémissait d'un tremblement convulsif. Les spectateurs, le théâtre, Adrienne, n'existaient plus pour lui : il était dans une forêt de son pays... et il sentait le tigre...

Il se mêlait alors à sa beauté une expression si intrépide, si farouche, que

Rose-Pompon le contemplait avec une sorte de frayeur et d'admiration passionnée. Pour la première fois de sa vie, peut-être, ses jolis yeux bleus, ordinairement si gais, si malins, peignaient une émotion sérieuse; elle ne pouvait se rendre compte de ce qu'elle ressentait. Son cœur se serrait, battait avec force, comme si quelque malheur allait arriver. Cédant à un mouvement de crainte involontaire, elle saisit le bras de Djalma, et lui dit : — Ne regardez donc pas ainsi cette caverne, vous me faites peur...

Le prince ne l'entendit pas.

— Ah! le voilà... le voilà! — murmura la foule presque tout d'une voix.

Morok paraissait au fond du théâtre... Morok, costumé comme nous l'avons dépeint, portait de plus un arc et un long carquois rempli de flèches. Il descendit lentement la rampe de rochers simulés qui allait en s'abaissant jusque vers le milieu du théâtre; de temps à autre il s'arrêtait court, feignant de prêter l'oreille, et de ne s'avancer qu'avec circonspection; en jetant ses regards de côté et d'autre, involontairement sans doute, il rencontra les deux gros yeux verts de l'Anglais, dont la loge avoisinait justement la caverne. Aussitôt les traits du dompteur de bêtes se contractèrent d'une manière si effrayante, que madame de Morinval, qui l'examinait curieusement à l'aide d'une excellente lorgnette, dit vivement à Adrienne : — Ma chère, cet homme a peur... il lui arrivera malheur...

— Est-ce qu'il arrive des malheurs? — répondit Adrienne avec un sourire sardonique — des malheurs au milieu de cette foule si brillante, si parée, si animée... des malheurs... ici, ce soir? Allons donc, ma chère Julie... vous n'y songez pas;... c'est dans l'ombre, c'est dans la solitude, qu'un malheur arrive... jamais au milieu d'une foule joyeuse, à l'éclat des lumières.

— Ciel! Adrienne... prenez garde! — s'écria la marquise, ne pouvant retenir un cri d'effroi et saisissant le bras de mademoiselle de Cardoville comme pour l'attirer à elle : — la voyez-vous?

Et la marquise, de sa main tremblante, désignait l'ouverture de la caverne. Adrienne avança vivement la tête et regarda.

— Prenez garde!... ne vous avancez pas tant — lui dit vivement madame de Morinval.

— Vous êtes folle avec vos terreurs, ma chère amie — dit le marquis à sa femme. — La panthère est parfaitement bien enchaînée, et brisât-elle sa chaîne, ce qui est impossible, nous serions ici hors de sa portée.

Une grande rumeur de curiosité palpitante courut alors dans la salle, tous les regards étaient invinciblement attachés sur la caverne. Entre les broussailles artificielles qu'elle écarta brusquement sous son large poitrail, la panthère noire apparut tout à coup; par deux fois elle allongea sa tête aplatie, illuminée de ses deux yeux jaunes et flamboyants... Puis, ouvrant à demi sa gueule rouge... elle poussa un nouveau rugissement en montrant deux rangées de crocs formidables. Une double chaîne de fer et un collier aussi de fer peint en noir se confondant avec son pelage d'ébène et l'ombre de la caverne, l'illusion était complète; le terrible animal semblait être en liberté dans son repaire.

— Mesdames — dit tout à coup le marquis — regardez donc les Indiens... ils sont superbes d'émotion.

En effet, à la vue de la panthère, l'ardeur farouche de Djalma était arrivée à son comble... ses yeux étincelaient sous leur orbite, nacrée comme deux diamans noirs; sa lèvre supérieure se retroussait convulsivement avec une expression de férocité animale, comme s'il eût été dans un violent paroxysme de colère.

Faringhea, alors accoudé sur le bord de la loge, était aussi en proie à une émotion profonde, causée par un hasard étrange. — Cette panthère noire d'une si rare espèce — pensait-il — que je vois ici, à Paris, sur un théâtre, doit être celle que le Malais (le *thug* ou étrangleur qui avait tatoué Djalma à Java pendant son sommeil) a enlevée toute petite dans son repaire, et vendue à un capitaine européen... Le pouvoir de Bohwanie est partout — ajoutait le *thug* dans sa superstition sanguinaire.

— Ne trouvez-vous pas — reprit le marquis s'adressant à Adrienne — que ces Indiens sont superbes à voir ainsi?...

— Peut-être... ils auront assisté à une chasse pareille dans leur pays —

dit Adrienne comme si elle eût voulu évoquer et braver ce qu'il y avait de plus cruel dans ses souvenirs.

— Adrienne... — dit tout à coup la marquise à mademoiselle de Cardoville d'une voix altérée — maintenant voilà le dompteur de bêtes assez près de nous... sa figure n'est-elle pas effrayante à voir?... Je vous dis que cet homme a peur...

— Le fait est — ajouta le marquis très sérieusement cette fois — que sa pâleur est affreuse et qu'elle semble augmenter de minute en minute... à mesure qu'il s'approche de ce côté... On dit que s'il perdait son sang-froid une minute il courrait le plus grand péril.

— Ah!... ce serait horrible — s'écria la marquise en s'adressant à Adrienne — là, sous nos yeux... s'il était blessé...

— Est-ce qu'on meurt d'une blessure... — répondit Adrienne à la marquise avec un accent d'une si froide indifférence que la jeune femme regarda mademoiselle de Cardoville avec surprise et lui dit:

— Ah! ma chère... ce que vous dites là est cruel!...

— Que voulez-vous! c'est l'atmosphère qui nous entoure qui réagit sur moi — dit la jeune fille avec un sourire glacé.

— Voyez... voyez... le dompteur de bêtes va tirer sa flèche sur la panthère! — dit tout à coup le marquis; — c'est sans doute après qu'il simulera le combat corps à corps.

Morok était à ce moment sur le devant du théâtre, mais il lui fallait le traverser dans sa largeur pour arriver jusqu'à l'entrée de la caverne. Il s'arrêta un moment, ajusta une flèche sur la corde de son arc, se mit à genoux derrière un bloc de rocher, visa longtemps;... le trait siffla et alla se perdre dans la profondeur de la caverne, où la panthère s'était retirée après avoir un instant montré sa tête menaçante.

A peine la flèche eût-elle disparu, que *la Mort*, irritée à dessein par Goliath, alors invisible, poussa un rugissement de colère comme si elle eût été frappée...

La pantomime de Morok devint si expressive, il exprima si naturellement sa joie d'avoir atteint la bête féroce, que des bravos frénétiques éclatèrent dans toute la salle. Jetant alors son arc loin de lui, il tira un poignard de sa ceinture, le prit entre ses dents, et se mit à ramper sur ses mains et sur ses genoux, comme s'il eût voulu surprendre dans son repaire la panthère blessée.

Pour rendre l'illusion plus parfaite, *la Mort*, irritée de nouveau par Goliath, qui la frappait avec une barre de fer, *la Mort* poussa du fond du souterrain des rugissemens effroyables.

Le sombre aspect de la forêt, à peine éclairée de reflets rougeâtres, était d'un effet si saisissant, les hurlemens de la panthère si furieux, les gestes, l'attitude, la physionomie de Morok si empreints de terreur... que la salle, attentive, frémissante, restait dans un silence profond; toutes les respirations étaient suspendues; on eût dit qu'un frisson d'épouvante gagnait tous les spectateurs, comme s'ils se fussent attendus à quelque horrible événement.

Ce qui rendait la pantomime de Morok d'une vérité si effrayante, c'est qu'en s'approchant ainsi pas à pas de la caverne, il approchait aussi de la loge de l'Anglais... Malgré lui, le dompteur de bêtes, fasciné par la peur, ne pouvait détacher ses deux gros yeux verts de cet homme; on eût dit que chacun des brusques mouvemens qu'il faisait en rampant répondait à une secousse d'attraction magnétique causée par le regard fixe du sinistre parieur... Aussi, plus Morok se rapprochait de lui, plus sa figure se décomposait et devenait livide.

Une fois encore, à la vue de cette pantomime, qui n'était plus un jeu, mais l'expression vraie de l'épouvante, le silence profond, palpitant, qui régnait dans la salle, fut interrompu par des acclamations et des transports auxquels se joignirent les rugissemens de la panthère et les grondemens lointains du lion et du tigre.

L'Anglais, presque hors de la loge, les lèvres relevées par son effrayant sourire sardonique, ses gros yeux toujours fixes, était haletant, oppressé. La sueur coulait de son front chauve et rouge, comme s'il eût véritablement dépensé une incroyable force magnétique pour attirer Morok, qu'il voyait bientôt à l'entrée de la caverne.

Le moment était décisif. Accroupi, ramassé sur lui-même, son poignard à la main, suivant du geste et de l'œil tous les mouvemens de *la Mort*, qui, rugissante, irritée, ouvrant sa gueule énorme, semblait vouloir défendre l'entrée de son repaire, Morok attendait le moment de se jeter sur elle.

Il y a une telle fascination dans le danger qu'Adrienne partagea malgré elle le sentiment de curiosité poignante mêlée d'effroi qui faisait palpiter tous les spectateurs : penchée comme la marquise, plongeant du regard sur cette scène d'un intérêt effrayant, la jeune fille tenait machinalement à la main son bouquet *indien* qu'elle avait toujours conservé.

Tout à coup Morok jeta un cri sauvage en s'élançant sur *la Mort*, qui répondit à ce cri par un mugissement éclatant en se précipitant sur son maître avec tant de furie, qu'Adrienne, épouvantée, croyant voir cet homme perdu, se rejeta en arrière en cachant sa figure dans ses deux mains...

Son bouquet lui échappa, tomba sur la scène, et roula dans la caverne où luttaient la panthère et Morok.

Prompt comme la foudre, souple et agile comme un tigre, cédant à l'emportement de son amour, et à l'ardeur farouche excitée en lui par les mugissemens de la panthère, Djalma fut d'un bond sur le théâtre, tira son poignard et se précipita dans la caverne pour y saisir le bouquet d'Adrienne. A cet instant, un cri épouvantable de Morok blessé appelait à l'aide... La panthère, plus furieuse encore à la vue de Djalma, fit un effort désespéré pour rompre sa chaîne ; n'y pouvant parvenir, elle se dressa sur ses pattes de derrière afin d'enlacer Djalma, alors à la portée de ses griffes tranchantes. Baisser la tête, se jeter à genoux et en même temps lui plonger à deux reprises son poignard dans le ventre avec la rapidité de l'éclair, ce fut ainsi que Djalma échappa à une mort certaine ; la panthère rugit en retombant de tout son poids sur le prince ;... pendant une seconde que dura sa terrible agonie, on ne vit qu'une masse confuse et convulsive de membres noirs, de vêtemens blancs ensanglantés ;... puis enfin Djalma se releva pâle, sanglant, blessé ; alors, debout, l'œil étincelant d'un orgueil sauvage, le pied sur le cadavre de la panthère... tenant à la main le bouquet d'Adrienne, il jeta sur elle un regard qui disait son amour insensé.

Alors seulement aussi Adrienne sentit ses forces l'abandonner, car un courage surhumain lui avait donné la puissance d'assister aux effroyables péripéties de cette lutte. . . . .

SEIZIÈME PARTIE.

LE CHOLÉRA.

CHAPITRE PREMIER.

LE VOYAGEUR.

Il est nuit.

La lune brille, les étoiles scintillent au milieu d'un ciel d'une mélancolique sérénité; les aigres sifflemens d'un vent du Nord, brise funeste, sèche, glacée, se croisent, serpentent, éclatent en violentes rafales; de leur souffle âpre et strident... elles balayent les hauteurs de Montmartre.

Au sommet le plus élevé de cette colline, un homme est debout. Sa grande ombre se projette sur le terrain pierreux éclairé par la lune...

Ce voyageur regarde la ville immense qui s'étend à ses pieds... PARIS... dont la noire silhouette découpe ses tours, ses coupoles, ses dômes, ses clochers sur la limpidité bleuâtre de l'horizon, tandis que du milieu de cet océan de pierre s'élève une vapeur lumineuse qui rougit l'azur étoilé du zénith... C'est la lueur lointaine des mille feux qui, le soir, à l'heure des plaisirs, éclairent joyeusement la bruyante capitale.

— Non — disait le voyageur — cela ne sera pas... le Seigneur ne le voudra pas. C'est assez de deux fois. Il y a cinq siècles, la main vengeresse du Tout-Puissant m'avait poussé du fond de l'Asie jusqu'ici... Voyageur solitaire, j'avais laissé derrière moi plus de deuil, plus de désespoir, plus de désastres, plus de morts... que n'en auraient laissé les armées de cent conquérans dévastateurs... Je suis entré dans cette ville... et elle a été aussi décimée. Il y a deux siècles, cette main inexorable qui me conduit à travers le monde m'a encore amené ici; et, cette fois comme l'autre, ce fléau que de loin en loin le Tout-Puissant attache à mes pas a ravagé cette ville et atteint d'abord mes frères, déjà épuisés par la fatigue et par la misère.

Mes frères à moi... l'artisan de Jérusalem, l'artisan maudit du Seigneur, qui, dans ma personne, a maudit la race des travailleurs, race toujours souffrante, toujours déshéritée, toujours esclave, et qui comme moi marche, marche, sans trêve ni repos, sans récompense ni espoir, jusqu'à ce que femmes, hommes, enfans, vieillards, meurent sous un joug de fer... joug homicide que d'autres reprennent à leur tour, et que les travailleurs portent ainsi d'âge en âge sur leur épaule docile et meurtrie.

Et voici que, pour la troisième fois depuis cinq siècles, j'arrive au faîte d'une des collines qui dominent cette ville. Et peut-être j'apporte encore avec moi l'épouvante, la désolation et la mort. Et cette ville, enivrée du bruit de ses joies, de ses fêtes nocturnes, ne sait pas... oh! ne sait pas que je suis à sa porte...

Mais, non, non, ma présence ne sera pas une calamité nouvelle... Le Seigneur, dans ses vues impénétrables, m'a conduit jusqu'ici à travers la France, en me faisant éviter sur ma route jusqu'au plus humble hameau; aussi aucun redoublement de glas funèbre n'a signalé mon passage. Et puis le spectre m'a quitté... Ce spectre livide... et vert... aux yeux profonds et sanglans... Quand j'ai foulé le sol de la France... sa main humide et glacée a abandonné la mienne... il a disparu.

Et pourtant... je le sens... l'atmosphère de mort m'entoure encore. Ils ne cessent pas, les sifflemens aigus de ce vent sinistre qui, m'enveloppant de son tourbillon, semblait de son souffle empoisonné propager le fléau...

Sans doute la colère du Seigneur s'apaise... Peut-être ma présence ici est une menace... dont il donnera conscience à ceux qu'il doit intimider...

Oui, car sans cela il voudrait donc, au contraire, frapper un coup d'un retentissement plus épouvantable... en jetant tout d'abord la terreur et la mort au cœur du pays, au sein de cette ville immense! Oh non! non! le Seigneur aura pitié... Non... il ne me condamnera pas à ce nouveau supplice...

Hélas! dans cette ville, mes frères... sont plus nombreux et plus misérables qu'ailleurs... Et c'est moi... qui leur apporterais la mort!...

Non, le Seigneur aura pitié; car, hélas! les sept descendans de ma sœur sont enfin réunis dans cette ville... Et c'est moi qui leur apporterais la mort! La mort... au lieu du secours pressant qu'ils réclament!...

Car cette femme qui comme moi erre d'un bout du monde à l'autre, après avoir une fois encore brisé les trames de leurs ennemis... cette femme a poursuivi sa marche éternelle... En vain elle a pressenti que de grands malheurs menaçaient de nouveau ceux-là qui me tiennent par le sang de ma sœur... La main invisible qui m'amène... chasse devant moi la femme errante... Comme toujours emportée par l'irrésistible tourbillon, en vain elle s'est écriée, suppliante, au moment d'abandonner les miens : — Qu'au moins, Seigneur... je finisse ma tâche!

— MARCHE!!!

— Quelques jours, par pitié ! rien que quelques jours !
— Marche !!!
— Je laisse ceux que je protége au bord de l'abîme.
— Marche... Marche...

Et l'astre errant s'est élancé de nouveau dans sa route éternelle... Et sa voix a traversé l'espace, m'appelant au secours des miens...

Quand sa voix est arrivée jusqu'à moi, je le sentais... les rejetons de ma sœur étaient encore exposés à d'effrayans périls... Ces périls augmentent encore...

Oh ! dites, dites, Seigneur ! les descendans de ma sœur échapperont-ils à la fatalité qui depuis tant de siècles s'appesantit sur ma race ?

Me pardonnerez-vous en eux ? me punirez-vous en eux ?

Oh ! faites qu'ils obéissent aux dernières volontés de leur aïeul !

Faites qu'ils puissent unir leurs cœurs charitables, leurs vaillantes forces, leurs nobles intelligences, leurs grandes richesses !

Ainsi ils travailleront au bonheur futur de l'humanité... Ainsi ils rachèteront peut-être ma peine éternelle !

Ces mots de l'Homme-Dieu : AIMEZ-VOUS LES UNS LES AUTRES... seraient leur seule fin, leurs seuls moyens... A l'aide de ces paroles toutes-puissantes ils combattraient, ils vaincraient ces faux prêtres qui ont renié les préceptes d'amour, de paix et d'espérance de l'Homme-Dieu, pour des enseignemens remplis de haine, de violence et de désespoir...

Ces faux prêtres... qui, soudoyés par les puissans et par les heureux de ce monde... leurs complices de tous les temps... au lieu de demander ici-bas un peu de bonheur pour mes frères qui souffrent, qui gémissent depuis des siècles, osent dire en votre nom, Seigneur, que le pauvre est à jamais voué aux tortures de ce monde... et que le désir où l'espérance de moins souffrir sur cette terre est un crime à vos yeux... *parce que le bonheur du petit nombre... et le malheur de presque toute l'humanité...* telle est votre volonté. O blasphème !... N'est-ce pas le contraire de ces paroles homicides qui est digne de la volonté divine ?

Par pitié ! écoutez-moi, Seigneur... Arrachez à leurs ennemis les descendans de ma sœur... depuis l'artisan jusqu'au fils de roi... Ne laissez pas détruire le germe d'une puissante et féconde association, qui, grâce à vous, datera peut-être dans les fastes du bonheur de l'humanité. Laissez-moi, Seigneur, les réunir, puisqu'on les divise ; les défendre, puisqu'on les attaque ;... laissez-moi faire espérer ceux-là qui n'espèrent plus, donner du courage à ceux qui sont abattus, relever ceux dont la chute menace, soutenir ceux qui persévèrent dans le bien...

Et peut-être leur lutte, leur dévoûment, leur vertu, leurs douleurs expieront ma faute... à moi que le malheur, oh ! que le malheur seul avait rendu injuste et méchant.

Seigneur ! puisque votre main toute-puissante m'a conduit ici... dans un but que j'ignore, désarmez enfin votre colère ; que je ne sois plus l'instrument de vos vengeances !... Assez de deuil sur la terre ! Depuis deux années, vos créatures tombent par milliers... sur mes pas...

Le monde est décimé, un voile de deuil s'étend par tout le globe... Depuis l'Asie jusqu'aux glaces du pôle... j'ai marché... et l'on est mort...

N'entendez-vous pas ce long sanglot qui de la terre monte vers vous, Seigneur ?... Miséricorde pour tous et pour moi...

Qu'un jour, qu'un seul jour... je puisse réunir les descendans de ma sœur... et ils sont sauvés...

En disant ces paroles, le voyageur tomba à genoux ;... il levait vers le ciel ses mains suppliantes.

Tout à coup le vent rugit avec plus de violence ; ses siffiemens aigus se changèrent en tourmente. Le voyageur tressaillit. D'une voix épouvantée, il s'écria : — Seigneur, le vent de mort mugit avec rage... Il me semble que son tourbillon me soulève... Seigneur, vous n'exaucez donc pas ma prière ! Le spectre... oh ! le spectre... le voilà encore... sa face verdâtre est agitée de mouvemens convulsifs ;... ses yeux rouges tournent dans leur orbite... Va-t'en !.. va-t'en !.. Sa main !... oh ! sa main glacée a saisi la mienne... Seigneur, pitié !...

— Marche !

— Oh ! Seigneur... ce fléau, ce terrible fléau, le porter encore dans cette vil-

le !... Mes frères vont périr les premiers !... eux, si misérables... Grâce !...
— MARCHE !
— Et les descendans de ma sœur... grâce, grâce !
— MARCHE !
— Oh !... Seigneur, pitié !... Je ne peux plus me retenir au sol ;... le spectre m'entraîne sur le penchant de cette colline... ma marche est rapide comme le vent de mort qui souffle derrière moi... Déjà je vois les murailles de la ville... Oh ! pitié, Seigneur, pitié pour les descendans de ma sœur ! Epargnez-les ;... faites que je ne sois pas leur bourreau, et qu'ils triomphent de leurs ennemis !
— MARCHE... MARCHE !
— Le sol fuit toujours derrière moi... Déjà la porte de la ville... oh ! déjà...! Seigneur... il est temps encore... Oh ! grâce pour cette ville endormie !... Que tout-à-l'heure elle ne se réveille pas à des cris d'épouvante, de désespoir et de mort !!... Seigneur, je touche au seuil de la porte... vous le voulez donc... C'en est fait... Paris !!... le fléau est dans ton sein !... Ah ! maudit, toujours maudit !
— MARCHE... MARCHE... MARCHE !!

En 1346, la fameuse peste noire ravagea le globe ; elle offrait les mêmes symptômes que le choléra, et le même phénomène inexplicable de la marche progressive et par étapes, selon une route donnée. En 1660, une autre épidémie analogue décima encore le monde.
On sait que le choléra s'est d'abord déclaré à Paris, en interrompant, si cela peut se dire, sa marche progressive, par un bond énorme et inexplicable. — On se souvient aussi que le vent du nord-est a constamment soufflé pendant les plus grands ravages du choléra.

CHAPITRE II.

LA COLLATION.

Le lendemain du jour où le sinistre voyageur, descendant des hauteurs de Montmartre, était entré dans Paris, une assez grande activité régnait à l'hôtel Saint-Dizier.

Quoiqu'il fût à peine midi, la princesse, sans être *parée*, elle avait trop bon goût pour cela, était cependant mise avec plus de recherche qu'à l'ordinaire ; ses cheveux blonds, au lieu d'être simplement aplatis en bandeaux, formaient deux touffes crêpées, qui seyaient fort bien à ses joues grasses et fleuries. Son bonnet était garni de frais rubans roses ; enfin, en voyant madame de Saint-Dizier se cambrer, presque svelte, dans sa robe de moire grise, on devinait que madame Grivois avait dû requérir l'assistance et les efforts d'une autre des femmes de la princesse pour entreprendre et pour obtenir ce remarquable amincissement de la taille replète de leur maîtresse.

Nous dirons bientôt la cause édifiante de cette légère recrudescence de coquetterie mondaine.

La princesse, suivie de madame Grivois, sa femme de charge, donnait ses derniers ordres relativement à quelques préparatifs qui se faisaient dans un vaste salon. Au milieu de cette pièce était une grande table ronde, recouverte d'un tapis de velours cramoisi et entouré de plusieurs chaises, au milieu desquelles on remarquait, à la place d'honneur, un fauteuil de bois doré.

Dans un des angles du salon, non loin de la cheminée, où brûlait un excellent feu, se dressait une sorte de buffet improvisé ; l'on y voyait les élémens variés de la plus friande, de la plus exquise collation. Ainsi, sur des plats d'argent, là s'élevaient en pyramide les sandwich de laitance de carpe au beurre d'anchois, émincées de thon mariné et de truffes de Périgord (on était en carême) ; plus loin, sur des réchauds d'argent à l'esprit de vin, afin de les conserver bien chauds, des *bouchées* de queues d'écrevisses de la Meuse à la crême cuite fumaient dans leur pâte feuilletée, croustillante et dorée, et semblaient défier en excellence, en succulence, de petits pâtés aux huîtres de Marennes étuvées dans du vin de Madère et *aiguisées* d'un hachis d'esturgeon aux quatre épices. A côté de ces œuvres *sérieuses* venaient des œuvres plus légères, de petits biscuits soufflés à l'ananas, des *fondantes* aux fraises, primeur alors fort rare ; des gelées d'oranges servies dans l'écorce entière de ces fruits, artistement vidée à cet effet ; rubis et topazes, les vins de Bordeaux, de Madère et d'Alicante étincelaient dans de larges flacons de cristal, tandis que le vin de Champagne et deux aiguières de porcelaine de Sèvres, remplies, l'une de café à la crème et l'autre de chocolat à la vanille ambrée, arrivaient presque à l'état de sorbets, plongés qu'ils étaient dans un grand rafraîchissoir d'argent ciselé, rempli de glace.

Mais ce qui donnait à cette friande collation un caractère singulièrement apostolique et romain, c'étaient certains produits de l'*office* religieusement élaborés. Ainsi on remarquait de charmans petits calvaires en pâtes d'abricot, des mitres sacerdotales pralinées, des crosses épiscopales en massepain auxquelles la princesse avait joint, par une attention toute pleine de délicatesse, un petit chapeau de cardinal en sucre de cerises, orné de cordelières en fil de caramel ; la pièce la plus importante de ces sucreries catholiques, le chef-d'œuvre du chef d'office de madame de Saint-Dizier, était un superbe crucifix en angélique avec sa couronne d'épine-vinette candie (1).

Ce sont là d'étranges profanations dont s'indignent avec raison les gens même peu dévots. Mais, depuis l'impudente jonglerie de la tunique de Trèves jusqu'à la plaisanterie effrontée de la châsse d'Argenteuil, les gens pieux à la façon de la princesse de Saint-Dizier semblent prendre à tâche de ridiculiser à force de zèle les traditions respectables.

Après avoir jeté un coup d'œil des plus satisfaits sur la collation ainsi préparée, madame de Saint-Dizier dit à madame Grivois, en lui montrant le fauteuil doré qui semblait destiné au président de cette réunion : — A-t-on mis ma chancelière sous la table, pour que Son Eminence puisse y reposer ses pieds ? il se plaint toujours du froid...

— Oui, madame—dit madame Grivois après avoir regardé sous la table—la chancelière est là...

— Dites aussi que l'on remplisse d'eau bouillante une boule d'étain, dans le cas où son Eminence n'aurait pas assez de la chancelière pour réchauffer ses pieds...

— Oui, madame.

— Mettez encore du bois dans le feu.

— Mais, madame... c'est déjà un vrai brasier... voyez donc ! Et puis, si Son Eminence a toujours froid, monseigneur l'évêque d'Halfagen a toujours trop chaud ; il est continuellement en nage.

La princesse haussa les épaules et dit à madame Grivois : — Est-ce que Son Eminence monseigneur le cardinal de Malipieri n'est pas le supérieur de monseigneur l'évêque d'Halfagen ?

— Si, madame.

— Eh bien ! selon la hiérarchie, c'est à monseigneur à souffrir de la chaleur, et non pas à Son Eminence à souffrir du froid... Ainsi donc, faites ce que je vous dis, remettez du bois dans le feu. Du reste, rien de plus simple, Son Eminence est Italienne, monseigneur appartient au nord de la Belgique ; il est fort naturel qu'ils soient habitués à des températures différentes.

— Comme madame voudra—dit madame Grivois en mettant deux énormes bûches au feu ; — mais, à la chaleur qu'il fait ici, monseigneur l'évêque est capable de tomber suffoqué.

— Eh! mon Dieu ! moi aussi, je trouve qu'il fait trop chaud ici ; mais notre sainte religion ne nous enseigne-t-elle pas le sacrifice et la mortification ? — dit la princesse avec une touchante expression de dévoûment.

---

(1) Une personne parfaitement digne de foi nous a affirmé avoir assisté à un dîner d'apparat chez un prélat fort éminent et avoir vu au dessert une pareille exhibition, ce qui fit dire par cette personne au prélat en question : « Je croyais, monseigneur, que l'on mangeait le corps du Sauveur sous les deux espèces, mais non pas en angélique. » — Il faut reconnaître que l'invention de cette sucrerie apostolique n'était pas du fait du prélat, mais était due au catholicisme un peu exagéré d'une pieuse dame qui avait une grande autorité dans la maison de *Monseigneur*.

On connaît maintenant la cause de la toilette un peu coquette de la princesse de Saint-Dizier. Il s'agissait de recevoir dignement des prélats qui, réunis au père d'Aigrigny et à d'autres dignitaires de l'Eglise, avaient déjà tenu chez la princesse une espèce de concile au petit pied. Une jeune mariée qui donne son premier bal, un mineur émancipé qui donne son premier dîner de garçon, une femme d'esprit qui fait la première lecture de sa première œuvre inédite ne sont pas plus radieux, plus fiers et en même temps plus soigneusement empressés auprès de leur hôte que ne l'était madame de Saint-Dizier auprès de *ses* prélats.

Voir de très graves intérêts s'agiter, se débattre chez elle et devant elle; entendre des gens fort capables lui demander son avis sur certaines dispositions pratiques relatives à l'influence des congrégations de femmes, c'était pour la princesse à en mourir d'orgueil, car leurs *Eminences* et leurs *Grandeurs* consacraient ainsi à jamais sa prétention d'être considérée... environ comme une sainte mère de l'Eglise... Aussi, pour ces prélats indigènes ou exotiques, avait-elle déployé une foule d'onctueuses câlineries et de benoîtes coquetteries. Rien de plus logique, d'ailleurs, que les transfigurations successives de cette femme sans cœur, mais aimant sincèrement, passionnément, l'intrigue et la domination de coterie. Elle avait, selon les progrès de l'âge, naturellement passé de l'intrigue amoureuse à l'intrigue politique, et de l'intrigue politique à l'intrigue religieuse.

Au moment où madame de Saint-Dizier terminait l'inspection de ses préparatifs, un bruit de voitures, retentissant dans la cour de l'hôtel, l'avertit de l'arrivée des personnes qu'elle attendait ; sans doute ces personnes étaient du rang le plus élevé, car, contre tous les usages, elle alla les recevoir à la porte de son premier salon.

C'étaient en effet le cardinal Malipieri, qui avait toujours froid, et l'évêque belge de Halfagen, qui avait toujours chaud ; le père d'Aigrigny les accompagnait.

Le cardinal romain était un grand homme plus osseux que maigre et à la physionomie hautaine et rosée, à la figure jaunâtre et bouffie; il louchait beaucoup, et ses yeux noirs étaient profondément cernés d'un cercle brun. L'évêque belge était un petit homme court, gros, trapu, à l'abdomen proéminent, au teint apoplectique, au regard délibéré, à la main potelée, molle et douillette.

Bientôt la compagnie fut rassemblée dans le grand salon ; le cardinal alla se coller à la cheminée, tandis que l'évêque, qui commençait à suer et à souffler, lorgnait de temps à autre le chocolat et le café glacés qui devaient l'aider à supporter les ardeurs de cette canicule artificielle.

Le père d'Aigrigny, s'approchant de la princesse, lui dit à demi-voix : — Voulez-vous donner ordre que l'on introduise ici l'abbé Gabriel de Rennepont, qui viendra vous demander ?

— Ce jeune prêtre est donc ici ? — demanda la princesse avec une vive surprise.

— Depuis avant-hier. Nous l'avons fait mander à Paris par ses supérieurs... Vous saurez tout... Quant au père Rodin, madame Grivois ira, comme l'autre jour, le faire entrer par la petite porte de l'escalier dérobé.

— Il viendra aujourd'hui ?

— Il a des choses fort importantes à nous apprendre. Il a désiré que monseigneur le cardinal et monseigneur l'évêque soient présens à l'entretien, car ils ont été mis à Rome au fait de tout par le père général, en leur qualité d'affiliés...

La princesse sonna, donna ses ordres, et, revenant auprès du cardinal, lui dit avec l'accent de la sollicitude la plus empressée : — Votre Eminence commence-t-elle à se réchauffer un peu? Votre Eminence veut-elle une boule d'eau chaude sous ses pieds? Votre Eminence désire-t-elle que l'on fasse encore plus de feu ?...

A cette proposition, l'évêque belge, qui étanchait son front ruisselant, poussa un soupir désespéré.

— Mille grâces, madame la princesse — répondit le cardinal à madame de Saint-Dizier en fort bon français, mais avec un accent italien intolérable — je suis vraiment confus de tant de bontés.

— Monseigneur n'acceptera-t-il rien? — dit la princesse à l'évêque en lui indiquant le buffet.

— Je prendrai, madame la princesse, si vous voulez le permettre, un peu de café à la glace.

Et le prélat fit un prudent circuit afin d'approcher de la collation sans passer devant la cheminée.

— Et Votre Eminence ne prendra-t-elle pas un de ces petits pâtés aux huîtres? Ils sont brûlans — dit la princesse.

— Je les connais déjà, madame la princesse — dit le cardinal en chafriolant d'un air gourmet : — ils sont exquis, et je ne résiste pas.

— Quel vin aurai-je l'honneur d'offrir à Votre Eminence? — reprit gracieusement la princesse.

— Un peu de vin de Bordeaux, madame, si vous le voulez bien.

Et comme le père d'Aigrigny s'apprêtait à verser à boire au cardinal, la princesse lui disputa ce plaisir.

— Votre Eminence m'approuvera sans doute — dit le père d'Aigrigny au cardinal pendant que celui-ci dégustait gravement les petits pâtés aux huîtres — je n'ai pas cru devoir convoquer pour aujourd'hui monseigneur l'évêque de Mogador, non plus que monseigneur l'archevêque de Nanterre et notre sainte mère Perpétue, supérieure du couvent de Sainte-Marie, l'entretien que nous devons avoir avec Sa Révérence le père Rodin et avec l'abbé Gabriel étant tout à fait particulier et confidentiel.

— Notre très cher père a eu parfaitement raison — dit le cardinal — car, bien que par ses conséquences possibles cette affaire Rennepont intéresse toute l'église apostolique et romaine, il est certaines choses qu'il faut tenir dans le secret.

— Aussi je saisirai cette occasion de remercier encore Votre Eminence d'avoir daigné faire une exception en faveur d'une très obscure et très humble servante de l'Eglise — dit la princesse en faisant au cardinal une respectueuse et profonde révérence.

— C'était chose juste et due, madame la princesse — répondit le cardinal en s'inclinant après avoir déposé son verre vide sur la table — nous savons combien l'Eglise vous doit pour la direction salutaire que vous imprimez aux œuvres religieuses dont vous êtes patronne.

— Quant à cela, Votre Eminence peut être certaine que je fais refuser tout secours à l'indigent qui ne peut pas justifier d'un billet de confession.

— Et c'est seulement ainsi, madame — reprit le cardinal en se laissant tenter cette fois par l'appétissante tournure d'une *bouchée* aux queues d'écrevisses — c'est seulement ainsi que la charité a un sens;... je me soucie peu que l'impiété ait faim :... la piété... c'est différent — et le prélat avala prestement la *bouchée*. — Du reste — reprit-il — nous savons aussi avec quel zèle ardent vous poursuivez inexorablement les impies et les rebelles à l'autorité de notre saint-père.

— Votre Eminence peut être convaincue que je suis Romaine de cœur, d'âme et de conviction ; je ne fais aucune différence entre un gallican et un Turc — dit bravement la princesse.

— Madame la princesse a raison — dit l'évêque belge ; — je dirai plus : un gallican doit être plus odieux à l'Eglise qu'un païen, et je suis à ce sujet de l'avis de Louis XIV. On lui demandait une faveur pour un homme de sa cour :

— Jamais, dit le grand roi ; — cette homme-là est janséniste.

— Lui, sire ! il est athée.

— Alors, c'est différent, j'accorde la faveur — dit le roi.

Cette petite plaisanterie épiscopale fit assez rire. Après quoi le père d'Aigrigny reprit sérieusement, en s'adressant au cardinal :— Malheureusement, ainsi que je le dirai tout à l'heure à Votre Eminence, à propos de l'abbé Gabriel, si l'on n'y veillait fort, le bas clergé s'infecterait de gallicanisme et d'idées de rébellion contre ce qu'ils appellent le despotisme des évêques.

— Pour obvier à cela — reprit durement le cardinal — il faut que les évêques redoublent de sévérité et qu'ils se souviennent toujours qu'ils sont Romains avant d'être Français, car en France ils représentent Rome, le saint-père et les intérêts de l'Eglise, comme un ambassadeur représente à l'étranger son pays, son maître et les intérêts de sa nation.

— C'est évident — dit le père d'Aigrigny ; — aussi nous espérons que, grâce à l'impulsion vigoureuse que Votre Eminence vient de donner à l'épiscopat, nous obtiendrons la liberté d'enseignement. Alors, au lieu de jeunes Français infectés de philosophie et de sot patriotisme, nous aurons de bons catholiques romains, bien obéissans, bien disciplinés, qui deviendront ainsi les respectueux sujets de notre saint-père.

— Et de la sorte, dans un temps donné — reprit l'évêque belge en souriant — si notre saint-père voulait, je suppose, délier les catholiques de France de leur obéissance au pouvoir existant, il pourrait, en reconnaissant un autre pouvoir, lui assurer ainsi un parti catholique considérable et tout formé.

Ce disant, l'évêque s'essuya le front et alla chercher un peu de *sibérie* au fond d'une des aiguières remplies de chocolat glacé.

— Or, un pouvoir se montre toujours reconnaissant d'un pareil cadeau — dit la princesse en souriant à son tour — et il accorde alors de grandes immunités à l'Eglise.

— Et ainsi l'Eglise reprend la place qu'elle doit occuper, et qu'elle n'occupe malheureusement pas en France, dans ces temps d'impiété et d'anarchie — dit le cardinal. — Heureusement j'ai vu sur ma route bon nombre de prélats dont j'ai gourmandé la tiédeur et ranimé le zèle... leur enjoignant, au nom du saint-père, d'attaquer ouvertement, hardiment, la liberté de la presse et des cultes, quoiqu'elles soient reconnues par d'abominables lois révolutionnaires.

— Hélas! Votre Eminence n'a donc pas reculé devant les terribles dangers... devant les cruels martyres auxquels seront exposés nos prélats en lui obéissant? — dit gaîment la princesse. — Et ces redoutables *appels comme d'abus*, monseigneur ; car enfin, Votre Eminence résiderait en France, elle attaquerait les lois du pays... comme dit cette race d'avocats et de parlementaires. Eh bien! chose terrible... le conseil d'Etat déclarerait qu'il y a *abus* dans votre mandement... monseigneur. Il y a abus! Votre Eminence comprend-elle ce qu'il y a d'effrayant pour un prince de l'Eglise qui, assis sur son trône pontifical, entouré de ses dignitaires et de son chapitre, entend au loin quelques douzaines de bureaucrates athées, à livrée noire et bleue, crier sur tous les tons, depuis le fausset jusqu'à la basse : — *Il y a abus! il y a abus!* En vérité, s'il y a abus quelque part, c'est abus de ridicule... chez ces gens-là.

Cette plaisanterie de la princesse fut accueillie par une hilarité générale.

L'évêque belge reprit : — Moi je trouve que ces fiers défenseurs des lois, tout en faisant les fanfarons, agissent avec une humilité parfaitement chrétienne ; un prélat soufflette rudement leur impiété, et ils répondent modestement, en faisant la révérence : — Ah! monseigneur, il y a abus...

De nouveaux rires accueillirent cette plaisanterie.

— Il faut bien les laisser s'amuser à ces innocentes criailleries d'écoliers incommodés par la rude férule du maître — dit en souriant le cardinal. — Nous serons toujours chez eux, malgré eux et contre eux... D'abord, parce que plus qu'eux-mêmes nous tenons à leur salut, et ensuite parce que les pouvoirs auront toujours besoin de nous pour les consacrer et pour brider le populaire. Du reste, pendant que les avocats, les parlementaires et les athées universitaires poussent des cris d'une haine impuissante, les âmes vraiment chrétiennes se rallient et se liguent contre l'impiété... A mon passage à Lyon, j'ai été profondément touché... Mais comme c'est une véritable ville romaine : confréries, pénitens, œuvres de toutes sortes... rien n'y manque... et qui mieux est, plus de trois cent mille écus de donation au clergé en une année... Ah! Lyon est la digne capitale de la France catholique... Trois cent mille écus de donation... voilà de quoi confondre l'impiété ;... trois cent mille écus!!! Que répondront à cela messieurs les philosophes?

— Malheureusement, monseigneur — reprit le père d'Aigrigny — toutes les villes de France ne ressemblent pas à Lyon ; je dois même prévenir Votre Eminence qu'un fait très grave se manifeste ; quelques membres du bas clergé prétendent faire cause commune avec le populaire, dont ils partagent la pauvreté, les privations, et se préparent à réclamer, au nom de l'égalité évangélique, contre ce qu'ils appellent la despotique aristocratie des évêques.

— S'ils avaient cette audace! — s'écria le cardinal — il n'y aurait pas d'interdiction, pas de peines assez sévères pour une pareille rébellion!

— Ils osent plus encore, monseigneur ; quelques-uns songent à faire un schisme, à demander que l'Église française soit absolument séparée de Rome, sous le prétexte que l'ultramontanisme a dénaturé, corrompu la pureté primitive des préceptes du Christ. Un jeune prêtre, d'abord missionnaire, puis curé de campagne, l'abbé Gabriel de Rennepont, que j'ai fait mander à Paris par ses supérieurs, s'est fait le centre d'une sorte de propagande ; il a rassemblé plusieurs desservans des communes voisines de la sienne, et, tout en leur recommandant une obéissance absolue à leurs évêques tant que rien ne serait changé dans la hiérarchie existante, il les a engagés à user de leurs droits de citoyens français pour arriver légalement à ce qu'ils appellent l'affranchissement du bas clergé. Car, selon lui, les prêtres de paroisse sont livrés au bon plaisir des évêques, qui les interdisent et leur ôtent leur pain sans appel ni contrôle (1).

— Mais c'est un Luther catholique que ce jeune homme ! — dit l'évêque.

Et, marchant sur ses pointes, il alla se verser un glorieux verre de vin de Madère, dans lequel il humecta lentement un massepain fait en forme de crosse épiscopale.

Invité par l'exemple, le cardinal, sous le prétexte d'aller réchauffer au feu de la cheminée ses pieds toujours glacés, jugea à propos de s'offrir un verre d'excellent vin vieux de Malaga, qu'il huma par gorgées avec un air de méditation profonde ; après quoi il reprit : — Ainsi, cet abbé se pose en réformateur. Ce doit être un ambitieux. Est-il dangereux ?

— Sur nos avis, ses supérieurs l'ont jugé tel ; on lui a ordonné de se rendre ici : il viendra tout à l'heure, et je dirai à Votre Éminence pourquoi je l'ai mandé ; mais auparavant voici une note qui, en quelques lignes, expose les funestes tendances de l'abbé Gabriel. On lui a adressé les questions suivantes sur plusieurs de ses actes ; il y a répondu de la sorte, et c'est ensuite de ses réponses que ses supérieurs l'ont rappelé.

Ce disant, le père d'Aigrigny prit dans son portefeuille un papier qu'il lut en ces termes :

Demande :

« — Est-il vrai que vous ayiez rendu les devoirs religieux à un habitant de votre paroisse, mort dans l'impénitence finale la plus détestable, puisqu'il s'était suicidé ? »

Réponse de l'abbé Gabriel :

« — *Je lui ai rendu les derniers devoirs, parce que plus que tout autre, en raison de sa fin coupable, il avait besoin des prières de l'Église ; pendant la nuit qui a suivi son enterrement, j'ai encore imploré pour lui la miséricorde divine.* »

Demande :

« — Est-il vrai que vous ayez refusé des vases sacrés en vermeil et divers embellissemens dont une de vos ouailles, obéissant à un zèle pieux, voulait doter votre paroisse ? »

Réponse :

« — *J'ai refusé ces vases de vermeil et ces embellissemens, parce que la maison du Seigneur doit toujours être humble et sans faste, afin de rappeler sans cesse aux fidèles que le divin Sauveur est né dans une étable ; j'ai engagé la personne qui voulait faire à ma paroisse ces inutiles présens à employer cet argent en aumônes judicieuses, l'assurant que cela serait plus agréable au Seigneur.* »

— Mais c'est une amère et violente déclamation contre l'ornement des temples ! — s'écria le cardinal. — Ce jeune prêtre est des plus dangereux... Continuez, mon très cher père.

Et, dans son indignation, Son Éminence avala coup sur coup plusieurs *fondantes* aux fraises. Le père d'Aigrigny continua :

Demande :

« — Est-il vrai que vous ayiez retiré dans votre presbytère et soigné pendant plusieurs jours un habitant du village, Suisse de naissance et apparte-

(1) Un ecclésiastique aussi honorable qu'honoré nous a cité le fait d'un pauvre jeune prêtre de paroisse qui, interdit par son évêque sans aucune raison valable, mourant de faim et de misère, a été réduit (en cachant son saint caractère, bien entendu) à servir comme *garçon de café* à Lille, dans un établissement où son frère exerçait le même emploi.

nant à la communion protestante ? Est-il vrai que non-seulement vous n'ayiez pas tenté de le convertir à la religion catholique, apostolique et romaine, mais que vous ayiez poussé l'oubli de vos devoirs jusqu'à enterrer cet hérétique dans le champ du repos consacré à ceux de notre sainte communion ? »

Réponse :

— « Un de mes frères était sans asile. Sa vie avait été honnête et laborieuse. Vieillard, les forces lui ont manqué pour le travail, puis la maladie est venue; alors, presque mourant, il a été chassé de sa misérable demeure par un homme impitoyable auquel il devait une année de loyer ; j'ai recueilli ce vieillard dans ma maison, j'ai consolé ses derniers jours. Cette pauvre créature avait toute sa vie souffert et travaillé; au moment de mourir, elle n'a pas prononcé une parole d'amertume contre son sort ; elle s'est recommandée à Dieu, elle a pieusement baisé le crucifix. Et son âme, simple et pure, s'est exhalée dans le sein du Créateur... J'ai fermé ses paupières avec respect, je l'ai enseveli moi-même, j'ai prié pour lui, et, quoique mort dans la foi protestante, je l'ai cru digne d'entrer dans le champ de repos. »

— De mieux en mieux — dit le cardinal — c'est une tolérance monstrueuse, c'est une attaque horrible contre cette maxime qui est le catholicisme tout entier : *Hors l'Eglise pas de salut.*

— Tout ceci est d'autant plus grave, monseigneur — reprit le père d'Aigrigny — que la douceur, la charité, le dévoûment tout chrétien de l'abbé Gabriel ont exercé non-seulement dans sa commune, mais dans les communes environnantes, un véritable enthousiasme. Les desservans des paroisses voisines ont cédé à l'entraînement général, et, il faut l'avouer, sans sa modération, un véritable schisme eût commencé.

— Mais qu'espérez-vous en l'amenant ici devant nous ? — dit le prélat.

— La position de l'abbé Gabriel est complexe : d'abord comme héritier de la famille de Rennepont...

— Mais il a fait cession de ses droits ? — demanda le cardinal.

— Oui, monseigneur, et cette cession, d'abord entachée de vices de formes, a été depuis peu, et de son consentement, il faut le dire encore, parfaitement régularisée ; car il avait fait serment, quoi qu'il arrivât, de faire abandon à la compagnie de Jésus de sa part de ces biens. Néanmoins, Sa Révérence le père Rodin croit que, si Votre Eminence, après avoir montré à l'abbé Gabriel qu'il allait être révoqué par ses supérieurs, lui proposait une position éminente à Rome... on pourrait peut-être lui faire quitter la France et éveiller en lui des sentimens d'ambition qui sommeillent sans doute, car, Votre Eminence l'a dit fort judicieusement, tout réformateur doit être ambitieux.

— J'approuve cette idée — dit le cardinal après un moment de réflexion ; — avec son mérite, avec sa puissance d'action sur les hommes, l'abbé Gabriel peut arriver très haut... s'il est docile ; et s'il ne l'est pas... il vaut mieux pour le salut de l'Eglise qu'il soit à Rome qu'ici ;... car, à Rome... nous avons, vous le savez, mon très cher père... des garanties que vous n'avez malheureusement pas en France (1).

Après quelques instans de silence, le cardinal dit tout à coup au père d'Aigrigny : — Puisque nous parlons du père Rodin... franchement, qu'en pensez-vous ?...

— Votre Eminence connaît sa capacité... — dit le père d'Aigrigny d'un air contraint et défiant ; — notre révérend père général...

— Lui a donné mission de vous remplacer — dit le cardinal ; — je sais cela ; il me l'a dit à Rome ; mais que pensez-vous... du caractère du père Rodin ?... Peut-on avoir en lui une foi complètement aveugle ?

— C'est un esprit si tranchant, si entier, si secret, si impénétrable... — dit le père d'Aigrigny avec hésitation — qu'il est difficile de porter sur lui un jugement certain...

— Le croyez-vous ambitieux ? — dit le cardinal après un nouveau moment de silence... — Ne le supposez-vous pas capable d'avoir d'autres visées... que celle de la plus grande gloire de sa compagnie ?... Oui... j'ai des raisons pour vous parler ainsi... — ajouta le prélat avec intention...

(1) On sait qu'à cette heure (1845), l'inquisition, les réclusions en *in pace*, etc., existent encore à Rome.

— Mais — reprit le père d'Aigrigny, non sans défiance, car entre gens de même sorte on joue toujours au fin — que Votre Eminence en pense-t-elle, soit par elle-même, soit par les rapports du père général?

— Mais je pense que, si son apparent dévoûment à son ordre cachait quelque arrière-pensée, il faudrait à tout prix la pénétrer... car avec les influences qu'il s'est ménagées à Rome depuis longtemps... et que j'ai surprises... il pourrait être un jour, et dans un temps donné... bien redoutable.

— Eh bien!... — s'écria le père d'Aigrigny emporté par sa jalousie contre Rodin — je suis, quant à cela, de l'avis de Votre Eminence; car quelquefois j'ai surpris en lui des éclairs d'ambition aussi effrayante que profonde, et puisqu'il faut tout dire... à Votre Eminence...

Le père d'Aigrigny ne put continuer.

A ce moment, madame Grivois, après avoir frappé, entre-bâilla la porte et fit un signe à sa maîtresse.

La princesse répondit par un mouvement de tête.

Madame Grivois ressortit.

Une seconde après Rodin entra dans le salon.

CHAPITRE III.

LE BILAN.

A la vue de Rodin, les deux prélats et le père d'Aigrigny se levèrent spontanément, tant la supériorité réelle de cet homme imposait; leurs visages, naguère contractés par la défiance et par la jalousie, s'épanouirent tout à coup et semblèrent sourire au révérend père avec une affectueuse déférence; la princesse fit quelques pas à sa rencontre.

Rodin, toujours sordidement vêtu, laissant sur le moelleux tapis les traces boueuses de ses gros souliers, mit son parapluie dans un coin, et s'avança vers la table, non plus avec son humilité accoutumée, mais d'un pas délibéré, la tête haute, le regard assuré; non-seulement il se sentait au milieu des siens, mais il avait la conscience de les dominer par l'intelligence.

— Nous parlions de Votre Révérence, mon très cher père — dit le cardinal avec une affabilité charmante.

— Ah!... — fit Rodin en regardant fixement le prélat — et que disait-on?

— Mais... — reprit l'évêque belge en s'essuyant le front — tout le bien que l'on peut dire de Votre Révérence...

— N'accepterez-vous pas quelque chose, mon très cher père? — dit la princesse à Rodin en lui montrant le buffet splendide.

— Merci, madame, j'ai mangé ce matin mes radis.

— Mon secrétaire, l'abbé Berlini, qui a assisté ce matin à votre repas, m'a, en effet, fort édifié sur la frugalité de Votre Révérence — dit le prélat; — elle est digne d'un anachorète.

— Si nous parlions d'affaires? — dit brusquement Rodin en homme habitué à dominer, à conduire la discussion.

— Nous serons toujours très heureux de vous entendre — dit le prélat. — Votre Révérence a fixé elle-même ce jour pour nous entretenir de cette grande affaire Rennepont... si grande, qu'elle entre pour beaucoup dans mon voyage en France;... car soutenir les intérêts de la très glorieuse compagnie de Jésus, à laquelle je tiens à honneur d'être affilié, c'est soutenir les intérêts de Rome, et j'ai promis au révérend père général que je me mettrais entièrement à vos ordres.

— Je ne puis que répéter ce que vient de dire Son Eminence — dit l'évêque. — Partis de Rome ensemble, nos idées sont les mêmes.

— Certes — dit Rodin en s'adressant au cardinal — Votre Eminence peut servir notre cause... et beaucoup... Je lui dirai tout à l'heure comment...

Puis s'adressant à la princesse : — J'ai fait dire au docteur Baleinier de venir ici, madame, car il sera bon de l'instruire de certaines choses.

— On le fera entrer, comme d'habitude — dit la princesse.

Depuis l'arrivée de Rodin, le père d'Aigrigny avait gardé le silence; il semblait sous le coup d'une amère préoccupation et subir une lutte intérieure assez violente; enfin, se levant à demi, il dit d'une voix aigre-douce en s'adressant au prélat:— Je ne viens pas prier Votre Eminence d'être juge entre Sa Révérence le père Rodin et moi; notre général a parlé : j'ai obéi. Mais Votre Eminence devant bientôt revoir notre supérieur, je désirerais, si elle m'accordait cette grâce, qu'elle pût lui reporter fidèlement les réponses de Sa Révérence le père Rodin à quelques-unes de mes questions.

Le prélat s'inclina.

Rodin regarda le père d'Aigrigny d'un air étonné et lui dit sèchement :— C'est chose jugée... à quoi bon ces questions?

— Non pas à m'innocenter — reprit le père d'Aigrigny — mais à bien préciser l'état des choses aux yeux de Son Eminence.

— Alors parlez... et surtout pas de paroles inutiles. — Puis Rodin, tirant sa grosse montre d'argent, la consulta, et ajouta :—Il faut qu'à deux heures je sois à Saint-Sulpice.

— Je serai aussi bref que possible — dit le père d'Aigrigny avec un ressentiment contenu, et il reprit, en s'adressant à Rodin : — Lorsque Votre Révérence a cru devoir substituer son action à la mienne, en blâmant... bien sévèrement peut-être, la manière dont j'avais conduit les intérêts qui m'avaient été confiés;... ces intérêts, je l'avoue loyalement, étaient compromis...

— Compromis? — reprit Rodin avec ironie. — Dites donc... perdus... puisque vous m'aviez ordonné d'écrire à Rome qu'il fallait renoncer à tout espoir.

— C'est la vérité — dit le père d'Aigrigny.

— C'est donc un malade absolument désespéré, abandonné des... meilleurs médecins — continua Rodin avec ironie — que j'ai entrepris de faire vivre. Poursuivez...

Et, plongeant ses deux mains dans les goussets de son pantalon, il regarda le père d'Aigrigny bien en face.

— Votre Révérence m'a durement blâmé — reprit le père d'Aigrigny — non pas d'avoir cherché, par tous les moyens possibles, à rentrer dans des biens odieusement dérobés à notre compagnie...

— Tous nos casuistes vous y autorisent avec raison — dit le cardinal; — les textes sont clairs, positifs; vous avez parfaitement le droit de récupérer *per fas aut nefas* un bien traîtreusement dérobé.

— Aussi — reprit le père d'Aigrigny — Sa Révérence le père Rodin m'a seulement reproché la brutalité militaire de mes moyens, leur violence, en dangereux désaccord, disait-il, avec les mœurs du temps... Soit... Mais d'abord... je ne pouvais être légalement l'objet d'aucune poursuite, et enfin, sans une circonstance d'une fatalité inouïe, le succès consacrait la marche que j'avais suivie, si brutale, si grossière qu'elle fût... Maintenant... puis-je demander à Votre Révérence ce qu'elle...

— Ce que j'ai fait de plus que vous? — dit Rodin au père d'Aigrigny en cédant à son impertinente habitude d'interruption—ce que j'ai fait de mieux que vous? quel pas j'ai fait faire à l'affaire Rennepont, après l'avoir reçue de vous absolument désespérée? Est-ce cela que vous voulez savoir?

— Positivement — dit sèchement le père d'Aigrigny.

— Et bien! je l'avoue — reprit Rodin d'un air sardonique — autant vous avez fait de grandes choses, de grosses choses, de turbulentes choses... autant, moi, j'en ai fait de petites, de puériles, de cachées! Mon Dieu, oui! moi qui osais me donner pour un homme à larges vues, vous ne sauriez imaginer le sot métier que je fais depuis six semaines.

— Je ne me serais jamais permis d'adresser un tel reproche à Votre Révérence... si mérité qu'il parût — dit le père d'Aigrigny avec un sourire amer.

— Un reproche? — dit Rodin en haussant les épaules — un reproche? vous voilà jugé. Savez-vous ce que j'écrivais de vous il y a six semaines? le voici: « *Le père d'Aigrigny a d'excellentes qualités, il me servira* » (et dès demain je vous emploierai très activement)—dit Rodin en manière de parenthèse; — mais, ajoutais-je : « *il n'est pas assez grand pour savoir à l'occasion se faire petit...* » Comprenez-vous?

— Pas très bien — dit le père d'Aigrigny en rougissant.

— Tant pis pour vous — reprit Rodin; — cela prouve que j'avais raison. Eh bien! puisqu'il faut vous le dire, j'ai eu, moi, assez d'esprit pour faire le plus sot métier du monde pendant six semaines... Oui, tel que vous me voyez, j'ai fait la causette avec une grisette ; j'ai parlé : — progrès, humanité, liberté, émancipation de la femme... avec une jeune fille à tête folle ; j'ai parlé : — grand Napoléon, fétichisme bonapartiste avec un vieux soldat imbécile ; j'ai parlé : — gloire impériale, humiliation de la France, espérance dans le roi de Rome, avec un brave homme de maréchal de France qui, s'il a le cœur plein d'adoration pour ce voleur de trônes qui a tiré le boulet à Saint-Hélène, a la tête aussi creuse, aussi sonore qu'une trompette de guerre... aussi soufflez dans cette boîte sans cervelle quelques notes guerrières ou patriotiques, et voilà que ça donne des fanfares ahuries sans savoir pour qui, pour quoi, ni comment. J'ai bien fait plus, sur ma foi !... j'ai parlé amourette avec un jeune tigre sauvage. Quand je vous le disais que c'était lamentable de voir un homme un peu intelligent s'amoindrir, comme je l'ai fait, par tous ces petits moyens ; s'abaisser à nouer si laborieusement les mille fils de cette trame obscure ? Beau spectacle, n'est-ce pas ? voir l'araignée tisser opiniâtrément sa toile... comme c'est intéressant, un vilain petit animal noirâtre tendant fil sur fil, renouant ceux-ci, renforçant ceux-là, en allongeant d'autres ; vous haussez les épaules, soit... mais revenez deux heures après ; que trouvez-vous ? le petit animal noirâtre bien gorgé, bien repu, et dans sa toile une douzaine de folles mouches si enlacées, si garrottées, que le petit animal noirâtre n'a plus qu'à choisir à son aise l'heure et le moment de sa pâture...

En disant ces mots, Rodin sourit d'une manière étrange ; ses yeux, ordinairement à demi voilés par ses flasques paupières, s'ouvrirent tout grands et semblèrent briller plus que de coutume ; le jésuite sentait en lui depuis quelques instans une sorte d'excitation fébrile ; il l'attribuait à la lutte qu'il soutenait devant ces éminens personnages, qui subissaient déjà l'influence de sa parole originale et tranchante.

Le père d'Aigrigny commençait à regretter d'avoir engagé cette lutte ; pourtant il reprit avec une ironie mal contenue : — Je ne conteste pas la ténuité de vos moyens. Je suis d'accord avec vous, ils sont très puérils, ils sont très vulgaires ; mais cela ne suffit pas absolument pour donner une haute idée de votre mérite... Je me permettrai donc de vous demander...

— Ce que ces moyens ont produit ? — reprit Rodin avec une exaltation qui ne lui était pas habituelle. — Regardez dans ma toile d'araignée, et vous y verrez cette belle et insolente jeune fille, si fière, il y a six semaines, de sa beauté, de son esprit, de son audace... à cette heure, pâle, défaite, elle est mortellement blessée au cœur.

— Mais cet élan d'intrépidité chevaleresque du prince indien dont tout Paris s'est ému — dit la princesse — mademoiselle de Cardoville en a dû être touchée ?...

— Oui, mais j'ai paralysé l'effet de ce dévoûment stupide et sauvage en démontrant à cette jeune fille qu'il ne suffit pas de tuer des panthères noires pour prouver que l'on est un amant sensible, délicat et fidèle.

— Soit — dit le père d'Aigrigny. — Ceci est un fait acquis ; voici mademoiselle de Cardoville blessée au cœur.

— Mais qu'en résulte-t-il pour les intérêts de l'affaire Rennepont ? — reprit M. le cardinal avec curiosité en s'accoudant sur la table.

— Il en résulte d'abord — dit Rodin — que, lorsque le plus dangereux ennemi que l'on puisse avoir est dangereusement blessé, il quitte le champ de bataille ; c'est déjà quelque chose, ce me semble ?

— En effet — dit la princesse — l'esprit, l'audace de mademoiselle de Cardoville pouvaient en faire l'âme de la coalition dirigée contre nous.

— Soit — reprit obstinément le père d'Aigrigny ; sous ce rapport elle n'est plus à craindre, c'est un avantage. Mais cette blessure au cœur ne l'empêchera pas d'hériter ?

— Qui vous l'a dit ? — demanda froidement Rodin avec assurance. — Savez-vous pourquoi j'ai tant fait pour la rapprocher, d'abord malgré elle, de Djalma, et ensuite pour l'éloigner de lui, encore malgré elle ?

— Je vous le demande — dit le père d'Aigrigny — en quoi cet orage de passions empêchera-t-il mademoiselle de Cardoville et le prince d'hériter ?

— Est-ce d'un ciel serein ou d'un ciel d'orage que part la foudre qui éclate et qui frappe ? — dit Rodin d'un ton dédaigneux. — Soyez tranquille, je saurai où placer le paratonnerre. Quant à M. Hardy, cet homme vivait pour trois choses : — pour ses ouvriers — pour un ami — pour une maîtresse ! — il a reçu trois traits en plein cœur. Je vise toujours au cœur, moi ; c'est légal, et c'est sûr.

— C'est légal, c'est sûr et c'est louable — dit l'évêque ; — car, si j'ai bien entendu, ce fabricant avait une concubine... or, il est bien de faire servir une passion mauvaise à la punition du méchant...

— Ceci est évident — ajouta le cardinal — ils ont de mauvaises passions... on s'en sert... c'est leur faute...

— Notre sainte mère Perpétue — dit la princesse — a concouru de tous ses moyens à la découverte de cet abominable adultère.

— Voici M. Hardy frappé dans ses plus chères affections, je l'admets — dit le père d'Aigrigny, qui ne cédait le terrain que pied à pied — le voilà frappé dans sa fortune... mais il en sera d'autant plus âpre à la curée de cet immense héritage...

Cet argument parut sérieux aux deux prélats et à la princesse ; tous regardèrent Rodin avec une vive curiosité ; au lieu de répondre, celui-ci alla vers le buffet ; et, contre son habitude de sobriété stoïque, et malgré sa répugnance pour le vin, il examina les flacons, et dit : — Qu'est-ce qu'il y a là-dedans ?

— Du vin de Bordeaux et de Xérès... — dit madame de Saint-Dizier, fort étonnée de ce goût subit de Rodin.

Celui-ci prit un flacon au hasard, et il se versa un verre de vin de Madère qu'il but d'un trait. Depuis quelques moments, il s'était senti plusieurs fois frissonner d'une façon étrange. A ce frisson avait succédé une sorte de faiblesse, il espéra que le vin le ranimerait. Après avoir essuyé ses lèvres du revers de sa main crasseuse il revint auprès de la table, et s'adressant au père d'Aigrigny : — Qu'est-ce que vous me disiez à propos de M. Hardy ?

— Qu'étant frappé dans sa fortune, il n'en serait que plus âpre à la curée de cet immense héritage — répéta le père d'Aigrigny, intérieurement outré du ton impérieux de son supérieur.

— M. Hardy, penser à l'argent ! — dit Rodin en haussant les épaules — est-ce qu'il pense, seulement ? tout est brisé en lui. Indifférent aux choses de la vie, il est plongé dans une stupeur dont il ne sort que pour fondre en larmes ; alors il parle avec une bonté machinale à ceux qui l'entourent des soins les plus empressés (je l'ai mis entre bonnes mains). Il commence cependant à se montrer sensible à la tendre commisération qu'on lui témoigne sans relâche... Car il est bon... excellent, aussi excellent que faible, et c'est à cette excellence... que je vous adresserai, père d'Aigrigny, afin que vous accomplissiez ce qui reste à faire.

— Moi ? — dit le père d'Aigrigny, fort étonné.

— Oui, et alors vous reconnaîtrez si le résultat que j'ai obtenu... n'est pas considérable... et...

Puis, s'interrompant, Rodin passant la main sur son front, se dit à lui-même : — Cela est étrange !

— Qu'avez-vous ? — lui dit la princesse avec intérêt.

— Rien, madame. — reprit Rodin en tressaillant ; — c'est sans doute ce vin que j'ai bu... je n'y suis pas accoutumé... Je ressens un peu de mal de tête, cela passera.

— Vous avez, en effet... les yeux bien injectés, mon cher père — dit la princesse.

— C'est que j'ai regardé trop fixement dans ma toile — reprit le jésuite avec un sourire sinistre — et il faut que j'y regarde encore pour faire bien voir au père d'Aigrigny, qui fait le myope... mes autres mouches... les deux filles du général Simon, par exemple, de jour en jour plus tristes, plus abattues, et sentant une barrière glacée s'élever entre elles et le maréchal... Et celui-ci, depuis la mort de son père, il faut l'entendre, il faut le voir, tiraillé, déchiré entre deux pensées contraires ; aujourd'hui se croyant déshonoré s'il fait ceci... demain déshonoré s'il ne le fait pas : ce soldat, ce héros de l'empire, est à présent plus faible, plus irrésolu qu'un enfant. Voyons... que reste-t-il encore de cette famille impie ?... Jacques Rennepont ? Demandez à Morok dans quel état d'hébétement l'orgie a jeté ce misérable et vers quel abîme il roule !... Voilà mon bilan... voilà dans quel état d'isolement, d'anéantissement, se trouvent aujourd'hui tous les membres de cette famille qui réunissaient, il y a six semaines, tant d'élémens puissans, énergiques, dangereux, s'ils eussent été concentrés!... les voilà donc, ces Rennepont qui, d'après le conseil de leur hérétique aïeul, devaient unir leurs forces pour nous combattre et nous écraser... et ils étaient grandement à craindre... Qu'avais-je dit? que j'agirais sur leurs passions. Qu'ai-je fait? j'ai agi sur leurs passions. Aussi en vain à cette heure ils se débattent dans ma toile... qui les enlace de toutes parts... ils sont à moi, vous dis-je... ils sont à moi...

Depuis quelques momens et à mesure qu'il parlait, la physionomie et la voix de Rodin subissaient une altération singulière : son teint, toujours si cadavéreux, s'était de plus en plus coloré, mais inégalement et comme par marbrures; puis, phénomène étrange! ses yeux, en devenant de plus en plus brillans, avaient paru se creuser davantage. Sa voix vibrait, saccadée, brève, stridente.

L'altération des traits de Rodin, dont il ne paraissait pas avoir conscience, était si remarquable que les autres acteurs de cette scène le regardaient avec une sorte d'effroi.

Se trompant sur la cause de cette impression, Rodin, indigné, s'écria d'une voix çà et là entrecoupée pas des élans d'aspiration profonde et embarrassée : — Est-ce de la pitié pour cette race impie, que je lis sur vos visages?... De la pitié... pour cette jeune fille qui ne met jamais le pied dans une église, et qui élève chez elle des autels païens?... De la pitié pour ce Hardy, ce blasphémateur sentimental, cet athée philanthrope qui n'avait pas une chapelle dans sa fabrique, et qui osait accoler le nom de Socrate, de Marc-Aurèle et de Platon à celui de notre Sauveur, qu'il appelait *Jésus le divin philosophe?...* De la pitié pour cet Indien sectateur de Brahma?... De la pitié pour ces deux sœurs qui n'ont pas reçu le baptême?... De la pitié pour cette brute de Jacques Rennepont?... De la pitié pour ce stupide soldat impérial, qui a pour dieu Napoléon, et pour évangile les bulletins de la grande armée?... De la pitié pour cette famille de renégats dont l'aïeul, relaps infâme, non content de nous avoir volé notre bien, excite encore du fond de sa tombe, au *bout* d'un siècle et demi, sa race maudite à relever la tête contre nous?... Comment! pour nous défendre de ces vipères, nous n'aurions pas le droit de les écraser dans le venin qu'elles distillent?... Et je vous dis, moi, que c'est servir Dieu, que c'est donner un salutaire exemple que de vouer, à la face de tous, et par le déchaînement même de ses passions... cette famille impie à la douleur, au désespoir, à la mort!...

Rodin était effrayant de férocité en parlant ainsi; le feu de ses yeux devenait plus éclatant encore; ses lèvres étaient sèches et arides, une sueur froide baignait ses tempes, dont on remarquait les battemens précipités; de nouveaux frissons glacés coururent par tout son corps. Attribuant ce malaise croissant à un peu de courbature, car il avait écrit une partie de la nuit, et voulant remédier à une nouvelle défaillance, il alla au buffet, se versa un autre verre de vin qu'il avala d'un trait, puis il revint au moment où le cardinal lui disait :

— Si la marche que vous suivez à l'égard de cette famille avait besoin d'être justifiée, mon très cher père, vous l'eussiez justifiée victorieusement par vos dernières paroles :... non-seulement selon vos casuistes, je le répète, vous êtes dans votre plein droit, mais il n'y a là rien de répréhensible aux yeux des lois humaines; quant aux lois divines, c'est plaire au Seigneur que de combattre et de terrasser l'impie par les armes qu'il donne contre lui-même.

Vaincu, ainsi que les autres assistans, par l'assurance diabolique de Rodin, et ramené à une sorte d'admiration craintive, le père d'Aigrigny lui dit : — Je le confesse, j'ai eu tort de douter de l'esprit de Votre Révérence; trompé par l'apparence des moyens que vous avez employés, les considérant isolément, je n'avais pu juger de leur ensemble redoutable et surtout des résultats qu'ils ont, en effet, produits. Maintenant, je le vois, le succès, grâce à vous, n'est pas douteux.

— Et ceci est une exagération — reprit Rodin avec une impatience fiévreuse; — toutes ces passions sont à cette heure en ébullition; mais le moment est critique... comme l'alchimiste penché sur son creuset, où bouillonne une mixture qui peut lui donner des trésors ou la mort... moi seul je puis, à cette heure...

Rodin n'acheva pas, il porta brusquement ses deux mains à son front avec en cri de douleur étouffée.

— Qu'avez-vous? — dit le père d'Aigrigny; — depuis quelques instans... vous pâlissez d'une manière effrayante.

— Je ne sais ce que j'ai — dit Rodin d'une voix altérée; — ma douleur de tête augmente, une sorte de vertige m'a un instant étourdi.

— Asseyez-vous — dit la princesse avec intérêt.

— Prenez quelque chose — ajouta l'évêque.

— Ce ne sera rien — reprit Rodin en faisant un effort sur lui-même; — je ne suis pas douillet, Dieu merci!... j'ai peu dormi cette nuit;... c'est de la fatigue;... rien de plus. Je disais donc que moi seul pouvais à cette heure diriger cette affaire... mais non l'exécuter... il me faut disparaître... mais veiller incessamment dans l'ombre, d'où je tiendrai tous les fils, que moi seul... puis... faire agir... — ajouta Rodin d'une voix oppressée.

— Mon très cher père — dit le cardinal avec inquiétude — je vous assure que vous êtes assez gravement indisposé... Votre pâleur devient livide.

— C'est possible — répondit courageusement Rodin; — mais je ne m'abats pas pour si peu... Revenons à notre affaire... Voici l'heure, père d'Aigrigny, où vos qualités, et vous en avez de grandes, je ne les ai jamais niées... me peuvent être d'un grand secours... Vous avez de la séduction... du charme... une éloquence pénétrante... il faudra...

Rodin s'interrompit encore. Son front ruisselait d'une sueur froide, il sentit ses jambes se dérober sous lui, et il dit, malgré son opiniâtre énergie:

— Je l'avoue... je ne me sens pas bien... cependant, ce matin, je me portais aussi bien que jamais;... je tremble malgré moi... je suis glacé...

— Rapprochez-vous du feu... c'est un malaise subit — dit l'évêque en lui offrant le bras avec un dévoûment héroïque — cela n'aura pas de suite.

— Si vous preniez quelque boisson chaude, une tasse de thé — dit la princesse — M. Baleinier doit venir bientôt heureusement, il nous rassurera... sur cette indisposition...

— En vérité... c'est inexplicable — dit le prélat.

A ces mots du cardinal, Rodin, qui s'était péniblement approché du feu, tourna les yeux vers le prélat et le regarda fixement d'une façon étrange pendant une seconde; puis, fort de son indomptable énergie, malgré l'altération de ses traits, qui se décomposaient à vue d'œil, Rodin dit d'une voix brisée qu'il tâcha de rendre ferme : — Ce feu m'a réchauffé, ce ne sera rien;... j'ai bien, par ma foi! le temps de me dorloter... Quel à-propos!... tomber malade au moment où l'affaire Rennepont ne peut réussir que par moi seul! Revenons donc à notre affaire :... je vous disais, père d'Aigrigny, que vous pourriez beaucoup nous servir... et vous aussi, madame la princesse, car vous avez épousé cette cause comme si elle était la vôtre; et...

Rodin s'interrompit encore... Cette fois il poussa un cri aigu, tomba sur une chaise placée près de lui, se rejeta convulsivement en arrière, et, appuyant ses deux mains sur sa poitrine, il s'écria :

— Oh! que je souffre!...

Alors, chose effroyable! à l'altération des traits de Rodin succéda une décomposition cadavéreuse presque aussi rapide que la pensée; ses yeux, déjà caves, s'injectèrent de sang et semblèrent se retirer au fond de leur orbite, dont l'ombre ainsi agrandie forma comme deux trous noirs du creux lesquels luisaient deux prunelles de feu; des tiraillemens nerveux saccadés tendirent et collèrent sur les moindres saillies des os du visage la peau flasque, humide, glacée, qui devint instantanément verdâtre; de ses lèvres, bridées par le rictus d'une douleur atroce, s'échappait un souffle haletant, de temps à autre interrompu par ces mots :

— Oh!... je souffre... je brûle...

Puis, cédant à un transport furieux, Rodin, du bout de ses ongles, labourait sa poitrine nue, car il avait fait sauter les boutons de son gilet et à demi déchiré sa chemise noire et crasseuse, comme si la pression de ces vêtemens eût augmenté la violence des douleurs sous lesquelles il se tordait.

L'évêque, le cardinal et le père d'Aigrigny se rapprochèrent vivement de Rodin et l'entourèrent pour le contenir; il éprouvait d'horribles convulsions; tout à coup, rassemblant ses forces, il se dressa sur ses pieds, droit et raide comme un cadavre; alors, ses vêtemens en désordre, ses rares cheveux gris hérissés autour de sa face verte, attachant ses yeux rouges et flamboyans sur le cardinal, qui à ce moment se penchait vers lui, il le saisit de ses deux mains convulsives, et avec un accent terrible il s'écria d'une voix étranglée : — Cardinal Malipieri... cette maladie est trop subite ; on se défie de moi à Rome... vous êtes de la race des Borgia... et votre secrétaire... était chez moi ce matin...

— Malheureux !... qu'ose-t-il dire ?... — s'écria le prélat aussi stupéfait qu'indigné de cette accusation.

Ce disant, le cardinal tâchait de se débarrasser de l'étreinte du jésuite, dont les doigts crispés avaient la raideur du fer.

— On m'a empoisonné... — murmura Rodin. Et, s'affaissant sur lui-même, il retomba dans les bras du père d'Aigrigny.

Malgré son effroi, le cardinal eut le temps de dire tout bas à celui-ci : — Il croit qu'on veut l'empoisonner... il machine donc quelque chose de bien dangereux !

La porte du salon s'ouvrit : c'était le docteur Baleinier.

— Ah ! docteur ! — s'écria la princesse, pâle, effrayée, en courant à lui — le père Rodin vient d'être attaqué subitement de convulsions affreuses... venez... venez.

— Des convulsions... ce n'est rien, calmez-vous, madame—dit le docteur en jetant son chapeau sur un meuble et en s'approchant à la hâte du groupe qui entourait le moribond.

— Voici le docteur !... — s'écria la princesse.

Tous s'écartèrent, moins le père d'Aigrigny, qui soutenait Rodin affaissé sur une chaise.

— Ciel !... quel symptôme !... — s'écria le docteur Baleinier en examinant avec une terreur croissante la face de Rodin, qui de verte devenait bleuâtre.

— Qu'y a-t-il donc ? — demandèrent les spectateurs tout d'une voix.

— Ce qu'il y a ?... — reprit le docteur en se rejetant en arrière comme s'il eût marché sur un serpent ; — c'est le choléra, et c'est contagieux.

A ce mot effrayant, magique, le père d'Aigrigny abandonna Rodin, qui roula sur le tapis.

— Il est perdu ! — s'écria le docteur Baleinier — pourtant je cours chercher ce qu'il faut pour tenter un dernier effort.

Et il se précipita vers la porte. La princesse de Saint-Dizier, le père d'Aigrigny, l'évêque et le cardinal se précipitèrent éperdus à la suite du docteur Baleinier. Tous se pressaient à la porte, que personne, tant le trouble était grand, ne pouvait ouvrir.

Elle s'ouvrit pourtant, mais du dehors... et Gabriel parut, Gabriel, le type du vrai prêtre, du saint prêtre, du prêtre évangélique, que l'on ne saurait assez environner de respect, d'ardente sympathie, de tendre admiration. Sa figure d'archange, d'une sérénité si douce, offrit un contraste singulier avec tous ces visages contractés, bouleversés par l'épouvante...

Le jeune prêtre faillit être renversé par les fuyards, qui, se précipitant par l'issue qu'il venait d'ouvrir, s'écriaient : — N'entrez pas... il meurt du choléra... sauvez-vous !

A ces mots, repoussant dans le salon l'évêque, qui, resté le dernier de tous, tâchait de forcer la porte, Gabriel courut à Rodin pendant que le prélat s'échappait par la porte laissée libre.

Rodin, couché sur le tapis, les membres contournés par des crampes affreuses, se tordait dans des douleurs intolérables ; la violence de sa chute avait sans doute réveillé ses esprits, car il murmurait d'une voix sépulcrale :

— Ils me laissent... mourir... là... comme un chien... Oh ! les lâches !... au secours !... personne...

Et le moribond, s'étant renversé sur le dos par un mouvement convulsif, tournant vers le plafond sa face de damné, où éclatait un désespoir infernal, répétait encore : — Personne... personne...

Ses yeux, tout à coup flamboyans et féroces, rencontrèrent les grands yeux bleus de l'angélique et blonde figure de Gabriel, qui, s'agenouillant auprès de lui, lui dit de sa voix douce et grave : — Me voici, mon père... je viens vous secourir, si vous pouvez être secouru... prier pour vous, si le Seigneur vous rappelle à lui.

— Gabriel !...—murmura Rodin d'une voix éteinte—pardon... pour le mal... que je vous ai fait... Pitié !... ne m'abandonnez pas !... ne...

Rodin ne put achever; il était parvenu à se soulever sur son séant, il poussa un grand cri et retomba sans mouvement.

. . . .
. . . .

Le même jour, dans les journaux du soir, on lisait :

— Le choléra est à Paris... le premier cas s'est déclaré aujourd'hui, à trois heures et demie, rue de Babylone, à l'hôtel Saint-Dizier.

CHAPITRE IV.

LE PARVIS NOTRE-DAME.

Huit jours se sont écoulés depuis que Rodin a été atteint du choléra, dont les ravages vont toujours croissant.

Terrible temps que celui-là ! Un voile de deuil s'est étendu sur Paris, naguère si joyeux. Jamais, pourtant, le ciel n'a été d'un azur plus pur, plus constant; jamais le soleil n'a rayonné plus radieux.

Cette inexorable sérénité de la nature, durant les ravages du fléau mortel, offrait un étrange et mystérieux contraste.

L'insolente lumière d'un soleil éblouissant rendait plus visible encore l'altération des traits causée par les mille angoisses de la peur. Car chacun tremblait, celui-ci pour soi, ceux-là pour les êtres aimés; les physionomies trahissaient quelque chose d'inquiet, d'étonné, de fébrile. Les pas étaient précipités comme si, en marchant plus vite, on avait chance d'échapper au péril; et puis aussi on se hâtait de rentrer chez soi. On laissait la vie, la santé, le bonheur dans sa maison; deux heures après, on y retrouvait souvent l'agonie, la mort, le désespoir. A chaque instant des choses nouvelles et sinistres frappaient votre vue : tantôt passaient par les rues des charrettes remplies de cercueils symétriquement empilés. Elles s'arrêtaient devant chaque demeure : des hommes vêtus de gris et de noir attendaient sous la porte; ils tendaient les bras, et à ceux-ci l'on jetait un cercueil, à ceux-là deux, souvent trois ou quatre, dans la même maison; si bien que, parfois, la provision étant vite épuisée, bien des morts de la rue n'étaient pas *servis*, et la charrette, arrivée pleine, s'en allait vide.

Dans presque toutes les maisons, de bas en haut, de haut en bas, c'était un bruit de marteaux assourdissant : on clouait des bières; on en clouait tant, et tant que, par intervalles, les cloueurs s'arrêtaient fatigués. Alors éclataient toutes sortes de cris de douleur, de gémissemens plaintifs, d'imprécations désespérées. C'étaient ceux à qui les hommes gris et noirs avaient pris quelqu'un pour remplir les bières.

On remplissait donc incessamment des bières, et on les clouait jour et nuit, plutôt le jour que la nuit; car, dès le crépuscule, à défaut des corbillards insuffisans, arrivait une lugubre file de voitures mortuaires improvisées : tombereaux, charrettes, tapissières, fiacres, haquets, venaient servir au funèbre transport; à l'encontre des autres qui, dans les rues, entraient pleines et sortaient vides, ces dernières voitures entraient vides et bientôt sortaient pleines.

Pendant ce temps-là les vitres des maisons s'illuminaient, et souvent les lumières brûlaient jusqu'au jour. C'était la saison des bals; ces clartés ressemblaient assez aux rayonnemens lumineux des folles nuits de fête, si ce n'est que les cierges remplaçaient la bougie, et la psalmodie des prières des morts le joyeux bourdonnement du bal; puis, dans les rues, au lieu des bouffonneries transparentes de l'enseigne des costumiers pour les mascarades, se balançaient de loin en loin de grandes lanternes d'un rouge de sang portant ces mots en lettres noires :

Secours aux cholériques.

Où il y avait véritablement fête... pendant la nuit, c'était aux cimetières... Ils se débauchaient... Eux, toujours si mornes, si muets, à ces heures nocturnes, heures silencieuses où l'on entend le léger frissonnement des cyprès agités par la brise... eux, si solitaires que nul pas humain n'osait pendant la nuit troubler leur silence funèbre... ils étaient tout à coup devenus animés, bruyans, tapageurs et brillans de lumière.

A la lueur fumeuse des torches qui jetaient de grandes clartés rougeâtres sur les sapins noirs et sur les pierres blanches des sépulcres, bon nombre de fossoyeurs fossoyaient allègrement en fredonnant. Ce dangereux et rude métier se payait alors presque à prix d'or; on avait tant besoin de ces bonnes gens, qu'il fallait, après tout, les ménager; s'ils buvaient souvent, ils buvaient beaucoup; s'ils chantaient toujours, ils chantaient fort, et ce, pour entretenir leurs forces et leur bonne humeur, puissant auxiliaire d'un tel travail. Si quelques-uns ne finissaient pas d'aventure la fosse commencée, d'obligeans compagnons la finissaient *pour* eux (c'était le mot), et les y plaçaient amicalement.

Aux joyeux refrains des fossoyeurs répondaient d'autres fionflons lointains; des cabarets s'étaient improvisés aux environs des cimetières, et les cochers des morts, une fois *leurs pratiques descendues à leur adresse*, comme ils disaient ingénieusement, les cochers des morts, riches d'un salaire extraordinaire, banquetaient, rigolaient en seigneurs; souvent l'aurore les surprit le verre à la main et la gaudriole aux lèvres... Observation bizarre : chez ces gens de funérailles, vivant dans les entrailles du fléau, la mortalité fut presque nulle.

Dans les quartiers sombres, infects, où, au milieu d'une atmosphère morbide, vivaient entassés une foule de prolétaires déjà épuisés par les plus dures privations, et, ainsi que l'on disait énergiquement alors, *tout mâchés* pour le choléra, il ne s'agissait plus d'individus, mais de familles entières enlevées en quelques heures: pourtant, parfois, ô clémence providentielle! un ou deux petits enfans restaient seuls dans la chambre froide et délabrée, après que père et mère, frère et sœur étaient partis en cercueil.

Souvent aussi on fut obligé de fermer, faute de locataires, plusieurs de ces maisons, pauvres ruches de laborieux travailleurs, complètement déshabitées en un jour par le fléau, depuis la cave, où, selon l'habitude, couchaient sur la paille de petits ramoneurs, jusqu'aux mansardes, où, haves et deminus, se roidissaient sur le carreau glacé quelques malheureux sans travail et sans pain.

De tous les quartiers de Paris, celui qui, pendant la période croissante du choléra, offrit peut-être le spectacle le plus effrayant, fut le quartier de la Cité, et, dans la Cité, le parvis Notre-Dame était presque chaque jour le théâtre de scènes terribles, la plupart des malades des rues voisines que l'on transportait à l'Hôtel-Dieu affluant sur cette place.

Le choléra n'avait pas une physionomie :... il en avait mille. Ainsi, huit jours après que Rodin avait été subitement atteint, plusieurs événemens, où l'horrible le disputait à l'étrange, se passaient sur le parvis Notre-Dame.

Au lieu de la rue d'*Arcole*, qui conduit aujourd'hui directement sur cette place, on y arrivait alors d'un côté par une ruelle sordide comme toutes les rues de la Cité; une voûte sombre et écrasée la terminait. En entrant dans le parvis on avait à gauche le portail de l'immense cathédrale, et en face de soi les bâtimens de l'Hôtel-Dieu. Un peu plus loin, une échappée de vue permettait d'apercevoir le parapet du quai Notre-Dame.

Sur la muraille noirâtre et lézardée de l'arcade on pouvait lire un placard récemment appliqué; il portait ces mots tracés au moyen d'un poncif et de lettres de cuivre (1).

Vengeance!... vengeance!...
Les gens du peuple qui se font porter dans les hôpitaux y sont empoisonnés,

---

(1) On sait que lors du choléra des placards pareils furent répandus à profusion dans Paris, et tour à tour attribués à différens partis, entre autres au parti prêtre, plusieurs évêques ayant publié des mandemens ou fait dire dans les églises de leur diocèse que le bon Dieu avait envoyé le choléra pour punir la France d'avoir chassé ses rois légitimes et assimilé le culte catholique aux autres cultes.

parce qu'on trouve le nombre des malades trop considérable; chaque nuit des bateaux remplis de cadavres descendent la Seine.
Vengeance! et mort aux assassins du peuple!

Deux hommes enveloppés de manteaux et à demi cachés dans l'ombre de la voûte écoutaient avec une curiosité inquiète une rumeur qui s'élevait de plus en plus menaçante du milieu d'un rassemblement tumultueusement groupé aux abords de l'Hôtel-Dieu.

Bientôt ces cris :
Mort aux médecins!... Vengeance! — arrivèrent jusqu'aux deux hommes embusqués sous l'arcade.

— Les placards font leur effet — dit l'un; — le feu est aux poudres... Une fois la populace en délire... on la lancera sur qui l'on voudra.

— Dis donc — reprit l'autre homme — regarde là-bas... cet hercule dont la taille gigantesque domine toute cette canaille. Est-ce que ce n'était pas un des plus enragés meneurs lors de la destruction de la fabrique de M. Hardy?

— Pardieu, oui... Je le reconnais; partout où il y a un mauvais coup à faire, on trouve ce gredin-là.

— Maintenant crois-moi, ne. restons pas sous cette arcade — dit l'autre homme; — il y fait un vent glacé, et quoique je sois matelassé de flanelle...

— Tu as raison, le choléra est brutal en diable. D'ailleurs tout se prépare bien de ce côté ; on assure aussi que l'émeute républicaine va soulever en masse le faubourg Saint-Antoine. Chaud! chaud! ça nous sert, et la sainte cause de la religion triomphera de l'impiété révolutionnaire... Allons rejoindre le père d'Aigrigny.

— Où le trouverons-nous?

— Ici près, viens... viens.

Et les deux hommes disparurent précipitamment.

Le soleil, commençant à décliner, jetait ses rayons dorés sur les noires sculptures du portail de Notre-Dame et sur la masse imposante de ses deux tours, qui se dressaient au milieu d'un ciel parfaitement bleu, car depuis plusieurs jours un vent de nord-est, sec et glacé, balayait les moindres nuages.

Un rassemblement assez nombreux, encombrant, nous l'avons dit, les abords de l'Hôtel-Dieu, se pressait aux grilles dont le péristyle de l'hospice est entouré; derrière la grille on voyait rangé un piquet d'infanterie; car les cris de *Mort aux médecins!* étaient devenus de plus en plus menaçans.

Les gens qui vociféraient ainsi appartenaient à une populace oisive, vagabonde et corrompue... à la lie de Paris : aussi, chose effrayante, les malheureux que l'on transportait, traversant forcément ces groupes hideux, entraient à l'Hôtel-Dieu au milieu de clameurs sinistres et de cris de mort.

A chaque instant, des civières, des brancards apportaient de nouvelles victimes; les civières, souvent garnies de rideaux de coutil, cachaient les malades; mais les brancards n'ayant aucune couverture, quelquefois les mouvemens convulsifs d'un agonisant écartaient le drap, qui laissait voir une face cadavéreuse.

Au lieu d'épouvanter les misérables rassemblés devant l'hospice, de pareils spectacles devenaient pour eux le signal de plaisanteries de cannibales ou de prédictions atroces sur le sort de ces malheureux une fois au pouvoir des médecins.

Le *carrier* et *Ciboule*, accompagnés d'un bon nombre de leurs acolytes, se trouvaient mêlés à la populace. Après le désastre de la fabrique de M. Hardy, le *carrier*, solennellement chassé du compagnonnage par les *loups*, qui n'avaient voulu conserver aucune solidarité avec ce misérable ; le carrier, disons-nous, se plongeant depuis lors dans la plus basse crapule et spéculant sur sa force herculéenne, s'était établi, moyennant salaire, le défenseur officieux de *Ciboule* et de ses pareilles.

Sauf quelques passans amenés par hasard sur le parvis Notre-Dame, la foule déguenillée dont il était couvert se composait donc du rebut de la population de Paris, misérables non moins à plaindre qu'à blâmer, car la misère, l'ignorance et le délaissement engendrent fatalement le vice et le crime. Pour ces sauvages de la civilisation, il n'y avait ni pitié, ni enseignement, ni terreur, dans les effrayans tableaux dont ils étaient entourés à chaque instant; insoucieux d'une vie qu'ils disputaient chaque jour à la faim ou aux tentations du crime, ils bravaient le fléau avec une audace infernale, ou y succombaient le blasphème à la bouche. La haute stature du carrier dominait les groupes; l'œil sanglant, les traits enflammés, il vociférait de toutes ses forces : — Mort aux carabins !... ils empoisonnent le peuple !

— C'est plus aisé que de le nourrir — ajoutait Ciboule.

Puis, s'adressant à un vieillard agonisant que deux hommes, perçant à grand'peine cette foule compacte, apportaient sur une chaise, la mégère reprit : — N'entre donc pas là-dedans, eh ! moribond ; crève ici, au grand air, au lieu de crever dans cette caverne, où tu seras empoisonné comme un vieux rat.

— Oui — ajouta le carrier — après, on te jettera à l'eau pour régaler les ablettes, dont tu ne mangeras pas, encore...

A ces atroces plaisanteries, le vieillard roula des yeux égarés et fit entendre de sourds gémissemens. Ciboule voulut arrêter la marche des porteurs, et ils ne se débarrassèrent qu'à grand'peine de cette mégère.

Le nombre des cholériques arrivant à l'Hôtel-Dieu augmentait de minute en minute : les moyens de transport habituels ayant manqué, à défaut de civières et de brancards, c'était à bras que l'on apportait les malades.

Çà et là des épisodes effrayans témoignaient de la rapidité foudroyante du fléau.

Deux hommes portaient un brancard recouvert d'un drap taché de sang ; l'un d'eux se sent tout à coup atteint violemment, il s'arrête court ; ses bras défaillans abandonnent le brancard, il pâlit, chancelle, tombe à demi renversé sur le malade, et devient aussi livide que lui... l'autre porteur, effrayé, fuit éperdu, laissant son compagnon et le mourant au milieu de la foule. Les uns s'éloignent avec horreur, d'autres éclatent d'un rire sauvage.

— L'attelage s'est effarouché — dit le carrier — il a laissé la carriole en plan...

— Au secours ! — criait le moribond d'une voix dolente — par pitié, portez-moi à l'hospice.

— Il n'y a plus de place au parterre — dit une voix railleuse.

— Et tu n'as pas assez de jambes pour monter au paradis — ajouta une autre.

Le malade fit un effort pour se soulever ; mais ses forces le trahirent : il retomba épuisé sur le matelas. Tout à coup la multitude reflua violemment, renversa le brancard ; le porteur et le vieillard sont foulés aux pieds, et leurs gémissemens sont couverts par ces cris :

— *Mort aux carabins !*

Et les hurlemens recommencèrent avec une nouvelle furie. Cette bande farouche, qui, dans son délire féroce, ne respectait rien, fut cependant obligée, quelques instans après, d'ouvrir ses rangs devant plusieurs ouvriers qui frayaient vigoureusement le passage à deux de leurs camarades apportant entre leurs bras entrelacés un artisan, jeune encore ; sa tête, appesantie et déjà livide, s'appuyait sur l'épaule de l'un de ses compagnons ; un petit enfant suivait en sanglotant, tenant le pan de la blouse d'un des artisans.

Depuis quelques momens on entendait résonner au loin, dans les rues tortueuses de la Cité, le bruit sonore et cadencé de plusieurs tambours : on battait le rappel, car l'émeute grondait au faubourg Saint-Antoine ; les tambours, débouchant par l'arcade, traversaient la place du parvis Notre-Dame ; un de ces soldats, vétéran à moustaches grises, ralentit subitement les roulemens sonores de sa caisse, et resta un pas en arrière, ses compagnons se retournèrent surpris... il était vert : ses jambes fléchissent, il balbutie quelques mots inintelligibles et tombe foudroyé sur le pavé avant que les tambours du premier rang eussent cessé de battre. La rapidité fulgurante de cette attaque effraya un moment les plus endurcis ; surprise de la brusque interruption du rappel, une partie de la foule courut par curiosité vers les tambours.

A la vue du soldat mourant que deux de ses compagnons soutenaient entre leurs bras, l'un des deux hommes qui, sous la voûte du parvis, avaient assisté au commencement de l'émotion populaire, dit aux autres tambours : — Votre camarade a peut-être bu en route à quelques fontaines?

— Oui, monsieur — répondit le soldat — il mourait de soif, il a bu deux gorgées d'eau sur la place du Châtelet.

— Alors il a été empoisonné — dit l'homme.

— Empoisonné ? — s'écrièrent plusieurs voix.

— Il n'y aurait rien d'étonnant — reprit l'homme d'un air mystérieux ; — on jette du poison dans les fontaines publiques ; ce matin on a massacré un homme rue Beaubourg : on l'avait surpris vidant un paquet d'arsenic dans le broc d'un marchand de vin (1).

Après avoir prononcé ces paroles, l'homme disparut dans la foule.

Ce bruit, non moins stupide que le bruit qui courait sur les empoisonnemens des malades de l'Hôtel-Dieu, fut accueilli par une explosion de cris d'indignation : cinq ou six hommes en guenilles, véritables bandits, saisirent le corps du tambour expirant, l'élevèrent sur leurs épaules, malgré les efforts de ses camarades, et, portant ce sinistre trophée, ils parcoururent le parvis, précédés du carrier et de Ciboule, qui criaient partout sur leur passage :

— Place au cadavre ! voilà comme on empoisonne le peuple !...

Un nouveau mouvement fut imprimé à la foule par l'arrivée d'une berline de poste à quatre chevaux; n'ayant pu passer sur le quai Napoléon, alors en partie dépavé, cette voiture s'était aventurée à travers les rues tortueuse de la Cité, afin de gagner l'autre rive de la Seine par le parvis Notre-Dame. Ainsi que bien d'autres, ces émigrans fuyaient Paris pour échapper au fléau qui le décimait. Un domestique et une femme de chambre assis sur le siége de derrière échangèrent un coup d'œil d'effroi en passant devant l'Hôtel-Dieu, tandis qu'un jeune homme, placé dans l'intérieur et sur le devant de la voiture, baissa la glace pour recommander aux postillons d'aller au pas, de crainte d'accident, la foule étant alors très compacte. Ce jeune homme était M. de Morinval ; dans le fond de la voiture se trouvaient M. de Montbron, et sa nièce, madame de Morinval. La pâleur et l'altération des traits de la jeune femme disaient assez son épouvante ; M. de Montbron, malgré sa fermeté d'esprit, semblait fort inquiet et aspirait de temps à autre, ainsi que sa nièce, un flacon rempli de camphre.

Pendant quelques minutes la voiture s'avança lentement ; les postillons conduisaient leurs chevaux avec précaution. Soudain une rumeur, d'abord sourde et lointaine, circula dans les rassemblemens, et bientôt se rapprocha; elle augmentait à mesure que devenait plus distinct ce son retentissant de chaînes et de *ferraille*, son bruyant généralement particulier aux fourgons d'artillerie ; en effet, une de ces voitures, arrivant par le quai Notre-Dame en sens inverse de la berline, la croisa bientôt.

Chose étrange ! la foule était compacte, la marche de ce fourgon rapide ; pourtant, à l'approche de cette voiture, les rangs pressés s'ouvraient comme par enchantement. Ce prodige s'expliqua bientôt par ces mots répétés de bouche en bouche :

— Le fourgon des morts !... le fourgon des morts !

Le service des pompes funèbres ne suffisant plus au transport des corps, on avait mis en réquisition un certain nombre de fourgons d'artillerie, dans lesquels on entassait précipitamment les cercueils.

Si un grand nombre de passans regardaient cette sinistre voiture avec épouvante, le carrier et sa bande redoublèrent d'horribles lazzi.

— Place à l'omnibus des trépassés ! — cria Ciboule.

— Dans cet omnibus-là, il n'y a pas de danger qu'on vous y marche sur les pieds — dit le carrier.

— C'est des voyageurs commodes qui sont là-dedans.

— Ils ne demandent jamais à descendre, au moins.

— Tiens ! il n'y a qu'un soldat du train pour postillon !

— C'est vrai, les chevaux de devant sont menés par un homme en blouse.

---

(1) On sait qu'à cette malheureuse époque plusieurs personnes furent massacrées sous le faux prétexte d'empoisonnement.

— C'est que l'autre soldat aura été fatigué; le câlin... il sera monté dans l'omnibus de la mort avec les autres... qui ne descendent qu'au grand trou.
— Et la tête en avant, encore.
— Oui, ils piquent une tête dans un lit de chaux.
— Où ils font la *planche*, c'est le cas de le dire.
— Ah! c'est pour le coup qu'on la suivrait les yeux fermés... la voiture de la mort... C'est pire qu'à Montfaucon.
— C'est vrai... ça sent le mort qui n'est plus frais — dit le carrier en faisant allusion à l'odeur infecte et cadavéreuse que ce funèbre véhicule laissait après lui.
— Ah bon!... — reprit Ciboule— voilà l'omnibus de la mort qui va accrocher la belle voiture; tant mieux!... Ces riches, ils sentiront la mort.

En effet, le fourgon se trouvait alors à peu de distance et absolument en face de la berline, qu'il croisait; un homme en blouse et en sabots conduisait les deux chevaux de volée, un soldat du train menait l'attelage de timon. Les cercueils étaient entassés en si grand nombre dans ce fourgon, que son couvercle demi-circulaire ne fermait qu'à moitié; de sorte qu'à chaque soubresaut de la voiture, qui, lancée rapidement, cahotait rudement sur le pavé très inégal, on voyait les bières se heurter les unes contre les autres. Aux yeux ardens de l'homme en blouse, à son teint enflammé, on devinait qu'il était à moitié ivre; excitant ses chevaux de la voix, des talons et du fouet, malgré les recommandations impuissantes du soldat du train, qui, contenant à peine ses chevaux, suivait malgré lui l'allure désordonnée que le charretier donnait à l'attelage. Aussi, l'ivrogne, ayant dévié de sa route, vint droit sur la berline, et l'accrocha. A ce choc, le couvercle du fourgon se renverse, et, lancé en dehors par cette violente secousse, un des cercueils, après avoir endommagé la portière de la berline, retomba sur le pavé avec un bruit sourd et mat. Cette chute disjoignit les planches de sapin clouées à la hâte, et au milieu des éclats du cercueil on vit rouler un cadavre bleuâtre, à demi enveloppé d'un suaire.

A cet horrible spectacle, madame de Morinval, qui avait machinalement avancé la tête à la portière, perdit connaissance en poussant un grand cri. La foule recula avec frayeur; les postillons de la berline, non moins effrayés, profitant de l'espace qui s'était formé devant eux par la brusque retraite de la multitude, lors du passage du fourgon, fouettèrent leurs chevaux, et la voiture se dirigea vers le quai.

Au moment où la berline disparaissait derrière les derniers bâtimens de l'Hôtel-Dieu, on entendit au loin les fanfares retentissantes d'une musique joyeuse, et ces cris répétés de proche en proche : *La mascarade du choléra !*

Ces mots annonçaient un de ces épisodes moitié bouffons, moitié terribles, et à peine croyables, qui signalèrent la période croissante de ce fléau. En vérité, si les témoignages contemporains n'étaient pas complètement d'accord avec les relations des papiers publics au sujet de cette mascarade, on croirait qu'au lieu d'un fait réel il s'agit de l'élucubration de quelque cerveau délirant.

La mascarade du choléra se présenta donc sur le parvis Notre-Dame au moment où la voiture de M. de Morinval disparaissait du côté du quai après avoir été accrochée par le fourgon des morts.

CHAPITRE V.

LA MASCARADE DU CHOLÉRA (1).

Un flot de peuple précédant la mascarade fit brusquement irruption par

---

(1) On lit dans le *Constitutionnel* du samedi 31 mars 1832:
« Les Parisiens se conforment à la partie de l'instruction populaire sur le choléra, qui, entre autres recettes conservatrices, prescrit de n'avoir pas peur du mal, de se distraire, etc., etc. Les plaisirs de la mi-carême ont été aussi brillans et aussi fous que ceux du carnaval même; on n'avait pas vu depuis longtemps, à cette époque de l'année, autant de bals; le choléra lui-même a été le sujet d'une caricature ambulante. »

l'arcade du parvis en poussant de grands cris; des enfans soufflaient dans des cornets à bouquin, d'autres huaient, d'autres sifflaient.

Le carrier, *Ciboule* et leur bande, attirés par ce nouveau spectacle, se précipitèrent en masse du côté de la voûte.

Au lieu des deux traiteurs qui existent aujourd'hui de chaque côté de la rue d'Arcole, il n'y en avait alors qu'un seul, situé à gauche de l'arcade, et fort renommé dans le joyeux monde des étudians pour l'excellence de ses vins et pour sa cuisine provençale.

Au premier bruit des fanfares sonnées par des piqueurs en livrée précédant la mascarade, les fenêtres du grand salon du restaurant s'ouvrirent, et plusieurs *garçons*, la serviette sous le bras, se penchèrent aux croisées, impatiens de voir l'arrivée des singuliers convives qu'ils attendaient.

Enfin le grotesque cortége parut au milieu d'une clameur immense. La mascarade se composait d'un quadrige escorté d'hommes et de femmes à cheval; cavaliers et amazones portaient des costumes de fantaisie à la fois élégans et riches. La plupart de ces masques appartenaient à la classe moyenne et aisée.

Le bruit avait couru qu'une mascarade s'organisait afin de *narguer le choléra*, et de remonter, par cette joyeuse démonstration, le moral de la population effrayée; aussitôt artistes, jeunes gens du monde, étudians, commis, etc., etc., répondirent à cet appel, et quoique jusqu'alors inconnus les uns aux autres, ils fraternisèrent immédiatement; plusieurs, pour compléter la fête, amenèrent leurs maîtresses; une souscription avait couvert les frais de la fête, et le matin, après un déjeuner splendide fait à l'autre bout de Paris, la troupe joyeuse s'était mise bravement en marche pour venir terminer la journée par un dîner au parvis Notre-Dame. Nous disons *bravement*, parce qu'il fallait à ces jeunes femmes une singulière trempe d'esprit, une rare fermeté de caractère, pour traverser ainsi cette grande ville plongée dans la consternation et dans l'épouvante, pour se croiser presque à chaque pas sans pâlir avec des brancards chargés de mourans et des voitures remplies de cadavres, pour s'attaquer enfin, par la plaisanterie la plus étrange, au fléau qui décimait Paris. Du reste, à Paris seulement, et seulement dans une certaine classe de la population, une pareille idée pouvait naître et se réaliser.

Deux hommes, grotesquement déguisés en postillons des pompes funèbres, ornés de faux nez formidables, portant à leur chapeau des pleureuses en crêpe rose, et à leur boutonnière de gros bouquets de roses et des bouffettes de crêpe, conduisaient le quadrige. Sur la plate-forme de ce char étaient groupés des personnages allégoriques représentant:

Le *Vin*;
La *Folie*;
L'*Amour*;
Le *Jeu*.

Ces êtres symboliques avaient pour mission providentielle de rendre, à force de lazzi, de sarcasmes et de nasardes, la vie singulièrement dure au *bonhomme Choléra*, manière de funèbre et burlesque Cassandre qu'ils bafouaient, qu'ils turlupinaient de cent façons.

La moralité de la chose était celle-ci : — Pour braver sûrement le choléra, il faut boire, rire, jouer et faire l'amour.

Le *Vin* avait pour représentant un gros Silène pansu, ventru, trapu, cornu, portant couronne de lierre au front, peau de panthère à l'épaule, et à la main une grande coupe dorée, entourée de fleurs. Nul autre que Nini-Moulin, l'écrivain moral et religieux, ne pouvait offrir aux spectateurs étonnés et ravis une oreille plus écarlate, un abdomen plus majestueux, une trogne plus triomphante et plus enluminée. A chaque instant, Nini-Moulin faisait mine de vider sa coupe, après quoi il venait insolemment éclater de rire au nez du bonhomme Choléra.

Le *bonhomme Choléra*, cadavéreux Géronte, était à demi enveloppé d'un suaire; son masque de carton verdâtre, aux yeux rouges et creux, semblait incessamment grimacer la mort d'une manière des plus réjouissantes; sous sa perruque à trois marteaux, congrument poudrée et surmontée d'un bonnet de coton pyramidal, son cou et un de ses bras, sortant aussi du linceul étaient teints d'une belle couleur verdâtre; sa main décharnée, presque toujours agitée d'un frisson fiévreux (non feint, mais naturel), s'appuyait sur une canne à bec de corbin; il portait enfin, comme il convient à tout Géronte, des bas rouges à jarretières bouclées et de hautes mules de castor noir. Ce grotesque représentant du choléra était Couche-tout-Nu. Malgré une fièvre lente et dangereuse, causée par l'abus de l'eau-de-vie et par la débauche, fièvre qui le minait sourdement, Jacques avait été engagé par Morok à concourir à cette mascarade.

Le dompteur de bêtes, vêtu en *roi de carreau*, figurait le *Jeu*. Le front ceint d'un diadème de carton doré, sa figure implacable et blafarde entourée d'une longue barbe jaune qui retombait sur le devant de sa robe écartelée de couleurs tranchantes, Morok avait parfaitement la physionomie de son rôle. De temps à autre, d'un air parfaitement narquois, il agitait aux yeux du *bonhomme Choléra* un grand sac rempli de jetons bruyans, sur lesquels étaient peintes toutes sortes de cartes à jouer. Certaine gêne dans le mouvement de son bras droit annonçait que le dompteur de bêtes se ressentait encore un peu de la blessure que lui avait faite la panthère noire avant d'être éventrée par Djalma.

La *Folie* symbolisant le *rire* venait à son tour secouer classiquement sa marotte à grelots sonores et dorés aux oreilles du bonhomme Choléra; la *Folie* était une jeune fille alerte et preste, portant sur ses cheveux noirs un bonnet phrygien couleur écarlate; elle remplaçait auprès de Couche-tout-Nu la pauvre reine Bacchanal, qui n'eût pas manqué à une fête pareille, elle si vaillante et si gaie, elle qui, naguère encore, avait fait partie d'une mascarade d'une portée peut-être moins philosophique, mais aussi amusante.

Une autre jolie créature, mademoiselle Modeste Bornichoux, qui *posait* le torse chez un peintre en renom (un des cavaliers du cortége), représentait l'*Amour* et le représentait à merveille; on ne pouvait prêter à l'Amour un plus charmant visage et des formes plus gracieuses. Vêtue d'une tunique bleue pailletée, portant un bandeau bleu et argent sur ses cheveux châtains, et deux petites ailes transparentes derrière ses blanches épaules, l'Amour, croisant sur son index gauche son index droit, faisait de temps à autre (qu'on excuse cette trivialité), faisait très gentiment et très impertinemment *ratisse* au bonhomme Choléra.

Autour du groupe principal, d'autres masques plus ou moins grotesques agitaient des bannières sur lesquelles on lisait ces inscriptions très anacréontiques pour la circonstance:

Enterré, le choléra!
Courte et bonne!
Il faut rire... rire, et toujours rire!
Les Flambards flamberont le Choléra!
Vive l'Amour!
Vive le Vin!
Mais viens-y donc, mauvais Fléau!!!

Il y avait réellement tant d'audacieuse gaîté dans cette mascarade, que le plus grand nombre des spectateurs, au moment où elle défila sur le parvis pour se rendre chez le restaurateur où le dîner l'attendait, applaudirent à plusieurs reprises; cette sorte d'admiration qu'inspire toujours le courage, si fou, si aveugle qu'il soit, parut à d'autres spectateurs (en petit nombre, il est vrai), une sorte de défi jeté au *courroux céleste*; aussi accueillirent-ils le cortége par des murmures irrités.

Ce spectacle extraordinaire et les diverses impressions qu'il causait, étaient trop en dehors des faits habituels pour pouvoir être justement appréciés: l'on ne sait en vérité si cette courageuse bravade mérite la louange ou le blâme. D'ailleurs, l'apparition de ces fléaux qui, de siècle en siècle, déciment les populations, a presque toujours été accompagnée d'une sorte de surexcitation morale, à laquelle n'échappait aucun de ceux que la contagion épargnait; vertige fiévreux et étrange qui tantôt met en jeu les préjugés les plus stupides, les passions les plus féroces, tantôt inspire, au contraire, les dévoûmens les plus magnifiques, les actions les plus courageuses, exalte enfin chez les uns la peur de la mort jusqu'aux plus folles terreurs, tandis que chez d'autres le dédain de la vie se manifeste par les plus audacieuses bravades.

Songeant assez peu aux louanges ou au blâme qu'elle pouvait mériter, la *mascarade* arriva jusqu'à la porte du restaurateur, et y fit son entrée au milieu des acclamations universelles.

Tout semblait d'accord pour compléter cette bizarre imagination, par les contrastes les plus singuliers... Ainsi, la taverne où devait avoir lieu cette surprenante bacchanale étant justement située non loin de l'antique cathédrale et du sinistre hospice, les chœurs religieux de la vieille basilique, les cris des mourans et les chants bachiques des banquetans devaient se couvrir et s'entendre tour à tour.

Les masques, ayant descendu de voiture et de cheval, allèrent prendre place au repas qui les attendait.

. . . .

Les acteurs de la mascarade sont attablés dans une grande salle du restaurant. Ils sont joyeux, bruyans, tapageurs ; cependant leur gaîté a un caractère étrange...

Quelquefois, les plus résolus se rappellent involontairement que c'est leur vie qu'ils jouent dans cette folle et audacieuse lutte contre le fléau. Cette pensée sinistre est rapide comme le frisson fiévreux qui vous glace en un instant ; aussi, de temps à autre, de brusques silences, durant à peine une seconde, trahissent ces préoccupations passagères, bientôt effacées d'ailleurs par de nouvelles explosions de cris joyeux, car chacun se dit : — Pas de faiblesse, mon compagnon, ma maîtresse me regarde.

Et chacun rit et trinque de plus belle, tutoie son voisin et boit de préférence dans le verre de sa voisine.

Couche-tout-Nu avait déposé le masque et la perruque du bonhomme Choléra ; la maigreur de ses traits plombés, leur pâleur maladive, le sombre éclat de ses yeux caves accusaient les progrès incessans de la maladie lente qui consumait ce malheureux, arrivé, par les excès, au dernier degré de l'épuisement : quoiqu'il sentît un feu sourd dévorer ses entrailles, il cachait ses douleurs sous un rire factice et nerveux.

A la gauche de Jacques était Morok, dont la domination fatale allait toujours croissant, et à sa droite la jeune fille déguisée en *Folie* ; on la nommait Mariette ; à côté de celle-ci, Nini-Moulin se prélassait dans son majestueux embonpoint, et feignait souvent de chercher sa serviette sous la table, afin de serrer les genoux de son autre voisine, mademoiselle Modeste, qui représentait l'*Amour*.

La plupart des convives s'étaient groupés selon leurs goûts, chacun à côté de sa chacune, et les *célibataires* où ils avaient pu. On était au second service ; l'excellence des vins, la bonne chère, les gais propos, l'étrangeté même de la position avaient exalté singulièrement les esprits, ainsi que l'on pourra s'en convaincre par les incidens extraordinaires de la scène suivante.

CHAPITRE VI.

LE COMBAT SINGULIER.

Deux ou trois fois, un des *garçons* du restaurant était venu, sans que les convives l'eussent remarqué, parler à voix basse à ses camarades, en leur montrant d'un geste expressif le plafond de la salle du festin ; mais ses camarades n'avaient nullement tenu compte de ses observations ou de ses craintes, ne voulant pas sans doute déranger les convives, dont la folle gaîté semblait aller toujours croissante.

— Qui doutera maintenant de la supériorité de notre manière de traiter cet impertinent choléra? A-t-il osé atteindre notre bataillon sacré? — dit un magnifique *Turc-saltimbanque*, l'un des porte-bannière de la mascarade.

— Voilà tout le mystère — reprit un autre. — C'est bien simple. Eclatez de rire au nez du bonhomme-fléau, et il vous tourne aussitôt les talons.

— Il se rend justice, car c'est joliment bête, ce qu'il fait — ajouta une jolie petite Pierrette en vidant lestement son verre.

— Tu as raison, Chouchoux, c'est bête, et archibête — reprit le Pierrot de la Pierrette ; — car enfin vous êtes là, bien tranquille, jouissant du bonheur de la vie, et tout d'un coup, après une atroce grimace, vous mourez... Eh bien! après? comme c'est malin! comme c'est drôle! Je vous demande un peu ce que ça prouve.

— Ça prouve — reprit un illustre peintre romantique, déguisé en Romain de l'école de David — ça prouve que le choléra est un pitoyable coloriste, car sa palette n'a qu'un ton, un mauvais ton verdâtre... Evidemment le drôle a étudié cet assommant Jacobus, le roi des peintres classiques, fléau d'une autre espèce...

— Pourtant, maître — ajouta respectueusement un élève du grand peintre — j'ai vu des cholériques dont les convulsions avaient assez de *tournure* et dont l'agonie ne manquait pas de *chic!*

— Messieurs — s'écria un sculpteur non moins célèbre — résumons la question. Le choléra est un détestable coloriste, mais c'est un crâne dessinateur... il vous anatomise la charpente d'une rude façon. Tudieu! comme il vous décharne! Auprès de lui Michel-Ange ne serait qu'un écolier.

— Accordé.... — cria-t-on tout d'une voix. — Le choléra peu coloriste... mais crâne dessinateur.

— Du reste, messieurs — reprit Nini-Moulin avec une gravité comique — il y a dans ce fléau une polissonne de leçon providentielle... comme dirait le grand Bossuet...

— La leçon! la leçon!

— Oui, messieurs... il me semble entendre une voix d'en haut qui nous crie : Buvez du meilleur, videz votre bourse et embrassez la femme de votre prochain... car vos heures sont peut-être comptées... malheureux!!!

Ce disant, le Silène orthodoxe profita d'un moment de distraction de mademoiselle Modeste, sa voisine, pour cueillir sur la joue fleurie de l'*Amour* un gros et bruyant baiser.

L'exemple fut contagieux, un frais cliquetis de baisers vint se mêler aux éclats de rire.

— Tubleu, vertubleu, ventredieu! s'écria le grand peintre en menaçant gaîment Nini-Moulin — vous êtes bien heureux que ce soit peut-être demain la fin du monde, sans cela je vous chercherais querelle pour avoir embrassé l'*Amour* qui est mes amours.

— C'est ce qui vous démontre, ô Rubens, ô Raphaël que vous êtes, les mille avantages du choléra, que je proclame essentiellement sociable et caressant.

— Et philanthrope donc! — dit un convive; — grâce à lui, les créanciers soignent la santé de leurs débiteurs... Ce matin, un usurier, qui s'intéresse particulièrement à mon existence, m'a apporté toutes sortes de drogues anticholériques en me suppliant de m'en servir.

— Et moi donc! — dit l'élève du grand peintre — mon tailleur voulait me forcer à porter une ceinture de flanelle sur la peau, parce que je lui dois mille écus; à cela je lui ai répondu : O tailleur, donnez-moi quittance, et je m'*enflanelle* pour vous conserver ma pratique, puisque vous y tenez tant.

— O choléra! je bois à toi — reprit Nini-Moulin en manière d'invocation grotesque ;—tu n'es pas le désespoir; au contraire, tu symbolises l'espérance, oui, l'espérance. Combien de maris, combien de femmes ne comptaient que sur un numéro, hélas! trop incertain! de la loterie du veuvage! Tu parais, et les voilà ragaillardis; grâce à toi, ô complaisant fléau, ils voient centupler leurs chances de liberté.

—Et les héritiers donc, quelle reconnaissance! Un refroidissement, un zest, un rien... et crac, en une heure, voilà un oncle ou un collatéral passé à l'état de bienfaiteur vénéré.

— Et les gens qui ont le tic d'en vouloir toujours aux places des autres! quel fameux compère ils vont trouver dans le choléra!

— Et comme ça va rendre vrais bien des sermens de constance! dit sentimentalement mademoiselle Modeste ; — combien de gredins ont juré à une douce et faible femme de l'aimer pour la vie, et qui ne s'attendaient pas, les Bédouins, à être aussi fidèles à leur parole!

—Messieurs—s'écria Nini-Moulin—puisque nous voilà peut-être à la veille de la fin du monde, comme dit le célèbre peintre que voici, je propose de jouer au monde renversé : je demande que ces dames nous agacent, qu'elles nous provoquent, qu'elles nous lutinent, qu'elles nous dérobent des baisers, qu'elles prennent toutes sortes de licences avec nous, et à la rigueur, ma foi, tant pis!... on n'en meurt pas; à la rigueur, je demande qu'elles nous insultent; oui, je déclare que je me laisse insulter, que j'invite à m'insulter... Ainsi donc, l'*Amour*, vous pouvez me favoriser de l'insulte la plus grossière que l'on puisse faire à un célibataire vertueux et pudibond — ajouta l'écrivain religieux en se penchant vers mademoiselle Modeste, qui le repoussa en riant comme une folle.

Une hilarité générale accueillit la proposition saugrenue de Nini-Moulin, et l'orgie prit un nouvel élan.

Au milieu de ce tumulte assourdissant, le *garçon* qui était déjà entré plusieurs fois pour parler bas et d'un air inquiet à ses camarades en leur montrant le plafond, reparut, la figure pâle, altérée; s'approchant de celui qui remplissait les fonctions de maître-d'hôtel, il lui dit tout bas d'une voix émue : -- Ils viennent d'arriver...

— Qui?

— Vous savez bien... pour là-haut... — et il montra le plafond.

— Ah!... — dit le maître-d'hôtel en devenant soucieux — et où sont-ils?

— Ils viennent de monter... ils y sont maintenant — ajouta le garçon en secouant la tête d'un air effrayé; ils y sont.

— Que dit le patron?

— Il est désolé... à cause de... — et le garçon jeta un coup d'œil circulaire sur les convives; il ne sait que faire... il m'envoie vers vous...

— Et que diable veut-il que je fasse... moi? — dit l'autre en s'essuyant le front — il fallait s'y attendre, il n'y a pas moyen d'échapper à cela...

— Moi, je ne reste pas ici, ça va commencer.

— Tu feras aussi bien, car avec ta figure bouleversée tu attires déjà l'attention; va-t'en, et dis au patron qu'il faut attendre l'événement.

Cet incident passa presque inaperçu, au milieu du tumulte croissant du joyeux festin.

Cependant, parmi les convives, un seul ne riait pas, ne buvait pas, c'était Couche-tout-Nu : l'œil sombre, fixe, il regardait dans le vide; étranger à ce qui se passait autour de lui, le malheureux songeait à la reine Bacchanal, qui eût été si brillante, si gaie dans une pareille saturnale. Le souvenir de cette créature, qu'il aimait toujours d'un amour extravagant, était la seule pensée qui vînt de temps à autre le distraire de son abrutissement. Chose bizarre! Jacques n'avait consenti à faire partie de cette mascarade que parce que cette folle journée lui rappelait le dernier jour de fête passé avec Céphyse : ce *réveille-matin*, à la suite d'une nuit de bal masqué, joyeux repas au milieu duquel la reine Bacchanal, par un étrange pressentiment, avait porté ce tost lugubre à propos du fléau, qui, disait-on, se rapprochait de la France :

— *Au Choléra!* — avait dit Céphyse : — *qu'il épargne ceux qui ont envie de vivre, et qu'il fasse mourir ensemble ceux qui ne veulent pas se quitter!*

A ce moment même, songeant à ces tristes paroles, Jacques était péniblement absorbé. Morok, s'apercevant de sa préoccupation, lui dit tout haut :

— Ah çà!... tu ne bois plus, Jacques? Tu as donc assez de vin? Est-ce de l'eau-de-vie qu'il te faut?... je vais en demander.

— Il ne me faut ni vin ni eau-de-vie... — répondit brusquement Jacques. Et il retomba dans un sombre rêverie.

— Au fait, tu as raison — reprit Morok d'un ton sardonique en élevant de plus en plus la voix — tu fais bien de te ménager;... j'étais fou de parler d'eau-de-vie :... par le temps qui court... il y aurait autant de témérité à se mettre en face d'une bouteille d'eau-de-vie que devant la gueule d'un pistolet chargé.

En entendant mettre en doute son courage de buveur, Couche-tout-Nu regarda Morok d'un air irrité.

— Ainsi, c'est par poltronnerie que je n'ose pas boire d'eau-de-vie? — s'écria ce malheureux, dont l'intelligence, à demi éteinte, se réveillait pour défendre ce qu'il appelait sa *dignité* — c'est par poltronnerie que je refuse de boire, hein? Morok? Réponds donc.

— Allons, mon brave, tous tant que nous sommes, nous avons fait aujourd'hui nos preuves — dit un des convives à Jacques — et vous surtout, qui, étant un peu malade, avez eu le courage d'accepter le rôle du bonhomme Choléra.

— Messieurs — reprit Morok, voyant l'attention générale fixée sur lui et sur Couche-tout-Nu — je plaisantais, car si le camarade (il montra Jacques) avait eu l'imprudence d'accepter mon offre, il aurait été, non pas intrépide, mais fou... Heureusement il a la sagesse de renoncer à cette forfanterie si dangereuse à cette heure, et je...

— Garçon! — dit Couche-tout-Nu en interrompant Morok avec une impatience courroucée, deux bouteilles d'eau-de-vie... et deux verres.

— Que veux-tu faire? — dit Morok en feignant une surprise inquiète. — Pourquoi ces deux bouteilles d'eau-de-vie?

— Pour un duel... — dit Jacques d'un ton froid et résolu.

— Un duel! — s'écria-t-on avec surprise.

— Oui... — reprit Jacques — un duel... au cognac... Tu prétends qu'il y a autant de danger à se mettre devant une bouteille d'eau-de-vie que devant la gueule d'un pistolet... Prenons chacun une bouteille pleine, l'on verra qui de nous deux reculera.

Cette étrange proposition de Couche-tout-Nu fut accueillie par les uns avec des cris de joie, par d'autres avec une véritable inquiétude.

— Bravo! les champions de la bouteille! — criaient ceux-ci.

— Non! non! il y aurait trop de danger dans une pareille lutte — disaient ceux-là.

— Ce défi, par le temps qui court... est aussi sérieux qu'un duel... à mort.

— ajoutait un autre.

— Tu entends? — dit Morok avec un sourire diabolique — tu entends, Jacques?... vois maintenant si tu veux reculer devant le *danger*?

A ces mots, qui lui rappelaient encore le péril auquel il allait s'exposer, Jacques tressaillit, comme si une idée soudaine lui fût venue à l'esprit; il redressa fièrement la tête, ses joues se colorèrent légèrement, son regard éteint brilla d'une sorte de satisfaction sinistre, et il s'écria d'une voix ferme : — Mordieu! garçon, es-tu sourd? est-ce que je ne t'ai pas demandé deux bouteilles d'eau-de-vie?

— Voilà, monsieur — dit le garçon en sortant presque effrayé de ce qui allait se passer pendant cette lutte bachique.

Néanmoins, la folle et périlleuse résolution de Jacques fut applaudie par la majorité.

Nini-Moulin se démenait sur sa chaise, trépignait et criait à tue-tête : — Bacchus et ma soif!! mon verre et ma pinte!!... les gosiers sont ouverts! cognac à la rescousse!... Largesse! largesse!...

Et il embrassa mademoiselle Modeste, en vrai champion de tournoi, ajoutant, pour excuser cette liberté : — L'*Amour*, vous serez la reine de beauté... j'essaie le bonheur du vainqueur!...

— Cognac à la rescousse! — répéta-t-on en chœur — largesse!...

— Messieurs — ajouta Nini-Moulin avec enthousiasme — resterons-nous indifférens au noble exemple que nous donne *le bonhomme Choléra*? (il montra Jacques) il a fièrement dit *cognac*... répondons-lui glorieusement *punch*!...

— Oui! oui! punch!...

— Punch à la rescousse!...

— Garçon! — cria l'écrivain religieux d'une voix de stentor — garçon! avez-vous ici une bassine, un chaudron, une cuve, une immensité quelconque... afin d'y confectionner un punch monstre.

— Un punch babylonien!...

— Un punch lac!...

— Un punch océan!...

Tel fut l'ambitieux crescendo qui suivit la proposition de Nini-Moulin.

— Monsieur — répondit le garçon d'un air triomphant — nous avons justement une marmite de cuivre tout fraîchement étamée, elle n'a pas servi, elle tiendrait au moins trente bouteilles.

— Apportez la marmite!... — dit Nini-Moulin avec majesté.

— Vive la marmite! — cria-t-on en chœur.

— Mettez dedans vingt bouteilles de kirsch, six pains de sucre, douze ci-

trons, une livre de cannelle, et feu... feu partout!... feu!... — ajouta l'écrivain religieux, en poussant des cris inhumains.
— Oui, oui, feu partout! — répéta-t-on en chœur.
La proposition de Nini-Moulin donnait un nouvel élan à la gaîté générale; les propos les plus fous se croisaient et se mêlaient au doux bruit des baisers surpris ou donnés sous le prétexte que l'on n'aurait peut-être pas de lendemain, qu'il fallait se résigner, etc., etc.
Soudain, au milieu de l'un de ces momens de silence qui surviennent parfois parmi les plus grands tumultes, on entendit plusieurs coups sourds et mesurés retentir au-dessus de la salle du festin. Tout le monde se tut, et l'on prêta l'oreille.

CHAPITRE VII.

COGNAC A LA RESCOUSSE.

Au bout de quelques secondes, le bruit singulier dont les convives avaient été si surpris retentit de nouveau, mais plus fort et plus continu.
— Garçon! — dit un convive — quel diable de bruit est-ce là?
Le garçon, échangeant avec ses camarades des regards inquiets et effarés, répondit en balbutiant : — Monsieur... c'est... c'est...
— Eh pardieu!... c'est quelque locataire malfaisant et bourru, quelque animal ennemi de la joie, qui cogne à son plancher pour nous dire de chanter moins haut... — dit Nini-Moulin.
— Alors, règle générale — reprit sentencieusement l'élève du grand peintre — un locataire ou propriétaire quelconque demande-t-il du silence, la tradition veut qu'on lui réponde à l'instant par un charivari infernal, destiné, s'il se peut, à rendre immédiatement sourd le réclamant. Telles sont du moins — ajouta modestement le rapin — telles sont du moins les relations étrangères que j'ai toujours vu pratiquer entre puissances *plafonitrophes*.
Ce néologisme un peu risqué fut accueilli par des rires et des bravos universels.
Pendant ce tumulte, Morok interrogea un des garçons, reçut sa réponse, et s'écria d'une voix perçante qui domina le tapage : — Je demande la parole.
— Accordé... — cria-t-on gaîment.
Pendant le silence qui suivit l'allocution de Morok, le bruit s'entendit de nouveau : il était cette fois plus précipité.
— Le locataire est innocent — dit Morok avec un sourire sinistre; — il est incapable de s'opposer en rien aux élans de notre joie.
— Alors, pourquoi frappe-t-il là-haut comme un sourd? — dit Nini-Moulin en vidant son verre.
— Comme un sourd qui a perdu son bâton? — ajouta le rapin.
— Ce n'est pas le locataire qui frappe — dit Morok de sa voix tranchante et brève — c'est sa bière que l'on cloue...
Un brusque et morne silence suivit ces paroles.
— Sa bière... non... je me trompe — reprit Morok — c'est leur bière qu'il faut dire... car, le temps pressant, on a mis l'enfant avec la mère dans le même cercueil.
— Une femme!... s'écria la *Folie* en s'adressant au garçon... — c'est une femme qui est morte?
— Oui, madame, une pauvre jeune femme de vingt ans — répondit tristement le garçon; — sa petite fille, qu'elle nourrissait, est morte un peu après elle :... tout cela en moins de deux heures... Le patron est bien fâché à cause du trouble que ça peut mettre dans votre repas... Mais il ne pouvait pas prévoir ce malheur, car hier matin cette jeune femme n'était pas du tout malade; au contraire, elle chantait à pleine voix : il n'y avait personne de plus gai qu'elle.
A ces mots on eût dit qu'un crêpe funèbre s'étendait tout à coup sur cette scène naguère si joyeuse; toutes ces faces rubicondes et épanouies se contristèrent subitement; personne n'eut le courage de plaisanter sur cette

mère et son enfant que l'on clouait dans le même cercueil. Le silence devint si profond que l'on entendait quelques respirations oppressées par la terreur ; les derniers coups de marteau semblèrent douloureusement retentir dans tous les cœurs ; on eût dit que tant de sentimens tristes et pénibles, jusqu'alors refoulés, allaient remplacer cette animation, cette gaîté plus factice que sincère. Le moment était décisif. Il fallait à l'instant même frapper un grand coup, remonter l'esprit des convives, qui commençait à se démoraliser ; car plusieurs jolies figures pâlissaient déjà, quelques oreilles écarlates devenaient subitement blanches : celles de Nini-Moulin étaient du nombre.

Couche-tout-Nu, au contraire, redoublait d'audace et d'entrain ; redressant sa taille voûtée par l'épuisement, le visage légèrement coloré, il s'écria : — Eh bien, garçon ! et ces bouteilles d'eau-de-vie, mordieu ! et ce punch ? Par le diable ! est-ce donc aux morts à faire trembler les vivans ?

— Il a raison ; arrière la tristesse, oui, oui, le punch ! — crièrent plusieurs convives qui sentaient le besoin de se rassurer.

— En avant le punch...,
— Nargue le chagrin...
— Vive la joie !
— Messieurs, voilà le punch ! dit un garçon en ouvrant la porte.

A la vue du flamboyant breuvage qui devait ranimer les esprits affaiblis, des bravos frénétiques se firent entendre.

Le soleil venait de se coucher, le salon de cent couverts où se donnait le festin était profond, les fenêtres rares, étroites et à demi voilées de rideaux de cotonnade rouge. Et quoiqu'il ne fît pas encore nuit, la partie la plus reculée de cette vaste salle était presque plongée dans l'obscurité : deux garçons apportèrent le punch-monstre au moyen d'une barre de fer passée dans l'anse d'une immense bassine de cuivre brillante comme de l'or, et couronnée de flammes aux couleurs changeantes. Le brûlant breuvage fut placé sur la table à la grande joie des convives, qui commençaient à oublier leurs alarmes passées.

— Maintenant, dit Couche-tout-Nu à Morok d'un ton de défi — en attendant que le punch ait brûlé... en avant notre duel ; la galerie jugera.

Puis montrant à son adversaire les deux bouteilles d'eau-de-vie apportées par le garçon, Jacques ajouta : — Choisis les armes.

— Choisis toi-même — répondit Morok.
— Eh bien !... voilà ta fiole... et ton verre... Nini-Moulin jugera les coups.
— Je ne refuse pas d'être juge du champ clos — répondit l'écrivain religieux ; — seulement je dois vous prévenir que vous jouez gros jeu, mon camarade... et que, dans ce temps-ci, comme l'a dit un de ces messieurs, s'introduire le goulot d'une bouteille d'eau-de-vie entre les dents est peut-être encore plus dangereux que de s'y insinuer le canon d'un pistolet chargé, et...

— Commandez le feu, mon vieux — dit Jacques en interrompant Nini-Moulin — ou je le commande moi-même.

— Puisque vous le voulez... soit.
— Le premier qui renonce est vaincu — dit Jacques.
— C'est convenu — répondit Morok.
— Allons, messieurs, attention... et jugeons les *coups*, c'est le cas de le dire — reprit Nini-Moulin ; — mais voyons d'abord si les bouteilles sont pareilles : avant tout, l'égalité des armes.

Pendant ces préparatifs, un profond silence régnait dans la salle. Le moral de la plupart des assistans, un moment remonté par l'arrivée du punch, retombait de nouveau sous le poids de tristes préoccupations ; on pressentait vaguement le danger du défi porté par Morok à Jacques. Cette impression, jointe aux sinistres pensées éveillées par l'incident du cercueil, assombrissait plus ou moins les physionomies. Cependant plusieurs convives faisaient encore bonne contenance ; mais leur gaîté paraissait forcée. Certaines circonstances données, les plus petites choses ont souvent des effets assez puissans. Nous l'avons dit : après le coucher du soleil, l'obscurité avait envahi une partie de cette grande salle ; aussi les convives placés à son extrémité la plus reculée ne furent bientôt plus éclairés que par la clarté du punch, qui flambait toujours. Cette flamme spiritueuse, on le sait, jette sur les visages une teinte livide... bleuâtre ; c'était donc un spectacle étrange, presque effrayant, que de voir, selon qu'ils étaient plus éloignés des fenêtres, un grand nombre de convives seulement éclairés par ces reflets fantastiques.

Le peintre, plus frappé que personne de cet *effet* de coloris, s'écria : — Regardons-nous donc, nous autres du bout de la table, on dirait que nous festoyons entre cholériques, tant nous voilà verdelets et bleuets.

Cette plaisanterie fut médiocrement goûtée. Heureusement, la voix retentissante de Nini-Moulin, qui réclamait l'attention, vint un moment distraire l'assemblée.

— Le champ clos est ouvert! — cria l'écrivain religieux, plus sincèrement inquiet et effrayé qu'il ne le laissait paraître.

— Etes-vous prêts, braves champions? — ajouta-t-il.

— Nous sommes prêts — dirent Morok et Jacques.

— Joue... feu... — cria Nini-Moulin en frappant dans ses mains.

Les deux buveurs vidèrent chacun d'un trait un verre ordinaire rempli d'eau-de-vie. Morok ne sourcilla pas, sa face de marbre resta impassible; il replaça d'une main ferme son verre sur la table. Mais Jacques, en déposant son verre, ne put cacher un léger tremblement convulsif causé par une souffrance intérieure.

— Voici qui est bravement bu... — cria Nini-Moulin — avaler d'un seul trait le quart d'une bouteille d'eau-de-vie, c'est triomphant!... Personne ici ne serait capable d'une telle prouesse... et si vous m'en croyez, dignes champions, vous en resterez là.

— Commandez le feu! — reprit intrépidement Couche-tout-Nu.

Et de sa main fiévreuse et agitée, il saisit la bouteille;... mais soudain, au lieu de verser dans son verre, il dit à Morok : — Bah! plus de verre;... à la régalade... c'est plus crâne... oseras-tu?

Pour toute réponse, Morok porta le goulot de la bouteille à ses lèvres en haussant les épaules.

Jacques se hâta de l'imiter.

Le verre jaunâtre, mince et transparent des bouteilles, permettait de parfaitement suivre la diminution progressive du liquide.

Le visage pétrifié de Morok et la pâle et maigre figure de Jacques, déjà sillonnée de grosses gouttes d'eau froide, étaient alors, ainsi que les traits des autres convives, éclairés par la lueur bleuâtre du punch; tous les yeux étaient attachés sur Morok et sur Jacques avec cette curiosité barbare qu'inspirent involontairement les spectacles cruels.

Jacques buvait en tenant la bouteille de sa main gauche; soudain il ferma et serra les doigts de la main droite par un mouvement de crispation involontaire ; ses cheveux se collèrent à son front glacé, et pendant une seconde, sa physionomie révéla une douleur aiguë : pourtant il continua de boire; seulement, ayant toujours ses lèvres attachées au goulot de la bouteille, il l'abaissa un instant comme s'il eût voulu reprendre haleine. Jacques rencontra le regard sardonique de Morok, qui continuait de boire avec son impassibilité accoutumée. Croyant lire l'expression d'un triomphe insultant dans le coup d'œil de Morok, Jacques releva brusquement le coude et but encore avidement quelques gorgées...

Ses forces étaient à bout, un feu inextinguible lui dévorait la poitrine; la souffrance était trop atroce... il ne put y résister;... sa tête se renversa... ses mâchoires se serrèrent convulsivement, il brisa le goulot de la bouteille entre ses dents, son cou se roidit... des soubresauts spasmodiques tordirent ses membres, et il perdit presque connaissance.

— Jacques... mon garçon... ce n'est rien! — s'écria Morok, dont le regard féroce étincelait d'une joie diabolique.

Puis, remettant sa bouteille sur la table, il se leva pour venir en aide à Nini-Moulin, qui tâchait en vain de retenir Couche-tout-Nu.

Cette crise subite n'offrait aucun symptôme de choléra ; cependant, une terreur subite s'empara des assistans, une des femmes eut une violente attaque de nerfs, une autre s'évanouit en poussant des cris perçans.

Nini-Moulin, laissant Jacques aux mains de Morok, courait à la porte pour demander du secours. lorsque cette porte s'ouvrit soudainement. L'écrivain religieux recula stupéfait à la vue du personnage inattendu qui s'offrait à ses yeux.

CHAPITRE VIII.

SOUVENIRS.

La personne devant laquelle Nini-Moulin s'était arrêté avec un si grand étonnement était la reine Bacchanal. Hâve, le teint pâle, les cheveux en désordre, les joues creuses, les yeux renfoncés, vêtue presque de haillons, cette brillante et joyeuse héroïne de tant de folles orgies n'était plus que l'ombre d'elle-même; la misère, la douleur avaient flétri ses traits autrefois charmans.

A peine entrée dans la salle, Céphyse s'arrêta; son regard sombre et inquiet tâchait de pénétrer à travers la demi obscurité de la salle, afin d'y trouver celui qu'elle cherchait... Soudain la jeune fille tressaillit et poussa un grand cri... Elle venait d'apercevoir, de l'autre côté de la longue table, à la clarté bleuâtre du punch, Jacques, dont Morok et un des convives pouvaient à peine contenir les mouvemens convulsifs. A cette vue, Céphyse, dans un premier mouvement d'effroi, emportée par son affection, fit ce qu'autrefois elle avait si souvent fait dans l'ivresse de la joie et du plaisir. Agile et preste, au lieu de perdre à un long détour un temps précieux, elle sauta sur la table, passa légèrement à travers les bouteilles, les assiettes, et d'un bond fut auprès de Couche-tout-Nu.

— Jacques! — s'écria-t-elle sans remarquer encore le dompteur de bêtes et en se jetant au cou de son amant — Jacques! c'est moi... Céphyse...

Cette voix si connue, ce cri déchirant parti de l'âme parut être entendu de Couche-tout-Nu; il tourna machinalement la tête du côté de la reine Bacchanal, sans ouvrir les yeux, et poussa un profond soupir; bientôt ses membres roidis s'assouplirent, un léger tremblement remplaça les convulsions, et au bout de quelques instans ses lourdes paupières, péniblement relevées, laissèrent voir son regard vague et éteint.

Muets et surpris, les spectateurs de cette scène éprouvaient une curiosité inquiète.

Céphyse, agenouillée devant son amant, couvrait ses mains de larmes, de baisers, et s'écriait d'une voix entrecoupée de sanglots : — Jacques... c'est moi.... Céphyse... Je te retrouve... Ce n'est pas ma faute si je t'ai abandonné... Pardonne-moi...

— Malheureuse! — s'écria Morok irrité de cette rencontre peut-être funeste à ses projets — vous voulez donc le tuer!... dans l'état où il se trouve, ce saisissement lui sera fatal;... retirez-vous!

Et il prit rudement Céphyse par le bras, pendant que Jacques, semblant sortir d'un rêve pénible, commençait à distinguer ce qui se passait autour de lui.

— Vous... c'est vous! — s'écria la reine Bacchanal avec stupeur en reconnaissant Morok — vous qui m'avez séparé de Jacques...

Elle s'interrompit, car le regard voilé de Couche-tout-Nu, s'arrêtant sur elle, avait paru se ranimer.

— Céphyse... c'est toi... — murmura Jacques.

— Oui, c'est moi... — ajouta-t-elle d'une voix profondément émue — c'est moi... je viens... je vais te dire...

Elle ne put continuer, joignit ses deux mains avec force, et sur son visage pâle, défait, inondé de larmes, on put lire l'étonnement désespéré que lui causait l'altération mortelle des traits de Jacques.

Il comprit la cause de cette surprise; en contemplant à son tour la figure souffrante et amaigrie de Céphyse, il lui dit : — Pauvre fille... tu as donc eu aussi bien du chagrin... bien de la misère... je ne te reconnais pas... non plus... moi.

— Oui — dit Céphyse — bien du chagrin... bien de la misère... et pis que de la misère — ajouta-t-elle en frémissant pendant qu'une vive rougeur colorait ses traits pâles.

— Pis que la misère!... — dit Jacques étonné.

— Mais c'est toi... c'est toi... qui as souffert — se hâta de dire Céphyse sans répondre à son amant.

— Moi... tout à l'heure j'étais en train d'en finir... Tu m'as appelé... je suis revenu pour un instant, car... ce que je ressens là — et il mit sa main à sa poitrine — ne pardonne pas. Mais c'est égal... maintenant... je t'ai vue... je mourrai content.

— Tu ne mourras pas... Jacques... me voici...

— Ecoute, ma fille... j'aurais là, vois-tu... dans l'estomac... un boisseau de charbons ardens, que ça ne me brûlerait pas davantage... Voilà plus d'un mois que je me sens consumer à petit feu. — Du reste, c'est monsieur... — et d'un signe de tête il désigna Morok — c'est ce cher ami... qui s'est toujours chargé d'attiser le feu... Après ça... je ne regrette pas la vie... J'ai perdu l'habitude du travail et pris celle... de l'orgie... Je finirais par être un mauvais gueux; j'aime mieux laisser mon ami s'amuser à m'allumer un brasier dans la poitrine... Depuis ce que je viens de boire tout à l'heure, je suis sûr que ça y flambe comme le punch que voilà...

— Tu es un fou et un ingrat — dit Morok en haussant les épaules — tu as tendu ton verre, et j'ai versé... Et pardieu, nous trinquerons encore longtemps et souvent ensemble.

Depuis quelques momens, Céphyse ne quittait pas Morok du regard.

— Je dis que depuis longtemps tu souffles le feu où j'aurai brûlé ma peau — reprit Jacques d'une voix faible en s'adressant à Morok — pour que l'on ne pense pas que je meurs du choléra... On croirait que j'ai eu peur de mon rôle. Ça n'est donc pas un reproche que je te fais, mon tendre ami — ajouta-t-il avec un sourire sardonique — tu as gaîment creusé ma fosse... Quelquefois, il est vrai... voyant ce grand trou où j'allais tomber, je reculais d'un pas... Mais toi, tendre ami, tu me poussais rudement sur la pente en me disant : — Va donc, farceur... va donc... — et j'allais, oui... et me voici arrivé...

Ce disant, Couche-tout-Nu éclata d'un rire strident qui glaça l'auditoire, de plus en plus ému de cette scène.

— Mon garçon... — dit froidement Morok — écoute-moi... suis mon conseil... et...

— Merci... je les connais, tes conseils... et, au lieu de t'écouter... j'aime mieux parler à ma pauvre Céphyse :... avant de descendre chez les taupes, je lui dirai ce que j'ai sur le cœur.

— Jacques, tais-toi, tu ne sais pas le mal que tu me fais — reprit Céphyse; — je te dis que tu ne mourras pas.

— Alors, ma brave Céphyse... c'est à toi que je devrai mon salut — dit Jacques d'un ton grave et pénétré qui surprit profondément les spectateurs.
— Oui, reprit Couche-tout-Nu, lorsque, revenu à moi... je t'ai vue si pauvrement vêtue... j'ai senti quelque chose de bon au cœur; sais-tu pourquoi ?... C'est que je me suis dit : — Pauvre fille !... elle m'a tenu courageusement parole, elle a mieux aimé travailler, souffrir, se priver... que de prendre un autre amant qui lui aurait donné ce que je lui ai donné, moi... tant que je l'ai pu ;... et cette pensée-là, vois-tu, Céphyse, m'a rafraîchi l'âme... j'en avais besoin... car je brûlais... et je brûle encore — ajouta-t-il les poings crispés par la douleur; — enfin, j'ai été heureux, ça m'a fait du bien; aussi... merci... ma brave et bonne Céphyse;... oui, tu as été bonne et brave;... tu as eu raison... car je n'ai jamais aimé que toi au monde... et si, dans mon abrutissement, j'avais une idée qui me sortît un peu de la fange... qui me fît regretter de n'être pas meilleur... cette pensée-là me venait toujours à propos de toi ;... merci donc, ma pauvre amie — dit Jacques, dont les yeux ardens et secs devinrent humides — merci, encore — et il tendit sa main déjà froide à Céphyse ; — si je meurs... je mourrai content... si je vis... je vivrai heureux aussi;... ta main... ma brave Céphyse, ta main... tu as agi en honnête et loyale créature...

Au lieu de prendre la main que Jacques lui tendait, Céphyse, toujours agenouillée, courba la tête et n'osa pas lever les yeux sur son amant.

— Tu ne me réponds pas — dit celui-ci en se penchant vers la jeune fille; — tu ne prends pas ma main... pourquoi cela ?

La malheureuse créature ne répondit que par des sanglots étouffés ; écrasée de honte, elle se tenait dans une attitude si humble, si suppliante, que son front touchait presque les pieds de son amant.

Jacques, stupéfait du silence et de la conduite de la reine Bacchanal, la regardait avec une surprise croissante ; soudain, les traits de plus en plus altérés, les lèvres tremblantes, il dit presque en balbutiant : — Céphyse... je te connais... si tu ne prends pas ma main... c'est que... — Puis, la voix lui manquant, il ajouta sourdement, après un instant de silence : — Quand, il y a six semaines, on m'a emmené en prison, tu m'a dis : — Jacques, je te le jure sur ma vie... je travaillerai, je vivrai, s'il le faut, dans une misère horrible.... mais je vivrai honnête... Voilà ce que tu m'as promis... Maintenant, je le sais ; tu n'as jamais menti... dis-moi que tu as tenu ta parole... et je te croirai...

Céphyse ne répondit que par un sanglot déchirant en serrant les genoux de Jacques contre sa poitrine haletante.

Contradiction bizarre et plus commune qu'on ne le pense... cet homme, abruti par l'ivresse et par la débauche, cet homme qui, depuis sa sortie de prison, avait, d'orgie en orgie, brutalement cédé à toutes les meurtrières incitations de Morok, cet homme ressentait pourtant un coup affreux en apprenant par le muet aveu de Céphyse l'infidélité de cette créature qu'il avait aimée malgré la dégradation dont elle ne s'était pas d'ailleurs cachée.

Le premier mouvement de Jacques fut terrible ; malgré son accablement et sa faiblesse, il parvint à se lever debout ; alors, le visage contracté par la rage et par le désespoir, il saisit un couteau avant qu'on eût pu s'y opposer, et le leva sur Céphyse. Mais, au moment de la frapper, reculant devant un meurtre, il jeta le couteau loin de lui, et retomba défaillant sur son siége, la figure cachée entre ses deux mains.

Au cri de Nini-Moulin, qui s'était tardivement précipité sur Jacques pour lui enlever le couteau, Céphyse releva la tête ; le douloureux abattement de Couche-tout-Nu lui brisa le cœur ; elle se releva, et se jetant à son cou, malgré sa résistance, elle s'écria d'une voix entrecoupée de sanglots : — Jacques... mon Dieu !... si tu savais... Ecoute... ne condamne pas sans m'entendre... je vais te dire tout... je te le jure, tout... sans mentir ; cet homme (elle montra Morok) n'osera pas nier... il est venu... il m'a dit : — Ayez le courage de...

— Je ne te fais pas de reproches... je n'en ai pas le droit... laisse-moi mourir en repos... je... ne demande plus que ça... maintenant — dit Jacques d'une voix de plus en plus affaiblie en repoussant Céphyse ; puis il ajouta avec un sourire navrant et amer : — Heureusement... j'ai mon compte ;... je savais... bien... ce que je faisais... en acceptant... le duel... au cognac.

— Non... tu ne mourras pas, et tu m'entendras — s'écria Céphyse d'un air égaré — tu m'entendras... et tout le monde aussi m'entendra ; on verra si c'est de ma faute : N'est-ce pas... messieurs.... si je mérite pitié... vous prierez Jacques de me pardonner ?... car enfin... si, poussée par la misère... ne trouvant pas de travail, j'ai été forcée de me vendre... non pour du luxe, vous voyez mes haillons... mais pour avoir du pain et procurer un abri à ma pauvre sœur malade... mourante, et encore plus misérable que moi... il y aurait pourtant, à cause de cela, de quoi avoir pitié de moi... car on dirait que c'est pour son plaisir qu'on se vend — s'écria la malheureuse avec un éclat de rire effrayant ; puis elle ajouta d'une voix basse avec un frémissement d'horreur : — Oh ! si tu savais... Jacques... cela est si infâme, si horrible, vois-tu, de se vendre ainsi... que j'ai mieux aimé la mort que de recommencer une seconde fois. J'allais me tuer, quand j'ai appris que tu étais ici.

— Puis, voyant Jacques, qui, sans lui répondre, secouait tristement la tête en s'affaissant sur lui-même, quoique soutenu par Nini-Moulin, Céphyse s'écria en joignant vers lui ses mains suppliantes : — Jacques ! un mot, un seul mot de pitié... de pardon !

— Messieurs, de grâce, chassez cette femme ! — s'écria Morok ; — sa vue cause une émotion trop pénible à mon ami.

— Voyons, ma chère enfant, soyez raisonnable — dirent plusieurs convives, profondément émus, en tâchant d'entraîner Céphyse : — Laissez-le... venez chez nous, il n'y a pas de danger pour lui...

— Messieurs ! ô messieurs — s'écria la misérable créature en fondant en larmes et en levant des mains suppliantes — écoutez-moi, laissez-moi vous dire... je ferai ce que vous voudrez... je m'en irai ;... mais, au nom du ciel, envoyez chercher des secours, ne le laissez pas mourir ainsi. Mais regardez donc... mon Dieu! il souffre des douleurs atroces ;... ses convulsions sont horribles.

— Elle a raison — dit un des convives en courant vers la porte — il faudrait envoyer chercher un médecin.

— On ne trouvera pas de médecins maintenant — dit un autre ; — ils sont trop occupés.

— Faisons mieux que cela — reprit un troisième — l'Hôtel-Dieu est en face, transportons-y ce pauvre garçon ; on lui donnera les premiers secours : une rallonge de la table servira de brancard, et la nappe servira de drap.

— Oui, oui, c'est cela — dirent plusieurs voix — transportons-le, et quittons la maison.

Jacques, corrodé par l'eau-de-vie, bouleversé par son entrevue avec Céphyse, était retombé dans une violente crise nerveuse. C'était l'agonie de ce malheureux... Il fallut l'attacher au moyen des longs bouts de la nappe, afin de l'étendre sur la rallonge qui devait servir de brancard, et que deux des convives s'empressèrent d'emporter. On céda aux supplications de Céphyse, qui avait demandé, comme grâce dernière, d'accompagner Jacques jusqu'à l'hospice.

Lorsque ce sinistre convoi quitta la grande salle du restaurateur, ce fut un sauve-qui-peut général parmi les convives ; hommes et femmes s'empressaient de s'envelopper de leurs manteaux afin de cacher leurs costumes. Les voitures que l'on avait demandées en assez grand nombre pour le retour de la mascarade, se trouvaient heureusement déjà arrivées. Le défi avait été jusqu'au bout. L'audacieuse bravade accomplie, on pouvait donc se retirer avec les honneurs de la guerre. Au moment où une partie des assistants se trouvaient encore dans la salle, une clameur d'abord lointaine, mais qui bientôt se rapprocha, éclata sur le parvis Notre-Dame avec une furie incroyable.

Jacques avait été descendu jusqu'à la porte extérieure de la taverne ; Morok et Nini-Moulin, tâchant de se frayer un passage à travers la foule afin d'arriver jusqu'à l'Hôtel-Dieu, précédaient le brancard improvisé.

Bientôt un violent reflux de la foule les força de s'arrêter, et un redoublement de clameurs sauvages retentit à l'autre extrémité de la place, à l'angle de l'église.

— Qu'y a-t-il donc? — demanda Nini-Moulin à un homme à figure ignoble qui sautait devant lui. — Quels sont ces cris ?

— C'est encore un empoisonneur que l'on écharpe comme celui dont on vient de jeter le corps à l'eau... — reprit l'homme. — Si vous voulez jouir, suivez-moi — ajouta-t-il — et jouez des coudes... sans cela nous arriverons *trop tard.*

À peine ce misérable avait-il prononcé ces mots, qu'un cri affreux retentit au-dessus du bruissement de la foule que traversaient à grand'peine les porteurs du brancard de Couche-tout-Nu, précédé de Morok. Céphyse avait jeté cette clameur déchirante... Jacques, l'un des sept héritiers de la famille Rennepont, venait d'expirer entre ses bras...

Rapprochement fatal... Au moment même de l'exclamation désespérée de Céphyse, qui annonçait la mort de Jacques... un autre cri s'éleva de l'endroit du parvis Notre-Dame où l'on mettait à mort un empoisonneur... Ce cri lointain, suppliant, et tout palpitant d'une horrible épouvante, comme le dernier appel d'un homme qui se débat sous les coups de ses meurtriers, vint glacer Morok au milieu de son exécrable triomphe.

— Enfer !!! — s'écria cet habile assassin, qui avait pris pour armes homicides, mais légales, l'ivresse et l'orgie — enfer !... c'est la voix de l'abbé d'Aigrigny que l'on massacre.

CHAPITRE IX.

L'EMPOISONNEUR.

Quelques lignes rétrospectives sont nécessaires pour arriver au récit des événemens relatifs au père d'Aigrigny, dont le cri de détresse avait si vivement impressionné Morok, au moment où Jacques Rennepont venait de mourir.

Les scènes que nous allons dépeindre sont atroces... S'il nous était permis d'espérer qu'elles eussent jamais leur enseignement, cet effrayant tableau tendrait, par l'horreur même qu'il inspirera peut-être, à prévenir ces excès d'une monstrueuse barbarie auxquels se porte parfois la multitude ignorante et aveugle, lorsque, imbue des erreurs les plus funestes, elle se laisse égarer par des meneurs d'une férocité stupide.

Nous l'avons dit, les bruits les plus absurdes, les plus alarmans, circulaient dans Paris; non-seulement on parlait de l'empoisonnement des malades et des fontaines publiques, mais on disait encore que des misérables avaient été surpris jetant de l'arsenic dans les brocs que les marchands de vin conservent ordinairement tout prêts et tout remplis sur leurs comptoirs.

Goliath devait venir retrouver Morok après avoir rempli un message auprès du père d'Aigrigny, qui l'attendait dans une maison de la place de l'Archevêché. Goliath était entré chez un marchand de vin de la rue de la Calandre, pour se rafraîchir : après avoir bu deux verres de vin, il les paya.

Pendant que la cabaretière cherchait la monnaie qu'elle devait lui rendre, Goliath appuya machinalement et très innocemment sa main sur l'orifice d'un broc placé à sa portée.

La grande taille de cet homme, sa figure repoussante, sa physionomie sauvage avaient déjà inquiété la cabaretière, prévenue et alarmée par la rumeur publique au sujet des empoisonneurs; mais, lorsqu'elle vit Goliath poser sa main sur l'orifice de l'un de ses brocs, effrayée, elle s'écria : — Ah! mon Dieu! vous venez de jeter quelque chose dans ce broc!

— A ces mots, prononcés très haut avec un accent de frayeur, deux ou trois buveurs attablés dans le cabaret se levèrent brusquement, coururent au comptoir, et l'un d'eux s'écria étourdiment : — C'est un empoisonneur!...

Goliath, ignorant les bruits sinistres répandus dans le quartier, ne comprit pas d'abord ce dont on l'accusait. Les buveurs élevèrent de plus en plus la voix en l'interpellant; lui, confiant dans sa force, haussa les épaules avec dédain et demanda grossièrement la monnaie que la marchande, pâle et épouvantée, ne songeait pas à lui rendre...

— Brigand!... — s'écria l'un des buveurs avec tant de violence que plusieurs passans s'arrêtèrent — on te rendra ta monnaie quand tu auras dit ce que tu as jeté dans ce broc!

— Comment! il a jeté quelque chose dans un broc? — dit un passant.

— C'est peut-être un empoisonneur! — reprit l'autre.

— Il faudrait alors l'arrêter... — ajouta un troisième.

— Oui, oui — dirent les buveurs, honnêtes gens peut-être, mais subissant l'influence de la panique générale; — oui, il faut l'arrêter... on l'a surpris jetant du poison dans l'un des brocs du comptoir.

Ces mots: *C'est un empoisonneur!* circulèrent aussitôt dans le groupe qui, d'abord formé de trois ou quatre personnes, grossissait à chaque instant à la porte du marchand de vin; de sourdes et menaçantes clameurs commencèrent à s'élever; le buveur accusateur, voyant ainsi ses craintes partagées et presque justifiées, crut faire acte de bon et courageux citoyen en prenant Goliath au collet en lui disant : — Viens t'expliquer au corps de garde, brigand.

Le géant, déjà fort irrité des injures dont il ignorait le véritable sens, fut exaspéré par cette brusque attaque; cédant à sa brutalité naturelle, il renversa son adversaire sur le comptoir et l'assomma à coups de poing.

Pendant cette collision, plusieurs bouteilles et deux ou trois carreaux furent brisés avec fracas, tandis que la cabaretière, de plus en plus effrayée, criait de toutes ses forces : — Au secours!... à l'empoisonneur!... à l'assassin!... à la garde!...

Au bruit retentissant des vitres cassées, à ces cris de détresse, les passans attroupés, dont un grand nombre croyaient aux empoisonneurs, se précipitèrent dans la boutique pour aider les buveurs à s'emparer de Goliath. Grâce à sa force herculéenne, celui-ci, après quelques momens de lutte contre sept ou huit personnes, terrassa deux des assaillans les plus furieux, écarta les autres, se rapprocha du comptoir, et, prenant un élan vigoureux, se rua, le front baissé, comme un taureau de combat, sur la foule qui obstruait la porte; puis, achevant cette trouée en s'aidant de ses énormes épaules et de ses bras d'athlète, il se fraya un passage à travers l'attroupement, et prit sa course à toutes jambes du côté du parvis Notre-Dame, ses vêtemens déchirés, la tête nue et la figure pâle et courroucée.

Aussitôt un grand nombre de personnes qui composaient l'attroupement se mirent à la poursuite de Goliath, et cent voix crièrent : — Arrêtez... arrêtez l'empoisonneur !

Entendant ces cris, voyant accourir un homme à l'air sinistre et égaré, un garçon boucher, qui passait et portait sur sa tête une grande manne vide, jeta ce panier entre les jambes de Goliath; celui-ci, surpris par cet obstacle, fit un faux pas et tomba... Le garçon boucher, croyant faire une action aussi héroïque que s'il se fût jeté à la rencontre d'un chien enragé, se précipita sur Goliath et se roula avec lui sur le pavé en criant: — Au secours! c'est un empoisonneur... au secours!

Cette scène se passait à peu de distance de la cathédrale, mais assez loin de la foule qui se pressait à la porte de l'Hôtel-Dieu et de la maison du restaurateur où était entrée la mascarade du Choléra (ceci avait lieu à la tombée du jour); aux cris perçans du boucher, plusieurs groupes, à la tête desquels se trouvaient Ciboule et le carrier, coururent vers le lieu de la lutte, pendant que les passans qui poursuivaient le prétendu empoisonneur depuis la rue de la Calandre, arrivaient de leur côté sur le parvis.

A l'aspect de cette foule menaçante qui venait à lui, Goliath, tout en continuant de se défendre contre le garçon boucher qui le combattait avec la ténacité d'un boule-dogue, sentit qu'il était perdu, s'il ne se débarrassait d'abord de cet adversaire; d'un coup de poing furieux il cassa la mâchoire du boucher, qui à ce moment avait le dessus, parvint à se dégager de ses étreintes, se releva, et, encore étourdi, fit quelques pas en avant. Soudain il s'arrêta.

Il se voyait cerné. Derrière lui s'élevaient les murailles de la cathédrale; à droite, à gauche, en face de lui, accourait une multitude hostile.

Les cris de douleur atroces poussés par le boucher, que l'on venait de relever tout sanglant, augmentaient encore le courroux populaire.

Il y eut pour Goliath un moment terrible; ce fut celui où, seul encore, au milieu d'un espace qui se rétrécissait de seconde en seconde, il vit de toutes parts des ennemis courroucés se précipiter vers lui en poussant des cris de mort. Ainsi qu'un sanglier tourne une ou deux fois sur lui-même avant de se décider à faire tête à la meute acharnée, Goliath, hébété par la terreur, fit çà et là quelques pas brusques, indécis; puis, renonçant à une fuite impossible, l'instinct lui disait qu'il n'avait à attendre ni merci ni pitié d'une foule en proie à une fureur aveugle et sourde, fureur d'autant plus impitoyable qu'elle se croit légitime, Goliath voulut du moins vendre chèrement sa vie; il chercha son couteau dans sa poche; ne l'y trouvant pas, il s'arc-bouta sur sa jambe gauche dans une pose athlétique, tendit en avant et à demi dépliés ses deux bras musculeux, durs et raides comme deux barres de fer, et de pied ferme il attendit vaillamment le choc.

La première personne qui arriva auprès de Goliath fut Ciboule. La mégère essoufflée, au lieu de se précipiter sur lui, s'arrêta, se baissa, prit un des gros sabots qu'elle portait et le lança à la tête du géant avec tant de vigueur, tant d'adresse, qu'elle l'atteignit en plein dans l'œil, qui, sanglant, sortit à demi de l'orbite.

Goliath porta les deux mains à son visage en poussant un cri de douleur atroce.

— Je l'ai fait loucher — dit Ciboule en éclatant de rire.

Goliath, rendu furieux par la souffrance, au lieu d'attendre les premiers coups que l'on hésitait encore à lui porter, tant son apparence de force herculéenne imposait aux assaillans (le carrier, adversaire digne de lui, ayant été repoussé par un mouvement de la foule), Goliath, dans sa rage, se précipita sur le groupe qui se trouvait à sa portée.

Une pareille lutte était trop inégale pour durer longtemps; mais le désespoir doublant les forces du géant, le combat fut un moment terrible. Le malheureux ne tomba pas tout d'abord... Pendant quelques secondes, disparaissant presque entièrement sous un essaim d'assaillans acharnés, on vit tantôt un de ses bras d'Hercule se lever dans le vide et retomber en martelant des crânes et des visages; tantôt sa tête énorme, livide et sanglante, était renversée en arrière par un combattant cramponné à sa chevelure crépue. Çà et là, les brusques écarts, les violentes oscillations de la foule témoignaient de l'incroyable énergie de la défense de Goliath. Pourtant le carrier étant parvenu à le joindre, Goliath fut renversé.

Une longue clameur de joie féroce annonça cette chute, car, en pareille circonstance, tomber... c'est mourir. Aussi mille voix haletantes et courroucées répétèrent ce cri : — Mort à l'empoisonneur!

Alors commença une de ces scènes de massacre et de tortures dignes de cannibales, horribles excès, d'autant plus incroyables qu'ils ont toujours pour témoins passifs, ou même pour complices, des gens souvent honnêtes, humains, mais qui égarés par des croyances ou par des préjugés stupides, se laissent entraîner à toutes sortes de barbaries, croyant accomplir un acte d'inexorable justice. Ainsi que cela arrive, la vue du sang qui coulait à flots des plaies de Goliath enivra ses assaillans, redoubla leur rage. Cent bras s'appesantirent sur ce misérable; on le foula aux pieds; on lui écrasa le visage; on lui défonça la poitrine. Çà et là, au milieu de ces cris furieux : — A mort l'empoisonneur! on entendait de grands coups sourds suivis de gémissemens étouffés; c'était une effroyable curée : chacun, cédant à un vertige sanguinaire, voulait frapper son coup, arracher son lambeau de chair; des femmes... oui, jusqu'à des femmes, jusqu'à des mères... s'acharnèrent avec rage sur ce corps mutilé.

Il y eut un moment de terreur épouvantable. Goliath, le visage meurtri, souillé de boue, ses vêtemens en lambeaux, la poitrine nue, rouge, ouverte; Goliath, profitant d'un instant de lassitude de ses bourreaux, qui le croyaient achevé, parvint, par un de ces soubresauts convulsifs fréquens dans l'agonie, à se dresser sur ses jambes pendant quelques secondes; alors, aveuglé par ses blessures, agitant ses bras dans le vide comme pour parer des coups qu'on ne lui portait pas, il murmura ces mots qui sortirent de sa bouche avec des flots de sang : — Grâce..... je n'ai pas empoisonné..... grâce.

Cette sorte de résurrection produisit un effet si saisissant sur la foule, qu'un instant elle se recula avec effroi; les clameurs cessèrent, on laissa un peu d'espace autour de la victime, quelques cœurs commençaient même à s'apitoyer, lorsque le carrier, voyant Goliath, aveuglé par le sang, étendre devant lui ses mains çà et là, fit une allusion féroce à un jeu connu et s'écria :
— Casse-cou!

Puis, d'un violent coup de pied dans le ventre, il renversa de nouveau la victime, dont la tête rebondit deux fois sur le pavé...

Au moment où le géant tomba, une voix, dans la foule, s'écria : — C'est Goliath!... Arrêtez... ce malheureux est innocent.

Et le père d'Aigrigny (c'était lui), cédant à un sentiment généreux, fit de violens efforts pour arriver au premier rang des acteurs de cette scène, y parvint, et alors, pâle, indigné, menaçant, il s'écria : — Vous êtes des lâches, des assassins! Cet homme est innocent, je le connais;... vous répondrez de sa vie...

Une grande rumeur accueillit ces paroles véhémentes du père d'Aigrigny.

— Tu connais cet empoisonneur! — s'écria le carrier en saisissant le jésuite au collet; — tu es peut-être aussi un empoisonneur?

— Misérable! — s'écria le père d'Aigrigny, en tâchant d'échapper aux étreintes du carrier — tu oses porter la main sur moi?

— Oui,... j'ose tout! moi... — répondit le carrier.

— Il le connaît... ça doit être un empoisonneur... comme l'autre! — criat-on déjà dans la foule qui se pressait autour des deux adversaires, pendant que Goliath, qui, dans sa chute, s'était ouvert le crâne, faisait entendre un râle agonisant.

A un brusque mouvement du père d'Aigrigny, qui s'était débarrassé du carrier, un assez grand flacon de cristal, très épais, d'une forme particulière et rempli d'une liqueur verdâtre, tomba de sa poche et roula près du corps de Goliath.

A la vue de ce flacon, plusieurs voix s'écrièrent : — C'est du poison... voyez-vous... il a du poison sur lui.

A cette accusation, les cris redoublèrent; et l'on commença de serrer l'abbé d'Aigrigny de si près, qu'il s'écria : — Ne me touchez pas!... ne m'approchez pas...

— Si c'est un empoisonneur — dit une voix — pas plus de grâce pour lui que pour l'autre...

— Moi... un empoisonneur ! — s'écria l'abbé, frappé de stupeur.

Ciboule s'était précipitée sur le flacon ; le carrier le saisit, le déboucha, et dit au père d'Aigrigny en le lui tendant : — Et ça!... qu'est-ce que c'est?

— Cela n'est pas du poison... — s'écria le père d'Aigrigny.

— Alors... bois-le... — repartit le carrier.

— Oui... oui... qu'il le boive! — cria la foule.

— Jamais! — reprit le père d'Aigrigny avec épouvante.

Et il se recula en repoussant vivement le flacon de la main.

— Voyez-vous!... c'est du poison;... il n'ose pas boire! — cria-t-on.

Et déjà serré de très près, le père d'Aigrigny trébuchait sur le corps de Goliath.

— Mes amis! — s'écria le jésuite, qui, sans être empoisonneur, se trouvait dans une terrible alternative, car son flacon renfermait des sels préservatifs d'une grande force, aussi dangereux à boire que du poison — mes braves amis, vous vous méprenez ; au nom de Notre-Seigneur, je vous jure que...

— Si ce n'est pas du poison... bois donc — reprit le carrier en présentant de nouveau le flacon au jésuite.

— Si tu ne bois pas, à mort! comme ton camarade, puisque, comme lui, tu empoisonnes le peuple!

— Oui... à mort!... à mort!...

— Mais, malheureux... — s'écria le père d'Aigrigny les cheveux hérissés de terreur — vous voulez donc m'assassiner ?

— Et tous ceux que toi et ton camarade vous avez empoisonnés, brigands?

— Mais cela n'est pas vrai... et...

— Bois, alors... — répéta l'inflexible carrier ; — une dernière fois... décide-toi.

— Boire... cela... mais c'est la mort... (1) — s'écria le père d'Aigrigny.

— Ah! voyez-vous le brigand! —répondit la foule en se resserrant davantage — il avoue... il avoue...

— Il s'est trahi!

— Il l'a dit : Boire ça... c'est la mort!...

— Mais... écoutez-moi donc! — s'écria l'abbé en joignant les mains — ce flacon, c'est...

Des cris furieux interrompirent le père d'Aigrigny.

— Ciboule ! achève celui-là! — cria le carrier en poussant du pied Goliath — moi je vais commencer celui-ci!

Et il saisit le père d'Aigrigny à la gorge.

A ces mots, deux groupes se formèrent : l'un, conduit par Ciboule, acheva Goliath à coups de pieds, à coups de pierres, à coups de sabots ; bientôt le corps ne fut plus qu'une chose horrible, mutilée, sans nom, sans forme, une masse inerte pétrie de boue et de chairs broyées. Ciboule donna son tartan, on le noua à l'un des pieds disloqués du cadavre, et on le traîna ainsi jusqu'au parapet du quai. Et là, au milieu des cris d'une joie féroce, on précipita ces débris sanglans dans la rivière...

Maintenant, ne frémit-on pas en songeant que, dans un temps d'émotion populaire, il suffit d'un mot, d'un seul mot dit imprudemment par un homme honnête, et même sans haine, pour provoquer un si effroyable meurtre !

— *C'est peut-être un empoisonneur !...*

Voilà ce qu'avait dit le buveur du cabaret de la Calandre ;... rien de plus... et Goliath avait été impitoyablement massacré...

Que d'impérieuses raisons pour faire pénétrer l'instruction, les lumières dans les dernières profondeurs des masses... et mettre ainsi bien des mal-

---

(1) Le fait est historique ; un homme a été massacré parce qu'on a trouvé sur lui un flacon d'ammoniaque. Sur son refus de le boire, la populace, persuadée que le flacon était rempli de poison, déchira ce malheureux.

heureux à même de se défendre de tant de préjugés stupides, de tant de superstitions funestes, de tant de fanatismes implacables!... Comment demander le calme, la réflexion, l'empire de soi-même, le sentiment de la justice, à des êtres abandonnés, que l'ignorance abrutit, que la misère déprave, que les souffrances courroucent, et dont la société ne s'occupe que lorsqu'il s'agit de les enchaîner au bagne ou de les garrotter pour le bourreau?

Le cri terrible dont Morok avait été épouvanté était celui que poussa le père d'Aigrigny lorsque le carrier appesantit sur lui sa main formidable, disant à Ciboule en lui montrant Goliath expirant: — Achève celui-ci... je vais commencer celui-là.

CHAPITRE X.

LA CATHÉDRALE.

La nuit était presque entièrement venue, lorsque le cadavre mutilé de Goliath fut précipité dans la rivière.

Les oscillations de la foule avaient refoulé jusque dans la rue qui longe le côté gauche de la cathédrale le groupe au pouvoir duquel restait le père d'Aigrigny, qui, parvenu à se dégager de la puissante étreinte du carrier, mais toujours pressé par la multitude qui l'enserrait en criant : *Mort à l'empoisonneur!* reculait pas à pas, tâchant de parer les coups qu'on lui portait. A force de présence d'esprit, d'adresse, de courage, retrouvant dans ce moment critique son ancienne énergie militaire, il avait pu jusqu'alors résister et demeurer debout; sachant, par l'exemple de Goliath, que tomber c'était mourir. Quoiqu'il espérât peu d'être utilement entendu, l'abbé appelait de toutes ses forces : A l'aide! au secours!... Cédant le terrain pied à pied, manœuvrant de façon à se rapprocher de l'un des murs de l'église, il parvint enfin à s'acculer dans une encoignure formée par la saillie d'un pilastre et tout près de la baie d'une petite porte.

Cette position était assez favorable; le père d'Aigrigny, adossé au mur, se trouvait ainsi à l'abri d'une partie des attaques. Mais le carrier, voulant lui ôter cette dernière chance de salut, se précipita sur lui, afin de le saisir et de l'entraîner au milieu du cercle, où il eût été foulé aux pieds. La terreur de la mort donnant au père d'Aigrigny une force extraordinaire, il put encore repousser rudement le carrier et rester comme incrusté dans l'angle où il s'était réfugié. La résistance de la victime redoubla la rage des assaillans, les cris de mort retentirent avec une nouvelle violence. Le carrier se jeta de nouveau sur le père d'Aigrigny en disant: — A moi, les amis!... Celui-là dure trop, finissons-le...

Le père d'Aigrigny se vit perdu... Ses forces étaient à bout, il se sentit défaillir... ses jambes tremblèrent... un nuage passa devant sa vue, les hurlemens de ces furieux commençaient à arriver presque voilés à son oreille. Le contre-coup de plusieurs violentes contusions reçues, pendant la lutte, à la tête et surtout à la poitrine, se faisait déjà ressentir... Deux ou trois fois une écume sanglante vint aux lèvres de l'abbé, sa position était désespérée...

— Mourir assommé par ces brutes, après avoir tant de fois, à la guerre, échappé à la mort!

Telle était la pensée du père d'Aigrigny, lorsque le carrier s'élança sur lui.

Soudain, et au moment où l'abbé, cédant à l'instinct de sa conservation, appelait une dernière fois au secours d'une voix déchirante, la porte à laquelle il s'adossait s'ouvrit derrière lui... une main ferme le saisit et l'attira vivement dans l'église.

Grâce à ce mouvement, exécuté avec la rapidité de l'éclair, le carrier, lancé en avant pour saisir le père d'Aigrigny, ne put retenir son élan, et se trouva face à face avec le personnage qui venait, pour ainsi dire, de se substituer à la victime. Le carrier s'arrêta court, puis recula de deux pas, stupéfait, comme la foule, de cette brusque apparition, et, comme la foule, frappé d'un vague sentiment d'admiration et de respect à la vue de celui qui venait de secourir si miraculeusement le père d'Aigrigny.

Celui-là était Gabriel.

Le jeune missionnaire restait debout au seuil de la porte... Sa longue soutane noire se dessinait sur les profondeurs à demi lumineuses de la cathédrale, tandis que son adorable figure d'archange, encadrée de longs cheveux blonds, pâle, émue de commisération et de douleur, était doucement éclairée par les dernières lueurs du crépuscule. Cette physionomie resplendissait d'une beauté si divine, elle exprimait une compassion si touchante et si tendre, que la foule se sentit remuée lorsque Gabriel, ses grands yeux bleus humides de larmes, les mains suppliantes, s'écria d'une voix sonore et palpitante : — Grâce... mes frères !... Soyez humains... soyez justes.

Revenu de son premier mouvement de surprise et de son émotion involontaire, le carrier fit un pas vers Gabriel et s'écria : — Pas de grâce pour l'empoisonneur !... il nous le faut... qu'on nous le rende... ou nous allons le prendre...

— Y songez-vous, mes frères ?... — répondit Gabriel — dans cette église... un lieu sacré... un lieu de refuge... pour tout ce qui est persécuté !...

— Nous empoignerons notre empoisonneur jusque sur l'autel — répondit brutalement le carrier ; — ainsi, rendez-le-nous.

— Mes frères, écoutez-moi... — dit Gabriel en tendant les bras vers lui.

— A bas la calotte ! — cria le carrier ; — l'empoisonneur se cache dans l'église... entrons dans l'église.

— Oui... oui... — cria la foule, entraînée de nouveau par la violence de ce misérable — à bas la calotte !...

— Ils s'entendent.

— A bas les calotins !

— Entrons là comme à l'archevêché !...

— Comme à Saint-Germain-l'Auxerrois !...

— Qu'est-ce que cela nous fait à nous, une église !

— Si les calotins défendent les empoisonneurs... à l'eau les calotins !...

— Oui ! oui !...

— Et je vais vous montrer le chemin, moi !

Ce disant, le carrier, suivi de Ciboule et de bon nombre d'hommes déterminés, fit un pas vers Gabriel.

Le missionnaire, voyant depuis quelques secondes le courroux de la foule se ranimer, avait prévu ce mouvement ; se rejetant brusquement dans l'église, il parvint, malgré les efforts des assaillans, à maintenir la porte presque fermée et à la barricader de son mieux au moyen d'une barre de bois qu'il appuya d'un bout sur les dalles, et de l'autre sous la saillie d'un des ais transversaux ; grâce à cette espèce d'arc-boutant, la porte pouvait résister quelques minutes.

Gabriel, tout en défendant ainsi l'entrée, criait au père d'Aigrigny :
— Fuyez, mon père... fuyez par la sacristie ; les autres issues sont fermées...

Le jésuite, anéanti, couvert de contusions, inondé d'une sueur froide, sentant les forces lui manquer tout à fait, et se croyant enfin en sûreté, s'était jeté sur une chaise, à demi évanoui... A la voix de Gabriel, l'abbé se leva péniblement, et d'un pas chancelant et hâté, il tâcha de gagner le chœur, séparé par une grille du reste de l'église.

— Vite, mon père !... — ajouta Gabriel avec effroi, en maintenant de toutes ses forces la porte vigoureusement assiégée, hâtez-vous ! mon Dieu ! hâtez-vous !... Dans quelques minutes... il sera trop tard ; — puis le missionnaire ajouta avec désespoir : — Et être seul... seul pour arrêter l'invasion de ces insensés...

Il était seul en effet. Au premier bruit de l'attaque, trois ou quatre sacristains et autres employés de la *fabrique* se trouvaient dans l'église ; mais ces gens épouvantés, se rappelant le sac de l'archevêché et de Saint-Germain-l'Auxerrois, avaient aussitôt pris la fuite ; les uns se réfugièrent et se cachèrent dans les orgues, où ils montèrent rapidement ; les autres se sauvèrent par la sacristie, dont ils fermèrent les portes en dedans, enlevant ainsi tout moyen de retraite à Gabriel et au père d'Aigrigny.

Ce dernier, courbé en deux par la douleur, écoutant les pressantes paroles du missionnaire, s'aidant des chaises qu'il rencontrait sur son passage, faisait de vains efforts pour atteindre la grille du chœur... au bout de quelques pas, vaincu par l'émotion, par la souffrance, il chancela, s'affaissa sur lui-même, tomba sur les dalles, et ses sens l'abandonnèrent.

A ce moment même, Gabriel, malgré l'énergie incroyable que lui inspirait le désir de sauver le père d'Aigrigny, sentit la porte s'ébranler enfin sous une formidable secousse et prête à céder. Tournant alors la tête pour s'assurer que le jésuite avait au moins pu quitter l'église, Gabriel, à sa grande épouvante, le vit étendu sans mouvement à quelques pas du chœur... Abandonner la porte à demi brisée, courir au père d'Aigrigny, le soulever et le traîner en dedans de la grille du chœur... ce fut pour Gabriel une action aussi rapide que la pensée, car il refermait la grille à l'instant même où le carrier et sa bande, après avoir défoncé la porte, se précipitaient dans l'église.

Debout, et en dehors du chœur, les bras croisés sur sa poitrine, Gabriel attendit, calme et intrépide, cette foule encore exaspérée par une résistance inattendue.

La porte enfoncée, les assaillans firent une violente irruption ; mais à peine eurent-ils mis le pied dans l'église, qu'il se passa une scène étrange.

La nuit était venue... quelques lampes d'argent jetaient seules une pâle clarté au milieu du sanctuaire, dont les bas côtés disparaissaient noyés dans l'ombre.

A leur brusque entrée dans cette immense cathédrale, sombre, silencieuse et déserte, les plus audacieux restèrent interdits, presque craintifs devant la grandeur imposante de cette solitude de pierre. Les cris, les menaces, expirèrent aux lèvres de ces furieux. On eût dit qu'ils redoutaient de réveiller les échos de ces voûtes énormes... de ces voûtes noires, d'où suintait une humidité sépulcrale, qui glaça leurs fronts enflammés de colère, et tomba sur leurs épaules comme une froide chape de plomb. La tradition religieuse, la routine, les habitudes ou les souvenirs d'enfance ont tant d'action sur certains hommes, qu'à peine entrés, plusieurs compagnons du carrier se découvrirent respectueusement, inclinèrent leur tête nue, et marchèrent avec précaution, afin d'amortir le bruit de leurs pas sur les dalles sonores.

Puis ils échangèrent quelques mots d'une voix basse et craintive.

D'autres, cherchant timidement des yeux, à une hauteur incommensurable, les derniers arceaux de ce vaisseau gigantesque alors perdus dans l'obscurité, se sentaient presque effrayés de se voir si petits au milieu de cette immensité remplie de ténèbres...

Mais, à la première plaisanterie du carrier, qui rompit ce respectueux silence, cette émotion passa bientôt.

— Ah çà, mille tonnerres ! — s'écria-t-il — est-ce que nous prenons haleine pour chanter vêpres ! S'il y avait du vin dans le bénitier, à la bonne heure.

Quelques éclats de rire sauvages accueillirent ces paroles.

— Pendant ce temps-là, le brigand nous échappe — dit l'un.

— Et nous sommes volés — reprit Ciboule.

— On dirait qu'il y a des poltrons ici, et qu'ils ont peur des sacristains — ajouta le carrier.

— Jamais... — cria-t-on en chœur — jamais ; on ne craint personne.

— En avant !...

— Oui... oui... en avant ! — cria-t-on de toutes parts.

Et l'animation, un moment calmée, redoubla au milieu d'un nouveau tumulte.

Quelques instans après, les yeux des assaillans, habitués à cette pénombre, distinguèrent, au milieu de la pâle auréole de lumière projetée par une lampe d'argent, la figure imposante de Gabriel debout en dehors de la grille du chœur.

— L'empoisonneur est ici caché dans un coin ! — cria le carrier. — Il faut forcer ce curé à nous le rendre, le brigand...

— Il en répond.

— C'est lui qui l'a fait se sauver dans l'église.

— Il payera pour tous les deux, si on ne trouve pas l'autre.

A mesure que s'effaçait la première impression de respect involontairement ressentie par la foule, les voix s'élevaient davantage et les visages devenaient d'autant plus farouches, d'autant plus menaçans, que chacun avait honte d'un moment d'hésitation et de faiblessse.

— Oui, oui! — s'écrièrent plusieurs voix tremblantes de colère — il nous faut la vie de l'un ou la vie de l'autre.
— Ou de tous les deux...
— Tant pis! pourquoi ce calotin veut-il nous empêcher d'écharper notre empoisonneur?
— A mort! à mort!

A cette explosion de cris féroces, qui retentit d'une façon effrayante au milieu des gigantesques arceaux de la cathédrale, la foule, ivre de rage, se précipita vers la grille du chœur, à la porte duquel se tenait Gabriel.

Le jeune missionnaire, qui, mis en croix par les sauvages des montagnes Rocheuses, priait encore le Seigneur de pardonner à ses bourreaux, avait trop de courage dans le cœur, trop de charité dans l'âme pour ne pas risquer mille fois sa vie afin de sauver le père d'Aigrigny... cet homme qui l'avait trompé avec une si lâche et si cruelle hypocrisie.

CHAPITRE XI.

LES MEURTRIERS.

Le carrier, suivi de la bande, courant vers Gabriel, qui avait fait quelques pas de plus en avant de la grille du chœur, s'écria les yeux étincelans de rage : — Où est l'empoisonneur? Il nous le faut...

— Et qui vous a dit qu'il fût empoisonneur, mes frères? — reprit Gabriel, de sa voix pénétrante et sonore. — Un empoisonneur!... et où sont les preuves?... les témoins?... les victimes?...

— Assez!... nous ne sommes pas ici à confesse... — répondit brutalement le carrier en s'avançant d'un air menaçant. — Rendez-nous notre homme, il faut qu'il y passe;... sinon, vous payerez pour lui...

— Oui!... oui!... — crièrent plusieurs voix.
— Ils s'entendent...
— Il nous faut l'un ou l'autre!

— Eh bien! me voici — dit Gabriel en relevant la tête et s'avançant avec un calme rempli de résignation et de majesté. — Moi ou lui — ajouta-t-il; — que vous importe? vous voulez du sang : prenez le mien, mes frères, car un funeste délire trouble votre raison.

Ces paroles de Gabriel, son courage, la noblesse de son attitude, la beauté de ses traits avaient impressionné quelques assaillans, lorsque soudain une voix s'écria : — Eh! les amis!... l'empoisonneur est là... derrière... la grille...

— Où ça?... où ça?... — cria-t-on.
— Tenez... là... voyez-vous... étendu sur le carreau...

A ces mots, les gens de cette bande qui jusque-là s'étaient à peu près tenus en masse compacte dans l'espèce de couloir qui sépare les deux côtés de la nef, où sont rangées les chaises, ces gens se dispersèrent de tous côtés afin de courir à la grille du chœur, dernière et seule barrière qui défendît le père d'Aigrigny.

Pendant cette manœuvre, le carrier, Ciboule et d'autres s'avancèrent droit vers Gabriel en criant avec une joie féroce : — Cette fois, nous le tenons... à mort l'empoisonneur!

Pour sauver le père d'Aigrigny, Gabriel se fût laissé massacrer à la porte de la grille ; mais plus loin, cette grille, haute de quatre pieds au plus, allait être en un instant abattue ou escaladée.

Le missionnaire perdit tout espoir d'arracher le jésuite à une mort affreuse... Pourtant il s'écria : — Arrêtez!... pauvres insensés!

Et il se jeta au devant de la foule en étendant les mains vers elle.

Son cri, son geste, sa physionomie exprimèrent une autorité à la fois si tendre et si fraternelle, qu'il y eut un moment d'hésitation dans la foule; mais à cette hésitation succédèrent bientôt ces cris de plus en plus furieux :
— A mort! à mort!

— Vous voulez sa mort? — dit Gabriel en pâlissant encore.
— Oui!... oui!...

— Eh bien! qu'il meure... — s'écria le missionnaire saisi d'une inspiration subite — oui, qu'il meure à l'instant.

— Ces mots du jeune prêtre frappèrent la foule de stupeur. Pendant quelques secondes, ces hommes, muets, immobiles, et pour ainsi dire paralysés, regardèrent Gabriel avec une surprise ébahie.

— Cet homme est coupable, dites-vous — reprit le jeune missionnaire d'une voix tremblante d'émotion — vous l'avez jugé sans preuves, sans témoins; qu'importe?... il mourra... Vous lui reprochez d'être un empoisonneur?... et ses victimes, où sont-elles? Vous l'ignorez... Qu'importe? il est condamné... Sa défense, ce droit sacré de tout accusé... vous refusez de l'entendre... Qu'importe encore? son arrêt est prononcé. Vous êtes à la fois accusateurs, juges et bourreaux... Soit... vous n'avez jamais vu cet infortuné, il ne vous a fait aucun mal, vous ne savez s'il en a fait à quelqu'un... et, devant les hommes, vous prenez la terrible responsabilité de sa mort... vous entendez bien... de sa mort. Qu'il en soit donc ainsi, votre conscience vous absoudra;... je le veux croire... Le condamné mourra;... il va mourir, la sainteté de la maison de Dieu ne le sauvera pas....

— Non... non.. — crièrent plusieurs voix avec acharnement.

— Non... — reprit Gabriel avec une chaleur croissante — non, vous voulez répandre le sang, et vous le répandrez jusque dans le temple du Seigneur... C'est, dites-vous, votre droit... Vous faites acte de terrible justice... Mais alors pourquoi tant de bras robustes pour achever cet homme expirant? Pourquoi ces cris, ces fureurs, ces violences? Est-ce donc ainsi que s'exercent les jugemens du peuple, du peuple équitable et fort? Non, non, lorsque, sûr de son droit, il frappe son ennemi... il le frappe avec le calme du juge qui, en son âme et conscience, rend un arrêt... Non, le peuple équitable et fort ne frappe pas en aveugle, en furieux, en poussant des cris de rage, comme s'il voulait s'étourdir sur quelque lâche et horrible assassinat... Non, ce n'est pas ainsi que doit s'accomplir le redoutable droit que vous voulez exercer à cette heure... car vous le voulez.

— Oui, nous le voulons — s'écrièrent le carrier, Ciboule et plusieurs des plus impitoyables, tandis qu'un grand nombre restaient muets, frappés des paroles de Gabriel, qui venait de leur peindre sous de si vives couleurs l'acte affreux qu'ils voulaient commettre.

— Oui — reprit donc le carrier — c'est notre droit, nous voulons tuer l'empoisonneur...

Ce disant, le misérable, l'œil sanglant, la joue enflammée, s'avança à la tête d'un groupe résolu, et, marchant en avant, il fit un geste comme s'il eût voulu repousser et écarter de son passage Gabriel debout et toujours en avant de la grille.

Mais, au lieu de résister au bandit, le missionnaire fit vivement deux pas à sa rencontre, le prit par le bras, et lui dit d'une voix ferme : — Venez...

Et entraînant pour ainsi dire à sa suite le carrier stupéfait, que ses compagnons abasourdis par ce nouvel incident n'osèrent suivre tout d'abord... Gabriel parcourut rapidement l'espace qui le séparait du chœur, en ouvrit la grille, et amenant le carrier, qu'il tenait toujours par le bras, jusqu'au corps du père d'Aigrigny étendu sur les dalles, il s'écria :

— Voici la victime... elle est condamnée... frappez-la!...

— Moi! — s'écria le carrier en hésitant — moi... tout seul...

— Oh! reprit Gabriel avec amertume — il n'y a aucun danger, vous l'achèverez facilement;... il est anéanti par la souffrance... il lui reste à peine un souffle de vie... il ne fera aucune résistance... Ne craignez rien!!!

Le carrier restait immobile, pendant que la foule, étrangement impressionnée par cet incident, se rapprochait peu à peu de la grille, sans oser la franchir.

— Frappez donc! — reprit Gabriel en s'adressant au carrier et lui montrant la foule d'un geste solennel — voici les juges... et vous êtes le bourreau...

— Non — s'écria le carrier en se reculant et détournant les yeux — je ne suis pas le bourreau... moi!!!

La foule resta muette... Pendant quelques secondes pas un mot, pas un cri ne troubla le silence de l'imposante cathédrale.

Dans un cas désespéré, Gabriel avait agi avec une profonde connaissance du cœur humain. Lorsque la multitude, égarée par une rage aveugle, se rue sur une victime en poussant des clameurs féroces, et que chacun frappe son coup, cette espèce d'épouvantable meurtre en commun semble à tous moins horrible, parce que tous en partagent la solidarité;... puis les cris, la vue du sang, la défense désespérée de l'homme que l'on massacre, finissent par causer une sorte d'ivresse féroce; mais que, parmi ces fous furieux qui ont trempé dans cet homicide, on en prenne un, qu'on le mette seul en face d'une victime incapable de se défendre, et qu'on lui dise : Frappe! presque jamais il n'osera frapper. Il en était ainsi du carrier; ce misérable tremblait à l'idée d'un meurtre commis *par lui seul* et de sang-froid.

La scène précédente s'était passée très rapidement; parmi les compagnons du carrier les plus rapprochés de la grille, quelques-uns ne comprirent pas une impression qu'ils eussent ressentie comme cet homme indomptable, si comme à lui on leur avait dit : Faites l'office du bourreau. Plusieurs hommes de sa bande murmurèrent donc en le blâmant hautement de sa faiblesse.

— Il n'ose pas achever l'empoisonneur — disait l'un.
— Le lâche!
— Il a peur.
— Il recule.

En entendant ces rumeurs, le carrier courut à la grille, l'ouvrit toute grande, et, montrant du geste le corps du père d'Aigrigny, il s'écria :—S'il y en a un plus hardi que moi, qu'il aille l'achever... qu'il fasse le bourreau... voyons.

A cette proposition, les murmures cessèrent. Un silence profond régna de nouveau dans la cathédrale : toutes ces physionomies, naguère irritées, devinrent mornes, confuses, presque effrayées; cette foule égarée commençait surtout à comprendre la lâcheté féroce de l'acte qu'elle voulait commettre. Personne n'osait plus aller frapper isolément cet homme expirant.

Tout à coup, le père d'Aigrigny poussa une sorte de râle d'agonie; sa tête et l'un de ses bras se relevèrent par un mouvement convulsif, puis retombèrent aussitôt sur la dalle comme s'il eût expiré...

Gabriel poussa un cri d'angoisse et se jeta à genoux auprès du père d'Aigrigny en disant : — Grand Dieu! il est mort...

Singulière mobilité de la foule si impressionnable pour le mal comme pour le bien.

Au cri déchirant de Gabriel, ces gens, qui, un instant auparavant, demandaient à grands cris le massacre de cet homme, se sentirent presque apitoyés...

Ces mots, *il est mort!* circulèrent à voix basse dans la foule, avec un léger frémissement, pendant que Gabriel soulevait d'une main la tête appesantie du père d'Aigrigny, et de l'autre cherchait son pouls à travers son épiderme glacé.

— Monsieur le curé — dit le carrier en se penchant vers Gabriel — vraiment, est-ce qu'il n'y a plus de ressource?...

La réponse de Gabriel fut attendue avec anxiété au milieu d'un silence profond; à peine si l'on osait échanger quelques paroles à voix basse...

— Soyez béni, mon Dieu ! — s'écria tout-à-coup Gabriel — son cœur bat...
— Son cœur bat... — répéta le carrier en retournant la tête vers la foule pour lui apprendre cette bonne nouvelle...
— Ah! son cœur bat — redit tout bas la foule.
— Il y a de l'espoir... nous pourrons le sauver... — ajouta Gabriel avec une expression de bonheur indicible.
— Nous pourrons le sauver — répéta machinalement le carrier.
— On pourra le sauver... — murmura doucement la foule.
— Vite, vite — reprit Gabriel en s'adressant au carrier — aidez-moi, mon frère; transportons-le dans une maison voisine;... on lui donnera là les premiers soins...

Le carrier obéit avec empressement. Pendant que le missionnaire soulevait le père d'Aigrigny par dessous les bras, le carrier prit par les jambes ce corps presque inanimé; à eux deux ils le transportèrent en dehors du chœur.

A la vue du redoutable carrier aidant le jeune prêtre à secourir cet homme qu'elle poursuivait naguère de cris de mort, la multitude éprouva un soudain revirement de pitié. Ces hommes, subissant la pénétrante influence de la parole et de l'exemple de Gabriel, se sentirent attendris; ce fut alors à qui offrirait ses services.

— Monsieur le curé, il serait mieux sur une chaise que l'on porterait à bras — dit Ciboule.

— Voulez-vous que j'aille chercher un brancard à l'Hôtel-Dieu? — dit un autre.

— Monsieur le curé, j'vas vous remplacer, ce corps est trop lourd pour vous.

— Ne vous donnez pas la peine — dit un homme vigoureux en s'approchant respectueusement du missionnaire — je le porterai bien, moi.

— Si je filais chercher une voiture, monsieur le curé? — dit un affreux gamin en ôtant sa calotte grecque.

— Tu as raison — dit le carrier — cours vite, moutard.

— Mais, avant, demande donc à monsieur le curé s'il veut que tu ailles chercher une voiture — dit Ciboule en arrêtant l'impatient messager.

— C'est juste — reprit un des assistans — nous sommes ici dans une église, c'est monsieur le curé qui commande. Il est chez lui.

— Oui! oui! allez vite, mon enfant — dit Gabriel à l'obligeant gamin.

Pendant que celui-ci perçait la foule, une voix dit : — J'ai une bouteille d'osier avec de l'eau-de-vie dedans, ça peut-il servir?

— Sans doute — répondit vivement Gabriel; — donnez, donnez... on frottera les tempes du malade avec ce spiritueux, et on le lui fera respirer...

— Passez la bouteille... — cria Ciboule — et surtout ne mettez pas le nez dedans...

La bouteille, passant de mains en mains avec précaution, parvint intacte jusqu'à Gabriel.

En attendant l'arrivée de la voiture, le père d'Aigrigny avait été momentanément assis sur une chaise; pendant que plusieurs hommes de bonne volonté soutenaient soigneusement l'abbé, le missionnaire lui faisait aspirer un peu d'eau-de-vie; au bout de quelques minutes, ce spiritueux agit puissamment sur le jésuite; il fit quelques mouvemens, et un profond soupir souleva sa poitrine oppressée.

— Il est sauvé... il vivra — s'écria Gabriel d'une voix triomphante — il vivra... mes frères.

— Ah! tant mieux!... — dirent plusieurs voix.

— Oh! oui, tant mieux! mes frères — reprit Gabriel — car, au lieu d'être accablés par les remords d'un crime, vous vous souviendrez d'une action charitable et juste... Remercions Dieu de ce qu'il a changé votre fureur aveugle en un sentiment de compassion! Invoquons-le... pour que vous-mêmes et tous ceux que vous aimez tendrement ne courent jamais l'affreux danger auquel cet infortuné vient d'échapper... O mes frères! — ajouta Gabriel en montrant le Christ avec une émotion touchante et rendue plus communicative encore par l'expression de sa figure angélique — ô mes frères, n'oublions jamais que celui qui est mort sur cette croix pour la défense des opprimés, obscurs enfans du peuple comme nous, a dit ces tendres paroles si douces au cœur : *Aimons-nous les uns les autres!*... Ne les oublions jamais! aimons-nous, mes frères! secourons-nous, et nous autres, pauvres gens, nous en deviendrons meilleurs, plus heureux et plus justes! Aimons-nous!... aimons-nous, mes frères, et prosternons-nous devant le Christ, ce Dieu de tout ce qui est opprimé, faible et souffrant en ce monde!

Ce disant, Gabriel s'agenouilla.

Tous l'imitèrent respectueusement, tant sa parole simple, convaincue, ait puissante.

A ce moment, un singulier incident vint ajouter à la grandeur de cette scène.

Nous l'avons dit, peu d'instans avant que la bande du carrier eût fait irruption dans l'église, plusieurs personnes qui s'y trouvaient avaient pris la fuite; deux d'entre elles s'étaient réfugiées dans l'orgue, et de cet abri avaient assisté, invisibles, à la scène précédente. L'une de ces personnes était un jeune homme chargé de l'entretien des orgues, assez bon musicien pour en jouer; profondément ému du dénoûment inespéré de cet événement d'abord si tragique, cédant enfin à une inspiration d'artiste, ce jeune homme, au moment où il vit le peuple s'agenouiller comme Gabriel, ne put s'empêcher de se mettre au clavier... Alors, une sorte d'harmonieux soupir, d'abord presque insensible, sembla s'exhaler du sein de l'immense cathédrale, comme une aspiration divine;... puis aussi suave, aussi aérienne que la vapeur embaumée de l'encens, elle monta et s'épandit jusqu'aux voûtes sonores; peu à peu ces faibles et doux accords, quoique toujours voilés, se changèrent en une mélodie d'un charme indéfinissable, à la fois religieux, mélancolique et tendre, qui s'élevait au ciel comme un chant ineffable de reconnaissance et d'amour... Ces accords avaient d'abord été si faibles, si voilés, que la multitude agenouillée s'était, sans surprise, peu à peu abandonnée à l'irrésistible influence de cette harmonie enchanteresse...

Alors bien des yeux, jusque-là secs et farouches, se mouillèrent de larmes;... bien des cœurs endurcis battirent doucement, en se rappelant les mots prononcés par Gabriel avec un accent si tendre : *Aimons-nous les uns les autres.*

Ce fut à ce moment que le père d'Aigrigny revint à lui... et ouvrit les yeux. Il se crut sous l'impression d'un rêve... Il avait perdu les sens à la vue d'une populace en furie, qui, l'injure et le blasphème aux lèvres, le poursuivait de cris de mort jusque dans le saint temple;... le jésuite rouvrait les yeux... Et à la pâle clarté des lampes du sanctuaire, aux sons religieux de l'orgue, il voyait cette foule naguère si menaçante, si implacable, alors agenouillée, silencieuse, émue, recueillie et courbant humblement le front devant la majesté du saint lieu.

Quelques minutes après, Gabriel, porté presque en triomphe sur les bras de la foule, montait dans la voiture au fond de laquelle était étendu le père d'Aigrigny, qui avait peu à peu complètement repris ses esprits. Cette voiture, d'après l'ordre du jésuite, s'arrêta devant la porte d'une maison de la rue de Vaugirard; il eut la force et le courage d'entrer seul dans cette demeure, où Gabriel ne fut pas introduit et où nous conduirons le lecteur.

CHAPITRE XII.

LA PROMENADE.

A l'extrémité de la rue de Vaugirard, on voyait alors un mur fort élevé, seulement percé dans toute sa longueur par une petite porte à guichet. Cette porte ouverte, où traversait une cour entourée de grilles doublées de panneaux de persiennes, qui empêchaient de voir à travers l'intervalle des barreaux; l'on entrait ensuite dans un vaste et beau jardin, symétriquement planté, au fond duquel s'élevait un bâtiment à deux étages d'un aspect parfaitement confortable, et construit sans luxe mais avec une simplicité *cossue* (que l'on excuse cette vulgarité), signe évident de l'opulence discrète.

Peu de jours s'étaient passés depuis que le père d'Aigrigny avait été si courageusement arraché par Gabriel à la fureur populaire. Trois ecclésiastiques portant des robes noires, des rabats blancs et des bonnets carrés, se promenaient dans le jardin d'un pas lent et mesuré; le plus jeune de ces trois prêtres semblait avoir trente ans; sa figure était pâle, creuse et empreinte d'une certaine rudesse ascétique; ses deux compagnons, âgés de cinquante à soixante ans, avaient, au contraire, une physionomie à la fois béate et rusée; leurs joues luisaient au soleil, vermeilles et rebondies, tandis que leurs trois mentons, grassement étagés, descendaient mollement jusque sur la fine batiste de leurs rabats. Selon les règles de leur ordre (ils appartenaient à la société de Jésus), qui leur défendent de se promener seulement deux ensemble, ces trois congréganistes ne se quittaient pas d'une seconde.

— Je crains bien, disait l'un des deux en continuant une conversation commencée et parlant d'une personne absente — je crains bien que la continuelle agitation à laquelle le révérend père a été en proie depuis que le choléra l'a frappé, n'ait usé ses forces... et causé la dangereuse rechute qui aujourd'hui fait craindre pour ses jours.

— Jamais, dit-on — reprit l'autre révérend père — on n'a vu d'inquiétudes et d'angoisses pareilles aux siennes.

— Aussi — dit amèrement le plus jeune prêtre — est-il pénible de penser que Sa Révérence le père Rodin a été un sujet de scandale en raison de ses refus obstinés de faire avant-hier une confession publique, lorsque son état parut si désespéré, qu'entre deux accès de son délire on crut devoir lui proposer les derniers sacremens.

— Sa Révérence a prétendu n'être pas aussi mal qu'on le supposait — reprit un des pères — et qu'il accomplirait ses derniers devoirs lorsqu'il en sentirait la nécessité.

— Le fait est que depuis trois jours qu'on l'a amené ici mourant... sa vie n'a été, pour ainsi dire, qu'une longue et douloureuse agonie ; et pourtant il vit encore.

— Moi je l'ai veillé pendant les trois premiers jours de sa maladie, avec M. Rousselet, l'élève du docteur Baleinier — reprit le plus jeune père ; — il n'a presque pas eu un moment de connaissance, et lorsque le Seigneur lui accordait quelques instans lucides, il les employait en emportemens détestables contre le sort qui le clouait sur son lit.

— On affirme — reprit l'autre révérend père — que le père Rodin aurait répondu à monseigneur le cardinal de Malipieri, qui était venu l'engager à faire une fin exemplaire, digne d'un fils de Loyola, notre saint fondateur (à ces mots, les trois jésuites s'inclinèrent simultanément comme s'ils eussent été mus par un même ressort) ; on affirme, dis-je, que le père Rodin aurait répondu à Son Eminence : — *Je n'ai pas besoin de me confesser publiquement* ; JE VEUX VIVRE, ET JE VIVRAI.

— Je n'ai pas été témoin de cela ;... mais si le père Rodin a osé prononcer de telles paroles... — dit vivement le jeune père indigné — c'est un...

Puis la réflexion lui venant sans doute à propos, il jeta un regard oblique sur ses deux compagnons muets, impassibles, et il ajouta : — C'est un grand malheur pour son âme ;... mais je suis certain qu'on a calomnié Sa Révérence.

— C'est aussi seulement comme bruit calomnieux que je rapportais ces paroles — dit l'autre prêtre en échangeant un regard avec son compagnon.

Un assez long silence suivit cet entretien. En conversant ainsi, les trois congréganistes avaient parcouru une longue allée aboutissant à un quinconce. Au milieu de ce rond-point, d'où rayonnaient d'autres avenues, on voyait une grande table ronde en pierre ; un homme, aussi vêtu du costume ecclésiastique, était agenouillé sur cette table ; on lui avait attaché sur le dos et sur la poitrine deux grands écriteaux.

L'un portait ces mots écrits en grosses lettres : INSOUMIS.

L'autre : CHARNEL.

Le révérend père qui subissait, selon la règle, à l'heure de la promenade, cette niaise et humiliante punition d'écolier, était un homme de quarante ans, à la carrure d'Hercule, au cou de taureau, aux cheveux noirs et crépus, au visage basané ; quoique, selon l'usage, il tînt constamment et humblement les yeux baissés, on devinait, à la rude et fréquente contraction de ses gros sourcils, que son ressentiment intérieur était peu d'accord avec son apparente résignation, surtout lorsqu'il voyait s'approcher de lui les révérends pères qui, en assez grand nombre et toujours trois par trois ou isolément, se promenaient dans les allées aboutissant au rond-point où il était *exposé*.

Lorsqu'ils passèrent devant ce vigoureux pénitent, les trois révérends pères dont nous avons parlé, obéissant à un mouvement d'une régularité, d'un ensemble admirable, levèrent simultanément les yeux au ciel comme pour lui demander pardon de l'abomination et de la désolation dont un des leurs était cause ; puis, d'un second regard, non moins mécanique que le premier, ils foudroyèrent, toujours simultanément, le pauvre diable aux écriteaux, robuste gaillard qui semblait réunir tous les droits possibles à se montrer insoumis et charnel ; après quoi, poussant comme un seul homme trois profonds soupirs d'indignation sainte, d'une intonation exactement pareille, les révérends pères recommencèrent leur promenade avec une précision automatique.

Parmi les autres révérends pères qui se promenaient aussi dans le jardin, on apercevait çà et là plusieurs laïques, et voici pourquoi :

Les révérends pères possédaient une maison voisine, séparée seulement de la leur par une charmille ; dans cette maison, bon nombre de dévots venaient, à certaines époques, se mettre en pension afin de faire ce qu'ils appellent dans leur jargon des *retraites*. C'était charmant ; on trouvait ainsi réunis l'agrément d'une succulente cuisine et l'agrément d'une charmante petite chapelle, nouvelle et heureuse combinaison du confessional et du logement garni, de la table d'hôte et du sermon.

Précieuse imagination de cette sainte hôtellerie où les alimens corporels et spirituels étaient aussi appétissans que délicatement choisis et servis ; où l'on restaurait l'âme et le corps à tant par tête ; où l'on pouvait faire gras le vendredi en toute sécurité de conscience moyennant une *dispense de Rome*, pieusement portée sur la carte à payer, immédiatement après le café et l'eau-de-vie. Aussi, disons-le, à la louange de la profonde habileté financière des révérends pères et à leur insinuante dextérité, la pratique abondait.

Et comment n'aurait-elle pas abondé ? le gibier était faisandé avec tant d'à-propos, la route du paradis si facile, la marée si fraîche, la rude voix du salut si bien déblayée d'épines et si gentiment sablée de sable couleur de rose, les primeurs si abondantes, les pénitences si légères, sans compter les excellens saucissons d'Italie et les indulgences du saint-père qui arrivaient directement de Rome, et de première main, et de premier choix, s'il vous plaît !

Quelles tables d'hôte auraient pu affronter une telle concurrence ? On trouvait dans cette calme, grasse et opulente retraite tant d'accommodemens avec le ciel ! pour bon nombre de gens à la fois riches et dévots, craintifs et douillets, qui, tout en ayant une peur atroce des cornes du diable, ne peuvent cependant renoncer à une foule de péchés mignons fort délectables, la direction complaisante et la morale élastique des révérends pères était inappréciable.

En effet, quelle profonde reconnaissance un vieillard corrompu, personnel et poltron ne devait-il pas avoir pour ces prêtres qui l'assuraient contre les coups de fourche de Belzébuth, et lui garantissaient les béatitudes éternelles, le tout sans lui demander le sacrifice d'un seul de ses goûts vicieux, des appétits dépravés ou des sentimens de hideux égoïsme dont il s'était fait une si douce habitude ! Aussi comment récompenser ces confesseurs si gaillardement indulgens, ces guides spirituels d'une complaisance si égrillarde ? Hélas, mon Dieu ! cela se paye tout benoîtement par l'abandon futur de beaux et bons immeubles, de brillans écus bien trébuchans, le tout au détriment des héritiers du sang, souvent pauvres, honnêtes, laborieux, et ainsi pieusement dépouillés par les révérends pères.

Un des vieux religieux dont nous avons parlé, faisant allusion à la présence des laïques dans le jardin de la maison, et voulant rompre sans doute un silence devenu assez embarrassant, dit au jeune religieux d'une figure sombre et fanatique : — L'avant-dernier pensionnaire que l'on a amené blessé dans notre maison de retraite continue sans doute de se montrer aussi sauvage, car je ne le vois pas avec nos autres pensionnaires.

— Peut-être — dit l'autre religieux — préfère-t-il se promener seul dans le jardin du bâtiment neuf.

— Je ne crois pas que cet homme, depuis qu'il habite notre maison de retraite, soit même descendu dans le petit parterre contigu au pavillon isolé qu'il occupe au fond de l'établissement ; le père d'Aigrigny, qui seul communiquait avec lui, se plaignait dernièrement de la sombre apathie de ce pensionnaire... que l'on n'a pas encore vu une seule fois à la chapelle — ajouta sévèrement le jeune père.

— Peut-être n'est-il pas en état de s'y rendre — reprit un des révérends pères.

— Sans doute — répondit l'autre — car j'ai entendu dire au docteur Baleinier que l'exercice eût été fort salutaire à ce pensionnaire encore convalescent, mais qu'il se refusait obstinément à sortir de sa chambre.

— On peut toujours se faire porter à la chapelle — dit le jeune père d'une voix brève et dure ; puis, restant dès lors silencieux, il continua de marcher à côté de ses deux compagnons, qui continuèrent l'entretien suivant :

— Vous ne connaissez pas le nom de ce pensionnaire ?

— Depuis quinze jours que je le sais ici, je ne l'ai jamais entendu appeler autrement que le *monsieur du pavillon*.

— Un de nos servans, qui est attaché à sa personne, et qui ne le nomme pas autrement, m'a dit que c'était un homme d'une extrême douceur, paraissant affecté d'un profond chagrin ; il ne parle presque jamais, souvent il passe des heures entières le front entre ses deux mains ; du reste, il paraît se plaire assez dans la maison ; mais, chose étrange, il préfère au jour une demi-obscurité ; et, par une autre singularité, la lueur du feu lui cause un malaise tellement insupportable, que, malgré le froid des dernières journées de mars, il n'a pas souffert que l'on allumât du feu dans sa chambre.

— C'est peut-être un maniaque.

— Non ; le servant me disait au contraire que le *monsieur du pavillon* était d'une raison parfaite, mais que la clarté du feu lui rappelait probablement quelque pénible souvenir.

— Le père d'Aigrigny doit être, mieux que personne, instruit de ce qui regarde le *monsieur du pavillon*, puisque tel est son nom, car il passe presque chaque jour en longue conférence avec lui.

— Le père d'Aigrigny a, du moins, depuis trois jours, interrompu ces conférences ; car il n'est pas sorti de sa chambre... depuis que l'autre soir on l'a ramené en fiacre, gravement indisposé, dit-on.

— C'est juste ; mais j'en reviens à ce que disait tout à l'heure notre cher frère — reprit l'autre en montrant du regard le jeune père qui marchait les yeux baissés, semblant compter les grains de sable de l'allée. — Il est singulier que ce convalescent, cet inconnu, n'ait pas encore paru à la chapelle... Nos autres pensionnaires viennent surtout ici pour faire des retraites dans un redoublement de ferveur religieuse... Comment le *monsieur du pavillon* ne partage-t-il pas ce zèle ?

— Alors pourquoi a-t-il choisi pour séjour notre maison plutôt qu'une autre ?

— Peut-être est-ce une conversion, peut-être est-il venu ici pour s'instruire dans notre sainte religion.

Et la promenade continua entre ces trois prêtres.

A entendre cette conversation vide, puérile, et remplie de caquetages sur des tiers (d'ailleurs personnages importans de cette histoire), on aurait pris ces trois révérends pères pour des hommes médiocres ou vulgaires, et l'on se serait gravement trompé ; chacun, selon le rôle qu'il était appelé à jouer dans la troupe dévote, possédait quelque rare et excellent mérite, toujours accompagné de cet esprit audacieux et insinuant, opiniâtre et madré, flexible et dissimulé, particulier à la majorité des membres de la société. Mais, grâce à l'obligation de mutuel espionnage imposé à chacun, grâce à la haineuse défiance qui en résultait et au milieu de laquelle vivaient ces prêtres, ils n'échangeaient jamais entre eux que des banalités insaisissables à la délation, réservant toutes les ressources, toutes les facultés de leur esprit pour exécuter passivement la volonté du chef, joignant alors, dans l'accomplissement des ordres qu'ils en recevaient, l'obéissance la plus absolue, la plus aveugle quant au fond, et la dextérité la plus inventive, la plus diabolique quant à la forme.

Ainsi, l'on nombrerait difficilement les riches successions, les dons opulens que les deux révérends pères, à figures si débonnaires et si fleuries, avaient fait entrer dans le sac toujours ouvert, toujours béant, toujours aspirant, de la congrégation, employant, pour exécuter ces prodigieux tours de gibecière opérés sur des esprits faibles, sur des malades et sur des mourans, tantôt la benoîte séduction, la ruse pateline, les promesses de bonnes petites places dans le paradis, etc., etc., tantôt la calomnie, les menaces et l'épouvante.

Le plus jeune des trois révérends pères, précieusement doué d'une figure pâle et décharnée, d'un regard sombre et fanatique, d'un ton acerbe et intolérant, était une manière de prospectus ascétique, une sorte d'échantillon vivant, que la compagnie lançait en avant dans certaines circonstances, lorsqu'il lui fallait persuader à des *simples* que rien n'était plus rude, plus austère que les fils de Loyola, et qu'à force d'abstinences et de mortifications ils devenaient osseux et diaphanes comme des anachorètes, créance que les pères à larges panses et à joues rebondies auraient difficilement propagée; en un mot, comme dans une troupe de vieux comédiens, on tâchait, autant que possible, que chaque rôle eût le physique de l'emploi.

En devisant ainsi que nous l'avons dit, les révérends pères étaient arrivés auprès d'un bâtiment contigu à l'habitation principale et disposé en manière de magasin; on communiquait dans cet endroit par une entrée particulière qu'un mur assez élevé rendait invisible; à travers une fenêtre ouverte et grillée on entendait le tintement métallique d'un maniement d'écus presque continuel; tantôt ils semblaient ruisseler comme si on les eût vidés d'un sac sur une table, tantôt ils rendaient ce bruit sec des piles que l'on entasse.

Dans ce bâtiment se trouvait la caisse commerciale où l'on venait acquitter le prix des gravures, des chapelets, etc., fabriqués par la congrégation et répandus à profusion en France par la complicité de l'Eglise, livres presque toujours stupides, insolens, licencieux (1) ou menteurs, ouvrages détestables, dans lesquels tout ce qu'il y a de beau, de grand, d'illustre, dans la glorieuse histoire de notre république immortelle, est travesti ou insulté en langage des halles. Quant aux gravures représentant les miracles modernes, elles étaient annotées avec une effronterie burlesque qui dépasse de beaucoup les affiches les plus bouffonnes des saltimbanques de la foire.

Après avoir complaisamment écouté le bruissement métallique d'écus, un des révérends pères dit en souriant : — Et c'est seulement aujourd'hui jour de petite recette. Le père économe disait dernièrement que les bénéfices du premier trimestre avaient été de 83,000 fr.

— Du moins — dit âprement le jeune père — ce sera autant de ressources et de moyens de mal faire enlevés à l'impiété.

— Les impies auront beau se révolter, les gens religieux sont avec nous — reprit l'autre révérend père; — il n'y a qu'à voir, malgré les préoccupations que donne le choléra, comme les numéros de notre pieuse loterie sont rapidement enlevés... Et chaque jour on nous apporte de nouveaux lots... Hier la récolte a été bonne : 1º une petite copie de la Vénus Callipyge en marbre blanc (un autre don eût été plus modeste, mais la fin justifie les moyens); 2º un morceau de la corde qui a servi à garrotter sur l'échafaud cet infâme Robespierre, et à laquelle on voit encore un peu de son sang maudit; 3º une dent canine de saint Fructueux, enchâssée dans un petit reliquaire d'or; 4º une boîte de rouge du temps de la régence, en magnifique laque du Coromandel, ornée de perles fines.

— Ce matin — reprit l'autre prêtre — on a apporté un admirable lot. Figurez-vous, mes chers pères, un magnifique poignard à manche de vermeil; la lame, très large, est creuse, et au moyen d'un mécanisme vraiment miraculeux, dès que la lame est plongée dans le corps, la force même du coup fait sortir plusieurs petites lames transversales très aiguës qui, pénétrant dans les chairs, empêchent complètement d'en tirer la *mère-lame*, si l'on peut s'exprimer ainsi; je ne crois pas qu'on puisse imaginer une arme plus meurtrière; la gaîne est en velours superbement orné de plaques de vermeil ciselé.

— Oh! oh! — dit l'autre prêtre — voici un lot qui sera fort envié.

— Je le crois bien — répondit le révérend père; — aussi on le met, avec la Vénus et la boîte à rouge, parmi les gros lots du tirage de la Vierge.

— Que voulez-vous dire ? — reprit l'autre avec étonnement; — quel est le tirage de la Vierge?

— Comment, vous ignorez...

— Parfaitement.

— C'est une charmante invention de la mère Sainte-Perpétue. Figurez-vous, mon cher père, que les gros lots seront tirés par une petite figure de la Vierge à ressort, que l'on montera sous sa robe avec une clef de montre; cela lui donnera un mouvement circulaire de quelques instans, de sorte que le numéro sur lequel s'arrêtera la sainte mère du Sauveur sera le gagnant (2).

(1) Pour ne citer qu'un de ces livres, nous indiquerons un opuscule vendu dans le mois de Marie, et où se trouvent les détails les plus révoltans sur les couches de la Vierge. Ce livre est destiné aux jeunes filles. — (2) Cette ingénieuse parodie du procédé de la roulette et du biribi, appliquée à un simulacre de la Vierge, a eu lieu pour le tirage d'une loterie religieuse, il y a

— Ah! c'est vraimant charmant! — dit l'autre père — l'idée est remplie d'à-propos ;... j'ignorais ce détail... Mais savez-vous combien coûtera l'ostensoir dont cette loterie est destinée à payer les frais?

— Le père procureur m'a dit que l'ostensoir, y compris les pierreries, ne reviendrait pas à moins de 35,000 fr. sans compter le vieux, que l'on a repris seulement pour le poids de l'or... évalué, je crois, à 9,000 fr.

— La loterie doit rapporter 40,000 fr., nous sommes en mesure — reprit l'autre révérend père. — Au moins, notre chapelle ne sera pas éclipsée par le luxe insolent de celle de *messieurs* les lazaristes.

— Ce sont eux au contraire qui maintenant nous envieront, car leur bel ostensoir d'or massif, dont ils étaient si fiers, ne vaut pas la moitié de celui que notre loterie nous donnera, puisque le nôtre est non-seulement plus grand, mais encore couvert de pierres précieuses.

Cette intéressante conversation fut malheureusement interrompue. Cela était si touchant! Ces prêtres d'une religion toute de pauvreté et d'humilité, de modestie et de charité, recourant aux jeux de hasard prohibés par la loi, et tendant la main au public pour parer leurs autels avec un luxe révoltant, pendant que des milliers de leurs frères meurent de faim et de misère, à la porte de leurs éblouissantes chapelles; misérables rivalités de reliques qui n'ont pas d'autre cause qu'un vulgaire et bas sentiment d'envie; on ne lutte pas à qui secourra plus de pauvres, mais à qui étalera plus de richesses sur la table de l'autel!

. . . .

L'une des portes de la grille du jardin s'ouvrit, et l'un des trois révérends pères dit, à la vue d'un nouveau personnage qui entrait :

— Ah! voici Son Eminence le cardinal Malipieri qui vient visiter le père Rodin.

— Puisse cette visite de Son Eminence — dit le jeune père d'un air rogue — être plus profitable au père Rodin que la dernière!

En effet, le cardinal Malipiéri passa dans le fond du jardin, se rendant à l'appartement occupé par Rodin.

CHAPITRE XIII.

LE MALADE.

Le cardinal Malipieri, que l'on a vu assister à l'espèce de concile tenu chez la princesse de Saint-Dizier, et qui se rendait alors à l'appartement occupé par Rodin, était vêtu en laïque et enveloppé d'une ample douillette de satin puce, exhalant une forte odeur de camphre, car le prélat s'était entouré de tous les préservatifs anticholériques imaginables.

Arrivé à l'un des paliers du second étage de la maison, le cardinal frappa à une porte grise; personne ne lui répondant, il l'ouvrit, et, en homme qui connaissait parfaitement les êtres, il traversa une espèce d'antichambre et se trouva dans une pièce où était dressé un lit de sangle; sur une table de bois noir à casiers on voyait plusieurs fioles ayant contenu des médicamens.

La physionomie du prélat semblait inquiète, morose; son teint était toujours jaunâtre et bilieux; le cercle brun qui cernait ses yeux noirs et louches paraissait encore plus charbonné que de coutume. S'arrêtant un instant, il regarda autour de lui presque avec crainte, et à plusieurs reprises aspira fortement la senteur d'un flacon anticholérique; puis, se voyant seul, il s'approcha d'une glace placée sur la cheminée, et observa très attentivement la couleur de sa langue. Après quelques minutes de ce consciencieux examen, dont il parut du reste assez satisfait, il prit dans une bonbonnière d'or quelques pastilles préservatrices, qu'il laissa fondre dans sa bouche en fermant les yeux avec componction. Ces précautions sanitaires prises, col-

---

six semaines, dans un couvent de femmes. Pour les croyans, ceci doit être monstrueusement sacrilége; pour les indifférens, c'est d'un ridicule déplorable ; car de toutes les traditions, celle de Marie est une des plus touchantes et des plus respectables.

lant de nouveau son flacon à son nez, le prélat se préparait à entrer dans la pièce voisine, lorsque, entendant à travers la mince cloison qui l'en séparait un bruit assez violent, il s'arrêta pour écouter, car tout ce qui se disait dans l'appartement voisin arrivait très facilement à son oreille.

— Me voici pansé... je veux me lever — disait une voix faible mais brève et impérieuse.

— Vous n'y songez pas, mon révérend père — répondit une voix plus forte — c'est impossible.

— Vous allez voir si cela est impossible — reprit l'autre voix.

— Mais, mon révérend père... vous vous tuerez... vous êtes hors d'état de vous lever... c'est vous exposer à une rechute mortelle;... je n'y consentirai pas...

A ces mots succéda de nouveau le bruit d'une faible lutte mêlée de quelques gémissemens plus irrités que plaintifs, et la voix reprit : — Non, non, mon père, et pour plus de sûreté je ne laisserai pas vos habits à votre portée... Voici bientôt l'heure de votre potion, je vais aller vous la préparer.

Et presque aussitôt, une porte s'ouvrant, le prélat vit entrer un homme de vingt-cinq ans environ, portant sous son bras une vieille redingote olive et un pantalon noir non moins râpé qu'il jeta sur une chaise. Ce personnage était M. Ange-Modeste Rousselet, premier élève du docteur Baleinier. La physionomie du jeune praticien était humble, douceâtre et réservée; ses cheveux, presque ras sur le devant, flottaient derrière son cou; il fit un léger mouvement de surprise à la vue du cardinal, et le salua profondément à deux reprises sans lever les yeux sur lui.

— Avant toute chose — dit le prélat avec son accent italien très prononcé, et en se tenant sous le nez son flacon de camphre — les symptômes cholériques sont-ils revenus?

— Non, monseigneur, la fièvre pernicieuse qui a succédé à l'attaque de choléra suit son cours.

— A la bonne heure... Mais le révérend père ne veut donc pas être raisonnable? Quel est ce bruit que je viens d'entendre.

— Sa Révérence voulait absolument se lever et s'habiller, monseigneur; mais sa faiblesse est si grande, qu'il n'aurait pu faire deux pas hors de son lit. L'impatience le dévore;... on craint toujours que cette excessive agitation ne cause une rechute mortelle.

— Le docteur Baleinier est-il venu ce matin?

— Il sort d'ici, monseigneur.

— Que pense-t-il du malade?

— Il le trouve dans un état on ne peut plus alarmant, monseigneur... La nuit a été si mauvaise que M. Baleinier avait ce matin de grandes inquiétudes; le révérend père Rodin est dans l'un de ces momens critiques où une crise peut décider en quelques heures de la vie ou de la mort du malade... M. Baleinier est allé chercher ce qu'il lui fallait pour une opération réactive très douloureuse, et il va venir la pratiquer sur le malade.

— Et a-t-on fait prévenir le père d'Aigrigny?

— Le père d'Aigrigny est fort souffrant lui-même, ainsi que Votre Eminence le sait;... il n'a pas encore pu quitter son lit depuis trois jours.

— Je me suis informé de lui en montant — reprit le prélat — et je le verrai tout à l'heure. Mais, pour en revenir au père Rodin, a-t-on fait avertir son confesseur, puisqu'il est dans un état presque désespéré, et qu'il doit subir une opération si grave?

— M. Baleinier lui en a touché deux mots, ainsi que des derniers sacremens; mais le père Rodin s'est écrié avec irritation qu'on ne lui laissait pas un moment de repos, qu'on le harcelait sans cesse, qu'il avait autant que personne souci de son âme, et que...

— *Per Bacco!*... il ne s'agit pas de lui! — s'écria le cardinal en interrompant par cette exclamation païenne M. Ange-Modeste Rousselet, et en élevant sa voix, déjà très aiguë et très criarde — il ne s'agit pas de lui, il s'agit de l'intérêt de sa compagnie. Il est indispensable que le révérend père reçoive les sacremens avec la plus éclatante solennité, et qu'il fasse, non-seulement une fin chrétienne, mais une fin d'un effet retentissant... Il faut que tous les gens de cette maison, des étrangers même, soient conviés à ce spectacle, afin que sa mort édifiante produise une excellente sensation.

— C'est ce que le révérend père Grison et le révérend père Brunet ont déjà voulu faire entendre à Sa Révérence, monseigneur; mais Votre Eminence sait avec quelle impatience le père Rodin a reçu ces conseils, et M. Baleinier, de peur de provoquer une crise dangereuse, peut-être mortelle, n'a pas osé insister.

— Eh bien! moi, j'oserai; car dans ce temps d'impiété révolutionnaire, une fin solennellement chrétienne produira un effet très salutaire sur le public. Il serait même fort à propos, en cas de mort, de se préparer à embaumer le révérend père; on le laisserait ainsi exposé pendant quelques jours en chapelle ardente, selon la coutume romaine. Mon secrétaire donnera le dessin du catafalque; c'est très splendide, très imposant. Par sa position dans l'ordre, le père Rodin aura droit à quelque chose d'on ne peut plus somptueux : il lui faudra au moins six cents cierges ou bougies et environ une douzaine de lampes funéraires à l'esprit-de-vin placées au-dessus de son corps pour l'éclairer d'en haut, cela fait à merveille; on pourrait ensuite distribuer au peuple de petits écrits concernant la vie pieuse et ascétique du révérend père, et...

Un bruit brusque, sec comme celui d'un objet métallique que l'on jetterait à terre avec colère, se fit entendre dans la pièce voisine, où se trouvait le malade, et interrompit le prélat.

— Pourvu que le père Rodin ne vous ait pas entendu parler de son embaumement... monseigneur — dit à voix basse M. Ange-Modeste Rousselet — son lit touche cette cloison, et l'on entend tout ce qui se dit ici.

— Si le père Rodin m'a écouté — reprit le cardinal à voix basse et allant se placer à l'autre bout de la chambre — cette circonstance me servira à entrer en matière;... mais, en tout état de cause, je persiste à croire que l'embaumement et l'exposition seraient très nécessaires pour frapper un bon coup sur l'esprit public. Le peuple est déjà très effrayé par le choléra, une pareille pompe mortuaire produirait un grand effet sur l'imagination de la population.

— Je me permettrai de faire observer à Votre Eminence qu'ici les lois s'opposent à ces expositions, et que...

— Les lois... toujours les lois — dit le cardinal avec courroux — est-ce que Rome n'a pas aussi ses lois? Est-ce que tout prêtre n'est pas sujet de Rome? Est-ce qu'il n'est pas temps de...

Mais, ne voulant pas sans doute entrer dans une conversation plus explicite avec le jeune médecin, le prélat reprit : — Plus tard on s'occupera de ceci. Mais, dites-moi : depuis ma dernière visite, le révérend père a-t-il eu de nouveaux accès de délire?

— Oui, monseigneur, cette nuit il a déliré pendant une heure et demie au moins.

— Avez-vous, ainsi qu'il vous l'a été recommandé, continué de tenir une note exacte de toutes les paroles qui ont échappé au malade pendant ce nouvel accès?

— Oui, monseigneur; voici cette note, ainsi que Votre Eminence me l'a commandé.

Ce disant, M. Ange-Modeste Rousselet prit dans le casier une note qu'il remit au prélat.

Nous rappellerons au lecteur que cette partie de l'entretien de M. Rousselet et du cardinal ayant été tenue hors de portée de la cloison, Rodin n'avait pu rien entendre, tandis que la conversation relative à son embaumement présumé avait parfaitement parvenir jusqu'à lui.

Le cardinal ayant reçu la note de M. Rousselet, la prit avec une expression de vive curiosité. Après l'avoir parcourue, il froissa le papier, et il se dit sans dissimuler son dépit : — Toujours des mots incohérens... pas deux paroles dont on puisse tirer une induction... raisonnable; on croirait vraiment que cet homme a le pouvoir de se posséder même pendant son délire, et de n'extravaguer qu'à propos de choses insignifiantes.—Puis s'adressant à M. Rousselet : — Vous êtes bien sûr d'avoir rapporté tout ce qui lui échappait dans son délire?

— A l'exception des phrases qu'il répétait sans cesse et que je n'ai écrites qu'une fois, Votre Eminence peut être persuadée que je n'ai pas omis un seul mot, même si déraisonnable qu'il me parût...

— Vous allez m'introduire auprès du père Rodin — dit le prélat après un moment de silence.

— Mais... monseigneur... — répondit l'élève avec hésitation — son accès l'a quitté il y a seulement une heure, et le révérend père est bien faible en ce moment.

— Raison de plus — répondit assez indiscrètement le prélat. Puis, se ravisant, il ajouta : — Raison de plus... il appréciera davantage les consolations que je lui apporte... S'il s'est endormi, éveillez-le et annoncez-lui ma visite.

— Je n'ai que des ordres à recevoir de Votre Eminence — dit Rousselet en s'inclinant.

Et il entra dans une chambre voisine.

Resté seul, le cardinal se dit d'un air pensif : — J'en reviens toujours là... lors de la soudaine attaque de choléra dont il a été frappé... le père Rodin s'est cru empoisonné par ordre du saint-siège ; il machinait donc contre Rome quelque chose de bien redoutable, pour avoir conçu une crainte si abominable ? Nos soupçons seraient-ils donc fondés ? Agirait-il souterrainement et puissamment, comme on le craint, sur une notable partie du sacré collège ?... mais alors dans quel but ? Voilà ce qu'il a été impossible de pénétrer, tant son secret est fidèlement gardé par ses complices... J'avais espéré que, pendant son délire, il lui échapperait quelque mot qui me mettrait sur la trace de ce que nous avons tant d'intérêt à savoir, car presque toujours le délire, et surtout chez un homme d'un esprit si inquiet, si actif, le délire n'est que l'exagération d'une idée dominante ; cependant, voilà cinq accès que l'on m'a pour ainsi dire fidèlement sténographiés... et rien, non... rien, que des phrases vides ou sans suite.

Le retour de M. Rousselet mit un terme aux réflexions du prélat.

— Je suis désolé d'avoir à vous apprendre, monseigneur, que le révérend père refuse opiniâtrement de voir personne ; il prétend avoir besoin d'un repos absolu... Quoique très abattu, il a l'air sombre, courroucé... Je ne serais pas étonné qu'il eût entendu Votre Eminence parler de le faire embaumer... et...

Le cardinal interrompant M. Rousselet, lui dit : — Ainsi le père Rodin a eu son dernier accès de délire cette nuit ?

— Oui, monseigneur, de trois à cinq heures et demie du matin.

— De trois à cinq heures du matin — répéta le prélat, comme s'il eût voulu fixer ce détail dans sa mémoire — et cet accès n'a offert rien de particulier ?

— Non, monseigneur : ainsi que Votre Eminence a pu s'en convaincre par la lecture de cette note, il est impossible de rassembler plus de paroles incohérentes.

Puis, voyant le prélat se diriger vers la porte de l'autre chambre, M. Rousselet ajouta : — Mais, monseigneur, le révérend père ne veut absolument voir personne ;... il a besoin d'un repos absolu avant l'opération qu'on va lui faire tout à l'heure... et il serait dangereux peut-être de...

Sans répondre à cette observation, le cardinal entra dans la chambre de Rodin.

Cette pièce, assez vaste, éclairée par deux fenêtres, était simplement mais commodément meublée : deux tisons brûlaient lentement dans les cendres de l'âtre, envahi par une cafetière, un pot de faïence et un poêlon, où grésillait un épais mélange de farine de moutarde ; sur la cheminée on voyait épars plusieurs morceaux de linge, et des bandes de toile. Il régnait dans cette chambre cette odeur pharmaceutique émanant des médicamens, particulière aux endroits occupés par les malades, mélangée d'une senteur si âcre, si putride, si nauséabonde, que le cardinal s'arrêta un moment auprès de la porte sans avancer.

Ainsi que les révérends pères l'avaient prétendu dans leur promenade, Rodin vivait parce qu'il s'était dit :

« *Il faut que je vive, et je vivrai.* »

Car de même que de faibles imaginations, de lâches esprits, succombent souvent à la seule terreur du mal, de même aussi, mille faits le prouvent, la vigueur de caractère et l'énergie morale peuvent lutter opiniâtrement contre le mal et triompher de positions quelquefois désespérées.

Il en avait été ainsi du jésuite... L'inébranlable fermeté de son caractère, et l'on dirait presque la redoutable ténacité de sa volonté (car la volonté acquiert parfois une toute-puissance mystérieuse dont on est effrayé), venant en aide à l'habile médication du docteur Baleinier, Rodin avait échappé au fléau dont il avait été si rapidement atteint. Mais à cette foudroyante perturbation physique avait succédé une fièvre des plus pernicieuses, qui mettait en grand péril la vie de Rodin.

Ce redoublement de danger avait causé les plus vives alarmes au père d'Aigrigny, qui, malgré sa rivalité et sa jalousie, sentait qu'au point où en étaient arrivées les choses, Rodin, tenant tous les fils de la trame, pouvait seul la conduire à bien.

Les rideaux de la chambre du malade, étant à demi fermés, ne laissaient arriver qu'un jour douteux autour du lit où gisait Rodin. La face du jésuite avait perdu cette teinte verdâtre particulière aux cholériques, mais elle était restée d'une lividité cadavéreuse; sa maigreur était telle, que sa peau, sèche, rugueuse, se collait aux moindres aspérités des os; les muscles et les veines de son long cou, pelé, décharné, comme celui d'un vautour, ressemblaient à un réseau de cordes; sa tête, couverte d'un bonnet de soie noire roux et crasseux, d'où s'échappaient quelques mèches de cheveux d'un gris terne, reposait sur un sale oreiller, Rodin ne voulant absolument pas qu'on le changeât de linge. Sa barbe, rare, blanchâtre, n'ayant pas été rasée depuis longtemps, pointait çà et là, comme les crins d'une brosse, sur cette peau terreuse; par dessous sa chemise, il portait un vieux gilet de laine troué à plusieurs endroits. Il avait sorti un de ses bras de son lit, et de sa main osseuse et velue, aux ongles bleuâtres, il tenait un mouchoir à tabac d'une couleur impossible à rendre. On eût dit un cadavre, sans deux ardentes étincelles qui brillaient dans l'ombre formée par la profondeur des orbites. Ce regard, où semblaient concentrées, réfugiées, toute la vie, toute l'énergie qui restaient encore à cet homme, trahissait une inquiétude dévorante; tantôt ses traits révélaient une douleur aiguë; tantôt la crispation de ses mains et les brusques tressaillemens dont il était agité disaient assez son désespoir d'être cloué sur ce lit de douleur, tandis que les graves intérêts dont il s'était chargé réclamaient toute l'activité de son esprit; aussi sa pensée, ainsi continuellement tendue, surexcitée, faiblissait souvent, les idées lui échappaient : alors il éprouvait des momens d'absence, des accès de délire dont il sortait comme d'un rêve pénible et dont le souvenir l'épouvantait.

D'après les sages conseils du docteur Baleinier, qui le trouvait hors d'état de s'occuper de choses importantes, le père d'Aigrigny avait jusqu'alors évité de répondre aux questions de Rodin sur la marche de l'affaire Rennepont, si doublement capitale pour lui, et qu'il tremblait de voir compromise ou perdue par suite de l'inaction forcée à laquelle la maladie le condamnait. Ce silence du père d'Aigrigny au sujet de cette trame dont lui, Rodin, tenait les fils, l'ignorance complète où il était des événemens qui avaient pu se passer depuis sa maladie, augmentaient encore son exaspération.

Tel était l'état moral et physique de Rodin, lorsque, malgré sa volonté, le cardinal Malipieri était entré dans sa chambre.

CHAPITRE XIV.

LE PIÉGE.

Pour faire mieux comprendre les tortures de Rodin réduit à l'inaction par la maladie, et pour expliquer l'importance de la visite du cardinal Malipieri, rappelons en deux mots les audacieuses visées de l'ambition du jésuite, qui se croyait l'émule de Sixte-Quint, en attendant qu'il fût devenu son égal.

Arriver par le succès de l'affaire Rennepont au généralat de son ordre, puis, dans le cas d'une abdication presque prévue, s'assurer, par une splendide corruption, la majorité du sacré collège, afin de monter sur le trône pontifical, et alors, au moyen d'un changement dans les statuts de la compagnie de Jésus, inféoder cette puissante société au saint-siége au lieu de la laisser, dans son indépendance, égaler et presque toujours dominer le pouvoir papal, tels étaient les secrets projets de Rodin.

Quant à leur possibilité, elle était consacrée par de nombreux antécédens; car plusieurs simples moines ou prêtres avaient été soudainement élevés à la dignité pontificale. Quant à la moralité de la chose, l'avénement des Borgia, de Jules II, et bien d'autres étranges vicaires du Christ, auprès desquels Rodin était un vénérable saint, excusait, autorisait les prétentions du jésuite.

Quoique le but des menées souterraines de Rodin à Rome eût été jusqu'alors enveloppé du plus profond mystère, l'éveil avait été néanmoins donné sur ses intelligences secrètes avec un grand nombre de membres du sacré collége. Une fraction de ce collége, à la tête de laquelle se trouvait le cardinal Malipieri, s'étant inquiétée, le cardinal profitait de son voyage en France pour tâcher de pénétrer les ténébreux desseins du jésuite. Si dans la scène que nous venons de peindre, le cardinal s'était tant opiniâtré à vouloir conférer avec le révérend père malgré le refus de ce dernier, c'est que le prélat espérait, ainsi qu'on va le voir, arriver par la ruse à surprendre un secret jusqu'alors trop bien caché au sujet des intrigues qu'il lui supposait à Rome. C'est donc au milieu de circonstances si importantes, si capitales, que Rodin se voyait en proie à une maladie qui paralysait ses forces, lorsque plus que jamais il aurait eu besoin de toute l'activité, de toutes les ressources de son esprit.

. . . .

Après être resté quelques instans immobile auprès de la porte, le cardinal, tenant toujours son flacon sous son nez, s'approcha lentement du lit de Rodin.

Celui-ci, irrité de cette persistance, et voulant échapper à un entretien qui pour beaucoup de raisons lui était singulièrement odieux, tourna brusquement la tête du côté de la ruelle, et feignit de dormir.

S'inquiétant peu de cette feinte, et bien décidé à profiter de l'état de faiblesse où il savait Rodin, le prélat prit une chaise, et, malgré sa répugnance, s'établit au chevet du jésuite.

— Mon révérend et très cher père... comment vous trouvez-vous? — lui dit-il d'une voix mielleuse que son accent italien semblait rendre plus hypocrite encore.

Rodin fit le sourd, respira bruyamment et ne répondit pas.

Le cardinal, quoiqu'il eût des gants, approcha, non sans dégoût, sa main de celle du jésuite, la secoua quelque peu, en répétant d'une voix plus élevée : — Mon révérend et très cher père, répondez-moi, je vous en conjure.

Rodin ne put réprimer un mouvement d'impatience courroucée, mais il continua de rester muet.

Le cardinal n'était pas homme à se rebuter de si peu; il secoua de nouveau et un peu plus fort le bras du jésuite, en répétant avec une ténacité flegmatique qui eût mis hors de ses gonds l'homme le plus patient du monde :

— Mon révérend et cher père, puisque vous ne dormez pas... écoutez-moi, je vous en prie...

Aigri par la douleur, exaspéré par l'opiniâtreté du prélat, Rodin retourna brusquement la tête, attacha sur le Romain ses yeux caves, brillans d'un feu sombre, et, les lèvres contractées par un sourire sardonique, il dit avec amertume : — Vous tenez donc bien, monseigneur, à me voir embaumé... comme vous disiez tout à l'heure, et exposé en chapelle ardente, pour venir ainsi tourmenter mon agonie et hâter ma fin!

— Moi, mon cher père?... Grand Dieu!... que dites-vous là?

Et le cardinal leva les mains au ciel, comme pour le prendre à témoin du tendre intérêt qu'il portait au jésuite.

— Je dis ce que j'ai entendu tout à l'heure, monseigneur, car cette cloison est mince — ajouta Rodin avec un redoublement d'amertume.

— Si, par là, vous voulez dire que de toutes les forces de mon âme je vous ai désiré... je vous désire une fin toute chrétienne et exemplaire... oh! vous ne vous trompez pas, mon très cher père!... vous m'avez parfaitement entendu, car il me serait très doux de vous voir, après une vie si bien remplie, un sujet d'adoration pour les fidèles.

— Et moi je vous dis, monseigneur — s'écria Rodin d'une voix faible et saccadée — je vous dis qu'il y a de la férocité à émettre de pareils vœux en présence d'un malade dans un état désespéré ; oui — reprit-il avec une animation croissante qui contrastait avec son accablement — qu'on y prenne garde, entendez-vous, car... si l'on m'obsède... si l'on me harcèle sans cesse... si l'on ne me laisse pas râler tranquillement mon agonie... on me forcera de mourir d'une façon peu chretienne :... je vous en avertis;... et si l'on compte sur un spectacle édifiant pour en tirer profit, on a tort...

Cet accent de colère ayant douloureusement fatigué Rodin, il laissa retomber sa tête sur son oreiller, et essuya ses lèvres gercées et saignantes avec son mouchoir à tabac.

— Allons, allons, calmez-vous, mon très cher père — reprit le cardinal d'un air paterne; — n'ayez pas de ces idées funestes. Sans doute, la Providence a sur vous de grands desseins, puisqu'elle vous a délivré d'un grand péril... Espérons qu'elle vous sauvera encore de celui qui vous menace à cette heure.

Rodin répondit par un rauque murmure en se retournant vers la ruelle.

L'imperturbable prélat continua : — A votre salut ne se sont pas bornées les vues de la Providence, mon très cher père; elle a encore manifesté sa puissance d'une autre façon... Ce que je vais vous dire est de la plus haute importance; écoutez-moi bien attentivement.

Rodin, sans se retourner, dit d'un ton amèrement courroucé qui trahissait une souffrance réelle : — Ils veulent ma mort... j'ai la poitrine en feu... la tête brisée... et ils sont sans pitié... Oh ! je souffre comme un damné...

— Déjà... — dit tout bas le Romain en souriant malicieusement de ce sarcasme; puis il reprit tout haut : — Permettez-moi d'insister, mon très cher père... Faites un petit effort pour m'écouter, vous ne le regretterez pas.

Rodin, toujours étendu sur son lit, leva au ciel sans mot dire, mais d'un geste désespéré, ses deux mains jointes et crispées sur son mouchoir à tabac, puis ses bras retombèrent affaissés le long de son corps.

Le cardinal haussa légèrement les épaules et accentua lentement les paroles suivantes, afin que Rodin n'en perdît aucune :— Mon cher père, la Providence a voulu que, pendant votre accès de délire, vous fissiez à votre insu des révélations très importantes.

Et le prélat attendit avec une inquiète curiosité le résultat du pieux guetapens qu'il tendait à l'esprit affaibli du jésuite.

Mais celui-ci, toujours tourné vers la ruelle, ne parut pas l'avoir entendu et resta muet.

— Vous réfléchissez sans doute à mes paroles, mon cher père — reprit le cardinal. — Vous avez raison, car il s'agit d'un fait bien grave; oui, je vous le répète, la Providence a permis que, pendant votre délire, votre parole trahît vos pensées les plus secrètes, en me révélant, heureusement à moi seul... des choses qui vous compromettent de la manière la plus grave... Bref, pendant votre accès de délire de cette nuit, qui a duré près de deux heures, vous avez dévoilé le but caché de vos intrigues à Rome avec plusieurs membres du sacré collége.

Et le cardinal, se levant doucement, allait se pencher sur le lit afin d'épier l'expression de la physionomie de Rodin...

Celui-ci ne lui en donna pas le temps. Ainsi qu'un cadavre soumis à l'action de la pile voltaïque se meut par soubresauts brusques et étranges, ainsi Rodin bondit dans son lit, se retourna et se redressa droit sur son séant en entendant les derniers mots du prélat.

— Il s'est trahi... — dit le cardinal à voix basse et en italien.

Puis, se rasseyant brusquement, il attacha sur le jésuite des yeux étincelans d'une joie triomphante.

Quoiqu'il n'eût pas entendu l'exclamation de Malipieri, quoiqu'il n'eût pas remarqué l'expression glorieuse de sa physionomie, Rodin, malgré sa faiblesse, comprit la grave imprudence de son premier mouvement trop significatif... Il passa lentement la main sur son front, comme s'il eût éprouvé une sorte de vertige; puis il jeta autour de lui des regards confus, effarés, en portant à ses lèvres tremblantes son vieux mouchoir à tabac, qu'il mordit machinalement pendant quelques secondes.

— Votre vive émotion, votre effroi me confirment, hélas ! la triste découverte que j'ai faite — reprit le cardinal de plus en plus triomphant du succès de sa ruse, et se voyant sur le point de pénétrer enfin un secret si important; — aussi maintenant, mon très cher père — ajouta-t-il — vous comprendrez qu'il est pour vous d'un intérêt capital d'entrer dans les plus minutieux détails sur vos projets et sur vos complices à Rome : de la sorte, mon cher père, vous pouvez espérer en l'indulgence du saint-siége, surtout si vos aveux sont assez explicites, assez circonstanciés pour remplir quelques lacunes, d'ailleurs inévitables, dans une révélation faite durant l'ardeur d'un délire fiévreux.

Rodin, revenu de sa première émotion, s'aperçut, mais trop tard, qu'il avait été joué et qu'il s'était gravement compromis, non par ses paroles, mais par un mouvement de surprise et d'effroi dangereusement significatif.

En effet, le jésuite avait craint un instant de s'être trahi pendant son délire en s'entendant accuser d'intrigues ténébreuses avec Rome; mais, après quelques minutes de réflexion, le jésuite, malgré l'affaiblissement de son esprit, se dit avec beaucoup de sens : — Si ce rusé Romain avait mon secret, il se garderait bien de m'en avertir; il n'a donc que des soupçons, aggravés par le mouvement involontaire que je n'ai pu réprimer tout à l'heure.

Et Rodin essuya la sueur froide qui coulait de son front brûlant. L'émotion de cette scène augmentait ses souffrances et empirait encore son état, déjà si alarmant. Brisé de fatigue, il ne put rester plus longtemps assis dans son lit et se rejeta en arrière sur son oreiller.

— *Per Bacco!* — se dit tout bas le cardinal effrayé de l'expression de la figure du jésuite — s'il allait trépasser avant d'avoir rien dit, et échapper ainsi à mon piége si habilement tendu?

Et se penchant vivement vers Rodin, le prélat lui dit : — Qu'avez-vous donc, mon très cher père?

— Je me sens affaibli, monseigneur... ce que je souffre... ne peut s'exprimer...

— Espérons, mon très cher père, que cette crise n'aura rien de fâcheux;... mais le contraire pouvant arriver, il y va du salut de votre âme de me faire à l'instant les aveux les plus complets... les plus détaillés : dussent ces aveux épuiser vos forces... la vie éternelle... vaut mieux que cette vie périssable.

— De quels aveux voulez-vous parler, monseigneur? — dit Rodin d'une voix faible et d'un ton sardonique.

— Comment! de quels aveux? — s'écria le cardinal stupéfait. — Mais de vos aveux sur les dangereuses intrigues que vous avez nouées à Rome.

— Quelles intrigues? — demanda Rodin.

— Mais les intrigues que vous avez révélées pendant votre délire — reprit le prélat avec une impatience de plus en plus irritée. — Vos aveux n'ont-ils pas été assez explicites? Pourquoi donc maintenant cette coupable hésitation à les compléter?

— Mes aveux ont été... explicites?... vous m'en assurez?... — dit Rodin en s'interrompant presque après chaque mot, tant il était oppressé. Mais l'énergie de sa volonté, sa présence d'esprit, ne l'abandonnaient pas encore.

— Oui, je vous le répète — reprit le cardinal — sauf quelques lacunes, vos aveux ont été des plus explicites.

— Alors... à quoi bon... vous les répéter? — Et le même sourire ironique effleura les lèvres bleuâtres de Rodin.

— A quoi bon? — s'écria le prélat courroucé. — A mériter le pardon ; car, si l'on doit indulgence et rémission au pécheur repentant qui avoue ses fautes, on ne doit qu'anathème et malédiction au pécheur endurci.

— Oh!... quelle torture!... c'est mourir à petit feu — murmura Rodin; et il reprit : — Puisque j'ai tout dit... je n'ai plus rien à vous apprendre... vous savez tout.

— Je sais tout... Oui, sans doute, je sais tout — reprit le prélat d'une voix foudroyante; mais comment ai-je été instruit? Par des aveux que vous faisiez sans avoir seulement la conscience de votre action, et vous pensez que cela vous sera compté?... Non... non... croyez-moi, le moment est solennel, la mort vous menace, oui! elle vous menace; tremblez donc... de faire un mensonge sacrilége — s'écria le prélat de plus en plus courroucé et secouant rudement le bras de Rodin; — redoutez les flammes éternelles si vous osez nier ce que vous savez être la vérité... Le niez-vous?...

— Je ne nierai rien — articula péniblement Rodin; — mais laissez-moi en repos.

— Enfin, Dieu vous inspire—dit le cardinal avec un soupir de satisfaction. Et, croyant toucher à son but, il reprit : — Ecoutez la voix du Seigneur; elle vous guidera sûrement, mon cher père; ainsi vous ne niez rien?

— J'avais... le délire... je... ne... puis... donc... nier... (oh! que je souffre! — ajouta Rodin en forme de parenthèse). — Je ne puis donc nier... les folies que j'aurais dites... pendant mon délire...

— Mais quand ces prétendues folies sont d'accord avec la réalité — s'écria le prélat... furieux d'être de nouveau trompé dans son attente—mais quand le délire est une révélation involontaire... providentielle...

— Cardinal Malipieri... votre ruse... n'est pas même à la hauteur de mon agonie — reprit Rodin d'une voix éteinte. — La preuve que je n'ai pas dit mon secret... si j'ai un secret... c'est que vous voudriez... me... le faire dire...

Et le jésuite, malgré ses douleurs, malgré sa faiblesse croissante, eut la force de se lever à demi sur son lit, de regarder le prélat bien en face, et de le narguer par un sourire d'une ironie diabolique.

Après quoi, Rodin retomba étendu sur son oreiller en portant ses deux mains crispées à sa poitrine et poussant un long soupir d'angoisse.

— Malédiction!... Cet infernal jésuite m'a deviné — se dit le cardinal en frappant du pied avec rage; — il s'est aperçu que son premier mouvement l'avait compromis, il est maintenant sur ses gardes... Je n'en obtiendrai rien... A moins de profiter de la faiblesse où le voilà, et à force d'obsessions... de menaces... d'épouvante...

Le prélat ne put achever; la porte s'ouvrit brusquement, et le père d'Aigrigny entra en s'écriant avec une explosion de joie indicible : — Excellente nouvelle!...

CHAPITRE XV.

LA BONNE NOUVELLE.

A l'altération des traits du père d'Aigrigny, à sa pâleur, à la faiblesse de sa démarche, on voyait que la terrible scène du parvis Notre-Dame avait eu sur sa santé une réaction violente. Néanmoins, sa physionomie devint radieuse et triomphante lorsque, entrant dans la chambre de Rodin, il s'écria: — Excellente nouvelle!

A ces mots, Rodin tressaillit; malgré son accablement, il redressa brusquement la tête; ses yeux brillèrent, curieux, inquiets, pénétrans; de sa main décharnée faisant signe au père d'Aigrigny d'approcher de son lit, il lui dit d'une voix si entrecoupée, si faible, qu'on l'entendait à peine : — Je me sens très mal.. Le cardinal m'a presque achevé... Mais si cette excellente nouvelle... avait trait à l'affaire Rennepont... dont la pensée me dévore... et dont on ne me parle pas... il me semble... que je serais sauvé.

— Soyez donc sauvé! — s'écria le père d'Aigrigny, oubliant les recommandations du docteur Baleinier, qui s'était jusqu'alors opposé à ce que l'on entretînt Rodin de graves intérêts. — Oui — répéta le père d'Aigrigny — soyez sauvé... lisez... et glorifiez-vous : ce que vous aviez annoncé commence à se réaliser.

Ce disant, il tira de sa poche un papier, et le remit à Rodin, qui le saisit d'une main avide et tremblante. Quelques minutes auparavant, Rodin eût été réellement incapable de poursuivre son entretien avec le cardinal, lors même que la prudence lui eût permis de le continuer; il eût été tout aussi incapable de lire une seule ligne, tant sa vue était troublée, voilée;... pourtant, aux paroles du père d'Aigrigny, il ressentit un tel élan, un tel espoir, que, par un tout-puissant effort d'énergie et de volonté, il se dressa sur son séant, et, l'esprit libre, le regard intelligent, animé, il lut rapidement le papier que le père d'Aigrigny venait de lui remettre.

Le cardinal, stupéfait de cette transfiguration soudaine, se demandait s'il voyait bien le même homme qui, quelques minutes auparavant, venait de mber gisant sur son lit, presque sans connaissance.

A peine Rodin eut-il lu, qu'il poussa un cri de joie étouffé, en disant avec un accent impossible à rendre : — Et d'un !... Ça commence... ça va !...

Et, fermant les yeux dans une sorte de ravissement extatique, un sourire d'orgueilleux triomphe épanouit ses traits et les rendit plus hideux encore en découvrant ses dents jaunes et déchaussées. Son émotion fut si vive, que le papier qu'il venait de lire tomba de sa main frémissante.

— Il perd connaissance — s'écria le père d'Aigrigny avec inquiétude en se penchant vers Rodin. — C'est ma faute, j'ai oublié que le docteur m'avait défendu de l'entretenir d'affaires sérieuses.

— Non... non... ne vous reprochez rien — dit Rodin à voix basse, en se relevant à demi sur son séant, afin de rassurer le révérend père. — Cette joie si inattendue causera... peut-être... ma guérison; oui, je ne sais ce que j'éprouve;... mais tenez, regardez mes joues; il me semble que, pour la première fois depuis que je suis cloué sur ce lit de misère, elles se colorent un peu;... j'y sens presque de la chaleur.

Rodin disait vrai. Une moite et légère rougeur se répandit tout à coup sur ses joues livides et glacées; sa voix même, quoique toujours bien faible, devint moins chevrotante, et il s'écria avec un accent de conviction si exalté, que le père d'Aigrigny et le prélat en tressaillirent : — Ce premier succès répond des autres;... je lis dans l'avenir;... oui, oui... — ajouta Rodin d'un air de plus en plus inspiré — notre cause triomphera... tous les membres de l'exécrable famille Rennepont seront écrasés, et cela avant peu;... vous verrez... vous...

Puis, s'interrompant, Rodin se rejeta sur son oreiller en disant : — Oh ! la joie me suffoque... la voix me manque.

— De quoi s'agit-il donc? demanda le cardinal au père d'Aigrigny.

Celui-ci répondit d'un ton hypocritement pénétré : — Un des héritiers de la famille Rennepont, un misérable artisan, usé par les excès et par la débauche, est mort, il y a trois jours, à la suite d'une abominable orgie, dans laquelle on avait bravé le choléra avec une impiété sacrilège... Aujourd'hui seulement, à cause de l'indisposition qui m'a retenu chez moi... et d'une autre circonstance, j'ai pu avoir en ma possession l'acte de décès bien en règle de cette victime de l'intempérance et de l'irréligion. Du reste, je le proclame à la louange de Sa Révérence (il montra Rodin), qui avait dit : « Les pires ennemis que peuvent avoir les descendants de cet infâme renégat sont leurs passions mauvaises... Qu'elles soient donc nos auxiliaires contre cette race impie... » Il vient d'en être ainsi pour ce Jacques Rennepont.

— Vous le voyez — reprit Rodin d'une voix si épuisée qu'elle devint bientôt presque inintelligible — la punition commence déjà;... un... des Rennepont est mort... et... songez-y bien... cet acte de décès... — ajouta le jésuite en montrant le papier que le père d'Aigrigny tenait à la main — vaudra un jour quarante millions à la compagnie de Jésus... et cela... parce que... je vous... ai...

Les lèvres de Rodin achevèrent seules sa phrase. Depuis quelques instans, le son de sa voix s'était tellement voilé, qu'il finit par n'être plus perceptible et s'éteignit complétement; son larynx, contracté par une émotion violente, ne laissa plus sortir aucun accent. Le jésuite, loin de s'inquiéter de cet incident, acheva pour ainsi dire sa phrase par une pantomime expressive; redressant fièrement la tête, la face hautaine et fière, il frappa deux ou trois fois du front du bout de son index, exprimant ainsi que c'était à son esprit, à sa direction, que l'on devait ce premier résultat si heureux.

Mais bientôt Rodin retomba brisé sur sa couche, épuisé, haletant, affaissé, en portant son mouchoir à ses lèvres desséchées; cette *heureuse nouvelle*, ainsi que disait le père d'Aigrigny, n'avait pas guéri Rodin; pendant un moment seulement il avait eu le courage d'oublier ses douleurs; aussi la légère rougeur dont ses joues s'étaient quelque peu colorées disparut bientôt; son visage redevint livide; ses souffrances, un moment suspendues, redoublèrent tellement de violence, qu'il se tordit convulsivement sous ses couvertures, se mit le visage à plat sur son oreiller en étendant au-dessus de sa tête ses deux bras crispés, roides comme des barres de fer.

Après cette crise aussi intense que rapide, pendant laquelle le père d'Aigrigny et le prélat s'empressèrent autour de lui, Rodin, dont la figure était baignée d'une sueur froide, leur fit signe qu'il souffrait moins, et qu'il désirait boire d'une potion qu'il indiqua du geste, sur sa table de nuit. Le père d'Aigrigny alla la chercher, et pendant que le cardinal, avec un dégoût très évident, soutenait Rodin, le père d'Aigrigny administra au malade quelques cuillerées de potion, dont l'effet immédiat fut assez calmant.

— Voulez-vous que j'appelle M. Rousselet? — dit le père d'Aigrigny à Rodin, lorsque celui-ci fut de nouveau étendu dans son lit.

Rodin secoua négativement la tête ; puis, faisant un nouvel effort, il souleva sa main droite, l'ouvrit toute grande, y promena son index gauche ; il fit signe au père d'Aigrigny, en lui montrant du regard un bureau placé dans un coin de la chambre, que, ne pouvant plus parler, il désirait écrire.

— Je comprends toujours Votre Révérence — lui dit le père d'Aigrigny ; — mais d'abord calmez-vous. Tout à l'heure, si besoin est, je vous donnerai ce qu'il vous faut pour écrire.

Deux coups frappés fortement, non pas à la porte de la chambre de Rodin, mais à la porte extérieure de la pièce voisine, interrompirent cette scène ; par prudence, et pour que son entretien avec Rodin fût plus secret, le père d'Aigrigny avait prié M. Rousselet de se tenir dans la première des trois chambres.

Le père d'Aigrigny, après avoir traversé la seconde pièce, ouvrit la porte de l'antichambre, où il trouva M. Rousselet, qui lui remit une enveloppe assez volumineuse en lui disant : — Je vous demande pardon de vous avoir dérangé, mon père, mais l'on m'a dit de vous remettre ces papiers à l'instant même.

— Je vous remercie, monsieur Rousselet — dit le père d'Aigrigny ; puis il ajouta : — Savez-vous à quelle heure M. Baleinier doit revenir?

— Mais il ne tardera pas, mon père... car il veut faire avant la nuit l'opération si douloureuse qui doit avoir un effet décisif sur l'état du père Rodin, et je prépare ce qu'il faut pour cela — ajouta M. Rousselet en montrant un appareil étrange, formidable, que le père d'Aigrigny considéra avec une sorte d'effroi.

— Je ne sais si ce symptôme est grave — dit le jésuite — mais le révérend père vient d'être subitement frappé d'une extinction de voix.

— C'est la troisième fois depuis huit jours que cet accident se renouvelle — dit M. Rousselet — et l'opération de M. Baleinier agira sur le larynx comme sur les poumons.

— Et cette opération est-elle bien douloureuse? — demanda le père d'Aigrigny.

— Je ne crois pas qu'il y en ait de plus cruelle dans la chirurgie — dit l'élève ; — aussi M. Baleinier en a caché l'importance au père Rodin.

— Veuillez continuer d'attendre ici M. Baleinier, et nous l'envoyer dès qu'il arrivera — reprit le père d'Aigrigny, et il retourna dans la chambre du malade. S'asseyant alors à son chevet, il lui dit en lui montrant la lettre :

— Voici plusieurs rapports contradictoires relatifs à différentes personnes de la famille Rennepont, qui m'ont paru mériter une surveillance spéciale... mon indisposition ne m'ayant pas permis de rien voir par moi-même depuis quelques jours... car je me lève aujourd'hui pour la première fois ;... mais je ne sais, mon père — ajouta-t-il en s'adressant à Rodin — si votre état vous permet d'entendre...

Rodin fit un geste à la fois si suppliant et si désespéré, que le père d'Aigrigny sentit qu'il y aurait au moins autant de danger à se refuser au désir de Rodin qu'à s'y rendre ; se tournant donc vers le cardinal, toujours inconsolable de n'avoir pu subtiliser le secret du jésuite, il lui dit avec une respectueuse déférence en lui montrant la lettre : — Votre Eminence permet-elle?

Le prélat inclina la tête et répondit : — Vos affaires sont aussi les nôtres, mon cher père, et l'Eglise doit toujours se réjouir de ce qui réjouit votre glorieuse compagnie.

Le père d'Aigrigny décacheta l'enveloppe ; plusieurs notes d'écritures différentes y étaient renfermées.

Après avoir lu la première, ses traits se rembrunirent tout à coup, et il dit d'une voix grave et pénétrée : — C'est un malheur... un grand malheur...

Rodin tourna vivement la tête vers lui, et le regarda d'un air inquiet et interrogatif...

— Florine est morte du choléra — reprit le père d'Aigrgny. — Et ce qu'il y a de fâcheux — ajouta le révérend père en froissant la note entre ses mains — c'est qu'avant de mourir cette misérable créature a avoué à mademoiselle de Cardoville que depuis longtemps elle l'espionnait d'après les ordres de Votre Révérence...

Sans doute la mort de Florine et les aveux qu'elle avait faits à sa maîtresse contrariaient les projets de Rodin, car il fit entendre une sorte de murmure inarticulé, et, malgré leur abattement, ses traits exprimèrent une violente contrariété.

Le père d'Aigrigny, passant à une autre note, la lut et dit : — Cette note, relative au maréchal Simon, n'est pas absolument mauvaise ; mais elle est loin d'être satisfaisante, car, somme toute, elle annonce quelque amélioration dans sa position. Nous verrons d'ailleurs, par des renseignemens d'une autre source, si cette note mérite toute créance.

Rodin, d'un geste impatient et brusque, fit signe au père d'Aigrigy de se hâter de lire. Et le révérend père lut ce qui suit :

« On assure que, depuis peu de jours, l'esprit du maréchal paraît moins inquiet, moins agité ; il a passé dernièrement deux heures avec ses filles, ce qui, depuis assez longtemps, ne lui était pas arrivé. La dure physionomie de son soldat Dagobert se déridant de plus en plus... on peut regarder ce symptôme comme la preuve certaine d'une amélioration sensible dans l'état du maréchal.

» Reconnues à leur écriture, les dernières lettres anonymes ayant été rendues au facteur par le soldat Dagobert sans avoir été ouvertes par le maréchal, on avisera aux moyens de les faire parvenir d'une autre manière. »

Puis, regardant Rodin, le père d'Aigrigny lui dit : — Votre Révérence juge sans doute comme moi que cette note pourrait être plus satisfaisante?...

Rodin baissa la tête. On lisait sur sa physionomie crispée combien il souffrait de ne pouvoir parler ; par deux fois il porta la main à son gosier en regardant le père d'Aigrigny avec angoisse.

— Ah!... — s'écria le père d'Aigrigny avec colère et amertume, après avoir parcouru une autre note — pour une heureuse chance, ce jour en a de bien funestes !

A ces mots, se tournant vivement vers le père d'Aigrigny, étendant vers lui ses mains tremblantes, Rodin l'interrogea du geste et du regard.

Le cardinal, partageant la même inquiétude, dit au père d'Aigrigny : — Que vous apprend donc cette note, mon cher père?

— On croyait le séjour de M. Hardy dans notre maison complètement ignoré — reprit le père d'Aigrigny — et l'on craint qu'Agricol Baudoin n'ait découvert la demeure de son ancien patron, et qu'il ne lui ait fait tenir une lettre par l'entremise d'un homme de la maison... Ainsi, ajouta le père d'Aigrigny avec colère — pendant ces trois jours, où il m'a été impossible d'aller voir M. Hardy dans le pavillon qu'il habite, un de ses servans se serait donc laissé corrompre... Il y a parmi eux un borgne dont je me suis toujours défié... le misérable... Mais non, je ne veux pas croire à cette trahison ; ses suites seraient trop déplorables, car je sais mieux que personne où en sont les choses, et je déclare qu'une pareille correspondance pourrait tout perdre, en réveillant chez M. Hardy des souvenirs, des idées à grand'peine endormies ; on ruinerait peut-être ainsi en un seul jour tout ce que j'ai fait depuis qu'il habite notre maison de retraite ;... mais heureusement il s'agit seulement dans cette note de doutes, de craintes, et les autres renseignemens, que je crois plus certains, ne les confirmeront pas, je l'espère.

— Mon cher père — dit le cardinal — il ne faut pas encore désespérer... la bonne cause a toujours l'appui du Seigneur.

Cette assurance semblait médiocrement rassurer le père d'Aigrigny, qui restait pensif, accablé, pendant que Rodin, étendu sur son lit de douleur, tressaillait convulsivement, dans un accès de colère muette, en songeant à ce nouvel échec.

— Voyons cette dernière note — dit le père d'Aigrigny après un moment de silence méditatif. — J'ai assez de confiance dans la personne qui me l'envoie pour ne pas douter de la rigoureuse exactitude des renseignemens qu'elle contient. Puissent-ils contredire absolument les autres!

Afin de ne pas interrompre l'enchaînement des faits contenus dans cette dernière note, qui devait si terriblement impressionner les acteurs de cette scène, nous laisserons le lecteur suppléer par son imagination à toutes les exclamations de surprise, de rage, de haine, de crainte du père d'Aigrigny, et à l'effrayante pantomime de Rodin, pendant la lecture de ce document redoutable, résultat des observations d'un agent fidèle et secret des révérends pères.

CHAPITRE XVI.

LA NOTE SECRÈTE.

Le père d'Aigrigny lut donc ce qui suit :
« Il y a trois jours, l'abbé Gabriel de Rennepont, qui n'était jamais allé chez mademoiselle de Cardoville, est arrivé à l'hôtel de cette demoiselle à une heure et demie de l'après-midi; il y est resté jusqu'à près de cinq heures.
» Presque aussitôt après le départ de l'abbé, deux domestiques sont sortis de l'hôtel; l'un s'est rendu chez M. le maréchal Simon, l'autre chez Agricol Baudoin, l'ouvrier forgeron, et ensuite chez le prince Djalma...
» Hier, sur le midi, le maréchal Simon et ses deux filles sont venus chez mademoiselle de Cardoville; peu de temps après, l'abbé Gabriel s'y est aussi rendu, accompagné d'Agricol Baudoin.
» Une longue conférence a eu lieu entre ces différens personnages et mademoiselle de Cardoville; ils sont restés chez elle jusqu'à trois heures et demie.
» Le maréchal Simon, qui était venu en voiture, s'en est allé à pied avec ses deux filles; tous trois semblaient très satisfaits, et on a même vu, dans une des allées écartées des Champs-Élysées, le maréchal Simon embrasser ses deux filles avec expansion et attendrissement.
» L'abbé Gabriel de Rennepont et Agricol Baudoin sont sortis les derniers.
» L'abbé Gabriel est rentré chez lui, ainsi qu'on l'a su plus tard; le forgeron, que l'on avait plusieurs motifs de surveiller, s'est rendu chez un marchand de vin de la rue de la Harpe. On y est entré sur ses pas; il a demandé une bouteille de vin, et s'est assis dans un coin reculé du cabinet du fond, à main gauche; il ne buvait pas et semblait vivement préoccupé; on a supposé qu'il attendait quelqu'un.
» En effet, au bout d'une demi-heure est arrivé un homme de trente ans environ, brun, de taille élevée, borgne de l'œil gauche, vêtu d'une redingote marron et d'un pantalon noir; il avait la tête nue. Il devait venir d'un endroit voisin. Cet homme s'est attablé avec le forgeron.
» Une conversation assez animée, mais dont on n'a pu malheureusement rien entendre, s'est engagée entre ces deux individus. Au bout d'une demi-heure environ, Agricol Baudoin a mis dans la main de l'homme borgne un petit paquet qui a paru devoir contenir de l'or, vu son peu de volume et l'air de profonde gratitude de l'homme borgne, qui a ensuite reçu d'Agricol Baudoin, avec beaucoup d'empressement, une lettre que celui-ci paraissait lui recommander très instamment, et que l'homme borgne a mise soigneusement dans sa poche; après quoi, tous deux se sont séparés, et le forgeron a dit : — A demain.
» Après cette entrevue, on a cru devoir particulièrement suivre l'homme borgne; il a quitté la rue de la Harpe, a traversé le Luxembourg et est entré dans la maison de retraite de la rue de Vaugirard.
» Le lendemain, on s'est rendu de très bonne heure aux environs du cabaret de la rue de la Harpe; car on ignorait l'heure du rendez-vous donné la veille à l'homme borgne par Agricol; on a attendu jusqu'à une heure et demie, le forgeron est arrivé.
» Comme l'on s'était rendu à peu près méconnaissable, dans la crainte d'être remarqué, on a pu, ainsi que la veille, entrer dans le cabaret et s'attabler assez près du forgeron sans lui donner d'ombrage; bientôt l'homme borgne est venu, et lui a remis une lettre cachetée en noir.
» A la vue de cette lettre, Agricol Baudoin a paru si ému, qu'avant même de la lire on a vu distinctement une larme tomber sur ses moustaches.

» La lettre était fort courte, car le forgeron n'a pas mis deux minutes à la lire; mais, néanmoins, il en a paru si content, si heureux, qu'il en a bondi de joie sur son banc, et a cordialement serré la main de l'homme borgne; mais il a paru lui demander instamment quelque chose, que celui-ci refusait. Enfin il a semblé céder, et tous deux sont sortis du cabaret.

» On les a suivis de loin; comme hier, l'homme borgne est entré dans la maison signalée rue de Vaugirard. Agricol, après l'avoir accompagné jusqu'à la porte, a longtemps rôdé autour des murs, semblant étudier les localités; de temps à autre il écrivait quelques mots sur un carnet.

» Le forgeron s'est ensuite dirigé en toute hâte vers la place de l'Odéon, où il a pris un cabriolet. On l'a imité, on l'a suivi, et il s'est rendu rue d'Anjou, chez mademoiselle de Cardoville.

» Par un heureux hasard, au moment où l'on venait de voir Agricol entrer dans l'hôtel, une voiture, à la livrée de mademoiselle de Cardoville, en sortait; l'écuyer de cette demoiselle s'y trouvait avec un homme de fort mauvaise mine, misérablement vêtu et très pâle.

» Cet incident, assez extraordinaire, méritant quelque attention, on n'a pas perdu de vue cette voiture; elle s'est directement rendue à la préfecture de police.

» L'écuyer de mademoiselle de Cardoville est descendu de voiture avec l'homme de mauvaise mine; tous deux sont entrés au bureau des agens de surveillance; au bout d'une demi-heure, l'écuyer de mademoiselle de Cardoville est ressorti seul, et, montant en voiture, s'est fait conduire au Palais-de-Justice, où il est entré au parquet du procureur du roi; il est resté là environ une demi-heure, après quoi il est revenu rue d'Anjou, à l'hôtel de Cardoville.

» On a su, par une voie parfaitement sûre, que le même jour, sur les huit heures du soir, MM. d'Ormesson et de Valbelle, avocats très distingués, et le juge d'instruction qui a reçu la plainte en séquestration de mademoiselle de Cardoville, lorsqu'elle était retenue chez M. le docteur Baleinier, ont eu avec cette demoiselle, à l'hôtel de Cardoville, une conférence qui s'est prolongée jusqu'à près de minuit, et à laquelle assistaient Agricol Baudoin et deux autres ouvriers de la fabrique de M. Hardy.

» Aujourd'hui le prince Djalma s'est rendu chez le maréchal Simon; il y est resté trois heures et demie; au bout de ce temps, le maréchal et le prince se sont rendus, selon toute apparence, chez mademoiselle de Cardoville, car leur voiture s'est arrêtée rue d'Anjou; un accident imprévu a empêché de compléter ce dernier renseignement.

» On vient d'apprendre qu'un mandat d'amener vient d'être lancé contre le nommé Léonard, ancien factotum de M. le baron Tripeaud. Ce Léonard est soupçonné d'être l'auteur de l'incendie de la fabrique de M. François Hardy, Agricol Baudoin et deux de ses camarades ayant signalé un homme qui offre une ressemblance frappante avec Léonard.

» De tout ceci il résulte évidemment que depuis peu de jours l'hôtel de Cardoville est le foyer où aboutissent et d'où rayonnent les démarches les plus actives, les plus multipliées, qui semblent toujours graviter autour de M. le maréchal Simon, de ses filles et de M. François Hardy; démarches dont mademoiselle de Cardoville, l'abbé Gabriel, Agricol Baudoin, sont les agens les plus infatigables et, on le craint, les plus dangereux. »

En rapprochant cette note des autres renseignemens et en se rappelant le passé, il en résultait des découvertes accablantes pour les révérends pères. Ainsi, Gabriel avait eu de fréquentes et longues conférences avec Adrienne, qui jusqu'alors lui était inconnue.

Agricol Baudoin s'était mis en rapport avec M. François Hardy, et la justice était sur la trace des fauteurs et incitateurs de l'émeute qui avait ruiné et incendié la fabrique du concurrent du baron Tripeaud.

Il paraissait presque certain que mademoiselle de Cardoville avait eu une entrevue avec le prince Djalma.

Cet ensemble de faits prouvait évidemment que, fidèle à la menace qu'elle avait faite à Rodin, lorsque la double perfidie du révérend père avait été démasquée, mademoiselle de Cardoville s'occupait activement de réunir autour d'elle les membres dispersés de sa famille, afin de les engager à se liguer contre l'ennemi dangereux dont les détestables projets, étant ainsi dévoilés et hardiment combattus, ne devaient plus avoir aucune chance de réussite.

On comprend maintenant quel dut être le foudroyant effet de cette note sur le père d'Aigrigny et sur Rodin... Rodin agonisant, cloué sur un lit de douleur et réduit à l'impuissance, alors qu'il voyait tomber pièce à pièce son laborieux échafaudage.

CHAPITRE XVII.

L'OPÉRATION.

Nous avons renoncé à peindre la physionomie, l'attitude, le geste de Rodin pendant la lecture de la note qui semblait ruiner ses espérances depuis si longtemps caressées; tout allait lui manquer à la fois, et au moment où une confiance presque surhumaine dans le succès de la trame lui donnait assez d'énergie pour dompter encore la maladie. Sortant à peine d'une agonie douloureuse, une seule pensée, fixe, dévorante, l'avait agité jusqu'au délire. Quel progrès en mal ou en bien avait fait pendant sa maladie cette affaire si immense pour lui? on lui annonçait tout d'abord une nouvelle heureuse, la mort de Jacques; mais bientôt les avantages de ce décès, qui réduisaient de sept à six le nombre des héritiers Rennepont, étaient anéantis. A quoi bon cette mort, puisque cette famille, dispersée, frappée isolément avec une persévérance si infernale, se réunissait, connaissant enfin les ennemis qui depuis si longtemps l'atteignaient dans l'ombre? Si tous ces cœurs blessés, meurtris, brisés, se rapprochaient, se consolaient, s'éclairaient en se prêtant un ferme et mutuel appui, leur cause était gagnée, l'énorme héritage échappait aux révérends pères.

Que faire? que faire?

Étrange puissance de la volonté humaine! Rodin a encore un pied dans la tombe; il est presque agonisant; la voix lui manque, et pourtant, cet esprit opiniâtre et plein de ressources ne désespère pas encore; qu'un miracle lui rende aujourd'hui la santé, et cette inébranlable confiance dans la réussite de ses projets, qui lui a donné le pouvoir de résister à une maladie à laquelle tant d'autres eussent succombé, cette confiance lui dit qu'il pourra encore remédier à tout;... mais il lui faut la santé, la vie...

La santé... la vie!!! et son médecin ignore s'il survivra ou non à tant de secousses... s'il pourra supporter une opération terrible. La santé... la vie... et tout à l'heure encore Rodin entendait parler des funérailles solennelles qu'on allait lui faire...

Eh bien! la santé, la vie, il les aura, il se le dit. Oui, il a voulu vivre jusque-là... et il a vécu. Pourquoi ne vivrait-il pas plus longtemps encore?...

Il vivra donc!... il le veut!...

Tout ce que nous venons d'écrire, Rodin, lui, l'avait pensé pour ainsi dire en une seconde.

Il fallait que ses traits, bouleversés par cette espèce de tourmente morale, révélassent quelque chose de bien étrange, car le père d'Aigrigny et le cardinal le regardaient silencieux et interdits.

Une fois résolu de vivre afin de soutenir une lutte désespérée contre la famille Rennepont, Rodin agit en conséquence; aussi, pendant quelques instans, le père d'Aigrigny et le prélat se crurent sous l'obsession d'un rêve.

Par un effort de volonté d'une énergie inouïe et comme s'il eût été mu par un ressort, Rodin se précipita hors de son lit, emportant avec lui un drap qui traînait, comme un suaire, derrière ce corps livide et décharné... La chambre était froide; la sueur inondait le visage du jésuite; ses pieds nus et osseux laissaient leur moite empreinte sur le carreau.

— Malheureux... que faites-vous? c'est la mort! — s'écria le père d'Aigrigny en se précipitant vers Rodin pour le forcer à se recoucher.

Mais celui-ci, étendant un de ses bras de squelette, dur comme du fer, repoussa au loin le père d'Aigrigny avec une vigueur inconcevable, si l'on songe à l'état d'épuisement où il était depuis longtemps.

— Il a la force d'un épileptique pendant son accès!... — dit au prélat le père d'Aigrigny en se raffermissant sur ses jambes.

Rodin, d'un pas grave, se dirigea vers le bureau où se trouvait ce qui était journellement nécessaire au docteur Baleinier pour formuler ses ordonnances; puis, s'asseyant devant cette table, le jésuite prit du papier, une plume, et commença d'écrire d'une main ferme.

Ses mouvemens calmes, lents et sûrs, avaient quelque chose de la mesure réfléchie que l'on remarque chez les somnambules.

Muets, immobiles, ne sachant s'ils rêvaient ou non, à la vue de ce prodige, le cardinal et le père d'Aigrigny restèrent béants devant l'incroyable sang-froid de Rodin, qui, demi-nu, écrivait avec une tranquillité parfaite.

Pourtant le père d'Aigrigny s'avança vers lui et lui dit : — Mais, mon père... cela est insensé...

Rodin haussa les épaules, tourna la tête vers lui; et, l'interrompant d'un geste, lui fit signe de s'approcher et de lire ce qu'il venait d'écrire.

Le révérend père, s'attendant à voir les folles élucubrations d'un cerveau délirant, prit la feuille de papier pendant que Rodin commençait une autre note.

— Monseigneur!... — s'écria le père d'Aigrigny — lisez ceci...

Le cardinal lut le feuillet; et, le rendant au révérend père, dont il partageait la stupeur : — C'est rempli de raison, d'habileté, de ressources; on neutralisera ainsi le dangereux concert de l'abbé Gabriel et de mademoiselle de Cardoville, qui semblent, en effet, les meneurs les plus dangereux de cette coalition.

— En vérité, c'est miraculeux — dit le père d'Aigrigny.

— Ah! mon cher père — dit tout bas le cardinal, frappé de ces mots du jésuite et en secouant la tête avec une expression de triste regret — quel dommage que nous soyions seuls témoins de ce qui se passe! quel excellent MIRACLE on aurait pu tirer de ceci!... Un homme à l'agonie... ainsi transformé subitement!... En présentant la chose d'une certaine façon... ça vaudrait presque le Lazare.

— Quelle idée, monseigneur! — dit le père d'Aigrigny à mi-voix — elle est parfaite, il n'y faut pas renoncer... c'est très acceptable, et...

Cet innocent petit complot thaumaturgique fut interrompu par Rodin, qui, tournant la tête, fit signe au père d'Aigrigny de s'approcher et lui remit un autre feuillet accompagné d'un petit papier où étaient écrits ces mots :

A exécuter avant une heure.

Le père d'Aigrigny lut rapidement la nouvelle note et s'écria :

— C'est juste, je n'avais pas songé à cela;... de la sorte, au lieu d'être funeste, la correspondance d'Agricol Baudoin et de M. Hardy peut avoir, au contraire, les meilleurs résultats. En vérité — ajouta le révérend père à voix basse en se rapprochant du prélat pendant que Rodin continuait à écrire — je reste confondu... je vois... je lis... et c'est à peine si je puis en croire mes yeux;... tout à l'heure, brisé, mourant, et maintenant l'esprit aussi lucide, aussi pénétrant que jamais... Sommes-nous donc témoins d'un de ces phénomènes de somnambulisme pendant lesquels l'âme seule agit et domine le corps?

Soudain la porte s'ouvrit; M. Baleinier entra vivement.

A la vue de Rodin, assis à son bureau et demi-nu, les pieds sur les carreaux, le docteur s'écria d'un ton de reproche et d'effroi : — Mais, monseigneur... mais, mon père... c'est un meurtre que de laisser ce malheureux-là dans cet état; s'il est possédé d'un accès de fièvre chaude, il faut l'attacher dans son lit, et lui mettre la camisole de force.

Ce disant, le docteur Baleinier s'approcha vivement de Rodin et lui saisit le bras : il s'attendait à trouver l'épiderme sec et glacé; au contraire, la peau était flexible, presque moite...

Le docteur, au comble de la surprise, voulut lui tâter le pouls de la main gauche, que Rodin lui abandonna tout en continuant d'écrire de la droite.

— Quel prodige! — s'écria le docteur Baleinier, qui comptait les pulsations du pouls de Rodin; — depuis huit jours, et ce matin encore, le pouls était brusque, intermittent, presque insensible, et le voici qui se relève, qui se règle;... je m'y perds... Qu'est-il donc arrivé?... je ne puis croire à ce que je vois — demanda-t-il en se tournant du côté du père d'Aigrigny et du cardinal.

— Le révérend père, d'abord frappé d'une extinction de voix, a éprouvé ensuite un accès de désespoir si violent, si furieux, causé par de déplorables nouvelles — dit le père d'Aigrigny — qu'un moment nous avons craint pour sa vie... tandis qu'au contraire le révérend père a eu la force d'aller jusqu'à ce bureau, où il écrit depuis dix minutes avec une clarté de raisonnement, une netteté d'expression dont vous nous voyez confondus, monseigneur et moi.

— Plus de doute — s'écria le docteur — le violent accès de désespoir qu'il a éprouvé a causé chez lui une perturbation violente qui prépare admirablement bien la crise réactive que je suis maintenant presque sûr d'obtenir par l'opération.

— Persistez-vous donc à la faire? — dit tout bas le père d'Aigrigny au docteur Baleinier pendant que Rodin continuait d'écrire.

— J'aurais pu hésiter ce matin encore; mais, disposé comme le voilà, je vais profiter à l'instant de cette surexcitation, qui, je le prévois, sera suivie d'un grand abattement.

— Ainsi — dit le cardinal — sans l'opération?...

— Cette crise si heureuse, si inespérée, avorte... et sa réaction peut le tuer, monseigneur.

— Et l'avez-vous prévenu de la gravité de l'opération?...

— A peu près... monseigneur.

— Mais il serait temps... de le décider.

— C'est ce que je vais faire, monseigneur — dit le docteur Baleinier.

Et, s'approchant de Rodin, qui, continuant d'écrire et de songer, était resté étranger à cet entretien tenu à voix basse : — Mon révérend père — lui dit le docteur d'une voix ferme — voulez-vous dans huit jours être sur pieds?

Rodin fit un geste rempli de confiance qui signifiait : — Mais j'y suis sur pieds.

— Ne vous méprenez pas — répondit le docteur — cette crise est excellente, mais elle durera peu; et si nous n'en profitons pas... à l'instant... pour procéder à l'opération dont je vous ai touché deux mots, ma foi!... je vous le dis brutalement... après une telle secousse... je ne réponds de rien.

Rodin fut d'autant plus frappé de ces paroles, qu'il avait, une demi-heure auparavant, expérimenté le peu de durée du *mieux* éphémère que lui avait causé la bonne nouvelle du père d'Aigrigny, et qu'il commençait à sentir un redoublement d'oppression à la poitrine.

M. Baleinier, voulant décider son malade et le croyant irrésolu, ajouta :

— En un mot, mon révérend père, voulez-vous vivre, oui ou non?

Rodin écrivit rapidement ces mots, qu'il donna au docteur : « *Pour vivre... je me ferais couper les quatre membres. Je suis prêt à tout.* »

Et il fit un mouvement pour se lever.

— Je dois vous déclarer, non pour vous faire hésiter, mon révérend père, mais pour que votre courage ne soit par surpris — ajouta M. Baleinier — que cette opération est cruellement douloureuse...

Rodin haussa les épaules, et d'une main ferme écrivit : « *Laissez-moi la tête.... prenez le reste...* »

Le docteur avait lu ces mots à voix haute; le cardinal et le père d'Aigrigny se regardèrent, frappés de ce courage indomptable.

— Mon révérend père — dit le docteur Baleinier — il faudrait vous recoucher...

Rodin écrivit : « *Préparez-vous... j'ai à écrire des ordres très pressés, vous m'avertirez au moment.* »

Puis, ployant un papier qu'il cacheta avec une oublie, Rodin fit signe au père d'Aigrigny de lire les mots qu'il allait tracer et qui furent ceux-ci : « *Envoyez à l'instant cette note à l'agent qui a adressé les lettres anonymes au maréchal Simon.* »

— A l'heure même, mon révérend père — dit le père d'Aigrigny — je vais charger de ce soin une personne sûre.

— Mon révérend père — dit Baleinier à Rodin — puisque vous tenez à écrire... recouchez-vous; vous écrirez sur votre lit pendant nos petits préparatifs.

Rodin fit un geste approbatif, et se leva.

Mais déjà le pronostic du docteur se réalisait : le jésuite put à peine rester une seconde debout, et retomba sur sa chaise... Alors il regarda le docteur Baleinier avec angoisse, et sa respiration s'embarrassa de plus en plus.

Le docteur, voulant le rassurer, lui dit : — Ne vous inquiétez pas... Mais il faut nous hâter... Appuyez-vous sur moi et sur le père d'Aigrigny.

Aidé de ses deux soutiens, Rodin put regagner son lit; s'y étant assis sur son séant, il montra du geste l'écritoire et le papier afin qu'on les lui apportât; un buvard lui servit de pupitre, et il continua d'écrire sur ses genoux, s'interrompant de temps à autre pour aspirer à grand'peine comme s'il eût étouffé, mais restant étranger à ce qui se passait autour de lui.

— Mon révérend père — dit M. Baleinier au père d'Aigrigny — êtes-vous capable d'être un de mes aides et de m'assister dans l'opération que je vais faire? Avez-vous cette sorte de courage-là?

— Non — dit le révérend père — à l'armée, je n'ai, de ma vie, pu assister à une amputation ; à la vue du sang ainsi répandu, le cœur me manque.

— Il n'y a pas de sang — dit le docteur Baleinier; — mais, du reste, c'est pis encore... Veuillez donc m'envoyer trois de nos révérends pères, ils me serviront d'aides; ayez aussi l'obligeance de prier M. Rousselet de venir avec ses appareils.

Le père d'Aigrigny sortit.

Le prélat s'approcha du docteur Baleinier et lui dit à voix basse en lui montrant Rodin : — Il est hors de danger?

— S'il résiste à l'opération, oui, monseigneur.

— Et... êtes-vous sûr qu'il y résiste?

— A lui, je dirais *Oui*; à vous, monseigneur, je dis : *Il faut l'espérer*.

— Et s'il succombe, aura-t-on le temps de lui administrer les sacremens en public avec une certaine pompe, ce qui entraîne toujours quelques petites lenteurs?

Il est probable que son agonie durera au moins un quart d'heure, monseigneur.

— C'est court... mais enfin il faudra s'en contenter — dit le prélat.

Et il se retira auprès d'une des croisées, sur les vitres de laquelle il se mit à tambouriner innocemment du bout des doigts en songeant aux effets de lumière du catafalque qu'il désirait tant de voir élever à Rodin.

A ce moment, M. Rousselet entra tenant une grande boîte carrée sous le bras ; il s'approcha d'une commode, et sur le marbre de la tablette il disposa ses appareils.

— Combien en avez-vous préparés? — lui dit le docteur.

— Six, monsieur.

— Quatre suffiront, mais il est bon de se précautionner. Le coton n'est pas trop foulé?

— Voyez, monsieur.

— Très bien !

— Et comment va le révérend père? — demanda l'élève à son maître.

— Hum... hum... — répondit tout bas le docteur — la poitrine est terriblement embarrassée, la respiration sifflante... la voix toujours éteinte... mais enfin il y a une chance...

— Tout ce que je crains, monsieur, c'est que le révérend père ne résiste pas à une si affreuse douleur.

— C'est encore une chance;... mais dans une position pareille, il faut tout risquer... Allons, mon cher, allumez une bougie, car j'entends nos aides.

En effet, bientôt entrèrent dans la chambre, accompagnant le père d'Aigrigny, les trois congréganistes qui, dans la matinée, se promenaient dans le jardin de la maison de la rue de Vaugirard.

Les deux vieux à figures rubicondes et fleuries, le jeune à figure ascétique, tous trois, comme d'habitude, vêtus de noir, portant bonnets carrés, rabats blancs, et paraissant parfaitement disposés, d'ailleurs, à venir en aide au docteur Baleinier pendant la redoutable opération.

CHAPITRE XVIII.

LA TORTURE.

— Mes révérends pères, dit gracieusement le docteur Baleinier aux trois congréganistes — je vous remercie de votre bon concours :... ce que vous aurez à faire sera bien simple, et, avec l'aide du Seigneur, cette opération sauvera notre cher père Rodin.

Les trois robes noires levèrent les yeux au ciel avec componction, après quoi elles s'inclinèrent comme un seul homme.

Rodin, fort indifférent à ce qui se passait autour de lui, n'avait pas un instant cessé soit d'écrire, soit de réfléchir... Cependant de temps à autre, malgré ce calme apparent, il avait éprouvé une telle difficulté de respirer, que le docteur Baleinier s'était retourné avec une grande inquiétude en entendant l'espèce de sifflement étouffé qui s'échappait du gosier de son malade ; aussi, après avoir fait un signe à son élève, le docteur s'approcha de Rodin et lui dit : — Allons, mon révérend père... voici le grand moment... courage !...

Aucun signe de terreur ne se manifesta sur les traits du jésuite, sa figure resta impassible comme celle d'un cadavre ; seulement ses petits yeux de reptile étincelèrent plus brillans encore au fond de leur sombre orbite ; un instant il promena un regard assuré sur les témoins de cette scène ; puis, prenant sa plume entre ses dents, il plia et cacheta un nouveau feuillet, le plaça sur la table de nuit, et fit ensuite au docteur Baleinier un signe qui semblait dire : Je suis prêt.

— Il faudrait d'abord ôter votre gilet de laine et votre chemise, mon père.

Honte ou pudeur, Rodin hésita un instant... seulement un instant... car lorsque le docteur eut repris : — Il le faut, mon révérend père ! — Rodin, toujours assis dans son lit, obéit, avec l'aide de M. Baleinier, qui ajouta, pour consoler sans doute la pudeur effarouchée du patient : — Nous n'avons absolument besoin que de votre poitrine, mon cher père, côté gauche et côté droit.

En effet, Rodin étendu sur le dos, et toujours coiffé de son bonnet de soie noire crasseux, laissa voir la partie antérieure d'un torse livide et jaunâtre, ou plutôt la cage osseuse d'un squelette, car les ombres portées par la vive arête des côtes et des cartilages cerclaient la peau de profonds sillons noirs circulaires. Quant aux bras, on eût dit des os enroulés de grosses cordes et recouverts de parchemin tanné, tant l'affaissement musculaire donnait de relief à l'ossature et aux veines.

— Allons, monsieur Rousselet, les appareils — dit le docteur Baleinier. Puis, s'adressant aux trois congréganistes : — Messieurs, approchez ;... je vous l'ai dit... ce que vous avez à faire est excessivement simple, comme vous allez le voir.

Et M. Baleinier procéda à l'installation de la chose. Ce fut fort simple, en effet. Le docteur remit à chacun de ses quatre aides une espèce de petit trépied d'acier environ de deux pouces de diamètre sur trois de hauteur ; le centre circulaire de ce trépied était rempli de coton tassé très épais ; cet instrument se tenait de la main gauche au moyen d'un manche de bois. De la main droite, chaque aide était armé d'un petit tube de fer-blanc de dix-huit pouces de longueur ; à l'une de ses extrémités était pratiquée une embouchure destinée à recevoir les lèvres du praticien, l'autre bout se recourbait et s'évasait, de façon à pouvoir servir de couvercle au petit trépied.

Ces préparatifs n'offraient rien d'effrayant. Le père d'Aigrigny et le prélat, qui regardaient de loin, ne comprenaient pas comment cette opération pouvait être si douloureuse.

Ils comprirent bientôt. Le docteur Baleinier ayant ainsi armé ses quatre aides, les fit s'approcher de Rodin, dont le lit avait été roulé au milieu de la chambre. Deux aides se placèrent d'un côté, deux de l'autre.

— Maintenant, messieurs — leur dit le docteur Baleinier — allumez le coton ;... placez la partie allumée sur la peau de Sa Révérence au moyen du trépied qui contient la mèche... recouvrez le trépied avec la partie évasée de vos tuyaux, puis soufflez par l'embouchure afin d'aviver le feu... C'est très simple, comme vous le voyez.

C'était en effet d'une ingénuité patriarcale et primitive. Quatre mèches de coton enflammé, mais disposé de façon à ne brûler qu'à petit feu, furent appliquées à droite et à gauche de la poitrine de Rodin...

Ceci s'appelle vulgairement des moxas. Le tour est fait, lorsque toute l'épaisseur de la peau est ainsi lentement brûlée;... cela dure de sept à huit minutes. On prétend qu'une amputation n'est rien auprès de cela.

Rodin avait suivi les préparatifs de l'opération avec une intrépide curiosité ; mais au premier contact de ces quatre brasiers dévorans, il se dressa et se tordit comme un serpent, sans pouvoir pousser un cri, car il était muet; l'expansion de la douleur lui était même interdite.

Les quatre aides ayant nécessairement dérangé leurs appareils au brusque mouvement de Rodin, ce fut à recommencer.

— Du courage, mon cher père ! offrez ces souffrances au Seigneur... il les agréera — dit le docteur Baleinier d'un ton patelin ; — je vous ai prévenu;... cette opération est très douloureuse, mais aussi salutaire que douloureuse, c'est tout dire. Allons... vous qui avez montré jusqu'ici tant de résolution, n'en manquez pas au moment décisif.

Rodin avait fermé les yeux ; vaincu par cette première surprise de la douleur, il les rouvrit, et regarda le docteur d'un air presque confus de s'être montré si faible. Et pourtant, à droite et à gauche de sa poitrine, on voyait déjà quatre larges eschares d'un roux saignant... tant les brûlures avaient été aiguës et profondes...

Au moment où il allait se replacer sur le lit de douleur, Rodin fit signe, en montrant l'encrier, qu'il voulait écrire. On pouvait lui passer ce caprice. Le docteur tendit le buvard, et Rodin écrivit ce qui suit, comme par réminiscence :

« Il vaut mieux ne pas perdre de temps... Faites tout de suite prévenir le
» baron Tripeaud du mandat d'amener lancé contre son factotum Léonard,
» afin qu'il avise. »

Cette note écrite, le jésuite la donna au docteur Baleinier, en lui faisant signe de la remettre au père d'Aigrigny; celui-ci, aussi frappé que le docteur et le cardinal d'une pareille présence d'esprit au milieu de si atroces douleurs, resta un moment stupéfait. Rodin, les yeux impatiemment fixés sur le révérend père, semblait attendre avec impatience qu'il sortît de la chambre pour aller exécuter ses ordres. Le docteur, devinant la pensée de Rodin, dit un mot au père d'Aigrigny, qui sortit.

— Allons, mon révérend père — dit le docteur à Rodin — c'est à recommencer; cette fois ne bougez pas, vous êtes au fait...

Rodin ne répondit pas, joignit ses mains sur sa tête, offrit sa poitrine et ferma les yeux.

C'était un spectacle étrange, lugubre, presque fantastique. Ces trois prêtres, vêtus de longues robes noires, penchés sur ce corps réduit presque à l'état de cadavre, leurs lèvres collées à ces trompes qui aboutissaient à la poitrine du patient, semblaient pomper son sang ou l'infibuler par quelque charme magique... Une odeur de chair brûlée, nauséabonde, pénétrante, commença à se répandre dans la chambre silencieuse... et chaque aide entendit sous le trépied fumant une légère crépitation... c'était la peau de Rodin qui se fendait sous l'action du feu et se crevassait en quatre endroits différens de sa poitrine.

La sueur ruisselait de son visage livide, qu'elle rendait luisant; quelques mèches de cheveux gris, raides et humides, se collaient à ses tempes. Parfois telle était la violence de ses spasmes, que sur ses bras roides ses veines se gonflaient et se tendaient comme des cordes prêtes à se rompre. Endurant cette torture affreuse avec autant d'intrépide résignation que le sauvage dont la gloire consiste à mépriser la douleur, Rodin puisait son courage et sa force dans l'espoir... nous dirions presque dans la certitude de vivre... Telle était la trempe de ce caractère indomptable, la toute-puissance de cet esprit énergique, qu'au milieu même de tourmens indicibles son idée fixe ne l'abandonna pas... Pendant les rares intermittences que lui laissait la souffrance, souvent inégale, même à ce degré d'intensité, Rodin songeait à l'affaire Rennepont, calculait ses chances, combinait les mesures les plus promptes, sentant qu'il n'y avait pas une minute à perdre.

Le docteur Baleinier ne le quittait pas du regard, épiait avec une profonde attention et les effets de la douleur et la réaction salutaire de cette douleur sur le malade, qui semblait, en effet, respirer déjà un peu plus librement.

Soudain Rodin porta sa main à son front comme frappé d'une inspiration subite, tourna vivement sa tête vers M. Baleinier, et lui demanda par signe de faire un moment suspendre l'opération.

— Je dois vous avertir, mon révérend père — répondit le docteur — qu'elle est plus d'à moitié terminée, et que, si on l'interrompt, la reprise vous paraîtra plus douloureuse... encore...

Rodin fit signe que peu lui importait et qu'il voulait écrire.

— Messieurs... suspendez un moment — dit le docteur Baleinier — ne retirez pas les moxas... mais n'avivez plus le feu.

C'est-à-dire que le feu allait brûler doucement sur la peau du patient, au lieu de brûler vif. Malgré cette douleur, moins atroce, mais toujours aiguë, profonde, Rodin, resté couché sur le dos, se mit en devoir d'écrire; par sa position, il fut forcé de prendre le buvard de la main gauche, de l'élever à la hauteur de ses yeux, et d'écrire de la main droite pour ainsi dire en plafonnant. Sur un premier feuillet, il traça quelques signes alphabétiques d'un chiffre qu'il s'était composé pour lui seul afin de noter certaines choses secrètes. Peu d'instants auparavant, au milieu de ses tortures, une idée lumineuse lui était soudain venue; il la croyait bonne, et il la notait, craignant de l'oublier au milieu de ses souffrances, quoiqu'il se fût interrompu deux ou trois fois; car si la peau ne brûlait plus qu'à petit feu, elle n'en brûlait pas moins; Rodin continua d'écrire; sur un autre feuillet il traça les mots suivans, qui, sur un signe de lui, furent aussitôt remis au père d'Aigrigny.

« Envoyer à l'instant B. auprès de Faringhea, dont il recevra le rapport
» sur les événemens de ces derniers jours, au sujet du prince Djalma; B. re-
» viendra immédiatement ici avec ce renseignement. »

Le père d'Aigrigny s'empressa de sortir pour donner ce nouvel ordre. Le cardinal se rapprocha un peu du théâtre de l'opération, car, malgré la mauvaise odeur de cette chambre, il se complaisait fort à voir partiellement rôtir le jésuite, auquel il gardait une rancune de prêtre italien.

— Allons, mon révérend père — dit le docteur à Rodin, continuez d'être aussi admirablement courageux; votre poitrine se dégage... Vous allez avoir encore un rude moment à passer... et puis après, bon espoir...

Le patient se remit en place. Au moment où le père d'Aigrigny rentra, Rodin l'interrogea du regard; le révérend père lui répondit par un signe affirmatif.

Au signe du docteur, les quatre aides approchèrent leurs lèvres des tubes, et recommencèrent à aviver le feu d'un souffle précipité. Cette recrudescence de torture fut si féroce, que, malgré son empire sur lui-même, Rodin grinça des dents à se les briser, fit un soubresaut convulsif et gonfla si fort sa poitrine, qui palpitait sous le brasier, qu'ensuite d'un spasme violent il s'échappa enfin de ses poumons un cri de douleur terrible... mais libre... mais sonore, mais retentissant.

— La poitrine est dégagée, s'écria le docteur Baleinier triomphant — il est sauvé... les poumons fonctionnent... la voix revient... la voix est revenue... Soufflez, messieurs, soufflez... et vous, mon révérend père — dit-il joyeusement à Rodin — si vous le pouvez, criez... hurlez... ne vous gênez pas... je serai ravi de vous entendre, et cela vous soulagera... Courage, maintenant... je réponds de vous, c'est une cure merveilleuse... je la publierai, je la crierai à son de trompe !...

— Permettez, docteur — dit tout bas le père d'Aigrigny en se raprochant vivement de M. Baleinier — monseigneur est témoin que j'ai retenu d'avance la publication de ce fait, qui passera... comme il le peut véritablement... pour un miracle.

— Eh bien! ce sera une cure miraculeuse — répondit sèchement le docteur Baleinier, qui tenait à ses œuvres.

En entendant dire qu'il était sauvé, Rodin, quoique ses souffrances fussent peut-être les plus vives qu'il eût encore ressenties, car le feu arrivait à la dernière couche de l'épiderme, Rodin fut réellement beau, d'une beauté infernale. A travers la pénible contraction de ses traits éclatait l'orgueil d'un farouche triomphe ; on voyait que ce monstre se sentait redevenir fort et puissant, et qu'il avait conscience des maux terribles que sa funeste résurrection allait causer... Aussi, tout en se tordant sous la fournaise qui le dévorait, il prononça ces mots, les premiers qui sortirent de sa poitrine, de plus en plus libre et dégagée : — Je le disais... bien... moi, que je vivrais !...

Et vous disiez vrai ! — s'écria le docteur en tâtant le pouls de Rodin. — Voici maintenant votre pouls plein, ferme, réglé, les poumons libres. La réaction est complète ; vous êtes sauvé...

A ce moment, les derniers brins de coton avaient brûlé ; on retira les trépieds, et l'on vit sur la poitrine osseuse et décharnée de Rodin quatre larges eschares arrondies. La peau, carbonisée, fumante encore, laissait voir la chair rouge et vive... Par suite de l'un des brusques soubresauts de Rodin, qui avait dérangé le trépied, une de ces brûlures s'était plus étendue que les autres et offrait pour ainsi dire un double cercle noirâtre et brûlé.

Rodin baissa les yeux sur ses plaies ; après quelques secondes de contemplation silencieuse, un étrange sourire brida ses lèvres. Alors, sans changer de position, mais jetant de côté sur le père d'Aigrigny un regard d'intelligence impossible à peindre, il lui dit, en comptant lentement une à une ses plaies du bout de son doigt à ongle plat et sordide : — Père d'Aigrigny... quel présage !... voyez donc !... Un Rennepont... deux Rennepont... trois Rennepont... quatre Rennepont... puis, s'interrompant : — Où est donc le cinquième ? Ah !... ici... cette plaie compte pour deux... elle est jumelle... (1)

Et il fit entendre un petit rire sec et aigu.

Le père d'Aigrigny, le cardinal et le docteur Baleinier comprirent le sens de ces mystérieuses et sinistres paroles, que Rodin compléta bientôt par une allusion terrible en s'écriant d'une voix prophétique et d'un air inspiré : — Oui, je le dis, la race de l'impie sera réduite en poussière, comme les lambeaux de ma chair viennent d'être réduits en cendres... Je le dis... cela sera... car j'ai voulu vivre... je vis.

CHAPITRE XIX.

VICE ET VERTU.

Deux jours se sont passés depuis que Rodin a été miraculeusement rappelé à la vie. Le lecteur n'a peut-être pas oublié la maison de la rue Clovis, où le révérend père avait un pied-à-terre, et où se trouvait aussi le logement de Philémon, habité par Rose-Pompon.

Il est environ trois heures de l'après-midi ; un vif rayon de lumière, pénétrant à travers un trou rond pratiqué au battant de la porte de la boutique demi-souterraine occupée par la mère Arsène, la fruitière-charbonnière, forme un brusque contraste avec les ténèbres de cette espèce de cave. Ce rayon tombe sur un objet sinistre...

Au milieu des falourdes, des légumes flétris, tout à côté d'un grand tas de charbon, est un mauvais grabat ; sous le drap qui le recouvre se dessine la forme anguleuse et roide d'un cadavre. C'est le corps de la mère Arsène ; atteinte du choléra, elle a succombé depuis la surveille : les enterremens étant très nombreux, ses restes n'ont encore pu être enlevés.

La rue Clovis est alors presque déserte ; il règne au dehors un silence morne, souvent interrompu par les aigres sifflemens du vent du nord-est ; entre deux rafales, on entend parfois un petit fourmillement sec et brus-

---

(1) Jacques Rennepont étant mort, et Gabriel étant en dehors des intérêts par sa donation régularisée, il ne restait que cinq personnes de la famille : — Rose et Blanche — Djalma — Adrienne — et M. Hardy.

que... ce sont des rats énormes qui vont et viennent sur le monceau de charbon.

Soudain, un bruit léger se fait entendre ; aussitôt ces animaux immondes se sauvent et se cachent dans leurs trous. On tâchait de forcer la porte qui de l'allée communiquait dans la boutique ; cette porte offrait d'ailleurs peu de résistance ; au bout d'un instant, sa mauvaise serrure céda, une femme entra et resta quelques momens immobile au milieu de l'obscurité de cette cave humide et glacée. Après une minute d'hésitation, cette femme s'avança ; le rayon lumineux éclaira les traits de la reine Bacchanal ; elle s'approcha peu à peu de la couche funèbre.

Depuis la mort de Jacques, l'altération des traits de Céphyse avait encore augmenté ; d'une pâleur effrayante, ses beaux cheveux noirs en désordre, les jambes et les pieds nus, elle était à peine vêtue d'un mauvais jupon rapiécé et d'un mouchoir de cou en lambeaux.

Arrivée auprès du lit, la reine Bacchanal jeta un regard d'une assurance presque farouche sur le linceul... Tout à coup elle se recula en poussant un cri de frayeur involontaire. Une ondulation rapide avait couru et agité le drap mortuaire, en remontant depuis les pieds jusqu'à la tête de la morte... Bientôt, la vue d'un rat qui s'enfuyait le long des ais vermoulus du grabat expliqua l'agitation du suaire. Céphyse, rassurée, se mit à chercher et à rassembler précipitamment divers objets. comme si elle eût craint d'être surprise dans cette misérable boutique. Elle s'empara d'abord d'un panier, et le remplit de charbon ; après avoir encore regardé de côté et d'autre, elle découvrit dans un coin un fourneau de terre, dont elle se saisit avec un élan de joie sinistre.

— Ce n'est pas tout... ce n'est pas tout — disait Céphyse en cherchant de nouveau autour d'elle d'un air inquiet.

Enfin elle avisa auprès du petit poêle de fonte une boîte de fer-blanc contenant un briquet et des allumettes. Elle plaça ces objets sur le panier, le souleva d'une main, et de l'autre emporta le fourneau. En passant auprès du corps de la pauvre charbonnière, Céphyse dit avec un sourire étrange :

— Je vous vole... ma pauvre mère Arsène... mais mon vol ne me profitera guère.

Céphyse sortit de la boutique, rajusta la porte du mieux qu'elle put, suivit l'allée et traversa la petite cour qui séparait ce corps de logis de celui dans lequel Rodin avait eu son pied-à-terre.

Sauf les fenêtres de l'appartement de Philémon, sur l'appui desquelles Rose-Pompon, perchée comme un oiseau, avait tant de fois gazouillé *son* Béranger, les autres croisées de cette maison étaient ouvertes ; au premier et au second étages il y avait des morts ; comme tant d'autres, ils attendaient la charrette où l'on entassait les cercueils.

La reine Bacchanal gagna l'escalier qui conduisait aux chambres naguère occupées par Rodin ; arrivée à leur palier, elle monta un petit escalier délabré, roide comme une échelle, auquel une vieille corde servait de rampe, et atteignit enfin la porte à demi pourrie d'une mansarde située sous les combles.

Cette maison était tellement délabrée, qu'en plusieurs endroits, la toiture, percée à jour, laissait, lorsqu'il pleuvait, pénétrer la pluie dans ce réduit à peine large de dix pieds carrés, et éclairé par une fenêtre mansardée. Pour tout mobilier, on voyait, au long du mur dégradé, sur le carreau, une vieille paillasse éventrée, d'où sortaient quelques brins de paille ; à côté de cette couche, une petite cafetière de faïence égueulée, contenant un peu d'eau.

La Mayeux, vêtue de haillons, était assise au bord de la paillasse, ses coudes sur ses genoux, son visage caché entre ses mains fluettes et blanches. Lorsque Céphyse rentra, la sœur adoptive d'Agricol releva la tête ; son pâle et doux visage semblait encore amaigri, encore creusé par la souffrance, par le chagrin, par la misère : ses yeux caves, rougis par les larmes, s'attachèrent sur sa sœur avec une expression de mélancolique tendresse.

— Sœur... j'ai ce qu'il nous faut — dit Céphyse d'une voix sourde et brève.
— Dans ce panier, il y a la fin de nos misères. — Puis, montrant à la Mayeux les objets qu'elle venait de déposer sur le carreau, elle ajouta :—

Pour la première fois de ma vie... j'ai... volé... et cela m'a fait honte et peur... Décidément, je ne suis faite ni pour être voleuse ni pour être pis encore. C'est dommage — ajouta-t-elle en se prenant à sourire d'un air sardonique.

Après un moment de silence, la Mayeux dit à sa sœur avec une expression navrante : — Céphyse... ma bonne Céphyse... tu veux donc absolument mourir?

— Comment hésiter? — répondit Céphyse d'une voix ferme. — Voyons, sœur, si tu le veux, faisons encore une fois mon compte : quand même je pourrais oublier ma honte et le mépris de Jacques mourant, que me reste-t-il? Deux partis à prendre : le premier, redevenir honnête et travailler. Eh bien! tu le sais, malgré ma bonne volonté, le travail me manquera souvent, comme il nous manque depuis quelques jours, et quand il ne manquera pas il me faudra vivre avec quatre ou cinq francs par semaine. Vivre... c'est-à-dire mourir à petit feu à force de privations, je connais ça... j'aime mieux mourir tout d'un coup... L'autre parti serait de continuer, pour vivre, le métier infâme dont j'ai essayé une fois... et je ne veux pas ;... c'est plus fort que moi... Franchement, sœur, entre une affreuse misère, l'infamie ou la mort, le choix peut-il être douteux? Réponds. — Puis, se reprenant aussitôt sans laisser parler la Mayeux, Céphyse ajouta d'une voix brève et saccadée : — D'ailleurs, à quoi bon discuter?... je suis décidée ; rien au monde ne m'empêcherait d'en finir, puisque toi... toi... sœur chérie, tout ce que tu as pu obtenir... de moi... c'est un retard de quelques jours... espérant que le choléra nous épargnerait la peine... Pour te faire plaisir, j'y consens ; le choléra vient... tue tout dans la maison... et nous laisse... Tu vois bien, il vaut mieux faire ses affaires soi-même — ajouta-t-elle en souriant de nouveau d'un air sardonique. Puis elle reprit : — Et d'ailleurs, toi qui parles, pauvre sœur... tu en as aussi envie que moi... d'en finir... avec la vie.

— Cela est vrai, Céphyse — répondit la Mayeux, qui semblait accablée. — Mais... seule... on n'est responsable que de soi... et il me semble que mourir avec toi — ajouta-t-elle en frissonnant — c'est être complice de ta mort.

— Aimes-tu mieux en finir... moi de mon côté... toi du tien?... Ça sera gai... — dit Céphyse, montrant dans ce moment terrible cette espèce d'ironie amère, désespérée, plus fréquente qu'on ne le croit au milieu des préoccupations mortelles.

— Oh! non... non... — dit la Mayeux avec effroi, pas seule... Oh! je ne veux pas mourir seule.

— Tu le vois donc bien, sœur chérie... nous avons raison de ne pas nous quitter, et pourtant — ajouta Céphyse d'une voix émue — j'ai parfois le cœur brisé quand je songe que tu veux mourir comme moi...

— Egoïste! — dit la Mayeux avec un sourire navrant — quelles raisons ai-je plus que toi d'aimer la vie? — quel vide laisserai-je après moi?

— Mais toi, sœur — reprit Céphyse — tu es un pauvre martyr... Les prêtres parlent de saintes! en est-il seulement une qui te vaille?... et pourtant, tu veux mourir comme moi... oui, comme moi... qui ai toujours été aussi oisive, aussi insouciante, aussi coupable... que tu as été laborieuse et dévouée à tout ce qui souffrait... Qu'est-ce que tu veux que je te dise? c'est vrai, pourtant, cela! toi... un ange sur la terre, tu vas mourir aussi désespérée que moi... qui suis maintenant aussi dégradée qu'une femme peut l'être — ajouta la malheureuse en baissant les yeux.

— Cela est étrange — reprit la Mayeux pensive. — Parties du même point, nous avons suivi des routes opposées... et nous voici arrivées au même but : le dégoût de l'existence... Pour toi, pauvre sœur, il y a quelques jours encore si belle, si vaillante, si folle de plaisirs et de jeunesse, la vie est, à cette heure, aussi pesante qu'elle l'est pour moi, triste et chétive créature... Après tout, j'ai accompli jusqu'à la fin ce qui était pour moi un devoir — ajouta la Mayeux avec douceur ; — Agricol n'a plus besoin de moi ;... il est marié ;... il aime, il est aimé ;... son bonheur est certain... Mademoiselle de Cardoville n'a rien à désirer. Belle, riche, heureuse, j'ai fait pour elle ce qu'une pauvre créature de ma sorte pouvait faire... Ceux qui ont été bons pour moi sont heureux ; qu'est-ce que cela fait maintenant que je m'en aille me reposer !... je suis si lasse !...

— Pauvre sœur — dit Céphyse avec une émotion touchante qui détendit ses traits contractés—quand je songe que, sans m'en prévenir, et malgré ta résolution de ne jamais retourner chez cette généreuse demoiselle, ta protectrice, tu as eu le courage de te traîner, mourante de fatigue et de besoin, jusque chez elle, pour tâcher de l'intéresser à mon sort... oui, mourante... puisque les forces t'ont manqué aux Champs-Elysées!

— Et quand j'ai pu me rendre enfin à l'hôtel de mademoiselle de Cardoville, elle était malheureusement absente!... Oh! bien malheureusement! — répéta la Mayeux en regardant Céphyse avec douleur — car, le lendemain, voyant cette dernière ressource nous manquer... pensant encore plus à moi qu'à toi, voulant à tout prix nous procurer du pain...

La Mayeux ne put achever et cacha son visage dans ses mains en frémissant.

— Eh bien! j'ai été me vendre comme tant d'autres malheureuses se vendent quand le travail manque ou que le salaire ne suffit pas... et que la faim crie trop fort... — répondit Céphyse d'une voix saccadée; — seulement, au lieu de vivre de ma honte... comme tant d'autres en vivent... moi, j'en meurs...

— Hélas! cette terrible honte, dont tu mourras, pauvre Céphyse, parce que tu as du cœur... tu ne l'aurais pas connue si j'avais pu voir mademoiselle de Cardoville, ou si elle avait répondu à la lettre que j'avais demandé la permission de lui écrire chez son concierge; mais, son silence me le prouve, elle est justement blessée de mon brusque départ de chez elle... Je le conçois... elle a dû l'attribuer à une noire ingratitude;... oui;... car, pour qu'elle n'ait pas daigné me répondre... il faut qu'elle soit bien blessée... et elle a le droit de l'être... Aussi n'ai-je pas eu le courage d'oser lui écrire une seconde fois;... cela eût été inutile, j'en suis sûre... Bonne et équitable comme elle l'est... ses refus sont inexorables lorsqu'elle les croit mérités;... et puis d'ailleurs, à quoi bon?... il était trop tard... tu étais décidée à en finir...

— Oh! bien décidée!... car mon infamie me rongeait le cœur... et Jacques était mort dans mes bras en me méprisant;... et je l'aimais, vois-tu? — ajouta Céphyse avec une exaltation passionnée — je l'aimais comme on n'aime qu'une fois dans la vie!...

— Que notre sort s'accomplisse donc!... — dit la Mayeux pensive...

— Et la cause de ton départ de chez mademoiselle de Cardoville, sœur, tu ne me l'as jamais dite... — reprit Céphyse après un moment de silence.

— Ce sera le seul secret que j'emporterai avec moi, ma bonne Céphyse — dit la Mayeux en baissant les yeux.

Et elle songeait avec une joie amère que bientôt elle serait délivrée de cette crainte qui avait empoisonné les derniers jours de sa triste vie.

Se retrouver en face d'Agricol... instruit du funeste et ridicule amour qu'elle ressentait pour lui...

Car, il faut le dire, cet amour fatal, désespéré, était une des causes du suicide de cette infortunée;... depuis la disparition de son journal, elle croyait que le forgeron connaissait le triste secret de ces pages navrantes; quoiqu'elle ne doutât pas de la générosité, du bon cœur d'Agricol, elle se défiait tant d'elle-même, elle ressentait une telle honte de cette passion, pourtant bien noble, bien pure, que, dans l'extrémité où elle et Céphyse s'étaient trouvées réduites, manquant toutes deux de travail et de pain, aucune puissance humaine ne l'aurait forcée d'affronter le regard d'Agricol... pour lui demander aide et secours.

Sans doute, la Mayeux eût autrement envisagé sa position si son esprit n'eût pas été troublé par cette sorte de vertige dont les caractères les plus fermes sont souvent atteints lorsque le malheur qui les frappe dépasse toutes les bornes; mais la misère, mais la faim, mais l'influence, pour ainsi dire contagieuse dans un tel moment, des idées de suicide de Céphyse; mais la lassitude d'une vie depuis si longtemps vouée à la douleur, aux mortifications, portèrent le dernier coup à la raison de la Mayeux; après avoir longtemps lutté contre le funeste dessein de sa sœur, la pauvre créature, accablée, anéantie, finit par vouloir partager le sort de Céphyse, voyant du moins dans la mort le terme de tant de maux...

— A quoi penses-tu, sœur? — dit Céphyse, étonnée du long silence de la Mayeux.

Celle-ci tressaillit et répondit : — Je pense à la cause qui m'a fait si brusquement sortir de chez mademoiselle de Cardoville et passer à ses yeux pour une ingrate... Enfin, puisse cette fatalité qui m'a chassée de chez elle n'avoir pas d'autres victimes que nous; puisse mon dévoûment, si obscur, si infime qu'il eût été, ne jamais manquer à celle qui a tendu sa noble main à la pauvre ouvrière et l'a appelée sa *sœur*;... puisse-t-elle être heureuse, oh! à tout jamais heureuse! — dit la Mayeux en joignant les mains avec l'ardeur d'une invocation sincère.

— Cela est beau... sœur... un tel vœu dans ce moment! — dit Céphyse.

— Oh! c'est que, vois-tu — reprit vivement la Mayeux — j'aimais, j'admirais cette merveille d'esprit, de cœur et de beauté idéale, avec un pieux respect, car jamais la puissance de Dieu ne s'est révélée dans une œuvre plus adorable et plus pure;... une de mes dernières pensées aura du moins été pour elle.

— Oui... tu auras aimé et respecté ta généreuse protectrice jusqu'à la fin...

— Jusqu'à la fin... — dit la Mayeux après un moment de silence — c'est vrai;... tu as raison;... c'est la fin;... bientôt... dans un instant tout sera terminé... Vois donc avec quel calme nous parlons de... de ce qui en épouvante tant d'autres!

— Sœur, nous sommes calmes, parce que nous sommes décidées.

— Bien décidées, Céphyse? — dit la Mayeux en jetant de nouveau un regard profond et pénétrant sur sa sœur.

— Oh! oui... puisses-tu l'être autant que moi!...

— Sois tranquille;... si je retardais de jour en jour le moment d'en finir — répondit la Mayeux — c'est que je voulais toujours te laisser le temps de réfléchir... car pour moi...

La Mayeux n'acheva pas; mais elle fit un signe de tête d'une tristesse désespérée.

— Eh bien!... sœur... embrassons-nous — dit Céphyse — et du courage!

La Mayeux, se levant, se jeta dans les bras de sa sœur... Toutes deux se tinrent longtemps embrassées... Il y eut quelques secondes d'un silence profond, solennel, seulement interrompu par les sanglots des deux sœurs, car alors seulement elles se mirent à pleurer.

— Oh! mon Dieu! s'aimer ainsi... et se quitter... pour jamais — dit Céphyse — c'est bien cruel!... pourtant.

— Se quitter... — s'écria la Mayeux... et son pâle et doux visage inondé de larmes resplendit tout à coup d'une divine espérance; — se quitter, sœur, oh! non, non. Ce qui me rend calme... vois-tu?... c'est que je me sens là, au fond du cœur, une aspiration profonde, certaine, vers ce monde meilleur où une vie meilleure nous attend! Dieu... si grand, si clément, si prodigue, si bon, n'a pas voulu, lui, que ses créatures fussent à jamais malheureuses, mais quelques hommes égoïstes, dénaturant son œuvre, réduisent leurs frères à la misère et au désespoir... Plaignons les méchans et laissons-les... Viens là-haut, sœur;... les hommes n'y sont rien, Dieu y règne;... viens là-haut, sœur; on y est mieux;... partons vite... car il est tard.

Ce disant, la Mayeux montra les rouges lueurs du couchant qui commençaient à empourprer les carreaux de la fenêtre.

Céphyse, entraînée par la religieuse exaltation de sa sœur, dont les traits, pour ainsi dire, transfigurés par l'espoir d'une délivrance prochaine, brillaient, doucement colorés par les rayons du soleil couchant, Céphyse saisit les deux mains de sa sœur, et, la regardant avec un profond attendrissement, s'écria : — Oh! ma sœur, comme tu es belle ainsi!

— La beauté me vient un peu tard — dit la Mayeux en souriant tristement.

— Non, sœur, car tu parais si heureuse... que les derniers scrupules que j'avais encore pour toi s'effacent tout à fait.

— Alors, dépêchons-nous — dit la Mayeux en montrant le réchaud à sa sœur.

— Sois tranquille, sœur, ce ne sera pas long — dit Céphyse.

Et elle alla prendre le réchaud rempli de charbon qu'elle avait placé dans un coin de la mansarde, et l'apporta au milieu de cette petite pièce.

— Sais-tu... comment cela... s'arrange... toi?... — lui demanda la Mayeux en s'approchant.

— Oh!... mon Dieu!... c'est bien simple — répondit Céphyse : — on ferme la porte... la fenêtre, et l'on allume le charbon...
— Oui, sœur; mais il me semble avoir entendu dire qu'il fallait bien exactement boucher toutes les ouvertures, afin qu'il n'entre pas d'air.
— Tu as raison : justement cette porte joint si mal!
— Et le toit... vois donc ces crevasses.
— Comment faire... sœur?
— Mais, j'y songe — dit la Mayeux — la paille de notre paillasse, bien tordue, pourra nous servir.
— Sans doute — reprit Céphyse — nous en garderons pour allumer notre feu, et du reste nous ferons des tampons pour les crevasses du toit, et des bourrelets pour la porte et pour les fenêtres...
Puis souriant, avec cette ironie amère, fréquente, nous le répétons, dans ces lugubres momens, Céphyse ajouta : — Dis donc... sœur, des bourrelets aux portes et aux fenêtres pour empêcher l'air... quel luxe... nous sommes douillettes comme des personnes riches.
— A cette heure... nous pouvons bien prendre un peu nos aises — dit la Mayeux en tâchant de plaisanter comme la reine Bacchanal.
Et les deux sœurs, avec un incroyable sang-froid, commencèrent à tordre des brins de paille en espèce de bourrelets assez menus pour pouvoir être placés entre les ais de la porte et le plancher, puis elles façonnèrent d'assez gros tampons destinés à boucher les crevasses de la toiture. Tant que dura cette sinistre occupation, le calme et la morne résignation de ces deux infortunées ne se démentirent pas.

CHAPITRE XX.

SUICIDE.

Céphyse et la Mayeux continuaient avec calme les préparatifs de leur mort.
Hélas! combien de pauvres jeunes filles, ainsi que les deux sœurs, ont été et seront encore fatalement poussées à chercher dans le suicide un refuge contre le désespoir, contre l'infamie ou contre une vie trop misérable.
Et cela doit être... et sur la société pèsera aussi la terrible responsabilité de ces morts désespérées, tant que des milliers de créatures humaines, *ne pouvant matériellement vivre* du salaire dérisoire qu'on leur accorde, seront forcées de choisir entre ces trois abîmes de maux, de hontes et de douleurs :
Une vie de travail énervant et de privations meurtrières, causes d'une mort précoce...
La prostitution qui tue aussi, mais lentement, par les mépris, par les brutalités, par les maladies immondes...
Le suicide... qui tue tout de suite...
Céphyse et la Mayeux symbolisent moralement deux fractions de la classe ouvrière chez les femmes.
Ainsi que la Mayeux, les unes, sages, laborieuses, infatigables, luttent énergiquement avec une admirable persévérance contre les tentations mauvaises, contre les mortelles fatigues d'un labeur au-dessus de leurs forces, contre une affreuse misère;... humbles, douces, résignées, elles vont... les bonnes et vaillantes créatures, elles vont... tant qu'elles peuvent aller, quoique bien frêles, quoique bien étiolées, quoique bien endolories... car elles ont presque toujours faim et froid, et presque jamais de repos, d'air et de soleil.
Elles vont enfin bravement jusqu'à la fin... jusqu'à ce qu'affaiblies par un travail exagéré, minées par une pauvreté homicide, les forces leur manquent tout à fait;... alors, presque toujours atteintes de maladies d'épuisement, le plus grand nombre va s'éteindre douloureusement à l'hospice et alimenter les amphithéâtres... exploitées pendant leur vie, exploitées après leur mort... toujours utiles aux vivans. Pauvres femmes... saints martyrs!
Les autres, moins patientes, allument un peu de charbon, et, *bien lasses,* comme dit la Mayeux, oh! bien lasses de cette vie terne, sombre, sans joies,

sans souvenirs, sans espérances, elles se reposent enfin, et s'endorment du sommeil éternel, sans songer à maudire un monde qui ne leur laisse que le choix du suicide.

Oui, le choix du suicide... car, sans parler des métiers dont l'insalubrité mortelle décime périodiquement les classes ouvrières, la misère, en un temps donné, tue comme l'asphyxie.

D'autres femmes, au contraire, douées, ainsi que Céphyse, d'une organisation vivace et ardente, d'un sang riche et chaud, d'appétits exigeans, ne peuvent se résigner à vivre seulement d'un salaire qui ne leur permet pas même de manger à leur faim. Quant à quelques distractions, si modestes qu'elles soient, quant à des vêtemens, non pas coquets mais propres, besoin aussi impérieux que la faim chez la majorité de l'espèce, il n'y faut pas songer...

Qu'arrive-t-il? Un amant se présente; il parle de fêtes, de bals, de promenades aux champs, à une malheureuse fille toute palpitante de jeunesse et clouée sur sa chaise dix-huit heures par jour... dans quelque taudis sombre et infect; le tentateur parle de vêtemens élégans et frais, et la mauvaise robe qui couvre l'ouvrière ne la défend pas même du froid; le tentateur parle de mets délicats... et le pain qu'elle dévore est loin de rassasier chaque soir son appétit de dix-sept ans...

Alors elle cède à ces offres pour elle irrésistibles.

Et bientôt vient le délaissement, l'abandon de l'amant; mais l'habitude de l'oisiveté est prise, la crainte de la misère a grandi à mesure que la vie s'est un peu raffinée; le travail, même incessant, ne suffirait plus aux dépenses accoutumées;... alors, par faiblesse, par peur... par insouciance... on descend d'un degré de plus dans le vice; puis enfin l'on tombe au plus profond de l'infamie... et, ainsi que le disait Céphyse, les uns vivent de l'infamie... d'autres en meurent.

Meurent-elles comme Céphyse, on doit les plaindre plus encore que les blâmer.

La société ne perd-elle pas ce droit de blâme dès que toute créature humaine, d'abord laborieuse et honnête, n'a pas trouvé, disons-le toujours, en retour de son travail assidu, un logement salubre, un vêtement chaud, des alimens suffisans, quelques jours de repos et toute facilité d'étudier, de s'instruire, parce que le pain de l'âme est dû à tous comme le pain du corps, en échange de leur travail et de leur probité?

Oui, une société égoïste et marâtre est responsable de tant de vices, de tant d'actions mauvaises, qui ont eu pour seule cause première :

L'impossibilité matérielle de vivre sans faillir.

Oui, nous le répétons, un nombre effrayant de femmes n'ont que le choix entre :

Une misère homicide,
La prostitution,
Le suicide.

Et cela, disons-le encore, l'on nous entendra peut-être, et cela parce que le salaire de ces infortunées est insuffisant, dérisoire;... non que leurs patrons soient généralement durs ou injustes, mais parce que, souffrant cruellement eux-mêmes des continuelles réactions d'une concurrence anarchique, parce que, écrasés sous le poids d'une implacable féodalité industrielle (état de choses maintenu, imposé par l'inertie, l'intérêt ou le mauvais vouloir des gouvernans), ils sont forcés d'amoindrir chaque jour les salaires pour éviter une ruine complète.

Et tant de déplorables infortunes sont-elles au moins quelquefois allégées par une lointaine espérance d'un avenir meilleur? Hélas! on n'ose le croire...

Supposons qu'un homme sincère, sans aigreur, sans passion, sans amertume, sans violence, mais le cœur douloureusement navré de tant de misères, vienne simplement poser cette question à nos législateurs :

« Il résulte de faits évidens, prouvés, irrécusables, que des milliers de
» femmes sont obligées de vivre à Paris avec CINQ FRANCS au plus par se-
» maine... entendez-vous bien : CINQ FRANCS PAR SEMAINE... pour se loger,
» se vêtir, se chauffer, se nourrir. Et beaucoup de ces femmes sont veuves et
» ont de petits enfans; je ne ferai pas, comme on dit, *de phrases!* Je vous
» conjure seulement de penser à vos filles, à vos sœurs, à vos femmes, à vos

» mères... Comme elles, pourtant, ces milliers de pauvres créatures, vouées
» à un sort affreux et forcément démoralisateur, sont mères, filles, sœurs,
» épouses. Je vous le demande au nom de la charité, au nom du bon sens, au
» nom de l'intérêt de tous, au nom de la dignité humaine, un tel état de
» choses, qui va d'ailleurs toujours s'aggravant, est-il tolérable? est-il pos-
» sible? Le souffrirez-vous, surtout si vous songez aux maux effroyables,
» aux vices sans nombre qu'engendre une telle misère. »

Que se passerait-il parmi nos législateurs?

Sans doute ils répondraient... douloureusement, navrés (il faut le croire) de leur impuissance : — Hélas! c'est désolant, nous gémissons de si grandes misères; mais nous ne pouvons rien.

— NOUS NE POUVONS RIEN!!!

De tout ceci la morale est simple, la conclusion facile et à la portée de tous... de ceux qui souffrent surtout;... et ceux-là, en nombre immense, concluent souvent... concluent beaucoup, à leur manière... et ils attendent.

Aussi un jour viendra peut-être où la société regrettera bien amèrement sa déplorable insouciance; alors les heureux de ce monde auront de terribles comptes à demander aux gens qui, à cette heure, nous gouvernent, car ils auraient pu, sans crises, sans violences, sans secousse, assurer le bien-être du travailleur et la tranquillité du riche.

Et, en attendant une solution quelconque à ces questions si douloureuses, qui intéressent l'avenir de la société... du monde peut-être, bien des pauvres créatures, comme la Mayeux, comme Céphyse, mourront de misère et de désespoir.

. . . .

En quelques minutes les deux sœurs eurent achevé de confectionner avec la paille de leur couche les bourrelets et les tambours destinés à intercepter l'air et à rendre l'asphyxie plus rapide et plus sûre.

La Mayeux dit à sa sœur : — Toi qui es la plus grande, Céphyse, tu te chargeras du plafond, moi de la fenêtre et de la porte.

— Sois tranquille, sœur... j'aurai fini avant toi — répondit Céphyse.

Et les deux jeunes filles commencèrent à intercepter soigneusement les courans d'air qui jusque-là sifflaient dans cette mansarde délabrée.

Céphyse, grâce à sa taille élevée, atteignit aux crevasses du toit, qui furent hermétiquement bouchées.

Cette triste besogne accomplie, les deux sœurs revinrent l'une auprès de l'autre et se regardèrent en silence.

Le moment fatal approchait; leurs physionomies, quoique toujours calmes, semblaient légèrement animées par cette surexcitation étrange qui accompagne toujours les doubles suicides.

— Maintenant — dit la Mayeux — vite le fourneau...

Et elle s'agenouilla devant le petit réchaud rempli de charbon; mais Céphyse, prenant sa sœur par dessous les bras, l'obligea de se relever, en lui disant : — Laisse-moi allumer le feu... cela me regarde...

— Mais, Céphyse...

— Tu sais, pauvre sœur, combien l'odeur du charbon te fait mal à la tête?

— A cette naïveté, car la reine Bacchanal parlait sérieusement, les deux sœurs ne purent s'empêcher de sourire tristement.

— C'est égal — reprit Céphyse. — A quoi bon... te donner une souffrance de plus... et plus tôt?

Puis montrant à sa sœur la paillasse encore un peu garnie, Céphyse ajouta : — Tu vas te coucher là, bonne petite sœur; lorsque le fourneau sera allumé, je viendrai m'asseoir à côté de toi.

— Ne sois pas longtemps... Céphyse.

— Dans cinq minutes c'est fait.

Le bâtiment élevé sur la rue était séparé par une cour étroite du corps de logis où se trouvait le réduit des deux sœurs, et le dominait tellement, qu'une fois le soleil disparu derrière de hauts pignons, la mansarde devint assez obscure; le jour voilé de la fenêtre aux carreaux presque opaques, tant ils étaient sordides, éclairait faiblement la vieille paillasse à carreaux bleus et blancs sur laquelle la Mayeux, vêtue d'une robe en lambeaux, se tenait à demi couchée. S'accoudant alors sur son bras gauche, le menton appuyé dans la paume de sa main, elle se mit à regarder sa sœur avec une expression déchirante. Céphyse, agenouillée devant le réchaud, le visage penché vers le noir charbon au-dessus duquel voltigeait déjà çà et là une petite flamme bleuâtre... Céphyse soufflait avec force sur un peu de braise allumée, qui jetait sur la pâle figure de la jeune fille des reflets ardens.

Le silence était profond... L'on n'entendait pas d'autre bruit que celui du souffle haletant de Céphyse, et, par intervalles, la légère crépitation du charbon, qui, commençant à s'embraser, exhalait déjà une odeur fade à soulever le cœur.

Céphyse, voyant le réchaud complètement allumé et se sentant déjà un peu étourdie, se releva et dit à sa sœur en s'approchant d'elle : — C'est fait...

— Ma sœur — reprit la Mayeux en se mettant à genoux sur la paillasse, pendant que Céphyse était encore debout — comment allons-nous nous placer? Je voudrais bien être tout près de toi... jusqu'à la fin...

— Attends — dit Céphyse en exécutant à mesure les mouvemens dont elle parlait, je vais m'asseoir au chevet de la paillasse, adossée au mur. Maintenant, petite sœur, viens, couche-toi là.... Bon;.... appuie ta tête sur mes genoux... et donne-moi ta main. Es-tu bien ainsi ?

— Oui, mais je ne peux pas te voir.

— Cela vaut mieux... Il paraît qu'il y a un moment, bien court... il est vrai... où l'on souffre beaucoup... Et... ajouta Céphyse d'une voix émue, — autant ne pas nous voir souffrir.

— Tu as raison, Céphyse...

— Laisse-moi baiser une dernière fois tes beaux cheveux — dit Céphyse en pressant contre ses lèvres la chevelure soyeuse qui couronnait le pâle et mélancolique visage de la Mayeux, et puis après, nous nous tiendrons bien tranquilles...

— Sœur... ta main... — dit la Mayeux — une dernière fois ta main... et après, comme tu le dis, nous ne bougerons plus... et nous n'attendrons pas longtemps, je crois, car je commence à me sentir étourdie;... et toi... sœur ?

— Moi ?... Pas encore — dit Céphyse — je ne m'aperçois que de l'odeur du charbon.

— Tu ne prévois pas à quel cimetière on nous mènera? — dit la Mayeux après un moment de silence.

— Non; pourquoi cette question?

— Parce que je préférerais le Père-Lachaise... j'y ai été une fois avec Agricol et sa mère... Quel beau coup d'œil... partout des arbres... des fleurs... du marbre... sais-tu que les morts... sont mieux logés... que les vivans... et...

— Qu'as-tu, sœur?... — dit Céphyse à la Mayeux, qui s'était interrompue après avoir parlé d'une voix plus lente.

— J'ai comme des vertiges... les tempes me bourdonnent... — répondit la Mayeux. — Et toi, comment te sens-tu?

— Je commence seulement à être un peu étourdie ; c'est singulier, chez moi... l'effet est plus tardif que chez toi.

— Oh! c'est que moi — dit la Mayeux en tâchant de sourire — j'ai toujours été si précoce... Te souviens-tu... à l'école des sœurs, on disait que j'étais toujours plus avancée que les autres... Cela m'arrive encore, comme tu vois.

— Oui... mais j'espère te rattraper tout à l'heure — dit Céphyse.

Ce qui étonnait les deux sœurs était naturel; quoique très affaiblie par les chagrins et par la misère, la reine Bacchanal, d'une constitution aussi robuste que celle de la Mayeux était frêle et délicate, devait ressentir beaucoup moins promptement que sa sœur les effets de l'asphyxie.

Après un instant de silence, Céphyse reprit en posant sa main sur le front de la Mayeux, dont elle supportait toujours la tête sur ses genoux : — Tu ne me dis rien... sœur!... tu souffres, n'est-ce pas?

— Non, dit la Mayeux d'une voix affaiblie; — mes paupières sont pesantes comme du plomb.... l'engourdissement me gagne... je m'aperçois... que je parle plus lentement... mais je ne sens encore aucune douleur vive... Et toi, sœur?

— Pendant que tu me parlais, j'ai éprouvé un vertige; maintenant mes tempes battent avec force...

— Comme elles me battaient tout à l'heure; on croirait que c'est plus douloureux et plus difficile que cela... de mourir...

Puis, après un moment de silence, la Mayeux dit soudain à sa sœur : — Crois-tu qu'Agricol me regrette beaucoup... et pense longtemps à moi?

— Peux-tu demander cela?... dit Céphyse d'un ton de reproche.

— Tu as raison... — reprit doucement la Mayeux. — Il y a un mauvais sentiment dans ce doute ;... mais si tu savais?...

— Quoi, sœur?

La Mayeux hésita un instant et dit avec accablement : — Rien... — Puis elle ajouta : — Heureusement, je meurs bien convaincue qu'il n'aura jamais besoin de moi ; il est marié à une jeune fille charmante; il s'aiment ;... je suis sûre... qu'elle fera son bonheur.

En prononçant ces derniers mots, l'accent de la Mayeux s'était de plus en plus affaibli. Tout à coup elle tressaillit, et dit à Céphyse, d'une voix tremblante, presque craintive : — Ma sœur, serre-moi bien dans tes bras ;... oh! j'ai peur : je vois tout d'un bleu sombre, et les objets tourbillonnent autour de moi.

Et la malheureuse créature, se relevant un peu, cacha son visage dans le sein de sa sœur, toujours assise, et l'entoura de ses deux bras languissans.

— Courage!... sœur... — dit Céphyse en la serrant contre sa poitrine; et d'une voix qui s'affaiblissait aussi : — Ça va finir...

Et Céphyse ajouta avec un mélange d'envie et d'effroi : — Pourquoi donc ma sœur est-elle si vite défaillante?... J'ai encore toute ma tête et je souffre moins qu'elle... Oh! mais cela ne durera pas; si je pensais qu'elle dût mourir avant moi, j'irais me mettre le visage au-dessus du réchaud ;... oui... et j'y vais.

Au mouvement que fit Céphyse pour se relever, une faible étreinte de sa sœur la retint.

— Tu souffres, pauve petite?... — dit Céphyse en tremblant.

— Ah!... oui... à cette heure... beaucoup ;... ne me me quitte pas... je t'en prie...

— Et moi... rien... presque rien encore... — se dit Céphyse en jetant un coup d'œil farouche sur le réchaud... — Ah!... si... pourtant — ajouta-t-elle avec une sorte de joie sinistre — je commence à étouffer, et il... me semble... que ma tête... va se fendre.

En effet, le gaz délétère remplissait alors la petite chambre dont il avait peu à peu chassé tout l'air respirable... le jour s'avançait; la mansarde, devenue assez obscure, était éclairée par la réverbération du fourneau, qui jetait ses reflets rougeâtres sur le groupe des deux sœurs étroitement embrassées. Soudain la Mayeux fit quelques légers mouvemens convulsifs, en prononçant ces mots d'une voix éteinte : — Agricol... mademoiselle de Cardoville... Oh! adieu... Agricol... je te....

Puis elle murmura quelques autres paroles inintelligibles ; ses mouvemens convulsifs cessèrent, et ses bras, qui enlaçaient Céphyse, retombèrent inertes sur la paillasse.

— Ma sœur... — s'écria Céphyse effrayée, en soulevant la tête de la Mayeux entre ses deux mains pour la regarder — toi... déjà, ma sœur... mais moi? mais moi?

La douce figure de la Mayeux n'était pas plus pâle que de coutume, seulement ses yeux, à demi fermés, n'avaient plus de regard ; un demi-sourire rempli de tristesse et de bonté erra encore un instant sur ses lèvres violettes, d'où s'échappait un souffle imperceptible... puis sa bouche devint immobile : l'expression du visage était d'une grande sérénité.

— Mais tu ne dois pas mourir avant moi... — s'écria Céphyse d'une voix déchirante en couvrant de baisers les joues de la Mayeux, qui se refroidirent sous ses lèvres.— Ma sœur... attends-moi... attends-moi...

La Mayeux ne répondit pas ; sa tête, que Céphyse abandonna un moment, retomba doucement sur la paillasse.

— Mon Dieu! je te le jure... ce n'est pas ma faute si nous ne mourons pas ensemble!... — s'écria avec désespoir Céphyse agenouillée devant la couche où était étendue la Mayeux.

— Morte!... — murmura Céphyse épouvantée, la voilà morte... avant moi ;... c'est peut-être que je suis la plus forte... Ah!... heureusement... je commence... comme elle... tout à l'heure... à voir d'un bleu sombre... oh!... je souffre... quel bonheur!... Oh! l'air me manque... — Sœur, ajouta-t-elle en jetant ses bras autour du cou de la Mayeux — me voilà... je viens...

Soudain, un bruit de pas et de voix se fit entendre dans l'escalier. Céphyse avait encore assez de présence d'esprit pour que ces sons arrivassent jusqu'à elle. Toujours étendue sur le corps de sa sœur, elle redressa la tête. Le bruit se rapprocha de plus en plus; bientôt une voix s'écria au dehors, à peu de distance de la porte : — Grand dieu!... quelle odeur de charbon!...

Et au même instant les ais de la porte furent ébranlés tandis qu'une autre voix s'écriait : — Ouvrez!... ouvrez!

— On va entrer... me sauver... moi...;... et ma sœur morte... Oh! non... je n'aurai pas la lâcheté de lui survivre.

Telle fut la dernière pensée de Céphyse. Usant de tout ce qui lui restait de forces pour courir à la fenêtre, elle l'ouvrit;... et, au moment même où la porte, à demi brisée, cédait sous un vigoureux effort... la malheureuse créature se précipita dans la cour, du haut de ce troisième étage. A cet instant, Adrienne et Agricol paraissaient au seuil de la chambre.

Malgré l'odeur suffocante du charbon, mademoiselle de Cardoville se précipita dans la mansarde; et, voyant le réchaud, s'écria : — La malheureuse enfant!... elle s'est tuée!...

— Non... elle s'est jetée par la fenêtre — s'écria Agricol, car il avait vu, au moment où la porte se brisait, une forme humaine disparaître par la croisée, où il courut. — Ah!... c'est affreux — s'écria-t-il bientôt, et, poussant un cri déchirant, il mit sa main devant ses yeux et se retourna pâle, terrifié, vers mademoiselle de Cardoville.

Mais se méprenant sur la cause de l'épouvante d'Agricol, Adrienne, qui venait d'apercevoir la Mayeux à travers l'obscurité, répondit : — Non... la voici...

Et elle montra au forgeron la pâle figure de la Mayeux étendue sur la paillasse, auprès de laquelle Adrienne se jeta à genoux;... saisissant les mains de la pauvre ouvrière, elle les trouva glacées... lui posant vite la main sur le cœur, elle ne le sentit plus battre... Cependant, au bout d'une seconde, l'air frais entrant à flots par la porte et par la fenêtre, Adrienne crut remarquer une pulsation presque imperceptible et s'écria : — Son cœur bat, vite du secours... Monsieur Agricol, courez! du secours... Heureusement... j'ai mon flacon.

— Oui... oui... du secours pour elle... et pour l'autre... s'il en est temps encore! — dit le forgeron désespéré en se précipitant vers l'escalier, laissant mademoiselle de Cardoville agenouillée devant la paillasse où était étendue la Mayeux.

CHAPITRE XXI.

LES AVEUX.

Pendant la scène pénible que nous venons de raconter, une vive émotion avait coloré les traits de mademoiselle de Cardoville, pâlie, amaigrie par le chagrin. Ses joues, naguère d'une rondeur si pure, s'étaient déjà légèrement creusées, tandis qu'un cercle d'un faible et transparent azur cernait ses yeux noirs, tristement voilés au lieu d'être vifs et brillans comme par le passé; ses lèvres charmantes, quoique contractées par une inquiétude douloureuse, avaient cependant conservé leur incarnat humide et velouté.

Pour donner plus aisément ses soins à la Mayeux, Adrienne avait jeté au loin son chapeau, et les flots soyeux de sa belle chevelure d'or cachaient presque son visage baissé vers la paillasse, auprès de laquelle elle se tenait agenouillée, serrant entre ses mains d'ivoire les mains fluettes de la pauvre ouvrière, complètement rappelée à la vie depuis quelques minutes, et par la salubre fraîcheur de l'air, et par l'activité des sels dont Adrienne portait sur elle un flacon; heureusement, l'évanouissement de la Mayeux avait été causé plus par son émotion et par sa faiblesse que par l'action de l'asphyxie, le gaz délétère du charbon n'ayant pas encore atteint son dernier degré d'intensité lorsque l'infortunée avait perdu connaissance.

Avant de poursuivre le récit de cette scène entre l'ouvrière et la patricienne, quelques mots rétrospectifs sont nécessaires.

Depuis l'étrange aventure du théâtre de la Porte-Saint-Martin, alors que Djalma, au péril de sa vie, s'était précipité sur la panthère noire sous les yeux de mademoiselle de Cardoville, la jeune fille avait été diversement affectée.

Oubliant et sa jalousie et son humiliation à la vue de Djalma... de Djalma s'affichant aux yeux de tous avec une femme qui semblait si peu digne de lui, Adrienne, un moment éblouie par l'action à la fois héroïque et chevaleresque du prince, s'était dit : — Malgré d'odieuses apparences, Djalma m'aime assez pour avoir bravé la mort afin de ramasser mon bouquet.

Mais chez cette jeune fille d'une âme si délicate, d'un caractère si généreux, d'un esprit si juste et si droit, la réflexion, le bon sens devaient bientôt démontrer la vanité de pareilles consolations, bien impuissantes à guérir les cruelles blessures de son amour et de sa dignité si cruellement atteints.

Que de fois — se disait Adrienne avec raison — le prince a affronté à la chasse, par pur caprice et sans raison, un danger pareil à celui qu'il a bravé pour ramasser mon bouquet! et encore... qui me dit que ce n'était pas pour l'offrir à la femme dont il était accompagné?

Étranges peut-être aux yeux du monde, mais justes et grandes aux yeux de Dieu, les idées qu'Adrienne avait sur l'amour, jointes à sa légitime fierté, étaient un obstacle invincible à ce qu'elle pût jamais songer à *succéder* à cette femme (quelle qu'elle fût d'ailleurs) que le prince avait affichée en public comme sa maîtresse.

Et pourtant, Adrienne osait à peine se l'avouer, elle ressentait une jalousie d'autant plus pénible, d'autant plus humiliante, contre sa rivale, que celle-ci semblait moins digne de lui être comparée.

D'autres fois, au contraire, malgré la conscience qu'elle avait de sa propre valeur, mademoiselle de Cardoville, se rappelant les traits charmans de Rose-Pompon, se demandait si le mauvais goût, si les manières libres et inconvenantes de cette jolie créature étaient l'effet d'une effronterie précoce et dépravée ou de l'ignorance complète des usages; dans ce dernier cas, cette ignorance même, résultant peut-être d'un naturel naïf, ingénu, pouvait avoir un grand attrait; enfin, si à ce charme et à celui d'une incontestable beauté se joignaient un amour sincère et une âme pure, peu importaient l'obscurité de la naissance et la mauvaise éducation de cette jeune fille; elle pouvait inspirer à Djalma une passion profonde.

Si Adrienne hésitait souvent à voir dans Rose-Pompon, malgré tant d fâcheuses apparences, une créature perdue, c'est que, se souvenant de ce que tant de voyageurs racontaient de l'élévation d'âme de Djalma, se souvenant surtout de la conversation qu'elle avait un jour surprise entre lui et Rodin, elle se refusait à croire qu'un homme doué d'un esprit si remarquable, d'un cœur si tendre, d'une âme si poétique, si rêveuse, si enthousiaste de l'idéal, fût capable d'aimer une créature dépravée, vulgaire, et de se montrer audacieusement en public avec elle... Là était un mystère qu'Adrienne s'efforçait en vain de pénétrer.

Ces doutes navrans, cette curiosité cruelle alimentaient encore le funeste amour d'Adrienne, et l'on doit comprendre son incurable désespoir en reconnaissant que l'indifférence, que les mépris mêmes de Djalma ne pouvaient tuer cet amour plus brûlant, plus passionné que jamais; tantôt, se rejetant dans des idées de fatalité de cœur, elle se disait qu'elle *devait* éprouver cet amour, que Djalma le méritait, et qu'un jour ce qu'il y avait d'incompréhensible dans la conduite du prince s'expliquerait à son avantage à lui; tantôt, au contraire, honteuse d'excuser Djalma, la conscience de cette faiblesse était pour Adrienne un remords, une torture de chaque instant; victime enfin de ces chagrins inouïs, elle vécut dès lors dans une solitude profonde.

Bientôt le choléra éclata comme la foudre. Trop malheureuse pour craindre ce fléau, Adrienne ne s'émut que du malheur des autres. L'une des premières, elle concourut à ces dons considérables qui affluèrent de toutes parts avec un admirable sentiment de charité. Florine avait été subitement frappée par l'épidémie; sa maîtresse, malgré le danger, voulut la voir et remonter son courage abattu. Florine, vaincue par cette nouvelle preuve de bonté, ne put cacher plus longtemps la trahison dont elle s'était jusqu'alors rendue complice : la mort devant la délivrer sans doute de l'odieuse tyrannie des gens dont elle subissait le joug, elle pouvait enfin tout révéler à Adrienne.

Celle-ci apprit ainsi et l'espionnage incessant de Florine, et la cause du brusque départ de la Mayeux.

A ces révélations, Adrienne sentit son affection, sa tendre pitié pour la pauvre ouvrière, augmenter encore. Par son ordre, les plus actives démarches furent faites pour retrouver les traces de la Mayeux. Les aveux de Florine eurent un résultat plus important encore : Adrienne, justement alarmée de cette nouvelle preuve des machinations de Rodin, se rappela les projets formés alors que, se croyant aimée, l'instinct de son amour lui révélait les périls que couraient Djalma et les autres membres de la famille Rennepont. Réunir ceux de sa race, les rallier contre l'ennemi commun, telle fut la pensée d'Adrienne après les révélations de Florine; cette pensée, elle regarda comme un devoir de l'accomplir; dans cette lutte contre des adversaires aussi dangereux, aussi puissans que Rodin, le père d'Aigrigny, la princesse de Saint-Dizier et leurs affiliés, Adrienne vit non-seulement la louable et périlleuse tâche de démasquer l'hypocrisie et la cupidité, mais encore, sinon une consolation, du moins une généreuse distraction à d'affreux chagrins.

De ce moment, une activité inquiète, fébrile, remplaça la morne et douloureuse apathie où languissait la jeune fille. Elle convoqua autour d'elle toutes les personnes de sa famille capables de se rendre à son appel, et, ainsi que l'avait dit la note secrète remise au père d'Aigrigny, l'hôtel de Cardoville devint bientôt le foyer de démarches actives, incessantes, le centre de fréquentes réunions de famille, où les moyens d'attaque et de défense étaient vivement débattus.

Parfaitement exacte sur tous les points, la note secrète dont on a parlé (et encore l'indication suivante était-elle énoncée sous la forme du doute), la note secrète supposait que mademoiselle de Cardoville avait accordé une entrevue à Djalma; le fait était faux; l'on saura plus tard la cause qui avait pu accréditer ce soupçon; loin de là, mademoiselle de Cardoville trouvait à peine, dans la préoccupation des grands intérêts de famille dont on a parlé, une distraction passagère au funeste amour qui la minait sourdement, et qu'elle se reprochait avec tant d'amertume.

Le matin même de ce jour où Adrienne, apprenant enfin la demeure de la Mayeux, venait l'arracher si miraculeusement à la mort, Agricol Baudoin, se trouvant à ce moment à l'hôtel de Cardoville pour y conférer au sujet de M. François Hardy, avait supplié Adrienne de lui permettre de l'accompagner rue Clovis, et tous deux s'y étaient rendus en hâte.

Ainsi, cette fois encore, noble spectacle, touchant symbole :... mademoiselle de Cardoville et la Mayeux, les deux extrêmes de la chaîne sociale, se touchaient et se confondaient dans une attendrissante égalité... car l'ouvrière et la patricienne se valaient par l'intelligence, par l'âme et par le cœur... elles se valaient encore parce que celle-ci était un idéal de richesse, de grâce et de beauté... celle-là un idéal de résignation et de malheur immérité; hélas ! le malheur souffert avec courage et dignité n'a-t-il pas aussi son auréole.

La Mayeux, étendue sur la paillasse, paraissait si faible, que, lors même qu'Agricol n'eût pas été retenu au rez-de-chaussée de la maison, auprès de Céphyse, alors expirante d'une mort horrible, mademoiselle de Cardoville eût encore attendu quelque temps avant d'engager la Mayeux à se lever et à descendre jusqu'à sa voiture.

Grâce à la présence d'esprit et au pieux mensonge d'Adrienne, l'ouvrière était persuadée que Céphyse avait pu être transportée dans une ambulance voisine, où on lui donnait les soins nécessaires, et qui semblaient devoir être couronnés du succès. Les facultés de la Mayeux ne se réveillant pour ainsi dire que peu à peu de leur engourdissement, elle avait d'abord accepté cette fable sans le moindre soupçon, ignorant aussi qu'Agricol eût accompagné mademoiselle de Cardoville.

— Et c'est à vous, mademoiselle, que Céphyse et moi devons la vie ! — disait la Mayeux, son mélancolique et touchant visage tourné vers Adrienne — vous agenouillée dans cette mansarde... auprès de ce lit de misère, où ma sœur et moi nous voulions mourir !... car Céphyse... vous me l'assurez, n'est-ce pas, mademoiselle... a été, comme moi, secourue à temps !

— Oui, rassurez-vous, tout à l'heure on est venu m'annoncer qu'elle avait repris ses sens.

— Et on lui a dit que je vivais... n'est-ce pas, mademoiselle ?... Sans cela, elle regretterait peut-être de m'avoir survécu.

— Soyez tranquille, chère enfant — dit Adrienne en serrant les mains de la Mayeux entre les siennes et attachant sur elle ses yeux humides de larmes. — On a dit tout ce qu'il fallait dire. Ne vous inquiétez pas, ne songez qu'à revenir à la vie... et... je l'espère... au bonheur... que, jusqu'à présent, vous avez si peu connu, pauvre petite !

— Que de bontés, mademoiselle !... après ma fuite de chez vous... quand vous devez me croire si ingrate !

— Tout à l'heure... lorsque vous serez moins faible... je vous dirai bien des choses... qui maintenant fatigueraient peut-être votre attention ; mais comment vous trouvez-vous ?

— Mieux... mademoiselle... ce bon air...... et puis la pensée que, puisque vous voilà... ma pauvre sœur ne sera plus réduite au désespoir... car, moi aussi, je vous dirai tout, et, j'en suis sûre, vous aurez pitié de Céphyse, n'est-ce pas, mademoiselle ?

— Comptez toujours sur moi, mon enfant — répondit Adrienne en dissimulant son pénible embarras ; — vous le savez, je m'intéresse à tout ce qui vous intéresse... Mais, dites-moi — ajouta mademoiselle de Cardoville d'une voix émue —, avant de prendre cette résolution désespérée vous m'avez écrit, n'est-ce pas ?

— Oui, mademoiselle.

— Hélas ! — reprit tristement Adrienne — en ne recevant pas de réponse de moi, combien vous avez dû me trouver oublieuse... cruellement ingrate !...

— Oh ! jamais je ne vous ai accusée, mademoiselle ; ma pauvre sœur vous le dira. Je vous ai été reconnaissante jusqu'à la fin.

— Je vous crois... je connais votre cœur ; mais enfin... mon silence... comment donc pouviez-vous l'expliquer ?

— Je vous ai crue justement blessée de mon brusque départ, mademoiselle...

— Moi... blessée !... Hélas ! votre lettre... je ne l'ai pas reçue !

— Et pourtant vous savez que je vous l'ai adressée, mademoiselle ?

— Oui, ma pauvre amie : je sais encore que vous l'avez écrite chez mon portier ; malheureusement il a remis votre lettre à une de mes femmes nommée Florine, en lui disant que cette lettre venait de vous.

— Mademoiselle Florine ! cette jeune personne si bonne pour moi !

— Florine me trompait indignement ; vendue à mes ennemis, elle leur servait d'espion.

— Elle !... mon Dieu ! — s'écria la Mayeux. — Est-il possible ?

— Elle-même — répondit amèrement Adrienne ; — mais il faut, après tout, la plaindre autant que la blâmer : elle était forcée d'obéir à une nécessité terrible, et ses aveux, son repentir lui ont assuré mon pardon avant sa mort.

— Morte aussi, elle... si jeune !... si belle !...

— Malgré ses torts, sa fin m'a profondément émue ; car elle a avoué ses fautes avec des regrets déchirans. Parmi ses aveux, elle m'a dit avoir intercepté cette lettre dans laquelle vous me demandiez une entrevue qui pouvait sauver la vie de votre sœur.

— Cela est vrai, mademoiselle... Tels étaient les termes de ma lettre ; mais quel intérêt avait-on à vous la cacher ?

— On craignait de vous voir revenir auprès de moi, mon bon ange gardien... vous m'aimiez si tendrement... Mes ennemis ont redouté votre fidèle affection, merveilleusement servie par l'admirable instinct de votre cœur... Ah ! je n'oublierai jamais combien était méritée l'horreur que vous inspirait un misérable que je défendais contre vos soupçons.

— M. Rodin ?... — dit la Mayeux en frémissant.

— Oui... répondit Adrienne; — mais ne parlons pas maintenant de ces gens-là... Leur odieux souvenir gâterait la joie que j'éprouve à vous voir renaître... car votre voix est moins faible, vos joues se colorent un peu. Dieu soit béni ; je suis si heureuse de vous retrouver !... Si vous saviez tout ce que j'espère, tout ce que j'attends de notre réunion ! car nous ne nous quitterons plus, n'est-ce pas ? Oh ! promettez-le-moi... au nom de notre amitié.

— Moi... mademoiselle... votre amie ! — dit la Mayeux en baissant timidement les yeux...

— Il y a quelques jours, avant votre départ de chez moi, ne vous appelai-je pas mon amie, ma sœur ? Qu'y a-t-il de changé ? Rien... rien — ajouta mademoiselle de Cardoville avec un profond attendrissement ; — on dirait, au contraire, qu'un fatal rapprochement dans nos positions me rend votre amitié plus chère... plus précieuse encore ; et elle m'est acquise, n'est-ce pas ?... Oh ! ne me refusez pas, j'ai tant besoin d'une amie...

— Vous... mademoiselle... vous auriez besoin de l'amitié d'une pauvre créature comme moi ?

— Oui — répondit Adrienne en regardant la Mayeux avec une expression de douleur navrante — et bien plus... vous êtes peut-être la seule personne à qui je pourrais... à qui j'oserais confier des chagrins... bien amers...

Et les joues de mademoiselle de Cardoville se colorèrent vivement.

— Et qui me mérite une pareille marque de confiance, mademoiselle ? — demanda la Mayeux de plus en plus surprise.

— La délicatesse de votre cœur, la sûreté de votre caractère — répondit Adrienne avec une légère hésitation ;... puis, vous êtes femme... et, j'en suis certaine, mieux que personne, vous comprendrez ce que je souffre, et vous me plaindrez...

— Vous plaindre... mademoiselle! — dit la Mayeux, dont l'étonnement augmentait encore — vous si grande dame et si enviée... moi si humble et si infime, je pourrais vous plaindre ?

— Dites, ma pauvre amie — reprit Adrienne après quelques instants de silence — les douleurs les plus poignantes ne sont-ce pas celles que l'on n'ose avouer à personne dans la crainte des railleries ou du mépris ?... Comment oser demander de l'intérêt ou de la pitié pour les souffrances que l'on n'ose s'avouer à soi-même, parce qu'on en rougit à ses propres yeux ?

La Mayeux pouvait à peine croire ce qu'elle entendait ; sa bienfaitrice eût, comme elle, éprouvé un amour malheureux, qu'elle n'aurait pas tenu un autre langage. Mais l'ouvrière ne pouvait admettre une supposition pareille ; aussi, attribuant à une autre cause les chagrins d'Adrienne, elle répondit tristement en songeant à son fatal amour pour Agricol : — Oh ! oui, mademoiselle, une peine dont on a honte... cela doit être affreux !... Oh ! bien affreux !...

— Mais aussi quel bonheur de rencontrer, non-seulement un cœur assez noble pour vous inspirer une confiance entière, mais encore assez éprouvé par mille chagrins pour être capable de vous offrir pitié, appui, conseil !... Dites, ma chère enfant — ajouta mademoiselle de Cardoville en regardant attentivement la Mayeux — si vous étiez accablée par une de ces souffrances dont on rougit, ne seriez-vous pas heureuse, bien heureuse, de trouver une âme sœur de la vôtre, où vous pourriez épancher vos chagrins et les alléger de moitié par une confiance entière et méritée ?

Pour la première fois de sa vie, la Mayeux regarda mademoiselle de Cardoville avec un sentiment de défiance et de tristesse.

Les dernières paroles de la jeune fille lui semblaient significatives. — Sans doute elle sait mon secret — se disait la Mayeux ; — sans doute mon journal est tombé entre ses mains ; elle connaît mon amour pour Agricol, où elle le soupçonne ; ce qu'elle m'a dit jusqu'ici a eu pour but de provoquer des confidences afin de s'assurer si elle est bien informée.

Ces pensées ne soulevaient dans l'âme de la Mayeux aucun sentiment amer ni ingrat contre sa bienfaitrice ; mais le cœur de l'infortunée était d'une si ombrageuse délicatesse, d'une si douloureuse susceptibilité à l'endroit de son funeste amour, que, malgré sa profonde et tendre affection pour mademoiselle de Cardoville, elle souffrit cruellement en la croyant maîtresse de son secret.

CHAPITRE XXII.

LES AVEUX (SUITE).

Cette pensée d'abord si pénible : que mademoiselle de Cardoville était instruite de son amour pour Agricol, se transforma bientôt dans le cœur de la Mayeux, grâce aux généreux instincts de cette rare et excellente créature, en un regard touchant, qui montrait tout son attachement, toute sa vénération pour Adrienne.

— Peut-être — se disait la Mayeux — vaincue par l'influence que l'adorable bonté de ma protectrice exerce sur moi, je lui aurais fait un aveu que je n'aurais fait à personne, un aveu que, tout à l'heure encore, je croyais emporter dans ma tombe... c'eût été du moins une preuve de ma reconnaissance pour mademoiselle de Cardoville ; mais malheureusement me voici privée du triste bonheur de confier à ma bienfaitrice le seul secret de ma vie. Et d'ailleurs, si généreuse que soit sa pitié pour moi, si intelligente que soit son affection, il ne lui est pas donné, à elle si belle, si admirée, il ne lui est pas donné de jamais comprendre ce qu'il y a d'affreux dans la position d'une créature comme moi, cachant au plus profond de son cœur meurtri un amour aussi désespéré que ridicule. Non... non ; et, malgré la délicatesse de son attachement pour moi, tout en me plaignant, ma bienfaitrice me blessera sans le savoir, car les *maux frères* peuvent seuls se consoler... Hélas! pourquoi ne m'a-t-elle pas laissée mourir?

Ces réflexions s'étaient présentées à l'esprit de la Mayeux aussi rapides que la pensée. Adrienne l'observait attentivement : elle remarqua soudain que les traits de la jeune ouvrière, jusqu'alors de plus en plus rassérénés, s'attristaient de nouveau, et exprimaient un sentiment d'humiliation douloureuse. Effrayée de cette rechute de sombre accablement, dont les conséquences pouvaient devenir funestes, car la Mayeux, encore bien faible, était pour ainsi dire sur le bord de la tombe, mademoiselle de Cardoville reprit vivement : — Mon amie... ne pensez-vous donc pas comme moi... que le chagrin le plus cruel... le plus humiliant même, est allégé... lorsqu'on peut l'épancher dans un cœur fidèle et dévoué?

— Oui... mademoiselle — dit amèrement la jeune ouvrière ; — mais le cœur qui souffre, et en silence, devrait être seul juge du moment d'un si pénible aveu... Jusque-là il serait plus humain peut-être de respecter son douloureux secret... si on l'a surpris.

— Vous avez raison, mon enfant — dit tristement Adrienne ; — si je choisis ce moment presque solennel pour vous faire une bien pénible confidence... c'est que, quand vous m'aurez entendue, vous vous rattacherez, j'en suis sûre, d'autant plus à l'existence, que vous saurez que j'ai un plus grand besoin de votre tendresse... de vos consolations... de votre pitié...

A ces mots, la Mayeux fit un effort pour se relever à demi, s'appuya sur sa couche et regarda mademoiselle de Cardoville avec stupeur.

Elle ne pouvait croire à ce qu'elle entendait ; loin de songer à forcer ou à surprendre sa confiance, sa protectrice venait, disait-elle, lui faire un aveu pénible et implorer ses consolations, sa pitié... à elle... la Mayeux.

— Comment!— s'écria-t-elle en balbutiant — c'est vous, mademoiselle, qui venez...

— C'est moi qui viens vous dire :... Je souffre... et j'ai honte de ce que je souffre... Oui... — ajouta la jeune fille avec une expression déchirante — oui... de tous les aveux je viens vous faire le plus pénible... j'aime!... et je rougis... de mon amour.

— Comme moi... — s'écria involontairement la Mayeux en joignant les mains.

— J'aime... — reprit Adrienne avec une explosion de douleur longtemps contenue ; — oui, j'aime... et on ne m'aime pas... et mon amour est misérable, est impossible ;... il me dévore... il me tue... et je n'ose confier à personne... ce fatal secret.

— Comme moi... — répéta la Mayeux le regard fixe. — Elle... reine... par la beauté, par le rang, par la richesse, par l'esprit... elle souffre comme moi — reprit-elle. — Et comme moi, pauvre malheureuse créature... elle aime... et on ne l'aime pas...

— Eh bien!... oui... comme vous... j'aime... et l'on ne m'aime pas — s'écria mademoiselle de Cardoville ; — avais-je donc tort de vous dire qu'à vous seule je pouvais me confier... parce qu'ayant souffert des mêmes maux, vous seule pouviez y compatir?

— Ainsi... mademoiselle — dit la Mayeux en baissant les yeux et revenant de sa profonde surprise — vous saviez...

— Je savais tout, pauvre enfant ;... mais jamais je ne vous aurais parlé de votre secret, si moi-même... je n'avais pas eu à vous en confier un plus pénible encore ;... le vôtre est cruel, le mien est humiliant... Oh! ma sœur, vous le voyez — ajouta mademoiselle de Cardoville avec un accent impossible à rendre — le malheur efface, rapproche, confond ce que l'on appelle... les distances... Et souvent ces heureux du monde, que l'on envie tant, tombent, par d'affreuses douleurs, hélas! bien au-dessous des plus humbles et des plus misérables, puisqu'à ceux-là ils demandent pitié... consolation.

Puis, essuyant ses larmes, qui coulaient abondamment, mademoiselle de Cardoville reprit d'une voix émue : — Allons, sœur, courage, courage ;... aimons-nous, soutenons-nous ; que ce triste et mystérieux lien nous unisse à jamais.

— Ah! mademoiselle, pardonnez-moi. Mais, maintenant que vous savez le secret de ma vie — dit la Mayeux en baissant les yeux et ne pouvant vaincre sa confusion — il me semble que je ne pourrai plus vous regarder sans rougir.

— Pourquoi? parce que vous aimez passionnément M. Agricol! — dit Adrienne ; — mais alors il faudra donc que je meure de honte à vos yeux, car, moins courageuse que vous, je n'ai pas eu la force de souffrir, de me résigner, de cacher mon amour au plus profond de mon cœur! Celui que j'aime, d'un amour désormais impossible, l'a connu, cet amour... et il l'a méprisé... pour me préférer une femme dont le choix seul serait un nouvel et sanglant affront pour moi... si les apparences ne me trompent pas sur elle... Aussi, quelquefois, j'espère qu'elles me trompent... Maintenant, dites... est-ce à vous de baisser les yeux?

— Vous, dédaignée... pour une femme indigne de vous être comparée?... Ah! mademoiselle, je ne puis le croire! — s'écria la Mayeux.

— Et moi aussi, quelquefois, je ne puis le croire, et cela sans orgueil, mais parce que je sais ce que vaut mon cœur... Alors je me dis : Non, celle que l'on me préfère a sans doute de quoi toucher l'âme, l'esprit et le cœur de celui qui me dédaigne pour elle.

— Ah! mademoiselle, si tout ce que j'entends n'est pas un rêve... si de fausses apparences ne vous égarent pas, votre douleur est grande!

— Oui, ma pauvre amie... grande... oh! bien grande ; et pourtant maintenant, grâce à vous, j'ai l'espoir que peut-être elle s'affaiblira. cette passion funeste ; peut-être trouverai-je la force de la vaincre... car, lorsque vous saurez tout, absolument tout, je ne voudrai pas rougir à vos yeux... vous, la plus noble, la plus digne des femmes... vous... dont le courage, la résignation sont et seront toujours pour moi un exemple.

— Ah! mademoiselle... ne parlez pas de mon courage, lorsque j'ai tant à rougir de ma faiblesse.

— Rougir! mon Dieu! toujours cette crainte! Est-il, au contraire, quelque chose de plus touchant, de plus héroïquement dévoué que votre amour? Vous, rougir! Et pourquoi? Est-ce d'avoir montré la plus sainte affection pour le loyal artisan que vous avez appris à aimer depuis votre enfance? Rougir, est-ce d'avoir été pour sa mère la fille la plus tendre? Rougir, est-ce d'avoir enduré, sans jamais vous plaindre, pauvre petite, mille souffrances, d'autant plus poignantes que les personnes qui vous les faisaient subir n'avaient pas conscience du mal qu'elles vous faisaient? Pensait-on à vous blesser, lorsqu'au lieu de vous donner votre modeste nom de Madeleine, disiez-vous, on vous donnait toujours, sans y jamais songer, un surnom ridicule et injurieux? Et pourtant pour vous, que d'humiliations, que de chagrins dévorés en secret!...

— Hélas! mademoiselle, qui a pu vous dire?...

— Ce que vous n'aviez confié qu'à votre journal, n'est-ce pas? Eh bien! sachez donc tout... Florine, mourante, m'a avoué ses méfaits. Elle avait eu l'indignité de vous dérober ces papiers, forcée d'ailleurs à cet acte odieux par les gens qui la dominaient;... mais ce journal, elle l'avait lu... et comme tout bon sentiment n'était pas éteint en elle, cette lecture où se révélaient votre admirable résignation, votre triste et pieux amour, cette lecture l'avait si profondément frappée, qu'à son lit de mort elle a pu m'en citer quelques passages, m'expliquant ainsi la cause de votre disparition subite, car elle ne doutait pas que la crainte de voir divulguer votre amour pour Agricol n'eût causé votre fuite.

— Hélas! il n'est que trop vrai, mademoiselle.

— Oh! oui — reprit amèrement Adrienne — ceux qui faisaient agir cette malheureuse savaient bien où portait le coup... Ils n'en sont pas à leur essai;... ils vous réduisaient au désespoir;... ils vous tuaient... Mais, aussi... pourquoi m'étiez-vous si dévouée? Pourquoi les aviez-vous devinés? Oh! ces robes noires sont implacables, et leur puissance est grande — dit Adrienne en frissonnant.

— Cela épouvante, mademoiselle.

— Rassurez-vous, chère enfant; vous le voyez, les armes des méchans tournent souvent contre eux: car, du moment où j'ai su la cause de votre fuite, vous m'êtes devenue plus chère encore. Dès lors, j'ai fait tout au monde pour vous retrouver; enfin, après de longues démarches, ce matin seulement, la personne que j'avais chargée du soin de découvrir votre retraite est parvenue à savoir que vous habitiez cette maison. M. Agricol se trouvait chez moi, il m'a demandé à m'accompagner.

— Agricol! — s'écria la Mayeux en joignant les mains; — il est venu...

— Oui, mon enfant, calmez-vous... Pendant que je vous donnais les premiers soins... il s'est occupé de votre sœur; vous le verrez bientôt.

— Hélas!... mademoiselle — reprit la Mayeux avec effroi; — il sait sans doute?...

— Votre amour? Non, non, rassurez-vous, ne songez qu'au bonheur de vous retrouver auprès de ce bon et loyal frère.

— Ah!... mademoiselle... qu'il ignore toujours... ce qui me causait tant de honte que j'en voulais mourir... Soyez béni, mon Dieu! il ne sait rien...

— Non; ainsi plus de tristes pensées, chère enfant; pensez à ce digne frère, pour vous dire qu'il est arrivé à temps pour nous épargner des regrets éternels... et à vous... une grande faute... Oh! je ne vous parle pas des préjugés du monde, à propos du droit que possède la créature de rendre à Dieu une vie qu'elle trouve trop pesante... Je vous dis seulement que vous ne deviez pas mourir, parce que ceux qui vous aiment et que vous aimez avaient encore besoin de vous.

— Je vous croyais heureuse, mademoiselle; Agricol était marié à la jeune fille qu'il aime et qui fera, j'en suis sûre, son bonheur... A qui pouvais-je être utile?

— A moi d'abord, vous le voyez... Et puis, qui donc vous dit que M. Agricol n'aura jamais besoin de vous? Qui vous dit que son bonheur ou celui des siens durera toujours, ou ne sera pas éprouvé par de rudes atteintes? Et alors même que ceux qui vous aiment auraient dû être à tout jamais heureux, leur bonheur était-il complet sans vous? Et votre mort, qu'ils se seraient peut-être reprochée, ne leur aurait-elle pas laissé des regrets sans fin?

— Cela est vrai, mademoiselle — répondit la Mayeux — j'ai eu tort;... un vertige de désespoir m'a saisie, et puis... la plus affreuse misère nous accablait... nous n'avions pas pu trouver de travail depuis quelques jours;... nous vivions de la charité d'une pauvre femme que le choléra a enlevée... Demain ou après, il nous aurait fallu mourir de faim.

— Mourir de faim... et vous saviez ma demeure...

— Je vous avais écrit, mademoiselle; ne recevant pas de réponse, je vous ai crue blessée de mon brusque départ.

— Pauvre chère enfant, vous étiez, ainsi que vous le dites, sous l'influence d'une sorte de vertige dans ce moment affreux. Aussi n'ai-je pas le courage de vous reprocher d'avoir un seul instant douté de moi. Comment vous blâmerais-je? N'ai-je pas aussi eu la pensée d'en finir avec la vie?

— Vous, mademoiselle ! — s'écria la Mayeux.

— Oui... j'y songeais... lorsqu'on est venu me dire que Florine, agonisante, voulait me parler ;... je l'ai écoutée ; ses révélations ont tout à coup changé mes projets ; cette vie sombre, morne, qui m'était insupportable, s'est éclairée tout à coup ; la conscience du devoir s'est éveillée en moi ; vous étiez sans doute en proie à la plus horrible misère, mon devoir était de vous chercher et de vous sauver ; les aveux de Florine me dévoilaient ne nouvelles trames des ennemis de ma famille isolée, dispersée par des chagrins navrans, par des pertes cruelles, mon devoir était d'avertir les miens du danger qu'ils ignoraient peut-être, de les rallier contre l'ennemi commun. J'avais été victime d'odieuses manœuvres ; mon devoir était d'en poursuivre les auteurs, de peur qu'encouragées par l'impunité, ces robes noires ne fissent de nouvelles victimes... Alors, la pensée du devoir m'a donné des forces, j'ai pu sortir de mon anéantissement ; avec l'aide de l'abbé Gabriel, prêtre sublime, oh ! sublime... l'idéal du vrai chrétien... le digne frère adoptif de M. Agricol, j'ai entrepris courageusement la lutte. Que vous dirai-je, mon enfant ! l'accomplissement de ces devoirs, l'espérance incessante de vous retrouver, ont apporté quelque adoucissement à ma peine ; si je n'en ai pas été consolée, j'en ai été distraite ;... votre tendre amitié, l'exemple de votre résignation, feront le reste, je le crois... j'en suis sûre... et j'oublierai ce fatal amour.

Au moment où Adrienne disait ces mots, on entendit des pas rapides dans l'escalier, et une voix jeune et fraîche qui disait : — Ah ! mon Dieu ! cette pauvre Mayeux !... comme j'arrive à propos ! Si je pouvais au moins lui être bonne à quelque chose !

Et presque aussitôt, Rose-Pompon entra précipitamment dans la mansarde.

Agricol suivit bientôt la grisette, et, montrant à Adrienne la fenêtre ouverte, tâcha par un signe de lui faire comprendre qu'il ne fallait pas parler à la jeune fille de la fin déplorable de la reine Bacchanal.

Cette pantomime fut perdue pour mademoiselle de Cardoville. Le cœur d'Adrienne bondissait de douleur, d'indignation, de fierté, en reconnaissant la jeune fille qu'elle avait vue à la Porte-Saint-Martin, accompagnant Djalma, et qui seule était la cause des maux affreux qu'elle endurait depuis cette funeste soirée.

Puis... sanglante raillerie de la destinée ! c'était au moment même où Adrienne venait de faire l'humiliant et cruel aveu de son amour dédaigné, qu'apparaissait à ses yeux la femme à qui elle se croyait sacrifiée.

Si la surprise de mademoiselle de Cardoville avait été profonde, celle de Rose-Pompon ne fut pas moins grande. Non-seulement elle reconnaissait dans Adrienne la belle jeune fille aux cheveux d'or qui se trouvait en face d'elle au théâtre lors de l'aventure de la panthère noire, mais elle avait de graves raisons de désirer ardemment cette rencontre, si imprévue, si improbable ; aussi est-il impossible de peindre le regard de joie maligne et triomphante qu'elle affecta de jeter sur Adrienne.

Le premier mouvement de mademoiselle de Cardoville fut de quitter la mansarde ; mais non-seulement il lui coûtait d'abandonner la Mayeux dans ce moment, et de donner, devant Agricol, une raison à ce brusque départ, mais une inexplicable et fatale curiosité la retint malgré sa fierté révoltée. Elle resta donc. Elle allait enfin voir, si cela se peut dire, *de près*, entendre et juger cette *rivale* pour qui elle avait failli mourir, cette rivale à qui, dans les angoisses de la jalousie, elle avait prêté tant de physionomies différentes, afin de s'expliquer l'amour de Djalma pour cette créature.

CHAPITRE XXIII.

LES RIVALES.

Rose-Pompon, dont la présence causait une si vive émotion à mademoiselle de Cardoville, était mise avec le mauvais goût le plus coquet et le plus crâne. Son *bibi* de satin rose, à passe très étroite, posé si en avant, et, comme elle disait, à la chien, descendait presque jusqu'au bout de son petit nez, et découvrait en revanche la moitié de son soyeux et blond chignon; sa robe écossaise, à carreaux extravagans, était ouverte par devant, et c'est à peine si sa guimpe transparente, peu hermétiquement fermée, et pas assez jalouse des rondeurs charmantes qu'elle accusait avec trop de probité, gazait suffisamment l'échancrure effrontée de son corsage.

La grisette, s'étant hâtée de monter l'escalier, tenait les deux coins de son grand châle bleu à palmes, qui, ayant quitté ses épaules, avait glissé jusqu'au bas de sa taille de guêpe, où il s'était enfin trouvé arrêté par un obstacle naturel.

Si nous insistons sur ces détails, c'est qu'à la vue de cette gentille créature, mise d'une façon très impertinente et très débraillée, mademoiselle de Cardoville, retrouvant en elle une rivale qu'elle croyait heureuse, sentit redoubler son indignation, sa douleur et sa honte...

Mais que l'on juge de la surprise et de la confusion d'Adrienne, lorsque mademoiselle Rose-Pompon lui dit d'un air leste et dégagé : — Je suis ravie de vous trouver ici, madame; nous aurons à causer ensemble... Seulement, je veux auparavant embrasser cette pauvre Mayeux, si vous le permettez... *madame.*

Pour s'imaginer le ton et l'accent dont fut articulé le mot *madame*, il faut avoir assisté à des discussions plus ou moins orageuses entre deux Roses-Pompons, jalouses et rivales; alors on comprendra tout ce que ce mot *madame*, prononcé dans ces grandes circonstances, renferme de provocante hostilité.

Mademoiselle de Cardoville, stupéfaite de l'impudence de mademoiselle Rose-Pompon, restait muette, pendant qu'Agricol, distrait par l'attention qu'il portait à la Mayeux, dont les regards ne quittaient pas les siens depuis son arrivée, distrait aussi par le souvenir de la scène douloureuse à laquelle il venait d'assister, disait tout bas à Adrienne, sans remarquer l'effronterie de la grisette : — Hélas! mademoiselle... c'est fini... Céphyse vient de rendre le dernier soupir... sans avoir repris connaissance.

— Malheureuse fille! — dit Adrienne avec émotion, oubliant un moment Rose-Pompon.

— Il faudra cacher cette triste nouvelle à la Mayeux, et la lui apprendre plus tard avec les plus grands ménagemens — reprit Agricol. — Heureusement, la petite Rose-Pompon n'en sait rien.

Et du regard il montra à mademoiselle de Cardoville la grisette qui s'était accroupie auprès de la Mayeux.

En entendant Agricol traiter si familièrement Rose-Pompon, la stupeur d'Adrienne redoubla; ce qu'elle ressentit est impossible à rendre... car, chose qui semble fort étrange, il lui sembla qu'elle souffrait moins... et que ses angoisses diminuaient, à mesure qu'elle entendait dans quels termes s'exprimait la grisette.

— Ah! ma bonne Mayeux — disait celle-ci avec autant de volubilité que d'émotion, car ses jolis yeux bleus se mouillèrent de larmes — c'est-y donc possible de faire une bêtise pareille!... Est-ce qu'entre pauvres gens on ne s'entr'aide pas?... Vous ne pouviez donc pas vous adresser à moi?... Vous saviez bien que ce qui est à moi est aux autres... J'aurais fait une dernière rafle sur le bazar de Philémon — ajouta cette singulière fille avec un redoublement d'attendrissement, sincère, à la fois, touchant et grotesque; — j'aurais vendu ses trois bottes, ses pipes culottées, son costume de canotier flambard, son lit et jusqu'à son verre de grande tenue, et au moins vous n'auriez pas été réduite... à une si vilaine extrémité... Philémon ne m'en aurait pas voulu, car il est bon enfant; après ça il m'en aurait voulu, que ça aurait été tout de même : Dieu merci! nous ne sommes pas mariés... C'est seulement pour vous dire qu'il fallait penser à la petite Rose-Pompon...

— Je sais que vous êtes obligeante et bonne, mademoiselle — dit la Mayeux, car elle avait appris par sa sœur que Rose-Pompon, comme tant de ses pareilles, avait le cœur généreux.

— Après cela — reprit la grisette en essuyant du revers de sa main le bout de son petit nez rose, où une larme avait roulé — vous me direz que vous ignoriez où je *perchais* depuis quelque temps... Drôle d'histoire, allez; quand je dis drôle... au contraire. — Et Rose-Pompon poussa un gros soupir. — Enfin, c'est égal — reprit-elle, — je n'ai pas à vous parler de ça, ce qui est sûr, c'est que vous allez mieux... Vous ne recommencerez pas, ni Céphyse non plus, une pareille chose... On dit qu'elle est bien faible... et qu'on ne peut pas encore la voir, n'est-ce pas, monsieur Agricol?

— Oui, dit le forgeron avec embarras, car la Mayeux ne détachait pas ses yeux des siens — il faut prendre patience...

— Mais je pourrai la voir aujourd'hui, n'est-ce pas, Agricol? — reprit la Mayeux.

— Nous parlerons de cela; mais calme-toi, je t'en prie...

— Agricol a raison; il faut être raisonnable, ma bonne Mayeux — reprit Rose-Pompon — nous attendrons... J'attendrai aussi en causant tout à l'heure avec madame (et Rose-Pompon jeta sur Adrienne un regard sournois de chatte en colère); oui, oui, j'attendrai, car je veux dire à cette pauvre Céphyse qu'elle peut, comme vous, compter sur moi. — Et Rose-Pompon se rengorgea gentiment. — Soyez tranquilles. Tiens, c'est bien le moins, quand on se trouve dans une heureuse passe, que vos amies qui ne sont pas heureuses s'en ressentent; ça serait encore gracieux de garder le bonheur pour soi toute seule! C'est ça... Empaillez-le donc tout de suite, votre bonheur; mettez-le donc sous verre ou dans un bocal, pour que personne n'y touche!... Après ça... quand je dis mon bonheur... c'est encore une manière de parler; il est vrai que, sous un rapport... Ah bien, oui! mais aussi sous l'autre, voyez-vous! ma bonne Mayeux, voilà la chose... Mais bah!... après tout, je n'ai que dix-sept ans... Enfin, c'est égal... je me tais, car je vous parlerais comme ça jusqu'à demain que vous n'en sauriez pas davantage... Laissez-moi donc encore une fois vous embrasser de bon cœur... et ne soyez plus chagrine... ni Céphyse non plus... entendez-vous?... car maintenant je suis là...

Et Rose-Pompon, assise sur ses talons, embrassa cordialement la Mayeux.

Il faut renoncer à exprimer ce qu'éprouva mademoiselle de Cardoville pendant l'entretien... ou plutôt pendant le monologue de la grisette, à propos de la tentative de suicide de la Mayeux; le jargon excentrique de mademoiselle Rose-Pompon, sa libérale facilité à l'endroit du *bazar* de Philémon, avec qui, disait-elle, elle n'était heureusement pas mariée; la bonté de son cœur, qui se révélait çà et là dans ces offres de service à la Mayeux; ces contrastes, ces impertinences, ces drôleries, tout cela était si nouveau, si incompréhensible pour mademoiselle de Cardoville, qu'elle resta d'abord muette et immobile de surprise.

Telle était donc la créature à qui Djalma l'avait sacrifiée?

Si le premier mouvement d'Adrienne avait été horriblement pénible à la vue de Rose-Pompon, la réflexion ne tarda pas à éveiller chez elle des doutes qui devinrent bientôt d'ineffables espérances; se rappelant de nouveau l'entretien qu'elle avait surpris entre Rodin et Djalma, lorsque, cachée dans la serre chaude, elle venait s'assurer de la fidélité du jésuite, Adrienne ne se demandait plus s'il était possible et raisonnable de croire que le prince, dont les idées sur l'amour semblaient si poétiques, si élevées, si pures, eût pu trouver le moindre charme au babil impudent et saugrenu de cette petite fille... Adrienne, cette fois, n'hésitait plus; elle regardait avec raison la chose comme impossible, alors qu'elle voyait pour ainsi dire *de près* cette étrange rivale, alors qu'elle l'entendait s'exprimer en termes si vulgaires, façons et langage qui, sans nuire à la gentillesse de ses traits, leur donnaient un caractère trivial et peu attrayant.

Les doutes d'Adrienne au sujet du profond amour du prince pour une Rose-Pompon se changèrent donc bientôt en une incrédulité complète: douée de trop d'esprit, de trop de pénétration pour ne pas pressentir que cette apparente liaison, si inconcevable de la part du prince, devait cacher quelque mystère, mademoiselle de Cardoville se sentit renaître à l'espoir.

A mesure que cette consolante pensée se développait dans l'esprit d'Adrienne, son cœur, jusqu'alors si douloureusement oppressé, se dilatait; de vagues aspirations vers un meilleur avenir s'épanouissaient en elle; et pourtant, cruellement avertie par le passé, craignant de céder à une illusion trop facile, elle se rappelait les faits malheureusement avérés: le prince s'affichant en public avec cette jeune fille; mais par cela même que mademoiselle de Cardoville pouvait alors complètement apprécier cette créature, elle trouvait la conduite du prince de plus en plus incompréhensible. Or, comment juger sainement, sûrement, ce qui est environné de mystères? et puis elle se rassurait; malgré elle, un secret pressentiment lui disait que ce serait peut-être au chevet de la pauvre ouvrière qu'elle venait d'arracher à la mort que, par un hasard providentiel, elle apprendrait une révélation d'où dépendait le bonheur de sa vie.

Les émotions dont était agité le cœur d'Adrienne devenaient si vives, que son beau visage se colora d'un rose vif, son sein battit violemment, et ses grands yeux noirs, jusqu'alors tristement voilés, brillèrent doux et radieux à la fois; elle attendait avec une impatience inexprimable. Dans l'entretien dont Rose-Pompon l'avait menacée, dans cette conversation que, quelques instans auparavant, Adrienne eût repoussée de toute la hauteur de sa fière et légitime indignation, elle espérait trouver enfin l'explication d'un mystère qu'il lui était si important de pénétrer.

Rose-Pompon, après avoir encore tendrement embrassé la Mayeux, se releva, et se retournant vers Adrienne, qu'elle toisa d'un air des plus dégagés, lui dit d'un petit ton impertinent : — A nous deux maintenant, *madame* (le mot madame, toujours prononcé avec l'expression que l'on sait); nous avons quelque chose à débrouiller ensemble.

— Je suis à vos ordres, mademoiselle — répondit Adrienne avec beaucoup de douceur et de simplicité.

A la vue du minois conquérant et décidé de Rose-Pompon, en entendant sa provocation à mademoiselle de Cardoville, le digne Agricol, après quelques mots échangés avec la Mayeux, ouvrit des oreilles énormes et resta un moment interdit de l'effronterie de la grisette; puis, s'avançant vers elle, il lui dit tout bas en la tirant par la manche : — Ah çà! est-ce que vous êtes folle? Savez-vous à qui vous parlez?

— Eh bien! après?... est-ce qu'une jolie femme n'en vaut pas une autre?... Je dis cela pour madame... On ne me mangera pas, je suppose — répondit tout haut et crânement Rose-Pompon; — j'ai à causer avec *madame*;... je suis sûre qu'elle sait de quoi et pourquoi... Sinon, je vais le lui dire : ça ne sera pas long.

Adrienne, craignant quelque explosion ridicule au sujet de Djalma en présence d'Agricol, fit un signe à ce dernier, et répondit à la grisette : — Je suis prête à vous entendre, mademoiselle, mais pas ici... Vous comprenez pourquoi...

— C'est juste, madame;... j'ai ma clef... si vous voulez... allons chez moi... Ce *chez moi* fut dit d'un air glorieux.

— Allons donc chez vous, mademoiselle, puisque vous voulez bien me faire l'honneur de m'y recevoir... — répondit mademoiselle de Cardoville, de sa voix douce et perlée, en s'inclinant légèrement avec un air de politesse si exquise, que Rose-Pompon, malgré son effronterie, demeura tout interdite.

— Comment, mademoiselle — dit Agricol à Adrienne — vous êtes assez bonne pour...

— Monsieur Agricol — dit mademoiselle de Cardoville en l'interrompant — veuillez rester auprès de ma pauvre amie;... je reviens bientôt.

Puis, se rapprochant de la Mayeux, qui partageait l'étonnement d'Agricol, elle lui dit : — Excusez-moi, si je vous laisse pendant quelques instans... Reprenez encore un peu vos forces... et je reviens vous chercher pour vous emmener chez nous, chère et bonne sœur...

Se retournant alors vers Rose-Pompon, de plus en plus surprise d'entendre cette belle dame appeler la Mayeux *sa sœur*, elle lui dit : — Quand vous le voudrez, nous descendrons, mademoiselle...

— Pardon, excuse, madame, si je passe la première pour vous montrer le chemin; mais c'est un vrai casse-cou que cette baraque — répondit Rose-Pompon en collant ses coudes à son corps et en pinçant ses lèvres, afin de prouver qu'elle n'était nullement étrangère aux belles manières et au beau langage.

Et les deux rivales quittèrent la mansarde, où Agricol et la Mayeux restèrent seuls.

Heureusement les restes sanglans de la reine Bacchanal avaient été transportés dans la boutique souterraine de la mère Arsène; ainsi les curieux, toujours attirés par les événemens sinistres, se pressèrent à la porte de la rue; et Rose-Pompon, ne rencontrant personne dans la petite cour qu'elle traversa avec Adrienne, continua d'ignorer la mort tragique de Céphyse, son ancienne amie.

Au bout de quelques instans, la grisette et mademoiselle de Cardoville se trouvèrent dans l'appartement de Philémon.

Ce singulier logis était resté dans le pittoresque désordre où Rose-Pompon l'avait abandonné lorsque Nini-Moulin vint la chercher pour être l'héroïne d'une aventure mystérieuse.

Adrienne, complètement ignorante des mœurs excentriques des étudians et des *étudiantes*, ne put, malgré sa préoccupation, s'empêcher d'examiner avec un étonnement curieux ce bizarre et grotesque chaos des objets les plus disparates : déguisemens de bals masqués, têtes de mort fumant des pipes, bottes errantes sur des bibliothèques, verres-monstres, vêtemens de femmes, pipes culottées, etc. A l'étonnement d'Adrienne succéda une impression de répugnance pénible : la jeune fille se sentait mal à l'aise, déplacée, dans cet asile, non de la pauvreté, mais du désordre, tandis que la misérable mansarde de la Mayeux ne lui avait causé aucune répulsion.

Rose-Pompon, malgré ses airs délibérés, ressentait une assez vive émotion depuis qu'elle se trouvait tête à tête avec mademoiselle de Cardoville ; d'abord la rare beauté de la jeune patricienne, son grand air, la haute distinction de ses manières, la façon à la fois digne et affable avec laquelle elle avait répondu aux impertinentes provocations de la grisette, commençaient à imposer beaucoup à celle-ci ; et de plus, comme elle était, après tout, bonne fille, elle avait été profondément touchée d'entendre mademoiselle de Cardoville appeler la Mayeux *sa sœur, son amie*. Rose-Pompon, sans savoir aucune particularité sur Adrienne, n'ignorait pas qu'elle appartenait à la classe la plus riche et la plus élevée de la société ; elle ressentait donc déjà quelques remords d'avoir agi si cavalièrement : aussi ses intentions, d'abord fort hostiles à l'endroit de mademoiselle de Cardoville, se modifiaient peu à peu.

Pourtant, mademoiselle Rose-Pompon, étant très mauvaise tête et ne voulant pas paraître subir une influence dont se révoltait son amour-propre, tâcha de reprendre son assurance ; et, après avoir fermé la porte au verrou, elle dit : — *Faites*-vous la peine de vous asseoir, madame,

Toujours pour montrer qu'elle n'était pas étrangère au beau langage.

Mademoiselle de Cardoville prenait machinalement une chaise, lorsque Rose-Pompon, bien digne de pratiquer cette antique hospitalité qui regardait même un ennemi comme un hôte sacré, s'écria vivement : — Ne prenez pas cette chaise-là, madame : elle a un pied de moins.

Adrienne mit la main sur un autre siège.

— Ne prenez pas celui-là non plus, le dossier ne tient à rien du tout — s'écria de nouveau Rose-Pompon.

Et elle disait vrai, car le dossier de cette chaise (il représentait une lyre) resta entre les mains de mademoiselle de Cardoville, qui le replaça discrètement sur le siège en disant :

— Je crois, mademoiselle, que nous pourrons causer tout aussi bien debout.

— Comme vous voudrez, madame — répondit Rose-Pompon, en se campant d'autant plus crânement sur la hanche, qu'elle se sentait plus troublée.

Et l'entretien de mademoiselle de Cardoville et de la grisette commença de la sorte.

CHAPITRE XXIV.

L'ENTRETIEN.

Après une minute d'hésitation, Rose-Pompon dit à Adrienne, dont le cœur battait vivement :

— Je vais, madame, vous dire tout de suite ce que j'ai sur le cœur : je ne vous aurais pas cherchée ; mais, puisque je vous trouve, il est bien naturel que je profite de la circonstance.

— Mais, mademoiselle — dit doucement Adrienne... — pourrais-je du moins savoir le sujet de l'entretien que nous devons avoir ensemble?

— Oui, madame — dit Rose-Pompon avec un redoublement de crânerie alors plus affectée que naturelle. — D'abord, il ne faut pas croire que je me trouve malheureuse et que je veuille vous faire une scène de jalousie ou pousser des cris de délaissée... Ne vous flattez pas de ça... Dieu merci! je n'ai pas à me plaindre du *Prince Charmant* (c'est le petit nom que je lui ai donné); au contraire, il m'a rendue très heureuse; si je l'ai quitté, c'est malgré lui, et parce que cela m'a plu.

Ce disant, Rose-Pompon, qui, malgré ses airs dégagés, avait le cœur très gros, ne put retenir un soupir.

— Oui, madame — reprit-elle — je l'ai quitté parce que cela m'a plu, car il était fou de moi;... même que si j'avais voulu, il m'aurait épousée; oui, madame, épousée; tant pis si ce que je vous dis là vous fait de la peine... Du reste, quand je dis tant pis, c'est vrai que je voulais vous en causer... de la peine... Oh! bien sûr; mais lorsque tout à l'heure je vous ai vue si bonne pour la pauvre Mayeux, quoique j'étais bien certainement dans mon droit... j'ai éprouvé quelque chose... Enfin, ce qu'il y a de plus clair, c'est que je vous déteste, et que vous le méritez bien... — ajouta Rose-Pompon en frappant du pied.

De tout ceci, même pour une personne beaucoup moins pénétrante qu'Adrienne et beaucoup moins intéressée qu'elle à démêler la vérité, il résultait évidemment que mademoiselle Rose-Pompon, malgré ses airs triomphans à l'endroit de *celui* qui perdait la tête pour elle et voulait l'épouser, il résultait évidemment que mademoiselle Rose-Pompon était complètement désappointée, qu'elle faisait un énorme mensonge, qu'on ne l'aimait pas, et qu'un violent dépit amoureux lui avait fait désirer de rencontrer mademoiselle de Cardoville, afin de lui faire, pour se venger, ce qu'en termes vulgaires on appelle une *scène*, regardant Adrienne (on saura tout à l'heure pourquoi) comme son heureuse rivale; mais le bon naturel de Rose-Pompon ayant repris le dessus, elle se trouvait fort empêchée pour continuer sa *scène*, Adrienne, pour les raisons qu'on a dites, lui imposant de plus en plus.

Quoiqu'elle se fût attendue, sinon à la singulière sortie de la grisette, du moins à ce résultat : qu'il était impossible que le prince eût pour cette fille aucun attachement sérieux... mademoiselle de Cardoville, malgré la bizarrerie de cette rencontre, fut d'abord ravie de voir ainsi sa *rivale* confirmer une partie de ses prévisions; mais tout à coup, à ces espérances devenues presque des réalités, succéda une appréhension cruelle... Expliquons-nous.

Ce que venait d'entendre Adrienne aurait dû la satisfaire complètement. Selon ce qu'on appelle les usages et les coutumes du monde, sûre désormais que le cœur de Djalma n'avait pas cessé de lui appartenir, il devait peu lui importer que le prince, dans toute l'effervescence d'une ardente jeunesse, eût ou non cédé à un caprice éphémère pour cette créature, après tout fort jolie et fort désirable, puisque, dans le cas même où il eût cédé à ce caprice, rougissant de cette erreur des sens, il se séparait de Rose-Pompon.

Malgré de si bonnes raisons, cette *erreur des sens* ne pouvait être pardonnée par Adrienne. Elle ne comprenait pas cette séparation absolue du corps et de l'âme, qui fait que l'une ne partage pas la souillure de l'autre. Elle ne trouvait pas qu'il fût indifférent de se donner à celle-ci en pensant à celle-là; son amour, jeune, chaste, passionné, était d'une exigence absolue, exigence aussi juste aux yeux de la nature et de Dieu, que ridicule et niaise aux yeux des hommes.

Par cela même qu'elle avait la religion des sens, par cela qu'elle les raffinait, qu'elle les vénérait comme une manifestation adorable et divine, Adrienne avait, au sujet des sens, des scrupules, des délicatesses, des répugnances inouïes, invincibles, complètement inconnues de ces austères spiritualistes, de ces prudes ascétiques, qui, sous prétexte de la vilité, de l'indignité de la matière, en regardent les écarts comme absolument sans conséquence et en font litière, pour lui bien prouver, à cette honteuse, à cette boueuse, toute la mépris qu'elles en font.

Mademoiselle de Cardoville n'était pas de ces créatures farouches, pudibondes, qui mourraient de confusion plutôt que d'articuler nettement qu'elles veulent un mari jeune et beau, ardent et pur : aussi en épousent-elles de laids, de très blasés, de très corrompus, quitte à prendre, six mois après, deux ou trois amans. Non, Adrienne sentait instinctivement tout ce qu'il y a de fraîcheur virginale et céleste dans l'égale innocence de deux beaux êtres amoureux et passionnés, tout ce qu'il y a même de garanties pour l'avenir dans les tendres et ineffables souvenirs que l'homme conserve d'un premier amour qui est aussi sa première possession.

Nous l'avons dit, Adrienne n'était donc qu'à moitié rassurée... bien qu'il lui fût confirmé par le dépit même de Rose-Pompon que Djalma n'avait pas eu pour la grisette le moindre attachement sérieux.

La grisette avait terminé sa péroraison par ce mot d'une hostilité flagrante et significative : — Enfin, madame, je vous déteste!

— Et pourquoi me détestez-vous, mademoiselle? — dit doucement Adrienne.

— Oh! mon Dieu! madame — reprit Rose-Pompon, oubliant tout à fait son rôle de *conquérante*, et cédant à la sincérité naturelle de son caractère — faites donc comme si vous ne saviez pas à propos de qui et de quoi je vous déteste!... Avec cela... que l'on va ramasser des bouquets jusque dans la gueule d'une panthère pour des personnes qui ne vous sont rien du tout!... Et si ce n'était que cela encore! — ajouta Rose-Pompon, qui s'animait peu à peu, et dont la jolie figure, jusqu'alors contractée par une petite moue hargneuse, prit une expression de chagrin réel, pourtant quelquefois comique.

— Et si ce n'était que l'histoire du bouquet! — reprit-elle. — Quoique mon sang n'ait fait qu'un tour en voyant le prince Charmant sauter comme un cabri sur le théâtre... je me serais dit: Bah! ces Indiens, ça a des politesses à eux; ici... une femme laisse tomber son bouquet, un monsieur bien appris le ramasse et le rend; mais dans l'Inde c'est pas ça: l'homme ramasse le bouquet, ne le rend pas à la femme et lui tue une panthère sous les yeux. Voilà le bon genre du pays, à ce qu'il paraît;... mais ce qui n'est bon genre nulle part, c'est de traiter une femme comme on m'a traitée... et cela, j'en suis sûre, grâce à vous, madame.

Ces plaintes de Rose-Pompon, à la fois amères et plaisantes, se conciliaient peu avec ce qu'elle avait dit précédemment du fol amour de Djalma pour elle, mais Adrienne se garda bien de lui faire remarquer ces contradictions, et lui dit doucement: — Mademoiselle, vous vous trompez, je crois, en prétendant que je suis pour quelque chose dans vos chagrins; mais, en tout cas, je regretterais sincèrement que vous ayiez été maltraitée par qui que ce fût.

— Si vous croyez qu'on m'a battue... vous faites erreur — s'écria Rose-Pompon! — Ah bien! par exemple!... Non, ce n'est pas cela;... mais enfin... je suis bien sûre que, sans vous, le prince Charmant aurait fini par m'aimer un peu; j'en vaux bien la peine, après tout. Et puis, enfin... il y a aimer... et aimer;... je ne suis pas exigeante, moi;— mais pas seulement ça!... — Et Rose-Pompon mordit l'ongle rose de son pouce. — Ah! quand Nini-Moulin est venu me chercher ici, en m'apportant des bijoux et des dentelles pour me décider à le suivre, il avait bien raison de me dire qu'il ne m'exposait à rien... que de très honnête...

— Nini-Moulin? — demanda mademoiselle de Cardoville de plus en plus intéressée; — qu'est-ce que Nini-Moulin, mademoiselle?

— Un écrivain religieux — répondit Rose-Pompon d'un ton boudeur — l'âme damnée d'un tas de vieux sacristains dont il empoche l'argent, soi-disant pour écrire sur la morale et sur la religion. Elle est gentille, sa morale!

A ces mots d'*écrivain religieux*, de *sacristains*, Adrienne se vit sur la voie d'une nouvelle trame de Rodin ou du père d'Aigrigny, trame dont elle et Djalma avaient encore failli être les victimes; elle commença d'entrevoir vaguement la vérité, et reprit: — Mais, mademoiselle, sous quel prétexte cet homme vous a-t-il emmenée d'ici?

— Il est venu me chercher en me disant qu'il n'y avait rien à craindre pour ma vertu, qu'il ne s'agissait que de me faire bien gentille; alors, moi, je me suis dit : Philémon est à son pays, je m'ennuie toute seule, ça m'a l'air drôle, qu'est-ce que je risque?... Oh! non, je ne savais pas ce que je risquais — ajouta Rose-Pompon en soupirant. — Enfin, Nini-Moulin m'emmène dans une jolie voiture; nous nous arrêtons sur la place du Palais-Royal; un homme à l'air sournois et au teint jaune monte avec moi à la place de Nini-Moulin, et me conduit chez le prince Charmant, où l'on m'établit. Quand je l'ai vu, dame ! il est si beau, mais si beau, que j'en suis d'abord restée tout éblouie; avec ça l'air si doux, si bon... Aussi, je me suis dit tout de suite: C'est pour le coup que ça serait joliment bien à moi de rester sage... Je ne croyais pas si bien dire... Je suis restée sage... hélas! plus que sage...

— Comment, mademoiselle, vous regrettez de vous être montrée si vertueuse?...

— Tiens... je regrette de n'avoir pas eu au moins l'agrément de refuser quelque chose... Mais refusez donc quand on ne vous demande rien ;... mais rien de rien ; quand on vous méprise assez pour ne pas vous dire seulement un pauvre petit mot d'amour !

— Mais, mademoiselle... permettez-moi de vous faire observer que l'indifférence qu'on vous a témoignée ne vous a pas empêchée de faire, ce me semble, un assez long séjour dans la maison dont vous me parlez.

— Est-ce que je sais pourquoi le prince Charmant me gardait auprès de lui, moi ; pourquoi il me promenait en voiture et au spectacle? Que voulez-vous ! c'est peut-être aussi bon ton, dans son pays de sauvages, d'avoir auprès de soi une petite fille bien gentille, à cette fin de n'y pas faire attention du tout, du tout...

— Mais alors pourquoi restiez-vous dans cette maison, mademoiselle?

— Eh! mon Dieu! je restais — dit Rose-Pompon en frappant du pied avec dépit — je restais parce que, sans savoir comment cela s'est fait, malgré moi, je me suis mise à aimer le prince Charmant ; et, ce qu'il y a de drôle, c'est que moi qui suis gaie comme un pinson... je l'aimais parce qu'il était triste, preuve que je l'aimais sérieusement. Enfin, un jour je n'y ai pas tenu ;... j'ai dit: Tant pis! il arrivera ce qui pourra ; Philémon doit me faire des traits dans son pays, j'en suis sûre ; ça m'encourage: et un matin je m'arrange à ma manière, si gentiment, si coquettement, qu'après m'être regardée dans ma glace, je me dis: Oh! c'est sûr... il ne résistera pas... Je vais chez lui ; je perds la tête, je lui dis tout ce qui me passe de tendre dans l'esprit ; je ris, je pleure ; enfin je lui déclare que je l'adore... Qu'est-ce qu'il me répond à cela de sa voix douce et pas plus ému qu'un marbre : — Pauvre enfant !... Pauvre enfant — reprit Rose-Pompon avec indignation... — ni plus ni moins que si j'étais venue me plaindre à lui d'un mal de dents, parce qu'il me poussait une dent de sagesse... Mais ce qu'il y a d'affreux, c'est que je suis sûre que s'il n'était pas malheureux d'autre part en amour, ce serait un vrai salpêtre ; mais il est si triste, si abattu !

— Puis s'interrompant un moment, Rose-Pompon ajouta : — Au fait... non... je ne veux pas vous dire cela... vous seriez trop contente...

Enfin, après une pause d'une autre seconde : — Ah bien! ma foi! tant pis! je vous le dis — reprit cette drôle de petite fille en regardant mademoiselle de Cardoville avec attendrissement et déférence ; — pourquoi me taire, après tout? J'ai commencé par vous dire, en faisant la fière, que le prince Charmant voulait m'épouser, et j'ai fini, malgré moi, par vous avouer qu'il m'avait environ mise à la porte. Dame! ce n'est pas ma faute, quand je veux mentir je m'embrouille toujours. Aussi, tenez, madame, voilà la vérité pure: quand je vous ai rencontrée chez cette pauvre Mayeux, je me suis d'abord sentie colère contre vous comme un petit dindon ;... mais quand je vous ai eu entendue, vous, si belle, si grande dame, traiter cette pauvre ouvrière comme votre sœur, j'ai eu beau faire, ma colère s'en est allée... Une fois ici, j'ai fait ce que j'ai pu pour la rattraper ;... impossible :... plus je voyais là différence qu'il y a entre nous deux, plus je comprenais que le prince Charmant avait raison de ne songer qu'à vous ;... car c'est de vous, pour le coup, madame, qu'il est fou... allez... et bien fou... Ce n'est pas seulement à cause de l'histoire du tigre qu'il a tué pour vous à la Porte-Saint-Martin que je dis cela ; mais depuis, si vous saviez, mon Dieu ! toutes les folies qu'il faisait avec votre bouquet. Et puis, vous ne savez pas? toutes les nuits il les passait sans se coucher, et bien souvent à pleurer dans un salon, où, m'a-t-on dit, il vous a vue pour la première fois... vous savez... près de la serre... Et votre portrait donc, qu'il a fait de souvenir sur la glace, à la mode de son pays! et tant d'autres choses! Enfin, moi qui l'aimais et qui voyais cela, ça commençait d'abord par me mettre hors de moi ; et puis ça devenait si touchant, si attendrissant, que je finissais par en avoir les larmes aux yeux. Mon Dieu !... oui... madame... tenez... comme maintenant rien qu'en y pensant, à ce pauvre prince. Ah! madame — ajouta Rose-Pompon ses jolis yeux bleus baignés de pleurs, et avec une expression d'intérêt si sincère qu'Adrienne fut profondément émue — ah! madame... vous avez l'air si doux, si bon! ne le rendez donc pas malheureux, aimez-le donc un peu, ce pauvre prince... Voyons, qu'est-ce que cela vous fait de l'aimer?...

Et Rose-Pompon, d'un geste sans doute trop familier, mais rempli de naïveté, prit avec effusion la main d'Adrienne, comme pour accentuer davantage sa prière.

Il avait fallu à mademoiselle de Cardoville un grand empire sur elle-même pour contenir, pour refouler l'élan de sa joie, qui du cœur lui montait aux lèvres, pour arrêter le torrent de questions qu'elle brûlait d'adresser à Rose-Pompon, pour retenir enfin les douces larmes de bonheur qui depuis quelques instans tremblaient sous ses paupières; et puis, chose bizarre! lorsque Rose-Pompon lui avait pris la main, Adrienne, au lieu de la retirer, avait affectueusement serré celle de la grisette; puis, par un mouvement machinal, l'avait attirée assez près de la fenêtre, comme si elle eût voulu examiner plus attentivement encore la délicieuse figure de Rose-Pompon.

La grisette, en entrant, avait jeté son châle et son bibi sur le lit, de sorte qu'Adrienne put admirer les épaisses et soyeuses nattes de beaux cheveux blond-cendré qui encadraient à ravir le frais minois de cette charmante fille, aux joues roses et fermes, à la bouche vermeille comme une cerise, aux grands yeux d'un bleu si gai; Adrienne put enfin remarquer, grâce au décolleté un peu risqué de Rose-Pompon, la grâce et les trésors de sa taille de nymphe.

Si étrange que cela paraisse, Adrienne était ravie de trouver cette jeune fille encore plus jolie qu'elle ne lui avait paru d'abord... L'indifférence stoïque de Djalma pour cette ravissante créature disait assez toute la sincérité de l'amour dont il était dominé.

Rose-Pompon, après avoir pris la main d'Adrienne, fut aussi confuse que surprise de la bonté avec laquelle mademoiselle de Cardoville accueillit sa familiarité. Enhardie par cette indulgence et par le silence d'Adrienne, qui depuis quelques instans la considérait avec une bienveillance presque reconnaissante, la grisette reprit : — Oh!... n'est-ce pas, madame, que vous aurez pitié de ce pauvre prince?

Nous ne savons ce qu'Adrienne allait répondre à la demande indiscrète de Rose-Pompon, lorsque soudain une sorte de glapissement sauvage, aigu, strident, criard, mais qui semblait évidemment prétendre à imiter le chant du coq, se fit entendre derrière la porte.

Adrienne tressaillit, effrayée ; mais tout à coup la physionomie de Rose-Pompon, d'une expression naguère si touchante, s'épanouit joyeusement; et, reconnaissant ce signal, elle s'écria en frappant dans ses mains : — C'est Philémon!!

— Comment, Philémon? — dit vivement Adrienne.

— Oui... mon amant... Ah! le monstre! il sera monté à pas de loup... pour faire le coq ;... c'est bien de lui!

Un second *co-co-rico* des plus retentissans se fit entendre de nouveau derrière la porte.

— Mon Dieu, cet être-là est-il bête et drôle! il fait toujours la même plaisanterie, et elle m'amuse toujours ! — dit Rose-Pompon.

Et elle essuya ses dernières larmes du revers de sa main, en riant comme une folle de la plaisanterie de Philémon, qui lui semblait toujours neuve et réjouissante, quoiqu'elle la connût déjà.

— N'ouvrez pas — dit tout bas Adrienne de plus en plus embarrassée ; — ne répondez pas, je vous en supplie.

— La clef est sur la porte, et le verrou est mis : Philémon voit bien qu'il y a quelqu'un.

— Il n'importe.

— Mais c'est ici sa chambre, madame ; nous sommes ici chez lui... — dit Rose-Pompon.

En effet, Philémon, se lassant probablement du peu d'effet de ses deux imitations ornithologiques, tourna la clef dans la serrure, et, ne pouvant l'ouvrir, dit à travers la porte, d'une voix de formidable basse-taille : — Comment, *chat chéri*... de mon cœur, nous sommes enfermée... Est-ce que nous prions *saint Flambard* pour le retour de *Mon-mon* (lisez Philémon) ?

Adrienne, ne voulant pas augmenter l'embarras et le ridicule de cette situation en la prolongeant davantage, alla droit à la porte, et l'ouvrit aux regards ébahis de Philémon, qui recula de deux pas. Mademoiselle de Cardoville, malgré sa vive contrariété, ne put s'empêcher de sourire à la vue de l'amant de Rose-Pompon et des objets qu'il tenait à la main et sous son bras.

Philémon, grand gaillard très brun et haut en couleur, arrivant de voyage, portait un béret basque blanc; sa barbe noire et touffue tombait à flots sur un large gilet bleu-clair à la Robespierre; une courte redingote de velours olive et un immense pantalon à carreaux écossais d'une grandeur extravagante complétaient le costume de Philémon. Quant aux accessoires qui avaient fait sourire Adrienne, ils se composaient : 1º d'une valise d'où sortaient la tête et les pattes d'une oie, valise que Philémon portait sous le bras ; 2º d'un énorme lapin blanc, bien vivant, renfermé dans une cage que l'étudiant tenait à la main.

— Ah! l'amour de lapin blanc! a-t-il de beaux yeux rouges!

Il faut l'avouer, telles furent les premières paroles de Rose-Pompon, et Philémon, à qui elles ne s'adressaient pas, revenait pourtant après une longue absence ; mais l'étudiant, loin d'être choqué de se voir complètement sacrifié à son compagnon aux longues oreilles et aux yeux rubis, sourit complaisamment, heureux de voir la surprise qu'il ménageait à sa maîtresse si bien accueillie.

Ceci s'était passé très rapidement.

Pendant que Rose-Pompon, agenouillée devant la cage, s'extasiait d'admiration pour le lapin, Philémon, frappé du grand air de mademoiselle de Cardoville, portant la main à son béret, avait respectueusement salué en s'effaçant le long de la muraille.

Adrienne lui rendit son salut avec une grâce remplie de politesse et de dignité, descendit légèrement l'escalier et disparut.

Philémon, aussi ébloui de sa beauté que frappé de son air noble et distingué, et surtout très curieux de savoir comment diable Rose-Pompon avait de pareilles connaissances, lui dit vivement dans son argot amoureux et tendre : —*Chat chéri* à son *Mon-mon* (Philémon), qu'est-ce que cette belle dame ?

— Une de mes amies de pension... grand satyre... — dit Rose-Pompon en agaçant le lapin.

Puis, jetant un coup d'œil de côté sur une caisse que Philémon avait posée près de la cage et de la valise : — Je parie que c'est encore du raisiné de famille que tu m'apportes là-dedans?

— *Mon-mon* apporte mieux que ça à son chat chéri — dit l'étudiant, et il appuya deux vigoureux baisers sur les joues fraîches de Rose-Pompon, qui s'était enfin relevée — Mon-mon lui apporte son cœur.

— Connu... — dit la grisette en posant délicatement le pouce de sa main gauche sur le bout de son nez rose et ouvrant sa petite main, qu'elle agita légèrement.

Philémon riposta à cette agacerie de Rose-Pompon en lui prenant amoureusement la taille, et le joyeux ménage ferma sa porte.

CHAPITRE XXV.

CONSOLATIONS.

Pendant l'entretien d'Adrienne et de Rose-Pompon, une scène touchante s'était passée entre Agricol et la Mayeux, restés fort surpris de la condescendance de mademoiselle de Cardoville à l'égard de la grisette.

Aussitôt après le départ d'Adrienne, Agricol s'agenouilla devant la couche de la Mayeux, et lui dit avec une émotion profonde : — Nous sommes seuls;... je puis enfin te dire ce que j'ai sur le cœur. Tiens... vois-tu !... c'est affreux, ce que tu as fait :... mourir de misère... de désespoir... et ne pas m'appeler auprès de toi !

— Agricol... écoute-moi...

— Non... tu n'as pas d'excuse... A quoi sert donc, mon Dieu ! de nous être appelés frère et sœur, de nous être donné pendant quinze ans les preuves de la plus sincère affection, pour qu'au jour du malheur tu te décides ainsi à quitter la vie, sans t'inquiéter de ceux que tu laisses... sans songer que te tuer, c'est leur dire : Vous n'êtes rien pour moi !

— Pardon, Agricol... c'est vrai;... je n'avais pas pensé à cela — dit la Mayeux en baissant les yeux ; — mais... la misère... le manque de travail !...

— La misère... le manque de travail ! et moi donc, est-ce que je n'étais pas là ?

— Le désespoir !...

— Et pourquoi le désespoir ? Cette généreuse demoiselle te recueille chez elle ; appréciant ce que tu vaux, elle te traite comme son amie, et c'est au moment où tu n'as jamais eu plus de garanties de bonheur... pour l'avenir, pauvre enfant... que tu abandonnes brusquement la maison de mademoiselle de Cardoville... nous laissant tous dans une horrible anxiété sur ton sort !

— Je... je... craignais d'être à charge... à ma bienfaitrice... — dit la Mayeux en balbutiant.

— Toi à charge... à mademoiselle de Cardoville... elle si riche, si bonne ?...

— J'avais peur d'être indiscrète... — dit la Mayeux de plus en plus embarrassée...

Au lieu de répondre à sa sœur adoptive, Agricol garda le silence, la contempla pendant quelques instants avec une expression indéfinissable ; puis s'écria tout à coup, comme s'il eût répondu à une question qu'il se posait à lui-même : — Elle me pardonnera de lui avoir désobéi ; oui, j'en suis sûr. — Alors s'adressant à la Mayeux, qui le regardait de plus en plus étonnée, il lui dit d'une voix brève et émue : — Je suis trop franc ; cette position n'est pas tenable ; je te fais des reproches, je te blâme... et je ne suis pas à ce que je te dis... je pense à autre chose...

— A quoi donc, Agricol ?

— J'ai le cœur navré en songeant au mal que je t'ai fait...

— Je ne comprends pas... mon ami... tu ne m'as jamais fait de mal...

— Non... n'est-ce pas ?... jamais... pas même dans les petites choses ? lorsque, par exemple, cédant à une détestable habitude d'enfance, moi qui pourtant t'aimais, te respectais comme ma sœur... je t'injuriais cent fois par jour...

— Tu m'injuriais ?

— Et que faisais-je donc, en te donnant sans cesse un sobriquet odieusement ridicule... au lieu de t'appeler par ton nom ?

A ces mots, la Mayeux regarda le forgeron avec effroi, tremblant qu'il ne fût instruit de son triste secret, malgré l'assurance contraire qu'elle avait reçue de mademoiselle de Cardoville ; pourtant elle se calma en pensant qu'Agricol avait pu réfléchir à l'humiliation qu'elle devait éprouver à s'entendre sans cesse appeler la Mayeux. Aussi répondit-elle en s'efforçant de sourire : — Peux-tu te chagriner pour si peu de chose ? C'était, comme tu le dis, Agricol, une habitude d'enfance. Ta bonne et tendre mère, qui me traitait comme sa fille... m'appelait aussi la Mayeux, tu le sais bien.

— Et ma mère... est-elle aussi allée te consulter sur mon mariage, te parler de la rare beauté de ma fiancée, te prier de voir cette jeune fille, d'étudier son caractère, dans l'espoir que l'instinct de ton attachement pour moi t'avertirait... si je faisais un mauvais choix ? Dis, ma mère a-t-elle eu cette cruauté ? Non... c'est moi qui ainsi te déchirais le cœur.

Les craintes de la Mayeux se réveillèrent ; plus de doute, Agricol savait son secret. Elle se sentit mourir de confusion ; pourtant, faisant un dernier effort pour ne pas croire à cette découverte, elle murmura d'une voix faible : — En effet... Agricol... ce n'est pas ta mère qui m'a priée de cela... c'est toi... et... et... je t'ai su gré de cette preuve de ta confiance.

— Tu m'en as su gré... malheureuse enfant ! — s'écria le forgeron les yeux remplis de larmes ; — non... ce n'est pas vrai, car je te faisais un mal affreux :... j'étais impitoyable... sans le savoir... mon Dieu !

— Mais... — dit la Mayeux d'une voix à peine intelligible — pourquoi penses-tu cela ?

— Pourquoi ? parce que tu m'aimais !! — s'écria le forgeron d'une voix

palpitante d'émotion, en serrant fraternellement la Mayeux entre ses bras.
— Oh! mon Dieu!... — murmura l'infortunée en tâchant de cacher son visage entre ses mains — il sait tout.
— Oui... je sais tout — reprit le forgeron avec une expression de tendresse et de respect indicible — oui, je sais tout... et je ne veux pas, moi, que tu rougisses d'un sentiment qui m'honore et dont je m'enorgueillis ; oui, je sais tout, et je me dis avec bonheur, avec fierté, que le meilleur, que le plus noble cœur qu'il y ait au monde a été à moi, est à moi... sera toujours à moi... Allons, Madeleine, laissons la honte aux passions mauvaises ; allons, le front haut, relève les yeux, regarde-moi... Tu sais si mon visage a jamais menti ;... tu sais si une émotion feinte s'y est jamais réfléchie... Eh bien ! regarde-moi, te dis-je, regarde... et tu liras sur mes traits combien je suis fier, oui, entends-tu, Madeleine, légitimement fier de ton amour...

La Mayeux, éperdue de douleur, écrasée de confusion, n'avait pas jusqu'alors osé lever les yeux sur Agricol ; mais la parole du forgeron exprimait une conviction si profonde, sa voix vibrante révélait une émotion si tendre, que la pauvre créature sentit malgré elle sa honte s'effacer peu à peu, surtout lorsque Agricol eut ajouté avec une exaltation croissante : — Va, sois tranquille, ma noble et douce Madeleine, de ce digne amour... j'en serai digne ; crois-moi, il te causera autant de bonheur qu'il t'a causé de larmes... Pourquoi donc cet amour serait-il désormais pour toi un sujet d'éloignement, de confusion ou de crainte ? Qu'est-ce donc que l'amour, ainsi que le comprend ton adorable cœur ? Un continuel échange de dévoûment, de tendresse, une estime profonde et partagée, une mutuelle, une aveugle confiance ? Eh bien ! Madeleine, ce dévoûment, cette tendresse, cette confiance, nous les aurons l'un pour l'autre, oui, plus encore que par le passé ; dans mille occasions, ton secret t'inspirait de la crainte, de la défiance ;... à l'avenir, au contraire, tu me verras si radieux de remplir ainsi ton bon et vaillant cœur, que tu seras heureuse de tout le bonheur que tu me donnes... Ce que je te dis là est égoïste... c'est possible ; tant pis !... je ne sais pas mentir.

Plus le forgeron parlait, plus la Mayeux s'enhardissait... Ce qu'elle avait surtout redouté dans la révélation de son secret, c'était de le voir accueilli par la raillerie, le dédain, ou une compassion humiliante ; loin de là, la joie et le bonheur se peignaient véritablement sur la mâle et loyale figure d'Agricol ; la Mayeux le savait incapable de feinte ; aussi s'écria-t-elle cette fois sans confusion, et au contraire, elle aussi... avec une sorte d'orgueil :
— Toute passion sincère et pure a donc cela de beau, de bien, de consolant, mon Dieu ! qu'elle finit toujours par mériter un touchant intérêt lorsqu'on a pu résister à ses premiers orages ! elle honorera donc toujours et le cœur qui l'inspire et le cœur qui l'éprouve ! Grâce à toi, Agricol ; grâce à tes bonnes paroles qui me relèvent à mes propres yeux, je sens qu'au lieu de rougir de cet amour, je dois m'en glorifier... Ma bienfaitrice a raison... Tu as raison ; pourquoi donc aurais-je honte ? N'est-il donc pas saint et vrai, mon amour ? Être toujours dans ta vie, t'aimer, te le dire, et le prouver par une affection de tous les instants, qu'ai-je espéré de plus ? et pourtant la honte, la crainte, jointe au vertige que donne le malheur arrivé à son comble, m'ont poussée jusqu'au suicide ! C'est qu'aussi, vois-tu, mon ami, il faut pardonner quelque chose aux mortelles défiances d'une pauvre créature vouée au ridicule depuis son enfance... Et puis, enfin... ce secret... devait mourir avec moi, à moins qu'un hasard impossible à prévoir ne te le révélât ;... alors, dans ce cas, tu as raison, sûre de moi-même, sûre de toi... je n'aurais rien dû redouter ; mais il faut m'être indulgent ; la méfiance, la cruelle méfiance de soi... fait malheureusement douter des autres... Oublions tout cela... Tiens, Agricol, mon généreux frère, je te dirai ce que tu me disais tout à l'heure :... Regarde-moi bien, jamais non plus, tu le sais, mon visage n'a menti. Eh bien, regarde... vois si mes yeux fuient les tiens ;... vois si, de ma vie, j'ai eu l'air aussi heureux... et pourtant tout à l'heure j'allais mourir.

La Mayeux disait vrai... Agricol lui-même n'eût pas espéré un effet si prompt de ses paroles ; malgré les traces profondes que la misère, que le chagrin, que la maladie avaient imprimées sur le visage de la jeune fille, il rayonnait alors d'un bonheur rempli d'élévation, de sérénité, tandis que ses yeux bleus, doux et purs comme son âme, s'attachaient sans embarras sur ceux d'Agricol.

— Oh ! merci, merci ! — s'écria le forgeron avec ivresse. — En te voyant si calme, si heureuse, Madeleine... c'est de la reconnaissance que j'éprouve.

— Oui, calme, oui, heureuse — reprit la Mayeux — oui, à tout jamais heureuse, car maintenant... mes plus secrètes pensées tu les sauras... Oui, heureuse, car ce jour, commencé d'une manière si funeste, finit comme un songe divin ; loin d'avoir peur, je te regarde avec espoir, avec ivresse ; j'ai retrouvé ma généreuse bienfaitrice, et je suis tranquille sur le sort de ma pauvre sœur... Oh! tout à l'heure, n'est-ce pas? nous la verrons, car cette joie, il faut qu'elle la partage.

La Mayeux était si heureuse, que le forgeron n'osa ni ne voulut lui apprendre encore la mort de Céphyse, dont il se réservait de l'instruire avec ménagemens ; il répondit : — Céphyse, par cela même qu'elle est plus robuste que toi, a été si rudement ébranlée, qu'il sera prudent, m'a-t-on dit tout à l'heure, de la laisser pendant toute cette journée dans le plus grand calme.

— J'attendrai donc ; j'ai de quoi distraire mon impatience, j'ai tant à te dire...

— Chère et douce Madeleine...

— Tiens, mon ami — s'écria la Mayeux en interrompant Agricol et en pleurant de joie — je ne puis te dire, vois-tu, ce que j'éprouve quand tu m'appelles Madeleine... C'est quelque chose de si suave, de si doux, de si bienfaisant, que j'en ai le cœur tout épanoui...

— Malheureuse enfant, elle a donc bien souffert, mon Dieu! — s'écria le forgeron avec un attendrissement inexprimable — qu'elle montre tant de bonheur, tant de reconnaissance, en s'entendant appeler de son modeste nom...

— Mais, pense donc, mon ami, que ce mot dans ta bouche résume pour moi toute une vie nouvelle! Si tu savais les espérances, les délices qu'en un instant j'entrevois pour l'avenir! si tu savais toutes les chères ambitions de ma tendresse... Ta femme, cette charmante Angèle... avec sa figure d'ange et son âme d'ange... Oh! à mon tour, je te dis : Regarde-moi, et tu verras que ce doux nom m'est doux aux lèvres et au cœur ; oui, ta charmante et bonne Angèle m'appellera aussi Madeleine... et tes enfans... Agricol... tes enfans!! chers petits êtres adorés! pour eux aussi... je serai Madeleine... leur bonne Madeleine ; par l'amour que j'aurai pour eux, ne seront-ils pas à moi aussi bien qu'à leur mère? car je veux ma part des soins maternels ; ils seront à nous trois, n'est-ce pas, Agricol?... Oh! laisse, laisse-moi pleurer... laisse-moi, c'est si bon des larmes sans amertume, des larmes qu'on ne cache pas!... Dieu soit béni! grâce à toi, mon ami... la source de celles-là est à jamais tarie.

Depuis quelques instans, cette scène attendrissante avait un témoin invisible. Le forgeron et la Mayeux, trop émus, ne pouvaient apercevoir mademoiselle de Cardoville debout au seuil de la porte.

Ainsi que l'avait dit la Mayeux, ce jour, commencé pour tous sous de funestes auspices, était devenu pour tous un jour d'ineffable félicité. Adrienne aussi était radieuse : Djalma lui avait été fidèle, Djalma l'aimait avec passion. Ces odieuses apparences dont elle avait été dupe et victime étaient évidemment une nouvelle trame de Rodin, et il ne restait plus à mademoiselle de Cardoville qu'à découvrir le but de ces machinations. Une dernière joie lui était réservée...

En fait de bonheur... rien ne rend pénétrant... comme le bonheur : Adrienne devina, aux dernières paroles de la Mayeux, qu'il n'y avait plus de secret entre l'ouvrière et le forgeron ; aussi ne put-elle s'empêcher de s'écrier en entrant : — Ah! ce jour est le plus beau de ma vie... car je ne suis pas seule à être heureuse.

Agricol et la Mayeux se retournèrent vivement.

— Mademoiselle — dit le forgeron — malgré la promesse que je vous ai faite, je n'ai pu cacher à Madeleine que je savais qu'elle m'aimait.

— Maintenant que je ne rougis plus de cet amour devant Agricol, comment en rougirais-je devant vous, mademoiselle, devant vous qui, tout à l'heure encore, me disiez : Soyez fière de cet amour... car il est noble et pur?... — dit la Mayeux ; et le bonheur lui donna la force de se lever, et de s'appuyer sur le bras d'Agricol.

— Bien ! bien ! mon amie — lui dit Adrienne en allant à elle et l'entourant d'un de ses bras afin de la soutenir aussi ; un mot seulement pour excuser une indiscrétion que vous pourriez me reprocher... Si j'ai dit votre secret à M. Agricol...

— Sais-tu pourquoi, Madeleine ? — s'écria le forgeron en interrompant Adrienne. — Encore une preuve de cette délicate générosité de cœur qui ne se dément jamais chez mademoiselle. — J'ai hésité longtemps à vous confier ce secret — m'a-t-elle dit ce matin — mais je m'y décide ; nous allons retrouver votre sœur adoptive ; vous êtes pour elle le meilleur des frères, mais, sans le savoir, sans y songer, bien des fois vous la blessiez cruellement ; maintenant vous savez son secret ;... je me repose sur votre cœur pour le garder fidèlement, et pour épargner mille douleurs à cette pauvre enfant ;... douleurs d'autant plus amères qu'elles viennent de vous, et qu'elle doit souffrir en silence. Ainsi, quand vous parlerez de votre femme, de votre bonheur, mettez-y assez de ménagemens pour ne pas froisser ce cœur noble, bon et tendre... — Oui, Madeleine, voilà pourquoi mademoiselle a commis ce qu'elle appelle une indiscrétion.

— Les termes me manquent, mademoiselle... pour vous remercier encore et toujours — dit la Mayeux.

— Voyez donc un peu, mon amie — reprit Adrienne — combien les ruses des méchans tournent souvent contre eux ; on redoutait votre dévoûment pour moi, on avait ordonné à cette malheureuse Florine de vous dérober votre journal...

— Afin de m'obliger de quitter votre maison à force de honte, mademoiselle, quand je saurais mes plus secrètes pensées livrées aux railleries de tous... Maintenant, je n'en doute pas — dit la Mayeux.

— Et vous avez raison, mon enfant. Eh bien ! cette horrible méchanceté, qui a failli causer votre mort, tourne, à cette heure, à la confusion des méchans ; leur trame est dévoilée... celle-là, et heureusement bien d'autres encore — dit Adrienne en songeant à Rose-Pompon.

Puis elle reprit avec une joie profonde : — Enfin, nous voici plus unies, plus heureuses que jamais, et retrouvant dans notre félicité même de nouvelles forces contre nos ennemis ; je dis nos ennemis, car tout ce qui m'aime est odieux à ces misérables ;... mais, courage ! l'heure est venue, les gens de cœur vont avoir leur tour...

— Dieu merci ! mademoiselle... — dit le forgeron — et, pour ma part, ce n'est pas le zèle qui me manque ; quel bonheur de leur arracher leur masque !

— Laissez-moi vous rappeler, monsieur Agricol, que vous avez demain une entrevue avec M. Hardy.

— Je ne l'ai pas oublié, mademoiselle, non plus que vos offres généreuses.

— C'est tout simple, il est des miens ; répétez-lui bien ce que je vais d'ailleurs lui écrire ce soir, que tous les fonds qui lui sont nécessaires pour rétablir sa fabrique sont à sa disposition ; ce n'est pas seulement pour lui que je parle, mais pour cent familles réduites à un sort précaire... Suppliez-le surtout d'abandonner au plus tôt la funeste maison où il a été conduit ; pour mille raisons, il doit se défier de tout ce qui l'entoure.

— Soyez tranquille, mademoiselle... la lettre qu'il m'a écrite, en réponse à celle que j'étais parvenu à lui faire remettre secrètement, était courte, affectueuse, quoique bien triste ; il m'accorde une entrevue ; je suis sûr de le décider... à quitter cette triste demeure, et peut-être à l'emmener avec moi : il a eu toujours tant de confiance dans mon dévoûment !

— Allons, bon courage, monsieur Agricol — dit Adrienne en mettant son manteau sur les épaules de la Mayeux et en l'enveloppant avec soin. — Partons, car il se fait tard. Aussitôt arrivée chez moi, je vous donnerai une lettre pour M. Hardy, et demain vous viendrez me dire, n'est-ce pas ? le résultat de votre visite. — Puis, se reprenant, Adrienne rougit légèrement et dit : — Non... pas demain... Ecrivez-moi seulement, et après-demain, sur le midi, venez

Quelques instans après, la jeune ouvrière, soutenue par Agricol et Adrienne, avait descendu l'escalier de la triste maison, et étant montée en voiture avec mademoiselle de Cardoville, elle demanda avec les plus vives instances à voir

Céphyse; en vain Agricol avait répondu à la Mayeux que cela était impossible, qu'elle la verrait le lendemain.

. . . .

Grâce aux renseignemens que lui avait donnés Rose-Pompon, mademoiselle de Cardoville, se défiant avec raison de tout ce qui entourait Djalma, crut avoir trouvé le moyen de faire remettre, le soir même, et sûrement, une lettre d'elle entre les mains du prince.

CHAPITRE XXVI.

LES DEUX VOITURES.

C'est le soir même du jour où mademoiselle de Cardoville a empêché le suicide de la Mayeux.

Onze heures sonnent, la nuit est profonde, le vent souffle avec violence et chasse de gros nuages noirs qui interceptent complètement la pâle clarté de la lune.

Un fiacre monte lentement, péniblement, au pas de ses chevaux essoufflés, la pente de la rue Blanche, assez rapide aux abords de la barrière, non loin de laquelle est située la maison occupée par Djalma.

La voiture s'arrête. Le cocher, maugréant de la longueur d'une course interminable aboutissant à cette montée difficile, se retourne sur son siège, se penche vers la glace du devant de la voiture, et dit d'un ton bourru à la personne qu'il conduisait : — Ah çà! est-ce ici, à la fin? Du haut de la rue de Vaugirard à la barrière Blanche, ça peut compter pour une course; avec ça que la nuit est si noire, qu'on ne voit pas à quatre pas devant soi, puisqu'on n'allume pas les réverbères eu égard au clair de lune... qu'il ne fait pas...

— Cherchez une petite porte avec un auvent... passez-la... d'une vingtaine de pas, et ensuite arrêtez-vous... le long du mur — répondit une voix criarde et impatiente avec un accent italien des plus prononcés.

— Voilà un bigre d'Allemand qui me fera tourner en bourrique — se dit le cocher courroucé; puis il ajouta : — Mais, mille tonnerres! puisque je vous dis qu'on n'y voit pas... comment diable voulez-vous que je l'aperçoive, moi, votre petite porte?

— Vous n'avez donc pas la moindre intelligence?... Longez le mur à droite... de façon à le raser; la lumière de vos lanternes vous aidera... et vous reconnaîtrez facilement cette petite porte; elle se trouve après le n° 50... Si vous ne la trouvez pas, c'est que vous êtes ivre — répondit avec une aigreur croissante la voix à l'accent italien.

Le cocher, pour toute réponse, jura comme un païen, fouetta ses chevaux épuisés; puis, longeant le mur de très près, il écarquilla ses yeux, afin de lire les numéros de la rue à l'aide de la lueur de ses lanternes.

Au bout de quelques momens de marche, la voiture s'arrêta de nouveau.

— J'ai dépassé le n° 50, et voilà une petite porte à auvent — dit le cocher; — est-ce celle-là?

— Oui... — dit la voix. — Maintenant avancez une vingtaine de pas, puis vous arrêterez.

— Allons, bon, encore...

— Ensuite, vous descendrez de votre siége et vous irez frapper deux fois trois coups à la petite porte que nous allons dépasser... Vous comprenez bien?... Deux fois trois coups?

— C'est donc ça que vous me donnez comme pourboire? — s'écria le cocher exaspéré.

— Quand vous m'aurez reconduit au faubourg Saint-Germain, où je demeure, vous aurez un bon pourboire, si vous êtes intelligent.

— Bon... maintenant, au faubourg Saint-Germain... Plus que cela de ruban de queue, merci! — dit le cocher avec une colère contenue. — Moi qui avais époufflé mes chevaux, pour être sur le boulevard à la sortie du spectacle, nom... de nom... — Puis, faisant contre fortune bon cœur, et comptant sur le dédommagement du pourboire, il reprit : — Je vais donc aller frapper six coups à la petite porte?

— Oui, d'abord trois coups, puis un silence, puis encore trois coups... Comprenez-vous?

— Et après?

— Vous direz à la personne qui vous ouvrira : — On vous attend — et vous la conduirez ici à la voiture.

— Que le diable te brûle! — dit le cocher en se retournant sur son siége, et il ajouta, en fouettant ses chevaux : — Ce gredin d'Allemand-là a des manigances avec des francs-maçons ou peut-être bien avec des contrebandiers, vu que nous sommes près de la barrière ;... il mériterait bien que je le dénonce, pour me faire venir de la rue de Vaugirard ici.

A une vingtaine de pas au-delà de la petite porte, la voiture s'arrêta de nouveau, le cocher descendit de son siége pour exécuter les ordres qu'il avait reçus. Arrivant bientôt auprès de la petite porte, il y heurta, ainsi qu'il lui avait été recommandé, d'abord trois coups, puis, après une pause, trois autres coups.

Quelques nuages moins opaques, moins foncés que ceux qui avaient jusqu'alors obscurci le disque de la lune, formèrent alors une éclaircie, et lorsqu'au signal donné la porte s'ouvrit, le cocher vit sortir un homme de taille moyenne, enveloppé d'un manteau et coiffé d'un bonnet de couleur. Cet homme fit deux pas dans la rue, après avoir fermé la porte à clef.

— On vous attend — lui dit le cocher — je vas vous conduire à la voiture.

Et, marchant devant l'homme au manteau qui lui avait répondu par un signe de tête, il le mena jusqu'au fiacre. Il se préparait à ouvrir la portière et à baisser le marchepied, lorsque la voix de l'intérieur s'écria : — C'est inutile... Monsieur ne montera pas... je causerai avec lui par la portière... on vous avertira lorsqu'il faudra partir.

— Ça fait que j'aurai le temps de t'envoyer à tous les diables — murmura le cocher ; — mais ça ne m'empêchera pas de me promener pour me dégourdir les jambes.

Et il se mit à marcher, de long en large, le long du mur où était percée la petite porte.

Au bout de quelques secondes, il entendit le roulement lointain et de plus en plus rapproché d'une voiture qui, gravissant rapidement la montée, s'arrêta à quelque distance et en deçà de la porte du jardin.

— Tiens! une voiture bourgeoise — dit le cocher — crânes chevaux, tout de même, pour monter à ce trot-là ce raidillon de rue Blanche.

Le cocher terminait cette réflexion, lorsqu'à la faveur de l'éclaircie momentanée, il vit un homme descendre de cette voiture, s'avancer rapidement, s'arrêter un instant à la petite porte, l'ouvrir, entrer, et disparaître après l'avoir refermée sur lui.

— Tiens, tiens, ça se complique — dit le cocher ; l'un est sorti, en voilà un autre qui rentre.

Ce disant, il se dirigea vers la voiture; elle était brillamment attelée de deux beaux et vigoureux chevaux ; le cocher, immobile dans son carrick à dix collets, tenait son fouet dressé, le manche appuyé sur son genou droit, ainsi qu'il convient.

— Voilà un chien de temps pour faire faire le pied de grue à de superbes chevaux comme les vôtres, camarade — dit l'humble cocher de fiacre à l'automédon *bourgeois*, qui resta muet et impassible sans paraître seulement se douter qu'on lui parlait.

— Il n'entend pas le français... c'est un Anglais... cela se reconnaît tout de suite à ses chevaux — dit le cocher, interprétant ainsi le silence ; puis, avisant à quelques pas une sorte de valet de pied géant, debout contre la portière, vêtu d'une longue et ample redingote de livrée d'un gris jaunâtre, à collet bleu clair et à boutons d'argent, le cocher s'adressant à lui en manière de compensation, et sans varier de beaucoup son thème :

— Voilà un chien de temps pour faire le pied de grue, camarade.

Même imperturbable silence de la part du valet de pied.

— C'est deux Anglais — reprit philosophiquement le cocher, et quoique assez étonné de l'incident de la petite porte, il recommença sa promenade en se rapprochant de son fiacre.

Pendant que se passaient les faits dont nous venons de parler, l'homme au manteau et l'homme à l'accent italien continuaient de s'entretenir; l'un toujours dans la voiture, l'autre debout, en dehors, la main appuyée au bord de la portière.

La conversation durait depuis quelque temps et avait lieu en italien ; il s'agissait d'une personne absente, ainsi qu'on en jugera par les paroles suivantes : — Ainsi — disait la voix qui sortait du fiacre — cela est bien convenu ?

Oui, monseigneur — reprit l'homme au manteau — mais seulement dans le cas où l'aigle deviendrait serpent.

— Et dans le cas contraire, dès que vous recevrez l'autre moitié du crucifix d'ivoire que je viens de vous remettre...

— Je saurai ce que cela veut dire, monseigneur.

— Continuez toujours de mériter et de conserver sa confiance.

— Je la mériterai, je la conserverai, monseigneur, parce que j'admire et respecte cet homme, plus fort par l'esprit, par le courage et par la volonté... que les hommes les plus puissans de ce monde... Je me suis agenouillé devant lui avec humilité comme devant une des trois sombres idoles qui sont entre Bohwanie et ses adorateurs... car lui, comme moi, a pour religion de changer la vie en néant.

— Hum, hum ! — dit la voix d'un ton assez embarrassé — ce sont là des rapprochemens inutiles et inexacts... Songez seulement à lui obéir... sans raisonner votre obéissance...

— Qu'il parle, et j'agis ; je suis entre ses mains *comme un cadavre*, ainsi qu'il aime à le dire... Il a vu, il voit toujours mon dévoûment par les services que je lui rends auprès du prince Djalma... Il me dirait : *Tue...* que ce fils de roi...

— N'ayez pas, pour l'amour du ciel, des idées pareilles ! — s'écria la voix en interrompant l'homme au manteau. — Grâce à Dieu, on ne vous demandera jamais de telles preuves de soumission.

— Ce que l'on m'ordonne... je le fais... Bohwanie me regarde.

— Je ne doute pas de votre zèle... je sais que vous êtes une barrière vivante et intelligente mise entre le prince et bien des intérêts coupables; et c'est parce que l'on m'a parlé de votre zèle, de votre habileté à circonvenir ce jeune Indien, et surtout de la cause de votre aveugle dévoûment à exécuter les ordres que l'on vous donne, que j'ai voulu vous instruire de tout. Vous êtes fanatique de celui que vous servez... c'est bien... l'homme doit être l'esclave obéissant du Dieu qu'il se choisit.

— Oui, monseigneur... tant que le Dieu... reste Dieu.

— Nous nous entendons parfaitement. Quant à votre récompense, vous savez... mes promesses...

— Ma récompense... je l'ai déjà, monseigneur.

— Comment ?

— Je m'entends.

— A la bonne heure... Quant au secret...

— Vous avez des garanties, monseigneur.

— Oui... suffisantes.

— Et d'ailleurs, l'intérêt de la cause que je sers vous répond de mon zèle et de ma discrétion, monseigneur.

— C'est vrai... vous êtes un homme de ferme et ardente conviction.

— J'y tâche, monseigneur.

— Et, après tout, fort religieux... à votre point de vue. Or, c'est déjà très louable d'avoir un point de vue quelconque en ces matières, par l'impiété qui court, et, surtout, lorsqu'à votre point de vue vous pouvez m'assurer de votre aide.

— Je vous l'assure, monseigneur, par cette raison qu'un chasseur intrépide préfère un chacal à dix renards, un tigre à dix chacals, un lion à dix tigres, et l'ouelmis à dix lions.

— Qu'est-ce, l'ouelmis ?

— C'est ce que l'esprit est à la matière, la lame au fourreau, le parfum à la fleur, la tête au corps.

— Je comprends... jamais comparaison n'a été plus juste... Vous êtes homme de bon jugement. Rappelez-vous toujours ce que vous venez de me dire là, et rendez-vous de plus en plus digne de la confiance de votre idole, de votre Dieu...

— Sera-t-il bientôt en état de m'entendre, monseigneur?

— Dans deux ou trois jours au plus ; hier une crise providentielle l'a sauvé... et il est doué d'une volonté si énergique, que sa guérison sera très rapide.

— Le reverrez-vous demain... monseigneur?

— Oui, avant mon départ, pour lui faire mes adieux.

— Alors, dites-lui ceci, qui est étrange, et dont je n'ai pu l'instruire, car cela s'est passé hier.

— Parlez.

— J'étais allé au jardin des morts... partout des funérailles, des torches enflammées au milieu de la nuit noire... éclairant des tombes... Bohwanie souriait dans son ciel d'ébène. En songeant à cette sainte divinité du néant, je regardais avec joie vider une voiture remplie de cercueils. La fosse immense béait comme une bouche de l'enfer ;... on lui jetait... morts sur morts; elle béait toujours. Tout à coup je vois, à côté de moi, à la lueur d'une torche, un vieillard... il pleurait;... ce vieillard... je l'avais déjà vu... c'est un juif... il est gardien de cette maison... de la... rue Saint-François... que vous savez...

Et l'homme au manteau tressaillit et s'arrêta.

— Oui... je sais... mais qu'avez-vous... à vous interrompre ainsi?

— C'est que, dans cette maison... se trouve depuis cent cinquante ans... le portrait d'un homme... d'un homme... que j'ai rencontré jadis au fond de l'Inde, sur les bords du Gange...

Et l'homme au manteau ne put s'empêcher de tressaillir et de s'arrêter encore.

— Une ressemblance singulière, sans doute?

— Oui, monseigneur... une ressemblance... singulière ;... pas autre chose...

— Mais ce vieux juif?... ce vieux juif?

— M'y voici, monseigneur; toujours pleurant il a dit à un fossoyeur : — « Eh bien! le cercueil? — Vous aviez raison; je l'ai trouvé dans la seconde » rangée de l'autre fosse — a répondu le fossoyeur; — il portait bien, pour » signe, une croix formée de sept points noirs. Mais comment avez-vous pu » savoir et la place et la marque de ce cercueil? — Hélas! peu vous importe » — a dit le vieux juif avec une amère tristesse. — Vous voyez que je ne suis » que trop bien instruit; où est le cercueil? — Derrière la grande tombe de » marbre noir que vous savez bien : il est caché à fleur de terre; mais dépê- » chez-vous vite. A travers le tumulte, on ne s'apercevra de rien, a repris le » fossoyeur. Vous m'avez bien payé, je désire que vous réussissiez dans ce » que vous voulez faire. »

— Et ce vieux juif, qu'a-t-il fait de ce cercueil marqué de sept points noirs?

— Deux hommes l'accompagnaient, monseigneur, portant une civière garnie de rideaux; il a allumé une lanterne, et, suivi de ces deux hommes, il s'est dirigé vers l'endroit désigné par le fossoyeur... Un embarras de voitures de morts m'a fait perdre le vieux juif, sur les traces duquel je m'étais mis à travers les tombeaux; il m'a été impossible de le retrouver...

— Cela est étrange, en effet;... ce juif, que voulait-il faire de ce cercueil?

— On dit qu'ils emploient des cadavres pour composer des charmes magiques, monseigneur.

— Ces mécréans sont capables de tout... même du commerce avec l'ennemi des hommes... Du reste, on avisera;... cette découverte est peut-être importante...

Minuit sonna à cet instant dans le lointain.

— Minuit!... déjà!...

— Oui, monseigneur.

— Il faut que je parte... adieu... Ainsi, une dernière fois, vous me le jurez : la circonstance convenue arrivant, dès que vous recevrez l'autre moitié du crucifix d'ivoire que je vous ai donné tout à l'heure, vous tiendrez votre promesse?

— Par Bohwanie, je vous l'ai juré, monseigneur.

— N'oubliez pas non plus que, pour plus de sûreté, la personne qui vous remettra l'autre moitié du crucifix devra vous dire... voyons que devra-t-on vous dire? Vous souvenez-vous?

— On devra me dire, monseigneur : *De la coupe aux lèvres, il y a loin.*

— Très bien... Adieu. Secret et fidélité.

— Secret et fidélité, monseigneur — répondit l'homme au manteau.

Quelques secondes après, le fiacre se remettait en marche, emmenant le cardinal Malipieri. Tel était l'interlocuteur de l'homme au manteau.

Ce dernier (on a sans doute reconnu Faringhea) regagna la petite porte du jardin de la maison occupée par Djalma. Au moment où il allait mettre la clef dans la serrure, à sa profonde surprise, il vit la porte s'ouvrir devant lui et un homme en sortir. Faringhea, se précipitant sur cet inconnu, le saisit violemment au collet, en s'écriant : — Qui êtes-vous? d'où venez-vous?

Sans doute l'inconnu trouva le ton dont cette question était faite très peu rassurant, car, au lieu d'y répondre, il fit tous ses efforts pour se dégager de l'étreinte de Faringhea, en criant d'une voix retentissante :

— Pierre... à moi!...

Aussitôt la voiture, qui stationnait à quelques pas, arrivant au grand trot, Pierre, le valet de pied géant, saisit le métis par les épaules, le rejeta quelques pas en arrière, et opéra ainsi une diversion fort utile à l'inconnu.

— Maintenant, monsieur — dit ce dernier à Faringhea en se rajustant, toujours protégé par le géant — je suis en mesure de répondre à vos questions... quoique vous traitiez fort brutalement une ancienne connaissance... Oui, je suis M. Dupont, ex-régisseur de la terre de Cardoville;... à telle enseigne que c'est moi qui ai aidé à vous repêcher, lors du naufrage du bâtiment où vous étiez embarqué.

En effet, à la vive lueur des deux lanternes, le métis reconnut la bonne et loyale figure de M. Dupont, jadis régisseur et alors, ainsi qu'on l'a dit, intendant de la maison de mademoiselle de Cardoville.

L'on n'a peut-être pas oublié que ce fut M. Dupont qui, le premier, écrivit à mademoiselle de Cardoville, pour réclamer son intérêt en faveur de Djalma, retenu au château de Cardoville par une blessure reçue pendant le naufrage.

— Mais, monsieur... que venez-vous faire ici? Pourquoi vous introduire ainsi clandestinement dans cette maison?— dit Faringhea d'un ton brusque et soupçonneux.

— Je vous ferai observer qu'il n'y a rien du tout de clandestin dans ma conduite; je viens ici dans une voiture aux livrées de mademoiselle de Cardoville, ma chère et digne maîtresse, chargé par elle, très ostensiblement... très évidemment, de remettre une lettre de sa part au prince Djalma, son cousin — répondit M. Dupont avec dignité.

A ces mots, Faringhea frémit de rage muette, et reprit : — Pourquoi, monsieur... venir à cette heure tardive? pourquoi vous introduire par cette petite porte?

— Je viens à cette heure, mon cher monsieur, parce que c'est l'ordre de mademoiselle de Cardoville, et je suis entré par cette petite porte parce qu'il y a tout lieu de croire qu'en m'adressant à la grande porte... il m'eût été impossible de parvenir jusqu'au prince...

— Vous vous trompez, monsieur — répondit le métis.

— C'est possible;... mais comme on savait que le prince passait presque habituellement une grande partie de la nuit dans le petit salon... qui communique à la serre chaude dont voici la porte, et dont mademoiselle de Cardoville a conservé une double clef depuis qu'elle a loué cette maison, j'étais à peu près certain, en prenant ce chemin, de pouvoir remettre entre les mains du prince la lettre de mademoiselle de Cardoville, sa cousine... et c'est ce que j'ai eu l'honneur de faire, mon cher monsieur, et j'ai été profondément touché de la bienveillance avec laquelle le prince a daigné me recevoir, et même se souvenir de moi.

— Et qui vous a si bien instruit, monsieur, des habitudes du prince?— dit Faringhea ne pouvant maîtriser son dépit courroucé.

— Si j'ai été exactement renseigné sur ses habitudes, mon cher monsieur, je n'ai pas été aussi bien instruit sur les vôtres — répondit Dupont d'un air assez narquois — car je vous assure que je ne comptais pas plus vous rencontrer dans ce passage... que vous ne vous attendiez à m'y voir.

Ce disant, M. Dupont fit un salut passablement narquois au métis, et remonta dans la voiture, qui s'éloigna rapidement, laissant Faringhea aussi surpris que courroucé.

CHAPITRE XXVII.

LE RENDEZ-VOUS.

Le lendemain de la mission remplie par Dupont auprès de Djalma, celui-ci se promenait à pas impatiens et précipités dans le petit salon indien de la rue Blanche; cette pièce communiquait, on le sait, avec la serre chaude où Adrienne lui avait apparu pour la première fois. Il avait voulu, en souvenir de ce jour, s'habiller comme il l'était lors de cette entrevue : il portait donc une tunique de cachemire blanc, avec un turban cerise et une ceinture de même couleur : ses guêtres de velours incarnat, brodées d'argent, dessinaient le galbe fin et pur de sa jambe, et s'échancraient sur une petite mule de maroquin blanc à talon rouge.

Le bonheur a une action si instantanée, et pour ainsi dire tellement matérielle, sur les organisations jeunes, vivaces et ardentes, que Djalma, la veille encore morne, abattu, désespéré, n'était plus reconnaissable. Une teinte livide ne ternissait plus l'or pâle de son teint mat et transparent. Ses larges prunelles, naguère voilées comme le seraient des diamans noirs par une vapeur humide, brillaient alors d'un doux éclat au milieu de leur orbe nacré; ses lèvres, longtemps pâlies, étaient redevenues d'un coloris aussi vif, aussi velouté, que les plus belles fleurs pourpre de son pays.

Tantôt, interrompant sa marche précipitée, il s'arrêtait tout à coup, tirait de son sein un petit papier soigneusement plié, et le portait à ses lèvres avec une folle ivresse; alors, ne pouvant contenir les élans de son bonheur, une espèce de cri de joie, mâle et sonore, s'échappait de sa poitrine, et d'un bond le prince était devant la glace sans tain qui séparait le salon de la serre chaude où, pour la première fois, il avait vu mademoiselle de Cardoville.

Singulière puissance du souvenir, merveilleuse hallucination d'un esprit dominé, envahi, par une pensée unique, fixe, incessante : bien des fois Djalma avait cru voir, ou plutôt il avait réellement vu l'image adorée d'Adrienne lui apparaître à travers cette nappe de cristal; et bien plus, l'illusion avait été si complète que, les yeux ardemment fixés sur la vision qu'il évoquait, il avait pu, à l'aide d'un pinceau imbibé de carmin (1), suivre et tracer avec une étonnante exactitude la silhouette de l'idéale figure que le délire de son imagination présentait à sa vue. C'était devant ces lignes charmantes rehaussées du carmin le plus vif, que Djalma venait de se mettre en contemplation profonde, après avoir lu et relu, porté et reporté vingt fois à ses lèvres la lettre qu'il avait reçue la veille au soir des mains de Dupont.

Djalma n'était pas seul. Faringhea suivait tous les mouvemens du prince d'un regard subtil, attentif et sombre; se tenant respectueusement debout dans un coin du salon, le métis semblait occupé à déplier et étendre le bedej de Djalma, espèce de burnous en étoffe de l'Inde, tissu léger et soyeux dont le fond brun disparaissait presque entièrement sous des broderies d'or et d'argent d'une délicatesse exquise. La figure du métis était soucieuse, sinistre. Il ne pouvait s'y méprendre; la lettre de mademoiselle de Cardoville, remise la veille par M. Dupont à Djalma, devait causer seule son enivrement, car, sans doute, il se savait aimé; dans ce cas, son silence obstiné envers Faringhea, depuis que celui-ci était entré dans le salon, l'alarmait fort, et il ne savait comment l'interpréter.

La veille, après avoir quitté M. Dupont dans un état d'anxiété facile à comprendre, le métis était revenu en hâte vers le prince, afin de juger l'effet produit par la lettre de mademoiselle de Cardoville; mais il trouva le sa-

(1) Quelques curieux possèdent de pareilles esquisses, produits de l'art indien, d'une naïveté primitive.

lon fermé. Il frappa, personne ne lui répondit. Alors, quoique la nuit fût avancée, il expédia en toute hâte une note à Rodin, dans laquelle il lui annonçait et la visite de M. Dupont, et le but probable de cette visite.

Djalma avait en effet passé la nuit dans des emportemens de bonheur et d'espoir, dans une fièvre d'impatience impossible à rendre. Au matin seulement, rentrant dans sa chambre à coucher, il avait pris quelques momens de repos et s'était habillé seul.

Plusieurs fois, mais en vain, le métis avait discrètement frappé à la porte de l'appartement de Djalma; vers les midi et demi seulement, celui-ci avait sonné pour demander que sa voiture fût prête à deux heures et demie. Faringhea s'étant présenté, le prince lui avait donné cet ordre sans le regarder et comme il eût parlé à tout autre de ses serviteurs. Etait-ce défiance, éloignement ou distraction de la part du prince? telles étaient les questions que se posait le métis avec une angoisse croissante, car les desseins dont il était l'instrument le plus actif, le plus immédiat, pouvaient être ruinés au moindre soupçon de Djalma.

— Oh!... les heures... les heures... qu'elles sont lentes!... — s'écria tout à coup le jeune Indien d'une voix basse et palpitante.

— Les heures sont bien longues, disiez-vous avant-hier encore, monseigneur...

Et en prononçant ces mots, Faringhea s'approcha de Djalma, afin d'attirer son attention. Voyant qu'il n'y réussissait pas, il fit quelques pas de plus, et reprit : — Votre joie semble bien grande, monseigneur; faites-en connaître le sujet à votre pauvre et fidèle serviteur, afin qu'il puisse s'en réjouir avec vous.

S'il avait entendu les paroles du métis, Djalma n'en avait écouté aucune; il ne répondit pas; ses grands yeux noirs nageaient dans le vide; il semblait sourire avec adoration à une vision enchanteresse, les deux mains croisées sur sa poitrine, ainsi que les placent, pour prier, les gens de son pays.

Après quelques instans de cette sorte de contemplation, il dit : — Quelle heure est-il?

Mais il semblait plutôt se faire cette demande à lui-même qu'à un tiers.

— Il est bientôt deux heures, monseigneur, dit Faringhea.

Djalma, après avoir entendu cette réponse, s'assit et cacha sa figure dans ses mains, comme pour se recueillir et s'absorber complètement dans une ineffable méditation.

Faringhea, poussé à bout par ses inquiétudes croissantes et voulant à tout prix attirer l'attention de Djalma, s'approcha de lui; et presque certain de l'effet des paroles qu'il allait prononcer, il lui dit d'une voix lente et pénétrante : — Monseigneur... ce bonheur qui vous transporte, vous le devez, j'en suis sûr, à mademoiselle de Cardoville.

A peine ce nom fut-il prononcé que Djalma tressaillit, bondit sur son fauteuil, se leva, et regardant le métis en face, il s'écria, comme s'il n'eût fait que de l'apercevoir : — Faringhea... tu es ici!... Que veux-tu?

— Votre fidèle serviteur partage votre joie, monseigneur.

— Quelle joie?

— Celle que vous cause la lettre de mademoiselle de Cardoville, monseigneur.

Djalma ne répondit pas, mais son regard brillait de tant de bonheur, de tant de sécurité, que le métis se sentit complètement rassuré; aucun nuage de défiance ou de doute, si léger qu'il fût, n'obscurcissait les traits radieux du prince. Celui-ci, après quelques momens de silence, releva sur le métis ses yeux à demi-voilés d'une larme de joie, et répondit avec l'expression d'un cœur qui déborde d'amour et de félicité : — Oh! le bonheur... le bonheur;... c'est bon et grand comme Dieu;... c'est Dieu...

— Ce bonheur vous était dû, monseigneur, après tant de souffrances...

— Quand cela?... Ah! oui, autrefois j'ai souffert; autrefois aussi j'ai été à Java... Il y a des années de cela...

— D'ailleurs, monseigneur, cet heureux succès ne m'étonne pas. Que vous ai-je toujours dit? Ne vous désolez pas;... feignez un violent amour pour une autre, et cette orgueilleuse jeune fille...

A ces mots, Djalma jeter un coup d'œil si perçant sur le métis, que celui-ci s'arrêta court; mais le prince lui dit avec la plus affectueuse bonté : — Continue... je t'écoute...

Puis, appuyant son menton dans sa main et son coude sur son genou, il attacha sur Faringhea un regard profond, mais d'une douceur tellement ineffable, tellement pénétrante, que Faringhea, cette âme de fer, se sentit un instant troublé par un léger remords.

— Je disais, monseigneur — reprit-il — qu'en suivant les conseils de votre esclave... qui vous engagent à feindre un amour passionné pour une autre femme, vous avez amené mademoiselle de Cardoville, si fière, si orgueilleuse, à venir à vous... Ne vous l'avais-je pas prédit?

— Oui... tu l'avais prédit — répondit Djalma toujours accoudé, toujours examinant le métis avec la même attention, avec la même expression de suave bonté.

La surprise de Faringhea augmentait; ordinairement le prince, sans le traiter avec moins de dureté, conservant du moins avec lui les traditions quelque peu hautaines et impérieuses de leur pays commun, ne lui avait jamais parlé avec cette douceur; sachant tout le mal qu'il avait fait au prince, défiant comme tous les méchans, le métis crut un moment que la bienveillance de son maître cachait un piége, aussi continua-t-il avec moins d'assurance : — Croyez-moi, monseigneur, ce jour, si vous savez profiter de vos avantages, ce jour vous consolera de toutes vos peines, et elles ont été grandes, car hier encore... bien que vous ayez la générosité de l'oublier, et c'est un tort, hier encore vous souffriez affreusement; mais vous n'étiez pas seul à souffrir... cette fière jeune fille aussi... a souffert.

— Tu crois ? — dit Djalma.

— Oh! bien sûr, monseigneur; jugez donc, en vous voyant au théâtre avec une autre femme, ce qu'elle a dû ressentir... Si elle vous aimait faiblement, elle a été cruellement frappée dans son amour-propre... si elle vous aimait avec passion, elle a été frappée au cœur... Aussi, lasse de souffrir, elle vient à vous...

— De sorte que, de toutes façons, tu es certain qu'elle a souffert... beaucoup souffert. Et cela ne t'apitoie pas ? — dit Djalma d'une voix contrainte, mais toujours avec un accent rempli de douceur...

Avant de songer à plaindre les autres, monseigneur, je songe... à vos peines... et elles me touchent trop pour qu'il me reste quelque pitié pour autrui... — ajouta hypocritement Faringhea : l'influence de Rodin avait déjà modifié le phansegar.

— Cela est étrange... — dit Djalma en se parlant à lui-même et jetant sur le métis un regard plus profond encore, mais toujours rempli de bonté.

— Qu'est-ce qui est étrange, monseigneur?

— Rien. Mais, dis-moi, puisque tes avis m'ont si bien réussi pour le passé... que penses-tu de l'avenir?...

— De l'avenir, monseigneur?

— Oui... dans une heure... je vais être auprès de mademoiselle de Cardoville.

— Cela est grave, monseigneur;... l'avenir dépend de cette première entrevue.

— C'est à quoi je pensais tout à l'heure.

— Croyez-moi, monseigneur... les femmes ne se passionnent jamais que pour l'homme hardi qui leur épargne l'embarras des refus.

— Explique-toi mieux.

— Eh bien! monseigneur, elles méprisent l'amant timide et langoureux qui, d'une voix humble, demande ce qu'il doit ravir...

— Mais je vois aujourd'hui mademoiselle de Cardoville pour la première fois.

— Vous l'avez vue mille fois dans vos rêves, monseigneur, et elle aussi vous a vu dans ses rêves, puisqu'elle vous aime... Il n'y a pas une de vos pensées d'amour qui n'ait eu de l'écho dans son cœur... Toutes vos ardentes adorations pour elle, elle les a ressenties pour vous... L'amour n'a pas deux langages, et, sans vous voir, vous vous êtes dit... tout ce que vous aviez à vous dire... Maintenant... aujourd'hui même, agissez en maître... et elle est à vous.

— Cela est étrange... étrange — dit Djalma une seconde fois, en ne quittant pas des yeux Faringhea.

Se méprenant sur le sens que le prince attachait à ces mots, le métis reprit : — Croyez-moi, monseigneur, si étrange que cela vous semble, cela est sage... Rappelez-vous le passé... Est-ce en jouant le rôle d'un amoureux timide... que vous avez amené à vos pieds cette orgueilleuse jeune fille, monseigneur ? Non, c'est en feignant de la dédaigner pour une autre femme... Ainsi, pas de faiblesse ;... le lion ne soupire pas comme le faible tourtereau ; ce fier sultan du désert n'a pas souci de quelques rugissemens plaintifs de la lionne... encore moins courroucée que reconnaissante de ses rudes et sauvages caresses ; aussi, bientôt soumise, heureuse et craintive, elle rampe sur la trace de son maître. Croyez-moi, monseigneur, osez... osez... et aujourd'hui vous serez le sultan adoré de cette jeune fille dont tout Paris admire la beauté...

Après quelques minutes de silence, Djalma, secouant la tête avec une expression de tendre commisération, dit au métis, de sa voix douce et sonore :

— Pourquoi me trahir ainsi ? pourquoi me conseiller ainsi méchamment d'employer la violence, la terreur, la surprise... envers un ange de pureté... que je respecte comme ma mère ? N'est-ce donc pas assez pour toi de t'être dévoué à mes ennemis, à ceux qui m'ont poursuivi jusqu'à Java ?

Djalma, l'œil sanglant, le front terrible, le poignard levé, se fût précipité sur le métis, que celui-ci eût été moins surpris, peut-être moins effrayé qu'en entendant Djalma lui parler de sa trahison avec cet accent de doux reproche.

Faringhea recula vivement d'un pas, comme s'il eût cherché à se mettre en défense.

Djalma reprit avec la même mansuétude : — Ne crains rien ;... hier, je t'aurais tué ;... je te l'assure ;... mais aujourd'hui, l'amour heureux me rend équitable et clément ; j'ai pour toi de la pitié sans fiel ; je te plains. Tu dois avoir été bien malheureux... pour être devenu si méchant.

— Moi, monseigneur ! — dit le métis avec une stupeur croissante.

— Mais tu as donc bien souffert, on a donc bien été impitoyable envers toi, pauvre créature, que tu es impitoyable dans ta haine, et que la vue d'un bonheur comme le mien ne te désarme pas ?... Vrai... en t'écoutant tout à l'heure, j'éprouvais pour toi une commisération sincère, en voyant la triste persévérance de ta haine.

— Monseigneur, je ne sais...

Et le métis, balbutiant, ne trouvait pas une parole à répondre.

— Voyons, quel mal t'ai-je fait ?

— Mais... aucun, monseigneur... — répondit le métis.

— Alors pourquoi me haïr ainsi ? pourquoi me vouloir du mal avec tant d'acharnement ?... N'était-ce pas assez de me donner le perfide conseil de feindre un honteux amour pour cette jeune fille que tu as amenée ici... et qui, lasse du misérable rôle qu'elle jouait près de moi, a quitté cette maison ?

— Votre feint amour pour cette jeune fille... monseigneur — reprit Faringhea en reprenant peu à peu son sang-froid — a vaincu la froideur de...

— Ne dis pas cela — reprit le prince avec la même douceur en l'interrompant ; si je jouis de cette félicité qui me rend compatissant envers toi, qui m'élève au-dessus de moi-même, c'est que mademoiselle de Cardoville sait maintenant que je n'ai pas un moment cessé de l'aimer, comme elle doit être aimée... avec adoration, avec respect ; toi, au contraire, en me conseillant comme tu l'as fait... ton dessein était de l'éloigner de moi à jamais ; tu as failli réussir.

— Monseigneur... si vous pensez cela de moi... vous devez me regarder comme votre plus mortel ennemi...

— Ne crains rien, te dis-je ;... je n'ai pas le droit de te blâmer... Dans le délire du chagrin, je t'ai écouté... j'ai suivi tes avis... je n'ai pas été ta dupe, mais ton complice... Seulement, avoue-le, me voyant à ta merci, abattu, désespéré, n'était-ce pas cruel à toi de me conseiller ce qui pouvait m'être le plus funeste au monde ?

— L'ardeur de mon zèle m'aura égaré, monseigneur.

— Je veux te croire... Mais pourtant aujourd'hui ?... encore des excitations mauvaises ;... tu as été sans pitié pour mon bonheur comme tu avais été sans pitié pour mon malheur;... ces délices du cœur où tu me vois plongé ne t'inspirent qu'un désir... celui de changer cette ivresse en désespoir.

— Moi, monseigneur?

— Oui, toi;... tu as pensé qu'en suivant tes conseils, je me perdrais, je me déshonorerais pour toujours aux yeux de mademoiselle de Cardoville... Voyons? dis? cette haine acharnée... pourquoi? Encore une fois... que t'ai-je fait?

— Monseigneur... vous me jugez mal, et je...

— Écoute-moi, je ne veux plus que tu sois méchant et traître; je veux te rendre bon... Dans notre pays, on charme les serpens les plus dangereux, on apprivoise les tigres; eh bien! je veux aussi te dompter à force de douceur, toi qui es un homme... toi qui as un esprit pour te guider et un cœur pour aimer;... ce jour me donne un bonheur divin, tu béniras ce jour... Que puis-je pour toi? que veux-tu? de l'or?... Tu auras de l'or... Veux-tu plus que de l'or?... veux-tu un ami, dont l'amitié tendre te consolera, et, te faisant oublier les chagrins qui t'ont rendu méchant, te rendra bon?... Quoique fils de roi, veux-tu que je sois cet ami? Je le serai, oui... malgré le mal;... non... à cause du mal que tu m'as fait;... je serai pour toi un ami sincère, heureux de me dire : — Le jour où l'ange m'a dit qu'elle m'aimait, mon bonheur a été bien grand : le matin j'avais un ennemi implacable; le soir, sa haine s'était changée en amitié... Va, crois-moi, Faringhea, le malheur fait les méchans; le bonheur fait les bons : sois heureux...

A ce moment, deux heures sonnèrent.

Le prince tressaillit; c'était le moment de partir pour son rendez-vous avec Adrienne. L'admirable figure de Djalma, encore embellie par la douce et ineffable expression dont elle s'était animée en parlant au métis, sembla s'illuminer d'un rayon divin. S'approchant de Faringhea, il lui tendit la main avec un geste rempli de mansuétude et de grâce, en lui disant : — Ta main...

Le métis, dont le front était baigné d'une sueur froide, dont les traits étaient pâles, altérés, presque décomposés, hésita un instant; puis, dominé, vaincu, fasciné, il tendit en frissonnant sa main au prince, qui la serra et lui dit à la mode de son pays : — Tu mets loyalement ta main dans la main d'un ami loyal... Cette main sera toujours ouverte pour toi... Adieu, Faringhea... Je me sens maintenant plus digne de m'agenouiller devant l'ange.

Et Djalma sortit, afin de se rendre chez Adrienne.

Malgré sa férocité, malgré la haine impitoyable qu'il portait à l'espèce humaine, bouleversé par les nobles et clémentes paroles de Djalma, le sombre sectateur de Bohwanie se dit avec terreur : — J'ai touché sa main;... il est maintenant sacré pour moi...

Puis, après un moment de silence, et la réflexion lui venant sans doute, il s'écria : — Oui; mais il n'est pas sacré pour celui qui, selon ce qu'on m'a répondu cette nuit, doit l'attendre à la porte de cette maison...

Ce disant, le métis courut dans une chambre voisine qui donnait sur la rue, souleva un coin du rideau, et dit avec anxiété : — Sa voiture sort... l'homme s'approche... Enfer!... la voiture a marché, je ne vois plus rien.

CHAPITRE XXVIII.

L'ATTENTE.

Par une singulière coïncidence de pensée, Adrienne avait voulu, ainsi que Djalma, être vêtue comme elle l'était lors de sa première entrevue avec lui dans la maison de la rue Blanche.

Pour le lieu de cette entrevue si solennelle au point de vue de son bonheur, mademoiselle de Cardoville, avec son tact naturel, avait choisi le grand salon de réception de l'hôtel de Cardoville, où se voyaient plusieurs portraits de famille. Les plus apparens étaient ceux de son père et de sa mère. Ce salon, fort vaste et d'une grande élévation, était, ainsi que ceux qui le précédaient, meublé avec le luxe imposant du siècle de Louis XIV; le plafond, peint par Lebrun, ayant pour sujet le triomphe d'Apollon, étalait l'ampleur de son dessin, la vigueur de son coloris, au milieu d'une large corniche magnifiquement sculptée et dorée, supportée dans ses angles par quatre pendentifs composés de grandes figures aussi dorées, représentant les quatre Saisons; des panneaux recouverts de damas cramoisi, entourés d'encadremens, servaient de fond aux grands portraits de famille qui ornaient cette pièce.

Il est plus facile de concevoir que de peindre les mille émotions diverses dont était agitée mademoiselle de Cardoville à mesure qu'approchait le moment de son entretien avec Djalma. Leur réunion avait été jusqu'alors empêchée par tant de douloureux obstacles, Adrienne savait ses ennemis si vigilans, si actifs, si perfides, qu'elle doutait encore de son bonheur. A chaque instant, presque malgré elle, son regard interrogeait la pendule; quelques minutes encore, et l'heure du rendez-vous allait sonner... Enfin cette heure sonna. Chaque coup du timbre retentit longuement au fond du cœur d'Adrienne. Elle pensa que Djalma, sans doute par réserve, ne s'était pas permis de devancer l'instant fixé par elle; loin de le blâmer de cette discrétion, elle lui en sut gré; mais, de ce moment, au moindre bruit qu'elle entendait dans les salons voisins, suspendant sa respiration, elle prêtait l'oreille avec espérance. Pendant les premières minutes qui suivirent l'heure où elle attendait Djalma, mademoiselle de Cardoville ne conçut aucune crainte sérieuse, et calma son impatience un peu inquiète par ce calcul, très puéril, très niais, aux yeux des gens qui n'ont jamais connu la fiévreuse agitation d'une attente heureuse, en se disant que la pendule de la maison de la rue Blanche pouvait retarder de quelque peu sur la pendule de la rue d'Anjou. Mais à mesure que cette différence supposée, d'ailleurs fort concevable, se changea en un retard d'un quart d'heure... de vingt minutes... et plus, Adrienne ressentit une angoisse croissante; deux ou trois fois, la jeune fille, se levant le cœur palpitant, alla sur la pointe du pied écouter à la porte du salon... Elle n'entendit rien... La demie de trois heures sonna. Ne pouvant surmonter sa frayeur naissante, et se rattachant à un dernier espoir, elle revint auprès de la cheminée, puis sonna, après avoir, pour ainsi dire, composé son visage, afin qu'il ne trahît aucune émotion.

Au bout de quelques secondes, un valet de chambre à cheveux gris, vêtu de noir, ouvrit la porte, et attendit dans un respectueux silence les ordres de sa maîtresse; celle-ci lui dit d'une voix calme: — André, priez Hébé de vous donner un flacon que j'ai oublié sur la cheminée de ma chambre, et apportez-le-moi.

André s'inclina; au moment où il allait sortir du salon pour exécuter l'ordre d'Adrienne, ordre qu'elle n'avait donné que pour pouvoir faire une autre question dont elle voulait dissimuler l'importance aux yeux de ses gens instruits de la prochaine venue du prince, mademoiselle de Cardoville ajouta d'un air indifférent en montrant la pendule: — Cette pendule... va-t-elle bien?

André tira sa montre, y jeta les yeux et répondit; — Oui, mademoiselle; je me suis réglé sur les Tuileries; il est aussi trois heures et demie passées à ma montre.

— C'est bien!... je vous remercie... dit Adrienne avec bonté.

André s'inclina, et avant de sortir, il dit à Adrienne: — J'oubliais de prévenir mademoiselle que M. le maréchal Simon est venu il y a une heure; comme la porte de mademoiselle était fermée pour tout le monde, excepté pour monsieur le prince, on a dit que mademoiselle ne recevait pas.

— C'est bien, dit Adrienne.

André s'inclina de nouveau, quitta le salon, et tout retomba dans le silence.

Par cela même que jusqu'à la dernière minute de l'heure de son entrevue avec Djalma l'espérance d'Adrienne n'avait pas été troublée par le plus léger doute, la déception dont elle commençait à souffrir était d'autant plus affreuse; jetant alors un regard navré sur l'un des portraits placés au-dessus d'elle et latéralement à la cheminée, elle murmura avec un accent plaintif et désolé: — O ma mère!

A peine mademoiselle de Cardoville avait-elle prononcé ces mots, que le roulement sourd d'une voiture qui entrait dans la cour de l'hôtel ébranla légèrement les vitres. La jeune fille tressaillit, et ne put retenir un léger cri de joie; son cœur bondit au devant de Djalma : car, cette fois, elle *sentait*, pour ainsi dire, que c'était lui. Elle en était aussi certaine que si de ses yeux elle avait vu le prince. Elle se rassit en essuyant une larme suspendue à ses longs cils. Sa main tremblait comme la feuille. Le bruit assez retentissant de plusieurs portes dont on ouvrait successivement les battans, prouva bientôt à la jeune fille la certitude de ses prévisions. Les deux ventaux dorés de la porte du salon roulèrent sur leurs gonds, et le prince parut.

Pendant qu'un second valet de chambre refermait la porte, André, entrant quelques secondes après Djalma, pendant que celui-ci s'approchait d'Adrienne, alla déposer, sur une table dorée à portée de la jeune fille, un petit plateau de vermeil où se trouvait un flacon de cristal; puis la porte se referma.

Le prince et mademoiselle de Cardoville restèrent seuls.

CHAPITRE XXIX.

ADRIENNE ET DJALMA.

Le prince s'était lentement approché de mademoiselle de Cardoville.

Malgré l'impétuosité des passions du jeune Indien, sa démarche mal assurée, timide, mais d'une timidité charmante, trahissait sa profonde émotion. Il n'avait pas encore osé lever les yeux sur Adrienne; il était subitement devenu très pâle, et ses belles mains, religieusement croisées sur sa poitrine, selon les habitudes d'adoration de son pays, tremblaient beaucoup ; il restait à quelques pas d'Adrienne, la tête légèrement inclinée. Cet embarras, ridicule chez tout autre, était touchant chez ce prince de vingt ans, d'une intrépidité presque fabuleuse, d'un caractère si héroïque, si généreux, que les voyageurs ne parlaient du fils du roi Kadja-Sing qu'avec admiration et respect.

Doux émoi, chaste réserve plus intéressante encore, si l'on songe que les brûlantes passions de cet adolescent étaient d'autant plus inflammables qu'elles avaient été jusqu'alors toujours contenues.

Mademoiselle de Cardoville, non moins embarrassée, non moins troublée, était restée assise; ainsi que Djalma elle tenait ses yeux baissés, mais la brûlante rougeur de ses joues, les battemens précipités de son sein virginal, révélaient une émotion qu'elle ne pensait pas d'ailleurs à cacher... Adrienne, malgré la fermeté de son esprit tour à tour si fin et si gai, si gracieux et si incisif; malgré la décision de son caractère indépendant et fier; malgré sa grande habitude du monde, Adrienne, montrant, ainsi que Djalma, une gaucherie naïve, un trouble enchanteur, partageait cette sorte d'anéantissement passager, ineffable, sous lequel semblaient fléchir ces deux beaux êtres, amoureux, ardens et purs : comme s'ils eussent été impuissans à supporter à la fois le bouillonnement de leurs sens palpitans, et l'enivrante exaltation de leur cœur.

Et pourtant leurs yeux ne s'étaient pas encore rencontrés. Tous deux redoutaient ce premier choc électrique du regard, cette invincible attraction de deux êtres aimans et passionnés l'un vers l'autre, feu sacré qui, plus rapide que la foudre, allume, embrase leur sang, et quelquefois, presque à leur insu, les enlève à la terre et les ravit au ciel ; car c'est se rapprocher de Dieu que de se livrer avec une religieuse ivresse au plus noble, au plus irrésistible des penchans qu'il a mis en nous, le seul penchant enfin que, dans son adorable sagesse, le dispensateur de toutes choses ait voulu sanctifier en le douant d'une étincelle de sa divinité créatrice.

Djalma leva le premier les yeux ; ils étaient à la fois humides et étincelans; la fougue d'un amour exalté, la brûlante ardeur de l'âge, si longtemps comprimée, l'admiration exaltée d'une beauté idéale se lisaient dans ce regard, empreint cependant d'une timidité respectueuse, et donnaient aux traits de cet adolescent une expression indéfinissable... irrésistible...

Irrésistible!... car Adrienne,.. rencontrant le regard du prince, frémit de tout son corps, se sentit comme attirée dans un tourbillon magnétique. Déjà ses yeux s'appesantissaient sous une lassitude enivrante, lorsque, par un suprême effort de vouloir et de dignité, elle surmonta ce trouble délicieux, se leva de son fauteuil, et, d'une voix tremblante, elle dit à Djalma : — Prince, je suis heureuse de vous recevoir ici ; — puis, d'un geste lui montrant un des portraits suspendus derrière elle, Adrienne ajouta, comme s'il s'était agi d'une présentation : — Prince, ma mère...

Par une pensée d'une rare délicatesse, Adrienne faisait ainsi, pour ainsi dire, assister sa mère à son entretien avec Djalma. C'était se sauvegarder, elle et le prince, contre les séductions d'une première rencontre d'autant plus entraînante que tous deux se savaient éperdûment aimés ; que tous deux étaient libres... et n'avaient à répondre qu'à Dieu des trésors de bonheur et de volupté dont il les avait si magnifiquement doués. Le prince comprit la pensée d'Adrienne ; aussi, lorsque la jeune fille lui eut indiqué le portrait de sa mère, Djalma, par un mouvement spontané, rempli de charme et de simplicité, s'inclina, en pliant un genou devant le portrait, et dit d'une voix douce et mâle, en s'adressant à cette peinture : — Je vous aimerai, je vous bénirai comme ma mère. Et ma mère aussi, dans ma pensée, sera là, comme vous, à côté de votre enfant.

On ne pouvait mieux répondre au sentiment qui avait engagé mademoiselle de Cardoville à se mettre pour ainsi dire sous la protection de sa mère ; aussi, de ce moment, rassurée sur Djalma, rassurée sur elle-même, la jeune fille se trouvant pour ainsi dire *à son aise*, le délicieux enjouement du bonheur vint remplacer peu à peu les émotions et le trouble qui l'avaient d'abord agitée.

Alors, se rasseyant, elle dit à Djalma, en lui montrant un siège en face d'elle : — Veuillez vous asseoir... mon cher cousin... et laissez-moi vous appeler ainsi, car je trouve un peu trop d'étiquette dans le mot *prince* ; et, quant à vous, appelez-moi votre cousine, car je trouve aussi *mademoiselle* trop grave. Ceci réglé, causons d'abord en bons amis.

— Oui, ma cousine — répondit Djalma, qui avait rougi au mot *d'abord*.

— Comme la franchise est de mise entre amis — répondit Adrienne — je vous ferai d'abord un reproche... — ajouta-t-elle avec un demi-sourire en regardant le prince.

Celui-ci, au lieu de s'asseoir, restait debout, accoudé à la cheminée, dans une attitude remplie de grâce et de respect.

— Oui, mon cousin... — reprit Adrienne — un reproche que vous me pardonnerez peut-être ;... en un mot, je vous attendais... un peu plus tôt...

— Peut-être, ma cousine, me blâmerez-vous de n'être pas venu plus tard.

— Que voulez-vous dire ?

— Au moment où je sortais... de chez moi, un homme que je ne connaissais pas s'est approché de ma voiture, et m'a dit avec tant de sincérité, que je l'ai cru : « Vous pouvez sauver la vie d'un homme qui a été un père pour vous... le maréchal Simon est en grand péril ; mais, pour lui venir en aide, il faut me suivre à l'instant... »

— C'était un piége — s'écria vivement Adrienne — le maréchal Simon, il y a une heure à peine... est venu ici...

— Lui !... — s'écria Djalma avec joie, et comme s'il eût été soulagé d'un pénible poids — ah ! du moins, ce beau jour ne sera pas attristé.

— Mais, mon cousin — reprit Adrienne — comment ne vous êtes-vous pas défié de cet émissaire ?

— Quelques mots qui lui sont échappés plus tard m'ont alors inspiré des doutes — répondit Djalma ; — mais je l'ai d'abord suivi, craignant que le maréchal ne fût en danger... car je sais qu'il a aussi des ennemis.

— Maintenant que je réfléchis, vous avez eu raison, mon cousin, quelque nouvelle trame contre le maréchal était vraisemblable... Au moindre doute, vous deviez courir à lui.

— Je l'ai fait... cependant vous m'attendiez.

— C'est là un généreux sacrifice ; et mon estime pour vous s'accroîtrait encore si elle pouvait augmenter... dit Adrienne avec émotion. — Mais qu'est-il advenu de cet homme ?

— Sur mon ordre, il est monté dans la voiture. A la fois inquiet du maréchal et désespéré de voir ainsi s'écouler le temps que je devais passer auprès de vous, ma cousine, je pressais cet homme de questions. Et plusieurs fois il me répondit avec embarras. L'idée me vint alors qu'on me tendait peut-être un piége. Me rappelant tout ce que l'on avait déjà tenté pour me perdre auprès de vous... aussitôt j'ai changé de chemin. Le dépit de l'homme qui m'accompagnait est alors devenu si visible, qu'il aurait dû m'éclairer; cependant, pensant au maréchal Simon, j'éprouvais encore un vague remords, que vous venez enfin de calmer, ma cousine.

— Ces gens sont implacables — dit Adrienne — mais notre bonheur sera plus fort que leur haine.

Après un moment de silence, elle reprit, avec sa franchise habituelle : — Mon cher cousin, il m'est impossible de taire ou de cacher ce que j'ai dans le cœur... Causons encore quelques instans (toujours en amis), causons d'un passé qu'on nous a rendu si cruel, ensuite nous l'oublierons à jamais, comme un mauvais rêve.

— Je vous répondrai avec sincérité, au risque de me nuire à moi-même — dit le prince.

— Comment avez-vous pu vous résoudre à vous montrer en public, avec...

— Avec cette jeune fille ? — dit Djalma en interrompant Adrienne.

— Oui, mon cousin — répondit mademoiselle de Cardoville attendant la réponse de Djalma avec une curiosité inquiète.

— Etranger aux habitudes de ce pays — répondit Djalma sans embarras parce qu'il disait vrai — l'esprit affaibli par le désespoir, égaré par les funestes conseils d'un homme dévoué à nos ennemis, j'ai cru, ainsi qu'il me le disait, qu'en affichant devant vous un autre amour, j'exciterais votre jalousie, et que...

—Assez, mon cousin, je comprends tout—dit vivement Adrienne en interrompant à son tour Djalma pour lui épargner un aveu pénible ; — il a fallu que moi aussi je fusse bien aveuglée par le désespoir pour n'avoir pas deviné ce méchant complot, surtout après votre folle et intrépide action : risquer la mort... pour ramasser mon bouquet — ajouta Adrienne en frissonnant encore à ce souvenir. — Un dernier mot — reprit-elle — quoique je sois sûre de votre réponse : N'avez-vous pas reçu une lettre que je vous ai écrite le matin même du jour où je vous ai vu au théâtre ?

Djalma ne répondit rien ; un sombre nuage passa rapidement sur ses beaux traits, et, pendant une demi-seconde, ils prirent une expression si menaçante, qu'Adrienne en fut effrayée. Mais bientôt cette violente agitation s'apaisa comme par réflexion ; le front de Djalma redevint calme et serein.

— J'ai été plus clément que je ne le pensais — dit le prince à Adrienne, qui le contemplait avec étonnement. — J'ai voulu venir près de vous, digne de vous... ma cousine. J'ai pardonné à celui qui, pour servir mes ennemis, m'avait donné, me donnait encore de funestes conseils... Cet homme, j'en suis certain, m'a dérobé votre lettre... Tout à l'heure, en pensant à tous les maux qu'il m'a ainsi causés, j'ai un instant regretté ma clémence... Mais j'ai pensé à votre lettre d'hier... et ma colère s'est évanouie.

— C'en est donc fait de ce passé funeste, de ces craintes, de ces défiances, de ces soupçons qui nous ont tourmentés si longtemps, qui ont fait que j'ai douté de vous et que vous avez douté de moi. Oh ! oui, loin de nous ce passé funeste ! — s'écria mademoiselle de Cardoville avec une joie profonde.

Et comme si elle eût délivré son cœur des dernières pensées qui auraient pu l'attrister, elle reprit : — A nous l'avenir maintenant, l'avenir tout entier... l'avenir radieux, sans nuages... sans obstacles, un horizon si beau... si pur dans son immensité, que ses limites échappent à la vue...

Il est impossible de rendre l'exaltation ineffable, l'accent d'espérance entraînante qui accompagna ces paroles d'Adrienne ; tout à coup ses traits exprimèrent une mélancolie touchante, et elle ajouta d'une voix profondément émue : — Et dire... qu'à cette heure... il y a pourtant des malheureux qui souffrent !

Ce retour de commisération naïve envers l'infortune, au moment même où cette noble jeune fille atteignait le comble d'un bonheur idéal, impressionna si vivement Djalma, qu'involontairement il tomba aux genoux d'Adrienne, joignit les mains et tourna vers elle son visage enchanteur, où se lisait une adoration presque divine...

Puis, cachant sa figure entre ses mains, il baissa la tête sans dire un seul mot.

Il y eut un moment de silence profond... — Adrienne l'interrompit la première en voyant une larme rouler à travers les doigts effilés de Djalma.

— Qu'avez-vous, mon ami?... — s'écria-t-elle. Et, par un mouvement plus rapide que sa pensée, elle se pencha vers le prince et abaissa ses mains, qu'il tenait toujours sur son visage. Son visage était baigné de larmes.

— Vous pleurez!... — s'écria mademoiselle de Cardoville si émue, qu'elle garda les mains de Djalma entre les siennes; aussi, ne pouvant essuyer ses larmes, le jeune Indien les laissa couler comme autant de gouttes de cristal sur l'or pâle de ses joues.

— Il n'est pas en ce moment un bonheur comme le mien — dit le prince de sa voix suave et vibrante, avec une sorte d'accablement indicible... — et je ressens une grande tristesse, cela doit être;... vous me donnez le ciel;... moi je vous donnerais la terre... que je serais encore ingrat envers vous... Hélas! que peut l'homme pour la Divinité? La bénir, l'adorer... mais jamais lui rendre les trésors dont elle le comble; il n'en souffre pas dans son orgueil, mais dans son cœur...

Djalma n'exagérait pas; il disait ce qu'il éprouvait réellement, et la forme un peu hyperbolique, familière aux Orientaux, pouvait seule rendre sa pensée.

L'accent de son regret fut si sincère, son humilité si naïve, si douce, qu'Adrienne, aussi touchée jusqu'aux larmes, lui répondit avec une expression de sérieuse tendresse : — Mon ami, nous sommes tous deux au comble du bonheur... L'avenir de notre félicité n'a pas de limites, et pourtant, quoique de sources différentes, des pensées tristes nous sont venues... C'est que, voyez-vous, il est des bonheurs dont l'immensité même étourdit... Un moment, le cœur... l'esprit... l'âme... ne suffisent pas à les contenir;... ils nous débordent... ils nous accablent... Les fleurs aussi se courbent par instans, comme anéanties sous les rayons trop ardens du soleil, qui est pourtant leur vie et leur amour... Oh! mon ami, cette tristesse est grande, mais elle est douce! — En disant ces mots, la voix d'Adrienne baissa de plus en plus, et sa tête s'inclina doucement, comme si en effet elle se fût affaissée sous le poids de son bonheur...

Djalma était resté agenouillé devant elle, ses mains dans ses mains... de sorte qu'en s'abaissant, le front d'ivoire et les cheveux d'or d'Adrienne effleurèrent le front couleur d'ambre et les boucles d'ébène de Djalma...

Et les larmes douces, silencieuses, des deux amans, tombaient lentement et se confondaient sur leurs belles mains entrelacées.

. . . .

Pendant que cette scène se passait à l'hôtel de Cardoville, Agricol se rendait rue de Vaugirard, auprès de M. Hardy, avec une lettre d'Adrienne.

CHAPITRE XXX.

L'IMITATION.

M. Hardy occupait, on l'a dit, un pavillon dans la *maison de retraite* annexée à la demeure occupée rue de Vaugirard par bon nombre de révérends pères de la compagnie de Jésus. Rien de plus calme, de plus silencieux, que cette demeure; on y parlait toujours à voix basse, les serviteurs eux-mêmes avaient quelque chose de mielleux dans leurs paroles, de béat dans leur démarche.

Ainsi que dans tout ce qui, de près ou de loin, subit l'action compressive et annihilante de ces hommes, l'animation, la vie manquaient dans cette maison d'une tranquillité morne. Ses pensionnaires y menaient une existence d'une monotonie pesante, d'une régularité glaciale, coupée çà et là, pour quelques-uns, par des pratiques dévotieuses; aussi, bientôt, et selon les prévisions intéressées des révérends pères, l'esprit, sans aliment, sans commerce extérieur, sans excitation, s'alanguissait dans la solitude; les battemens du cœur semblaient se ralentir, l'âme s'engourdissait, le moral s'affaiblissait peu à peu; enfin, tout libre arbitre, toute volonté s'éteignait, et les pensionnaires, soumis aux mêmes procédés de complet anéantissement que les novices de la compagnie, devenaient aussi des *cadavres* entre les mains des congréganistes.

De ces manœuvres le but était clair et simple; elles assuraient le bon succès des *captations* de toutes natures, terme incessant de la politique et de l'impitoyable cupidité de ces prêtres; au moyen des sommes énormes dont ils devenaient ainsi maîtres ou détenteurs, ils poursuivaient et assuraient la réussite de leurs projets, dussent le meurtre, l'incendie, la révolte, enfin toutes les horreurs de la guerre civile, excitée et soudoyée par eux, ensanglanter les pays dont ils convoitaient le ténébreux gouvernement.

Comme levier, l'argent acquis par tous les moyens possibles, des plus honteux aux plus criminels; comme but, la domination despotique des intelligences et des consciences, afin de les exploiter fructueusement au profit de la compagnie de Jésus, tels ont été et tels seront toujours les moyens et les fins de ces religieux.

Ainsi, entre autres moyens de faire affluer l'argent dans leurs caisses toujours béantes, les révérends pères avaient fondé la maison de retraite où se trouvait alors M. Hardy.

Les personnes à esprit malade, au cœur brisé, à l'intelligence affaiblie, égarées par une fausse dévotion, et trompées d'ailleurs par les recommandations des membres les plus influens du parti prêtre, étaient attirées, choyées, puis insensiblement isolées, séquestrées, et finalement dépouillées dans ce religieux repaire, le tout le plus benoîtement du monde, et *ad majorem Dei gloriam*, selon la devise de l'honorable société.

En argot jésuitique, ainsi qu'on peut le voir dans d'hypocrites prospectu destinés aux bonnes gens, dupes de ces piperies, ces pieux coupe-gorge s'appellent généralement : de *saints asiles ouverts aux âmes fatiguées des vains bruissemens du monde*.

Ou bien encore ils s'intitulent : de *calmes retraites où le fidèle, heureusement délivré des attachemens périssables d'ici-bas, et des liens terrestres de la famille, peut enfin, seul à seul avec Dieu, travailler efficacement à son salut*, etc.

Ceci posé, et malheureusement prouvé par mille exemples de captations indignes, opérées dans un grand nombre de maisons religieuses, au préjudice de la famille de plusieurs pensionnaires; ceci, disons-nous, posé, admis, prouvé... qu'un esprit droit vienne reprocher à l'Etat de ne pas surveiller suffisamment ces endroits hasardeux, il faut entendre les cris du parti prêtre, les invocations à la liberté individuelle... les désolations, les lamentations, à propos de la tyrannie qui veut opprimer les consciences.

A ceci ne pourrait-on pas répondre que ces singulières prétentions accueillies comme légitimes, les teneurs de biribi et de roulette auraient aussi le droit d'invoquer la liberté individuelle, et d'appeler des décisions qui ont fermé leurs tripots? Après tout, on a ainsi attenté à la liberté des joueurs qui venaient librement, allégrement, engloutir leur patrimoine dans ces repaires; on a tyrannisé leur conscience, qui leur permettait de perdre sur une carte les dernières ressources de leur famille.

Oui, nous le demandons positivement, sincèrement, sérieusement, quelle différence y a-t-il entre un homme qui ruine ou qui dépouille les siens à force de jouer *rouge* ou *noire*, et l'homme qui ruine et dépouille les siens dans l'espoir douteux d'être heureux ponte à ce jeu d'*enfer* ou de *paradis* que certains prêtres ont eu la sacrilége audace d'imaginer afin de s'en faire les croupiers.

Rien n'est plus opposé au véritable et divin esprit du christianisme que ces spoliations effrontées; c'est le repentir des fautes, c'est la pratique de toutes les vertus, c'est le dévoûment à qui souffre, c'est l'amour du prochain, qui méritent le ciel, et non pas une somme d'argent, plus ou moins forte, engagée comme enjeu dans l'espoir de *gagner* le paradis, et subtilisée par de faux prêtres qui font *sauter la coupe* et qui exploitent les faibles d'esprit à l'aide de prestidigitations infiniment lucratives.

Tel était donc l'asile de *paix* et d'*innocence* où se trouvait M. Hardy.

Il occupait le rez-de-chaussée d'un pavillon donnant sur une partie du jardin de la maison; cet appartement avait été judicieusement choisi, car l'on sait la profonde et diabolique habileté avec laquelle les révérends pères emploient les moyens et les aspects matériels pour impressionner vivement les esprits qu'ils *travaillent*.

Que l'on se figure pour unique perspective un mur énorme, d'un gris noir et à demi recouvert de lierre, cette plante des ruines ; une sombre allée de vieux ifs, ces arbres des tombeaux, à la verdure sépulcrale, aboutissant, d'un côté, à ce mur sinistre, et de l'autre, à un petit hémicycle pratiqué devant la chambre ordinairement habitée par M. Hardy ; deux ou trois massifs de terre bordés de buis symétriquement taillé, complétaient l'agrément de ce jardin, de tous points pareil à ceux qui entourent les cénotaphes.

Il était environ deux heures après-midi ; quoiqu'il fît un beau soleil d'avril, ses rayons, arrêtés par la hauteur du grand mur dont on a parlé, ne pénétraient déjà plus dans cette partie du jardin obscure, humide, froide comme une cave, et sur laquelle s'ouvrait la chambre où se tenait habituellement M. Hardy.

Cette chambre était meublée avec une parfaite entente du confortable ; un moelleux tapis couvrait le plancher ; d'épais rideaux de casimir vert sombre, de même nuance que la tenture, drapaient un excellent lit, ainsi que la porte-fenêtre donnant sur le jardin... Quelques meubles d'acajou, très simples, mais brillans de propreté, garnissaient l'appartement. Au-dessus du secrétaire, placé en face du lit, on voyait un grand christ d'ivoire sur un fond de velours noir ; la cheminée était ornée d'une pendule à cartel d'ébène avec de sinistres emblèmes incrustés en ivoire, tels que sablier, faux du Temps, tête de mort, etc., etc.

Maintenant, que l'on voile ce tableau d'un triste demi-jour, que l'on songe que cette solitude était incessamment plongée dans un morne silence, seulement interrompu à l'heure des offices par le lugubre tintement des cloches de la chapelle des révérends pères, et l'on reconnaîtra l'infernale habileté avec laquelle ces dangereux prêtres savent tirer parti des objets extérieurs, selon qu'ils désirent impressionner, d'une façon ou d'une autre, l'esprit de ceux qu'ils veulent capter.

Et ce n'était pas tout. Après s'être adressé aux yeux, il fallait s'adresser aussi à l'intelligence. Voici de quelle manière avaient procédé les révérends pères.

Un seul livre... un seul... fut laissé comme par hasard à la disposition de M. Hardy. Ce livre était l'*Imitation*.

Mais comme il se pouvait que M. Hardy n'eût pas le courage ou l'envie de le lire, des pensées, des réflexions empruntées à cette œuvre d'impitoyable désolation, et écrites en très gros caractères, étaient placées dans des cadres noirs, accrochés, soit dans l'intérieur de l'alcôve de M. Hardy, soit aux panneaux les plus à portée de sa vue, de sorte qu'involontairement, et dans les tristes loisirs de son accablante oisiveté, ses yeux devaient presque forcément s'y attacher.

Quelques citations, parmi les maximes dont les révérends pères entouraient ainsi leur victime, sont nécessaires ; l'on verra dans quel cercle fatal et désespérant ils enfermaient l'esprit affaibli de cet infortuné, depuis quelque temps brisé par des chagrins atroces (1).

Voici ce qu'il lisait machinalement à chaque instant du jour ou de la nuit, lorsqu'un sommeil bienfaisant fuyait ses paupières rougies par ses larmes :

— CELUI-LA EST BIEN VAIN QUI MET SON ESPÉRANCE DANS LES HOMMES OU DANS QUELQUE CRÉATURE QUE CE SOIT (2).

— CE SERA BIENTÔT FAIT DE VOUS ICI-BAS... VOYEZ EN QUELLE DISPOSITION VOUS ÊTES.

---

(1) On lit ce qui suit dans le *Directorium*, à propos des moyens à employer afin d'attirer dans la Compagnie de Jésus les personnes que l'on veut y exploiter :
Pour attirer quelqu'un dans la société, il ne faut pas agir brusquement, il faut attendre quelque bonne occasion, par exemple que LA PERSONNE ÉPROUVE UN VIOLENT CHAGRIN, *ou encore qu'elle fasse de mauvaises affaires ; une excellente commodité se trouve dans les vices mêmes.* (Voir à ce sujet les excellens commentaires de M. Dezamy sur les Constitutions des jésuites, dans son ouvrage *Le Jésuitisme vaincu par le Socialisme*. Paris, 1845.)

(2) Il est inutile de dire que ces passages sont textuellement extraits de l'*Imitation* (traduction et préface par le révérend père Gonnelieu).

— L'HOMME QUI VIT AUJOURD'HUI NE PARAÎT PLUS DEMAIN... ET QUAND IL A DISPARU A NOS YEUX, IL S'EFFACE BIENTÔT DE NOTRE PENSÉE.
— QUAND VOUS ÊTES AU MATIN, PENSEZ QUE VOUS N'IREZ PEUT-ÊTRE PAS JUSQU'AU SOIR.
— QUAND VOUS ÊTES AU SOIR, NE VOUS FLATTEZ PAS DE VOIR LE MATIN.
— QUI SE SOUVIENDRA DE VOUS APRÈS VOTRE MORT ?
— QUI PRIERA POUR VOUS ?
— VOUS VOUS TROMPEZ SI VOUS RECHERCHEZ AUTRE CHOSE QUE DES SOUFFRANCES.
— TOUTE CETTE VIE MORTELLE EST PLEINE DE MISÈRES ET ENVIRONNÉE DE CROIX ; PORTEZ CES CROIX, CHATIEZ ET ASSERVISSEZ VOTRE CORPS, MÉPRISEZ-VOUS VOUS-MÊME ET SOUHAITEZ D'ÊTRE MÉPRISÉ PAR LES AUTRES.
— SOYEZ PERSUADÉ QUE VOTRE VIE DOIT ÊTRE UNE MORT CONTINUELLE.
— PLUS UN HOMME MEURT A LUI-MÊME, PLUS IL COMMENCE A VIVRE A DIEU.

Il ne suffisait pas de plonger ainsi l'âme de la victime dans un désespoir incurable, à l'aide de ces maximes désolantes ; il fallait encore la façonner à l'obéissance *cadavérique* de la société de Jésus ; aussi les révérends pères avaient-ils judicieusement choisi quelques autres passages de l'*Imitation*, car on trouve dans ce livre effrayant mille terreurs pour épouvanter les esprits faibles, mille maximes d'esclave pour enchaîner et asservir l'homme pusillanime.
Ainsi on lisait encore :

— C'EST UN GRAND AVANTAGE DE VIVRE DANS L'OBÉISSANCE, D'AVOIR UN SUPÉRIEUR... ET DE N'ÊTRE PAS LE MAÎTRE DE SES ACTIONS.
— IL EST BEAUCOUP PLUS SUR D'OBÉIR QUE DE COMMANDER.
— ON EST HEUREUX DE NE DÉPENDRE QUE DE DIEU DANS LA PERSONNE DES SUPÉRIEURS QUI TIENNENT SA PLACE.

Et ce n'était pas assez ; après avoir désespéré, terrifié la victime, après l'avoir déshabituée de toute liberté, après l'avoir rompue à une obéissance aveugle, abrutissante, après l'avoir persuadée, avec un incroyable cynisme d'orgueil clérical, que se soumettre passivement au premier prêtre venu, *c'était se soumettre à Dieu même*, il fallait retenir la victime dans la maison où l'on voulait à tout jamais river sa chaîne.
On lisait aussi parmi ces maximes :

— COUREZ D'UN CÔTÉ OU D'UN AUTRE, VOUS NE TROUVEREZ DE REPOS QU'EN VOUS SOUMETTANT HUMBLEMENT A LA CONDUITE D'UN SUPÉRIEUR.
— PLUSIEURS ONT ÉTÉ TROMPÉS PAR L'ESPÉRANCE D'ÊTRE MIEUX AILLEURS, ET PAR LE DÉSIR DE CHANGER.

Maintenant, que l'on se figure M. Hardy transporté blessé dans cette maison, lui, dont le cœur meurtri, déchiré par d'affreux chagrins, par une trahison horrible, saignait bien plus que les plaies de son corps.
D'abord entouré de soins empressés, prévenans, et grâce à l'habileté connue du docteur Baleinier, M. Hardy fut bientôt guéri des blessures qu'il avait reçues en se précipitant au milieu de l'incendie auquel sa fabrique était en proie.
Cependant, afin de favoriser les projets des révérends pères, une certaine médication, assez innocente d'ailleurs, mais destinée à agir sur le moral, souvent employée, ainsi qu'on l'a dit, par le révérend docteur dans d'autres circonstances importantes, avait été appliquée à M. Hardy et l'avait maintenu assez longtemps dans une sorte d'assoupissement de la pensée.
Pour une âme brisée par d'atroces déceptions, c'est en apparence un bienfait inestimable que d'être plongé dans cette torpeur qui du moins vous empêche de songer à un passé désespérant ; M. Hardy, s'abandonnant à cette apathie profonde, arriva insensiblement à regarder l'engourdissement de l'esprit comme un bien suprême... Ainsi les malheureux que torturent des maladies cruelles acceptent avec reconnaissance le breuvage opiacé qui les tue lentement, mais qui du moins endort leur souffrance.
En esquissant précédemment le portrait de M. Hardy, nous avons tâché de faire comprendre la délicatesse exquise de cette âme si tendre, sa susceptibilité douloureuse à l'endroit de ce qui était bas ou méchant, sa bonté

ineffable, sa droiture, sa générosité. Nous rappelons ces adorables qualités, parce qu'il nous faut constater que chez lui, comme chez presque tous ceux qui les possèdent, elles ne s'alliaient pas, elles ne pouvaient s'allier à un caractère énergique et résolu. D'une admirable persévérance dans le bien, l'action de cet homme excellent était pénétrante, irrésistible, mais elle ne s'imposait pas; ce n'était pas avec la rude énergie, la volonté un peu âpre, particulière à d'autres hommes de grand et noble cœur, que M. Hardy avait réalisé les prodiges de sa *maison commune*; c'était à force d'affectueuse persuasion : chez lui l'onction remplaçait la force. A la vue d'une bassesse, d'une injustice, il ne se révoltait pas irrité, menaçant : il souffrait. Il n'attaquait pas le méchant corps à corps, il détournait la vue avec amertume et tristesse. Et puis surtout, ce cœur, aimant d'une délicatesse toute féminine, avait un irrésistible besoin du bienfaisant contact des plus chères affections de l'âme; seules, elles le vivifiaient. Ainsi un frêle et pauvre oiseau meurt glacé de froid lorsqu'il ne peut plus se presser contre ses frères et recevoir d'eux, comme ils la recevaient de lui, cette douce chaleur qui les réchauffait tous dans le nid maternel.

Et voilà que cette organisation toute sensitive, d'une susceptibilité si extrême, est frappée coup sur coup par des déceptions, par des chagrins dont un seul suffirait, sinon à abattre tout à fait, du moins à profondément ébranler le caractère le plus fermement trempé.

Le plus fidèle ami de M. Hardy le trahit d'une manière infâme...

Une maîtresse adorée l'abandonne...

La maison qu'il avait fondée pour le bonheur de ses ouvriers, qu'il aimait en frère, n'est plus que ruines et cendres!

Alors qu'arrive-t-il?

Tous les ressorts de cette âme se brisent. Trop faible pour se roidir contre tant d'affreuses atteintes, trop cruellement désabusé par la trahison pour chercher d'autres affections,.. trop découragé pour songer à reposer la première pierre d'une nouvelle maison commune, ce pauvre cœur, isolé d'ailleurs de tout contact salutaire, cherche l'oubli de tout et de soi-même dans une torpeur accablante. Si pourtant quelques instincts de vie et d'affection cherchent à se réveiller en lui à de longs intervalles, et qu'ouvrant à demi les yeux de l'esprit, qu'il tient fermés pour ne voir ni le présent, ni le passé, ni l'avenir, M. Hardy regarde autour de lui,.. que trouve-t-il? ces sentences empreintes du plus farouche désespoir :

— Tu n'es que cendre et poussière.
— Tu es né pour la douleur et pour les larmes.
— Ne crois à rien sur la terre.
— Il n'y a ni parens ni amis.
— Toutes les affections sont menteuses.
— Meurs ce matin... on t'oubliera ce soir.
— Humilie-toi, méprise-toi, sois méprisé des autres.
— Ne pense pas, ne raisonne pas, ne vis pas, remets tes tristes destinées aux mains d'un supérieur; il pensera, il raisonnera pour toi.
— Toi,.. pleure, souffre, pense à la mort.
— Oui, la mort,.. toujours la mort, voilà quel doit être le terme, le but de toutes tes pensées,.. si tu penses;... mieux est de ne pas penser.
— Aie seulement le sentiment d'une douleur incessante, voilà tout ce qu'il faut pour gagner le ciel.
— On n'est bien venu du Dieu terrible, implacable que nous adorons, qu'à force de misères et de tortures.

Telles étaient les consolations offertes à cet infortuné... Alors, épouvanté, il refermait les yeux et retombait dans sa morne léthargie. Sortir de cette sombre maison de retraite, il ne le pouvait pas, ou plutôt il ne le désirait pas;... la volonté lui manquait; et puis, il faut le dire... il avait fini par s'accoutumer à cette demeure et même par s'y trouver bien; on avait pour lui tant de soins discrets; on le laissait si seul avec sa douleur; il régnait dans cette maison un silence de tombe si bien d'accord avec le silence de son cœur, qui n'était plus qu'une tombe où dormaient ensevelis son dernier amour, sa dernière amitié, ses dernières espérances d'avenir pour les travailleurs! Toute énergie était morte en lui.

Alors il commença de subir une transformation lente, mais inévitable, et judicieusement prévue par Rodin, qui dirigeait cette machination dans ses moindres détails.

M. Hardy, d'abord épouvanté des sinistres maximes dont on l'entourait, s'était peu à peu habitué à les lire presque machinalement, de même que le prisonnier compte durant sa triste oisiveté les clous de la porte de sa prison, ou les carreaux de sa cellule...

C'était déjà un grand résultat d'obtenu par les révérends pères.

Bientôt son esprit affaibli fut frappé de l'apparente justesse de quelques-uns de ces menteurs et désolans aphorismes. Ainsi, il lisait :

— *Il ne faut compter sur l'affection d'aucune créature sur la terre.*

Et il avait été, en effet, indignement trahi.

— *L'homme est né pour vivre dans la désolation.*

Et il vivait dans la désolation.

— *Il n'y a de repos que dans l'abnégation de la pensée.*

Et le sommeil de son esprit apportait seul quelque trêve à ses douleurs.

Deux ouvertures, habilement ménagées sous les tentures et dans les boiseries des chambres de cette maison, permettaient à toute heure de voir ou d'entendre les *pensionnaires*, et surtout d'observer leur physionomie, leurs habitudes, toutes choses si révélatrices lorsque l'homme se croit seul.

Quelques exclamations douloureuses échappées à M. Hardy dans sa sombre solitude furent rapportées au père d'Aigrigny par un mystérieux surveillant. Le révérend père, suivant scrupuleusement les instructions de Rodin, n'avait d'abord visité que très rarement son pensionnaire. On a dit que le père d'Aigrigny, lorsqu'il le voulait, déployait un charme de séduction presque irrésistible ; mettant dans ses entrevues un tact, une réserve remplis d'adresse, il se présenta seulement de temps à autre pour s'informer de la santé de M. Hardy. Bientôt, le révérend père, renseigné par son espion, et aidé de sa sagacité naturelle, sut tout le parti qu'on pouvait tirer de l'affaissement physique et moral du pensionnaire ; certain d'avance que celui-ci ne se rendrait pas à ses insinuations, il lui parla plusieurs fois de la tristesse de la maison, l'engageant affectueusement, soit à la quitter si la monotonie de l'existence qu'on y menait lui pesait, soit à chercher du moins au dehors quelques distractions, quelques plaisirs.

Dans l'état où se trouvait cet infortuné, lui parler de distractions, de plaisirs, c'était sûrement provoquer un refus ; ainsi en arriva-t-il ; le père d'Aigrigny n'essaya pas d'abord de surprendre la confiance de M. Hardy, il ne lui dit pas un mot de ses chagrins ; mais chaque fois qu'il le vit, il parut lui témoigner un tendre intérêt par quelques mots simples, profondément sentis. Peu à peu ces entretiens, d'abord assez rares, devinrent plus fréquens, plus longs ; d'une éloquence mielleuse, insinuante, persuasive, le père d'Aigrigny prit naturellement pour thème les désolantes maximes sur lesquelles se fixait souvent la pensée de M. Hardy.

Souple, prudent, habile, sachant que jusqu'alors ce dernier avait professé cette généreuse religion naturelle qui prêche une reconnaissante adoration pour Dieu, l'amour de l'humanité, le culte du juste et du bien, et qui, dédaigneuse du dogme, professe la même vénération pour Marc-Aurèle que pour Confucius, pour Platon que pour le Christ, pour Moïse que pour Lycurgue, le père d'Aigrigny ne tenta pas tout d'abord de *convertir* M. Hardy ; il commença par rappeler sans cesse à la pensée de ce malheureux, chez qui il voulait tuer toute espérance, les abominables déceptions dont il avait souffert ; au lieu de montrer ces trahisons comme des exceptions dans la vie ; au lieu de tâcher de calmer, d'encourager, de ranimer cette âme abattue ; au lieu d'engager M. Hardy à chercher l'oubli, la consolation de ses chagrins dans l'accomplissement de ses devoirs envers l'humanité, envers ses frères, qu'il avait déjà tant aimés et secourus, le père d'Aigrigny aviva les plaies saignantes de cet infortuné, lui peignit les hommes sous les plus atroces couleurs, les lui montra fourbes, ingrats, méchans, et parvint à rendre son désespoir incurable.

Ce but atteint, le jésuite fit un pas de plus. Sachant l'adorable bonté du cœur de M. Hardy, profitant de l'affaiblissement de son esprit, il lui parla de la consolation qu'il y aurait pour un homme accablé de chagrins désespérés à croire fermement que chacune de ses larmes, au lieu d'être stérile, était agréable à Dieu, et pouvait aider au salut des autres hommes, à croire enfin, ajoutait habilement le révérend père, qu'il était donné au *fidèle* seul d'*utiliser sa douleur* en faveur d'aussi malheureux que soi et de la rendre *douce au Seigneur.*

Tout ce qu'il y a de désespérant et d'impie, tout ce qui se cache d'atroce machiavélisme politique dans ces maximes détestables qui font du Créateur, si magnifiquement bon et paternel, un Dieu impitoyable, incessamment altéré des larmes de l'humanité, se trouvait ainsi habilement sauvé aux yeux de M. Hardy, dont les généreux instincts subsistaient toujours. Bientôt cette âme aimante et tendre, que ces prêtres indignes poussaient à une sorte de suicide moral, trouva un charme amer à cette fiction : que, du moins, ses chagrins profiteraient à d'autres hommes. Ce ne fut d'abord, il est vrai, qu'une fiction ; mais un esprit affaibli qui se complaît dans une pareille fiction l'admet tôt ou tard comme réalité, et en subit peu à peu toutes les conséquences.

Tel était donc l'état moral et physique de M. Hardy, lorsque, par l'intermédiaire d'un domestique gagné, il avait reçu d'Agricol Baudoin une lettre qui lui demandait une entrevue.

Le jour de cette entrevue était arrivé.

Deux ou trois heures avant le moment fixé pour la visite d'Agricol, le père d'Aigrigny entra dans la chambre de M. Hardy.

CHAPITRE XXXI.

LA VISITE.

Lorsque le père d'Aigrigny entra dans la chambre de M. Hardy, celui-ci était assis dans un grand fauteuil ; son attitude annonçait un accablement inexprimable ; à côté de lui, sur une petite table, se trouvait une potion ordonnée par le docteur Baleinier, car la frêle constitution de M. Hardy avait été rudement atteinte par tant de cruelles secousses ; il semblait n'être plus que l'ombre de lui-même ; son visage, très pâle, très amaigri, exprimait à ce moment une sorte de tranquillité morne. En peu de temps, ses cheveux étaient devenus complètement gris ; son regard voilé errait çà et là languissant, presque éteint ; il appuyait sa tête au dossier de son siége, et ses mains effilées, sortant des larges manches de sa robe de chambre brune, reposaient sur les bras de son fauteuil.

Le père d'Aigrigny avait donné à sa physionomie, en s'approchant de son pensionnaire, l'apparence la plus bénigne, la plus affectueuse ; son regard était rempli de douceur et d'aménité ; jamais l'inflexion de sa voix n'avait été plus caressante.

— Eh bien ! mon cher fils — dit-il à M. Hardy en l'embrassant avec une hypocrite effusion (le jésuite embrasse beaucoup) — comment vous trouvez-vous aujourd'hui ?

— Comme d'habitude, mon père.

— Continuez-vous à être satisfait du service des gens qui vous entourent, mon cher fils ?

— Oui, mon père.

— Ce silence que vous aimez tant, mon cher fils, n'a pas été troublé, je l'espère ?

— Non... je vous remercie.

— Votre appartement vous plaît toujours ?

— Toujours...

— Il ne vous manque rien ?

— Rien, mon père.

— Nous sommes si heureux de voir que vous vous plaisez dans notre pauvre maison, mon cher fils, que nous voudrions aller au devant de vos désirs.

— Je ne désire rien... mon père... rien que le sommeil... C'est si bienfaisant, le sommeil — ajouta M. Hardy avec accablement.

— Le sommeil... c'est l'oubli. Et ici-bas, mieux vaut oublier que se souvenir, car les hommes sont si ingrats, si méchans, que presque tout souvenir est amer, n'est-ce pas, mon cher fils ?

— Hélas! il n'est que trop vrai, mon père.

— J'admire toujours votre pieuse résignation, mon cher fils. Ah! combien cette constante douceur dans l'affliction est agréable à Dieu! Croyez-moi, mon tendre fils, vos larmes et votre intarissable douceur sont une offrande qui, auprès du Seigneur, méritera pour vous et pour vos frères... Oui, car l'homme n'étant né que pour souffrir en ce monde, souffrir avec reconnaissance envers Dieu qui nous envoie nos peines... c'est prier... et qui prie, ne prie pas pour soi seul... mais pour l'humanité tout entière.

— Fasse du moins le ciel... que mes douleurs ne soient pas stériles!... Souffrir, c'est prier — répéta M. Hardy en s'adressant à soi-même, comme pour réfléchir sur cette pensée. — Souffrir, c'est prier... et prier pour l'humanité tout entière;... pourtant... il me semblait autrefois... — ajouta-t-il en faisant un effort sur lui-même — que la destinée de l'homme...

— Continuez, mon cher fils... dites votre pensée tout entière — dit le père d'Aigrigny voyant que M. Hardy s'interrompait.

Après un moment d'hésitation, celui-ci, qui, en parlant, s'était un peu avancé et redressé sur son fauteuil, se rejeta en arrière avec découragement, et, affaissé, replié sur lui-même, murmura : — A quoi bon penser?... cela fatigue... et je ne m'en sens plus la force...

— Vous dites vrai, mon cher fils; à quoi bon penser?... il vaut mieux croire...

— Oui, mon père, il vaut mieux croire, souffrir; il faut surtout oublier... oublier...

M. Hardy n'acheva pas, renversa languissamment sa tête sur le dossier de son siège, et mit sa main sur ses yeux.

— Hélas! mon cher fils — dit le père d'Aigrigny avec des larmes dans le regard, dans la voix — et cet excellent comédien se mit à genoux auprès du fauteuil de M. Hardy; — hélas! comment l'ami qui vous a si abominablement trahi a-t-il pu méconnaître un cœur comme le vôtre?... Mais il en est toujours ainsi, quand on recherche l'affection des créatures, au lieu de ne penser qu'au Créateur;... et cet indigne ami...

— Oh! par pitié, ne me parlez pas de cette trahison... — dit M. Hardy en interrompant le révérend père d'une voix suppliante.

— Eh bien! non, je n'en parlerai pas, mon tendre fils. Oubliez cet ami parjure... Oubliez cet infâme, que tôt ou tard la vengeance de Dieu atteindra, car il s'est joué d'une manière odieuse de votre noble confiance... Oubliez aussi cette malheureuse femme, dont le crime a été bien grand, car, pour vous, elle a foulé aux pieds des devoirs sacrés, et le Seigneur lui réserve un châtiment terrible, et un jour...

M. Hardy, interrompant de nouveau le père d'Aigrigny, lui dit avec un accent contenu, mais qui trahissait une émotion déchirante : — C'est trop;... vous ne savez pas, mon père, le mal que vous me faites;... non... vous ne le savez pas...

— Pardon! oh! pardon, mon fils;... mais, hélas! vous le voyez... le seul souvenir de ces attachemens terrestres vous cause encore, à cette heure, un ébranlement douloureux... Cela ne vous prouve-t-il pas que c'est au-dessus de ce monde corrupteur et corrompu qu'il faut chercher des consolations toujours assurées?

— Oh! mon Dieu!... les trouverai-je jamais? — s'écria le malheureux avec un abattement désespéré.

— Si vous les trouverez, mon bon et tendre fils! — s'écria le père d'Aigrigny avec une émotion admirablement jouée; — pouvez-vous en douter?... Oh! quel beau jour pour moi que celui où, ayant fait de nouveaux pas dans cette religieuse voie du salut que vous creusez par vos larmes, tout ce qui, à cette heure, vous semble encore entouré de quelques ténèbres, s'éclairera d'une lumière ineffable et divine!... Oh! le saint jour! l'heureux jour! où, les derniers liens qui vous attachent à cette terre immonde et fangeuse étant détruits, vous deviendrez l'un des nôtres, et, comme nous, vous n'aspirerez plus qu'aux délices éternelles!...

— Oui!... à la mort!...

— Dites donc à la vie immortelle! au paradis, mon tendre fils... et vous y aurez une glorieuse place non loin du Tout-Puissant;... mon cœur paternel le désire autant qu'il l'espère... car votre nom se trouve chaque jour dans toutes mes prières et dans celles de nos bons pères.

— Je fais du moins ce que je peux pour arriver à cette foi aveugle, à ce détachement de toutes choses où je dois, m'assurez-vous, mon père, trouver enfin le repos.

— Mon pauvre cher fils, si votre modestie chrétienne vous permettait de comparer ce que vous étiez lors des premiers jours de votre arrivée ici à ce que vous êtes à cette heure... et cela seulement grâce à votre sincère désir d'avoir la foi, vous seriez confondu... Quelle différence, mon Dieu! A votre agitation, à vos gémissemens désespérés a succédé un calme religieux... Est-ce vrai?...

— Oui... c'est vrai; par momens, quand j'ai bien souffert, mon cœur ne bat plus... je suis calme;... les morts aussi sont calmes... — dit M. Hardy en laissant tomber sa tête sur sa poitrine.

— Ah! mon cher fils... mon cher fils... vous me brisez le cœur lorsque quelquefois je vous entends parler ainsi. Je crains toujours que vous ne regrettiez cette vie mondaine... si fertile en abominables déceptions... Du reste... aujourd'hui même... vous subirez heureusement à ce sujet une épreuve décisive.

— Comment cela, mon père?

— Ce brave artisan, un des meilleurs ouvriers de votre fabrique, doit venir vous voir.

— Ah! oui — dit M. Hardy après une minute de réflexion, car sa mémoire, ainsi que son esprit, s'était considérablement affaiblie; — en effet... Agricol va venir; il me semble que je le verrai avec plaisir.

— Eh bien! mon cher fils, votre entrevue avec lui sera l'épreuve dont je parle... La présence de ce digne garçon vous rappellera cette vie si active, si occupée, que vous meniez naguère; peut-être ces souvenirs vous feront prendre en grande pitié le pieux repos dont vous jouissez maintenant; peut-être voudrez-vous de nouveau vous lancer dans une carrière pleine d'émotions de toutes sortes, renouer d'autres amitiés, chercher d'autres affections, revivre enfin, comme par le passé, d'une existence bruyante, agitée. Si ces désirs s'éveillent en vous, c'est que vous ne serez pas encore mûr pour la retraite;... alors obéissez-leur, mon cher fils; recherchez de nouveau les plaisirs, les joies, les fêtes; mes vœux vous suivront toujours, même au milieu du tumulte mondain; mais rappelez-vous toujours, mon fils, que si, un jour, votre âme était déchirée par de nouvelles trahisons, ce paisible asile vous sera encore ouvert, et que vous m'y trouverez toujours prêt à pleurer avec vous sur la douloureuse vanité des choses terrestres...

A mesure que le père d'Aigrigny avait parlé, M. Hardy l'avait écouté presque avec effroi. A la seule pensée de se rejeter encore au milieu des tourmens d'une vie si douloureusement expérimentée, cette pauvre âme se repliait sur elle-même, tremblante et énervée; aussi le malheureux s'écria-t-il d'un ton presque suppliant : — Moi, mon père, retourner dans ce monde où j'ai tant souffert... où j'ai laissé mes dernières illusions!... moi... me mêler à ses fêtes, à ses plaisirs!... ah!... c'est une raillerie cruelle...

— Ce n'est pas une raillerie, mon cher fils... il faut vous attendre à ce que la vue, les paroles de ce loyal artisan réveillent en vous des idées qu'à cette heure même vous croyez à jamais anéanties. Dans ce cas, mon cher fils, essayez encore une fois de la vie mondaine. Cette retraite ne vous sera-t-elle pas toujours ouverte après de nouveaux chagrins, de nouvelles déceptions?...

— Et à quoi bon, grand Dieu!... aller m'exposer à de nouvelles souffrances? — s'écria M. Hardy avec une expression déchirante; c'est à peine si je puis supporter celles que j'endure. Oh! jamais, jamais! l'oubli de tout, de moi-même, le néant de la tombe, jusqu'à la tombe... voilà tout ce que je veux désormais...

— Cela vous paraît ainsi, mon cher fils, parce qu'aucune voix du dehors n'est jusqu'ici venue troubler votre calme solitude, ou affaiblir vos saintes espérances, qui vous disent qu'au-delà de la tombe vous serez avec le Seigneur; mais cet ouvrier, pensant moins à votre salut qu'à son intérêt et à celui des siens, va venir...

— Hélas! mon père — dit M. Hardy en interrompant le jésuite — j'ai été assez heureux pour pouvoir faire pour mes ouvriers tout ce qu'humainement un homme de bien peut faire; la destinée ne m'a pas permis de continuer plus longtemps. J'ai payé ma dette à l'humanité, mes forces sont à bout; je ne demande maintenant que l'oubli, que le repos. Est-ce donc trop exiger, mon Dieu? — s'écria le malheureux avec une indicible expression de lassitude et de désespoir.

— Sans doute, mon cher et bon fils, votre générosité a été sans égale;... mais c'est au nom même de cette générosité que cet artisan va venir vous imposer de nouveaux sacrifices; oui... car, pour des cœurs comme le vôtre, le passé oblige, et il vous sera presque impossible de vous refuser aux instances de vos ouvriers;... vous allez être forcé de retrouver une activité incessante, afin de relever un édifice de ses ruines, de recommencer à fonder aujourd'hui ce qu'il y a vingt ans vous avez fondé dans toute la force, dans toute l'ardeur de votre jeunesse; de renouer ces relations commerciales dans lesquelles votre scrupuleuse loyauté a été si souvent blessée, de reprendre ces chaînes de toutes sortes qui enchaînent le grand industriel à une vie d'inquiétude et de travail... Mais aussi, quelles compensations!... dans quelques années vous arriverez, à force de labeurs, au même point où vous étiez lors de cette horrible catastrophe... Et puis enfin, ce qui doit vous encourager encore, c'est que, du moins, pendant ces rudes travaux, vous ne serez plus, comme par le passé, dupe d'un ami indigne, dont la feinte amitié vous semblait si douce et charmait votre vie... Vous n'aurez plus à vous reprocher une liaison adultère, où vous croyiez puiser chaque jour de nouvelles forces, de nouveaux encouragemens pour faire le bien;... comme si, hélas! ce qui est coupable pouvait jamais avoir une heureuse fin... Non! non! arrivé au déclin de votre carrière, désenchanté de l'amitié, reconnaissant le néant des passions coupables, seul, toujours seul, vous allez courageusement affronter encore les orages de la vie. Sans doute, en quittant ce calme et pieux asile, où aucun bruit ne trouble votre recueillement, votre repos, le contraste sera grand d'abord;... mais ce contraste même...

— Assez!... oh!... de grâce!... assez!... — s'écria M. Hardy en interrompant d'une voix faible le révérend père; rien qu'à vous entendre parler des agitations d'une pareille vie, mon père, j'éprouve de cruels vertiges :... ma tête... peut à peine y résister... Oh! non... non... le calme... Oh! avant tout... le calme... je vous le répète, quand ce serait celui du tombeau...

— Mais alors comment résisterez-vous aux instances de cet artisan?... Les obligés ont des droits sur leurs bienfaiteurs... Vous ne saurez échapper à ses prières.

— Eh bien!... mon père... s'il le faut... je ne le verrai pas... Je me faisais une sorte de plaisir de cette entrevue... maintenant, je le sens... il est plus sage d'y renoncer...

— Mais il n'y renoncera pas, lui; il insistera pour vous voir.

— Vous aurez la bonté, mon père, de lui faire dire... que je suis souffrant, qu'il m'est impossible de le recevoir.

— Ecoutez, mon cher fils, de nos jours il règne de grands, de malheureux préjugés sur les pauvres serviteurs du Christ. Par cela même que vous êtes volontairement resté au milieu de nous, après avoir été par hasard apporté mourant dans cette maison... en vous voyant refuser un entretien que vous avez d'abord accordé, on pourrait croire que vous subissez une influence étrangère; quoique ce soupçon soit absurde, il peut naître, et nous ne voulons pas le laisser s'accréditer... Il vaut donc mieux recevoir ce jeune artisan...

— Mon père, ce que vous me demandez est au-dessus de mes forces... A cette heure, je me sens anéanti;... cette conversation m'a épuisé.

— Mais, mon cher fils, cet ouvrier va venir; je lui dirai que vous ne voulez pas le voir, soit; il ne me croira pas...

— Hélas! mon père... ayez pitié de moi; je vous assure qu'il m'est impossible de voir personne;... je souffre trop.

— Eh bien... voyons... cherchons un moyen :... si vous lui écriviez... on lui remettrait votre lettre tout à l'heure;... vous lui assigneriez un autre rendez-vous... demain... je suppose.

— Ni demain, ni jamais — s'écria le malheureux, poussé à bout; — je ne veux voir qui que ce soit... je veux être seul, toujours seul;... cela ne nuit à personne pourtant;... n'aurai-je pas du moins cette liberté?

— Calmez-vous, mon fils; suivez mes conseils, ne voyez pas ce digne garçon aujourd'hui, puisque vous redoutez cet entretien; mais n'engagez pas pour cela l'avenir : demain vous pouvez changer d'avis;... que votre refus de le recevoir soit vague...

— Comme vous le voudrez, mon père.

— Mais, quoique l'heure à laquelle doit venir cet ouvrier soit encore éloignée — dit le révérend — autant vaut lui écrire tout de suite.

— Je n'en aurais pas la force, mon père.

— Essayez.

— Impossible :... je me sens trop faible...

— Voyons... un peu de courage — dit le révérend père.

Et il alla prendre sur un bureau ce qu'il fallait pour écrire; puis, en revenant, il plaça un buvard et une feuille de papier sur les genoux de M. Hardy, tenant l'encrier et la plume qu'il lui présentait.

— Je vous assure, mon père... que je ne pourrai pas écrire — dit M. Hardy d'une voix épuisée.

— Quelques mots seulement — dit le père d'Aigrigny avec une persistance impitoyable, et il mit la plume entre les doigts presque inertes de M. Hardy.

— Hélas! mon père... ma vue est si troublée que je n'y vois plus.

Et l'infortuné disait vrai : il avait les yeux remplis de larmes, tant les émotions que le jésuite venait de réveiller en lui étaient douloureuses.

— Soyez tranquille, mon fils, je guiderai votre chère main;... dictez seulement...

— Mon père, je vous en prie, écrivez vous-même ;... je signerai.

— Non, mon cher fils... pour mille raisons;... il faut que tout soit écrit de de votre main; quelques lignes suffiront.

— Mais, mon père...

— Allons... il le faut, ou sans cela je laisse entrer cet ouvrier — dit sèchement le père d'Aigrigny, voyant, à l'affaiblissement de plus en plus marqué de l'esprit de M. Hardy, qu'il pouvait, dans cette grave circonstance, essayer de la fermeté, quitte à revenir ensuite à des moyens plus doux.

Et de ses larges prunelles grises, rondes et brillantes comme celles d'un oiseau de proie, il fixa M. Hardy d'un air sévère. L'infortuné tressaillit sous ce regard presque fascinateur, et répondit en souriant : — J'écrirai... mon père... j'écrirai;... mais, je vous en supplie... dictez... ma tête est trop faible... — dit M. Hardy en essuyant des pleurs de sa main brûlante et fiévreuse.

Le père d'Aigrigny dicta les lignes suivantes :

« Mon cher Agricol, j'ai réfléchi qu'un entretien avec vous serait inutile...
» il ne servirait qu'à réveiller des chagrins cuisans, que je suis parvenu
» à oublier avec l'aide de Dieu, et des douces consolations que m'offre la re-
» ligion... »

Le révérend père s'interrompit un moment; M. Hardy pâlissait davantage, et sa main défaillante pouvait à peine tenir la plume; son front était baigné d'une sueur froide. Le père d'Aigrigny tira un mouchoir de sa poche, et essuyant le visage de sa victime, il lui dit avec un retour d'affectueuse sollicitude : — Allons, mon cher et tendre fils... un peu de courage, ce n'est pas moi qui vous ai engagé à refuser cet entretien... n'est-ce pas?... au contraire..... mais, puisque, pour votre repos, vous le voulez ajourner, tâchez de terminer cette lettre... car, enfin, qu'est-ce que je désire, moi? vous voir désormais jouir d'un calme ineffable et religieux après tant de pénibles agitations...

— Oui... mon père... je le sais, vous êtes bon... — répondit M. Hardy d'une voix reconnaissante — pardonnez ma faiblesse...

— Pouvez-vous continuer cette lettre... mon cher fils]

— Oui... mon père.

— Écrivez donc.

Et le révérend père continua de dicter :

« Je jouis d'une paix profonde, je suis entouré de soins; et, grâce à la mi-
» séricorde divine, j'espère faire une fin toute chrétienne loin d'un monde
» dont je reconnais la vanité..... Je ne vous dis pas adieu, mais au revoir,

» mon cher Agricol... car je tiens à vous dire à vous-même les vœux que je
» fais et que je ferai toujours pour vous et pour vos dignes camarades. Soyez
» mon interprète auprès d'eux; dès que je jugerai à propos de vous recevoir,
» je vous l'écrirai; jusque-là, croyez-moi toujours votre bien affectionné... »

Puis le révérend père s'adressant à M. Hardy :
— Trouvez-vous cette lettre convenable, mon cher fils?
— Oui, mon père...
— Veuillez donc la signer.
— Oui, mon père...

Et le malheureux, après avoir signé, sentant ses forces épuisées, se rejeta en arrière avec lassitude.

— Ce n'est pas tout, mon cher fils — ajouta le père d'Aigrigny en tirant un papier de sa poche : — Il faut que vous ayez la bonté de signer ce nouveau pouvoir accordé par vous à notre révérend père procureur pour terminer les affaires en question.

— Oh! mon Dieu! mon Dieu!... Encore!!! — s'écria M. Hardy avec une sorte d'impatience fiévreuse et maladive. — Mais, vous le voyez bien, mon père, mes forces sont à bout...

— Il s'agit seulement de signer après avoir lu, mon cher fils.

Et le père d'Aigrigny présenta à M. Hardy un grand papier timbré rempli d'une écriture presque indéchiffrable.

— Mon père... je ne pourrai pas lire cela... aujourd'hui.

— Il le faut pourtant, mon cher fils; pardonnez-moi cette indiscrétion...... mais nous sommes bien pauvres... et...

— Je vais signer... mon père.

— Mais il faut lire ce que vous signez, mon fils.

— A quoi bon?... Donnez... donnez — dit M. Hardy, pour ainsi dire harassé de l'inflexible opiniâtreté du révérend père.

— Puisque vous le voulez absolument, mon cher fils... — dit celui-ci en lui présentant le papier.

M. Hardy signa et retomba dans son accablement.

A cet instant, un domestique, après avoir frappé, entra et dit au père d'Aigrigny : — M. Agricol Baudoin demande à parler à M. Hardy ; il a, dit-il, un rendez-vous.

— C'est bon... qu'il attende — répondit le père d'Aigrigny avec autant de dépit que de suprise, et d'un geste il fit signe au domestique de sortir; puis cachant la vive contrariété qu'il ressentait, il dit à M. Hardy : — Ce digne artisan a bien hâte de vous voir, mon cher fils, car il devance de plus de deux heures le moment de l'entrevue. Voyons, il en est temps encore, voulez-vous le recevoir?

— Mais, mon père — dit M. Hardy avec une sorte d'irritation — vous voyez dans quel état de faiblesse je suis... ayez donc pitié de moi... Je vous en supplie, du calme ;... je vous le répète, quand ce serait le calme de la tombe; mais, pour l'amour du ciel... du calme...

— Vous jouirez un jour de la paix éternelle des élus, mon cher fils — dit affectueusement le père d'Aigrigny — car vos larmes et vos misères sont agréables au Seigneur. — Ce disant, il sortit.

M. Hardy, resté seul, joignit les mains avec désespoir, et, fondant en larmes, s'écria en se laissant glisser de son fauteuil à genoux : — O mon Dieu!... mon Dieu! retirez-moi de ce monde... je suis trop malheureux.

Puis, courbant le front sur le siége de son fauteuil, il cacha sa figure dans ses mains, et continua de pleurer amèrement.

Soudain on entendit un bruit de voix qui allait toujours croissant, puis celui d'une espèce de lutte; bientôt la porte de l'appartement s'ouvrit avec violence sous le choc du père d'Aigrigny, qui fit quelques pas à reculons en trébuchant. Agricol venait de le pousser d'un bras vigoureux.

— Monsieur... osez-vous bien employer la force et la violence? — s'écria le révérend père d'Aigrigny, blême de colère.

— J'oserai tout pour voir M. Hardy — dit le forgeron. Et il se précipita vers son ancien patron, qu'il vit agenouillé au milieu de la chambre.

CHAPITRE XXXII.

AGRICOL BAUDOIN.

Le père d'Aigrigny, contenant à peine son dépit, sa colère, jetait non-seulement des regards courroucés et menaçants sur Agricol; mais, de temps à autre, il jetait aussi un coup d'œil inquiet et irrité du côté de la porte, comme s'il eût craint, à chaque instant, de voir entrer un autre personnage dont il aurait aussi redouté la venue.

Le forgeron, lorsqu'il put envisager son ancien patron, recula frappé d'une douloureuse surprise à la vue des traits de M. Hardy ravagés par le chagrin.

Pendant quelques secondes, les trois acteurs de cette scène gardèrent le silence.

Agricol ne se doutait pas encore de l'affaiblissement moral de M. Hardy, habitué qu'était l'artisan à trouver autant d'élévation d'esprit que de bonté de cœur chez cet excellent homme.

Le père d'Aigrigny rompit le premier le silence, et dit à son pensionnaire en pesant chacune de ses paroles : — Je conçois, mon cher fils, qu'après la volonté si positive, si spontanée, que vous m'avez manifestée tout à l'heure, de ne pas recevoir... monsieur... je conçois, dis-je, que sa présence vous soit maintenant pénible... J'espère donc que, par déférence... ou au moins par reconnaissance pour vous... monsieur (il désigna le forgeron d'un geste) mettra, en se retirant, un terme à cette situation inconvenante, déjà trop prolongée.

Agricol ne répondit pas au père d'Aigrigny, lui tourna le dos, et, s'adressant à M. Hardy, qu'il contemplait depuis quelques momens avec une profonde émotion, pendant que de grosses larmes roulaient dans ses yeux : — Ah! monsieur... comme c'est bon de vous voir, quoique vous ayez encore l'air bien souffrant! Comme le cœur se calme, se rassure... se réjouit. Mes camarades seraient si heureux d'être à ma place!... Si vous saviez tout ce qu'ils m'ont dit pour vous;... car, pour vous chérir, vous vénérer, nous n'avons à nous tous... qu'une seule âme...

Le père d'Aigrigny jeta sur M. Hardy un coup d'œil qui signifiait: Que vous avais-je dit? Puis s'adressant à Agricol avec impatience, en se rapprochant de lui : — Je vous ai déjà fait observer que votre présence ici était déplacée.

Mais Agricol, sans lui répondre, et sans se tourner vers lui : — Monsieur Hardy, ayez donc la bonté de dire à cet homme de s'en aller... Mon père et moi nous le connaissons; il le sait bien.

Puis, se retournant alors seulement vers le révérend père, le forgeron ajouta durement, en le toisant avec une indignation mêlée de dégoût : — Si vous tenez à entendre ce que j'ai à dire à M. Hardy, sur vous... monsieur, revenez tout à l'heure; mais à présent j'ai à parler à mon ancien patron de choses particulières, et à lui remettre une lettre de mademoiselle de Cardoville, qui vous connaît aussi... malheureusement pour elle.

Le jésuite resta impassible et répondit : — Je me permettrai, monsieur, de vous dire que vous intervertissez un peu les rôles... Je suis ici chez moi, où j'ai l'honneur de recevoir M. Hardy. C'est donc moi qui aurais le droit et le pouvoir de vous faire sortir à l'instant d'ici et...

— Mon père, de grâce — dit M. Hardy avec déférence — excusez Agricol. Son attachement pour moi l'entraîne trop loin; mais, puisque le voici et qu'il a des choses particulières à me confier, permettez-moi, mon père, de m'entretenir quelques instans avec lui.

— Que je vous le permette! mon cher fils — dit le père d'Aigrigny en feignant la surprise — et pourquoi me demander cette permission? N'êtes-vous donc pas parfaitement libre de faire ce que bon vous semble? N'est-ce pas vous qui tout à l'heure, et malgré moi, qui vous engageais à recevoir monsieur, vous êtes formellement refusé à cette entrevue?

— Il est vrai, mon père.

Après ces mots, le père d'Aigrigny ne pouvait insister davantage sans maladresse ; il se leva donc et alla serrer la main de M. Hardy en lui disant avec un geste expressif : — A bientôt, mon cher fils... Mais souvenez-vous... de notre entretien de tout à l'heure et de ce que je vous ai prédit.

— A bientôt, mon père... Soyez tranquille — répondit tristement M. Hardy.

Le révérend père sortit.

Agricol, étourdi, confondu, se demandait si c'était bien son ancien patron qu'il entendait appeler le père d'Aigrigny *mon père* avec tant de déférence et d'humilité. Puis, à mesure que le forgeron examinait plus attentivement les traits de M. Hardy, il remarquait dans sa physionomie éteinte une expression d'affaissement, de lassitude, qui le navrait et l'effrayait à la fois ; aussi lui dit-il, en tâchant de cacher son pénible étonnement : — Enfin, monsieur... vous allez nous être rendu ;... nous allons bientôt vous voir au milieu de nous... Ah ! votre retour va faire bien des heureux... apaisera bien des inquiétudes !... car, si cela était possible, nous vous aimerions davantage encore depuis que nous avons un instant craint de vous perdre.

— Brave et digne garçon — dit M. Hardy avec un sourire de bonté mélancolique en tendant sa main à Agricol — je n'ai jamais douté un moment ni de vous ni de vos camarades ; leur reconnaissance m'a toujours récompensé du bien que j'ai pu leur faire...

— Et que vous leur ferez encore, monsieur... car vous...

M. Hardy interrompit Agricol et lui dit : — Ecoutez-moi, mon ami ; avant de continuer cet entretien, je dois vous parler franchement, afin de ne laisser ni à vous ni à vos camarades des espérances qui ne peuvent plus se réaliser... Je suis décidé à vivre désormais, sinon dans le cloître, du moins dans la plus profonde retraite ; car je suis las, voyez-vous, mon ami !... oh ! bien las...

— Mais nous ne sommes pas las de vous aimer, nous, monsieur — s'écria le forgeron de plus en plus effrayé des paroles et de l'accablement de M. Hardy. — C'est à notre tour maintenant de nous dévouer pour vous, de venir à votre aide à force de travail, de zèle, de désintéressement, afin de relever la fabrique, votre noble et généreux ouvrage.

M. Hardy secoua tristement la tête.

— Je vous le répète, mon ami — reprit-il — la vie active est finie pour moi ; en peu de temps, voyez-vous, j'ai vieilli de vingt ans ; je n'ai plus ni la force, ni la volonté, ni le courage de recommencer à travailler comme par le passé ; j'ai fait, et je m'en félicite, ce que j'ai pu pour le bien de l'humanité... j'ai payé ma dette... Mais à cette heure je n'ai plus qu'un désir, le repos ;... qu'une espérance... les consolations et la paix que procure la religion.

— Comment, monsieur — dit Agricol au comble de la stupeur — vous aimez mieux vivre ici dans ce lugubre isolement, que de vivre au milieu de nous qui vous aimons tant !... vous croyez que vous serez plus heureux ici, parmi ces prêtres, que dans votre fabrique relevée de ses ruines, et redevenue plus florissante que jamais ?

— Il n'est plus pour moi de bonheur possible ici-bas — dit M. Hardy avec amertume.

Après un moment d'hésitation, Agricol reprit vivement d'une voix altérée : — Monsieur... on vous trompe, on vous abuse d'une manière infâme.

— Que voulez-vous dire, mon ami ?

— Je vous dis, monsieur Hardy, que ces prêtres qui vous entourent ont de sinistres desseins... Mais, mon Dieu ! monsieur, vous ne savez donc pas où vous êtes ici ?

— Chez de bons religieux de la compagnie de Jésus.

— Oui, vos plus mortels ennemis.

— Des ennemis !... — et M. Hardy sourit avec une douloureuse indifférence. — Je n'ai plus à craindre d'ennemis :... où pourraient-ils me frapper, mon Dieu ? il n'y a plus de place...

— Ils veulent vous déposséder de votre part à un immense héritage, monsieur — s'écria le forgeron — c'est un plan conçu avec une infernale habileté ; les filles du maréchal Simon, mademoiselle de Cardoville, vous, Gabriel, mon frère adoptif... tout ce qui appartient à votre famille enfin, ont déjà failli être victimes de leurs machinations : je vous dis que ces prêtres n'ont pas d'autre but que d'abuser de votre confiance ;... c'est pour cela qu'après l'incendie de la fabrique, ils sont parvenus à vous faire transporter blessé, presque mourant, dans cette maison, et à vous soustraire à tous les yeux... C'est pour cela... que...

M. Hardy interrompit Agricol.

— Vous vous trompez sur le compte de ces religieux, mon ami ; ils ont eu pour moi de grands soins... et quant à ce prétendu héritage... — ajouta M. Hardy avec une morne insouciance — que me font à cette heure les biens de ce monde, mon ami ?... Les choses, les affections de cette vallée de misères et de larmes... ne sont plus rien pour moi... J'offre mes souffrances au Seigneur, et j'attends qu'il m'appelle à lui dans sa miséricorde..

— Non... non... monsieur... il est impossible que vous soyez changé à ce point — dit Agricol, qui ne pouvait se résoudre à croire ce qu'il entendait.
— Vous, monsieur, vous... croire à ces maximes désolantes ! vous, qui nous faisiez toujours admirer, aimer l'inépuisable bonté d'un Dieu paternel... Et nous vous croyions, car il vous avait envoyé parmi nous...

— Je dois me soumettre à sa volonté, puisqu'il m'a retiré d'au milieu de vous, mes amis, sans doute parce que, malgré mes bonnes intentions, je ne le servais pas comme il voulait être servi :... j'avais toujours en vue la créature plus que le Créateur.

— Et comment pouviez-vous mieux servir, mieux honorer Dieu, monsieur ? — s'écria le forgeron de plus en plus désolé ; — encourager et récompenser le travail, la probité, rendre les hommes meilleurs en assurant leur bonheur, traiter vos ouvriers en frères, développer leur intelligence, leur donner le goût du beau, du bien, augmenter leur bien-être, propager chez eux, par votre exemple, les sentimens d'égalité, de fraternité, de communauté évangélique... Ah ! monsieur, pour vous rassurer, rappelez-vous donc seulement le bien que vous avez fait, les bénédictions quotidiennes de tout un petit peuple qui vous devait le bonheur inespéré dont il jouissait.

— Mon ami, à quoi bon rappeler le passé ? — reprit doucement M. Hardy.
— Si j'ai bien agi aux yeux du Seigneur, peut-être il m'en saura gré... Loin de me glorifier... je dois m'humilier dans la poussière, car j'ai été, je le crains, dans une voie mauvaise et en dehors de son église ;... peut-être l'orgueil m'a égaré, moi, infime, obscur, tandis que tant de grands génies se sont soumis humblement à cette église ; c'est dans les larmes, dans l'isolement, dans la mortification, que je dois expier mes fautes, oui... dans l'espoir que ce Dieu vengeur me les pardonnera un jour... et que mes souffrances ne seront pas du moins perdues pour ceux qui sont encore plus coupables que moi.

Agricol ne trouva pas un mot à répondre ; il contemplait M. Hardy avec une frayeur muette ; à mesure qu'il l'entendait prononcer ces désolantes banalités d'une voix épuisée, à mesure qu'il examinait cette physionomie abattue, il se demandait avec un secret effroi par quelles fascinations ces prêtres, exploitant les chagrins et l'affaiblissement moral de ce malheureux, étaient parvenus à isoler de tout et de tous, à stériliser, à annihiler ainsi une des plus généreuses intelligences, un des esprits les plus bienfaisans, les plus éclairés qui se fussent jamais voués au bonheur de l'espèce humaine. La stupeur du forgeron était si profonde, qu'il ne sentait ni le courage ni la volonté de continuer une discussion d'autant plus poignante pour lui qu'à chaque mot son regard plongeait davantage dans l'abîme de désolation incurable où les révérends pères avaient plongé M. Hardy.

Celui-ci, de son côté, retombant dans sa morne apathie, gardait le silence, pendant que ses yeux erraient çà et là sur les sinistres maximes de l'*Imitation*.

Enfin Agricol rompit le silence ; et, tirant de sa poche la lettre de mademoiselle de Cardoville, lettre dans laquelle il mettait son dernier espoir, il la présenta à M. Hardy en lui disant : — Monsieur... une de vos parentes, que vous ne connaissez que de nom sans doute, m'a chargé de vous remettre cette lettre...

— A quoi bon... cette lettre... mon ami ?

— Je vous en supplie, monsieur... prenez-en connaissance. Mademoiselle de Cardoville attend votre réponse, monsieur ; il s'agit de graves intérêts.

— Il n'y a plus pour moi... qu'un grave intérêt... mon ami... — dit M. Hardy en levant vers le ciel ses yeux rougis par les larmes.

— Monsieur Hardy... — reprit le forgeron de plus en plus ému — lisez cette lettre, lisez-la au nom de notre reconnaissance à tous et dans laquelle nous élèverons nos enfans... qui n'auront pas eu comme nous le bonheur de vous connaître... Oui... lisez cette lettre... et si, après, vous ne changez pas d'avis... monsieur Hardy... eh bien! que voulez-vous?... tout sera fini... pour nous... pauvres travailleurs;... nous aurons à tout jamais perdu notre bienfaiteur... celui qui nous traitait en frères... celui qui nous aimait en amis... celui qui prêchait généreusement un exemple que d'autres bons cœurs auraient suivi tôt ou tard... de sorte que, peu à peu, de proche en proche, et grâce à vous, l'émancipation des prolétaires aurait commencé... Enfin, n'importe, pour nous autres, enfans du peuple, votre mémoire sera toujours sacrée... oh! oui... et nous ne prononcerons jamais votre nom qu'avec respect, qu'avec attendrissement... car nous ne pourrons nous empêcher de vous plaindre.

Depuis quelques momens, Agricol parlait d'une voix entrecoupée; il ne put achever; son émotion atteignit à son comble; malgré la mâle énergie de son caractère, il ne put retenir ses larmes et s'écria : — Pardon, pardon, si je pleure; mais ce n'est pas pour moi seul, allez; car, voyez-vous, j'ai le cœur brisé en pensant à toutes les larmes qui seront longtemps versées par bien des braves gens qui se diront : — Nous ne verrons plus M. Hardy... plus jamais.

L'émotion, l'accent d'Agricol, étaient si sincères, sa noble et franche figure, baignée de larmes, avait une expression de dévoûment si touchante, que M. Hardy, pour la première fois depuis son séjour chez les révérends pères, se sentit pour ainsi dire le cœur un peu réchauffé, ranimé; il lui sembla qu'un vivifiant rayon de soleil perçait enfin les ténèbres glacées au milieu desquelles il végétait depuis si longtemps.

M. Hardy tendit la main à Agricol, et lui dit d'une voix altérée : — Mon ami... merci!... Cette nouvelle preuve de votre dévoûment... ces regrets... tout cela m'émeut... mais d'une émotion douce... et sans amertume; cela me fait du bien.

— Ah!... monsieur — s'écria le forgeron avec une lueur d'espoir — ne vous contraignez pas; écoutez la voix de votre cœur... elle vous dira de faire le bonheur de ceux qui vous chérissent; et, pour vous... voir des gens heureux... c'est être heureux. Tenez... lisez cette lettre de cette généreuse demoiselle... Elle achèvera peut-être ce que j'ai commencé;... et si cela ne suffit pas... nous verrons...

Ce disant, Agricol s'interrompit en jetant un regard d'espoir vers la porte, puis il ajouta, en présentant de nouveau la lettre à M. Hardy : — Oh! je vous en supplie, monsieur, lisez... Mademoiselle de Cardoville m'a dit de vous confirmer tout ce qu'il y a dans cette lettre...

— Non... non... je ne dois pas... je ne devrais pas la lire — dit M. Hardy avec hésitation. — A quoi bon... me donner des regrets?... car, hélas! c'est vrai... je vous aimais bien tous, j'avais bien fait des projets pour vous dans l'avenir... — ajouta M. Hardy avec un attendrissement involontaire. Puis il reprit, luttant contre le mouvement de son cœur : — Mais à quoi bon songer à cela?... le passé ne peut revenir.

— Qui sait, monsieur Hardy, qui sait? — reprit Agricol, de plus en plus heureux de l'hésitation de son ancien patron — lisez d'abord la lettre de mademoiselle de Cardoville.

M. Hardy, cédant aux instances d'Agricol, prit cette lettre presque malgré lui, la décacheta et la lut; peu à peu sa physionomie exprima tour à tour l'attendrissement, la reconnaissance et l'admiration. Plusieurs fois il s'interrompit pour dire à Agricol avec une expansion dont il semblait lui-même étonné : — Oh! c'est bien!... c'est beau!...

Puis, la lecture terminée, M. Hardy, s'adressant au forgeron avec un soupir mélancolique : — Quel cœur que celui de mademoiselle de Cardoville! Que de bonté! que d'esprit!... que d'élévation dans la pensée!... Je n'oublierai jamais la noblesse de sentimens qui lui dicte ses offres si généreuses... envers moi... Du moins, puisse-t-elle être heureuse... dans ce triste monde!

— Ah! croyez-moi, monsieur — reprit Agricol avec entraînement — un monde qui renferme de telles créatures, et tant d'autres encore qui, sans avoir l'inappréciable valeur de cette excellente demoiselle, sont dignes de l'attachement des honnêtes gens, un pareil monde n'est pas que fange, corruption et méchanceté :... il prouve, au contraire, en faveur de l'humanité... C'est ce monde qui vous attend, qui vous appelle. Allons, monsieur Hardy, écoutez les avis de mademoiselle de Cardoville, acceptez les offres qu'elle vous fait, revenez à nous... revenez à la vie... car c'est la mort que cette maison !

— Rentrer dans un monde où j'ai tant souffert... quitter le calme de cette retraite — répondit M. Hardy en hésitant ; — non, non... je ne pourrais... je ne le dois pas...

— Oh ! je n'ai pas compté sur moi seul pour vous décider — s'écria le forgeron, avec une espérance croissante... — j'ai là un puissant auxiliaire (il montra la porte) que j'ai gardé pour frapper le grand coup... et qui paraîtra quand vous le voudrez.

— Que voulez-vous dire, mon ami ? — demanda M. Hardy.

— Oh ! c'est encore une bonne pensée de mademoiselle de Cardoville ; elle n'en a pas d'autres. Sachant entre quelles dangereuses mains vous étiez tombé, connaissant aussi la ruse perfide des gens qui veulent s'emparer de vous, elle m'a dit : — Monsieur Agricol, le caractère de M. Hardy est si loyal et si bon, qu'il se laissera peut-être facilement abuser... car les cœurs droits répugnent toujours à croire aux indignités ;... mais il est un homme dont le caractère sacré devra, dans cette circonstance, inspirer toute confiance à M. Hardy... car ce prêtre admirable est notre parent, et il a failli être aussi victime des implacables ennemis de notre famille.

— Et ce prêtre... quel est-il ? — demanda M. Hardy.

— L'abbé Gabriel de Rennepont, mon frère adoptif — s'écria le forgeron avec orgueil. — C'est là un noble prêtre... Ah ! monsieur... si vous l'aviez connu plus tôt, au lieu de désespérer... vous auriez espéré. Votre chagrin n'aurait pas résisté à ses consolations.

— Et ce prêtre... où est-il ? — demanda M. Hardy, avec autant de surprise que de curiosité.

— Là, dans votre antichambre. Quand le père d'Aigrigny l'a vu avec moi, il est devenu furieux, il nous a ordonné de sortir ; mais mon brave Gabriel lui a répondu qu'il pourrait avoir à s'entretenir avec vous de graves intérêts, et qu'ainsi il resterait... Moi, moins patient, j'ai donné une bourrade à l'abbé d'Aigrigny, qui voulait me barrer le passage, et je suis accouru, tant j'avais hâte de vous voir... Maintenant... monsieur... vous allez recevoir Gabriel... n'est-ce pas ? Il n'aurait pas voulu entrer sans vos ordres... Je vais aller le chercher... Vous parlez de religion ;... c'est la sienne qui est la vraie, car elle fait du bien ; elle encourage, elle console ;... vous verrez... Enfin, grâce à mademoiselle de Cardoville et à lui, vous allez nous être rendu ! — s'écria le forgeron, ne pouvant plus contenir son joyeux espoir.

— Mon ami... non ;... je ne sais... je crains... dit M. Hardy avec une hésitation croissante, mais se sentant malgré lui ranimé, réchauffé par les paroles cordiales du forgeron.

Celui-ci, profitant de l'heureuse hésitation de son ancien patron, courut à la porte, l'ouvrit et s'écria : — Gabriel... mon frère... mon bon frère... viens, viens... M. Hardy désire te voir...

— Mon ami — reprit M. Hardy encore hésitant, mais néanmoins semblant assez satisfait de voir son assentiment un peu forcé — mon ami... que faites-vous ?...

— J'appelle votre sauveur et le nôtre — répondit Agricol, ivre de bonheur et certain du bon succès de l'intervention de Gabriel auprès de M. Hardy.

Se rendant à l'appel du forgeron, Gabriel entra aussitôt dans la chambre de M. Hardy.

CHAPITRE XXXIII.

LE RÉDUIT.

Nous l'avons dit : aux abords de plusieurs des chambres occupées par les pensionnaires des révérends pères, certaines petites cachettes étaient pratiquées, dans le but de donner toute facilité à l'espionnage incessant dont on entourait ceux que la compagnie voulait surveiller. M. Hardy se trouvant parmi ceux-là, on avait ménagé auprès de son appartement un réduit mystérieux où pouvaient tenir deux personnes ; une sorte de large tuyau de cheminée aérait et éclairait ce cabinet, où aboutissait l'orifice d'un conduit acoustique disposé avec tant d'art, que les moindres paroles arrivaient de la pièce voisine dans cette cachette aussi distinctes que possible ; enfin, plusieurs trous ronds, adroitement ménagés et masqués en différens endroits, permettaient de voir tout ce qui se passait dans la chambre.

Le père d'Aigrigny et Rodin occupaient alors le réduit.

Aussitôt après la brusque entrée d'Agricol et la ferme réponse de Gabriel, qui déclara vouloir parler à M. Hardy si celui-ci le faisait mander, le père d'Aigrigny, ne voulant faire aucun éclat pour conjurer les suites de l'entrevue de M. Hardy avec le forgeron et le jeune missionnaire, entrevue dont les suites pouvaient être si funestes aux projets de la compagnie, le père d'Aigrigny était allé consulter Rodin.

Celui-ci, pendant son heureuse et rapide convalescence, habitait la maison voisine réservée aux révérends pères ; il comprit l'extrême gravité de la position ; tout en reconnaissant que le père d'Aigrigny avait habilement suivi ses instructions relatives au moyen d'empêcher l'entrevue d'Agricol et de M. Hardy, manœuvre dont le succès était assuré sans l'arrivée trop hâtée du forgeron, Rodin, voulant voir, entendre, juger et aviser par lui-même, alla aussitôt s'embusquer dans la cachette en question avec le père d'Aigrigny, après avoir dépêché immédiatement un émissaire à l'archevêché de Paris ; on verra plus tard dans quel but.

Les deux révérends pères y étaient arrivés vers le milieu de l'entretien d'Agricol et de M. Hardy.

D'abord assez rassurés par la morne apathie dans laquelle il était plongé et dont les généreuses incitations du forgeron n'avaient pu le tirer, les révérends pères virent le danger s'accroître peu à peu et devenir des plus menaçans, du moment où M. Hardy, ébranlé par les instances de l'artisan, consentit à prendre connaissance de la lettre de mademoiselle de Cardoville, jusqu'au moment où Agricol amena Gabriel afin de porter le dernier coup aux hésitations de son ancien patron.

Rodin, grâce à l'indomptable énergie de son caractère, qui lui avait donné la force de supporter la terrible et douloureuse médication du docteur Baleinier, ne courait plus aucun danger ; sa convalescence touchait à son terme ; néanmoins il était encore d'une maigreur effrayante. Le jour, venant d'en haut et tombant d'aplomb sur son crâne jaune et luisant, sur ses pommettes osseuses et sur son nez anguleux, accusait ces saillies par des touches de vive lumière, tandis que le reste du visage était sillonné d'ombres dures et sans transparence. On eût dit le modèle vivant d'un de ces moines ascétiques de l'école espagnole, sombres peintures, où l'on aperçoit, sous quelque capuchon brun à demi rabattu, un crâne de couleur de vieil ivoire, une pommette livide, un œil éteint au fond de son orbite, tandis que le reste du visage disparaît dans une pénombre obscure, à travers laquelle l'on distingue à peine une forme humaine, agenouillée et enveloppée d'un froc à ceinture de corde. Cette ressemblance paraissait d'autant plus frappante que Rodin, descendant de chez lui à la hâte, n'avait pas quitté sa longue robe de chambre de laine noire ; de plus, étant encore très sensible au froid, il avait jeté sur ses épaules un camail de drap noir à capuchon, afin de se préserver de la bise du nord.

Le père d'Aigrigny, ne se trouvant pas placé verticalement sous la lumière qui éclairait la cachette, restait dans la demi-teinte.

Au moment où nous présentons les deux jésuites au lecteur, Agricol venait de sortir de la chambre pour appeler Gabriel et l'emmener auprès de son ancien patron.

Le père d'Aigrigny, regardant Rodin avec une angoisse à la fois profonde et courroucée, lui dit à voix basse : — Sans la lettre de mademoiselle de Cardoville, les instances du forgeron restaient vaines. Cette maudite jeune fille sera donc toujours et partout l'obstacle contre lequel viendront échouer nos projets ? Quoi qu'on ait pu faire, la voici réunie à cet Indien ; si maintenant l'abbé Gabriel vient combler la mesure, et que, grâce à lui, M. Hardy nous échappe, que faire?... que faire?... Ah! mon père... c'est à désespérer de l'avenir!

— Non — dit sèchement Rodin — si à l'archevêché on ne met aucune lenteur à exécuter mes ordres.

— Et dans ce cas?

— Je réponds encore de tout;... mais il faut qu'avant une demi-heure j'aie les papiers en question.

— Cela doit être prêt et signé depuis deux ou trois jours, car, d'après votre ordre, j'ai écrit le jour même des moxas... et...

Rodin, au lieu de continuer cet entretien à voix basse, colla son œil à l'une des ouvertures qui permettaient de voir ce qui se passait dans la chambre voisine, puis de la main il fit signe au père d'Aigrigny de garder le silence.

CHAPITRE XXXIV.

UN PRÊTRE SELON LE CHRIST.

A cet instant Rodin voyait Agricol rentrer dans la chambre de M. Hardy, tenant Gabriel par la main.

La présence de ces deux jeunes gens, l'un d'une figure si mâle, si ouverte, l'autre d'une beauté si angélique, offrait un contraste tellement frappant avec les physionomies hypocrites des gens dont M. Hardy était habituellement entouré, que, déjà ému par la chaleureuse parole de l'artisan, il lui sembla que son cœur, comprimé depuis si longtemps, se dilatait sous une salutaire influence.

Gabriel, quoi qu'il n'eût jamais vu M. Hardy, fut frappé de l'altération de ses traits; il reconnaissait sur cette figure souffrante, abattue, le fatal cachet de soumission énervante, d'anéantissement moral dont restent toujours stigmatisées les victimes de la compagnie de Jésus lorsqu'elles ne sont pas délivrées à temps de son influence homicide.

Rodin, l'œil collé à son trou, et le père d'Aigrigny, l'oreille au guet, ne perdirent donc pas un mot de l'entretien suivant, auquel ils assistèrent invisibles.

— Le voilà... mon brave frère, monsieur — dit Agricol à M. Hardy, en lui présentant Gabriel — le voilà, le meilleur, le plus digne des prêtres... Ecoutez-le, vous renaîtrez à l'espérance, au bonheur, et vous nous serez rendu. Ecoutez-le, vous verrez comme il démasquera les fourbes qui vous abusent par de fausses apparences religieuses; oui, oui, il les démasquera, car il a été aussi victime de ces misérables, n'est-ce pas, Gabriel?

Le jeune missionnaire fit un mouvement de la main pour modérer l'exaltation du forgeron, et dit à M. Hardy, de sa voix douce et vibrante : — Si dans les pénibles circonstances où vous vous trouvez, monsieur, les conseils d'un de vos frères en Jésus-Christ peuvent vous être utiles, disposez de moi... D'ailleurs, permettez-moi de vous le dire, je vous suis déjà bien respectueusement attaché.

— A moi, monsieur l'abbé? — dit M. Hardy.

— Je sais, monsieur — reprit Gabriel — vos bontés pour mon frère adoptif; je sais votre admirable générosité envers vos ouvriers; ils vous chérissent, ils vous vénèrent, monsieur; que la conscience de leur gratitude, que la conviction d'avoir été agréable à Dieu, dont l'éternelle bonté se réjouit dans tout ce qui est bon, soient votre récompense pour le bien que vous avez fait, soient votre encouragement pour le bien que vous ferez encore...

— Je vous remercie, monsieur l'abbé — répondit M. Hardy touché de ce langage si différent de celui du père d'Aigrigny; — dans la tristesse où je suis plongé, il est doux au cœur d'entendre parler d'une manière si consolante, et, je l'avoue — ajouta M. Hardy d'un air pensif — l'élévation, la gravité de votre caractère donnent un grand poids à vos paroles.

— Voilà ce qu'il y avait à craindre — dit tout bas le père d'Aigrigny à Rodin, qui restait toujours à son trou, l'œil pénétrant, l'oreille au guet — ce

Gabriel va tout faire pour arracher M. Hardy à son apathie, et le rejeter dans la vie active.

— Je ne crains pas cela — répondit Rodin de sa voix brève et tranchante. — M. Hardy s'oubliera peut-être un moment; mais s'il essaie de marcher, il verra bien qu'il a les jambes cassées...

— Que craint donc Votre Révérence?

— La lenteur de notre révérend père de l'archevêché.

— Mais qu'espérez-vous de...

Mais Rodin, dont l'attention était de nouveau excitée, interrompit d'un signe le père d'Aigrigny, qui resta muet.

Un silence de quelques secondes avait succédé au commencement de l'entretien de Gabriel et de M. Hardy, celui-ci étant resté un instant absorbé par des réflexions que faisait naître le langage de Gabriel.

Pendant ce moment de silence, Agricol avait machinalement jeté les yeux sur quelques-unes des lugubres sentences dont étaient pour ainsi dire tapissés les murs de la chambre de M. Hardy; tout à coup, prenant Gabriel par le bras, il s'écria avec un geste expressif : — Ah! mon frère... lis ces maximes;... tu comprendras tout... Quel homme, mon Dieu, restant dans la solitude seul à seul avec d'aussi désolantes pensées, ne tomberait pas dans le plus affreux désespoir... n'irait pas jusqu'au suicide peut-être?... Ah! c'est horrible, c'est infâme — ajouta l'artisan avec indignation; — mais c'est un assassinat moral!!!

— Vous êtes jeune, mon ami — reprit M. Hardy en secouant tristement la tête — vous avez toujours été heureux, vous n'avez éprouvé aucune déception;... ces maximes peuvent vous sembler trompeuses; mais, hélas! pour moi... et le plus grand nombre des hommes, elles ne sont que trop vraies; ici-bas, tout est néant, misère, douleur, car l'homme est né pour souffrir!... N'est-il pas vrai, monsieur l'abbé? — ajouta-t-il en s'adressant à Gabriel.

Celui-ci avait aussi jeté les yeux sur différentes maximes que le forgeron venait de lui indiquer; le jeune prêtre ne put s'empêcher de sourire avec amertume en songeant au calcul odieux qui avait dicté le choix de ces réflexions. Aussi répondit-il à M. Hardy d'une voix émue : — Non, non, monsieur, tout n'est pas néant, mensonge, misères, déceptions, vanité ici-bas... Non, l'homme n'est pas né pour souffrir; non, Dieu, dont la suprême essence est une bonté paternelle, ne se complaît pas aux douleurs de ses créatures, qu'il a faites pour être aimantes et heureuses en ce monde...

— Oh! l'entendez-vous, monsieur Hardy, l'entendez-vous? — s'écria le forgeron — c'est aussi un prêtre, lui... mais un vrai, un sublime prêtre, et il ne parle pas comme les autres...

— Hélas, pourtant, monsieur l'abbé — dit M. Hardy — ces maximes si tristes sont extraites d'un livre que l'on met presque à l'égal d'un livre divin.

— De ce livre, monsieur — dit Gabriel — on peut abuser comme de toute œuvre humaine! Ecrit pour enchaîner de pauvres moines dans le renoncement, dans l'isolement, dans l'obéissance aveugle d'une vie oisive, stérile, ce livre, en prêchant le détachement de tout, le mépris de soi, la défiance de ses frères, un servilisme écrasant, avait pour but de persuader ces malheureux moines que les tortures de cette vie qu'on leur imposait, de cette vie en tout opposée aux vues éternelles de Dieu sur l'humanité... seraient douces au Seigneur...

— Ah! ce livre me paraît, ainsi expliqué, plus effrayant encore — dit M. Hardy.

— Blasphème! impiété!... — poursuivit Gabriel, qui ne pouvait contenir son indignation; — oser sanctifier l'oisiveté, l'isolement, la défiance de tous, lorsqu'il n'y a de divin au monde que le saint travail, que le saint amour de ses frères, que la sainte communion avec eux! Sacrilège!!! oser dire qu'un père d'une bonté immense, infinie, se réjouit dans les douleurs de ses enfans... lui! lui! juste ciel! lui qui n'a de souffrances que celles de ses enfans, lui qui les a magnifiquement doués de tous les trésors de la création, lui enfin qui les a reliés à son immortalité par l'immortalité de leur âme.

— Oh! vos paroles sont belles, sont consolantes — s'écria M. Hardy de plus en plus ébranlé ; — mais, hélas! pourquoi tant de malheureux sur la terre malgré la bonté providentielle du Seigneur?

— Oui... oh! oui... il y a dans ce monde de bien horribles misères — reprit

Gabriel avec attendrissement et tristesse. — Oui, bien des pauvres, déshérités de toute joie, de toute espérance, ont faim, ont froid, manquent de vêtemens et d'abri, au milieu des richesses immenses que le Créateur a dispensées, non pour la félicité de quelques hommes, mais pour la félicité de tous; car il a voulu que le partage fût fait avec équité;... (1) mais quelques-uns se sont emparés du commun héritage par l'astuce, par la force... et c'est de cela que Dieu s'afflige. Oh! oui, s'il souffre, c'est de voir que, pour satisfaire au cruel égoïsme de quelques-uns, des masses innombrables de créatures sont vouées à un sort déplorable. Aussi les oppresseurs de tous les temps, de tous les pays, osant prendre Dieu pour complice, se sont unis pour proclamer en son nom cette épouvantable maxime:
— *L'homme est né pour souffrir... ses humiliations, ses souffrances sont agréables à Dieu...* — Oui, ils ont proclamé cela; de sorte que plus le sort de la créature qu'ils exploitaient était rude, humiliant, douloureux, plus la créature versait de sueurs, de larmes, de sang, plus, selon ces homicides, le Seigneur était satisfait et glorifié...

— Ah! je vous comprends... je revis... je me souviens — s'écria tout à coup M. Hardy, comme s'il sortait d'un songe, comme si la lumière eût tout à coup brillé à sa pensée obscurcie. — Oh! oui... voilà ce que j'ai toujours cru... voilà ce que je croyais... avant que d'affreux chagrins eussent affaibli mon intelligence.

— Oui, vous avez cru cela, noble et grand cœur! — s'écria Gabriel — et alors vous ne pensiez pas que tout était misère ici-bas, puisque, grâce à vous, vos ouvriers vivaient heureux; tout n'était donc pas déception, vanité, puisque chaque jour votre cœur jouissait de la reconnaissance de vos frères; tout n'était donc pas larmes, désolation, puisque vous voyiez sans cesse autour de vous des visages sourians... La créature n'était donc pas inexorablement vouée au malheur, puisque vous la combliez de félicité... Ah! croyez-moi, lorsque l'on entre plein de cœur, d'amour et de foi dans les véritables vues de Dieu... du Dieu sauveur, qui a dit : *Aimez-vous les uns les autres*, on voit, on sent, on sait que la fin de l'humanité est le bonheur de tous. et que l'homme est né pour être heureux... Ah! mon frère — ajouta Gabriel ému jusqu'aux larmes en montrant les maximes dont la chambre était entourée — ce livre terrible vous a fait bien du mal... ce livre qu'ils ont eu l'audace d'appeler l'*Imitation de Jésus-Christ*... — ajouta Gabriel avec indignation — ce livre!! l'imitation de la parole du Christ!! ce livre désolant, qui ne contient que des pensées de vengeance, de mépris, de mort, de désespoir, lorsque le Christ n'a eu que des paroles de paix, de pardon, d'espérance et d'amour...

— Oh! je vous crois... — s'écria M. Hardy dans un doux ravissement — je vous crois, j'ai besoin de vous croire.

— O mon frère!... — reprit Gabriel de plus en plus ému — mon frère!... croyez à un Dieu toujours bon, toujours miséricordieux, toujours aimant; croyez à un Dieu qui bénit le travail, à un Dieu qui souffrirait cruellement pour ses enfans, si, au lieu d'employer, pour le bien de tous, les dons qu'il vous a prodigués, vous vous isoliez à jamais dans un désespoir énervant et stérile!... Non, non, Dieu ne le veut pas!... Debout, mon frère... — ajouta Gabriel en prenant cordialement la main de M. Hardy, qui se leva comme s'il eût obéi à un généreux magnétisme — debout... mon frère! tout un monde de travailleurs vous bénit et vous appelle; quittez cette tombe... venez... ve-

---

(1) La doctrine, non *du partage*, mais *de la communauté*, non *de la division*, mais *de l'association*, est tout entière en substance dans ce passage du *Nouveau-Testament*:

« — Tous ceux qui se convertissent à la foi mettent leurs biens, leurs travaux, leur vie en » *commun*; ils n'ont tous qu'un cœur, qu'une âme; ils ne forment tous ensemble qu'un seul » corps; nul ne possède rien en particulier, mais toutes choses sont communes entre eux; » C'EST POURQUOI IL N'Y A PAS DE PAUVRES PARMI EUX. » (*Actes des Apôtres*, chap. IV, 32, 33.)

Nous empruntons cette citation à un excellent article de M. F. VIDAL (*De la Justice distributive.—Revue indépendante*), qui renferme la remarquable et profonde analyse de différens systèmes socialistes, et de plusieurs écrits sur la même matière, par MM. Louis Blanc, Villegardelle, Pecqueur, intelligences d'élite, penseurs généreux dont s'honore le socialisme. Citons encore l'*Accord des intérêts dans l'association*, par M. Villegardelle, qui contient les perçaus les plus lumineux sur les immortelles théories de Fourier.

nez au grand air... au grand soleil, au milieu de cœurs chaleureux, sympathiques; quittez cet air étouffant pour l'air salubre et vivifiant de la liberté; quittez cette morne retraite pour l'asile animé par les chants des travailleurs; venez, venez retrouver ce peuple d'artisans laborieux dont vous êtes la Providence; soulevé par leurs bras robustes, pressé sur leurs cœurs généreux, entouré de femmes, d'enfans, de vieillards pleurant de joie à votre retour, vous serez régénéré; vous sentirez que la volonté, que la puissance de Dieu est en vous... puisque vous pouvez tant pour le bonheur de vos frères.

— Gabriel... tu dis vrai;... c'est à toi... c'est à Dieu... que notre pauvre petit peuple de travailleurs devra le retour de son bienfaiteur — s'écria Agricol en se jetant dans les bras de Gabriel et le serrant avec attendrissement contre son cœur. — Ah! je ne crains plus rien maintenant. M. Hardy nous sera rendu!

— Oui, vous avez raison, ce sera à lui... à cet admirable prêtre selon le Christ, que je devrai ma résurrection... car ici j'étais enseveli vivant dans un sépulcre—dit M. Hardy, qui s'était levé, droit, ferme, les joues légèrement colorées, l'œil brillant, lui jusqu'alors si pâle, si abattu, si courbé!

— Enfin... vous êtes à nous — s'écria le forgeron; — je n'en doute plus à cette heure.

— Je l'espère, mon ami — dit M. Hardy.

— Vous acceptez les offres de mademoiselle de Cardoville?

— Tantôt je lui écrirai à ce sujet;... mais avant... — ajouta-t-il d'un air grave et sérieux — je désire m'entretenir seul avec mon frère — et il offrit avec effusion sa main à Gabriel — Il me permettra de lui donner ce nom de frère... lui, le généreux apôtre de la fraternité...

— Oh!... je suis tranquille... dès que je vous laisse avec lui — dit Agricol; — moi, pendant ce temps-là, je cours chez mademoiselle de Cardoville lui annoncer cette bonne nouvelle... Mais, j'y pense, si vous sortez aujourd'hui de cette maison, monsieur Hardy, où irez-vous?... Voulez-vous que je m'occupe...

— Nous parlerons de tout cela avec votre digne et excellent frère — répondit M. Hardy; — allez, je vous en prie, remercier mademoiselle de Cardoville, et lui dire que ce soir j'aurai l'honneur de lui répondre.

— Ah! monsieur, il faut que je tienne mon cœur et ma tête à quatre pour ne pas devenir fou de joie — dit le bon Agricol en portant alternativement ses mains à sa tête et à son cœur dans son ivresse de bonheur; puis, revenant auprès de Gabriel, il le serra encore une fois contre son cœur, et lui dit à l'oreille: — Dans une heure... je reviens... mais pas seul... une levée en masse... tu verras... ne dis rien à M. Hardy; j'ai mon idée.

Et le forgeron sortit dans une ivresse indicible.

Gabriel et M. Hardy restèrent seuls.

. . . .

Rodin et le père d'Aigrigny avaient, on le sait, invisiblement assisté à cette scène.

— Eh bien! que pense Votre Révérence? — dit le père d'Aigrigny à Rodin avec stupeur.

— Je pense que l'on a trop tardé à revenir de l'archevêché, et que ce missionnaire hérétique va tout perdre — dit Rodin en se rongeant les ongles jusqu'au sang.

CHAPITRE XXXV.

LA CONFESSION.

Lorsque Agricol eut quitté la chambre, M. Hardy, s'approchant de Gabriel, lui dit : — Monsieur l'abbé...

— Non... dites votre frère; vous m'avez donné ce nom... et j'y tiens — reprit affectueusement le jeune missionnaire en tendant sa main à M. Hardy.

Celui-ci la serra cordialement et reprit : — Eh bien! mon frère, vos paroles m'ont ranimé, m'ont rappelé à des devoirs que, dans mon chagrin, j'avais méconnus; maintenant, puisse la force ne pas me manquer dans la nou-

velle épreuve que je vais tenter... car, hélas! vous ne savez pas tout.
— Que voulez-vous dire?... reprit Gabriel avec intérêt.
— J'ai de pénibles aveux à vous faire... — reprit M. Hardy après un moment de silence et de réflexion : — voulez-vous entendre ma confession?...
— Je vous en prie... dites votre confidence... mon frère — répondit Gabriel.
— Ne pouvez-vous donc pas m'entendre comme confesseur?...
— Autant que je le peux — reprit Gabriel — j'évite la confession... officielle, si cela peut se dire ; elle a, selon moi, de tristes inconvéniens ; mais je suis heureux, oh, bien heureux ! quand j'inspire cette confiance grâce à laquelle un ami vient ouvrir son cœur à son ami... et lui dire : Je souffre, consolez-moi ;... je doute... conseillez-moi ;... je suis heureux... partagez ma joie... Oh! voyez-vous, pour moi cette confession est la plus sainte ; c'est ainsi que le Christ la voulait en disant : Confessez-vous les uns les autres... Bien malheureux celui qui, dans sa vie, n'a pas trouvé un cœur fidèle et sûr pour se confesser ainsi... n'est-ce pas, mon frère? Pourtant, comme je suis soumis aux lois de l'Eglise en vertu de vœux volontairement prononcés — dit le jeune prêtre sans pouvoir retenir un soupir — j'obéis aux lois de l'Eglise... et si vous le désirez... mon frère, ce sera le confesseur qui vous entendra.
— Vous obéissez même aux lois... que vous n'approuvez pas ? — dit M. Hardy, étonné de cette soumission.
— Mon frère, quoi que l'expérience nous apprenne, quoi qu'elle nous dévoile... — reprit tristement Gabriel — un vœu formé librement... sciemment... est pour le prêtre un engagement sacré... est pour l'homme d'honneur une parole jurée... Tant que je resterai dans l'Eglise... j'obéirai à sa discipline, si pesante que soit quelquefois pour nous cette discipline.
— Pour vous, mon frère ?
— Oui, pour nous prêtres de campagne ou desservans des villes, pour nous tous, humbles prolétaires du clergé, simples ouvriers de la vigne du Seigneur ; oui, l'aristocratie qui s'est peu à peu introduite dans l'Eglise est souvent envers nous d'une rigueur un peu féodale ; mais telle est la divine essence du christianisme, qu'il résiste aux abus qui tendent à le dénaturer, et c'est encore dans les rangs obscurs du bas clergé que je puis servir mieux que partout ailleurs la sainte cause des déshérités, et prêcher leur émancipation avec une certaine indépendance... C'est pour cela, mon frère, que je reste dans l'Eglise, et, y restant, je me soumets à sa discipline ; je vous dis cela, mon frère — ajouta Gabriel avec expansion — parce que, vous et moi, nous prêchons la même cause ; les artisans que vous avez conviés à partager avec vous le fruit de vos travaux ne sont plus déshérités... Ainsi donc, plus efficacement que moi, par le bien que vous faites, vous servez le Christ...
— Et je continuerai de le servir, pourvu, je vous le répète, que j'en aie la force.
— Pourquoi cette force vous manquerait-elle ?
— Si vous saviez combien je suis malheureux !... si vous saviez tous les coups qui m'ont frappé !...
— Sans doute, la ruine et l'incendie qui ont détruit votre fabrique sont déplorables...
— Ah! mon frère — dit M. Hardy en interrompant Gabriel — qu'est-ce que cela? grand Dieu !... Mon courage ne faillirait pas en présence d'un sinistre que l'argent seul répare. Mais, hélas ! il est des pertes que rien ne répare... il est des ruines dans le cœur que rien ne relève... Non, et pourtant, tout à l'heure, cédant à l'entraînement de votre généreuse parole, l'avenir, si sombre jusqu'alors pour moi, s'était éclairci ; vous m'aviez encouragé, ranimé, en me rappelant la mission que j'avais encore à remplir en ce monde...
— Eh bien! mon frère?
— Hélas! de nouvelles craintes viennent m'assaillir... quand je songe à rentrer dans cette vie agitée, dans ce monde où j'ai tant souffert...
— Mais ces craintes, qui les fait naître? — dit Gabriel avec un intérêt croissant.
— Ecoutez-moi, mon frère, reprit M. Hardy. — J'avais concentré tout ce qui me restait de tendresse, de dévoûment dans le cœur, sur deux êtres... sur un ami que je croyais sincère, et sur une affection plus tendre ; l'ami m'a trompé d'une manière atroce ;... la femme... après m'avoir sacrifié ses de-

voirs, a eu le courage, et je ne puis que l'en honorer davantage, a eu le courage de sacrifier notre amour au repos de sa mère, et elle a quitté pour jamais la France... Hélas! je crains que ces chagrins ne soient incurables et qu'ils ne viennent m'écraser au milieu de la nouvelle voie que vous m'engagez à parcourir. J'avoue ma faiblesse;... elle est grande... et elle m'effraie d'autant plus, que je n'ai pas le droit de rester oisif, isolé, tant que je puis encore quelque chose pour l'humanité; vous m'avez éclairé sur ce devoir, mon frère;... seulement toute ma crainte, malgré ma bonne résolution... est, je vous le répète, de sentir les forces m'abandonner, lorsque je vais me retrouver dans ce monde à tout jamais, pour moi, froid et désert.

— Mais ces braves artisans qui vous attendent, qui vous bénissent, ne le peupleront-ils pas, ce monde?

— Oui... mon frère — dit M. Hardy avec amertume; — mais autrefois... à ce doux sentiment de faire le bien se joignaient pour moi deux affections qui se partageaient ma vie;... elles ne sont plus, et laissent dans mon cœur un vide immense. J'avais compté sur la religion... pour le remplir. Mais, hélas!... pour remplacer ce qui me cause de si amers regrets, on n'a donné pour pâture, à mon âme désolée, que mon seul désespoir... en me disant que plus je le creuserais, plus je trouverais de tortures... plus je serais méritant aux yeux du Seigneur...

— Et l'on vous a trompé, mon frère, je vous l'assure; c'est le bonheur, et non la douleur, qui est, aux yeux de Dieu, la fin de l'humanité; il veut l'homme heureux, parce qu'il le veut juste et bon.

— Oh! si j'avais entendu plus tôt ces paroles d'espérance! — reprit M. Hardy — mes blessures se seraient guéries, au lieu de devenir incurables; j'aurais recommencé plus tôt l'œuvre de bien que vous m'engagez à poursuivre, j'y aurais trouvé la consolation, l'oubli de mes maux peut-être; tandis qu'à présent... oh! tenez... cela est horrible à avouer... on m'a rendu la douleur si familière, qu'il me semble qu'elle doit à jamais paralyser ma vie...

Puis, ayant honte de cette rechute d'abattement, M. Hardy ajouta d'une voix navrante, en cachant son visage dans ses mains : — Oh! pardon... pardon de ma faiblesse... Mais si vous saviez ce que c'est qu'une pauvre créature qui ne vivait que par le cœur, et à qui tout a manqué à la fois! Que voulez-vous... elle cherche de tous côtés à se rattacher à quelque chose, et ses hésitations, ses craintes, ses impuissances mêmes... sont, croyez-moi, plus dignes de compassion que de dédain.

Il y avait quelque chose de si déchirant dans l'humilité de cet aveu, que Gabriel en fut touché jusqu'aux larmes. A ces accès d'accablement presque maladifs, le jeune missionnaire reconnaissait avec effroi les terribles effets des manœuvres des révérends pères, si habiles à envenimer, à rendre mortelles, les blessures des âmes tendres et délicates (qu'ils veulent isoler et capter), en distillant longtemps, goutte à goutte, l'âcre poison des maximes les plus désolantes. Sachant encore que l'abîme du désespoir exerce une sorte d'attraction vertigineuse, ces prêtres creusent, creusent cet abîme autour de leur victime, jusqu'à ce qu'éperdue... fascinée... elle plonge incessamment son regard fixe et ardent au fond de ce précipice qui doit l'engloutir... sinistre naufrage dont leur cupidité recueille les épaves... En vain l'azur de l'éther, les rayons d'or du soleil brillent au firmament; en vain l'infortuné sent qu'il serait sauvé en levant les yeux vers le ciel;... en vain il y jette même quelquefois un coup d'œil furtif; mais bientôt, cédant à la toute-puissance du charme infernal jeté sur lui par ces prêtres malfaisants, il replonge ses regards au fond du gouffre béant qui l'attire.

Il en était ainsi de M. Hardy. Gabriel comprit tout le danger de la position de ce malheureux, et, réunissant toutes ses forces pour l'arracher à cet accablement, il s'écria : — Que parlez-vous, mon frère, de pitié, de dédain! Qu'y a-t-il donc de plus sacré, de plus saint au monde, aux yeux de Dieu et des hommes, qu'une âme qui cherche la foi pour s'y fixer après la tourmente des passions? Rassurez-vous, mon frère, vos blessures ne sont pas incurables;... une fois hors de cette maison... croyez-moi, elles guériront rapidement.

— Hélas! comment l'espérer?

— Croyez-moi, mon frère... elles se guériront du moment où vos chagrins passés, loin d'éveiller en vous des pensées de désespoir… éveilleront des pensées consolantes, presque douces.

— De pareilles pensées… consolantes, presque douces !… — s'écria M. Hardy, ne pouvant croire ce qu'il entendait.

— Oui — reprit Gabriel en souriant avec une bonté angélique ; — car il est, voyez-vous, de grandes douceurs, de grandes consolations dans la pitié… dans le pardon. Dites… dites, mon frère, la vue de ceux qui l'avaient trahi a-t-elle jamais inspiré au Christ des pensées de haine, de désespoir, de vengeance ?… Non, non… il a trouvé dans son cœur des paroles remplies de mansuétude et de pardon ;… il a souri dans ses larmes avec une indulgence ineffable, puis il a prié pour ses ennemis. Eh bien ! au lieu de souffrir avec tant d'amertume de la trahison d'un ami… plaignez-le, mon frère… priez tendrement pour lui… car, de vous deux… le plus malheureux… n'est pas vous… Dites ? dans votre généreuse amitié… quel trésor n'a pas perdu cet infidèle ami ?… qui vous dit qu'il ne se repent pas, qu'il ne souffre pas ? Hélas ! il est vrai, si vous pensez toujours au mal que vous a fait cette trahison, votre cœur se brisera dans une désolation incurable ;… pensez, au contraire, au charme du pardon, à la douceur de la prière, et votre cœur s'allégera, et votre âme sera heureuse, car elle sera selon Dieu.

Ouvrir soudain à cette nature si généreuse, si délicate, si aimante, les voies adorables et infinies du pardon et de la prière, c'était répondre à ses instincts, c'était sauver ce malheureux ; tandis que l'enchaîner à un sombre et stérile désespoir, c'était le tuer, ainsi que l'avaient espéré les révérends pères.

M. Hardy resta un moment comme ébloui à la vue du radieux horizon que pour la seconde fois la parole évangélique de Gabriel évoquait tout à coup à ses yeux.

Alors, le cœur palpitant d'émotions si contraires, il s'écria : — Oh ! mon frère, de quelle sainte puissance sont donc vos paroles ! Comment pouvez-vous changer ainsi presque subitement l'amertume en douceur ? Il me semble déjà que le calme renaît dans mon âme en songeant, ainsi que vous le dites, au pardon, à la prière… à la prière remplie de mansuétude… et d'espérance.

— Oh !… vous verrez — reprit Gabriel avec entraînement — quelles douces joies vous attendent ! prier pour ce qu'on aime… prier pour ce qu'on a aimé ; mettre Dieu, par nos prières, en communion avec ce que nous chérissons… Et cette femme dont l'amour vous était si précieux… pourquoi vous rendre ainsi son souvenir douloureux ? pourquoi le fuir ? Ah ! mon frère, au contraire, songez-y, mais pour l'épurer, pour le sanctifier par la prière ;… faites succéder à un amour terrestre un amour divin… un amour chrétien, l'amour céleste d'un frère pour sa sœur en Jésus-Christ… Et puis, si cette femme a été coupable aux yeux de Dieu, quelle douceur de prier pour elle !… quelle joie ineffable de pouvoir chaque jour parler d'elle à Dieu, à Dieu qui, toujours clément et bon, touché de vos prières, lui pardonnera ; car il lit au fond des cœurs… et il sait que souvent, hélas ! bien des chutes sont fatales… Le Christ n'a-t-il pas intercédé auprès de lui, son père, pour la Madeleine pécheresse et pour la femme adultère ? Pauvres créatures, il ne les a pas repoussées, il ne les a pas maudites, il les a plaintes, il a prié pour elles… *parce qu'elles avaient beaucoup aimé*… a dit le Sauveur des hommes.

— Oh ! je vous comprends enfin ! — s'écria M. Hardy ; — la prière… c'est encore aimer ;… la prière, c'est pardonner… au lieu de maudire… c'est espérer au lieu de désespérer ; la prière… enfin, ce sont des larmes qui retombent sur le cœur comme une rosée bienfaisante… au lieu de ces pleurs qui le brûlent… Oui ! je vous comprends, vous… car vous ne me dites pas : Souffrir… c'est prier… Non, non, je le sens… vous dites vrai en disant : Espérer, pardonner, c'est prier ;… oui, et grâce à vous maintenant… je rentrerai dans la vie sans crainte…

Puis, les yeux humides de larmes, M. Hardy tendit les bras à Gabriel, en s'écriant : — Ah ! mon frère… pour la seconde fois vous me sauvez.

Et ces deux bonnes et vaillantes créatures se jetèrent dans les bras l'une de l'autre.

Rodin et le père d'Aigrigny avaient, on le sait, assisté, invisibles, à cette scène : Rodin, écoutant avec une attention dévorante, n'avait pas perdu une parole de cet entretien. Au moment où Gabriel et M. Hardy se jetèrent dans les bras l'un de l'autre, Rodin retira soudain son œil de reptile du trou par lequel il regardait. La physionomie du jésuite avait une expression de joie et de triomphe diabolique. Le père d'Aigrigny, que le dénoûment de cette scène avait, au contraire, abattu, consterné, ne comprenant rien à l'air glorieux de son compagnon, le contemplait avec un étonnement indicible.

— *J'ai le joint !* — lui dit brusquement Rodin de sa voix brève et tranchante.

— Que voulez-vous dire ? — reprit le père d'Aigrigny stupéfait.

— Y a-t-il ici une voiture de voyage ? — reprit Rodin sans répondre à la question du révérend père.

Celui-ci, abasourdi par cette demande, ouvrit des yeux effarés, et répéta machinalement : — Une voiture de voyage ?

— Oui... oui — dit Rodin avec impatience — est-ce que je parle hébreu ? Y a-t-il ici une voiture de voyage ? Est-ce clair ?

— Sans doute... j'ai ici la mienne — dit le révérend père.

— Alors, envoyez chercher des chevaux de poste à l'instant même.

— Et pour quoi faire ?...

— Pour emmener M. Hardy.

— Emmener M. Hardy ! — reprit le père d'Aigrigny, croyant que Rodin délirait.

— Oui — reprit celui-ci — vous l'emmènerez ce soir à Saint-Herem.

— Dans cette triste et profonde solitude... lui... M. Hardy !

Et le père d'Aigrigny croyait rêver.

— Lui, M. Hardy — répondit Rodin affirmativement en haussant les épaules.

— Emmener M. Hardy... maintenant... lorsque ce Gabriel vient de...

— Avant une demi-heure M. Hardy me suppliera à genoux de l'emmener hors de Paris, au bout du monde, dans un désert, si je puis.

— Et Gabriel ?...

— Et la lettre qu'on vient de m'apporter de l'archevêché, il n'y a qu'un instant ?

— Mais vous disiez tout à l'heure qu'il était trop tard.

— Tout à l'heure je n'avais pas le *joint ;*... maintenant je l'ai — répondit Rodin de sa voix brève.

Ce disant, les deux révérends pères quittèrent précipitamment le mystérieux réduit.

CHAPITRE XXXVI.

LA VISITE.

Il est inutile de faire remarquer que, par une éserver remplie de dignité, Gabriel s'était contenté de recourir aux moyens les plus généreux pour arracher M. Hardy à l'influence meurtrière des révérends pères ; il répugnait à la grande et belle âme du jeune missionnaire de descendre jusqu'à la révélation des odieuses machinations de ces prêtres. Il n'aurait eu recours à ce moyen extrême que si sa parole pénétrante et sympathique eût échoué contre l'aveuglement de M. Hardy.

— Travail, prière et pardon ! — disait avec ravissement M. Hardy après avoir serré Gabriel entre ses bras. — Avec ces trois mots, vous m'avez rendu à la vie, à l'espérance...

Il venait de prononcer ces paroles, lorsque la porte s'ouvrit ; un domestique entra et remit silencieusement au jeune prêtre une large enveloppe, puis sortit. Assez étonné, Gabriel prit l'enveloppe et la regarda d'abord machinalement ; puis apercevant à l'un de ses angles un timbre particulier, il la décacheta précipitamment, en tira et lut un papier plié en forme de dépêche ministérielle, à laquelle pendait un sceau de cire rouge.

— Oh ! mon Dieu !... — s'écria involontairement Gabriel d'une voix douloureusement émue.

Puis, s'adressant à M. Hardy : — Pardon... monsieur...

— Qu'y a-t-il? apprenez-vous quelque fâcheuse nouvelle?... — dit M. Hardy avec intérêt.

— Oui... bien triste... — reprit Gabriel avec accablement.

Puis il ajouta en se parlant à lui-même : — Ainsi... c'était pour cela qu'on m'avait mandé à Paris; l'on n'a pas même daigné m'entendre, l'on me frappe sans me permettre de me justifier.

Après un nouveau silence, il dit avec un soupir de résignation profonde :
— Il n'importe... je dois obéir;... j'obéirai... mes vœux m'y obligent.

M. Hardy, regardant le jeune prêtre avec autant de surprise que d'inquiétude, lui dit affectueusement : — Quoique mon amitié, ma reconnaissance vous soient bien récemment acquises... ne puis-je vous être bon à quelque chose? Je vous dois tant... que je serais heureux de pouvoir m'acquitter un peu...

— Vous aurez fait beaucoup pour moi, mon frère, en me laissant un bon souvenir de ce jour;... vous me rendrez plus facile la résignation à un chagrin cruel.

— Vous avez un chagrin?... — dit vivement M. Hardy.

— Ou plutôt, non... une surprise pénible — dit Gabriel.

Et détournant la tête, il essuya une larme qui coulait sur sa joue et il reprit : — Mais en m'adressant au Dieu bon, au Dieu juste, les consolations ne me manqueront pas;... elles commencent déjà, puisque je vous laisse dans une bonne et généreuse voie... Adieu donc, mon frère... à bientôt...

— Vous me quittez?...

— Il le faut. Je désire d'abord savoir comment cette lettre m'est parvenue ici... puis, je dois obéir à l'instant à un ordre que je reçois... Mon bon Agricol va venir prendre vos ordres; il me dira votre résolution, la demeure où je pourrai vous rencontrer... et, quand vous le voudrez, nous nous reverrons.

Par discrétion, M. Hardy n'osa pas insister pour connaître la cause du chagrin subit de Gabriel, et lui répondit : — Vous me demandez quand nous nous reverrons? mais demain, car je quitte aujourd'hui cette maison.

— A demain donc, mon cher frère — dit Gabriel en serrant la main de M. Hardy.

Celui-ci, par un mouvement involontaire, peut-être instinctif, au moment où Gabriel retirait sa main, la serra, et la garda entre les siennes comme si, craignant de le voir partir, il eût voulu le retenir auprès de lui.

Le jeune prêtre, surpris, regarda M. Hardy; celui-ci lui dit en souriant doucement, et en abandonnant sa main qu'il tenait : — Pardon, mon frère, mais vous le voyez, grâce à ce que j'ai souffert ici... je suis devenu comme les enfans qui ont peur... lorsqu'on les laisse seuls.

— Et moi, je suis rassuré sur vous... Je vous laisse avec des pensées consolantes, avec des espérances certaines. Elles suffiront à occuper votre solitude jusqu'à l'arrivée de mon bon Agricol... qui ne peut tarder à revenir... Encore adieu et à demain, mon frère.

— Adieu... et à demain, mon cher sauveur. Oh! ne manquez pas de venir, car j'aurai encore grand besoin de votre bienfaisant appui pour faire mes premiers pas au grand soleil... moi qui suis resté si longtemps immobile dans les ténèbres.

— A demain donc — dit Gabriel — et, jusque-là, courage, espoir et prière.

— Courage, espoir et prière — dit M. Hardy; — avec ces mots-là on est bien fort.

Et il resta seul.

Chose étrange, l'espèce de crainte involontaire qu'il avait ressentie au moment où Gabriel s'était disposé à sortir, se reproduisait à l'esprit de M. Hardy, sous une autre forme; aussitôt après le départ du jeune prêtre, le pensionnaire des révérends pères crut voir une ombre sinistre et croissante succéder au pur et doux rayonnement de la présence de Gabriel... cette sorte de réaction était d'ailleurs concevable après une journée d'émotions profondes et diverses, surtout si l'on songe à l'état d'affaiblissement physique et moral où se trouvait M. Hardy depuis si longtemps.

Un quart d'heure environ s'était passé depuis le départ de Gabriel, lorsque le domestique affecté au service du *pensionnaire* des révérends pères entra et lui remit une lettre.

— De qui cette lettre? — demanda M. Hardy.

— D'un pensionnaire de la maison, monsieur — répondit le domestique en s'inclinant.

Cet homme avait une figure sournoise et béate, des cheveux plats, parlait tout bas et tenait toujours les yeux baissés; en attendant la réponse de M. Hardy, il croisa ses mains et fit tourner benoîtement ses pouces.

M. Hardy décacheta la lettre qu'on venait de lui remettre, et lut ce qui suit :

« Monsieur,

» J'apprends seulement aujourd'hui, à l'instant et par hasard, que je me
» trouve avec vous dans cette respectable maison ; une longue maladie que
» j'ai faite, la profonde retraite dans laquelle je vis, vous expliqueront assez
» mon ignorance de notre voisinage. Bien que nous ne nous soyions rencon-
» trés qu'une fois, monsieur, la circonstance qui m'a récemment procuré
» l'honneur de vous voir a été pour vous tellement grave, que je ne puis
» croire que vous l'ayiez oubliée... »

M. Hardy fit un mouvement de surprise, rassembla ses souvenirs, et, ne trouvant rien qui pût le mettre sur la voie, continua de lire :

« Cette circonstance a d'ailleurs éveillé en moi une si profonde et si res-
» pectueuse sympathie pour vous, monsieur, que je ne puis résister à mon
» vif désir de vous présenter mes hommages, surtout en apprenant que vous
» quittez aujourd'hui cette maison, ainsi que vient de me le dire à l'instant
» même l'excellent et digne abbé Gabriel, un des hommes que j'aime, que
» j'admire et que je vénère le plus au monde.

» Puis-je croire, monsieur, qu'au moment de quitter notre paisible re-
» traite pour rentrer dans le monde, vous daignerez accueillir favorablement
» cette prière, peut-être indiscrète, d'un pauvre vieillard voué désormais à
» une profonde solitude, et qui ne peut espérer de vous rencontrer au milieu
» du tourbillon de la société, qu'il a quittée pour toujours ?.

» En attendant l'honneur de votre réponse, monsieur, veuillez recevoir
» l'assurance des sentimens de profonde estime de celui qui a l'honneur
» d'être,

» Monsieur,

» Avec la plus haute considération,

» Votre très humble et très obéissant serviteur,
» RODIN. »

Après la lecture de cette lettre et le nom de celui qui la signait, M. Hardy rassembla de nouveau ses souvenirs, chercha longtemps et ne put se rappeler ni le nom de Rodin, ni à quelle grave circonstance celui-ci faisait allusion.

Après un assez long silence, il dit au domestique : — C'est M. Rodin qui vous a remis cette lettre?

— Oui, monsieur.

— Et... qu'est-ce que M. Rodin ?

— Un bon vieux monsieur, qui relève d'une longue maladie qui a failli l'emporter. Depuis quelques jours à peine il est convalescent; mais il est toujours si triste et si faible, qu'il fait peine à voir ; ce qui est grand dommage, car il n'y a pas de plus digne, de plus brave homme dans la maison... si ce n'est monsieur, qui vaut bien M. Rodin — ajouta le domestique en s'inclinant d'un air respectueusement flatteur.

— M. Rodin ? — dit M. Hardy pensif — cela est singulier; je ne me rappelle pas ce nom, ni aucun événement qui s'y rattache.

Si monsieur veut me donner sa réponse — reprit le domestique — je la porterai à M. Rodin; il est chez le père d'Aigrigny, à qui il est allé faire ses adieux.

— Ses adieux?

— Oui, monsieur, les chevaux de poste viennent d'arriver.

— Pour qui ? — demanda M. Hardy.

— Pour le père d'Aigrigny, monsieur.

— Il va donc en voyage? — dit M. Hardy assez étonné.

— Oh! ce n'est sans doute pas pour rester bien longtemps absent — dit le domestique d'un air confidentiel — car le révérend père n'emmène personne et n'emporte qu'un léger bagage. D'ailleurs le révérend père viendra, sans doute, faire ses adieux à monsieur... Mais que faut-il répondre à M. Rodin ?

La lettre que M. Hardy venait de recevoir du révérend père était conçue en termes si polis; on y parlait de Gabriel avec tant de considération, que M. Hardy, poussé d'ailleurs par une curiosité naturelle, et ne voyant aucun motif de refuser cette entrevue, au moment de quitter la maison, répondit au domestique : — Veuillez dire à M. Rodin que s'il veut se donner la peine de venir, je l'attends ici.

— Je vais à l'instant le prévenir, monsieur — dit le domestique en s'inclinant, et il sortit.

Resté seul, M. Hardy, tout en se demandant quel pouvait être M. Rodin, s'occupa de quelques menus préparatifs de départ; pour rien au monde, il n'eût voulu passer la nuit dans cette maison; et afin d'entretenir son courage, il se rappelait à chaque instant l'évangélique et doux langage de Gabriel, ainsi que les croyans récitent quelques litanies pour ne pas succomber à la tentation.

Bientôt le domestique rentra et dit à M. Hardy : — M. Rodin est là, monsieur.

— Priez-le d'entrer.

Rodin entra, vêtu de sa robe de chambre noire, et tenant à la main son vieux bonnet de soie.

Le domestique disparut.

Le jour commençait à baisser.

M. Hardy se leva pour aller à la rencontre de Rodin, dont il ne distinguait pas encore bien les traits; mais, lorsque le révérend père fut arrivé dans la zone plus lumineuse qui avoisinait la porte-fenêtre, M. Hardy, ayant un instant contemplé le jésuite, ne put retenir un léger cri arraché par la surprise et par un souvenir cruel. Ce premier mouvement d'étonnement et de douleur passé, M. Hardy, revenant à lui, dit à Rodin d'une voix altérée : — Vous ici... monsieur?... Ah! vous avez raison... la circonstance dans laquelle je vous ai vu pour la première fois était bien grave...

— Ah! mon cher monsieur — dit Rodin d'une voix paterne et satisfaite — j'étais sûr que vous ne m'aviez pas oublié.

CHAPITRE XXXVII.

LA PRIÈRE.

On se souvient sans doute que Rodin était allé (quoiqu'il fût alors inconnu à M. Hardy) le trouver à sa fabrique pour lui dévoiler l'indigne trahison de M. de Blessac, coup affreux qui n'avait précédé que de quelques momens un second malheur non moins horrible, car c'est en présence de Rodin que M. Hardy avait appris le départ inattendu de la femme qu'il adorait. D'après les scènes précédentes, l'on comprend combien devait lui être cruelle la présence inopinée de Rodin. Pourtant, grâce à la salutaire influence des conseils de Gabriel, il se rasséréna peu à peu. A la contraction de ses traits succéda un calme triste, et il dit à Rodin : — Je ne m'attendais pas, en effet, monsieur, à vous rencontrer dans cette maison.

— Hélas! mon Dieu, monsieur — répondit Rodin en soupirant — je ne croyais pas non plus devoir y venir probablement finir mes tristes jours, lorsque je suis allé, sans vous connaître, mais seulement dans le but de rendre service à un honnête homme... vous dévoiler une grande indignité.

— En effet, monsieur, vous m'avez alors rendu un véritable service... et peut-être, dans ce moment pénible, vous aurai-je mal exprimé ma gratitude... car, à l'instant même où vous veniez me révéler la trahison de M. de Blessac...

— Vous avez été accablé par une nouvelle bien douloureuse pour vous — dit Rodin en interrompant M. Hardy; — je n'oublierai jamais la brusque arrivée de cette pauvre dame pâle, effarée, qui, sans s'inquiéter de ma présence, est venue vous apprendre qu'une personne dont l'affection vous était bien chère venait tout à coup de quitter Paris.

— Oui, monsieur, et, sans songer à vous remercier, je suis parti précipitamment — reprit M. Hardy avec mélancolie.

— Savez-vous, monsieur — dit Rodin après un moment de silence — qu'il y a quelquefois des rapprochemens étranges?

— Que voulez-vous dire, monsieur?

— Pendant que je venais vous avertir qu'on vous trahissait d'une manière infâme... moi-même... je...

Rodin s'interrompit comme s'il eût été vaincu par une vive émotion, sa physionomie exprima une douleur si accablante que M. Hardy lui dit avec intérêt : — Qu'avez-vous, monsieur?...

— Pardon — reprit Rodin en souriant avec amertume. — Grâce aux religieux conseils de l'angélique abbé Gabriel, je suis parvenu à comprendre la résignation; pourtant, parfois encore, à de certains souvenirs, j'éprouve une douleur aiguë... Je vous disais donc — reprit Rodin d'une voix assurée — que le lendemain du jour où j'étais allé vous dire : On vous trompe... j'étais moi-même victime d'une horrible déception... Un fils adoptif, un malheureux enfant abandonné que j'avais recueilli... puis s'interrompant encore, il passa sa main tremblante sur ses yeux et dit : — Pardon, monsieur... de vous parler de peines qui vous sont indifférentes... Excusez l'indiscrète douleur d'un pauvre vieillard bien abattu...

— Monsieur, j'ai trop souffert pour qu'aucun chagrin me soit indifférent — répondit M. Hardy. — D'ailleurs, vous n'êtes pas un étranger pour moi... vous m'avez rendu un véritable service... et nous ressentons tous deux une vénération commune pour un jeune prêtre...

— L'abbé Gabriel! — s'écria Rodin en interrompant M. Hardy; — ah! monsieur! c'est mon sauveur... mon bienfaiteur... Si vous saviez ses soins, son dévoûment pour moi pendant ma longue maladie, qu'une affreuse douleur avait causée;... si vous saviez la douceur ineffable des conseils qu'il me donnait!...

— Si je le sais!... monsieur — s'écria M. Hardy — oh! oui, je sais combien son influence est salutaire.

— N'est-ce pas, monsieur, que, dans sa bouche, les préceptes de la religion sont remplis de mansuétude — reprit Rodin avec exaltation — n'est-ce pas qu'ils consolent? n'est-ce pas qu'ils font aimer, espérer, au lieu de faire craindre et trembler?

— Hélas! monsieur, dans cette maison même — dit M. Hardy — j'ai pu faire cette comparaison...

— Moi — dit Rodin, j'ai été assez heureux pour avoir tout de suite l'angélique abbé Gabriel pour mon confesseur... ou plutôt pour confident...

— Oui... — reprit M. Hardy — car il préfère la confiance... à la confession...

— Comme vous le connaissez bien! — dit Rodin avec un accent de bonhomie et de naïveté inexprimables; et il reprit : — Ce n'est pas un homme... c'est un ange; sa parole pénétrante convertirait les plus endurcis. Tenez, moi, par exemple, je vous l'avoue, sans être impie, j'avais vécu dans des sentimens de religion prétendue naturelle; mais l'angélique abbé Gabriel a peu à peu fixé mes vagues croyances, leur a donné un corps, une âme... enfin... il m'a donné la foi.

— Ah!... c'est que c'est un prêtre selon le Christ, lui, un prêtre tout amour et pardon — s'écria M. Hardy.

— Ce que vous dites là est si vrai — reprit Rodin — que j'étais arrivé ici presque furieux de chagrin; tantôt, pensant à ce malheureux qui avait payé mes bontés paternelles par la plus monstrueuse ingratitude, je me livrais à tous les emportemens du désespoir; tantôt je tombais dans un anéantissement morne, glacé comme celui de la tombe;... mais tout à coup l'abbé Gabriel paraît... les ténèbres disparaissent et le jour luit pour moi.

— Vous avez raison, monsieur, il y a des rapprochemens étranges — dit M. Hardy, cédant de plus en plus à la confiance et à la sympathie que faisaient naître nécessairement en lui tant de rapports entre sa position et la prétendue position de Rodin. — Et, tenez, franchement — ajouta-t-il — je me félicite maintenant de vous avoir vu avant de quitter cette maison. Si j'avais été capable encore de retomber dans des accès de lâche faiblesse, votre exemple seul m'en empêcherait... Depuis que je vous entends, je me sens plus affermi dans la noble voie que m'a ouverte l'angélique abbé, comme vous le dites si bien...

— Le pauvre vieillard n'aura donc pas à regretter d'avoir écouté le premier mouvement de son cœur qui l'attirait vers vous — dit Rodin avec une expression touchante. — Vous me garderez donc un souvenir dans ce monde où vous allez retourner?

— Soyez-en certain, monsieur, mais permettez-moi une question : Vous restez, m'a-t-on dit, dans cette maison?

— Que voulez-vous? on y jouit d'un calme si profond, on y est si peu distrait dans ses prières! — C'est que, voyez-vous — ajouta Rodin d'un ton rempli de mansuétude — on m'a fait tant de mal... on m'a fait tant souffrir;... la conduite de l'infortuné qui m'a trompé a été si horrible, il s'est jeté dans de si graves désordres, que Dieu doit être bien irrité... contre lui; je suis si vieux, que c'est à peine si, en passant dans de ferventes prières le peu de jours qui me restent, je puis espérer de désarmer le juste courroux du Seigneur. Oh! la prière, la prière... c'est l'abbé Gabriel qui m'en a révélé toute la puissance, toute la douceur... mais aussi les redoutables devoirs qu'elle impose.

— En effet... ces devoirs sont grands et sacrés... — répondit M. Hardy d'un air pensif.

— Connaissez-vous la vie de Rancé? — dit tout à coup Rodin en jetant sur M. Hardy un regard d'une expression étrange.

— Le fondateur de l'abbaye de la Trappe?... — dit M. Hardy, surpris de la question de Rodin; — j'ai très vaguement, et il y a bien longtemps, entendu parler des motifs de sa conversion.

— C'est qu'il n'y a pas, voyez-vous, d'exemple plus saisissant de la toute-puissance de la prière... et de l'état d'extase presque divin où elle peut conduire les âmes religieuses... En quelques mots, voici cette instructive et tragique histoire : — M. de Rancé... Mais, pardon... je crains d'abuser de vos momens...

— Non... non... — reprit vivement M. Hardy ; — vous ne sauriez croire, au contraire, combien tout ce que vous me dites m'intéresse... Mon entretien avec l'abbé Gabriel a été brusquement interrompu, et en vous écoutant il me semble entendre continuer le développement de ses pensées... Parlez donc, je vous en conjure.

— De tout mon cœur ; car je voudrais que l'enseignement que j'ai puisé, grâce à notre angélique abbé, dans la conversion de M. de Rancé, vous fût aussi profitable qu'il me l'a été.

— C'est aussi l'abbé Gabriel?...

— Qui, à l'appui de ses exhortations, m'a cité cette espèce de parabole — répondit Rodin. — Eh! mon Dieu, monsieur, tout ce qui a retrempé, raffermi, rassuré mon pauvre vieux cœur à moitié brisé... n'est-ce pas à la consolante parole de ce jeune prêtre que je le dois?

— Alors je vous écoute avec un double intérêt.

— M. de Rancé était un homme du monde — reprit Rodin en observant attentivement M. Hardy — un homme d'épée, jeune, ardent et beau; il aimait une jeune fille de haute condition. Quels empêchemens s'opposaient à leur union, je l'ignore ; mais cet amour était demeuré caché et il était heureux : chaque soir, par un escalier dérobé, M. de Rancé se rendait auprès de sa maîtresse. C'était, dit-on, un de ces amours passionnés que l'on éprouve une seule fois dans la vie. Le mystère, le sacrifice même que faisait la malheureuse jeune fille en oubliant tous ses devoirs, semblaient donner à cette passion coupable un charme de plus. Ainsi, tapis dans l'ombre et le silence du secret, les deux amans passèrent deux années dans un délire de cœur, dans une ivresse de volupté qui tenait de l'extase.

A ces mots, M. Hardy tressaillit;... pour la première fois depuis bien longtemps, son front se couvrit d'une rougeur brûlante ; son cœur battit avec force malgré lui ; il se souvenait que naguère encore il avait connu l'ardente ivresse d'un amour coupable et mystérieux.

Quoique le jour baissât de plus en plus, Rodin, jetant un coup d'œil oblique et pénétrant sur M. Hardy, s'aperçut de l'impression qu'il lui causait, et continua : — Quelquefois pourtant, songeant aux dangers que courait sa maîtresse, si leur liaison était découverte, M. de Rancé voulait rompre ces liens si chers ; mais la jeune fille, enivrée d'amour, se jetait au cou de son amant, le menaçait, dans le langage le plus passionné, de tout révéler, de tout braver, s'il pensait encore à la quitter ;... trop faible, trop amoureux pour résister aux prières de sa maîtresse... M. de Rancé cédait encore, et tous deux, s'abandonnant au torrent de délices qui les entraînait, enivrés d'amour, oubliaient le monde et jusqu'à Dieu même.

M. Hardy écoutait Rodin avec une avidité fiévreuse, dévorante. L'insistance du jésuite à s'appesantir à dessein sur la peinture presque sensuelle d'un amour ardent et caché, ravivait de plus en plus l'âme de M. Hardy de brûlans souvenirs jusqu'alors noyés dans les larmes ; au calme bienfaisant où les suaves paroles de Gabriel avaient laissé M. Hardy, succédait une agitation sourde, profonde, qui, se combinant avec la réaction des secousses de cette journée, commençait à jeter son esprit dans un trouble étrange.

Rodin, ayant atteint le but qu'il poursuivait, continua de la sorte : — Un jour fatal arriva : M. de Rancé, obligé d'aller à la guerre, quitte cette jeune fille ; mais après une courte campagne, il revient plus passionné que jamais. Il avait écrit secrètement qu'il arriverait presque en même temps que sa lettre ; il arrive en effet ; c'était la nuit ; il monte, selon l'habitude, l'escalier dérobé qui conduisait à la chambre de sa maîtresse ; entre, le cœur palpitant de désir et d'espoir ;... sa maîtresse... était morte depuis le matin.

— Ah !... — s'écria M. Hardy en cachant son visage dans ses mains avec terreur.

— Elle était morte — reprit Rodin. — Deux cierges brûlaient auprès de sa couche funèbre ; M. de Rancé ne croit pas, ne veut pas croire, lui, qu'elle est morte ; il se jette à genoux auprès du lit ; dans son délire, il prend cette jeune tête si belle, si chérie, si adorée, pour la couvrir de baisers... Cette tête charmante se détache du cou... et lui reste entre les mains... Oui, reprit Rodin en voyant M. Hardy reculer pâle et muet de terreur... — oui, la jeune fille avait succombé à un mal si rapide, si extraordinaire, qu'elle n'avait pu recevoir les derniers sacremens. Après sa mort, les médecins, pour tâcher de découvrir la cause de ce mal inconnu, avaient dépecé ce beau corps...

A ce moment du récit de Rodin, le jour tirait à sa fin ; il ne régnait plus dans cette chambre silencieuse, qu'une faible clarté crépusculaire au milieu de laquelle se détachait vaguement la sinistre et pâle figure de Rodin, vêtu de sa longue robe noire ; ses yeux semblaient étinceler d'un feu diabolique.

M. Hardy, sous le coup des violentes émotions dont le frappait ce récit, si étrangement mélangé de pensées de mort, de volupté, d'amour et d'horreur, restait atterré, immobile, attendant la parole de Rodin avec un inexprimable mélange de curiosité, d'angoisse et d'effroi.

— Et monsieur de Rancé ?— dit-il enfin d'une voix altérée en essuyant son front inondé d'une sueur froide.

— Après deux jours d'un délire insensé — reprit Rodin — il renonçait au monde, il s'enfermait dans une solitude impénétrable... Les premiers temps de sa retraite furent affreux ;... dans son désespoir il poussait des cris de douleur et de rage qu'on entendait au loin ;... deux fois il tenta de se tuer pour échapper à de terribles visions...

— Il avait des visions ? — dit M. Hardy avec un redoublement de curiosité pleine d'angoisse.

— Oui — reprit Rodin d'une voix solennelle — il avait des visions effrayantes... Cette jeune fille, morte pour lui en état de péché mortel, il la voyait plongée au milieu des flammes éternelles ! Sur son beau visage, défiguré par les tortures infernales, éclatait le rire désespéré des damnés... Ses dents grinçaient de rage ; ses bras se tordaient de douleur. Elle pleurait du sang, et d'une voix agonisante et vengeresse elle criait à son séducteur :
— Toi qui m'as perdue, sois maudit... maudit... maudit...

En prononçant ces trois derniers mots, Rodin s'avança trois pas vers M. Hardy, accompagnant chaque pas d'un geste menaçant. Si l'on songe à l'état d'affaissement, de trouble, d'épouvante, où se trouvait M. Hardy ; si l'on songe que le jésuite venait de remuer et d'agiter au fond de l'âme de cet infortuné tous les fermens sensuels et spirituels d'un amour refroidi par les larmes, mais non pas éteint ; si l'on songe, enfin, que M. Hardy se reprochait aussi d'avoir séduit une femme que l'oubli de ses devoirs pouvait, selon la religion des catholiques, condamner aux flammes éternelles, on comprendra l'effet terrifiant de cette fantasmagorie évoquée dans cette silencieuse solitude, à la tombée du jour, par ce prêtre à figure sinistre. Aussi cet effet fut-il pour M. Hardy saisissant, profond, et d'autant plus dangereux que le jésuite, avec une astuce diabolique, ne faisait que développer pour ainsi dire, quoiqu'à un autre point de vue, les idées de Gabriel.

Le jeune prêtre n'avait-il pas convaincu M. Hardy que rien n'était plus doux, plus ineffable que de demander à Dieu le pardon de ceux qui nous ont fait du mal ou que nous avons égarés?... Or, le pardon implique l'idée du châtiment, et c'est ce châtiment que Rodin s'efforçait de peindre à sa victime sous de si terribles couleurs.

M. Hardy, les mains jointes, la prunelle fixe et dilatée par l'effroi, tressaillant de tous ses membres, semblait écouter encore Rodin, quoique celui-ci eût cessé de parler... et répétait machinalement : *Maudit!... maudit!... maudit!...*

Puis, tout à coup il s'écria dans une sorte d'égarement : — Et moi aussi... je serai maudit! Cette femme à qui j'ai fait oublier des devoirs sacrés aux yeux des hommes, que j'ai rendue mortellement coupable aux yeux de Dieu... cette femme, un jour aussi plongée dans les flammes éternelles, les bras tordus par le désespoir... pleurant du sang... me criera du fond de l'abîme... *Maudit!... maudit!... maudit!...* Un jour — ajouta-t-il avec un redoublement de terreur — un jour... et qui sait? à cette heure peut-être, elle me maudit;... car ce voyage à travers l'Océan... s'il lui avait été fatal!!! si un naufrage!!! Oh! mon Dieu... Elle aussi... morte en péché mortel... à jamais damnée!!! Oh! pitié... pour elle... mon Dieu!... accablez-moi de votre courroux; mais pitié pour elle;... je suis le seul coupable...

Et le malheureux, presque en délire, tomba à genoux les mains jointes.

— Monsieur — s'écria Rodin d'une voix affectueuse et pénétrée, en s'empressant de le relever; — mon cher monsieur, mon cher ami... calmez-vous... Rassurez-vous; je serais désolé de vous désespérer... Hélas! mon intention est toute contraire...

— Maudit! maudit!... Elle me maudira aussi... elle que j'ai tant aimée... livrée aux flammes de l'enfer — murmura M. Hardy en frémissant et ne paraissant pas entendre Rodin.

— Mais, mon cher monsieur, écoutez-moi donc, je vous en supplie — reprit celui-ci; — laissez-moi finir cette parabole, et alors vous la trouverez aussi consolante qu'elle vous paraît effrayante... Au nom du ciel, rappelez-vous donc les adorables paroles de notre angélique abbé Gabriel sur la douceur de la prière...

Au doux nom de Gabriel, M. Hardy revint à lui, et s'écria navré : — Ah! ses paroles étaient douces et bienfaisantes!... où sont-elles? Oh! par pitié... répétez-les-moi, ces saintes paroles.

— Notre angélique abbé Gabriel — reprit Rodin — parlait de la douceur de la prière...

— Oh! oui... la prière...

— Eh bien! mon bon monsieur, écoutez-moi, et vous allez voir que c'est la prière qui a sauvé M. de Rancé... qui en a fait un saint. Oui, ces tourmens affreux que je viens de vous dépeindre, ces visions menaçantes... c'est la prière qui les a conjurés, qui les a changés en célestes délices.

— Je vous en supplie, dit M. Hardy d'une voix accablée — parlez-moi de Gabriel... parlez-moi du ciel... Oh!... mais plus de ces flammes... de cet enfer... où les femmes coupables pleurent du sang...

— Non, non — ajouta Rodin; et autant dans la peinture de l'enfer son accent avait été dur et menaçant, autant il devint tendre et chaleureux en prononçant les paroles suivantes : — Non, plus de ces images de désespoir... car, je vous l'ai dit, après avoir souffert les tortures infernales, grâce à la prière, comme vous disait l'abbé Gabriel, M. de Rancé a goûté les joies du paradis...

— Les joies du paradis! — répéta M. Hardy en écoutant avec avidité.

— Un jour, au plus fort de sa douleur, un prêtre... un bon prêtre... un abbé Gabriel, parvient jusqu'à M. de Rancé. O bonheur!... ô Providence!...

en peu de jours, il initie cet infortuné aux saints mystères de la prière... de cette pieuse intercession de la créature vers le Créateur en faveur d'une âme exposée au courroux céleste. Alors M. de Rancé semble transformé ;... ses douleurs s'apaisent; il prie, et plus il prie, plus sa ferveur, plus son espoir augmentent;... il sent que Dieu l'écoute... Au lieu d'oublier cette femme si chérie, il passe les heures à songer à elle, en priant pour son salut à elle... Oui, renfermé avec bonheur au fond de sa cellule obscure, seul à seul avec ce souvenir adoré, il passe les jours, les nuits, à prier pour elle... dans une extase ineffable, brûlante, je dirais presque... amoureuse.

Il est impossible de rendre l'accent d'une énergie presque sensuelle avec lequel Rodin prononça ce mot : *amoureuse*.

M. Hardy tressaillit d'un frisson à la fois ardent et glacé; pour la première fois, son esprit, affaibli, fut frappé de l'idée des funestes voluptés de l'ascétisme, de l'extase, cette déplorable catalepsie, souvent érotique, des sainte Thérèse, des sainte Aubierge, etc.

Rodin, pénétrant la pensée de M. Hardy, continua : — Oh! ce n'est pas M. de Rancé qui se serait contenté, lui, d'une prière vague, distraite, faite, çà et là, au milieu des agitations mondaines qui l'absorbent et l'empêchent d'arriver à l'oreille du Seigneur... Non... non... au plus profond même de sa solitude, il cherche encore à rendre sa prière plus efficace, tant il désire ardemment le salut éternel de cette maîtresse d'au-delà du tombeau!

— Que fait-il encore?... oh! que fait-il donc encore dans sa solitude? — s'écria M. Hardy dès lors livré sans défense à l'obsession du jésuite.

— D'abord, dit Rodin en accentuant lentement ses paroles — il se fait... religieux...

— Religieux!... — répéta M. Hardy d'un air pensif.

— Oui — reprit Rodin — il se fait religieux, parce qu'ainsi sa prière est bien plus favorablement accueillie du ciel;... et puis... comme au milieu de la plus profonde solitude sa pensée est encore quelquefois distraite par la matière, il jeûne, il se mortifie, il dompte, il macère tout ce qu'il y a de charnel en lui, afin de devenir tout esprit, et que la prière sorte de son sein, brillante, pure comme une flamme, et monte vers le Seigneur ainsi que le parfum de l'encens...

— Oh!... quel rêve enivrant! — s'écria M. Hardy de plus en plus sous le charme — afin de prier plus efficacement pour une femme adorée... devenir esprit... parfum... lumière!...

— Oui, esprit, parfum, lumière... — dit Rodin en appuyant sur ces mots; mais ce n'est pas un rêve... Que de religieux, que de moines reclus sont, comme M. de Rancé, arrivés à une divine extase à force de prières, d'austérités, de macérations! et si vous connaissiez les célestes voluptés de ces extases!... Ainsi, aux visions terribles de M. de Rancé succédèrent, lorsqu'il se fut fait religieux, des visions enchanteresses... Que de fois, après une journée de jeûne et une nuit passée en prières et en macérations, il tombait épuisé, évanoui, sur les dalles de sa cellule!... Alors, à l'anéantissement de la matière succédait l'essor des esprits... Un bien-être inexprimable s'emparait de ses sens;... de divins concerts arrivaient à son oreille ravie;... une lueur à la fois éblouissante et douce qui n'est pas de ce monde, pénétrait à travers ses paupières fermées; puis aux vibrations harmonieuses des harpes d'or des séraphins, au milieu d'une auréole de lumière auprès de laquelle le soleil est pâle, le religieux voyait apparaître cette femme si adorée.

— Cette femme que, par ses prières, il avait enfin arrachée aux flammes éternelles — dit M. Hardy d'une voix palpitante.

— Oui, elle-même — reprit Rodin avec une véritable et suave éloquence; car ce monstre parlait tous les langages. — Et alors, grâce aux prières de son amant, que le Seigneur avait exaucées, cette femme ne pleurait plus du sang... elle ne tordait plus ses beaux bras dans des convulsions infernales. Non, non... toujours belle... oh! mille fois plus belle encore qu'elle ne l'était sur la terre... belle de l'éternelle beauté des anges... elle souriait à son amant avec une ardeur ineffable ; et ses yeux rayonnans d'une flamme humide, elle lui disait d'une voix tendre et passionnée : — Gloire au Seigneur, gloire à toi, ô mon amant bien-aimé... Tes prières ineffables, tes austérités m'ont sauvée; le Seigneur m'a placée parmi ses élus... Gloire à toi, mon amant bien-aimé... — Alors, radieuse dans sa félicité, elle se baissait, et effleurait de ses lèvres parfumées d'immortalité les lèvres du religieux en extase;... et bientôt leur âme s'exhalait dans un baiser d'une volupté brûlante comme l'amour, chaste comme la grâce, immense comme l'éternité (1)!

— Oh!... — s'écria M. Hardy en proie à un complet égarement... — oh! toute une vie de prières... de jeûnes, de tortures, pour un pareil moment avec celle que je pleure, avec celle que j'ai damnée peut-être...

— Que dites-vous, un pareil moment! — s'écria Rodin, dont le crâne jaune était baigné de sueur comme celui d'un magnétiseur; et, prenant M. Hardy par la main afin de lui parler de plus près encore, comme s'il eût voulu lui insuffler le délire brûlant où il voulait le plonger : — Ce n'est pas une fois dans sa vie religieuse... mais presque chaque jour, que M. de Rancé, plongé dans l'extase d'un divin ascétisme, goûtait ces voluptés profondes, ineffables, inouïes, surhumaines, qui sont, aux voluptés terrestres... ce que l'éternité est à la vie humaine.

Voyant sans doute M. Hardy au *point* où il le voulait, et la nuit étant d'ailleurs presque entièrement venue, le révérend père toussa deux ou trois fois d'une manière significative en regardant du côté de la porte. A ce moment, M. Hardy, au comble de l'égarement, s'écria d'une voix suppliante, insensée : — Une cellule... une tombe... et l'extase avec elle...

La porte de la chambre s'ouvrit, et le père d'Aigrigny entra portant un manteau sur son bras. Un domestique le suivait, portant une lumière à la main.

. . . .

Environ dix minutes après cette scène, une douzaine d'hommes robustes, à figure franche et ouverte, et conduits par Agricol, entraient dans la rue de Vaugirard et se dirigeaient, d'un pas joyeux, vers la porte des révérends pères. C'était une députation des anciens ouvriers de M. Hardy ; ils venaient le chercher et le remercier de son prochain retour parmi eux.

Agricol marchait à leur tête. Tout à coup il vit de loin une voiture de poste sortir de la maison de retraite ; les chevaux, lancés et vivement fouettés par le postillon, arrivaient au grand trot. Hasard ou instinct, plus cette voiture s'approchait du groupe dont il faisait partie, plus le cœur d'Agricol se serrait... Cette impression devint si vive, qu'elle se changea bientôt en une prévision terrible; et au moment où ce coupé, dont tous les stores étaient baissés, allait passer devant lui, le forgeron, obéissant à un pressentiment insurmontable, s'écria en s'élançant à la tête des chevaux : — Amis... à moi !

— Postillon !... dix louis !... au galop !... écrase-le sous tes roues ! — cria, derrière le store, la voix militaire du père d'Aigrigny.

On était en plein choléra ; le postillon avait entendu parler des massacres des empoisonneurs ; déjà fort effrayé de la brusque agression d'Agricol, il lui asséna sur la tête un vigoureux coup de manche de fouet, qui étourdit et renversa le forgeron ; puis, piquant son porteur à l'éventrer, le postillon mit ses trois chevaux au triple galop, et la voiture disparut rapidement, pendant que les compagnons d'Agricol, qui n'avaient compris ni son action ni le sens de ses paroles, s'empressaient autour du forgeron et tâchaient de le ranimer.

CHAPITRE XXXVIII.

LES SOUVENIRS.

D'autres événemens se passèrent quelques jours après la funeste soirée où M. Hardy, égaré jusqu'à la folie par la déplorable exaltation mystique que Rodin était parvenu à lui inspirer, avait supplié à mains jointes le père d'Ai-

---

(1) Il nous serait impossible, à l'appui de ceci, de citer, même en les *gazant*, les élucubrations du délire érotique de sœur Thérèse, à propos de *son amour extatique pour le Christ*. Ces maladies ne peuvent trouver place que dans le *Dictionnaire des sciences médicales*, ou dans le *Compendium*.

grigny de le conduire loin de Paris, dans une profonde solitude, afin de pouvoir s'y livrer, loin du monde, à une vie de prières et d'austérités ascétiques.

Le maréchal Simon, depuis son arrivée à Paris, occupait avec ses deux filles une maison de la rue des Trois-Frères.

Avant que d'introduire le lecteur dans cette modeste demeure, nous sommes obligé de rappeler sommairement quelques faits à la mémoire du lecteur.

Le jour de l'incendie de la fabrique de M. Hardy, le maréchal Simon était venu consulter son père sur une question de la plus haute gravité, et lui confier les pénibles appréhensions que lui causait la tristesse croissante de ses deux filles, tristesse dont il ne pouvait pénétrer les causes. L'on se souvient que le maréchal Simon professait pour la mémoire de l'Empereur un culte religieux ; sa reconnaissance envers son héros avait été sans bornes, son dévoûment aveugle, son enthousiasme appuyé sur le raisonnement, son affection aussi profonde que l'amitié la plus sincère, la plus passionnée.

Ce n'était pas tout. Un jour l'Empereur, dans une effusion de joie et de tendresse paternelle, conduisant le maréchal auprès du berceau du roi de Rome endormi, lui avait dit en lui faisant orgueilleusement admirer la suave beauté de l'enfant : — Mon vieil ami, jure-moi de te dévouer au fils comme tu t'es dévoué au père.

Le maréchal Simon avait fait et tenu ce serment. Pendant la restauration, chef d'une conspiration militaire tentée au nom de Napoléon II, il avait essayé, mais en vain, d'enlever un régiment de cavalerie alors commandé par le marquis d'Aigrigny ; trahi, dénoncé, le maréchal, après un duel acharné avec le futur jésuite, était parvenu à se réfugier en Pologne, et à échapper ainsi à une condamnation à mort. Il est inutile de rappeler les événemens qui de la Pologne conduisirent le maréchal dans l'Inde et le ramenèrent à Paris après la révolution de juillet, époque à laquelle plusieurs de ses anciens compagnons d'armes sollicitèrent et obtinrent à son insu la confirmation du titre et du grade que l'Empereur lui avait décernés avant Waterloo.

De retour à Paris après son long exil, le maréchal Simon, malgré tout le bonheur qu'il éprouvait d'embrasser enfin ses filles, avait été profondément frappé en apprenant la mort de leur mère, qu'il adorait ; jusqu'au dernier moment, il avait espéré la retrouver à Paris ; sa déception fut affreuse, et il la ressentit cruellement, quoiqu'il cherchât de douces consolations dans la tendresse de ses enfans.

Bientôt un ferment de trouble, d'agitation, fut jeté dans sa vie par les machinations de Rodin. Grâce aux secrètes menées du révérend père à la cour de Rome et à Vienne, un de ses émissaires, capable d'inspirer toute confiance par ses antécédens, et appuyant d'abord ses paroles et ses propositions de témoignages, de preuves, de faits irrécusables, alla trouver le maréchal Simon et lui dit :

« Le fils de l'Empereur se meurt victime de la crainte que le nom de Napoléon inspire encore à l'Europe.

» A cette lente agonie, vous, maréchal Simon, vous, un des plus fidèles amis de l'Empereur, vous pouvez peut-être arracher ce malheureux prince.

» La correspondance que voici prouve que l'on pourra sûrement et secrètement nouer à Vienne des intelligences avec une personne des plus influentes parmi celles qui entourent le roi de Rome, et cette personne serait disposée à favoriser l'évasion du prince.

» Il est donc possible, grâce à une tentative imprévue, hardie, d'enlever Napoléon II à l'Autriche, qui le laisse peu à peu s'éteindre dans une atmosphère mortelle pour lui.

» L'entreprise est téméraire, mais elle a des chances de réussite, que vous, plus que tout autre, maréchal Simon, pouvez assurer ; car votre dévoûment à l'Empereur est connu, et l'on sait avec quelle aventureuse audace, en 1815, vous avez déjà conspiré au nom de Napoléon II.

L'état de langueur, de dépérissement du roi de Rome était alors en France de notoriété publique ; on allait même jusqu'à affirmer que le fils du héros était soigneusement élevé par des prêtres dans la complète ignorance de la gloire et du nom paternels; et que, par une exécrable machination, on tentait chaque jour de comprimer, d'éteindre les instincts vaillans et généreux qui se manifestaient chez ce malheureux enfant; les âmes les plus froides étaient alors émues, attendries, au récit de sa touchante et fatale destinée.

En se rappelant le caractère héroïque, la loyauté chevaleresque du maréchal Simon, en acceptant son culte passionné pour l'Empereur, on comprend que le père de Rose et de Blanche devait plus que personne s'intéresser ardemment au sort du jeune prince, et que si l'occasion se présentait, le maréchal devait se regarder comme obligé à ne pas se borner à de stériles regrets.

Quant à la réalité de la correspondance exhibée par l'émissaire de Rodin, cette correspondance avait été indirectement soumise par le maréchal à une épreuve contradictoire, grâce aux relations d'un de ses anciens compagnons d'armes longtemps en mission à Vienne du temps de l'Empire; il résulta de cette investigation, faite d'ailleurs avec autant de prudence que d'adresse afin de ne rien ébruiter, il résulta que le maréchal pouvait écouter sérieusement les ouvertures qu'on lui faisait.

Dès lors, cette proposition jeta le père de Rose et de Blanche dans une cruelle perplexité; car, pour tenter une entreprise aussi hardie, aussi dangereuse, il lui fallait encore abandonner ses filles; si au contraire, effrayé de cette séparation, il renonçait à tenter de sauver le roi de Rome, dont la douloureuse agonie était réelle et connue de tous, le maréchal se regardait comme parjure à la promesse faite à l'Empereur.

Pour mettre un terme à ces pénibles hésitations, plein de confiance dans l'inflexible droiture du caractère de son père, le maréchal alla lui demander conseil; malheureusement le vieil ouvrier républicain, blessé mortellement pendant l'attaque de la fabrique de M. Hardy, mais préoccupé, même durant ses derniers instans, des graves confidences de son fils, expira en lui disant: « Mon fils, tu as un grand devoir à remplir; sous peine de ne pas agir en homme d'honneur, sous peine de méconnaître ma dernière volonté, tu dois... sans hésiter... »

Mais, par une déplorable fatalité, les derniers mots, qui devaient compléter la pensée du vieil ouvrier, furent prononcées d'une voix éteinte, complètement inintelligible; il mourut donc, laissant le maréchal Simon dans une anxiété d'autant plus funeste, que l'un des deux seuls partis qu'il eût à prendre, était formellement flétri par son père, dans le jugement duquel il avait la foi la plus absolue, la plus méritée.

En un mot, son esprit se torturait à deviner si son père avait la pensée de lui conseiller au nom de l'honneur et du devoir de ne pas quitter ses filles, et de renoncer à une entreprise trop hasardeuse; ou s'il avait, au contraire, voulu lui conseiller de ne pas hésiter à abandonner ses enfans pendant quelque temps, afin d'accomplir le serment fait à l'Empereur, et d'essayer au moins d'arracher Napoléon II à une captivité mortelle. Cette perplexité, rendue plus cruelle par certaines circonstances que l'on dira plus tard; la profonde douleur causée au maréchal Simon par la fin tragique de son père, mort entre ses bras; le souvenir incessant et douloureux de sa femme, morte sur une terre d'exil; enfin le chagrin dont il était chaque jour affecté en voyant la tristesse croissante de Rose et de Blanche, avaient porté des coups douloureux au maréchal Simon; disons enfin que, malgré son intrépidité naturelle, si vaillamment éprouvée par vingt ans de guerre, les ravages du choléra, de cette maladie terrible, dont sa femme avait été victime en Sibérie, causaient au maréchal une involontaire épouvante; oui, cet homme de fer, qui, dans tant de batailles, avait froidement bravé la mort, sentait quelquefois faillir la fermeté habituelle de son caractère à la vue des scènes de désolation et de deuil que Paris offrait à chaque pas.

Cependant, lorsque mademoiselle de Cardoville avait réuni autour d'elle les membres de sa famille, afin de les prémunir contre les trames de leurs ennemis, l'affectueuse tendresse d'Adrienne pour Rose et pour Blanche parut exercer sur leur mystérieux chagrin une si heureuse influence, que le maréchal, oubliant un instant de bien funestes préoccupations, ne songea qu'à jouir de cet heureux changement, hélas, de trop courte durée!

Ces faits expliqués et rappelés au lecteur, nous continuerons ce récit.

CHAPITRE XXXIX.

JOCRISSE.

Le maréchal Simon occupait, nous l'avons dit, une modeste maison dans la rue des Trois-Frères ; deux heures de relevée venaient de sonner à la pendule de la chambre à coucher du maréchal, chambre meublée avec une simplicité toute militaire : dans la ruelle du lit, on voyait une panoplie composée des armes dont le maréchal s'était servi pendant ses campagnes ; sur le secrétaire, placé en face du lit, était un petit buste de l'Empereur en bronze, seul ornement de l'appartement.

Au dehors la température était loin d'être tiède ; le maréchal, pendant son long séjour dans l'Inde, était devenu très sensible au froid ; un assez grand feu brûlait dans la cheminée.

Une porte dissimulée dans la tenture, et donnant sur le palier d'un escalier de service, s'ouvrit lentement ; un homme parut ; il portait un panier de bois à brûler, et s'avança lentement auprès de la cheminée, devant laquelle il s'agenouilla, commençant de ranger symétriquement des bûches dans une caisse placée près du foyer ; après quelques minutes occupées de la sorte, ce domestique, toujours agenouillé, s'approchant insensiblement d'une autre porte, placée à peu de distance de la cheminée, parut prêter l'oreille avec une profonde attention, comme s'il eût voulu tâcher d'entendre si l'on parlait dans la pièce voisine. Cet homme, employé comme domestique subalterne dans la maison, avait l'air le plus ridiculement stupide que l'on puisse imaginer ; ses fonctions consistaient à porter le bois, à faire les commissions, etc., etc. ; il servait du reste de jouet et de risée aux autres domestiques. Dans un moment de bonne humeur, Dagobert, qui remplissait à peu près les fonctions de majordome, avait baptisé cet imbécile du nom de *Jocrisse* ; ce surnom lui était resté, surnom mérité, d'ailleurs, de tous points, par la maladresse, par la sottise de ce personnage, et par sa plate figure au nez grotesquement épaté, au menton fuyant, aux yeux bêtes et écarquillés ; que l'on joigne à ce signalement une veste de serge rouge sur laquelle se découpait le triangle d'un tablier blanc, et l'on conviendra que ce niais était parfaitement digne de son sobriquet.

Néanmoins, au moment où Jocrisse prêtait une si curieuse attention à ce qui pouvait se dire dans la pièce voisine, une étincelle de vive intelligence vint animer ce regard ordinairement terne et stupide. Après avoir écouté un instant à la porte, Jocrisse revint auprès de la cheminée, toujours en se traînant sur ses genoux ; puis, se relevant, il prit son panier à demi rempli de bois, s'approcha de nouveau de la porte à travers laquelle il venait d'écouter, et frappa discrètement. Personne ne lui répondit.

Il frappa une seconde fois, et plus fort. Même silence.

Alors, il dit d'une voix enrouée, aigre, glapissante et grotesque au possible : — Mesdemoiselles, avez-vous besoin de bois, s'il vous plaît, dans la cheminée?

Ne recevant aucune réponse, Jocrisse posa son panier à terre, ouvrit doucement la porte, entra dans la pièce voisine après y avoir jeté un coup d'œil rapide, et en ressortit au bout de quelques secondes, en regardant de côté et d'autre avec anxiété, comme un homme qui viendrait d'accomplir quelque chose d'important et de mystérieux.

Reprenant alors son panier, il se disposait à sortir de la chambre du maréchal Simon, lorsque la porte de l'escalier dérobé s'ouvrit de nouveau lentement et avec précaution. Dagobert parut.

Le soldat, évidemment surpris de la présence de Jocrisse, fronça les sourcils, et s'écria brusquement : — Que fais-tu là?

A cette soudaine interpellation, accompagnée d'un grognement hargneux, dû à la mauvaise humeur de Rabat-Joie, qui s'avançait sur les talons de son maître, Jocrisse poussa un cri de frayeur réelle ou feinte ; ce dernier cas échéant, afin de donner sans doute plus de vraisemblance à son émoi, le niais supposé laissa tomber sur le plancher son panier à demi rempli de bois, comme si l'étonnement et la peur le lui eussent arraché des mains.

— Que fais-tu là... imbécile? — reprit Dagobert, dont la physionomie était alors profondément triste, et qui paraissait peu disposé à rire de la poltronnerie de Jocrisse.

— Ah! monsieur Dagobert... quelle peur!... Mon Dieu!... quel dommage que je n'aie pas eu entre le bras une pile d'assiettes pour prouver que ça n'aurait pas été de ma faute si je les avais cassées!...

— Je te demande ce que tu fais là?... — reprit Dagobert.

— Vous voyez bien, monsieur Dagobert — répondit Jocrisse en montrant son panier — je venais d'apporter du bois dans la chambre de monsieur le duc, pour le brûler, s'il avait froid... parce qu'il le fait...

— C'est bon, ramasse ton panier et file...

— Ah! monsieur Dagobert, j'en ai encore les jambes toutes bistournées... Quelle peur!... quelle peur!... quelle peur!

— T'en iras-tu, brute que tu es? — reprit le vétéran.

Et, prenant Jocrisse par le bras, il le poussa vers la porte, tandis que Rabat-Joie, couchant ses oreilles pointues et se hérissant comme un porc-épic, paraissait disposé à accélérer la retraite de Jocrisse.

— On y va, monsieur Dagobert, on y va — répondit le niais en ramassant son panier à la hâte — dites seulement à M. Rabat-Joie de...

— Va-t'en donc au diable, imbécile bavard! — s'écria Dagobert en mettant Jocrisse dehors.

Alors Dagobert poussa le verrou de la porte de l'escalier dérobé, alla vers celle qui communiquait à l'appartement des deux sœurs, et donna un tour de clef à sa serrure. Ceci fait, le soldat, s'approchant rapidement de l'alcôve, passa dans la ruelle, décrocha de la panoplie une paire de pistolets de guerre, désarmés, mais chargés, ôta soigneusement les capsules des batteries, et ne pouvant retenir un profond soupir, il remit ces armes à la place qu'elles occupaient; il allait quitter la ruelle, lorsque, par réflexion sans doute, il prit encore dans la panoplie un kanjiar indien, à lame très aiguë, le tira de son fourreau de vermeil, et cassa la pointe de cette arme meurtrière en l'introduisant sous une des roulettes en fer qui supportaient le lit.

Dagobert alla ensuite rouvrir les deux portes, et revint lentement auprès de la cheminée, sur le marbre de laquelle il s'accouda d'un air sombre, pensif; Rabat-Joie, accroupi devant le foyer, suivait d'un œil attentif les moindres mouvemens de son maître; le digne chien fit même preuve d'une rare et prévenante intelligence : le soldat, ayant tiré son mouchoir de sa poche, avait laissé tomber sans s'en apercevoir un papier renfermant un petit rouleau de tabac à chiquer; Rabat-Joie, qui rapportait comme un *retriver* de la race Rutland, prit le papier entre ses dents, et se dressant sur ses pattes de derrière, le présenta respectueusement à Dagobert. Mais celui-ci reçut machinalement le papier, et parut indifférent à la dextérité de son chien. La physionomie de l'ancien grenadier à cheval révélait autant de tristesse que d'anxiété. Après être resté quelques instans debout devant la cheminée, le regard fixe, méditatif, il commença de se promener dans la chambre de long en large avec agitation, une de ses mains passée entre les revers de sa longue redingote bleue boutonnée jusqu'au col, l'autre enfoncée dans une de ses poches de derrière. De temps à autre, Dagobert s'arrêtait brusquement, et, répondant tout haut à ses pensées intérieures, laissait çà et là échapper quelque exclamation de doute ou d'inquiétude, puis se tournant vers le trophée d'armes, il secouait tristement la tête en murmurant : — C'est égal... cette crainte est folle... mais *il* est si extraordinaire depuis deux jours... Enfin... c'est plus prudent...

Et, se remettant à marcher, Dagobert disait, après un nouveau et long silence : — Oui, il faudra qu'il me dise... il m'inquiète trop... et ces pauvres petites! Ah! c'est à fendre le cœur.

Et Dagobert passait vivement sa moustache entre son pouce et son index, mouvement presque convulsif, symptôme évident chez lui d'une vive agitation.

Quelques minutes après, le soldat reprit, répondant toujours à ses pensées intérieures : — Qu'est-ce que ça peut être?... Ce ne sont pas ces lettres...

c'est trop infâme... il les méprise... et pourtant ;... mais non, non... il est au-dessus de cela.

Et Dagobert recommençait sa promenade d'un pas précipité. Soudain Rabat-Joie dressa les oreilles, tourna la tête du côté de la porte de l'escalier et grogna sourdement. Quelques instans après on frappait à cette porte.

— Qui est là ? dit Dagobert.

On ne répondit pas, mais on frappa de nouveau. Impatienté, le soldat alla rapidement ouvrir, il vit la figure stupide de Jocrisse.

— Pourquoi ne réponds-tu pas, quand je demande qui frappe ? — dit le soldat irrité.

— Monsieur Dagobert, comme vous m'aviez renvoyé tout à l'heure, je ne me nommais pas de peur de vous fâcher en vous disant que c'était encore moi.

— Que veux-tu ? parle donc. Mais avance donc... animal ! — s'écria Dagobert, exaspéré, en attirant dans la chambre Jocrisse, qui restait sur le seuil.

— Monsieur Dagobert, voilà... m'y voilà tout de suite ;... ne vous fâchez pas ; je vas vous dire... c'est un jeune homme...

— Après ?...

— Il dit qu'il veut vous parler tout de suite, monsieur Dagobert.

— Son nom ?

— Son nom ? monsieur Dagobert... — reprit Jocrisse en se dandinant et en ricanant d'un air niais.

— Oui, son nom, imbécile ; parle donc !

— Ah ! par exemple... monsieur Dagobert, c'est pour de rire, que vous me le demandez, son nom ?

— Mais, misérable, tu as donc juré de me mettre hors de moi — s'écria le soldat en saisissant Jocrisse au collet ; — le nom de ce jeune homme ?

— Monsieur Dagobert, ne vous fâchez pas, écoutez-moi donc ; ce n'est pas la peine de vous dire le nom de ce jeune homme, puisque vous le savez.

— Oh ! la triple brute ! dit Dagobert en serrant les poings.

— Mais, oui, vous le savez, monsieur Dagobert, puisque ce jeune homme, c'est votre fils ;... il est en bas qui veut vous parler tout de suite.

La stupidité de Jocrisse était si parfaitement jouée, que Dagobert en fut dupe ; plus apitoyé que courroucé d'une imbécillité pareille, il regarda le domestique fixement ; puis, haussant les épaules, il se dirigea vers l'escalier en lui disant : — Suis-moi...

Jocrisse obéit ; mais avant de fermer la porte, il fouilla dans sa poche, en tira mystérieusement une lettre et la jeta derrière lui, sans détourner la tête, disant, au contraire, à Dagobert, sans doute pour occuper son attention : — Votre fils est dans la cour, monsieur Dagobert... Il n'a pas voulu monter ; c'est pour cela qu'il est resté en bas...

Ce disant, Jocrisse ferma la porte, croyant la lettre bien en évidence sur le plancher de la chambre du maréchal Simon.

Mais Jocrisse comptait sans Rabat-Joie.

Soit qu'il regardât comme plus prudent de former l'arrière-garde, soit respectueuse déférence pour un bipède, le digne chien n'était sorti de la chambre que le dernier, et comme il rapportait merveilleusement bien (ainsi qu'il venait de le prouver), voyant tomber la lettre jetée par Jocrisse, il la prit délicatement entre ses dents et sortit de la chambre sur les talons du domestique sans que celui-ci s'aperçût de cette nouvelle preuve de l'intelligence et du savoir-faire de Rabat-Joie.

CHAPITRE XL.

LES ANONYMES.

Nous dirons tout à l'heure ce qu'il advint de la lettre que Rabat-Joie tenait entre ses dents, et pourquoi il quitta son maître lorsque celui-ci courut au devant d'Agricol.

Dagobert n'avait pas vu son fils depuis plusieurs jours ; l'embrassant d'abord cordialement, il le conduisit ensuite dans une des deux pièces du rez-de-chaussée qui composait son appartement.

— Et ta femme, comment va-t-elle? — dit le soldat à son fils.

— Elle va bien, mon père, je te remercie.

S'apercevant alors de l'altération des traits d'Agricol, Dagobert reprit : — Tu as l'air chagrin! T'est-il arrivé quelque chose depuis que je ne t'ai vu?

— Mon père... tout est fini;... il est perdu pour nous — dit le forgeron avec un accent désespéré.

— De qui parles-tu?

— De M. Hardy.

— Lui?... mais, il y a trois jours, tu devais, m'as-tu dit, aller le voir?...

— Oui, mon père, je l'ai vu; mon digne frère Gabriel aussi l'a vu... et lui a parlé, comme il parle... avec la voix du cœur; aussi l'avait-il si bravement ranimé, encouragé, que M. Hardy s'était décidé à revenir auprès de nous; alors, moi, fou de bonheur, je cours apprendre cette bonne nouvelle à quelques camarades qui m'attendaient pour savoir le résultat de notre entrevue; j'accours avec eux pour le remercier. Nous étions à cent pas de la porte de la maison des robes noires...

— Les robes noires? — dit Dagobert d'un air sombre. — Alors... quelque malheur doit arriver;... je les connais.

— Tu ne te trompes pas, mon père — répondit Agricol avec un soupir; — j'accourais donc avec mes camarades, lorsque je vois de loin arriver une voiture; je ne sais quel pressentiment me dit que c'était M. Hardy qu'on emmenait...

— De force? — dit vivement Dagobert.

— Non — répondit amèrement Agricol — non; ces prêtres sont trop adroits pour ça;... ils savent toujours vous rendre complices du mal qu'ils vous font; ne sais-je pas comment ils s'y sont pris avec ma bonne mère?

— Oui... digne femme... encore une pauvre créature qu'ils ont enlacée dans leur toile... mais cette voiture dont tu parles?

— En la voyant sortir de la maison des robes noires — reprit Agricol — mon cœur se serre, et, par un mouvement plus fort que moi, je me jette à la tête des chevaux, en appelant à l'aide; mais le postillon me renverse d'un coup de fouet qui m'étourdit, je tombe... Quand je revins à moi, la voiture était loin.

— Tu n'as pas été blessé? — s'écria vivement Dagobert en examinant son fils.

— Non, mon père... une égratignure.

— Qu'as-tu fait alors, mon garçon?

— J'ai couru chez le bon ange, chez mademoiselle de Cardoville; je lui ai tout conté. — Il faut — m'a-t-elle dit — suivre à l'instant la trace de M. Hardy. Vous allez prendre une voiture à moi, des chevaux de poste; M. Dupont vous accompagnera, vous suivrez M. Hardy de relais en relais, et, si vous parvenez à le revoir, peut-être votre présence, vos prières vaincront la funeste influence que ces prêtres ont su prendre sur lui.

— C'était ce qu'il y avait de mieux à faire; cette digne demoiselle avait raison.

— Une heure après nous étions sur la voie de M. Hardy, car nous avions su par les postillons de retour qu'il tenait la route d'Orléans; nous le suivons jusqu'à Etampes; là on nous dit qu'il avait pris la traverse pour gagner une maison isolée dans une vallée, à quatre lieues de toute grande route; que cette maison appelée le Val-de-Saint-Hérem, appartenait à des prêtres; mais que la nuit est si noire, les chemins si mauvais, que nous ferions mieux de coucher à l'auberge et de repartir de grand matin; nous suivons ce conseil. Au point du jour nous montons en voiture; un quart d'heure après, nous quittons la grande route pour une traverse montueuse et déserte; ce n'était partout que des rocs de grès avec quelques bouleaux. A mesure que nous avancions, le site devenait de plus en plus sauvage; on se serait cru à cent lieues de Paris. Enfin, nous nous arrêtons devant une grande et vieille maison noirâtre, à peine percée de quelques petites fenêtres, et bâtie au pied d'une haute montagne toute couverte de ces roches de grès. De ma vie je n'ai rien vu de plus désert, de plus triste. Nous descendons de voiture, je sonne à une porte; un homme vient m'ouvrir. — L'abbé d'Aigrigny est arrivé ici, cette nuit, avec un monsieur — dis-je à cet homme avec un air d'intelligence — prévenez tout de suite ce monsieur que je viens pour quelque chose de très important, et qu'il faut que je le voie à l'instant. — Cet homme, me croyant d'accord avec l'abbé, nous fait entrer; au bout d'un instant l'abbé d'Aigrigny ouvre la porte, me voit, recule et disparaît; mais cinq minutes après, j'étais en présence de M. Hardy.

— Eh bien ! — dit Dagobert avec intérêt.

Agricol secoua tristement la tête et reprit : — Rien qu'à la physionomie de M. Hardy, j'ai vu que tout était fini. M. Hardy, s'adressant à moi d'une voix douce, mais ferme, me dit : — Je conçois, j'excuse même le motif qui vous amène ici; mais je suis décidé à vivre désormais dans la retraite et dans la prière; je prends cette résolution librement, volontairement, parce que je songe au salut de mon âme; du reste, dites à vos camarades que mes dispositions sont telles qu'ils conserveront de moi un bon souvenir. — Et comme j'allais parler, M. Hardy m'a interrompu en me disant : — C'est inutile, mon ami, ma détermination est inébranlable; ne m'écrivez pas; vos lettres resteraient sans réponse... La prière m'absorbera désormais tout entier; adieu, excusez-moi si je vous quitte, mais le voyage m'a fatigué. — Il disait vrai, car il était pâle comme un spectre, il avait même, ce me semble, quelque chose d'égaré dans les yeux, et, depuis la veille, il était à peine reconnaissable; sa main, qu'il m'a donnée en nous quittant, était sèche et brûlante. L'abbé d'Aigrigny est rentré. — Mon père — lui a dit M. Hardy — voulez-vous avoir la bonté de reconduire M. Agricol Baudoin ? — En disant ces mots, il m'a fait de la main un signe d'adieu, et il est rentré dans la chambre voisine. Tout était fini, il était à jamais perdu pour nous.

— Oui — dit Dagobert — ces robes noires l'ont ensorcelé comme tant d'autres...

— Alors — reprit Agricol — désespéré, je suis revenu ici avec M. Dupont. Voilà donc ce que les prêtres sont parvenus à faire de M. Hardy... de cet homme généreux, qui faisait vivre près de trois cents ouvriers laborieux dans l'ordre et dans le bonheur, développant leur intelligence, améliorant leur cœur, se faisant enfin bénir par ce petit peuple dont il était la providence... Au lieu de cela, M. Hardy est maintenant à jamais voué à une vie contemplative, sinistre et stérile.

— Oh! les robes noires... — dit Dagobert en frissonnant sans pouvoir cacher un effroi indéfinissable — plus je vais... plus j'en ai peur... Tu as vu ce que ces gens-là ont fait de ta pauvre mère... tu vois ce qu'ils viennent de faire de M. Hardy; tu sais leurs complots contre mes deux pauvres orphelines, contre cette généreuse demoiselle... Oh! ces gens-là sont bien puissans... j'aimerais mieux affronter un carré de grenadiers russes qu'une douzaine de ces soutanes. Mais ne parlons plus de ça, j'ai bien d'autres sujets de chagrin et de crainte.

Puis, voyant l'air surpris d'Agricol, le soldat, ne pouvant contenir son émotion, se jeta dans les bras de son fils en s'écriant d'une voix oppressée : — Je n'y tiens plus, mon cœur déborde; il faut que je parle... et à qui me confier, sinon à toi?...

— Mon père... vous m'effrayez! — dit Agricol — que se passe-t-il donc?

— Tiens, vois-tu... sans toi et ces deux pauvres petites, je me serais vingt fois brûlé la cervelle... plutôt que de voir ce que je vois... et surtout de craindre... ce que je crains.

— Que crains-tu donc... mon père?

— Depuis quelques jours je ne sais pas ce qu'a le maréchal, mais il m'épouvante.

— Cependant, ses derniers entretiens avec mademoiselle de Cardoville...

— Oui... il y avait un peu de mieux... Par ses bonnes paroles, cette généreuse demoiselle avait répandu comme un baume sur ses blessures; la présence du jeune Indien l'avait aussi distrait :... il ne paraissait presque plus soucieux, et ses pauvres petites filles s'en étaient ressenties... Mais, depuis quelques jours... je ne sais quel démon s'est de nouveau déchaîné contre la famille. C'est à en perdre la tête... je suis sûr d'abord que les lettres anonymes, qui avaient cessé, ont recommencé (1).

---

(1) On sait combien les dénonciations, menaces, calomnies anonymes sont familières aux

— Quelles lettres, mon père?
— Les lettres anonymes...
— Et ces lettres... à quel propos?
— Tu sais la haine que le maréchal avait déjà contre ce renégat d'abbé d'Aigrigny; quand il a su que ce traître était ici, et qu'il avait poursuivi les deux orphelines, comme il avait poursuivi leur mère... jusqu'à la mort;... mais qu'il s'était fait prêtre, j'ai cru que le maréchal allait devenir fou d'indignation et de fureur... Il voulait aller trouver le renégat;... d'un mot je l'ai calmé. — Il est prêtre — lui ai-je dit; — vous aurez beau faire : l'injurier, le crosser, il ne se battra pas; il a commencé par servir contre son pays, il finit par être un mauvais prêtre; c'est tout simple; ça ne vaut pas la peine de cracher dessus. — Mais il faut bien pourtant que je le punisse du mal qu'il a fait à mes enfans, et que je venge la mort de ma femme! — s'écriait le maréchal exaspéré. — Vous savez bien qu'on dit qu'il n'y a que les tribunaux qui peuvent vous venger — lui ai-je dit. — Mademoiselle de Cardoville a déposé une plainte contre le renégat pour avoir voulu séquestrer vos enfans dans un couvent... il faut ronger son frein... attendre...
— Oui — dit tristement Agricol; — et malheureusement les preuves manquent contre l'abbé d'Aigrigny... L'autre jour, lorsque j'ai été interrogé par l'avocat de mademoiselle de Cardoville sur notre escalade du couvent, il m'a dit que l'on rencontrait des obstacles à chaque instant faute de preuves matérielles, et que ces prêtres avaient si bien pris leurs mesures, que la plainte n'aboutirait peut-être pas.
— C'est ce que croit aussi le maréchal... mon enfant, et son irritation contre une telle injustice augmente encore.
— Il devrait mépriser ces misérables.
— Et les lettres anonymes?
— Comment cela, mon père?
— Apprends donc tout : brave et loyal comme l'est le maréchal, son premier mouvement d'indignation passé, il a reconnu qu'insulter le renégat depuis que ce lâche s'était déguisé en prêtre, ce serait comme s'il insultait une femme ou un vieillard; il a donc méprisé, oublié autant qu'il l'a pu; mais alors, presque chaque jour, par la poste sont venues des lettres anonymes, et dans ces lettres on tâchait, par tous les moyens possibles, de réveiller, d'exciter la colère du maréchal contre le renégat, en rappelant tout le mal que l'abbé d'Aigrigny lui avait fait, à lui ou aux siens. Enfin on reprochait au maréchal d'être assez lâche pour ne pas tirer vengeance de ce prêtre, le persécuteur de sa femme et de ses enfans, qui, chaque jour, se raillait insolemment de lui.
— Et ces lettres... de qui les soupçonnes-tu, mon père?
— Je n'en sais rien... c'est à en devenir fou... Elles viennent sans doute des ennemis du maréchal, et il n'a d'ennemis que les robes noires.
— Mais, mon père, ces lettres excitant la colère du maréchal contre l'abbé d'Aigrigny, elles ne peuvent être écrites par ces prêtres.
— C'est ce que je me suis dit...
— Mais quel peut être le but de ces anonymes?
— Le but! mais il n'est que trop clair! — s'écria Dagobert — le maréchal est vif, ardent, il a mille fois raison de vouloir se venger du renégat. Mais il ne veut pas se faire justice lui-même, et l'autre justice lui manque!... alors il prend sur lui, il tâche d'oublier, il oublie. Mais voilà que, chaque jour, des lettres insolemment provocantes viennent ranimer, exaspérer cette

---

RR. PP. et autres congréganistes. Le vénérable cardinal de Latour-d'Auvergne s'est plaint dernièrement, dans une lettre adressée aux journaux, des manœuvres indignes et des nombreuses menaces anonymes qui l'ont assailli, parce qu'il refusait d'adhérer sans examen au mandement de M. de Bonald contre le Manuel de M. Dupin, qui, malgré le parti prêtre, restera toujours un Manuel de raison, de droit et d'indépendance. Nous avons eu sous les yeux les pièces d'un procès en captation, actuellement déféré au conseil d'Etat, dans lesquelles se trouvaient un grand nombre de notes anonymes écrites au vieillard que les prêtres voulaient capter et contenant soit des menaces contre lui s'il ne déshéritait pas ses neveux, soit d'abominables dénonciations contre son honorable famille; il ressort des faits du procès même que ces lettres sont de la main de deux religieux et d'une religieuse qui ne quittaient pas le vieillard à ses derniers momens, et qui ont enfin spolié la famille de plus de 400,000 francs.

haine si légitime, par des moqueries, pas des injures... Mille tonnerres!... je n'ai pas la tête plus faible qu'un autre ; mais, à ce jeu-là, je deviendrais fou...

— Ah! mon père, cette combinaison serait horrible et digne de l'enfer!
— Et ce n'est pas tout.
— Que dites-vous?
— Le maréchal a encore reçu d'autres lettres ; mais celles-là... il ne me les a pas montrées ; seulement lorsqu'il a lu la première, il est resté comme atterré sous le coup, et il a dit à voix basse : — Ils ne respectent pas même cela... Oh!... c'est trop... c'est trop... — et cachant son visage entre ses mains... il a pleuré.
— Lui... le maréchal pleurer!! — s'écria le forgeron ne pouvant croire ce qu'il entendait.
— Oui — reprit Dagobert — lui... il a pleuré... comme un enfant.
— Et que pouvaient contenir ces lettres, mon père?
— Je n'ai pas osé le lui demander... tant il a paru malheureux et accablé.
— Mais, ainsi harcelé, tourmenté sans cesse, le maréchal doit mener une vie atroce...
— Et ses pauvres petites filles donc! qu'il voit de plus en plus tristes, abattues, sans qu'il soit possible de deviner la cause de leurs chagrins! et la mort de son père!... qu'il a vu expirer dans ses bras! tu croirais que c'est assez comme ça, n'est-ce pas? Eh bien! non... j'en suis sûr... le maréchal éprouve quelque chose de plus pénible encore : depuis quelque temps il n'est plus reconnaissable ; maintenant, pour un rien, il s'irrite, il s'emporte. il entre dans des accès de colère tels... que... — Après un moment d'hésitation, le soldat reprit : — Après tout, je puis bien te dire ceci à toi... mon pauvre enfant ; eh bien! tout à l'heure je suis monté chez le maréchal... et j'ai ôté les capsules de ses pistolets...
— Ah!... mon père... — s'écria Agricol — tu craindrais!...
— Dans l'état d'exaspération où je l'ai vu hier, il faut tout craindre.
— Que s'est-il donc passé?
— Depuis quelque temps, il a souvent de longs entretiens secrets avec un monsieur qui a l'air d'un ancien militaire, d'un brave et digne homme ; j'ai remarqué que l'agitation, que la tristesse du maréchal redoublent toujours après ces visites ; deux ou trois fois je lui ai parlé là-dessus ; j'ai vu à son air que cela lui déplaisait, je n'ai pas insisté.
— Hier, ce monsieur est revenu le soir ; il est resté ici jusqu'à près de onze heures, et sa femme est venue le chercher et l'attendre dans un fiacre ; après son départ, je suis monté pour voir si le maréchal avait besoin de quelque chose ; il était très pâle, mais calme ; il m'a remercié ; je suis redescendu. Tu sais que ma chambre, qui est à côté, se trouve juste au-dessous de la sienne ; une fois chez moi, j'entends d'abord le maréchal aller et venir, comme s'il avait marché avec agitation ; mais bientôt il me semble qu'il pousse et renverse des meubles avec fracas. Effrayé, je monte ; il me demande d'un air irrité ce que je veux, et m'ordonne de sortir. Alors le voyant dans cet état, je reste ; il s'emporte ; je reste toujours ; mais, apercevant une chaise et une table renversées, je les lui montre d'un air si triste, qu'il me comprend ; et, comme il est aussi bon que ce qu'il y a de meilleur au monde, il me prend la main, et me dit : — Pardon de t'inquiéter ainsi, mon bon Dagobert ; mais tout à l'heure, j'ai eu un moment d'emportement absurde ; je n'avais pas la tête à moi ; je crois que je me serais jeté par la fenêtre, si elle eût été ouverte. Pourvu que mes pauvres chères petites ne m'aient pas entendu... — ajouta-t-il en allant sur la pointe du pied ouvrir la porte de la pièce qui communique à la chambre à coucher de ses filles. Après avoir écouté un instant à leur porte avec angoisse, n'entendant rien, il est revenu près de moi : — Heureusement elles dorment — m'a-t-il dit ; alors je lui ai demandé ce qui causait son agitation, s'il avait reçu, malgré mes précautions, quelque nouvelle lettre anonyme. — Non... m'a-t-il répondu d'un air sombre ; — mais laisse-moi, mon ami, je me sens mieux ; cela m'a fait du bien, de te voir ; bonsoir, mon vieux camarade ; descends chez toi, va te reposer. — Moi, je me garde bien de m'en aller ; je fais semblant de descendre et je remonte m'asseoir sur la dernière marche de l'escalier, l'oreille au guet ; sans doute, pour se calmer tout à fait, le maréchal a été embrasser ses filles, car

j'ai entendu ouvrir et refermer la porte qui conduit chez elles. Puis, il est revenu, s'est encore promené longtemps dans sa chambre, mais d'un pas plus calme ; enfin, je l'ai entendu se jeter sur son lit, et je ne suis redescendu chez moi qu'au jour... Heureusement le reste de sa nuit m'a paru tranquille.

— Mais que peut-il avoir, mon père?

— Je ne sais ;... lorsque je suis monté, j'ai été frappé de l'altération de sa figure, de l'éclat de ses yeux ;... il aurait eu le délire ou une fièvre chaude, qu'il n'eût pas été autrement ;... aussi, lui entendant dire que si la fenêtre avait été ouverte, il s'y serait jeté, j'ai cru prudent d'ôter les capsules de ses pistolets.

— Je n'en reviens pas! — dit Agricol. — Le maréchal... un homme si ferme, si intrépide, si calme... avoir de ces emportemens!...

— Je te dis qu'il se passe en lui quelque chose d'extraordinaire : depuis deux jours il n'a pas une seule fois vu ses enfans, ce qui pour lui est toujours mauvais signe, sans compter que les pauvres petites sont désolées, car alors ces deux anges se figurent avoir donné à leur père quelque sujet de mécontentement, et alors leur tristesse redouble... Elles... le mécontenter... si tu savais leur vie... chères enfans... une promenade à pied ou en voiture avec moi et leur gouvernante, car je ne les laisse jamais aller seules, et puis elles rentrent et se mettent à étudier, à lire ou à broder ; toujours ensemble... et puis elles se couchent ; leur gouvernante, qui est, je crois, une digne femme, m'a dit que, quelquefois la nuit, elle les avait vues pleurer en dormant ; pauvres enfans! jusqu'ici elles n'ont guère connu le bonheur — dit le soldat avec un soupir.

A ce moment, entendant marcher précipitamment dans la cour, Dagobert leva les yeux et vit le maréchal Simon, la figure pâle, l'air égaré, tenant de ses deux mains une lettre qu'il semblait lire avec une anxiété dévorante.

CHAPITRE XLI.

LA VILLE D'OR.

Pendant que le maréchal Simon traversait le jardin d'un air si agité en lisant la lettre anonyme qu'il avait reçue par l'étrange intermédiaire de Rabat-Joie, Rose et Blanche se trouvaient seules dans le salon qu'elles occupaient habituellement et dans lequel, pendant leur absence, *Jocrisse* était entré un instant.

Les pauvres enfans semblaient vouées à des deuils successifs ; au moment où le deuil de leur mère touchait à sa fin, la mort tragique de leur grand-père les avait de nouveau enveloppées de crêpes lugubres. Toutes deux étaient complètement vêtues de noir et assises sur un canapé auprès de leur table à ouvrage.

Le chagrin produit souvent l'effet des années : il vieillit. Aussi en peu de mois Rose et Blanche étaient devenues tout à fait jeunes filles. A la grâce enfantine de leurs ravissans visages, autrefois si ronds et si roses, et alors pâles et amaigris, avait succédé une expression de tristesse grave et touchante ; leurs grands yeux d'un azur limpide et doux, mais toujours rêveurs, n'étaient plus jamais baignés de ces joyeuses larmes qu'un bon rire frais et ingénu suspendait à leurs cils soyeux, alors que le sang-froid comique de Dagobert ou quelque muette facétie du vieux Rabat-Joie venait égayer leur pénible et long pèlerinage. En un mot, ces charmantes figures, que la palette fleurie de Greuze aurait seule pu rendre dans toute leur fraîcheur veloutée, étaient dignes alors d'inspirer le pinceau si mélancoliquement idéal du peintre immortel de *Mignon* regrettant le ciel, et de *Marguerite* songeant à Faust (1).

---

(1) Est-il besoin de nommer M. Ary Scheffer, un des plus grands peintres de l'école moderne, et le plus admirablement poète de tous nos grands peintres?

Rose, appuyée au dossier du canapé, avait la tête un peu inclinée sur sa poitrine, où se croisait un fichu de crêpe noir; la lumière, venant d'une fenêtre qui lui faisait face, brillait doucement sur son front pur et blanc, couronné de deux épais bandeaux de cheveux châtains; son regard était fixe, et l'arc délié de ses sourcils légèrement contractés annonçait une préoccupation pénible; ses deux petites mains blanches, aussi amaigries, étaient retombées sur ses genoux, tenant encore la tapisserie dont elle s'occupait.

Blanche, tournée de profil, la tête un peu penchée vers sa sœur, avec une expression de tendre et inquiète sollicitude, la regardait, ayant encore machinalement son aiguille passée dans son cavenas, comme si elle eût travaillé.

— Ma sœur — dit Blanche d'une voix douce au bout de quelques instans pendant lesquels on aurait pu voir, pour ainsi dire, les larmes lui monter aux yeux — ma sœur... à quoi songes-tu donc? Tu as l'air bien triste.

— Je pense... à la ville d'or... de nos rêves — dit Rose d'une voix lente, basse, après un moment de silence.

Blanche comprit l'amertume de ces paroles; sans dire un seul mot, elle se jeta au cou de sa sœur en laissant couler ses larmes.

Pauvres jeunes filles... la ville d'or de leurs rêves... c'était Paris... et leur père;... Paris, la merveilleuse cité de joies et de fêtes au-dessus desquelles, souriante, radieuse, apparaissait aux orphelines la figure paternelle.

Mais, hélas! la belle ville d'or s'est changée pour elles en ville de larmes, de mort et de deuil; le terrible fléau qui a frappé leur mère entre leurs bras au fond de la Sibérie semble les avoir suivies comme un nuage sinistre et sombre qui, planant toujours sur elles, leur a caché sans cesse le doux bleu du ciel et le réjouissant éclat du soleil.

La ville d'or de leurs rêves! c'était encore la ville où peut-être un jour leur père leur aurait dit, en leur présentant deux prétendans bons et charmans comme elles : — Ils vous aiment;... leur âme est digne de la vôtre : faites que chacune de vous ait un frère... et moi deux fils. Alors quel trouble chaste et enchanteur pour les orphelines, dont le cœur, pur comme le cristal, n'avait jamais réfléchi que la céleste image de Gabriel, archange envoyé du ciel par leur mère pour les protéger!

L'on comprendra donc l'émotion pénible de Blanche lorsqu'elle entendit sa sœur dire avec une tristesse amère ces mots, qui résumaient leur position commune : — Je pense... à la ville d'or de nos rêves...

— Qui sait? — reprit Blanche en essuyant les larmes de sa sœur, peut-être le bonheur nous viendra-t-il plus tard.

— Hélas! puisque, malgré la présence de notre père, nous ne sommes pas heureuses... le serons-nous jamais?

— Oui... quand nous serons réunies à notre mère — dit Blanche en levant les yeux vers le ciel.

— Alors, ma sœur... c'est peut-être un avertisssement que ce rêve... ce rêve que nous avons eu comme autrefois... en Allemagne.

— La différence... c'est qu'alors l'ange Gabriel descendait du ciel pour venir vers nous, et que cette fois il nous emmenait de cette terre pour nous conduire là-haut... à notre mère.

— Ce rêve s'accomplira peut-être comme l'autre, ma sœur;... nous avions rêvé que l'ange Gabriel nous protégerait... et il nous a sauvées pendant le naufrage...

— Cette fois... nous avons rêvé qu'il nous conduirait au ciel;... pourquoi cela n'arriverait-il pas aussi?

— Mais pour cela... ma sœur... il faudra donc qu'il meure aussi, notre Gabriel qui nous a sauvées pendant la tempête?... Alors, non, non, cela n'arrivera pas; prions que pour lui cela n'arrive pas.

— Non, cela n'arrivera pas; vois-tu, c'est seulement le bon ange de Gabriel, qui lui ressemble, que nous avons vu en rêve.

— Ma sœur, ce rêve... comme il est singulier! Cette fois encore, ainsi qu'en Allemagne, nous avons eu le même songe... et trois fois le même songe.

— C'est vrai. L'ange Gabriel s'est penché vers nous en nous regardant d'un air doux et triste, en nous disant : — Venez, mes enfans... venez, mes sœurs, votre mère vous attend... Pauvres enfans venues de si loin — a-t-il ajouté de sa voix pleine de tendresse, vous aurez traversé cette terre, innocentes et douces comme deux colombes, pour aller vous reposer à jamais dans le nid maternel...

— Oui... ce sont bien les paroles de l'archange — dit l'autre orpheline d'un air pensif — nous n'avons fait de mal à personne, nous avons aimé ceux qui nous ont aimées... pourquoi craindre de mourir ?

— Aussi, ma sœur, nous avons plutôt souri que pleuré, lorsque nous prenant par la main, il a déployé ses belles ailes blanches, et nous a emmenées avec lui dans le bleu du ciel...

— Au ciel, où notre bonne mère nous tendait les bras... la figure toute baignée de larmes.

— Oh! vois-tu, ma sœur, on n'a pas des rêves comme cela pour rien... Et puis — ajouta-t-elle en regardant Rose avec un sourire navrant et d'un air d'intelligence — cela ferait peut-être cesser un grand chagrin dont nous sommes cause... tu sais...

— Hélas! mon Dieu ! ce n'est pas notre faute : nous l'aimons tant... Mais nous sommes devant lui si craintives, si tristes, qu'il croit peut-être que nous ne l'aimons pas...

En disant ces mots, Rose, voulant essuyer ses larmes, prit son mouchoir dans son panier à ouvrage; un papier plié en forme de lettre en tomba.

A cette vue, les deux sœurs tressaillirent, se serrèrent l'une contre l'autre, et Rose dit à Blanche d'une voix tremblante : — Encore une de ces lettres !... Oh!... j'ai peur... Elle est comme les autres... bien sûr...

— Il faut vite la ramasser ;... qu'on ne la voie pas; tu sais bien — dit Blanche en se baissant et prenant le papier avec précipitation — sans cela ces personnes qui s'intéressent tant à nous courraient peut-être de grands dangers.

— Mais comment cette lettre se trouve-t-elle là?

— Comment les autres se sont-elles trouvées toujours sous notre main en l'absence de notre gouvernante ?

— C'est vrai ;... à quoi bon chercher l'explication de ce mystère? nous ne la trouverions pas... Voyons la lettre, peut-être sera-t-elle pour nous meilleure que les autres. Et les deux sœurs lurent ce qui suit :

« Continez à adorer votre père, chères enfans, car il est bien malheureux, et c'est vous qui, involontairement, causez tous ses chagrins ; vous ne saurez jamais les terribles sacrifices que votre présence lui impose ; mais, hélas ! il est victime de son devoir paternel ; ses peines sont plus cruelles que jamais ; épargnez-lui surtout les démonstrations de tendresse qui lui causent encore plus de chagrin que de bonheur ; chacune de vos caresses est un coup de poignard pour lui, car il voit en vous la cause innocente de ses douleurs.

» Chères enfans, il ne faut cependant pas désespérer, si vous avez assez d'empire sur vous pour ne pas le mettre à la douloureuse épreuve d'une tendresse trop expansive ; soyez réservées quoique affectueuses, et vous allégerez ainsi de beaucoup ses peines. Gardez toujours le secret, même pour le brave et bon Dagobert, qui vous aime tant; sans cela, lui, vous, votre père et l'ami inconnu qui vous écrit, courriez de grands dangers, puisque vous avez des ennemis terribles.

» Courage et espoir, car on désire rendre bientôt pure de tout chagrin la tendresse de votre père pour vous, et alors quel beau jour !... Peut-être n'est-il pas loin...

» Brûlez ce billet comme les autres. »

Cette lettre était écrite avec tant d'adresse, qu'en supposant même que les orphelines l'eussent communiquée à leur père ou à Dagobert, ces lignes eussent été tout au plus considérées comme une indiscrétion étrange, fâcheuse, mais presque excusable, d'après la manière dont elle était conçue ; rien en un mot n'était plus perfidement combiné, si l'on songe à la perplexité cruelle où se trouvait placé le maréchal Simon, luttant sans cesse entre le chagrin d'abandonner de nouveau ses filles, et la honte de manquer à ce qu'il regardait comme un devoir sacré. La tendresse, la susceptibilité de cœur des deux orphelines, étant mises en éveil par ces avis diaboliques, les deux sœurs s'aperçurent bientôt qu'en effet leur présence était à la fois douce et cruelle à leur père ; car, quelquefois, à leur aspect, il se sentait incapable de les abandonner, et alors, malgré lui, la pensée d'un devoir inaccompli attristait son visage.

Aussi, les pauvres enfans ne pouvaient manquer d'interpréter ces nuances dans le sens funeste des lettres anonymes qu'elles recevaient. Elles s'étaient persuadé que, par un mystérieux motif, qu'elles ne pouvaient pénétrer, leur présence était souvent importune, pénible pour leur père.

De là venait la tristesse croissante de Rose et de Blanche ; de là, une sorte de crainte, de réserve, qui, malgré elles, comprimait l'expansion de leur tendresse filiale ; embarras douloureux que le maréchal, aussi abusé par ces apparences inexplicables pour lui, prenait à son tour pour de la tiédeur ; alors son cœur se brisait, sa loyale figure trahissait une peine amère, et souvent, pour cacher ses larmes, il quittait brusquement ses enfans...

Et les orphelines, atterrées, se disaient : — Nous sommes cause des chagrins de notre père ; c'est notre présence qui le rend si malheureux.

Que l'on juge maintenant du ravage qu'une telle pensée, fixe, incessante, devait apporter dans ces deux jeunes cœurs aimans, timides et naïfs. Comment les orphelines se seraient-elles défiées de ces avertissemens anonymes, qui parlaient avec vénération de tout ce qu'elles aimaient, et qui d'ailleurs semblaient chaque jour justifiés par la conduite de leur père envers elles ? Déjà victimes de trames nombreuses, ayant entendu dire qu'elles étaient environnées d'ennemis, on conçoit que, fidèles aux recommandations de leur ami inconnu, elles n'avaient jamais fait confidence à Dagobert de ces écrits où le soldat était si justement apprécié.

Quant au but de cette manœuvre, il était fort simple : en harcelant ainsi le maréchal de tous côtés, en le persuadant de la tiédeur de ses enfans, on devait naturellement espérer vaincre l'hésitation qui l'empêchait encore d'abandonner de nouveau ses filles pour se jeter dans une aventureuse entreprise ; rendre au maréchal la vie même si amère, qu'il regardât comme un bonheur de chercher l'oubli de ses tourmens dans les violentes émotions d'un projet téméraire, généreux et chevaleresque, telle était la fin que se proposait Rodin, et cette fin ne manquait ni de logique ni de possibilité.

Après avoir lu cette lettre, les deux jeunes filles restèrent un instant silencieuses, accablées ; puis, Rose, qui tenait le papier, se leva vivement, s'approcha de la cheminée, et jeta la lettre au feu en disant d'un air craintif : — Il faut bien vite brûler cette lettre ;... sans cela il arriverait peut-être de grands malheurs.

— Pas de plus grand que celui qui nous arrive... — dit Rose avec abattement : — causer de grands chagrins à notre père, quelle peut en être la cause ?

— Peut-être, vois-tu, Blanche — dit Rose, dont les larmes coulèrent lentement — peut-être qu'il ne nous trouve pas telles qu'il nous aurait désirées ; il nous aime bien comme les filles de notre pauvre mère qu'il adorait ;... mais, pour lui, nous ne sommes pas les filles qu'il avait rêvées. Me comprends-tu, ma sœur ?

— Oui... oui... c'est peut-être cela qui le chagrine tant... Nous sommes si peu instruites, si sauvages, si gauches, qu'il a sans doute honte de nous ; et comme il nous aime malgré cela... il souffre.

— Hélas ! ce n'est pas notre faute ;... notre bonne mère nous a élevées dans ce désert de Sibérie comme elle a pu...

— Oh ! notre père, en lui-même, ne nous le reproche pas, sans doute ; mais, comme tu dis, il en souffre.

— Surtout s'il a de ses amis dont les filles soient bien belles, remplies de talent et d'esprit ; alors, il regrette amèrement que nous ne soyons pas ainsi.

— Te rappelles-tu, lorsqu'il nous a menées chez notre cousine, mademoiselle Adrienne, qui a été si tendre, si bonne pour nous, comme il nous disait avec admiration : — Avez-vous vu, mes enfans ? Qu'elle est belle, mademoiselle Adrienne, quel esprit, quel noble cœur, et avec cela quelle grâce, quel charme !

— Oh ! c'est bien vrai... Mademoiselle de Cardoville était si belle, sa voix était si douce, qu'en la regardant, qu'en l'écoutant, il nous semblait que nous n'avions plus de chagrin.

— Et c'est à cause de cela, vois-tu, Rose, que notre père, en nous comparant à notre cousine et à tant d'autres belles demoiselles, ne doit pas être fier de nous... Et lui, si aimé, si honoré, il aurait tant aimé être fier de ses filles !

Tout à coup Rose, mettant sa main sur le bras de sa sœur, lui dit avec anxiété : — Ecoute... écoute... on parle bien haut dans la chambre de notre père.

— Oui... — dit Blanche en prêtant l'oreille à son tour — et puis on marche... c'est son pas...

— Ah! mon Dieu... comme il élève la voix! il a l'air bien en colère... il va peut-être venir...

Et à la pensée de l'arrivée de leur père... de leur père qui pourtant les adorait, les deux malheureuses enfans se regardèrent avec crainte.

Les éclats de voix devenant de plus en plus distincts, plus courroucés, Rose, toute tremblante, dit à sa sœur : — Ne restons pas ici ;... viens dans notre chambre...

— Pourquoi ?

— Nous entendrions, malgré nous, les paroles de notre père, et il ignore sans doute que nous sommes là...

— Tu as raison... viens, viens — répondit Blanche en se levant précipitamment.

— Oh! j'ai peur... je ne l'ai jamais entendu parler d'un ton si irrité.

— Ah! mon Dieu!... — dit Blanche en pâlissant et en s'arrêtant involontairement — c'est à Dagobert qu'il parle ainsi...

— Que se passe-t-il donc alors pour qu'il lui parle de la sorte ?...

— Hélas! c'est quelque malheur...

— Oh!... ma sœur... ne restons pas ici ;... cela fait trop de peine d'entendre parler ainsi à Dagobert.

Le bruit retentissant d'un objet lancé ou brisé avec fureur dans la pièce voisine épouvanta tellement les orphelines, que, pâles, tremblantes d'émotion, elles se précipitèrent dans leur chambre, dont elles fermèrent la porte.

Expliquons maintenant la cause du violent courroux du maréchal Simon.

CHAPITRE XLII.

LE LION BLESSÉ.

Telle était la scène dont le retentissement avait si fort effrayé Rose et Blanche. D'abord, seul chez lui, le maréchal Simon, alors dans un état d'exaspération difficile à rendre, s'était mis à marcher précipitamment, sa belle et mâle figure enflammée de colère, ses yeux étincelans d'indignation, tandis que sur son large front couronné de cheveux grisonnans, coupés très court, quelques veines, dont on aurait pu compter les battemens, semblaient gonflées à se rompre ; parfois son épaisse moustache noire s'agitait par un mouvement convulsif, assez semblable à celui qui tord la face du lion en fureur. Et de même aussi qu'un lion blessé, harcelé, torturé par mille piqûres invisibles, va et vient avec un courroux sauvage dans la loge où il est retenu, le maréchal Simon haletant, courroucé, allait et venait dans sa chambre, pour ainsi dire par bonds ; tantôt il marchait un peu courbé comme s'il eût fléchi sous le poids de sa colère ; tantôt, au contraire, s'arrêtant brusquement, se redressant ferme sur ses reins, croisant ses bras sur sa robuste poitrine, le front haut, menaçant, le regard terrible, il semblait défier un ennemi invisible en murmurant quelques exclamations confuses ; c'était alors l'homme de guerre et de bataille dans toute sa fougue intrépide.

Bientôt le maréchal s'arrêta, frappa du pied avec colère, s'approcha de la cheminée, et sonna si violemment que le cordon lui resta entre les mains. Un domestique accourut à ce tintement précipité.

— Vous n'avez donc pas dit à Dagobert que je voulais lui parler ? — s'écria le maréchal.

— J'ai exécuté les ordres de M. le duc ; mais M. Dagobert accompagnait son fils jusqu'à la porte de la cour, et...

— C'est bon — dit le maréchal Simon en faisant de la main un geste impérieux et brusque.

Le domestique sortit, et son maître continua de marcher à grands pas, en froissant avec rage une lettre qu'il tenait dans sa main gauche. Cette lettre lui avait été innocemment remise par Rabat-Joie, qui, le voyant rentrer, était accouru lui faire fête.

Enfin la porte s'ouvrit, Dagobert parut.

— Voilà bien longtemps que je vous ai fait demander, monsieur — s'écria le maréchal d'un ton irrité.

Dagobert, plus peiné que surpris de ce nouvel accès d'emportement, qu'il attribuait avec raison à l'état de surexcitation presque continuelle où se trouvait le maréchal, répondit doucement : — Mon général, excusez-moi, mais je reconduisais mon fils... et...

— Lisez cela, monsieur — dit brusquement le maréchal en l'interrompant et lui tendant la lettre.

Puis, pendant que Dagobert lisait, le maréchal reprit avec une colère croissante, en renversant du pied une chaise qui se trouvait sur son passage : — Ainsi, jusque chez moi, jusque dans ma maison, il est des misérables sans doute gagnés par ceux qui me harcèlent avec un incroyable acharnement. Eh bien! avez-vous lu, monsieur?

— C'est une nouvelle infamie... à ajouter aux autres — dit froidement Dagobert.

Et il jeta la lettre dans la cheminée.

— Cette lettre est infâme... mais elle dit vrai — reprit le maréchal.

Dagobert le regarda sans le comprendre.

Le maréchal continua : — Et cette lettre infâme, savez-vous qui l'a remise entre mes mains ? — car on dirait que le démon s'en mêle. — C'est votre chien !

— Rabat-Joie ?... dit Dagobert au comble de la surprise.

— Oui — reprit amèrement le maréchal; c'est sans doute une plaisanterie de votre invention ?...

— Je n'ai guère le cœur à la plaisanterie, mon général — reprit Dagobert de plus en plus attristé de l'état d'irritation où il voyait le maréchal; — je ne m'explique pas comment cela est arrivé ;... Rabat-Joie rapporte très bien, il aura sans doute trouvé la lettre dans la maison, et alors...

— Et cette lettre, qui l'avait laissée ici? Je suis donc entouré de traîtres? vous ne surveillez donc rien, vous en qui j'ai toute confiance?

— Mon général... écoutez-moi...

Mais le maréchal reprit sans vouloir l'entendre : — Comment, mordieu ! j'ai fait vingt-cinq ans la guerre, j'ai tenu tête à des armées, j'ai victorieusement lutté contre les plus mauvais temps de l'exil et de la proscription, j'ai résisté à des coups de massue... et je serais tué à coups d'épingle ! Comment! poursuivi jusque chez moi, je serai impunément harcelé, obsédé, torturé à chaque instant, par suite de je ne sais quelle misérable haine! Quand je dis je ne sais... je me trompe... d'Aigrigny, le renégat, est au fond de tout cela, j'en suis sûr. Je n'ai au monde qu'un ennemi... et c'est cet homme; il faut que j'en finisse avec lui, je suis las... c'est trop.

— Mais, mon général, songez donc que c'est un prêtre, et...

— Et que m'importe qu'il soit prêtre? je l'ai vu manier l'épée; je saurai bien faire monter à la face de ce renégat son sang de soldat!...

— Mais, mon général...

— Je vous dis, moi, qu'il faut que je m'en prenne à quelqu'un — s'écria le maréchal en proie à une violente exaspération ; je vous dis qu'il faut que je mette un nom et une figure à ces lâchetés ténébreuses, pour pouvoir en finir avec elles!... elles m'enserrent de toutes parts, elles font de ma vie un enfer... vous le savez bien... et l'on ne tente rien pour épargner ces colères qui me tuent à petit feu. Je ne puis compter sur personne!...

— Mon général, je ne peux pas laisser passer cela — dit Dagobert d'une voix calme, mais ferme et pénétrée.

— Que signifie?...

— Mon général, je ne peux pas vous laisser dire que vous ne comptez sur personne; vous finiriez par le croire, et ça serait encore plus dur pour vous que pour ceux qui savent à quoi s'en tenir sur leur dévoûment et qui se jetteraient dans le feu pour vous, et... je suis de ceux-là... moi... vous le savez bien.

Ces simples paroles, dites par Dagobert avec un accent profondément ému, rappelèrent le maréchal à lui-même; car ce caractère loyal et généreux pouvait bien de temps à autre s'aigrir par l'irritation et le chagrin, mais il reprenait bientôt sa droiture première; aussi, s'adressant à Dagobert, il reprit d'un ton moins brusque, mais qui décelait toujours une vive agitation : — Tu as raison, je ne dois pas douter de toi; l'irritation m'emporte; cette lettre infâme m'a mis hors de moi;... c'est à en devenir fou. Je suis injuste, bourru... ingrat... Oui, ingrat... et envers qui !... envers toi... encore...

— Ne parlons plus de moi, mon général; avec des mots pareils au bout de l'an, vous pourriez me brutaliser toute l'année;... mais que vous est-il arrivé?...

La physionomie du maréchal redevint sombre, il dit d'une voix brève et rapide : — Il m'est arrivé... qu'on me méprise, qu'on me dédaigne.

— Vous... vous...

— Oui, moi, et après tout — reprit le maréchal avec amertume — pourquoi te cacher cette nouvelle blessure? J'ai douté de toi, et je te dois un dédommagement; apprends donc tout : depuis quelque temps, je m'en aperçois, lorsque je les rencontre, mes anciens compagnons d'armes s'éloignent peu à peu de moi...

— Comment... cette lettre anonyme de tout à l'heure.... c'était à cela...

— Qu'elle faisait allusion... oui... Et elle disait vrai — reprit le maréchal avec un soupir de rage et d'indignation.

— Mais c'est impossible, mon général, vous si aimé, si respecté...

— Tout cela, ce sont des mots; je te parle de faits, moi; quand je parais, souvent l'entretien commencé cesse tout à coup; au lieu de me traiter en camarade de guerre, on affecte envers moi une politesse rigoureusement froide; ce sont enfin mille nuances, mille riens qui blessent le cœur, et dont on ne peut se formaliser...

— Ce que vous me dites là... mon général, me confond — reprit Dagobert atterré. — Vous me l'assurez... je dois vous croire...

— C'était intolérable. J'ai voulu en avoir le cœur net; ce matin je vais chez le général d'Havrincourt; il était avec moi colonel dans la garde impériale: c'est l'honneur et la loyauté mêmes. Je viens à lui le cœur ouvert. — Je m'aperçois, lui dis-je — de la froideur qu'on me témoigne; quelque calomnie doit circuler contre moi; dites-moi tout; connaissant les attaques, je me défendrai hautement, loyalement.

— Eh bien, mon général?

— D'Havrincourt est resté impassible, cérémonieux; à mes questions, il m'a répondu froidement : — Je ne sache pas, monsieur le maréchal, qu'aucun bruit calomnieux ait été répandu sur vous. — Il ne s'agit pas de m'appeler monsieur le maréchal, mon cher d'Havrincourt; nous sommes de vieux soldats, de vieux amis; j'ai l'honneur inquiet, je l'avoue, car je trouve que vous et nos camarades ne m'accueillez plus cordialement comme par le passé. Ce n'est pas à nier... je le vois, je le sais, je le sens... A cela, d'Havrincourt me répond avec la même froideur : — Jamais je n'ai vu qu'on ait manqué d'égards envers vous. — Je ne vous parle pas d'égards — me suis-je écrié en serrant affectueusement sa main, qui a faiblement répondu à mon étreinte; — je vous parle de la cordialité, de la confiance qu'on me témoignait, tandis que maintenant l'on me traite de plus en plus en étranger. Pourquoi cela, pourquoi ce changement? — Toujours froid et réservé, il me répond : — Ce sont là des réserves si délicates, monsieur le maréchal, qu'il m'est impossible de vous donner un avis à ce sujet. — Mon cœur a bondi de colère, de douleur. Que faire? Provoquer d'Havrincourt, c'était fou; par dignité, j'ai rompu cet entretien, qui n'a que trop confirmé mes craintes... Ainsi — ajouta le maréchal en s'animant de plus en plus — ainsi je suis sans doute déchu de l'estime à laquelle j'ai droit, méprisé peut-être, sans en savoir seulement la cause! Cela n'est-il pas odieux? Si du moins on articulait un fait, un bruit quelconque, j'aurais prise au moins pour me défendre, pour me venger ou pour répondre. Mais rien, rien, pas un mot; une froideur polie aussi blessante qu'une insulte... Oh! encore une fois, c'est trop... c'est trop... car tout ceci se joint encore à d'autres soucis. Quelle vie est la mienne depuis la mort de mon père?... Trouvé-je du moins quelque repos, quelque bonheur dans ma maison? Non. J'y rentre, c'est pour y lire des lettres infâmes, et de plus — ajouta le maréchal d'un ton déchirant après un moment d'hésitation — et de plus je trouve mes enfans de plus en plus indifférens pour moi... Oui — ajouta le maréchal en voyant la stupeur de Dagobert — et elles ne savent pourtant pas combien elles me sont chères.

— Vos filles... indifférentes! — reprit Dagobert avec stupeur — vous leur faites ce reproche?

— Eh! mon Dieu! je ne les blâme pas; à peine si elles ont eu le temps de me connaître.

— Elles n'ont pas eu le temps de vous connaître! — reprit le soldat d'un ton de reproche, en s'animant à son tour. — Ah! et de quoi leur mère leur parlait-elle, si ce n'est de vous? Et moi donc, est-ce qu'à chaque instant vous n'étiez pas en tiers avec nous? Et qu'aurions-nous donc appris à vos enfans, sinon à vous connaître, à vous aimer?

— Vous les défendez... c'est justice... elles vous aiment mieux que moi — dit le maréchal avec une amertume croissante.

Dagobert se sentit si péniblement ému, qu'il regarda le maréchal sans lui répondre.

— Eh bien, oui! s'écria le maréchal avec une douloureuse expansion — oui, cela est lâche et ingrat, soit; mais il n'importe!... Vingt fois j'ai été jaloux de l'affectueuse confiance que mes enfans vous témoignaient, tandis qu'auprès de moi elles semblent toujours craintives. Si leurs figures mélancoliques s'animent quelquefois d'une expression un peu plus gaie que d'habitude, c'est en vous parlant, c'est en vous voyant; tandis que pour moi il n'y a que respect, contrainte, froideur... et ce calme me tue. Sûr de l'affection de mes enfans, j'aurais tout bravé... tout surmonté...

Puis, voyant Dagobert s'élancer vers la porte qui communiquait dans l'appartement de Rose et de Blanche, le maréchal lui dit :

— Où vas-tu?

— Chercher vos filles, mon général.

— Pour quoi faire?

— Pour les mettre en face de vous, pour leur dire : — Mes enfans, votre père croit que vous ne l'aimez pas... — Je ne leur dirai que cela... et vous verrez...

— Dagobert! je vous le défends — s'écria vivement le père de Rose et de Blanche.

— Il n'y a pas de Dagobert qui tienne... Vous n'avez pas le droit d'être injuste envers ces pauvres petites.

Et le soldat fit de nouveau un pas vers la porte.

— Dagobert, je vous ordonne de rester ici — s'écria le maréchal.

— Ecoutez, mon général : je suis votre soldat, votre inférieur, votre serviteur, si vous voulez — dit rudement l'ex-grenadier à cheval; — mais il n'y a ni rang ni grade qui tienne quand il s'agit de défendre vos filles... Tout va s'expliquer;... mettre les braves gens en face... je ne connais que ça.

Et, si le maréchal ne l'eût arrêté par le bras, Dagobert entrait dans l'appartement des orphelines.

— Restez — dit si impérieusement le maréchal, que le soldat, habitué à l'obéissance, baissa la tête et ne bougea pas.

— Qu'allez-vous faire? — reprit le maréchal : — dire à mes filles que je crois qu'elles ne m'aiment pas? provoquer ainsi des affections de tendresse que ces pauvres enfans ne ressentent pas;... ce n'est pas leur faute... c'est la mienne sans doute.

— Ah! mon général — dit Dagobert avec un accent navré — ce n'est plus de la colère que j'éprouve... en vous entendant parler ainsi de vos enfans... c'est de la douleur... vous me brisez le cœur...

Le maréchal, touché de l'expression de la physionomie du soldat, reprit moins brusquement :

— Allons, soit, j'ai encore tort; et pourtant... voyons, je vous le demande sans amertume... sans jalousie... mes enfans ne sont-elles pas plus confiantes, plus familières avec vous qu'avec moi?

— Eh! mordieu! mon général — s'écria Dagobert — si vous le prenez par là... elles sont encore plus familières avec Rabat-Joie qu'avec moi!... vous êtes leur père... et si bon que soit un père, il impose toujours... Elles sont familières avec moi? pardieu! la belle histoire! Quel diable de respect voulez-vous qu'elles aient pour moi, qui, sauf mes moustaches et mes six pieds, suis environ comme une vieille *mie* qui les aurait bercées... Et puis, il faut aussi tout dire : dès avant la mort de votre brave père, vous étiez triste... préoccupé ;... ces enfans ont remarqué cela... et ce que vous prenez pour de la froideur... de leur part, je suis sûr que c'est de l'inquiétude pour vous... Tenez, mon général, vous n'êtes pas juste... vous vous plaignez de ce qu'elles vous aiment trop...

— Je me plains... de ce que je souffre — dit le maréchal avec un emportement douloureux ; — moi seul... je connais mes souffrances.

— Il faut qu'elles soient vives... mon général — dit Dagobert, entraîné plus loin qu'il ne le voulait peut-être par son attachement pour les orphelines ; — oui, il faut que vos souffrances soient vives, car ceux qui vous aiment s'en ressentent cruellement.

— Encore des reproches, monsieur !...

— Eh bien ! oui, mon général, oui, des reproches — s'écria Dagobert ; — ce sont vos enfans qui auraient plutôt à se plaindre de vous, à vous accuser de froideur, puisque vous les méconnaissez ainsi.

— Monsieur... — dit le maréchal en se contenant avec peine. — Monsieur... c'est assez... c'est trop...

— Oh ! oui, c'est assez... — reprit Dagobert avec une émotion croissante ; — au fait, à quoi bon défendre de malheureuses enfans qui ne savent que se résigner et vous aimer ? à quoi bon les défendre contre votre malheureux aveuglement ?

Le maréchal fit un mouvement d'impatience et de colère, puis il reprit avec un sang-froid forcé : — J'ai besoin de me rappeler tout ce que je vous dois... et je ne l'oublierai pas... quoi que vous fassiez...

— Mais, mon général — s'écria Dagobert — pourquoi ne voulez-vous pas que j'aille chercher vos enfans ?

— Mais vous ne voyez donc pas que cette scène me brise, me tue ? — s'écria le maréchal exaspéré. — Vous ne comprenez donc pas que je ne veux pas rendre mes enfans témoins de ce que j'endure ?... Le chagrin d'un père a sa dignité, monsieur ; vous devriez le sentir et le respecter.

— Le respecter ?... Non... car c'est une injustice qui le cause.

— Assez... monsieur... assez.

— Et, non content de vous tourmenter ainsi — s'écria Dagobert ne se contraignant plus — savez-vous ce que vous ferez ? Vous ferez mourir vos filles de chagrin, entendez-vous ?... et ce n'est pas pour cela que je vous les ai amenées du fond de la Sibérie...

— Des reproches !...

— Oui ; car la véritable ingratitude envers moi, c'est de rendre vos filles malheureuses...

— Sortez à l'instant, sortez, monsieur ! — s'écria le maréchal complètement hors de lui, et si effrayant de colère et de douleur, que Dagobert, regrettant d'avoir été trop loin, reprit :

— Mon général, j'ai tort. Je vous ai peut-être manqué de respect... pardonnez-moi... mais...

— Soit, je vous pardonne, et je vous prie de me laisser seul — répondit le maréchal en se contenant avec peine.

— Mon général... un mot...

— Je vous demande en grâce de me laisser seul... je vous le demande comme un service... est-ce assez ? — dit le maréchal en redoublant d'efforts pour se contraindre.

Et une grande pâleur succédait à la vive rougeur qui, pendant cette scène pénible, avait enflammé les traits du maréchal. Dagobert, effrayé de ce symptôme, redoubla d'instances.

— Je vous en supplie, mon général — dit-il d'une voix altérée — permettez-moi... pour un moment de...

— Puisque vous l'exigez, ce sera donc moi qui sortirai, monsieur — dit le maréchal en faisant un pas vers la porte.

Ces mots furent dits de telle sorte que Dagobert n'osa pas insister ; il baissa la tête, accablé, désespéré, regarda encore un instant le maréchal en silence et d'un air suppliant ; mais à un nouveau mouvement d'emportement que ne put retenir le père de Rose et de Blanche, le soldat sortit à pas lents...

Quelques minutes s'étaient à peine écoulées depuis le départ de Dagobert, lorsque le maréchal, qui, après un long et sombre silence, s'était plusieurs fois approché de la porte de l'appartement de ses filles avec une hésitation remplie d'angoisse, fit un violent effort sur lui-même, essuya la sueur froide qui baignait son front, tâcha de dissimuler son agitation, et entra dans la chambre où s'étaient réfugiées Rose et Blanche.

CHAPITRE XLIII.

L'ÉPREUVE.

Dagobert avait eu raison de défendre *ses enfans*, ainsi qu'il appelait paternellement Rose et Blanche; et cependant les appréhensions du maréchal au sujet de la tiédeur d'affection qu'il reprochait à ses filles étaient malheureusement justifiées par les apparences. Ainsi qu'il l'avait dit à son père, ne pouvant s'expliquer l'embarras triste, presque craintif, que ses enfans éprouvaient en sa présence, il cherchait en vain la cause de ce qu'il appelait leur indifférence. Tantôt, se reprochant amèrement de n'avoir pu assez cacher la douleur que la mort de leur mère lui avait causée, il craignait de leur avoir ainsi laissé croire qu'elles étaient incapables de le consoler; tantôt il craignait de ne pas s'être montré assez tendre, assez expansif envers elles, de les avoir glacées par sa rudesse militaire; tantôt enfin il se disait, avec un regret navrant, qu'ayant toujours vécu loin d'elles, il devait leur être presque étranger. En un mot, les suppositions les moins fondées se présentaient en foule à son esprit, et dès que de pareils germes de doute, de défiance ou de crainte sont jetés dans une affection, tôt ou tard ils se développent avec une ténacité funeste.

Pourtant, malgré cette froideur dont il souffrait tant, l'affection du maréchal pour ses filles était si profonde, que le chagrin de les quitter encore causait seul les hésitations qui désolaient sa vie, lutte incessante entre son amour paternel et un devoir qu'il regardait comme sacré.

Quant au fatal effet des calomnies assez habilement répandues sur le maréchal pour que des gens d'honneur, ses anciens compagnons d'armes, pussent y ajouter quelque créance, elles avaient été propagées par des amis de la princesse de Saint-Dizier avec une effrayante adresse. On saura plus tard et le sens et le but de ces bruits odieux, qui, joints à d'autres blessures vives faites à son cœur, comblaient l'exaspération du maréchal.

Emporté par la colère, par la surexcitation que lui causaient ces *coups d'épingle* incessans, comme il disait, choqué de quelques paroles de Dagobert, il l'avait rudoyé; mais, après le départ du soldat, dans le silence de la réflexion, le maréchal, se rappelant l'expression convaincue, chaleureuse, du défenseur de ses filles, avait senti s'éveiller dans son esprit quelque doute sur la froideur qu'il leur reprochait; et, après avoir pris une résolution terrible, dans le cas où cette épreuve confirmerait ses doutes désolans, il entra, nous l'avons dit, chez ses filles.

Le bruit de sa discussion avec Dagobert avait été tel, que l'éclat de sa voix, traversant le salon, était confusément arrivé jusqu'aux oreilles des deux sœurs, réfugiées dans leur chambre à coucher. Aussi, à l'arrivée de leur père, leurs figures pâles trahissaient l'anxiété. A la vue du maréchal, dont les traits étaient également altérés, les deux jeunes filles se levèrent respectueusement, mais restèrent serrées l'une contre l'autre et toutes tremblantes.

Et pourtant ce n'était pas la colère, la dureté, qui se lisaient sur la figure de leur père; c'était une douleur profonde, presque suppliante qui semblait dire : '— Mes enfans... je souffre... je viens à vous, rassurez-moi, aimez-moi !... ou je meurs...

L'expression de la physionomie du maréchal fut à ce moment pour ainsi dire si *parlante*, que, le premier mouvement de crainte surmonté, les orphelines furent sur le point de se jeter dans ses bras; mais, se rappelant les recommandations de l'écrit anonyme qui leur disait combien l'effusion de leur tendresse était pénible à leur père, elles échangèrent un coup d'œil rapide et se continrent.

Par une fatalité cruelle, à ce moment aussi le maréchal brûlait d'envie d'ouvrir ses bras à ses enfans. Il les contemplait avec idolâtrie ; il fit un léger mouvement comme pour les appeler à lui, n'osant tenter davantage, de crainte de n'être pas compris. Mais les pauvres enfans, paralysées par de perfides avis, restèrent muettes, immobiles et tremblantes.

A cette apparente insensibilité, le maréchal sentit son cœur lui manquer ; il ne pouvait plus en douter, ses filles ne comprenaient ni sa terrible douleur ni sa tendresse désespérée.

— Toujours la même froideur — pensa-t-il — je ne m'étais pas trompé.

Tâchant pourtant de cacher ce qu'il ressentait, s'avançant vers elles, il leur dit d'une voix qu'il essaya de rendre calme : — Bonjour, mes enfans...

— Bonjour, mon père, — répondit Rose, moins craintive que sa sœur.

— Je n'ai pu vous voir... hier — dit le maréchal d'une voix altérée ; — j'ai été si occupé, voyez-vous... il s'agissait d'affaires graves... de choses... relatives au service... Enfin, vous ne m'en voulez pas... de vous avoir négligées ? — et il tâcha de sourire, n'osant pas leur dire que, pendant la nuit dernière, après un excès de terrible emportement, il était allé, pour calmer ses angoisses, les contempler endormies. — N'est-ce pas — reprit-il — vous me pardonnez de vous avoir ainsi oubliées ?...

— Oui, mon père... — dit Blanche en baissant les yeux.

— Et si j'étais forcé de partir pour quelque temps — reprit lentement le maréchal, vous me le pardonneriez aussi... vous vous consoleriez de mon absence, n'est-ce pas ?

— Nous serions bien chagrines... si vous vous contraigniez le moins du monde pour nous... — dit Rose en se souvenant de l'écrit anonyme qui parlait des sacrifices que leur présence causait à leur père.

A cette réponse, faite avec autant d'embarras que de timidité, et où le maréchal crut voir une indifférence naïve, il ne douta plus du peu d'affection de ses filles pour lui.

— C'est fini — pensa le malheureux père en contemplant ses enfans. — Rien ne vibre en elles ;... que je parte... que je reste... peu leur importe ! Non... non... je ne suis rien pour elles, puisqu'en ce moment suprême, où elles me voient peut-être pour la dernière fois... l'instinct filial ne leur dit pas que leur tendresse me sauverait...

Pendant cette réflexion accablante, le maréchal n'avait pas cessé de contempler ses filles avec attendrissement, et sa mâle figure prit alors une expression si touchante et si déchirante, son regard disait si douloureusement les tortures de son âme au désespoir, que Rose et Blanche, bouleversées, épouvantées, cédant à un mouvement spontané, irréfléchi, se jetèrent au cou de leur père, et le couvrirent de larmes et de caresses.

Le maréchal Simon n'avait pas dit un mot, ses filles n'avaient pas prononcé une parole, et tous trois s'étaient enfin compris... Un choc sympathique avait tout à coup électrisé et confondu ces trois cœurs...

Vaines craintes, faux doutes, avis mensongers, tout avait cédé devant cet élan irrésistible qui jetait les filles dans les bras du père ; une révélation soudaine leur donnait la foi au moment fatal où une défiance incurable allait à jamais les séparer.

En une seconde, le maréchal sentit tout cela, mais les expressions lui manquèrent... Palpitant, égaré, baisant le front, les cheveux, les mains de ses filles, pleurant, soupirant, souriant tour à tour, il était fou, il délirait, il était ivre de bonheur ; puis enfin il s'écria :

— Je les ai retrouvées... ou plutôt... non, non, je ne les ai jamais perdues... Elles m'aimaient... Oh ! je n'en doute plus à cette heure... Elles m'aimaient... elles n'osaient pas... me le dire :... je leur imposais... Et moi qui croyais... mais c'est ma faute... Ah ! mon Dieu ! que cela fait de bien, que cela donne de force, de cœur et d'espoir ! Ha ! ha ! — s'écria-t-il, riant, pleurant à la fois, et couvrant ses filles de nouvelles caresses — qu'ils viennent donc me dédaigner, me harceler ! je défie tout maintenant. Voyons, mes beaux yeux bleus, regardez-moi bien, oh ! bien, en face... que cela me fasse revivre tout à fait.

— O mon père!... vous nous aimez donc autant que nous vous aimons? — s'écria Rose avec une naïveté enchanteresse.

— Nous pourrons donc souvent, bien souvent, tous les jours, nous jeter à votre cou, vous embrasser, vous dire notre joie d'être auprès de vous!

— Vous montrer, mon père, les trésors de tendresse et d'amour que nous amassions pour vous au fond de notre cœur, hélas! bien tristes de ne pouvoir les dépenser?

— Nous pourrons vous dire tout haut ce que nous pensions tout bas?

— Oui... vous le pourrez... vous le pourrez — dit le maréchal Simon en balbutiant de joie. — Et qui vous en empêchait... mes enfans?... Mais non, non, ne me répondez pas... assez du passé;... je sais tout, je comprends tout: mes préoccupations... vous les avez interprétées d'une façon... cela vous a attristées;... moi, de mon côté... votre tristesse, vous concevez... je l'ai interprétée... parce que... mais tenez, je ne fais pas attention à un mot de ce que je vous dis. Je ne pense qu'à vous regarder; cela m'étourdit... cela m'éblouit;... c'est le vertige de la joie.

— Oh! regardez-nous, mon père... regardez bien au fond de nos yeux, bien au fond de notre cœur — s'écria Rose avec ravissement.

— Et vous y lirez bonheur... pour nous... et amour pour vous, mon père — ajouta Blanche.

— Vous... vous... — dit le maréchal d'un ton d'affectueux reproche — qu'est-ce que ça signifie?... Voulez-vous bien me dire *toi*... je dis *vous*, moi, parce que vous êtes deux.

— Mon père... ta main — dit Blanche en prenant la main de son père et la mettant sur son cœur.

— Mon père, ta main — dit Rose en prenant l'autre main du maréchal.

— Crois-tu à notre amour, à notre bonheur maintenant? — reprit Rose.

Il est impossible de rendre tout ce qu'il y avait d'orgueil charmant et filial dans la divine physionomie de ces deux jeunes filles, pendant que leur père, ses vaillantes mains légèrement appuyées sur leur sein virginal, en comptait avec ivresse les pulsations joyeuses et précipitées.

— Ah! oui... le bonheur et la tendresse peuvent seuls faire battre ainsi le cœur — s'écria le maréchal.

Une sorte de soupir rauque, oppressé, qu'on entendit à la porte de la chambre, restée ouverte, fit retourner les deux têtes brunes et la tête grise, qui aperçurent alors la grande figure de Dagobert, accostée du museau noir de Rabat-Joie, pointant à la hauteur des genoux de son maître.

Le soldat, s'essuyant les yeux et la moustache avec son petit mouchoir à carreaux bleus, restait immobile comme le dieu Terme; lorsqu'il put parler, s'adressant au maréchal, il secoua la tête et articula d'une voix enrouée, car le digne homme avalait ses larmes : — Je vous... le disais... bien, moi!...

— Silence... — lui dit le maréchal en lui faisant un signe d'intelligence.— Tu étais meilleur père que moi, mon vieil ami; viens vite les embrasser. Je ne suis plus jaloux.

Et le maréchal tendit sa main au soldat, qui la serra cordialement, pendant que les deux orphelines se jetaient à son cou, et que Rabat-Joie, voulant, selon sa coutume, prendre part à la fête, se dressant sur ses pattes de derrière, appuyait familièrement ses pattes de devant sur le dos de son maître.

Il y eut un instant de profond silence.

La félicité céleste dont le maréchal, ses filles et le soldat jouissaient dans ce moment d'expansion ineffable, fut interrompue par un jappement de Rabat-Joie, qui venait de quitter sa position de bipède.

L'heureux groupe se désunit, regarda, et vit la stupide face de Jocrisse. Il avait l'air encore plus bête, plus béat que de coutume; il restait coi dans l'embrasure de la porte ouverte, les yeux écarquillés, tenant à la main son éternel panier de bois, et sous son bras un plumeau.

Rien ne met plus en gaîté que le bonheur; aussi, quoique son arrivée fût assez inopportune, un éclat de rire frais et charmant, sortant des lèvres fleuries de Rose et de Blanche, accueillit cette apparition grotesque.

Jocrisse faisant rire les filles du maréchal, depuis si longtemps attristées, Jocrisse eut droit, à l'instant, à l'indulgence du maréchal, qui lui dit avec bonne humeur : — Que veux-tu, mon garçon?

— Monsieur le duc, ce n'est pas moi! — répondit Jocrisse en mettant la main sur sa poitrine, comme s'il eût fait un serment. De sorte que son plumeau s'échappa de dessous son bras.

Les rires des deux jeunes filles redoublèrent.

— Comment, ce n'est pas toi? — dit le maréchal.

— Ici, Rabat-Joie! — cria Dagobert, car le digne chien semblait avoir un secret et mauvais pressentiment à l'endroit du niais supposé, et s'approchait de lui d'un air fâcheux.

— Non, monsieur le duc, ça n'est pas moi — reprit Jocrisse — c'est le valet de chambre qui m'a dit de dire à M. Dagobert, en montant du bois, de dire à monsieur le duc, puisque j'en montais dans un panier, que M. Robert le demandait.

A cette nouvelle bêtise de Jocrisse, les éclats de rire des deux jeunes filles redoublèrent.

Au nom de M. Robert, le maréchal Simon tressaillit. M. Robert était le secret émissaire de Rodin au sujet de l'entreprise possible, quoique aventureuse, qu'il s'agissait de tenter pour enlever Napoléon II.

Après un moment de silence, le maréchal, dont la figure rayonnait toujours de bonheur et de joie, dit à Jocrisse : — Prie M. Robert d'attendre un moment en bas dans mon cabinet.

— Oui, monsieur le duc — répondit Jocrisse en s'inclinant jusqu'à terre.

Le niais sortit, le maréchal dit à ses filles d'une voix enjouée : — Vous sentez bien qu'en un jour, qu'en un moment comme celui-ci, on ne quitte pas ses enfans... même pour M. Robert.

— Oh! tant mieux, mon père!... — s'écria gaîment Blanche — car M. Robert me déplaisait déjà beaucoup.

— Avez-vous là de quoi écrire? — demanda le maréchal.

— Oui, mon père... là... sur la table — dit vivement Rose en indiquant au maréchal un petit bureau placé à côté de l'une des croisées de leur chambre, vers lequel le maréchal se dirigea rapidement.

Par discrétion, les deux jeunes filles restèrent auprès de la cheminée où elles étaient, et s'embrassèrent tendrement, comme pour se réjouir de sœur à sœur, seule à seule, de cette journée inespérée.

Le maréchal s'assit devant le bureau de ses filles et fit signe à Dagobert d'approcher. Tout en écrivant rapidement quelques mots d'une main ferme, il dit au soldat en souriant, et assez bas pour qu'il fût impossible à ses filles de l'entendre : — Sais-tu à quoi j'étais presque décidé tout à l'heure, avant d'entrer ici?

— A quoi étiez vous décidé, mon général?

— A me brûler la cervelle... C'est à mes enfans que je dois la vie...

Et le maréchal continua d'écrire.

A cette confidence, Dagobert fit un mouvement, puis il reprit, toujours à voix basse : — Ça n'aurait toujours pas été avec vos pistolets... J'avais ôté les capsules...

Le maréchal se retourna vivement vers lui en le regardant d'un air surpris.

Le soldat baissa la tête affirmativement, et ajouta : — Dieu merci!... c'est fini de ces idées-là...

Pour toute réponse, le maréchal lui montra ses filles d'un regard humide de tendresse, étincelant de bonheur; puis, cachetant le billet de quelques lignes qu'il venait d'écrire, il le donna au soldat et lui dit : — Remets cela à M. Robert... je le verrai demain.

Dagobert prit la lettre et sortit.

Le maréchal, revenant auprès de ses filles, leur dit joyeusement en leur tendant les bras : — Maintenant, mesdemoiselles, deux beaux baisers pour vous avoir sacrifié le pauvre M. Robert... Les ai-je bien gagnés?

Rose et Blanche se jetèrent au cou de leur père.

. . . .

A peu près au moment où ces choses se passaient à Paris, deux voyageurs étrangers, quoique séparés l'un de l'autre, échangeaient à travers l'espace de mystérieuses pensées.

CHAPITRE XLIV.

LES RUINES DE L'ABBAYE DE SAINT-JEAN-LE-DÉCAPITÉ.

Le soleil est à son déclin.

Au plus profond d'une immense forêt de sapins, au milieu d'une sombre solitude, s'élèvent les ruines d'une abbaye autrefois vouée à *saint Jean le décapité*.

Le lierre, les plantes parasites, la mousse, couvrent presque entièrement les pierres noires de vétusté; quelques arceaux démantelés, quelques murailles percées de fenêtres ogivales restent encore debout et se découpent sur l'obscur rideau de ces grands bois.

Dominant ces amas de décombres, dressée sur son piédestal écorné, à demi caché sous des lianes, une statue de pierre colossale, çà et là mutilée, est restée debout.

Cette statue est étrange, sinistre. Elle représente un homme décapité.

Vêtu de la toge antique, entre ses mains il tient un plat; dans ce plat est une tête... Cette tête est la sienne. C'est la statue de saint Jean, martyr, mis à mort par ordre d'Hérodiade.

Le silence est solennel. De temps à autre on entend seulement le sourd bruissement du branchage des pins énormes que la brise agite.

Des nuages cuivrés, rougis par le couchant, voguent lentement au-dessus de la forêt, et se reflètent dans le courant d'un petit ruisseau d'eau vive, qui, traversant les ruines de l'abbaye, prend sa source plus loin, au milieu d'une masse de roches.

L'onde coule, les nuages passent, les arbres séculaires frémissent, la brise murmure...

Soudain, à travers la pénombre formée par la cime épaisse de cette futaie, dont les innombrables troncs se perdent dans des profondeurs infinies, apparaît une forme humaine...

C'est une femme.

Elle s'avance lentement vers les ruines;... elle les atteint;... elle foule ce sol autrefois béni... Cette femme est pâle, son regard est triste, sa longue robe flottante, et ses pieds sont poudreux; sa démarche est pénible, chancelante.

Un bloc de pierre est placé au bord de la source, presque au-dessous de la statue de saint Jean le décapité. Sur cette pierre, cette femme tombe épuisée, haletante de fatigue.

Et pourtant, depuis bien des jours, bien des ans, bien des siècles, elle marche... marche... infatigable...

Mais, pour la première fois... elle ressent une lassitude invincible...

Pour la première fois... ses pieds sont endoloris...

Pour la première fois, celle-là qui traversait d'un pas égal, indifférent et sûr, la lave mouvante des déserts torrides, tandis que des caravanes entières s'engloutissaient sous ces vagues de sable incandescent...

Celle-là qui, d'un pas ferme et dédaigneux, foulait la neige éternelle des contrées boréales, solitudes glacées où nul être humain ne peut vivre...

Celle-là qu'épargnaient les flammes dévorantes de l'incendie ou les eaux impétueuses du torrent...

Celle-là enfin qui, depuis tant de siècles, n'avait plus rien de commun avec l'humanité... celle-là en éprouvait pour la première fois les douleurs...

Ses pieds saignent, ses membres sont brisés par la fatigue, une soif brûlante la dévore...

Elle ressent ces infirmités... elle souffre... et elle ose à peine y croire...

Sa joie serait trop immense...

Mais son gosier, de plus en plus desséché, se contracte; sa gorge est en feu... Elle aperçoit la source, et se précipite à genoux pour se désaltérer à ce courant cristallin et transparent comme un miroir.

Que se passe-t-il donc? A peine ses lèvres enflammées ont-elles effleuré cette eau fraîche et pure, que, toujours agenouillée au bord du ruisseau, et appuyée sur ses deux mains, cette femme cesse brusquement de boire et se regarde avidement dans la glace limpide...

Tout à coup, oubliant la soif qui la dévore encore, elle pousse un grand cri... un cri de joie profonde, immense, religieuse, comme une action de grâces infinie envers le Seigneur.

Dans ce miroir profond... elle vient de s'apercevoir qu'elle a vieilli... En quelques jours, en quelques heures, en quelques minutes, à l'instant peut-être... elle a atteint la maturité de l'âge...

Elle qui, depuis plus de dix-huit siècles, avait vingt ans, et traînait à travers les mondes et les générations cette impérissable jeunesse...

Elle avait vieilli... Elle pouvait enfin aspirer à la mort...

Chaque minute de sa vie la rapprochait de la tombe...

Transportée de cet espoir ineffable, elle se redresse, lève la tête vers le ciel et joint ses mains dans une attitude de prière fervente...

Alors ses yeux s'arrêtent sur la grande statue de pierre qui représente saint Jean le décapité...

La tête que le martyr porte entre ses mains... semble, à travers sa paupière de granit à demi close par la mort, jeter sur la juive errante un regard de commisération et de pitié...

Et c'est elle, Hérodiade, qui, dans la cruelle ivresse d'une fête païenne, a demandé le supplice de ce saint!...

Et c'est au pied de l'image du martyr que, pour la première fois... depuis tant de siècles... l'immortalité qui pesait sur Hérodiade semble s'adoucir!...

« O mystère impénétrable! ô divine espérance! — s'écrie-t-elle — le courroux céleste s'apaise enfin... La main du Seigneur me ramène aux pieds de ce saint martyr... c'est à ses pieds que je commence à être une créature humaine... Et c'est pour venger sa mort que le Seigneur m'avait condamnée à une marche éternelle...

» O mon Dieu! faites que je ne sois pas la seule pardonnée... Celui-là, l'artisan, qui, comme moi, la fille du roi... marche aussi depuis des siècles;... celui-là... comme moi, peut-il espérer d'atteindre le terme de sa course éternelle?

» Où est-il, Seigneur... où est-il?... Cette puissance que vous m'aviez donnée de le voir, de l'entendre à travers les espaces, me l'avez-vous retirée? Oh! dans ce moment suprême, ce don divin, rendez-le moi... Seigneur... car, à mesure que je ressens ces infirmités humaines, que je bénis comme la fin de mon éternité de maux, ma vue perd le pouvoir de traverser l'immensité, mon oreille le pouvoir d'entendre l'homme errant d'un bout du monde à l'autre. »

La nuit était venue... obscure... orageuse...

Le vent s'était élevé au milieu des grands sapins.

Derrière leur cime noire, commençait à monter lentement, à travers de sombres nuées, le disque argenté de la lune...

L'invocation de la juive errante fut peut-être entendue...

Tout à coup ses yeux se fermèrent, ses mains se joignirent, et elle resta agenouillée au milieu des ruines... immobile comme une statue des tombeaux.

Et elle eut alors une vision étrange!!!

CHAPITRE XLV.

LE CALVAIRE.

Telle était la vision d'Hérodiade :

Au sommet d'une haute montagne, nue, rocailleuse, escarpée, s'élève un calvaire.

Le soleil décline ainsi qu'il déclinait lorsque la juive s'est traînée, épuisée de fatigue, au milieu des ruines de Saint-Jean-le-Décapité.

Le grand christ en croix qui domine le calvaire, la montagne et la plaine aride, solitaire, infinie; le grand christ en croix se détache blanc et pâle sur les nuages d'un noir bleu qui couvrent partout le ciel et deviennent d'un violet sombre en se dégradant à l'horizon...

A l'horizon... où le soleil couchant a laissé de longues traînées d'une lueur sinistre... d'un rouge de sang.

Aussi loin que la vue peut s'étendre, aucune végétation n'apparaît sur ce morne désert, couvert de sable et de cailloux comme le lit séculaire de quelque océan desséché.

Un silence de mort plane sur cette contrée désolée.

Quelquefois de gigantesques vautours noirs, au cou rouge et pelé, à l'œil jaune et lumineux, abattant leur grand vol au milieu de ces solitudes, viennent faire la sanglante curée de la proie qu'ils ont enlevée dans un pays moins sauvage.

Comment ce calvaire, ce lieu de prières, a-t-il été élevé si loin, si loin de la demeure des hommes ?

Ce calvaire a été élevé à grands frais par un pécheur repentant; il avait fait beaucoup de mal aux autres hommes... et, pour mériter le pardon de ses crimes, il a gravi cette montagne à genoux, et, devenu cénobite, il a vécu jusqu'à sa mort au pied de cette croix, à peine abrité sous un toit de chaume depuis longtemps balayé par les vents.

Le soleil décline toujours...

Le ciel devient de plus en plus sombre... les raies lumineuses de l'horizon, naguère empourprées, commencent à s'obscurcir lentement, ainsi que des barres de fer... rougies au feu, dont l'incandescence s'éteint peu à peu.

Soudain l'on entend, derrière l'un des versans du calvaire opposé au couchant, le bruit de quelques pierres qui se détachent et tombent en bondissant jusqu'au bas de la montagne.

Le pied d'un voyageur qui, après avoir traversé la plaine, gravit depuis une heure cette pente escarpée a fait rouler ces cailloux au loin.

Ce voyageur ne paraît pas encore, mais l'on distingue son pas lent, égal et ferme. Enfin... il atteint le sommet de la montagne, et sa haute taille se dessine sur le ciel orageux.

Ce voyageur est aussi pâle que le christ en croix ; sur son large front, de l'une à l'autre tempe, s'étend une ligne noire.

Celui-là est l'artisan de Jérusalem.

L'artisan rendu méchant par la misère, par l'injustice et par l'oppression, celui qui, sans pitié pour les souffrances de l'homme divin portant sa croix, l'avait repoussé de sa demeure... en lui criant durement :

— Marche... marche... marche...

Et depuis ce jour, un Dieu vengeur a dit à son tour à l'artisan de Jérusalem :

— Marche... marche... marche...

Et il a marché... éternellement marché...

Ne bornant pas là sa vengeance, le Seigneur a voulu quelquefois attacher la mort aux pas de l'homme errant, et que des tombes innombrables fussent les bornes milliaires de sa marche homicide à travers les mondes.

Et c'était pour l'homme errant des jours de repos dans sa douleur infinie, lorsque la main invisible du Seigneur le poussait dans de profondes solitudes... telles que le désert où il traînait alors ses pas; du moins en traversant cette plaine désolée, en gravissant ce rude calvaire, il n'entendait plus le glas funèbre des cloches des morts, qui toujours, toujours, tintaient derrière lui... dans les contrées habitées.

Tout le jour, et encore à cette heure, plongé dans le noir abîme de ses pensées, suivant sa route fatale.... allant où le menait l'invisible main, la tête baissée sur sa poitrine, les yeux fixés à terre, l'homme errant avait traversé la plaine, monté la montagne sans regarder le ciel... sans apercevoir le calvaire, sans voir le christ en croix.

L'homme errant pensait aux derniers descendans de sa race; il sentait, au déchirement de son cœur, que de grands périls les menaçaient encore...

Et dans un désespoir amer, profond comme l'Océan, l'artisan de Jérusalem s'assit au pied du calvaire.

A ce moment un dernier rayon de soleil, perçant, à l'horizon, le sombre amoncellement des nuages, jeta sur la crête de la montagne, sur le calvaire, une lueur ardente comme le reflet d'un incendie...

Le juif appuyait alors sur sa main son front penché;... sa longue chevelure, agitée par la brise crépusculaire, venait de voiler sa pâle figure, lorsque, écartant ses cheveux de son visage, il tressaillit de surprise... lui qui ne pouvait plus s'étonner de rien...

D'un regard avide il contemplait la longue mèche de cheveux qu'il tenait à la main... Ses cheveux, naguère noirs comme la nuit... étaient devenus gris.

Lui aussi, comme Hérodiade, il avait vieilli.

Le cours de son âge, arrêté depuis dix-huit siècles... reprenait sa marche...

Ainsi que la juive errante, lui aussi pouvait donc dès lors aspirer à la tombe...

Se jetant à genoux, il tendit les mains, le visage vers le ciel... pour demander à Dieu l'explication de ce mystère qui le ravissait d'espérance.

Alors, pour la première fois, ses yeux s'arrêtèrent sur le christ en croix qui dominait le calvaire, de même que la juive errante avait fixé son regard sur la paupière de granit du saint martyr.

Le christ, la tête inclinée sous le poids de sa couronne d'épines, semblait du haut de sa croix contempler avec douceur et pardon l'artisan qu'il avait maudit depuis tant de siècles... et qui, à genoux, renversé en arrière, dans une attitude d'épouvante et de prière, tendait vers lui ses mains suppliantes.

« O Christ!... — s'écria le juif — le bras vengeur du Seigneur me ramène au pied de cette croix si pesante que tu portais, brisé de fatigues... ô Christ! lorsque tu voulus t'arrêter pour te reposer au seuil de ma pauvre demeure, et que, dans ma dureté impitoyable, je te repoussai en te disant : Marche!... marche!... et voici qu'après ma vie errante je me retrouve devant cette croix... et voici qu'enfin mes cheveux blanchissent... O Christ! dans ta bonté divine, m'as-tu donc pardonné? Suis-je donc arrivé au terme de ma course éternelle? Ta céleste clémence m'accordera-t-elle enfin ce repos du sépulcre qui, jusqu'ici, hélas! m'a toujours fui?... Oh! si ta clémence descend sur moi... qu'elle descende aussi sur cette femme... dont le supplice est égal au mien!... Protége aussi les derniers descendans de ma race! Quel sera leur sort? Seigneur, déjà l'un d'eux, le seul de tous que le malheur eût perverti, a disparu de cette terre. Est-ce pour cela que mes cheveux ont blanchi? Mon crime ne sera-t-il donc expié que lorsque, dans ce monde, il ne restera plus un seul des rejetons de notre famille maudite? Ou bien cette preuve de votre toute-puissante bonté, ô Seigneur! qui me rend à l'humanité, annonce-t-elle votre clémence et la félicité des miens? Sortiront-ils enfin triomphans des périls qui les menacent? Pourront-ils, accomplissant tout le bien dont leur aïeul voulait combler l'humanité, mériter ainsi leur grâce et la mienne? ou bien, inexorablement condamnés par vous, Seigneur, comme les rejetons maudits de ma race maudite, doivent-ils expier leur tache originelle et mon crime?

» Oh! dites, dites, Seigneur, serai-je pardonné avec eux? Seront-ils punis avec moi? »

En vain le crépuscule avait fait place à une nuit orageuse et noire... le juif priait toujours, agenouillé au pied du calvaire.

CHAPITRE XLVI.

LE CONSEIL.

La scène suivante se passe à l'hôtel de Saint-Dizier, le surlendemain du jour où a eu lieu la réconciliation du maréchal Simon et de ses filles.

La princesse écoute les paroles de Rodin avec la plus profonde attention. Le révérend père est, selon son habitude, debout et adossé à la cheminée, tenant ses mains plongées dans les poches de derrière de sa vieille redingote brune; ses gros souliers boueux ont laissé leur empreinte sur le tapis d'hermine qui garnit le devant de la cheminée du salon. Une satisfaction profonde se lit sur la face cadavéreuse du jésuite.

Madame de Saint-Dizier, mise avec cette sorte de coquetterie discrète qui convenait à une mère d'Église de sa sorte, ne quittait pas Rodin des yeux, car celui-ci avait complètement supplanté le père d'Aigrigny dans l'esprit de la dévote. Le flegme, l'audace, la haute intelligence, le caractère rude et dominateur de l'*ex-socius*, imposaient à cette femme altière, la subjuguaient et lui inspiraient une admiration sincère, presque de l'attrait ; il n'était pas même jusqu'à la saleté cynique, jusqu'à la repartie souvent brutale de ce prêtre, qui ne lui agréât, et qui ne fût pour elle une sorte de ragoût dépravé, qu'elle préférait alors de beaucoup aux formes exquises, à l'élégance musquée du beau révérend père d'Aigrigny.

— Oui, madame — disait Rodin d'un ton convaincu et pénétré, car ces gens-là ne se démasquent pas, même entre complices — oui, madame, les nouvelles de notre maison de retraite de Saint-Hérem sont excellentes. M. Hardy... l'esprit fort... le libre penseur, est enfin entré dans le giron de notre sainte Église catholique, apostolique et romaine.

Rodin ayant hypocritement nasillé ces derniers mots... la dévote inclina la tête avec respect.

— La grâce a touché cet impie... — reprit Rodin — et l'a touché si fort, que, dans son enthousiasme ascétique, il a voulu déjà prononcer les vœux qui l'attachent à notre sainte compagnie.

— Sitôt, mon père ? — dit la princesse étonnée.

— Nos instituts s'opposent à cette précipitation, à moins cependant qu'il ne s'agisse d'un pénitent qui, se voyant *in articulo mortis* (à l'article de la mort), considère comme souverainement efficace pour son salut de mourir dans notre habit, et de nous abandonner ses biens... pour la plus grande gloire du Seigneur.

—Est-ce que M. Hardy se trouve dans une position aussi désespérée, mon père ?

— La fièvre le dévore; après tant de coups successifs qui l'ont miraculeusement poussé dans la voie du salut—reprit Rodin avec componction — cet homme d'une nature si frêle et si délicate est à cette heure presque entièrement anéanti, moralement et physiquement. Aussi les austérités, les macérations, les joies divines de l'extase vont-elles lui frayer on ne peut plus promptement le chemin de la vie éternelle, et il est probable qu'avant quelques jours...

Et le prêtre secoua la tête d'un air sinistre.

— Sitôt que cela, mon père ?

— C'est presque certain ; j'ai donc pu, usant de mes dispenses, faire recevoir ce cher pénitent, *in articulo mortis*, membre de notre sainte compagnie, à laquelle, selon la règle, il a abandonné tous ses biens, présens et futurs... de sorte qu'à cette heure il n'a plus à songer qu'au salut de son âme...Encore une victime du philosophisme arrachée aux griffes de Satan.

— Ah! mon père — s'écria la dévote avec admiration — c'est une miraculeuse conversion ;... le père d'Aigrigny m'a dit combien vous aviez eu à lutter contre l'influence de l'abbé Gabriel..

— L'abbé Gabriel — reprit Rodin — a été puni de s'être mêlé de ce qui ne le regardait point et d'autres choses encore... J'ai exigé son interdiction... et il a été interdit par son évêque et révoqué de sa cure... On dit qu'afin de passer le temps il court les ambulances de cholériques pour y distribuer des consolations chrétiennes ; on ne peut s'opposer à cela... Mais ce consolateur ambulant sent son hérétique d'une lieue...

— C'est un esprit dangereux — reprit la princesse — car il a une assez grande action sur les hommes; aussi n'a-t-il pas fallu moins que votre éloquence admirable, irrésistible, pour ruiner les détestables conseils de cet abbé Gabriel, qui s'était imaginé de vouloir ramener M. Hardy à la vie mondaine... En vérité, mon père, vous êtes un saint Chrysostome.

— Bon, bon, madame — dit brusquement Rodin, très peu sensible aux flatteries — gardez cela pour d'autres.

— Je vous dis que vous êtes un saint Chrysostome, mon père — répéta la princesse avec feu ; — car, comme lui, vous méritez le surnom de saint Jean Bouche-d'Or.

— Allons donc, madame! — dit Rodin avec brutalité en haussant les épaules — moi, *une bouche d'or!*... j'ai les lèvres trop livides et les dents trop noires... Vous plaisantez, avec votre bouche d'or.

— Mais, mon père...

— Mais, madame, on ne me prend pas à cette glu-là, moi — reprit durement Rodin; — je hais les complimens, je n'en fais point.

— Que votre modestie me pardonne, mon père — dit humblement la dévote — je n'ai pu résister au bonheur de vous témoigner mon admiration; car, ainsi que vous l'aviez presque prédit... ou prévu il y a peu de mois, voici déjà deux membres de la famille Rennepont *désintéressés dans la question de l'héritage...*

Rodin regarda madame de Saint-Dizier d'un air radouci et apppprobatif en l'entendant formuler ainsi la position des deux défunts héritiers. Car, selon Rodin, M. Hardy, par sa donation et son ascétisme homicide, n'appartenait plus au monde.

La dévote continua : — L'un de ces hommes, misérable artisan, a été conduit à sa perte par l'exaltation de ses vices;... vous avez conduit l'autre dans la voie du salut en exaltant ses qualités aimantes et tendres. Soyez donc glorifié dans vos prévisions, mon père, car, vous l'avez dit : — C'est aux passions que je m'adresserai pour arriver à mon but.

— Ne glorifiez donc pas si vite, je vous prie — dit impatiemment Rodin. — Et votre nièce? et l'Indien? et les deux filles du maréchal Simon? Ces personnes-là ont-elles fait aussi une fin chrétienne, ou sont-elles désintéressées dans la question de l'héritage pour nous glorifier sitôt?

— Non, sans doute.

— Eh bien! donc, vous le voyez, madame, ne perdons point de temps à nous congratuler du passé; songeons à l'avenir... le grand jour approche, le 1er juin n'est pas loin;... fasse le ciel que nous ne voyions pas les quatre membres de la famille qui survivent continuer de vivre dans l'impénitence jusqu'à cette époque et posséder cet énorme héritage... objet de nouvelles perditions entre leurs mains, objet de gloire pour le Seigneur et pour son Eglise entre les mains de notre compagnie.

— Il est vrai, mon père...

— A propos de cela, vous deviez voir vos gens d'affaires au sujet de votre nièce?

— Je les ai vus, mon père; et, si incertaine que soit la chance dont je vous ai parlé, elle est à tenter; je saurai aujourd'hui, je l'espère, si légalement cela est possible...

— Peut-être alors, dans le milieu où cette nouvelle condition la placerait, trouverait-on... moyen d'arriver... à... sa *conversion* — dit Rodin avec un étrange et hideux sourire; car jusqu'ici, depuis qu'elle s'est fatalement rapprochée de cet Indien, le bonheur de ces deux païens paraît inaltérable et étincelant comme le diamant; rien n'y peut mordre... pas même la dent de Faringhea... Mais espérons que le Seigneur fera justice de ces vaines et coupables félicités.

Cet entretien fut interrompu par le père d'Aigrigny; il entra dans le salon d'un air triomphant, et s'écria de la porte : — Victoire!

— Que dites-vous? — demanda la princesse.

— Il est parti... cette nuit — dit le père d'Aigrigny.

— Qui cela?... — fit Rodin.

— Le maréchal Simon — répondit le père d'Aigrigny.

— Enfin... — dit Rodin, qui ne put cacher sa joie profonde.

— C'est sans doute son entretien avec le général d'Havrincourt qui aura comblé la mesure — s'écria la dévote; car, je le sais, il a eu une entrevue avec le général, qui, comme tant d'autres, a cru aux bruits plus ou moins fondés que j'avais fait répandre... Tout moyen est bon pour atteindre l'impie, — ajouta la princesse en manière de correctif.

— Avez-vous quelques détails? — dit Rodin.

— Je quitte Robert — dit le père d'Aigrigny; — son signalement, son âge, peuvent se rapporter à l'âge et au signalemnt du maréchal; celui-ci est parti avec ses papiers. Seulement une chose a profondément surpris votre émissaire.

— Laquelle? — dit Rodin.

— Jusqu'alors, il avait eu sans cesse à combattre les hésitations du maréchal; il avait, en outre, remarqué son air sombre, désespéré... Hier, au contraire, il lui a trouvé un air si heureux, si rayonnant, qu'il n'a pu s'empêcher de lui demander la cause de ce changement.

— Eh bien? — dirent à la fois Rodin et la princesse, étrangement surpris.

— Je suis en effet l'homme le plus heureux du monde — a répondu le maréchal — car je vais avec joie et bonheur accomplir un devoir sacré.

Les trois acteurs de cette scène se regardèrent en silence.

— Et qui a pu amener ce brusque changement dans l'esprit du maréchal? — dit la princesse d'un air pensif; — on comptait au contraire sur des chagrins, sur des irritations de toute sorte, pour le jeter dans cette aventureuse entreprise.

— Je m'y perds — dit Rodin en réfléchissant; — mais il n'importe, il est parti : il ne faut pas perdre un moment pour agir sur ses filles... A-t-il emmené ce maudit soldat?

— Non...—dit le père d'Aigrigny—malheureusement non;... mis en défiance et instruit par le passé, il va redoubler de précautions, et un homme qui aurait pu dans un cas désespéré nous servir contre lui... vient d'être frappé par la contagion.

— Qui donc cela? — demanda la princesse.

— Morok... Je pouvais compter sur lui en tout, pour tout, partout... et il est perdu, car, s'il échappe à la contagion, il est à craindre qu'il ne succombe à un mal horrible et incurable.

— Que dites-vous?...

— Il y a peu de jours, il a été mordu par un des molosses de sa ménagerie, et, le lendemain, la rage s'est déclarée chez le chien.

— Ah! c'est affreux! — s'écria la princesse. — Et où est ce malheureux?

— On l'a transporté dans une des ambulances provisoires établies à Paris, car le choléra seul s'est déclaré chez lui jusqu'à présent... et, je le répète, c'est un double malheur, car c'était un homme dévoué, décidé et prêt à tout... Or, le soldat, gardien des orphelines, sera d'un abord presque impossible, et par lui seul cependant on peut arriver aux filles du maréchal Simon.

— C'est évident — dit Rodin d'un air pensif.

— Surtout depuis que les lettres anonymes ont de nouveau éveillé ses soupçons — ajouta le père d'Aigrigny — et...

— A propos de lettres anonymes — dit tout à coup Rodin en interrompant le père d'Aigrigny — il est un fait qu'il est bon que vous sachiez; je vous dirai pourquoi.

— De quoi s'agit-il?

— Outre les lettres que vous savez, le maréchal Simon en a reçu nombre d'autres que vous ignorez, et dans lesquelles, par tous les moyens possibles, on tâchait d'exaspérer son irritation contre vous, en lui rappelant toutes les raisons qu'il avait de vous haïr, et en le raillant de ce que votre caractère sacré vous mettait à l'abri de sa vengeance.

Le père d'Aigrigny regarda Rodin avec stupeur, et s'écria en rougissant malgré lui :

— Mais dans quel but... Votre Révérence a-t-elle agi ainsi?

— D'abord, afin de détourner de moi les soupçons qui pouvaient être éveillés par ces lettres; puis, afin d'exalter la rage du maréchal jusqu'au délire, en lui rappelant sans cesse et les justes motifs de sa haine contre vous, et l'impossibilité où il était de vous atteindre. Ceci, joint aux autres fermens de chagrins, de colère, d'irritation, que les brutales passions de cet homme de bataille faisaient bouillonner en lui, devait le pousser à cette folle entreprise, qui est la conséquence et la punition de son idolâtrie pour un misérable usurpateur.

— Soit — dit le père d'Aigrigny d'un air contraint; — mais je ferai observer à Votre Révérence qu'il était un peu dangereux d'exciter ainsi le maréchal Simon contre moi.

— Pourquoi? — demanda Rodin en attachant un coup d'œil perçant sur le père d'Aigrigny.

— Parce que le maréchal, poussé hors des bornes, ne se souvenant que de notre haine mutuelle... pouvait me chercher, me rencontrer...

— Eh bien! après?... — fit Rodin.

— Eh bien! il pouvait oublier... que je suis prêtre... et...

— Ah! vous avez peur?... — dit dédaigneusement Rodin en interrompant le père d'Aigrigny.

À ces mots de Rodin : « Vous avez peur, » le révérend père bondit sur sa chaise; puis, reprenant son sang-froid, il ajouta : — Votre Révérence ne se trompe pas; oui, j'aurais peur... oui... Dans une circonstance pareille... j'aurais peur d'oublier que je suis prêtre... et de trop me souvenir que j'ai été soldat.

— Vraiment? — dit Rodin avec un souverain mépris... — vous en êtes encore là... à ce niais et sauvage point d'honneur? Votre soutane n'a pas éteint ce beau feu? Ainsi, ce sabreur, dont j'étais bien sûr de détraquer la pauvre cervelle, vide et sonore comme un tambour, en prononçant quelques mots magiques pour ces batailleurs stupides : « *Honneur militaire... serment...* *Napoléon II,* » ainsi, ce sabreur, s'il se fût porté contre vous à quelque acte de violence, il vous eût fallu faire un grand effort pour rester calme?

Et Rodin attacha de nouveau son regard pénétrant sur le révérend père.

— Il est inutile, je crois, à Votre Révérence, de faire des suppositions semblables — dit le père d'Aigrigny en contenant difficilement son agitation.

— Comme votre supérieur — reprit sévèrement Rodin — j'ai le droit de vous demander ce que vous eussiez fait si le maréchal Simon avait levé la main sur vous...

— Monsieur! — s'écria le révérend père.

— Il n'y a pas de *messieurs* ici, il y a des prêtres — dit durement Rodin.

Le père d'Aigrigny baissa la tête, contenant difficilement sa colère.

— Je vous demande — reprit obstinément Rodin — quelle serait votre conduite si le maréchal Simon vous eût frappé? Est-ce clair?

— Assez! de grâce — dit le père d'Aigrigny — assez!

— Ou, si vous l'aimez mieux, s'il vous eût souffleté sur les deux joues? — reprit Rodin avec un flegme opiniâtre.

Le père d'Aigrigny, blême, les dents serrées, les poings crispés, était en proie à une sorte de vertige à la seule pensée d'un semblable outrage, tandis que Rodin, qui n'avait pas sans doute fait en vain cette question, soulevant ses flasques paupières, semblait profondément attentif aux symptômes significatifs qui se trahissaient sur la physionomie bouleversée de l'ancien colonel.

La dévote, de plus en plus sous le charme de l'*ex-socius*, trouvant la position du père d'Aigrigny aussi pénible que fausse, sentait s'augmenter encore son admiration pour Rodin.

Enfin, le père d'Aigrigny, reprenant peu à peu son sang-froid, répondit à Rodin d'un ton calme et contraint : — Si j'avais à subir un pareil outrage, je prierais le Seigneur de me donner la résignation de l'humilité.

— Et certainement le Seigneur écouterait vos vœux — dit froidement Rodin, satisfait de l'épreuve qu'il venait de tenter sur le père d'Aigrigny. — D'ailleurs, vous voici prévenu, et il est peu probable — ajouta-t-il avec un sourire affreux — que le maréchal Simon revienne ici afin d'éprouver si rudement votre humilité... Mais s'il revenait — et Rodin attacha de nouveau un regard long et perçant sur le révérend père — s'il revenait... vous sauriez, je n'en doute pas, montrer à ce brutal traîneur de sabre, malgré ses violences, tout ce qu'il y a de résignation et d'humilité dans une âme vraiment chrétienne.

Deux coups, discrètement frappés à la porte de l'appartement, interrompirent un moment la conversation. Un valet de chambre entra portant sur un plateau une large enveloppe cachetée, qu'il remit à la princesse; après quoi il sortit.

Madame de Saint-Dizier, ayant d'un regard demandé à Rodin la permission de décacheter cette lettre, la parcourut, et bientôt une satisfaction cruelle éclata sur son visage.

— Il y a de l'espoir — s'écria-t-elle en s'adressant à Rodin; — la demande est rigoureusement légale, elle se renforce de l'instance en interdiction; les conséquences peuvent être celles que nous souhaitons. En un mot, ma nièce peut, du jour au lendemain, être menacée de la plus complète misère... Elle si prodigue... Quel bouleversement dans toute sa vie!...

— Il y aurait sans doute alors quelque prise sur ce caractère indomptable... — dit Rodin d'un air méditatif; — car jusqu'ici tout a échoué. On dirait que certains bonheurs rendent invulnérable — murmura le jésuite en rongeant ses ongles plats et noirs.

— Mais, pour obtenir le résultat que je désire, il faut exaspérer l'orgueil de ma nièce ; il est donc absolument indispensable que je la voie et que je cause avec elle — dit madame de Saint-Dizier en réfléchissant.

— Mademoiselle de Cardoville refusera cette entrevue — dit le père d'Aigrigny.

— Peut-être — dit la princesse. — Elle est si heureuse!... que son audace doit être à son comble; oui... oui... je la connais... Je lui écrirai de telle sorte... qu'elle viendra.

— Vous croyez? — demanda Rodin d'un air dubitatif.

— N'en doutez pas, mon père — reprit la princesse — elle viendra. Et une fois sa fierté en jeu... on peut beaucoup espérer.

— Il faut donc agir, madame — reprit Rodin — agir promptement; le moment approche; les haines, les défiances sont éveillées... il n'y a pas un moment à perdre.

— Quant aux haines — reprit la princesse — mademoiselle de Cardoville a pu voir où aboutit le procès qu'elle a tenté de faire à propos de ce qu'elle appelle sa détention dans une maison de santé, et la séquestration des demoiselles Simon dans le couvent de Sainte-Marie. Dieu merci, nous avons des amis partout; je sais de bonne part qu'il sera passé outre sur ces criailleries, faute de preuves suffisantes, malgré l'acharnement de certains magistrats parlementaires qui seront notés, et bien notés...

— Dans ces circonstances — reprit Rodin — le départ du maréchal donne toute latitude; il faut agir immédiatement sur ses filles.

— Mais comment? — dit la princesse.

— Il faut d'abord les voir — reprit Rodin — causer avec elles, les étudier;... ensuite on agira en conséquence.

— Mais le soldat ne les quittera pas d'une seconde — dit le père d'Aigrigny.

— Alors — reprit Rodin — il faudra causer avec elles devant le soldat et le mettre des nôtres.

— Lui!... Cet espoir est insensé! — s'écria le père d'Aigrigny; — vous ne connaissez pas cette probité militaire; vous ne connaissez pas cet homme.

— Je ne le connais pas! — dit Rodin en haussant les épaules. — Mademoiselle de Cardoville ne m'a-t-elle pas présenté à lui comme son libérateur, lorsque je vous ai eu dénoncé comme l'âme de cette machination; n'est-ce pas moi qui lui ai rendu sa ridicule relique impériale... sa croix d'honneur, chez le docteur Baleinier?... n'est-ce pas moi enfin qui lui ai ramené les jeunes filles du couvent, et qui les ai mises aux bras de leur père?

— Oui — reprit la princesse; — mais, depuis ce temps, ma nièce maudite a tout deviné, tout découvert. Elle vous a dit, à vous-même, mon père...

— Qu'elle me considérait comme son plus mortel ennemi — dit Rodin. — Soit. Mais a-t-elle dit cela au maréchal? m'a-t-elle nommé à lui? et si elle l'a fait, le maréchal a-t-il appris cette circonstance à son soldat? Cela se peut, mais cela n'est pas certain; en tout cas, il faut s'en assurer : si le soldat me traite en ennemi dévoilé... nous verrons... mais je tenterai d'abord d'être accueilli en ami.

— Quand cela? — dit la dévote.

— Demain matin — répondit Rodin.

— Grand Dieu! mon cher père — s'écria madame de Saint-Dizier avec crainte — si ce soldat voit en vous un ennemi? Prenez garde...

— Je prends toujours garde, madame;... j'ai eu raison de compagnons plus terribles que lui... du choléra, par exemple. — Et le jésuite sourit en montrant ses dents noires.

— Mais s'il vous traite en ennemi... il refusera de vous recevoir; de quelle manière parviendrez-vous jusqu'aux filles du maréchal Simon? — dit le père d'Aigrigny.

— Je n'en sais rien du tout — dit Rodin;—mais, comme je veux y parvenir... j'y parviendrai.

— Mon père — dit tout à coup la princesse en réfléchissant — ces jeunes filles ne m'ont jamais vue ;... si, sans me nommer... je pouvais m'introduire auprès d'elles?

— Cela serait, madame, parfaitement inutile, car il faut d'abord que je sache à quoi me résoudre à l'égard de ces orphelines... A tout prix, je veux donc les voir, les entretenir longtemps;... alors seulement, une fois mon plan bien arrêté, votre concours pourra m'être utile... En tout cas... veuillez être prête demain matin, afin de m'accompagner, madame.

— Où cela, mon père?
— Chez le maréchal Simon.
— Chez lui?

— Pas précisément chez lui; vous monterez dans votre voiture, moi je prendrai un fiacre : je tenterai de m'introduire auprès des jeunes filles; pendant ce temps-là vous m'attendrez à quelques pas de la maison du maréchal; si je réussis, si j'ai besoin de votre aide, j'irai vous trouver dans votre voiture; vous recevrez mes instructions, et rien n'aura paru concerté entre nous.

— Soit, mon révérend père; mais, en vérité, je tremble en songeant à votre entrevue avec ce soldat brutal — dit la princesse.

— Le Seigneur veillera sur son serviteur, madame — répondit Rodin. — Quant à vous, mon père — ajouta-t-il en s'adressant au père d'Aigrigny — faites à l'instant partir pour Vienne la note qui était prête, afin d'annoncer à qui vous savez le départ et la prochaine arrivée du maréchal. Tout est prévu. Ce soir j'écrirai plus amplement.

Le lendemain matin, sur les huit heures, madame de Saint-Dizier, dans sa voiture, et Rodin, dans son fiacre, se dirigeaient vers la maison du maréchal Simon.

CHAPITRE XLVII.

LE BONHEUR.

Depuis deux jours le maréchal Simon était parti. Il est huit heures du matin; Dagobert, marchant avec de grandes précautions sur la pointe du pied, afin de ne pas faire crier le parquet, traverse le salon qui conduit à la chambre à coucher de Rose et de Blanche, et va discrètement coller son oreille à la porte de l'appartement des jeunes filles; Rabat-Joie suit exactement son maître, et semble marcher avec autant de précaution que lui.

La figure du soldat est inquiète, préoccupée; tout en s'approchant, il dit à demi-voix : — Pourvu que ces chères enfans n'aient rien entendu... cette nuit! Cela les effraierait, il vaut mieux qu'elles ne sachent cet événement que le plus tard possible. Cela serait capable de les attrister cruellement; pauvres petites, elles sont si gaies, si heureuses depuis qu'elles savent l'amour de leur père pour elles!... Elles ont si bravement supporté son départ... Aussi, pourvu qu'elles ne soient pas instruites de l'accident de cette nuit! elles en seraient trop affligées!

Puis, prêtant encore l'oreille, le soldat reprit : — Je n'entends rien... rien... Elles toujours éveillées de si bonne heure... c'est peut-être le chagrin.

Les réflexions de Dagobert furent interrompues par deux éclats de rire d'une fraîcheur charmante, qui retentirent tout à coup dans l'intérieur de la chambre à coucher des jeunes filles.

— Allons! elles ne sont pas si tristes que je croyais — dit Dagobert en respirant plus à l'aise; — probablement elles ne savent rien.

Bientôt les éclats de rire redoublèrent tellement, que le soldat, ravi de cet accès de gaîté si rare chez *ses enfans*, se sentit d'abord tout attendri; un instant ses yeux devinrent humides en pensant que les orphelines avaient enfin retrouvé l'heureuse sérénité de leur âge; puis, passant de l'attendrissement à la joie, l'oreille toujours collée contre la porte, le corps à demi penché, les mains appuyées sur ses genoux, Dagobert, épanoui, rayonnant, les lèvres relevées par une expression de jovialité muette, hochant un peu la tête, accompagna de son rire muet les éclats d'hilarité croissante des jeunes filles...

Enfin, comme rien n'est plus contagieux que la gaîté, et que le digne soldat se pâmait d'aise, il finit par rire tout haut, et de toutes ses forces, sans savoir pourquoi, et seulement parce que Rose et Blanche riaient de tout leur cœur. Rabat-Joie n'avait jamais vu son maître dans un tel accès de jovialité; il le regarda d'abord avec un profond et silencieux étonnement, puis il se mit à japper d'un air interrogatif.

A cet *accent* bien connu, le rire des jeunes filles s'arrêta tout à coup, et une voix fraîche, encore un peu tremblante de joyeuse émotion, s'écria : — C'est donc toi, Rabat-Joie, qui viens nous éveiller?

Rabat-Joie comprit, remua la queue, coucha ses oreilles, et, rasant près de la porte comme un chien couchant, répondit par un léger hognement à l'appel de sa jeune maîtresse.

— Monsieur Rabat-joie — dit la voix de Rose, qui contenait à peine un nouvel accès d'hilarité — vous êtes bien matinal!

— Alors, pourriez-vous nous dire l'heure, s'il vous plaît, monsieur Rabat-Joie? — ajouta Blanche.

— Oui, mesdemoiselles : il est huit heures passées — dit tout à coup la grosse voix de Dagobert, qui accompagna cette facétie d'un immense éclat de rire.

Un léger cri de gaie surprise se fit entendre, puis Rose reprit : — Bonjour, Dagobert.

— Bonjour, mes enfans... Vous êtes bien paresseuses aujourd'hui, sans reproche.

— Ce n'est pas notre faute, notre chère Augustine n'est pas encore entrée chez nous — dit Rose; — nous l'attendons.

— Nous y voilà — se dit Dagobert, dont les traits redevinrent soucieux. Puis il reprit tout haut avec un accent assez embarrassé, car le digne homme savait mal mentir : — Mes enfans, votre gouvernante est sortie ce matin... de très bonne heure;... elle est allée à la campagne pour... pour affaires;... elle ne reviendra que dans quelques jours;... ainsi, pour aujourd'hui, vous ferez bien de vous lever toutes seules.

— Cette bonne madame Augustine... — reprit la voix de Blanche avec intérêt. — Ce n'est pas quelque chose de fâcheux pour elle qui l'a fait s'en aller si vite, n'est-ce pas, Dagobert?

— Non, non, pas du tout, c'est pour affaires — répondit le soldat — pour voir... un de ses parens...

— Ah! tant mieux — dit Rose. — Eh bien! Dagobert, quand nous t'appellerons, tu pourras entrer.

— Je reviens dans un quart d'heure — dit le soldat en s'éloignant; puis il pensa : — Il faut que je chapitre cet animal de Jocrisse, car il est si bête et si bavard, qu'il peut tout éventer.

Le nom du niais supposé servira de transition naturelle pour faire connaître la cause de la folle gaîté des deux sœurs; elles riaient des nombreuses jeannoteries de ce lourdaud.

Les deux jeunes filles s'étaient levées et habillées, se servant mutuellement de femme de chambre; Rose avait coiffé et peigné Blanche; c'était au tour de Blanche de coiffer Rose : les deux jeunes filles, ainsi groupées, offraient un tableau rempli de grâce. Rose était assise devant une toilette; sa sœur, debout derrière elle, lissait ses beaux cheveux bruns. Age heureux et charmant, encore si voisin de l'enfance, que la joie présente fait vite oublier les chagrins passés. Et puis, les orphelines éprouvaient plus que de la joie, c'était du bonheur, oui, un bonheur profond, désormais inaltérable; leur père les adorait; leur présence, loin de lui être pénible, le ravissait. Enfin, rassuré lui-même sur la tendresse de ses enfans, il n'avait non plus, grâce à elles, aucun chagrin à redouter. Pour ces trois êtres, ainsi certains de leur mutuelle et ineffable affection, que pouvait être une séparation momentanée?

Ceci dit et compris, on concevra l'innocente gaîté des deux sœurs, malgré le départ de leur père et l'expression enjouée, heureuse, qui animait leurs ravissantes figures, sur lesquelles refleurissaient déjà leurs couleurs naguère mourantes; leur foi dans l'avenir donnait à leur physionomie quelque chose de résolu, de décidé, qui ajoutait un charme piquant à leurs traits enchanteurs.

Blanche, en lissant les cheveux de sa sœur, laissa tomber son peigne; comme elle se baissait pour le ramasser, Rose la prévint et le lui rendit en disant : — S'il s'était cassé, tu l'aurais mis dans le *panier aux anses*.

Et les deux jeunes filles de rire comme des folles, à ces mots qui faisaient allusion à une admirable jeannoterie de Jocrisse.

Le niais supposé avait cassé l'anse d'une tasse, et la gouvernante des jeunes filles le réprimandant, il avait répondu : — « Soyez tranquille, ma» dame, j'ai mis l'anse *dans le panier aux anses*. — Le panier aux anses ? — » Oui, madame, c'est là où je serre toutes les anses que je casse et que je » casserai. »

— Mon Dieu — dit Rose en essuyant ses yeux humides de larmes de joie — que c'est donc ridicule de rire de pareilles sottises!

— C'est que c'est si drôle aussi! — reprit Blanche — comment y résister ?

— Tout ce que je regrette... c'est que notre père ne nous entende pas rire ainsi.

— Il était si heureux de nous voir gaies!

— Il faudra lui écrire aujourd'hui l'histoire du panier aux anses.

— Et celle du plumeau, afin de lui montrer que, selon notre promesse, nous n'avons pas de chagrin pendant son absence.

— Lui écrire... ma sœur;... mais non;... tu le sais bien, il nous écrira, lui;... mais nous ne pouvons pas lui répondre...

— C'est vrai... Alors... une idée. Ecrivons-lui toujours, à son adresse ici. Dagobert mettra les lettres à la poste, et, à son retour, notre père lira notre correspondance.

— Tu as raison, c'est charmant. Que de folies nous allons lui conter, puisqu'il les aime !...

— Et nous aussi... il faut l'avouer, nous ne demandons pas mieux que d'être gaies.

— Oh! certes... les dernières paroles de notre père nous ont donné tant de courage, n'est-ce pas, sœur?

— Moi, en l'écoutant, je me sentais intrépide au sujet de son départ.

— Et quand il nous a dit: — Mes enfans, je vais vous confier... ce que je puis vous confier... J'avais à remplir un devoir sacré;... pour cela il me fallait vous quitter pendant quelque temps; et quoique je fusse assez aveugle pour douter de votre tendresse, je ne pouvais me résoudre à vous abandonner;... cependant ma conscience était inquiète, agitée ; le chagrin abat tellement, que je n'avais pas la force de prendre une décision, et les jours se passaient ainsi dans des hésitations remplies d'angoisses; mais, une fois certain de votre tendresse, tout à coup ces irrésolutions ont cessé, j'ai compris qu'il ne s'agissait pas de sacrifier un devoir à un autre et de me préparer ainsi un remords, mais qu'il fallait accomplir deux devoirs à la fois, devoirs sacrés tous deux, et c'est ce que je fais avec joie, avec cœur, avec bonheur.

— Oh! dis, dis, ma sœur, continue — s'écria Blanche en se levant pour se rapprocher de Rose — il me semble entendre notre père, rappelons-nous-les souvent, ces paroles ; elles nous soutiendraient, si nous avions l'envie de nous attrister de son absence.

— N'est-ce pas, sœur? Mais comme notre père nous le disait encore : — Au lieu d'être chagrines de mon départ, mes enfans, soyez-en joyeuses, soyez-en fières. Je vous quitte pour accomplir quelque chose de bien, de généreux. Tenez, figurez-vous qu'il y ait quelque part un pauvre orphelin, souffrant, opprimé, abandonné de tous, que le père de cet orphelin ait été mon bienfaiteur, que je lui aie juré de me dévouer à son fils;... et que les jours de son fils soient menacés!... Dites, mes enfans, seriez-vous tristes de me voir vous quitter pour aller au secours de cet orphelin?

— Oh! non, non, brave père — avons-nous répondu, nous ne serions pas tes filles, alors! — reprit Rose avec exaltation. — Va, sois sûr de nous. Nous serions trop malheureuses de penser que notre tristesse pourrait affaiblir ton courage; va, pars, et chaque jour nous nous dirons avec orgueil : — C'est pour accomplir un noble et grand devoir que notre père nous a quittées; aussi il nous est doux de l'attendre.

— Comme c'est beau, comme cela soutient, l'idée du devoir... du dévoûment, ma sœur! — reprit Rose avec exaltation; — vois donc, cela donne à notre père le courage de nous quitter sans chagrin, et à nous le courage d'attendre gaîment son retour.

— Et puis, de quel calme nous jouissons à cette heure ! Ces rêves affligeans qui nous présageaient de si tristes événemens ne nous tourmentent plus.

— Je te le dis, sœur : cette fois nous sommes pour toujours en plein bonheur...

— Et puis, es-tu comme moi ? il me semble maintenant que je me sens plus forte, plus courageuse, et que je braverais tous les malheurs possibles.

— Je le crois bien ; vois donc comme nous sommes fortes maintenant : notre père au milieu de nous, toi d'un côté, moi de l'autre, et...

— Dagobert à l'avant-garde, Rabat-Joie à l'arrière-garde : donc l'armée sera complète. Aussi, qu'on vienne l'attaquer, mille escadrons ! — ajouta une grosse et joyeuse voix en interrompant la jeune fille, et Dagobert parut à la porte du salon, qu'il entrebâilla. Heureux, radieux, il fallait voir ; car le vieil indiscret avait quelque peu écouté les jeunes filles avant de se montrer.

— Ah ! tu nous écoutais, curieux ! — dit gaîment Rose en sortant de sa chambre avec sa sœur, et entrant dans le salon, où toutes deux embrassèrent affectueusement le soldat.

— Je crois bien que je vous écoutais, et je ne regrettais qu'une chose, c'était de ne pas avoir les oreilles aussi grandes que celles de Rabat-Joie, pour entendre davantage. Braves, braves filles, voilà comme je vous aime... un peu crânes, mordieu ! et disant au chagrin : Allons, demi-tour à gauche... assez causé... fichtre !

— Bon... tu vas voir qu'il va nous dire de jurer maintenant — dit Rose à sa sœur en riant.

— Eh ! eh ! ma foi, de temps en temps... je ne dis pas non — reprit le soldat ; — ça soulage, ça calme ; car si, pour supporter des tremblemens de misère, on ne pouvait pas jurer les cinq cent mille noms de...

— Mais veux-tu bien te taire — dit Rose en mettant sa jolie main sur la moustache grise de Dagobert pour lui couper la parole — si madame Augustine t'entendait...

— Pauvre gouvernante, si douce, si timide !... — reprit Blanche.

— Quelle peur tu lui ferais !

— Oui — dit Dagobert en tâchant de cacher son embarras renaissant ; — mais elle ne nous entend pas, puisqu'elle est... partie pour la campagne.

— Bonne et digne femme — reprit Blanche avec intérêt — elle nous a dit, à propos de toi, un mot bien touchant qui peint son excellent cœur.

— Certainement — reprit Rose — en nous parlant de toi elle nous disait : — Ah ! mesdemoiselles, auprès de l'affection de M. Dagobert, je sais que mon attachement si récent doit vous paraître bien peu de chose, que vous n'en avez pas besoin, et pourtant je me *sens le droit* de me dévouer aussi pour vous.

— Sans doute, sans doute, c'était... c'est un cœur d'or — dit Dagobert ; puis il ajouta tout bas : — C'est comme un fait exprès, voilà qu'elles mettent la conversation sur cette pauvre femme...

— Du reste, mon père l'a bien choisie — reprit Rose ; — elle est veuve d'un ancien militaire qui a fait la guerre avec lui...

— Du temps que nous étions tristes — dit Blanche — il fallait voir ses inquiétudes, son chagrin et tout ce qu'elle tentait bien timidement pour nous consoler.

— Vingt fois j'ai vu rouler de grosses larmes dans ses yeux en nous regardant — reprit Rose ; — oh ! elle nous aime tendrement, et nous le lui rendons bien... et à ce sujet, tu ne sais pas, Dagobert ? nous avons un projet dès que notre père sera de retour...

— Tais-toi donc, ma sœur... — reprit Blanche en riant ; — Dagobert ne nous gardera pas le secret.

— Lui ?

— N'est-ce pas, tu nous le garderas, Dagobert ?

— Tenez — dit le soldat de plus en plus embarrassé — vous ferez bien de ne rien dire...

— Tu ne peux donc rien cacher à madame Augustine ?

— Ah! monsieur Dagobert, monsieur Dagobert — dit Blanche gaîment en menaçant le soldat du bout du doigt — je vous soupçonne d'avoir fait le coquet auprès de notre bonne gouvernante.

— Moi... coquet? — dit le soldat.

Le ton, l'expression de Dagobert en prononçant ces mots furent si puissans, que les deux sœurs partirent d'un grand éclat de rire. Leur hilarité était au comble lorsque la porte du salon s'ouvrit.

Jocrisse fit quelque pas dans le salon en annonçant à haute voix : — M. Rodin.

En effet, le jésuite se glissa précipitamment dans l'appartement comme pour prendre possession du terrain ; une fois entré, il crut la partie gagnée, et ses yeux de reptile étincelèrent. Il serait difficile de peindre la surprise des deux sœurs et la colère du soldat, à cette visite imprévue.

Courant à Jocrisse, Dagobert le prit au collet, et s'écria : — Qui t'a permis d'introduire quelqu'un ici... sans me prévenir?

— Grâce, monsieur Dagobert ! — dit Jocrisse en se jetant à genoux, et joignant les mains d'un air aussi niais que suppliant.

— Va-t'en... sors d'ici, et vous aussi... et vous surtout! — ajouta le soldat d'un air menaçant en se retournant vers Rodin, qui déjà s'approchait des jeunes filles en souriant d'un air paterne.

— Je suis à vos ordres, mon cher monsieur... — dit humblement le prêtre en s'inclinant, mais sans bouger de place.

— T'en iras-tu ! — criait le soldat à Jocrisse, toujours agenouillé, car, grâce à l'avantage de cette position, cet homme savait pouvoir dire un certain nombre de paroles, avant que Dagobert pût le mettre à la porte.

— Monsieur Dagobert — disait Jocrisse d'une voix dolente — pardon d'avoir conduit ici monsieur sans vous prévenir ; mais, hélas! j'ai la tête perdue à cause du malheur qui est arrivé à madame Augustine...

— Quel malheur? — s'écrièrent aussitôt Rose et Blanche, en s'approchant vivement de Jocrisse avec inquiétude.

— T'en iras-tu ! — reprit Dagobert en secouant Jocrisse par le collet pour le forcer à se relever.

— Parlez... parlez... — reprit Blanche en s'interposant entre le soldat et Jocrisse — qu'est-il donc arrivé à madame Augustine?...

— Mademoiselle — se hâta de dire Jocrisse, malgré les bourrades du soldat — madame Augustine a été attaquée cette nuit du choléra, et on l'a...

Jocrisse ne put achever, Dagobert lui asséna dans la mâchoire le plus glorieux coup de poing qu'il eût donné depuis longtemps ; et puis, usant de sa force encore redoutable pour son âge, l'ancien grenadier à cheval, d'un poignet vigoureux, redressa Jocrisse sur ses jambes, et d'un violent coup de pied au bas des reins, l'envoya rouler dans la pièce voisine.

Se retournant alors vers Rodin, les joues animées, l'œil étincelant de colère, Dagobert lui montra la porte d'un geste expressif en lui disant d'une voix courroucée : — A votre tour... si vous ne filez pas... et rondement...

— A vous rendre mes devoirs, mon cher monsieur — dit Rodin en se dirigeant à reculons vers la porte, tout en saluant les jeunes filles.

CHAPITRE XLVIII.

LE DEVOIR.

Rodin, opérant lentement sa retraite sous le feu des regards courroucés de Dagobert, gagnait la porte à reculons en jetant des regards obliques et pénétrans sur les orphelines visiblement émues par l'indiscrétion calculée de Jocrisse (Dagobert lui avait ordonné de ne pas parler devant les jeunes filles de la maladie de leur gouvernante ; le niais supposé avait, à tout hasard, fait le contraire de l'ordre qu'on lui avait donné).

Rose, se rapprochant vivement du soldat, lui dit : — Est-il vrai, mon Dieu ! que cette pauvre madame Augustine soit attaquée du choléra?

— Non... je ne sais pas... je ne crois pas... — répondit le soldat avec hésitation ; — d'ailleurs, que vous importe!...

— Dagobert... tu veux nous cacher... un malheur — dit Blanche : je me souviens maintenant de ton embarras lorsque, tout à l'heure, tu nous parlais de notre gouvernante.

— Si elle est malade... nous ne devons pas l'abandonner; elle a eu pitié de nos chagrins, nous devons avoir pitié de ses souffrances.

— Viens, ma sœur... allons dans sa chambre — dit Blanche en faisant un pas vers la porte, où Rodin était arrêté prêtant une attention croissante à cette scène imprévue, qui semblait le faire profondément réfléchir.

— Vous ne sortirez pas d'ici — dit sévèrement le soldat en s'adressant aux deux sœurs.

— Dagobert — dit Blanche avec fermeté — il s'agit d'un devoir sacré, il y aurait lâcheté à y manquer.

— Je vous dis que vous ne sortirez pas... — dit le soldat en frappant du pied avec impatience.

— Mon ami — reprit Blanche d'un air non moins résolu que sa sœur, et avec une sorte d'exaltation qui colora son charmant visage d'un vif incarnat — notre père, en nous quittant, nous a donné un admirable exemple de dévoûment au devoir;... il ne nous pardonnerait pas d'avoir oublié sa leçon.

— Comment! — s'écria Dagobert hors-de-lui en s'avançant vers les deux sœurs pour les empêcher de sortir — vous croyez que, si votre gouvernante avait le choléra, je vous laisserais aller près d'elle sous prétexte de devoir?... Votre devoir est de vivre, et de vivre heureuses pour votre père... et pour moi, par dessus le marché... Ainsi, plus un mot de cette folie.

— Nous ne courons aucun danger à aller auprès de notre gouvernante dans sa chambre — dit Rose.

— Et, y eût-il danger — ajouta Blanche — nous ne devrions pas non plus hésiter. Ainsi, Dagobert, sois bon... laisse-nous passer.

— Tout à coup Rodin, qui avait écouté ce qui précède avec une attention méditative, tressaillit, son œil brilla, et un éclair de joie sinistre illumina son visage.

— Dagobert, ne nous refuse pas — dit Blanche; — tu ferais pour nous ce que tu nous reproches de vouloir faire pour une autre.

— Dagobert avait jusque-là, pour ainsi dire, barré le passage au jésuite et aux deux sœurs en se mettant devant la porte; après un moment de réflexion, il haussa les épaules, s'effaça et dit avec calme : — J'étais un vieux fou. Allez, mesdemoiselles... allez;... si vous trouvez madame Augustine dans la maison... je vous permets de rester auprès d'elle...

Interdites de l'assurance et des paroles de Dagobert, les deux jeunes filles restèrent immobiles et indécises.

— Si notre gouvernante n'est pas ici... où est-elle donc? — dit Rose.

— Vous croyez peut-être que je vais vous le dire, après l'exaltation où je vous vois!

— Elle est morte!... — s'écria Rose en pâlissant.

— Non, non, calmez-vous — dit vivement le soldat; — non... sur votre père, je vous jure que non;... seulement, à la première atteinte de la maladie, elle a demandé à être transportée hors de la maison... craignant la contagion pour ceux qui l'habitent.

— Bonne et courageuse femme... — dit Rose avec attendrissement — et tu ne veux pas...

— Je ne veux pas que vous sortiez d'ici, et vous n'en sortirez pas, quand je devrais vous enfermer dans cette chambre — s'écria le soldat en frappant du pied avec colère; puis se rappelant que la malheureuse indiscrétion de Jocrisse causait seule ce fâcheux accident, il ajouta avec une fureur concentrée : — Oh! il faudra que je casse ma canne sur le dos de ce gredin-là...

Ce disant, il se retourna vers la porte, où Rodin se tenait silencieusement attentif, dissimulant sous son impassibilité habituelle les funestes espérances qu'il venait de concevoir.

Les deux jeunes filles, ne doutant plus du départ de leur gouvernante, et persuadées que Dagobert ne leur apprendrait pas où on l'avait transportée, restèrent pensives et attristées.

A la vue du prêtre, qu'il avait un moment oublié, le courroux du soldat augmenta, et il lui dit brutalement : — Vous êtes encore là ?

— Je vous ferai observer, mon cher monsieur — dit Rodin avec l'air de bonhomie parfaite qu'il savait prendre dans l'occasion — que vous vous teniez devant la porte, ce qui m'empêchait naturellement de sortir.

— Eh bien ! maintenant... rien ne vous empêche, filez...

— Je m'empresserai donc de... *filer*... mon cher monsieur, quoique j'aie, je crois, le droit de m'étonner d'une réception pareille...

— Il ne s'agit pas de réception, mais de départ... allez-vous-en.

— J'étais venu, mon cher monsieur, pour vous parler.

— Je n'ai pas le temps de causer...

— Il s'agit d'affaires graves...

— Je n'ai pas d'autre affaire grave que celle de rester avec ces enfans...

— Soit, mon cher monsieur — dit Rodin en touchant au seuil de la porte — je ne vous importunerai pas plus longtemps ; excusez mon indiscrétion ;... porteur de nouvelles... d'excellentes nouvelles du maréchal Simon... je venais...

— Des nouvelles de notre père ! — dit vivement Rose en s'approchant de Rodin.

— Oh ! parlez... parlez, monsieur — ajouta Blanche.

— Vous avez des nouvelles du maréchal, vous ! — dit Dagobert en jetant sur Rodin un regard soupçonneux. — Et quelles sont-elles, ces nouvelles ?

Mais, Rodin, sans d'abord répondre à cette question, quitta le seuil de la porte, rentra dans le salon, et, contemplant tour à tour Rose et Blanche avec admiration, il reprit : — Quel bonheur pour moi de venir encore apporter quelque joie à ces chères demoiselles ! les voilà bien comme je les ai laissées, toujours gracieuses et charmantes, quoique moins tristes que le jour où j'ai été les chercher dans ce vilain couvent où on les retenait prisonnières... Avec quel bonheur... je les ai vues se jeter dans les bras de leur glorieux père !...

— C'était là leur place, et la vôtre n'est pas ici... — dit rudement Dagobert en tenant toujours le battant de la porte ouverte derrière Rodin.

— Avouez au moins que ma place était chez le docteur Baleinier... — dit le jésuite en regardant le soldat d'un air fin — vous savez, dans cette maison de santé... ce jour où je vous ai rendu cette noble croix impériale que vous regrettiez si fort... ce jour où cette bonne mademoiselle de Cardoville, en vous disant que j'étais son libérateur, vous a empêché de m'étrangler, un peu... mon cher monsieur... Ah ! mais, c'est que c'est ainsi que j'ai l'honneur de vous le dire, mesdemoiselles — ajouta Rodin en souriant — ce brave soldat commençait à m'étrangler ; car, soit dit sans le fâcher, il a, malgré son âge, un poignet de fer. Eh ! eh ! eh ! les Prussiens et les Cosaques doivent le savoir encore mieux que moi...

Ce peu de mots rappelaient à Dagobert et aux jeunes filles les services que Rodin leur avait véritablement rendus ; quoique le maréchal eût entendu parler de Rodin par mademoiselle de Cardoville comme d'un homme fort dangereux, dont elle avait été dupe, le père de Rose et de Blanche, sans cesse tourmenté, harcelé, n'avait pas fait part de cette circonstance à Dagobert ; mais celui-ci, instruit par l'expérience, et malgré tant d'apparences favorables au jésuite, éprouvait à son endroit un éloignement insurmontable ; aussi reprit-il brusquement : — Il ne s'agit pas de savoir si j'ai le poignet rude ou non, mais...

— Si je fais allusion à cette innocente vivacité de votre part, mon cher monsieur — dit Rodin d'un ton doucereux en interrompant Dagobert et se rapprochant davantage des deux sœurs par une sorte de circonlocution de reptile qui lui était particulière — si j'y fais allusion, c'est en me souvenant involontairement des petits services que j'ai été trop heureux de vous rendre.

Dagobert regarda fixement Rodin, qui aussitôt abaissa sur sa prunelle fauve sa flasque paupière.

— D'abord — dit le soldat après un moment de silence — un homme de cœur ne parle jamais des services qu'il a rendus... et voilà trois fois que vous revenez là-dessus...

— Mais, Dagobert — lui dit tout bas Rose — s'il s'agit de nouvelles de notre père...

Le soldat fit un geste de la main comme pour prier la jeune fille de le laisser parler, et reprit en regardant toujours Rodin entre les deux yeux : — Vous êtes malin... mais je ne suis pas un conscrit.

— Je suis malin, moi ? — dit Rodin d'un air béat.

— Beaucoup... Vous croyez m'entortiller avec vos belles phrases, mais ça ne prend pas... Ecoutez-moi bien : Quelqu'un de votre bande de robes noires m'avait volé ma croix... vous me l'avez restituée... soit ;... quelqu'un de votre bande avait enlevé ces enfans... vous les avez été chercher... soit... Vous avez dénoncé le renégat d'Aigrigny... c'est encore vrai ;..... mais tout cela ne prouve que deux choses : la première, c'est que vous avez été assez misérable pour être le complice de ces gueux-là ;... la seconde, c'est que vous avez été assez misérable pour les dénoncer ; or, ces deux choses-là sont ignobles ;... vous m'êtes suspect. Filez et filez vite, votre vue n'est pas saine pour ces enfans.

— Mais, mon cher monsieur...

— Il n'y a pas de mais — reprit Dagobert d'une voix irritée — quand un homme bâti comme vous fait le bien, ça cache quelque chose de mauvais... il faut se défier... et je me défie.

— Je conçois — dit froidement Rodin en cachant son désappointement croissant, car il avait cru facilement amadouer le soldat ; — on n'est pas maître de cela :... pourtant... si vous réfléchissez... quel intérêt puis-je avoir à vous tromper, et sur quoi vous tromperais-je ?

— Vous avez un intérêt quelconque à vous entêter à rester là malgré moi... quand je vous dis de vous en aller.

— J'ai eu l'honneur de vous dire le but de ma visite, mon cher monsieur.

— Des nouvelles du maréchal Simon, n'est-ce pas ?

— C'est cela même ; je suis assez heureux pour avoir des nouvelles de M. le maréchal — répondit Rodin en se rapprochant de nouveau des jeunes filles comme pour regagner le terrain qu'il avait perdu, et il leur dit : — Oui, mes chères demoiselles, j'ai des nouvelles de votre glorieux père.

— Alors, venez tout de suite chez moi, vous me les direz — reprit Dagobert.

— Comment !... vous avez la cruauté de priver ces chères demoiselles... d'entendre... les nouvelles que...

— Mordieu ! monsieur — s'écria Dagobert d'une voix tonnante — vous ne voyez donc pas qu'il me répugne de jeter un homme de votre âge à la porte ? Ça finira-t-il.

— Allons, allons — dit doucement Rodin — ne vous emportez pas contre un vieux bonhomme comme moi... Est-ce que j'en vaux la peine ?... Allons chez vous... soit... je vous conterai ce que j'ai à vous conter... et vous vous repentirez de ne m'avoir pas laissé parler devant ces chères demoiselles, ce sera votre punition, méchant homme.

Ce disant, Rodin, après s'être de nouveau incliné, cachant son dépit et sa colère, passa devant Dagobert, qui ferma la porte après avoir fait un signe d'intelligence aux deux sœurs qui restèrent seules.

— Dagobert, quelles nouvelles de notre père ? — dit vivement Rose au soldat en le voyant rentrer environ un quart d'heure après être sorti en accompagnant Rodin.

— Eh bien !... ce vieux sorcier sait, en effet, que le maréchal est parti, et qu'il est parti joyeux ; il connaît, m'a-t-il dit, M. Robert. Comment est-il instruit de tout cela ?... je l'ignore — ajouta le soldat d'un air pensif ; — mais c'est une raison de plus pour me défier de lui.

— Et les nouvelles de notre père, quelles sont-elles ? — demanda Rose.

— Un des amis de ce vieux misérable (je ne m'en dédis pas !) connaît, m'a-t-il dit, votre père, et l'a rencontré à vingt-cinq lieues d'ici ; sachant que cet homme revenait à Paris, le maréchal l'aurait chargé de vous dire ou de vous faire dire qu'il était en parfaite santé, et qu'il espérait bientôt vous revoir...

— Ah ! quel bonheur ! — s'écria Rose.

— Tu vois bien, tu avais tort de le soupçonner... ce pauvre vieillard — ajouta Blanche — tu l'as traité si durement !

— C'est possible... mais je ne m'en repens pas...

— Pourquoi cela?

— J'ai mes raisons ;... et une des meilleures, c'est que lorsque je l'ai vu entrer, tourner, virer autour de vous, je me suis senti froid jusque dans la moelle des os, sans savoir pourquoi :... j'aurais vu un serpent s'avancer vers vous en rampant, que je n'aurais pas été plus effrayé... Je sais bien que, devant moi, il ne pouvait pas vous faire de mal ; mais, que voulez-vous que je vous dise, mes enfans!... malgré les services qu'après tout il nous a rendus, je me tenais à quatre pour ne pas le jeter par la fenêtre... Or, cette manière de lui prouver ma reconnaissance n'est pas naturelle... Il faut donc se défier des gens qui vous inspirent ces idées-là.

— Bon Dagobert, c'est ton affection pour nous qui te rend si soupçonneux — dit Rose d'un ton caressant ; cela prouve combien tu nous aimes.

— Combien tu aimes tes enfans — ajouta Blanche en s'approchant de Dagobert et en jetant un coup d'œil d'intelligence à sa sœur comme si toutes deux allaient réaliser quelque complot fait en l'absence du soldat...

Celui-ci, qui était dans un de ses jours de défiance, regarda tour à tour les orphelines, puis, secouant la tête, il reprit : — Hum!... vous me câlinez bien... vous avez quelque chose à me demander...

— Eh bien!... oui... tu sais que nous ne mentons jamais... — dit Rose.

— Voyons, Dagobert, sois juste... voilà tout — ajouta Blanche.

Et chacune d'elles s'approchant du soldat, qui était resté debout, joignit et appuya ses mains sur son épaule en le regardant et lui souriant de l'air le plus séducteur.

— Allons, parlez, voyons... — dit Dagobert en les regardant l'une après l'autre — je n'ai qu'à me bien tenir. Il s'agit de quelque chose de difficile à arracher, j'en suis sûr...

— Ecoute, toi qui es si brave, si bon, si juste, toi qui nous as louées quelquefois d'être courageuses comme des filles de soldat...

— Au fait... au fait... — dit Dagobert, qui commençait à s'inquiéter de ces précautions oratoires.

La jeune fille allait parler lorsqu'on frappa discrètement à la porte (la leçon que Dagobert avait donnée à Jocrisse avait été d'un exemple salutaire, il venait de le chasser à l'instant même de la maison).

— Qui est là? — dit Dagobert.

— Moi, Justin, monsieur Dagobert — dit une voix.

— Entrez.

Un domestique de la maison, homme honnête et fidèle, parut à la porte.

— Qu'est-ce? — lui dit le soldat.

— Monsieur Dagobert — répondit Justin — il y a en bas une dame en voiture. Elle a envoyé son valet de pied s'informer si l'on pouvait parler à M. le duc et à mesdemoiselles... On lui a dit que M. le duc n'y était pas, mais que mesdemoiselles y étaient; alors elle a demandé à les voir... disant que c'était pour une quête.

— Et cette dame... l'avez-vous vue?... a-t-elle dit son nom?

— Elle ne l'a pas dit, monsieur Dagobert ; mais ça a l'air d'une grande me... une voiture superbe... des domestiques en grande livrée.

— Cette dame vient pour une quête — dit Rose à Dagobert — sans doute pour les pauvres ; on lui a dit que nous y étions : nous ne pouvons nous empêcher de la recevoir... il me semble?

— Qu'en penses-tu, Dagobert? — dit Blanche.

— Une dame... à la bonne heure... ce n'est pas comme ce vieux sorcier de tout à l'heure — dit le soldat — et d'ailleurs je ne vous quitte pas. — Puis s'adressant à Justin : — Fais monter cette dame.

Le domestique sortit.

— Comment, Dagobert... tu te défies aussi de cette dame que tu ne connais pas?

— Ecoutez, mes enfans, je n'avais aucune raison de me défier de ma brave et digne femme, n'est-ce pas? ça n'empêche pas que c'est elle qui vous a livrées entre les mains des robes noires... et cela... sans savoir faire mal... et seulement pour obéir à son gredin de confesseur.

— Pauvre femme! c'est vrai. Elle nous aimait bien pourtant — dit Rose pensive.

— Quand as-tu eu de ses nouvelles? — dit Blanche.

— Avant-hier. Elle va de mieux en mieux; l'air du petit pays où est la cure de Gabriel lui est favorable, et elle garde le presbytère en l'attendant.

A ce moment les deux battans de la porte du salon s'ouvrirent, et la princesse de Saint-Dizier entra après une respectueuse révérence. Elle tenait à la main une de ces bourses de velours rouge employées dans les églises par les quêteuses.

CHAPITRE XLIX.

LA QUÊTE.

Nous l'avons dit, la princesse de Saint-Dizier savait prendre, lorsqu'il le fallait, les dehors les plus attrayans, le masque le plus affectueux; ayant d'ailleurs conservé, des habitudes galantes de sa jeunesse, une coquetterie câline singulièrement insinuante, elle l'appliquait à la réussite de ses intrigues dévotes, comme elle l'avait autrefois appliquée au bon succès de ses intrigues amoureuses. Un air de grande dame, tempéré, nuancé çà et là de retours de simplicité cordiale, pendant lesquels madame de Saint-Dizier jouait merveilleusement bien la *bonne femme*, se joignait à ces séduisantes apparences.

Telle était la princesse lorsqu'elle se présenta devant les filles du maréchal Simon et devant Dagobert. Bien corsée dans sa robe de moire grise, qui dissimulait autant que possible sa taille trop replète, un chaperon de velours noir et de nombreuses boucles de cheveux blonds encadraient son visage à trois mentons grassouillets, encore fort agréable, et auquel un regard d'une aménité charmante, un gracieux sourire qui mettait en valeur des dents très blanches, donnaient l'expression de la plus aimable bienveillance.

Dagobert, malgré sa mauvaise humeur; Rose et Blanche, malgré leur timidité, se sentirent tout d'abord prévenus en faveur de madame de Saint-Dizier; celle-ci, s'avançant vers les jeunes filles, leur fit une demi-révérence du meilleur air, et leur dit de sa voix onctueuse et pénétrante : — C'est à mesdemoiselles de Ligny que j'ai l'honneur de parler?

Rose et Blanche, peu habituées à s'entendre donner le nom honorifique de leur père, rougirent, et se regardèrent avec embarras sans répondre.

Dagobert, voulant venir à leur secours, dit à la princesse : — Oui, madame, ces demoiselles sont les filles du maréchal Simon... Mais d'habitude on les appelle tout bonnement mesdemoiselles Simon.

— Je ne m'étonne pas, monsieur — répondit la princesse — de ce que la plus aimable modestie soit une des qualités habituelles aux filles de monsieur le maréchal; elles voudront donc bien m'excuser de les avoir nommées du glorieux nom qui rappelle l'immortel souvenir d'une des plus brillantes victoires de leur père.

A ces mots flatteurs et bienveillans, Rose et Blanche jetèrent un regard reconnaissant sur madame de Saint-Dizier, tandis que Dagobert, heureux et fier de cette louange à la fois adressée au maréchal et à ses filles, se sentit comme elles de plus en plus en confiance avec la quêteuse.

Celle-ci reprit d'un ton touchant et pénétré : — Je viens vers vous, mesdemoiselles, pleine de confiance dans les exemples de noble générosité que vous a donnés M. le maréchal, implorer votre charité en faveur des victimes du choléra; je suis l'une des dames patronesses d'une œuvre de secours, et, quelle que soit votre offrande, mesdemoiselles, elle sera accueillie avec une vive reconnaissance...

— C'est nous, madame, qui vous remercions d'avoir voulu songer à nous pour cette bonne œuvre — dit Blanche avec grâce.

— Permettez-moi, madame — ajouta Rose — d'aller chercher tout ce dont nous pouvons disposer pour vous l'offrir.

Et, ayant échangé un regard avec sa sœur, la jeune fille sortit du salon et entra dans la chambre à coucher qui l'avoisinait.

— Madame — dit respectueusement Dagobert, de plus en plus séduit par les paroles et les manières de la princesse — faites-nous donc l'honneur de vous asseoir en attendant que Rose revienne avec son boursicaut...

Puis le soldat reprit vivement, après avoir avancé un siége à la princesse, qui s'assit : — Pardon, madame, si je dis Rose... tout court en parlant d'une des filles du maréchal Simon ;... mais j'ai vu naître ces enfans.

— Et, après mon père, nous n'avons pas d'ami meilleur, plus tendre, plus dévoué que Dagobert, madame — ajouta Blanche en s'adressant à la princesse.

— Je le crois sans peine, mademoiselle — répondit la dévote — car vous et votre charmante sœur paraissez bien dignes d'un pareil dévoûment... dévoûment — ajouta la princesse en se tournant vers Dagobert — aussi honorable pour ceux qui l'inspirent que pour celui qui le ressent...

— Ma foi ! oui, madame — dit Dagobert — je m'en honore et je m'en flatte, car il y a de quoi... Mais, tenez, voilà Rose avec son magot.

En effet, la jeune fille sortit de la chambre tenant à la main une bourse de soie verte assez remplie. Elle la remit à la princesse, qui avait déjà deux ou trois fois tourné la tête vers la porte avec une secrète impatience, comme si elle eût attendu la venue d'une personne qui n'arrivait pas. Ce mouvement ne fut pas remarqué par Dagobert.

— Nous voudrions, madame — dit Rose à madame de Saint-Dizier — vous offrir davantage ; mais c'est là tout ce que nous possédons...

— Comment !... de l'or ? — dit la dévote en voyant plusieurs louis briller à travers les mailles de la bourse. — Mais votre *modeste* offrande, mesdemoiselles, est d'une générosité rare. — Puis la princesse ajouta en regardant les jeunes filles avec attendrissement : — Cette somme était sans doute destinée à vos plaisirs, à votre toilette ? Ce don n'en est que plus touchant... Ah ! je n'avais pas trop présumé de votre cœur... Vous imposer de ces privations souvent si pénibles pour les jeunes filles !

— Madame — dit Rose avec embarras, croyez que cette offrande n'est nullement une privation pour nous...

— Oh ! je vous crois — reprit gracieusement la princesse — vous êtes trop jolies pour avoir besoin des ressources superflues de la toilette, et votre âme est trop belle pour ne pas préférer les jouissances de la charité à tout autre plaisir...

— Madame...

— Allons, mesdemoiselles — dit madame de Saint-Dizier en souriant et en prenant son air de *bonne femme* — ne soyez pas confuses de ces louanges. A mon âge on ne flatte guère, et je vous parle en mère ;... que dis-je ! en grand'mère ;... je suis bien assez vieille pour cela...

— Nous serions bien heureuses si notre aumône pouvait alléger quelques-uns des maux pour le soulagement desquels vous quêtez, madame — dit Rose ; — car ces maux sont affreux sans doute.

— Oui, bien affreux — reprit tristement la dévote ; — mais ce qui console un peu de tels malheurs, c'est de voir l'intérêt, la pitié qu'ils inspirent dans toutes les classes de la société... En ma qualité de quêteuse, je suis plus à même que personne d'apprécier tant de nobles dévoûmens, qui ont aussi, pour ainsi dire, leur contagion... car...

— Entendez-vous, mesdemoiselles — s'écria Dagobert triomphant, et en interrompant la princesse afin d'interpréter les paroles de celle-ci dans un sens favorable à l'opposition qu'il apportait au désir des orphelines, qui voulaient aller visiter leur gouvernante malade ; — entendez-vous ce que dit si bien madame ? Dans certains cas, le dévoûment devient une espèce de contagion ;... or, il n'y a rien de pire que la contagion ;... et...

Le soldat ne put continuer : un domestique entra et l'avertit que quelqu'un voulait à l'instant lui parler. La princesse dissimula parfaitement le contentement que lui causait cet incident auquel elle n'était pas étrangère, et qui éloignait momentanément Dagobert des deux jeunes filles.

Dagobert, assez contrarié d'être obligé de sortir, se leva, et dit à la princesse en la regardant d'un air d'intelligence : — Merci, madame, de vos bons avis sur la contagion du dévoûment ! aussi, avant de vous en aller, dites encore, je vous prie, quelques mots comme ceux-là à ces jeunes filles ; vous rendrez grand service à elles, à leur père et à moi... Je reviens à l'instant, madame, car il faut que je vous remercie encore.

Puis, passant auprès des deux sœurs, Dagobert leur dit tout bas : — Ecoutez bien cette brave dame, mes enfans, vous ne pouvez mieux faire — et il sortit en saluant respectueusement la princesse.

Le soldat sorti, la dévote dit aux jeunes filles d'une voix calme et d'un air parfaitement dégagé, quoiqu'elle brûlât du désir de profiter de l'absence momentanée de Dagobert, afin d'exécuter les instructions qu'elle venait de recevoir à l'instant de Rodin : — Je n'ai pas bien compris les dernières paroles de votre vieil ami... ou plutôt il a, je crois, mal interprété les miennes... Quand je vous parlais tout à l'heure de la généreuse contagion du devoûment, j'étais loin de jeter le blâme sur ce sentiment, pour lequel j'éprouve, au contraire, la plus profonde admiration...

— Oh! n'est-ce pas, madame? — dit vivement Rose — et c'est ainsi que nous avions compris vos paroles.

— Puis, si vous saviez, madame, combien ces paroles viennent à propos pour nous!... — ajouta Blanche en regardant sa sœur d'un air d'intelligence.

— J'étais sûre que des cœurs comme les vôtres me comprendraient — reprit la dévote ; — sans doute le dévoûment a sa contagion, mais c'est une généreuse, une héroïque contagion!... Si vous saviez de combien de traits touchans, adorables, je suis chaque jour témoin, combien d'actes de courage m'ont fait tressaillir d'enthousiasme! Oui, oui, gloire et grâces en soient rendues au Seigneur! — ajouta madame de Saint-Dizier avec componction. — Toutes les classes de la société, toutes les conditions rivalisent de zèle, de charité chrétienne. Ah! si vous voyiez, dans ces ambulances établies pour donner les premiers soins aux personnes atteintes de la contagion, quelle émulation de dévoûment! pauvres et riches, jeunes gens et vieillards, femmes de tout âge, s'empressent autour des malheureux malades, et regardent comme une faveur d'être admis au pieux honneur de soigner... d'encourager... de consoler tant d'infortunes...

— Et c'est à des étrangers pour elles que tant de personnes courageuses témoignent un si vif intérêt — dit Rose en s'adressant à sa sœur d'un ton pénétré d'admiration.

— Sans doute — reprit la dévote. — Tenez, hier encore j'ai été émue jusqu'aux larmes : je visitais l'ambulance provisoire établie... justement, à quelques pas d'ici... tout près de votre maison. Une des salles était presque entièrement remplie de pauvres créatures du peuple apportées là mourantes ; tout à coup je vois entrer une femme de mes amies accompagnée de ses deux filles, jeunes, charmantes et charitables comme vous, et bientôt toutes trois, la mère et ses deux filles, se mettent, ainsi que d'humbles servantes du Seigneur, aux ordres des médecins pour soigner ces infortunées.

Les deux sœurs échangèrent un regard impossible à rendre en entendant ces paroles de la princesse, paroles perfidement calculées pour exalter jusqu'à l'héroïsme les penchans généreux des jeunes filles ; car Rodin n'avait pas oublié leur émotion profonde en apprenant la maladie subite de leur gouvernante; la pensée rapide, pénétrante du jésuite, avait aussitôt tiré parti de cet incident, et aussitôt il avait enjoint à madame de Saint-Dizier d'agir en conséquence.

La dévote continua donc en jetant sur les orphelines un regard attentif, afin de juger de l'effet de ses paroles : — Vous pensez bien qu'au premier rang de ceux qui accomplissent cette mission de charité, l'on compte les ministres du Seigneur... Ce matin même, dans cet établissement de secours dont je vous parle... et qui est situé près d'ici... j'ai été, comme bien d'autres, frappée d'admiration, à la vue d'un jeune prêtre ;... que dis-je!... d'un ange! qui semblait descendu du ciel pour apporter à toutes ces pauvres femmes les ineffables consolations de la religion... Oh! oui, ce jeune prêtre est un être angélique... car si, comme moi, dans ces tristes circonstances, vous saviez ce que l'abbé Gabriel...

— L'abbé Gabriel! — s'écrièrent les jeunes filles en échangeant un regard de surprise et de joie.

— Vous le connaissez? — demanda la dévote en feignant la surprise.

— Si nous le connaissons, madame ;... il nous a sauvé la vie...

— Lors du naufrage où nous périssions sans son secours.

— L'abbé Gabriel vous a sauvé la vie? — dit madame de Saint-Dizier en paraissant de plus en plus étonnée ; — mais ne vous trompez-vous pas?

— Oh! non, non, madame; vous parlez de dévoûment courageux, admirable : ce doit être lui...

— D'ailleurs, ajouta Rose ingénument — Gabriel est bien reconnaissable, il est beau comme un archange...

— Il a de longs cheveux blonds — ajouta Blanche.

— Et des yeux bleus si doux, si bons, qu'on se sent tout attendrie en le regardant — ajouta Rose.

— Plus de doute... c'est bien lui—reprit la dévote :—alors vous comprendrez l'adoration qu'on lui témoigne et l'incroyable ardeur de charité que son exemple inspire à tous. Ah! si vous aviez entendu, ce matin encore, avec quelle tendre admiration il parlait de ces femmes généreuses qui avaient le noble courage — disait-il — de venir soigner, consoler d'autres femmes, leurs sœurs, dans cet asile de souffrances!... Hélas! je l'avoue, le Seigneur nous commande l'humilité, la modestie; pourtant, je le confesse, en écoutant ce matin l'abbé Gabriel, je ne pouvais me défendre d'une sorte de pieuse fierté; oui, malgré moi, je prenais ma faible part des louanges qu'il adressait à ces femmes, qui, selon sa touchante expression, semblaient reconnaître une sœur bien-aimée dans chaque pauvre malade auprès de laquelle elles s'agenouillaient pour lui prodiguer leurs soins.

— Entends-tu, ma sœur? — dit Blanche à Rose avec exaltation;—comme l'on doit être fière de mériter de pareilles louanges!

— Oui, oui — s'écria la princesse avec un entraînement calculé — on peut en être fière, car c'est au nom de l'humanité, c'est au nom du Seigneur qu'il les accorde, ces louanges, et l'on dirait que Dieu parle par sa bouche inspirée.

— Madame—dit vivement Rose, dont le cœur battait d'enthousiasme aux paroles de la dévote—nous n'avons plus notre mère; notre père est absent... vous avez une si belle âme, un si noble cœur, que nous ne pouvons mieux nous adresser qu'à vous... pour demander conseil...

— Quel conseil, ma chère enfant? — dit madame de Saint-Dizier d'une voix insinuante; — oui... ma chère enfant, laissez-moi vous donner ce nom, plus en rapport avec votre âge et le mien...

— Il nous sera doux aussi de recevoir ce nom de vous, madame — reprit Blanche; puis elle ajouta :

— Nous avions une gouvernante : elle nous a toujours témoigné le plus vif attachement; cette nuit elle a été frappée du choléra...

— Oh! mon Dieu! — dit la dévote, feignant le plus touchant intérêt; — et comment va-t-elle?

— Hélas, madame, nous l'ignorons!

— Comment! vous ne l'avez pas encore vue?

— Ne nous accusez pas d'indifférence ou d'ingratitude, madame — dit tristement Blanche; ce n'est pas notre faute, si nous ne sommes pas déjà auprès de notre gouvernante.

— Et qui vous empêche de vous y rendre?

— Dagobert... notre vieil ami, que vous avez vu ici tout à l'heure.

— Lui!... pourquoi s'oppose-t-il à ce que vous remplissiez un devoir de reconnaissance?

— Il est donc vrai, madame, que notre devoir est de nous rendre auprès d'elle?

Madame de Saint-Dizier regarda tour à tour les deux jeunes filles comme si elle eût été au comble de l'étonnement, et dit : — Vous me demandez si c'est votre devoir, c'est vous... vous dont l'âme est si généreuse, qui me faites une pareille question!

— Notre première pensée a été de courir auprès de notre gouvernante, madame, je vous l'assure; mais Dagobert nous aime tant, qu'il tremble toujours pour nous...

— Et puis — ajouta Rose — mon père nous a confiées à lui; aussi, dans sa tendre sollicitude pour nous, il s'exagère le danger auquel nous nous exposerions peut-être en allant voir notre gouvernante.

— Les scrupules de cet excellent homme sont excusables — dit la dévote; — mais ses craintes sont, ainsi que vous le dites, exagérées; depuis nombre de jours je vais visiter les ambulances; plusieurs de mes amies font comme moi, et jusqu'à présent nous n'avons pas ressenti la moindre atteinte de la maladie... qui d'ailleurs n'est pas contagieuse; cela est maintenant prouvé;... aussi, rassurez-vous...

— Qu'il y ait ou non du danger, madame — dit Rose — notre devoir nous appelle auprès de notre gouvernante.

— Je le crois, mes enfans; sinon elle vous accuserait peut-être d'ingratitude et même de lâcheté : puis — ajouta madame de Saint-Dizier avec componction — il ne s'agit pas seulement de mériter l'estime du monde, il faut songer à mériter la grâce du Seigneur... pour soi... et pour les siens;... ainsi vous avez eu le malheur de perdre votre mère, n'est-ce pas?

— Hélas, oui, madame.

— Eh bien, mes enfans, quoiqu'il n'y ait pas à douter qu'elle soit placée... au paradis, parmi les élus, car elle est morte en chrétienne, n'est-ce pas? elle a reçu les derniers sacremens de notre sainte mère l'Église? — ajouta la princesse en manière de parenthèse.

— Nous vivions au fond de la Sibérie, dans un désert... madame — répondit tristement Rose. — Notre mère est morte du choléra... il n'y avait pas de prêtres aux environs... pour l'assister...

— Serait-il possible? — s'écria la princesse d'un air alarmé. Votre pauvre mère est morte sans assistance d'un ministre du Seigneur?

— Ma sœur et moi nous avons veillé auprès d'elle après l'avoir ensevelie, en priant Dieu pour elle... comme nous savions le prier... — dit Rose les yeux baignés de larmes... — puis Dagobert a creusé la fosse où elle repose.

— Ah! mes chères enfans — dit la dévote en feignant un accablement douloureux.

— Qu'avez-vous, madame? — s'écrièrent les orphelines effrayées.

— Hélas!... votre digne mère, malgré toutes ses vertus, n'est pas encore montée au paradis parmi les élus.

— Que dites-vous, madame?

— Malheureusement, elle est morte sans avoir reçu les sacremens; de sorte que son âme reste errante parmi les âmes du purgatoire, attendant ainsi l'heure de la clémence du Seigneur... Délivrance qui peut être hâtée, grâce à l'intercession des prières que l'on prononce chaque jour dans les églises pour le rachat des âmes en peine.

Madame de Saint-Dizier prit un air si désolé, si convaincu, si pénétré, en prononçant ces paroles; les jeunes filles avaient un sentiment filial si profond, que, dans leur ingénuité, elles crurent aux frayeurs de la princesse à l'endroit de leur mère, se reprochant avec une tristesse naïve d'avoir ignoré jusqu'alors la particularité du purgatoire.

La dévote, voyant, à l'expression de douloureuse tristesse qui se répandit aussitôt sur la physionomie des jeunes filles, que sa fourbe hypocrite avait produit l'effet qu'elle attendait, ajouta : — Il ne faut pas vous désespérer, mes enfans; tôt ou tard le Seigneur appellera votre mère dans son saint paradis; d'ailleurs, ne pouvez-vous pas hâter l'heure de la délivrance de cette âme chérie?

— Nous, madame!... Oh! dites, dites, car vos paroles nous effraient pour notre mère.

— Pauvres enfans, comme elles sont intéressantes! — dit la princesse avec attendrissement, en pressant les mains des orphelines dans les siennes. — Rassurez-vous, vous dis-je — reprit-elle; — vous pouvez beaucoup pour votre mère; — oui, mieux que personne vous obtiendrez du Seigneur qu'il retire cette pauvre âme du purgatoire et qu'il la fasse monter dans son saint paradis.

— Nous, madame! Mon Dieu! et comment donc?

— En méritant les bontés du Seigneur par une conduite édifiante. Ainsi, par exemple, vous ne pouvez lui être plus agréables qu'en accomplissant cet acte de dévoûment et de reconnaissance envers votre gouvernante · oui, j'en suis certaine, cette preuve de zèle tout chrétien, comme dit le saint abbé Gabriel, compterait efficacement auprès du Seigneur pour la délivrance de votre mère, car, dans sa bonté, le Seigneur accueille surtout favorablement les prières des filles qui prient pour leur mère, et qui, pour obtenir sa grâce, offrent au ciel de nobles et saintes actions.

— Ah! ce n'est plus seulement de notre gouvernante qu'il s'agit maintenant — s'écria Blanche.

— Voilà Dagobert — dit tout à coup Rose en prêtant l'oreille et en entendant à travers la cloison le pas du soldat, qui montait l'escalier.

— Remettez-vous... calmez-vous... Ne dites rien de tout ceci à cet excellent homme... — dit vivement la princesse ; — il s'inquiéterait à tort et mettrait peut-être des obstacles à votre généreuse résolution.

— Mais comment faire, madame, pour découvrir où est notre gouvernante ? — dit Rose.

— Nous saurons tout cela ;... fiez-vous à moi — dit tout bas la dévote, je reviendrai vous voir... et nous conspirerons ensemble ;... oui, nous conspirerons pour le prochain rachat de l'âme de votre pauvre mère...

A peine la dévote avait-elle prononcé ces derniers mots avec componction, que le soldat rentra, l'air épanoui, rayonnant. Dans son contentement, il ne s'aperçut pas de l'émotion que les deux sœurs ne parvinrent pas à dissimuler tout d'abord.

Madame de Saint-Dizier, voulant distraire l'attention du soldat, lui dit en se levant et allant vers lui : — Je n'ai pas voulu prendre congé de ces demoiselles, monsieur, sans vous adresser sur leurs rares qualités toutes les louanges qu'elles méritent.

— Ce que vous me dites là, madame, ne m'étonne pas... mais je n'en suis pas moins heureux. Ah çà, vous avez, je l'espère, chapitré ces mauvaises petites têtes sur la contagion du dévoûment...

— Soyez tranquille, monsieur — dit la dévote en échangeant un regard d'intelligence avec les deux jeunes filles — je leur ai dit tout ce qu'il fallait leur dire; nous nous entendons maintenant.

Ces mots satisfirent complètement Dagobert; et madame de Saint-Dizier, après avoir pris affectueusement congé des orphelines, regagna sa voiture et alla retrouver Rodin, qui l'attendait à quelques pas de là dans un fiacre, afin de savoir l'issue de l'entrevue.

CHAPITRE L.

L'AMBULANCE.

Parmi un grand nombre d'ambulances provisoires ouvertes à l'époque du choléra dans tous les quartiers de Paris, on en avait établi une dans un vaste rez-de-chaussée d'une maison de la rue du Mont-Blanc ; et cet appartement, alors vacant, avait été généreusement mis, par son propriétaire, à la disposition de l'autorité. Dans cet endroit l'on transportait les malades indigens qui, subitement atteints de la contagion, étaient jugés dans un état trop alarmant pour pouvoir être immédiatement conduits aux hôpitaux.

Il faut le dire, à la louange de la population parisienne, non-seulement les dons volontaires de toute nature affluaient dans ces succursales, mais des personnes de toutes conditions, gens du monde, ouvriers, industriels, artistes, s'y organisaient en service de jour et de nuit, afin de pouvoir établir l'ordre, exercer une active surveillance dans ces hôpitaux improvisés, et venir en aide aux médecins pour exécuter leurs prescriptions à l'égard des cholériques.

Des femmes de toute condition partageaient cet élan de généreuse fraternité pour le malheur, et rien n'était plus respectable que les susceptibilités de la modestie, nous pourrions citer, entre mille, deux jeunes et charmantes femmes dont l'une appartenait à l'aristocratie et l'autre à la riche bourgeoisie, qui, pendant cinq ou six jours durant lesquels l'épidémie sévit avec le plus de violence, vinrent chaque matin partager, avec d'admirables sœurs de charité, les périlleux et humbles soins que celles-ci donnaient aux malades indigentes que l'on amenait dans l'ambulance provisoire de l'un des quartiers de Paris.

Ces faits de charité fraternelle, et tant d'autres qui se passent de nos jours, montrent combien sont vaines et intéressées les prétentions effrontées de certains ultramontains. A les entendre, eux ou leurs moines, en vertu de leur détachement de toutes les affections terrestres, sont seuls capables de donner au monde ces merveilleux exemples d'abnégation, d'ardente charité, qui font l'orgueil de l'humanité; à les entendre, il n'est, par exemple, dans la société, rien de comparable au courage et au dévoûment du prêtre qui va administrer un mourant. Rien n'est plus admirable que le trappiste qui, le croirait-on! pousse l'abnégation évangélique jusqu'à défricher, jusqu'à cultiver des terres appartenant à son ordre!... N'est-ce pas idéal? n'est-ce pas divin? Labourer, ensemencer *la terre dont les produits sont à vous!* En vérité, c'est héroïque; aussi nous admirons la chose de toutes nos forces.

Seulement, tout en reconnaissant ce qu'il y a de bon dans un bon prêtre, nous demanderons humblement s'ils sont moines, clercs ou prêtres :

Ces médecins des pauvres qui, à toute heure du jour ou de la nuit, accourent au misérable chevet de l'infortune?

Ces médecins qui, pendant le choléra, ont risqué mille fois leur vie avec autant de désintéressement que d'intrépidité?

Ces savans, ces jeunes praticiens qui, par amour de la science et de l'humanité, ont sollicité comme une grâce, comme un honneur, d'aller braver la mort en Espagne lorsque la fièvre jaune décimait la population?

Etait-ce donc le célibat, le renoncement qui faisait la force de tant d'hommes généreux? Hésitaient-ils à sacrifier leur vie, préoccupés qu'ils étaient de leurs plaisirs ou des doux devoirs de la famille? Non, aucun d'eux ne renonçait pour cela aux joies du monde. La plupart d'entre eux avaient des femmes, des enfans; et c'est parce qu'ils connaissaient les joies de la paternité, qu'ils avaient le courage de s'exposer à la mort pour sauver la femme, les enfans de leurs frères; s'ils faisaient enfin si vaillamment le bien, c'est qu'ils vivaient selon les vues éternelles du Créateur, qui a fait l'homme pour la famille et non pour le stérile isolement du cloître.

Sont-ils trappistes, ces millions de cultivateurs, de prolétaires des campagnes, qui défrichent et arrosent de leurs sueurs des terres qui *ne sont pas les leurs*, et cela pour un salaire insuffisant aux premiers besoins de leurs enfans?

Enfin (ceci paraîtra peut-être puéril, mais nous le tenons pour incontestable), sont-ils moines, clercs ou prêtres, ces hommes intrépides qui, à toute heure du jour ou de la nuit, s'élancent avec une fabuleuse intrépidité au milieu des flammes et de la fournaise, escaladant des poutres embrasées, des décombres brûlans, pour préserver des biens qui ne sont pas à eux, pour sauver des gens qui leur sont inconnus, et cela simplement, sans fierté, sans privilége, sans morgue, sans autre rémunération que le pain de munition qu'ils mangent, sans autre signe honorifique que l'habit de soldat qu'ils portent, et cela surtout sans prétendre le moins du monde à monopoliser le courage, le dévoûment, et à être un jour quelque peu canonisés et enchâssés? Et pourtant, nous pensons que tant de hardis sapeurs qui ont risqué leur vie dans vingt incendies, qui ont arraché aux flammes des vieillards, des femmes, des enfans, qui ont préservé des villes entières des ravages du feu, ont *au moins* autant mérité de Dieu et de l'humanité que *saint Polycarpe*, *saint Fructueux*, *saint Privé*, et autres plus ou moins sanctifiés.

Non, non, grâce aux doctrines morales de tous les siècles, de tous les peuples, de toutes les philosophies, grâce à l'émancipation progressive de l'humanité, les sentimens de charité, de dévoûment, de fraternité, sont presque devenus des instincts naturels, et se développent merveilleusement chez l'homme lorsqu'il se trouve dans la condition de bonheur relatif pour lequel Dieu l'a doué et créé.

Non, non, certains ultramontains intrigans et tapageurs ne conservent pas seuls, comme ils le voudraient faire croire, la tradition du dévoûment de l'homme à l'homme, de l'abnégation de la créature pour la créature : en théorie et en pratique, Marc-Aurèle vaut bien saint Jean; Platon, saint Augustin; Confucius, saint Chrysostome; depuis l'antiquité jusqu'à nos jours, la *maternité*, l'*amitié*, l'*amour*, la *science*, la *gloire*, la *liberté*, ont, en dehors de toute orthodoxie, une armée de glorieux noms, d'admirables martyrs à opposer aux saints et aux martys du calendrier; oui, nous le répétons, jamais les ordres monastiques qui se sont le plus piqués de dévoûment à l'humanité n'ont fait, pour leurs frères, plus que n'ont fait, pendant les terribles journées du choléra, tant de jeunes gens libertins, tant de femmes coquettes et charmantes, tant d'artistes païens, tant de lettrés panthéistes, tant de médecins matérialistes.

Deux jours s'étaient passés depuis la visite de madame de Saint-Dizier aux orphelines; il était environ dix heures du matin. Les personnes qui avaient volontairement fait le service de nuit auprès des malades à l'ambulance établie rue du Mont-Blanc, allaient être relevées par d'autres servans volontaires.

— Eh bien! messieurs — dit l'un des nouveaux arrivans — où en sommes-nous? y a-t-il eu décroissance cette nuit dans le nombre des malades?

— Malheureusement, non ;... mais les médecins croient que la contagion a atteint son plus haut degré d'intensité.

— Il reste du moins l'espérance de la voir décroître.

— Et parmi ces messieurs que nous remplaçons, aucun n'a-t-il été atteint?

— Nous sommes venus onze hier ; ce matin nous ne sommes plus que neuf.

— C'est triste... Et ces deux personnes ont été rapidement frappées?

— Une des victimes... jeune homme de vingt-cinq ans, officier de cavalerie en congé... a été, pour ainsi dire, foudroyé;... en moins d'un quart d'heure il est mort; quoique de pareils faits soient fréquens, nous sommes tous restés dans la stupeur.

— Pauvre jeune homme!...

— Il avait un mot d'encouragement cordial et d'espoir pour chacun; il était parvenu à remonter tellement le moral de plusieurs malades, que plusieurs d'entre eux, qui avaient moins le choléra que la peur du choléra, sont sortis à peu près guéris de l'ambulance...

— Quel dommage!... Un si brave jeune homme!... Enfin, il est mort glorieusement; il y a autant de courage à mourir ainsi qu'à la bataille..

— Il n'y avait pour rivaliser de zèle, de courage avec lui, qu'un jeune prêtre d'une figure angélique; on le nomme l'abbé Gabriel; il est infatigable; à peine prend-il quelques heures de repos, courant de l'un à l'autre, se faisant tout à tous; il n'oublie personne; ses consolations, qu'il donne partout du plus profond de son cœur, ne sont pas des banalités qu'il débite par métier; non, non, je l'ai vu pleurer la mort d'une pauvre femme à qui il avait fermé les yeux après une déchirante agonie. Ah! si tous les prêtres lui ressemblaient!...

— Sans doute, c'est si vénérable, un bon prêtre!... Et quelle est l'autre victime de cette nuit parmi vous?

— Oh! cette mort-là a été affreuse... N'en parlons pas ; j'ai encore cet horrible tableau devant les yeux.

— Une attaque de choléra foudroyante?

— Si ce malheureux n'était mort que de la contagion, vous ne me verriez pas si effrayé à ce souvenir.

— De quoi est-il donc mort ?

— C'est toute une histoire sinistre... Il y a trois jours, on a amené ici un homme que l'on croyait seulement atteint du choléra;... vous avez sans doute entendu parler de ce personnage, c'est ce dompteur de bêtes féroces qui a fait courir tout Paris à la Porte-Saint-Martin.

— Je sais de qui vous voulez parler... un nommé Morok; il jouait une espèce de scène avec une panthère noire apprivoisée?

— Précisément, j'étais même à une représentation singulière, à la fin de laquelle un étranger, un Indien, par suite d'un pari, dit-on, a sauté sur le théâtre et a tué la panthère... Eh bien! figurez-vous que chez Morok... amené d'abord ici comme cholérique, et en effet il offrait les symptômes de la contagion, une maladie affreuse s'est tout à coup déclarée.

— Et cette maladie?

— L'hydrophobie.

— Il est devenu enragé ?

— Oui... il a avoué avoir été mordu, il y a peu de jours, par l'un des molosses qui gardent sa ménagerie; malheureusement il n'a fait cet aveu qu'après le terrible accès qui a coûté la vie au malheureux que nous regrettons.

— Comment cela s'est-il donc passé ?

— Morok occupait une chambre avec trois autres malades. Tout à coup, saisi d'une espèce de délire furieux, il se lève en poussant des cris féroces... et se précipite comme un fou dans le corridor... Le malheureux que nous regrettons se présente à lui et veut l'arrêter. Cette espèce de lutte exalte la frénésie de Morok, et il se jette sur celui qui s'opposait à son passage, le mord, le déchire... et tombe enfin dans d'horribles convulsions.

— Ah! vous avez raison, c'est affreux... Et malgré tous les secours, la victime de Morok?...

— Est morte cette nuit au milieu de souffrances atroces; car l'émotion avait été si violente, qu'une fièvre cérébrale s'est aussitôt déclarée.

— Et Morok, est-il mort?

— Je ne sais... On a dû le transporter hier dans un hôpital, après l'avoir garrotté pendant l'état d'affaissement qui succède ordinairement à ces crises violentes; mais en attendant qu'il pût être emmené d'ici, on l'a enfermé dans une chambre haute de cette maison.

— Mais il est perdu?

— Il doit être mort... Les médecins ne lui donnaient pas vingt-quatre heures à vivre.

Les interlocuteurs de cet entretien se tenaient dans une antichambre située au rez-de-chaussée où se réunissaient ordinairement les personnes qui venaient offrir volontairement leur aide et leur concours.

D'un côté, cette pièce communiquait avec les salles de l'ambulance; de l'autre, avec le vestibule, dont la fenêtre s'ouvrait sur la cour.

— Ah! mon Dieu! — dit l'un des interlocuteurs en regardant à travers la croisée, voyez donc quelles charmantes jeunes personnes viennent de descendre de cette belle voiture; comme elles se ressemblent! En vérité, une pareille ressemblance est extraordinaire.

— Sans doute, ce sont deux jumelles... Pauvres jeunes filles! elles sont vêtues de deuil... Peut-être ont-elles à regretter un père ou une mère.

— L'on dirait qu'elles viennent de ce côté.

— Oui... elles montent le perron...

Bientôt, en effet, Rose et Blanche entrèrent dans l'antichambre, l'air timide, inquiet, quoique une sorte d'exaltation fébrile et résolue brillât dans leurs regards.

L'un des deux hommes qui causaient ensemble, touché de l'embarras des jeunes filles, s'avança vers elles, et leur dit d'un ton de politesse prévenante:

— Désirez-vous quelque chose, mesdemoiselles?

— N'est-ce pas ici, monsieur — reprit Rose — l'ambulance de la rue du Mont-Blanc?

— Oui, mademoiselle.

— Une dame nommée madame Augustine du Tremblay a été, nous a-t-on dit, amenée ici il y a deux jours, monsieur. Pourrions-nous la voir?

— Je dois vous faire observer, mademoiselle, qu'il y a quelque danger... à pénétrer dans les salles des malades.

— C'est une amie bien chère que nous désirons voir — répondit Rose d'un ton doux et ferme qui disait assez son mépris du danger.

— Je ne puis, d'ailleurs, vous assurer, mademoiselle — reprit son interlocuteur — que la personne que vous cherchez soit ici; mais si vous voulez vous donner la peine d'entrer dans cette pièce, à main gauche, vous trouverez la bonne sœur Marthe dans son cabinet: elle est chargée de la salle des femmes, et vous donnera tous les renseignemens que vous pourrez désirer.

— Merci, monsieur — dit Blanche en s'inclinant gracieusement; et elle entra avec sa sœur dans l'appartement que l'on venait de lui indiquer.

— En vérité, elles sont charmantes — dit l'homme en suivant du regard les deux sœurs, qui disparurent bientôt. — Ce serait bien dommage si...

Il ne put achever.

Tout à coup un tumulte effroyable, mêlé de cris d'horreur et d'épouvante, retentit dans les pièces voisines; presque aussitôt deux des portes qui communiquaient à l'antichambre s'ouvrirent violemment, et un grand nombre de malades, la plupart demi-nus, hâves, décharnés, les traits altérés par la terreur, se précipitèrent dans cette pièce en criant: — Au secours! au secours! l'enragé!...

Il est impossible de peindre la mêlée désespérée, furieuse, qui suivit cette panique de gens effarés se ruant sur l'unique porte de l'antichambre afin d'échapper au péril qu'ils redoutaient, et là, luttant, se battant, se foulant aux pieds, afin de fuir par cette étroite issue.

Au moment où le dernier de ces malheureux parvenait à gagner la porte, se traînant épuisé sur ses mains ensanglantées, car il avait été renversé et presque écrasé durant la mêlée, Morok, l'objet de tant d'épouvante... Morok apparut.

Il était horrible... un lambeau de couverture ceignait ses reins; son torse blafard et meurtri était nu ainsi que ses jambes, autour desquelles se voyaient encore les débris des liens qu'il venait de briser; son épaisse chevelure jaunâtre se raidissait sur son front; sa barbe semblait se hérisser par la même horripilation; ses yeux, roulant égarés, sanglans dans leur orbite, brillaient illuminés d'un éclat vitreux; l'écume inondait ses lèvres : de temps à autre il poussait des cris rauques, gutturaux; les veines de ses membres de fer étaient tendues à se rompre; il bondissait par saccades comme une bête fauve, en étendant devant lui ses doigts osseux et crispés.

Au moment où Morok allait atteindre l'issue par laquelle ceux qu'il poursuivait venaient de s'échapper, des personnes valides, accourues au bruit, parvinrent à fermer au dehors et cette porte et celles qui communiquaient aux salles de l'ambulance.

Morok se vit prisonnier. Il courut alors vers la fenêtre pour la briser et se précipiter dans la cour; mais, s'arrêtant tout à coup, il recula devant l'éclat miroitant des carreaux, saisi de l'horreur invincible que tous les hydrophobes éprouvent à la vue des objets luisans, et surtout des glaces.

Bientôt les malades qu'il avait poursuivis, ameutés dans la cour, le virent, à travers la fenêtre, s'épuiser en efforts furieux pour ouvrir les portes que l'on venait de fermer sur lui. Puis reconnaissant l'inutilité de ses tentatives, il poussa des cris sauvages et se mit à tourner rapidement autour de cette salle, comme un animal féroce qui cherche en vain l'issue de sa cage.

Mais ceux des spectateurs de cette scène qui collaient leurs visages aux vitres de la fenêtre, poussèrent une grande clameur d'angoisse et d'épouvante.

Morok venait d'apercevoir la petite porte qui communiquait au cabinet occupé par la sœur Marthe, et dans lequel Rose et Blanche venaient d'entrer quelques instans auparavant.

Morok, espérant sortir par cette issue, tira violemment à lui le bouton de cette porte, et parvint à l'entr'ouvrir, malgré la résistance qu'il éprouvait à l'intérieur...

Un instant, la foule effrayée vit, de la cour, les bras raidis de la sœur Marthe et des orphelines cramponnés à la porte et la retenant de tout leur pouvoir.

CHAPITRE LI.

L'HYDROPHOBIE.

Lorsque les malades rassemblés dans la cour virent l'acharnement des tentatives de Morok pour forcer la porte de la chambre où étaient renfermées sœur Marthe et les orphelines, la terreur redoubla.

— La sœur est perdue! s'écriait-on avec horreur.
— Cette porte va céder...
— Et ce cabinet n'a pas d'autre issue!
— Il y a deux jeunes filles en deuil avec elle...
— On ne peut pourtant laisser de pauvres femmes aux prises avec ce furieux!... A moi, mes amis! — dit généreusement un spectateur valide en courant vers le perron pour rentrer dans l'antichambre.
— Il est trop tard, c'est vous exposer en vain — dirent plusieurs personnes en le retenant malgré lui.

A ce moment, on entendit des voix crier :
— Voici l'abbé Gabriel!
— Il descend du premier;... il accourt au bruit.

— Il demande ce que c'est.
— Que va-t-il faire ?

En effet, Gabriel, occupé près d'un mourant dans une salle voisine, venait d'apprendre que Morok, brisant ses liens, était parvenu à s'échapper, par une étroite lucarne, de la chambre où on l'avait enfermé provisoirement. Prévoyant les terribles dangers qui pouvaient résulter de l'évasion du dompteur de bêtes, le jeune missionnaire, ne consultant que son courage, accourut dans l'espoir de conjurer de plus grands malheurs. D'après ses ordres, un infirmier le suivait tenant à la main un réchaud portatif rempli d'une braise ardente, au milieu de laquelle chauffaient à blanc plusieurs fers à cautériser, dont les médecins se servaient dans quelques cas de choléra désespérés.

L'angélique figure de Gabriel était pâle; mais une calme intrépidité éclatait sur son noble front. Traversant précipitamment le vestibule, écartant de droite et de gauche la foule pressée sur son passage, il se dirigeait en hâte vers l'antichambre. Au moment où il s'en approchait, un des malades lui dit d'une voix lamentable.

— Ah! monsieur l'abbé... c'est fini; ceux qui sont dans la cour et qui voient à travers les vitres, disent que la sœur Marthe est perdue...

Gabriel ne répondit rien, mit vivement la main sur la clef de la porte; mais avant de pénétrer dans cette pièce où était renfermé Morok, il se retourna vers l'infirmier et lui dit d'une voix ferme : — Vos fers sont chauffés à blanc?

— Oui, monsieur l'abbé.

— Attendez-moi là... et tenez-vous prêt. Quant à vous, mes amis — ajouta-t-il en s'adressant à quelques malades frissonnant d'effroi — dès que je serai entré... fermez la porte sur moi... Je réponds de tout; et vous, infirmier, ne venez que lorsque j'appellerai...

Puis le jeune missionnaire fit jouer le pêne de la serrure. A ce moment un cri de terreur, de pitié, d'admiration, sortit de toutes les poitrines, et les spectateurs de cette scène, rassemblés autour de la porte, s'en éloignèrent en hâte par un mouvement d'épouvante involontaire.

Après avoir levé les yeux au ciel comme pour invoquer Dieu à cet instant terrible, Gabriel poussa la porte et la referma aussitôt sur lui. Il se trouva seul avec Morok.

Le dompteur de bêtes, par un dernier effort de fureur, était parvenu à ouvrir presque entièrement la porte à laquelle la sœur Marthe et les orphelines se cramponnaient, agonisantes de frayeur, en poussant des cris désespérés. Au bruit des pas de Gabriel, Morok se retourna brusquement. Alors, loin de persister à entrer dans le cabinet, d'un bond il s'élança en rugissant sur le jeune missionnaire.

Pendant ce temps, la sœur Marthe et les orphelines, ignorant la cause de la retraite subite de leur agresseur, et profitant de ce moment de répit, poussèrent intérieurement un verrou et se mirent ainsi à l'abri d'une nouvelle attaque.

Morok, l'œil hagard, les dents convulsivement serrées, s'était rué sur Gabriel, les mains étendues en avant afin de le saisir à la gorge; le missionnaire reçut vaillamment le choc; ayant, d'un coup d'œil rapide, deviné le mouvement de son adversaire, à l'instant où celui-ci s'élança sur lui, il le saisit par les deux poignets... et, le contenant ainsi, les abaissa violemment d'une main vigoureuse.

Pendant une seconde, Morok et Gabriel restèrent muets, haletans, immobiles, se mesurant du regard; puis le missionnaire, arc-bouté sur ses reins, le haut du corps renversé en arrière, tâcha de vaincre les efforts de l'hydrophobe, qui, par de violens soubresauts, tentait de lui échapper et de se jeter sur lui, la tête en avant, pour le déchirer.

Tout à coup le dompteur de bêtes sembla défaillir, ses genoux fléchirent; sa tête, livide, violacée, se pencha sur son épaule; ses yeux se fermèrent... Le missionnaire, pensant qu'une faiblesse passagère succédait à l'accès de rage de ce misérable, et qu'il allait tomber, cessa de le maintenir pour lui prêter secours... Se sentant libre, grâce à sa ruse, Morok se releva tout à coup pour se jeter avec rage sur Gabriel. Surpris par cette brusque attaque, celui-ci chancela et se sentit saisir et enlacer dans les bras de fer de ce furieux.

II. 46

Redoublant pourtant d'énergie et d'efforts, luttant poitrine contre poitrine, pied contre pied, le missionnaire fit à son tour trébucher son adversaire, d'un élan vigoureux parvint à le renverser, à lui saisir de nouveau les mains, et à le tenir presque immobile sous son genou... L'ayant ainsi complètement maîtrisé, Gabriel tournait la tête pour appeler à l'aide, lorsque Morok, par un effort désespéré, parvint à se redresser sur son séant et à saisir entre ses dents le bras gauche du missionnaire.

A cette morsure aiguë, profonde, horrible, qui entama les chairs, le missionnaire ne put retenir un cri de douleur et d'effroi ;... il voulut en vain se dégager ; son bras restait serré comme dans un étau entre les mâchoires convulsives de Morok, qui ne lâchait pas prise...

Cette scène effrayante avait duré moins de temps qu'il n'en faut pour l'écrire, lorsque tout à coup la porte donnant sur le vestibule s'ouvrit violemment ; plusieurs hommes de cœur, ayant appris par les malades terrifiés le danger que courait le jeune prêtre, accouraient à son secours, malgré la recommandation qu'il avait faite de n'entrer que lorsqu'il appellerait.

L'infirmier portant son réchaud et ses fers rougis à blanc était au nombre des nouveaux arrivans ; Gabriel, l'apercevant, lui cria d'une voix altérée : — Vite, vite, mon ami, vos fers ; j'y avais pensé, grâce à Dieu...

L'un des hommes qui venaient d'entrer s'était heureusement précautionné d'une couverture de laine ; au moment où le missionnaire parvenait à arracher son bras d'entre les dents de Morok, qu'il tenait toujours sous son genou, on jeta la couverture sur la tête de l'hydrophobe, qui fut aussitôt enveloppé et garrotté sans danger, malgré sa résistance désespérée.

Gabriel alors se releva, déchira la manche de sa soutane, et, mettant à nu son bras gauche, où l'on voyait une profonde morsure, saignante et bleuâtre, il fit signe à l'infirmier d'approcher, saisit un des fers rougis à blanc, et, par deux fois, d'une main ferme et sûre, il appliqua l'acier incandescent sur sa plaie avec un calme héroïque qui frappa tous les assistans d'admiration. Mais bientôt tant d'émotions diverses, si intrépidement combattues, eurent une réaction inévitable : le front de Gabriel se perla de grosses gouttes de sueur ; ses longs cheveux blonds se collèrent à ses tempes ; il pâlit... chancela... perdit connaissance, et fut transporté dans une pièce voisine, pour y recevoir les premiers secours.

Un hasard, concevable d'ailleurs, avait fait, à l'insu de madame de Saint-Dizier, une vérité de l'un de ses mensonges. Afin d'engager encore davantage les orphelines à se rendre à l'ambulance provisoire, elle avait imaginé de leur dire que Gabriel s'y trouvait : ce qu'elle était loin de croire ; car elle eût, au contraire, tenté d'empêcher cette rencontre, qui pouvait nuire à ses projets, l'attachement du jeune missionnaire pour les jeunes filles lui étant connu.

Peu de temps après la scène terrible que l'on a racontée, Rose et Blanche entrèrent, accompagnées de sœur Marthe, dans une vaste salle, d'un aspect étrange, sinistre, où l'on avait transporté un grand nombre de femmes subitement frappées du choléra.

Cet immense appartement, généreusement prêté pour établir une ambulance temporaire, était décoré avec un luxe excessif ; la pièce alors occupée par les femmes malades dont nous parlons avait servi de salon de réception ; les boiseries blanches étincelaient de somptueuses dorures ; des glaces magnifiquement encadrées séparaient les trumeaux de fenêtres à travers lesquelles on apercevait les fraîches pelouses d'un riant jardin que les premières pousses de mai verdissaient déjà.

Au milieu de ce luxe, de ces lambris dorés, sur un parquet de bois précieux, richement incrusté, l'on voyait symétriquement disposées quatre files de lits de toutes formes, provenant aussi de dons volontaires, depuis l'humble lit de sangle jusqu'à la riche couchette d'acajou sculpté.

Cette longue salle avait été partagée en deux, dans toute sa longueur, par une cloison provisoire de quatre à cinq pieds de hauteur ; l'on s'était ainsi ménagé la faculté d'établir quatre rangées de lits ; cette séparation s'arrêtait à quelque distance des deux extrémités de ce salon ; à cet endroit, il conservait toute sa largeur ; dans cet espace réservé l'on ne voyait point de lits ; là se tenaient les servans volontaires, lorsque les malades n'avaient pas besoin de leurs soins; à l'une de ces extrémités était une haute et magnifique cheminée de marbre, ornée de bronze doré; là, chauffaient différens breuvages; enfin, comme dernier trait à ce tableau d'un si singulier aspect, des femmes, appartenant aux conditions les plus diverses, se chargeaient volontairement de soigner tour à tour ces malades, dont les sanglots, les gémissemens étaient toujours accueillis par elles avec de consolantes paroles de commisération et d'espérance.

Tel était l'endroit à la fois bizarre et lugubre dans lequel Rose et Blanche, se tenant par la main, entrèrent quelque temps après que Gabriel eut déployé un courage si héroïque dans sa lutte contre Morok.

La sœur Marthe accompagnait les filles du maréchal Simon; après leur avoir dit quelques mots tout bas, elle indiqua à chacune d'elles un des côtés de la cloison où étaient rangés des lits, puis se dirigea vers l'autre extrémité de la salle afin de donner quelques ordres.

Les orphelines, encore sous le coup de la terrible émotion causée par le péril dont Gabriel les avait sauvées à leur insu, étaient d'une excessive pâleur; néanmoins une ferme résolution se lisait dans leurs yeux. Il s'agissait non-seulement pour elles d'accomplir un impérieux devoir de reconnaissance, et de se montrer ainsi dignes de leur valeureux père; il s'agissait encore pour elles du salut de leur mère, dont la félicité éternelle pouvait dépendre, leur avait-on dit, des preuves de dévoûment chrétien qu'elles donneraient au Seigneur. Est-il besoin d'ajouter que la princesse de Saint-Dizier, suivant les avis de Rodin, dans une seconde entrevue habilement ménagée entre elles et les deux sœurs, à l'insu de Dagobert, avait tour à tour abusé, exalté, fanatisé ces pauvres âmes confiantes, naïves et généreuses, en poussant jusqu'à l'exagération la plus funeste tout ce qu'il y avait en elles de sentimens élevés et courageux?

Les orphelines ayant demandé à la sœur Marthe si madame Augustine du Tremblay avait été amenée dans cet asile de secours depuis trois jours, la sœur leur avait répondu qu'elle l'ignorait;... mais qu'en parcourant les salles des femmes il leur serait très facile de s'assurer si la personne qu'elles cherchaient s'y trouvait. Car l'abominable dévote, qui, complice de Rodin, jetait ces deux enfans au milieu d'un péril mortel, avait menti effrontément en leur affirmant qu'elle venait d'apprendre que leur gouvernante avait été transportée dans cette ambulance.

Les filles du maréchal Simon avaient, et pendant l'exil et durant leur pénible voyage avec Dagobert, été exposées à de bien rudes épreuves; mais jamais un spectacle aussi désolant que celui qui s'offrait tout à coup à leurs yeux n'avait frappé leurs regards...

Cette longue file de lits, où tant de créatures étaient gisantes, où celles-ci se tordaient en poussant des gémissemens de douleur, où celles-là faisaient entendre les sourds râlemens de l'agonie; où d'autres enfin, dans le délire de la fièvre, éclataient en sanglots ou appelaient à grands cris les êtres dont la mort allait les séparer; ce spectacle effrayant, même pour des hommes aguerris, devait, presque inévitablement, selon l'exécrable prévision de Rodin et de ses complices, causer une impression fatale à ces deux jeunes filles, qu'une exaltation de cœur aussi généreuse qu'irréfléchie poussait à cette funeste visite.

Puis, circonstance funeste, qui pour ainsi dire ne se révéla dans toute la poignante et profonde amertume de leur souvenir qu'au chevet des premières malades qu'elles virent, c'était aussi du choléra... de cette mort affreuse, qu'était morte la mère des orphelines...

Que l'on se figure donc les deux sœurs arrivant dans ces vastes salles d'un aspect si effrayant, déjà affreusement émues par la terreur que leur avait inspirée Morok, et commençant leur triste recherche parmi ces infortunées dont les souffrances, dont l'agonie, dont la mort, rappelaient à chaque instant aux orphelines, la souffrance, l'agonie, la mort de leur mère.

Un moment pourtant, à l'aspect de cette salle funèbre, Rose et Blanche sentirent leur résolution faiblir: un noir pressentiment leur fit regretter leur héroïque imprudence; enfin, depuis quelques minutes, elles commençaient à ressentir les sourds tressaillemens d'un frisson fébrile, glacé; puis, de douloureux élancemens faisaient parfois battre leurs tempes; mais, attribuant ces symptômes, dont elles ignoraient le danger, aux suites de l'effroi que venait de leur causer Morok, tout ce qu'il y avait de bon, de valeureux en elles étouffa bientôt ces craintes ; elles échangèrent un tendre regard, leur courage se ranima, et toutes deux, Rose d'un côté de la cloison, Blanche de l'autre, commencèrent séparément leur pénible recherche.

Gabriel, transporté dans la chambre des médecins de service, avait bientôt repris ses sens. Grâce à sa présence d'esprit et à son courage, sa blessure, cicatrisée à temps, ne pouvait plus avoir de suites dangereuses; sa plaie pansée, il voulut retourner dans la salle des femmes; car c'était là qu'il donnait de pieuses consolations à une mourante quand l'on était venu le prévenir des affreux dangers qui pouvaient résulter de l'évasion de Morok.

Peu d'instans avant que le missionnaire entrât dans cette salle, Rose et Blanche arrivaient presque ensemble au terme de leur triste recherche, l'une ayant parcouru la ligne gauche des lits, l'autre la ligne droite, séparées par la cloison qui traversait toute la salle...

Les deux sœurs ne s'étaient pas encore rejointes. Leurs pas devenaient de plus en plus chancelans ; à mesure qu'elles s'avançaient, elles étaient obligées de s'appuyer de temps à autre sur les lits auprès desquels elles passaient ; les forces commençaient à leur manquer. En proie à une sorte de vertige, de douleur et d'épouvante, elles ne paraissaient plus agir que machinalement.

Hélas! les orphelines venaient d'être frappées presque ensemble des terribles symptômes du choléra. Par suite de cette espèce de phénomène physiologique dont nous avons déjà parlé, phénomène fréquent chez les êtres jumeaux, et qui déjà plusieurs fois s'était révélé lors de deux ou trois maladies dont les jeunes filles avaient été pareillement atteintes, cette fois encore, une cause mystérieuse, soumettant leur organisation à des sensations, à des accidens simultanés, semblait les assimiler à deux fleurs d'une même tige, qui tour-à-tour renaissent et se flétrissent ensemble.

Puis, l'aspect de toutes les souffrances, de toutes les agonies auxquelles les orphelines venaient d'assister en traversant cette longue salle, avait encore accéléré le développement de cette effroyable maladie. Rose et Blanche portaient déjà sur leur visage bouleversé, méconnaissable, la mortelle empreinte de la contagion, lorsque chacune d'elles sortit, de son côté, des subdivisions de la salle qu'elles venaient de parcourir sans trouver leur gouvernante.

Rose et Blanche, séparées jusqu'alors par la haute cloison qui régnait dans toute la longueur du salon, n'avaient pu s'apercevoir;... mais lorsqu'enfin elles jetèrent les yeux l'une sur l'autre, il se passa une scène déchirante.

CHAPITRE LII.

L'ANGE GARDIEN.

A la fraîcheur charmante de Rose et de Blanche avait succédé une pâleur livide; leurs grands yeux bleus devenus caves, commençant à se retirer au fond de leurs orbites, paraissaient énormes; leurs lèvres, naguère si vermeilles, se couvraient déjà d'une teinte violette... comme celle qui remplaçait peu à peu la transparence carminée de leurs joues et de leurs doigts effilés. On eût dit que tout ce qu'il y avait de rose et de pourpre dans leur ravissant visage se ternissait ainsi peu à peu sous le souffle bleuâtre et glacé de la mort.

Lorsque les orphelines se trouvèrent face à face, défaillantes, se soutenant à peine... un cri de mutuel effroi sortit de leur sein; chacune, à la vue de l'épouvantable altération des traits de sa sœur, s'écria: — Ma sœur... toi aussi, tu souffres?...

Et toutes deux se précipitèrent dans les bras l'une de l'autre en fondant en larmes; puis, s'interrogeant du regard: — Mon Dieu, Rose... tu es bien pâle!

— Comme toi, ma sœur...

— Tu ressens aussi un frisson glacé?...

— Oui, je suis brisée;... ma vue se trouble...

— Moi, j'ai la poitrine en feu...

— Ma sœur, nous allons peut-être mourir?...

— Pourvu que cela soit ensemble...
— Et notre pauvre père?...
— Et Dagobert?
— Ma sœur... notre rêve... était vrai! — s'écria tout à coup Rose presque délirante, en jetant ses bras autour du cou de sa sœur. — Regarde... regarde;... l'ange Gabriel vient nous chercher...

A ce moment, en effet, Gabriel entrait dans l'espèce d'hémicycle réservé à chaque extrémité du salon.

— Ciel!... que vois-je!... les filles du maréchal Simon — s'écria le jeune prêtre.

Et, s'élançant, il reçut les orphelines entre ses bras; elles n'avaient plus la force de se soutenir; déjà leurs têtes alanguies, leurs yeux mourans, leur souffle péniblement oppressé annonçaient les approches de la mort...

La sœur Marthe n'était qu'à quelques pas, elle accourut à l'appel de Gabriel; aidé de cette sainte femme, il put transporter les orphelines sur le lit réservé au médecin de garde. De peur que le spectacle de cette déchirante agonie n'impressionnât trop vivement les malades voisines, la sœur Marthe tira un grand rideau, et les deux sœurs furent séparées, de la sorte, du reste de la salle.

Leurs mains s'étaient si étroitement entrelacées pendant un accès de paroxysme nerveux, que l'on ne put disjoindre leurs doigts crispés; ce fut ainsi que les premiers secours leur furent donnés... secours impuissans à vaincre le mal, mais qui du moins calmèrent pour quelques instans l'atroce violence de leurs douleurs, et jetèrent une faible lueur au milieu de leur raison obscurcie et troublée.

A ce moment, Gabriel, debout à leur chevet et penché vers elles, les contemplait avec une douleur inexprimable; le cœur brisé, la figure baignée de larmes, il songeait avec épouvante au sort étrange qui le rendait témoin de la mort de ces deux jeunes filles, ses parentes, que peu de mois auparavant il avait arrachées aux horreurs de la tempête... Malgré la fermeté d'âme du missionnaire, il ne pouvait s'empêcher de frémir en réfléchissant à la destinée des orphelines, à la mort de Jacques Rennepont, à l'effrayante captation qui, après avoir jeté M. Hardy dans la solitude claustrale de Saint-Hérem, en avait fait, presque à l'agonie, un membre de la société de Jésus; le missionnaire se disait que déjà quatre membres de la famille Rennepont... de sa famille à lui, Gabriel, venaient d'être successivement frappés par un concours de circonstances funestes; il se demandait enfin avec effroi comment les détestables intérêts de la société d'Ignace de Loyola étaient servis par une fatalité si providentielle!... L'étonnement du jeune missionnaire eût fait place à l'horreur la plus profonde, s'il eût connu la part que Rodin et ses complices avaient à la mort de Jacques Rennepont, en faisant surexciter par Morok les mauvais penchans de cet artisan, et à la fin prochaine de Rose et Blanche, en faisant exalter par la princesse de Saint-Dizier les inspirations généreuses des orphelines jusqu'à un héroïsme homicide.

Rose et Blanche, sortant un moment du douloureux anéantissement où elles étaient plongées, ouvrirent à demi leurs grands yeux déjà troublés, éteints; et puis toutes deux, de plus en plus délirantes, attachèrent un regard fixe et extatique sur l'angélique figure de Gabriel...

— Ma sœur — dit Rose d'une voix affaiblie — Vois-tu l'archange... comme dans notre rêve... en Allemagne?...

— Oui... il y a trois jours, il nous est encore apparu.

— Il vient... nous chercher.

— Hélas! notre mort... sauvera-t-elle notre pauvre mère... du purgatoire?..

— Archange... saint archange... priez Dieu pour notre mère... et pour nous...

Jusqu'alors, Gabriel, stupéfait d'étonnement et de douleur, presque suffoqué par les sanglots, n'avait pu trouver une parole; mais, à ces mots des orphelines, il s'écria : — Chères enfans, pourquoi douter du salut de votre mère?... Ah!... jamais âme plus pure, plus sainte n'est remontée vers le Créateur... Votre mère!... mais je le sais par mon père adoptif, ses vertus, son courage ont fait l'admiration de ceux qui la connaissaient... aussi, croyez-moi... Dieu l'a bénie...

— Oh! tu l'entends... ma sœur — s'écria Rose, et un éclair céleste illumina un instant la figure livide des orphelines. — Notre mère est bénie de Dieu !...

— Oui, oui — reprit Gabriel ; — écartez ces idées funestes... pauvres enfans ;... reprenez courage, vous ne mourrez pas... songez à votre père...

— Notre père ! — dit Blanche en tressaillant ; et elle reprit avec un mélange de raison et d'exaltation délirante qui eût déchiré l'âme la plus indifférente : — Hélas ! il ne nous retrouvera plus à son retour... Pardonne-nous, mon père ;... nous n'avons pas cru mal agir... Nous avons, comme toi, voulu faire quelque chose de généreux, en tâchant d'aller secourir notre gouvernante...

— Et puis nous ne savions pas mourir si vite et sitôt... Hier encore nous étions gaies heureuses...

— O bon archange ! vous apparaîtrez en rêve à notre père, comme vous nous êtes apparu ; vous lui direz qu'en mourant, la dernière pensée... de ses enfans... a été pour lui...

— C'est sans en avertir Dagobert que nous sommes... venues ici ;... que notre père ne le gronde pas.

— Saint archange — reprit l'autre orpheline d'une voix de plus en plus affaiblie — à Dagobert aussi... vous apparaîtrez... pour lui dire que nous lui demandons pardon du chagrin que notre mort lui aura causé.

— Que notre vieil ami donne... une bonne caresse pour nous au pauvre Rabat-Joie, notre gardien fidèle — ajouta Blanche en tâchant de sourire.

— Et puis... enfin... — reprit Rose d'une voix plus faible — promettez-nous d'apparaître aussi à deux personnes... qui ont été si affectueuses pour nous... portez-leur notre dernier souvenir... à cette bonne Mayeux... et à cette belle mademoiselle Adrienne...

— Nous n'oublions... personne de ceux qui nous ont aimées... — dit Blanche avec un suprême effort ; — maintenant... que le bon Dieu... fasse... que nous allions rejoindre notre mère... pour ne plus jamais la quitter.

— Vous nous l'avez promis... vous savez... bon archange, dans le rêve... vous nous avez dit : — Pauvres enfans, venues... de si loin... vous aurez... traversé cette terre... pour aller vous reposer à jamais dans le sein maternel...

— Oh ! c'est affreux... affreux ! si jeunes... et aucun espoir... de les sauver... — murmura Gabriel en cachant dans ses mains sa figure altérée. Seigneur, Seigneur, tes vues sont impénétrables... Hélas ! pourquoi frapper ces enfans d'une mort si cruelle ?

Rose poussa un grand soupir et dit d'une voix expirante : — Que nous soyons... ensevelies... ensemble... afin d'être, après notre mort... comme pendant notre vie... ensemble.

Et les deux sœurs tournèrent leurs regards expirans et tendirent leurs mains suppliantes vers Gabriel.

— O saintes martyres du plus généreux dévoûment ! — s'écria le missionnaire en levant au ciel ses yeux baignés de larmes — âmes angéliques... trésors d'innocence et de candeur, remontez, remontez au ciel !... puisque, hélas ! Dieu vous rappelle à lui, comme si la terre n'était pas digne de vous posséder.

— Ma sœur !... mon père !...

Tels furent les mots suprêmes que les orphelines prononcèrent d'une voix mourante... Puis, les deux sœurs, par un dernier mouvement instinctif, semblèrent vouloir se serrer l'une contre l'autre, leurs paupières appesanties se soulevèrent à demi, comme pour échanger encore un regard ; alors elles frissonnèrent deux ou trois fois, leurs membres s'affaissèrent... et un profond soupir s'exhala de leurs lèvres violettes faiblement entr'ouvertes... Rose et Blanche étaient mortes !...

Gabriel et la sœur Marthe, après avoir fermé la paupière des orphelines, s'agenouillèrent pour prier auprès de la couche funèbre.

Tout à coup un grand tumulte se fit entendre dans la salle.

Bientôt des pas précipités, mêlés d'imprécations, retentirent ; le rideau qui environnait cette scène lugubre s'ouvrit, et Dagobert entra précipitamment, pâle, égaré, les habits en désordre.

A la vue de Gabriel et de la sœur de charité agenouillés auprès du corps de *ses enfans*, le soldat, pétrifié, poussa un cri terrible, essaya de faire un pas... mais en vain, car, avant que Gabriel eût pu courir à lui, Dagobert tomba à la renverse, et sa tête grise rebondit sur le parquet.

Il fait nuit... une nuit sombre, orageuse.

Une heure du matin vient de sonner à l'église de Montmartre.

C'est au cimetière de Montmartre que, le même jour, on a transporté le cercueil qui, selon le vœu de Rose et de Blanche, les contenait toutes deux...

A travers l'ombre épaisse qui enveloppe le champ des morts, on voit errer une pâle lumière. C'est le fossoyeur.

Il marche avec précaution, une lanterne sourde à la main.

Un homme, enveloppé d'un manteau, l'accompagne; sa tête est baissée, il pleure. C'est Samuel...

Samuel... vieux juif... le gardien de la maison de la rue Saint-François.

La nuit des funérailles de Jacques Rennepont, le premier mort des sept héritiers, enterré dans un autre cimetière, Samuel est aussi venu s'entretenir mystérieusement avec le fossoyeur... pour en obtenir à prix d'or... une faveur...

Etrange et effrayante faveur!!!

Après avoir traversé bien des sentiers bordés de cyprès, côtoyé bien des tombes, le juif et le fossoyeur arrivèrent à une petite clairière située près de la muraille occidentale du cimetière.

La nuit était toujours si noire, que l'on y voyait à peine.

Après avoir promené çà et là sa lanterne à terre et autour de lui, le fossoyeur, montrant à Samuel, au pied d'un grand if aux longs rameaux noirs, une éminence de terre fraîchement remuée, lui dit : — C'est là...

— Vous en êtes sûr?...

— Oui, oui... deux corps dans une même bière... ça ne se rencontre pas tous les jours.

— Hélas! toutes deux dans le même cercueil... — dit le juif en gémissant.

— Maintenant que vous savez l'endroit... que voulez-vous de plus? — demanda le fossoyeur.

Samuel ne répondit pas. Il tomba à genoux, baisa pieusement la terre qui recouvrait la fosse, puis se relevant, les yeux baignés de larmes, il s'approcha du fossoyeur et lui parla quelques instans tout bas... à l'oreille, tout bas... quoiqu'ils fussent seuls, au fond de ce cimetière désert.

Alors entre ces deux hommes commença un mystérieux entretien que la nuit enveloppait de son ombre, de son silence.

Le fossoyeur, épouvanté de ce que Samuel lui demandait, refusa d'abord. Mais, le juif employant tour à tour la persuasion, les prières, les larmes, et enfin la séduction de l'or, que l'on entendit tinter, le fossoyeur, après une longue résistance, parut vaincu ;... quoique frémissant à la pensée de ce qu'il promettait à Samuel, il lui dit d'une voix altérée :—Dans la nuit de demain... à deux heures.

— Je serai derrière ce mur — dit Samuel en montrant, à l'aide de la lanterne, la clôture peu élevée; — pour signal... je jetterai trois pierres dans le cimetière.

— Oui... pour signal, trois pierres — répondit le fossoyeur en frissonnant et en essuyant la sueur froide qui coulait sur son front.

Retrouvant un reste de vigueur, Samuel, malgré son grand âge, s'aidant des anfractuosités des pierres, escalada le mur peu élevé à cet endroit, et disparut.

Le fossoyeur regagna sa maison à grands pas... regardant de temps à autre avec effroi derrière lui, comme s'il eût été poursuivi par quelque sinistre vision.

Le soir des funérailles de Rose et Blanche, Rodin écrivit deux billets.

Le premier, adressé à son mystérieux correspondant de Rome, faisait allusion à la mort de Jacques Rennepont, à la mort de Rose et Blanche Simon, à la captation de M. Hardy et à la donation de Gabriel, événemens qui réduisaient le nombre des héritiers à deux... à mademoiselle de Cardoville et à Djalma. Ce premier billet, écrit par Rodin et adressé à Rome, contenait ces seuls mots :

« *Qui de* SEPT *ôte* CINQ, *reste* DEUX.—*Faites connaître ce résultat au cardinal-prince; et qu'il marche... car moi j'avance... j'avance... j'avance...* »

Le second billet, d'une écriture contrefaite, fut adressé et devait parvenir sûrement au maréchal Simon. Il contenait ce peu de mots :

« *S'il en est temps encore, revenez en hâte, vos filles sont mortes.* » *On vous dira qui les a tuées.* »

CHAPITRE LIII.

LA RUINE.

C'est le lendemain de la mort des filles du maréchal Simon.

Mademoiselle de Cardoville ignore encore la funeste fin de ses jeunes parentes ; sa figure est rayonnante de bonheur. Jamais elle n'a été plus jolie ; jamais ses yeux n'ont été plus brillans, son teint d'une blancheur plus éblouissante, ses lèvres d'un corail plus humide. Selon son habitude un peu excentrique, de se vêtir chez elle d'une manière pittoresque, Adrienne porte, quoiqu'il soit environ trois heures de l'après-midi, une robe de moire d'un vert pâle, à jupe très ample, dont les manches et le corsage, largement tailladés de rose, sont rehaussés de passementeries de jais blanc d'une exquise délicatesse ; un léger réseau de perles, aussi de jais blanc, cachant la natte épaisse qui se tord derrière la tête d'Adrienne, forme une sorte de coiffure orientale d'une originalité charmante, accompagnant à merveille les longues boucles des cheveux de la jeune fille qui encadrent son visage et tombent presque jusque sur son sein arrondi.

A l'expression de bonheur ineffable qui épanouit les traits de mademoiselle de Cardoville se joint certain air résolu, railleur, incisif, qui ne lui est pas habituel ; sa ravissante tête semble se redresser plus vaillante encore sur un cou gracieux et blanc comme celui d'un cygne : on dirait qu'une ardeur mal contenue dilate ses petites narines roses et sensuelles, et qu'elle attend avec une impatience hautaine le moment d'une lutte agressive et ironique...

Non loin d'Adrienne est la Mayeux ; elle a repris dans la maison la place qu'elle y avait d'abord occupée : la jeune ouvrière porte le deuil de sa sœur ; son visage exprime une tristesse douce et calme. Elle regarde mademoiselle de Cardoville avec surprise, car jamais jusqu'alors elle n'a vu la physionomie de la belle patricienne empreinte de cette expression d'audace et d'ironie.

Mademoiselle de Cardoville n'avait pas la moindre coquetterie, dans le sens étroit et vulgaire de ce mot ; pourtant elle jetait un regard interrogatif sur la glace devant laquelle elle se tenait debout ; puis, après avoir rendu sa souplesse élastique à une boucle de ses longs cheveux d'or, en l'enroulant un moment sur son doigt d'ivoire, elle effaça du plat de sa main quelques plis imperceptibles formés par le froncement de l'épaisse étoffe autour de son élégant corsage.

Ce mouvement et celui qu'elle fit en tournant à demi le dos à la glace pour voir si sa robe s'ajustait parfaitement de tout point, révélèrent, par une ondulation serpentine, tout le charme voluptueux, tous les divins trésors de cette taille souple, fine et cambrée ; car, malgré la richesse sculpturale du contour de ses hanches et de ses épaules blanches, fermes et lustrées comme un beau marbre pentélique, Adrienne était aussi l'une de ces heureuses privilégiées du Seigneur... qui peuvent se faire une ceinture de leur jarretière.

Ces charmantes évolutions de coquetterie féminine accomplies avec une grâce indicible, Adrienne, se tournant vers la Mayeux, dont la surprise allait croissant, lui dit en souriant : — Ma douce Madeleine, ne vous moquez pas trop de ma question. Que diriez-vous d'un tableau... qui me représenterait comme me voilà ?...

— Mais, mademoiselle...

— Comment ! encore... mademoiselle ? — dit Adrienne d'un ton de doux reproche.

— Mais... Adrienne... — reprit la Mayeux — je dirais que je vois un charmant tableau... et que, comme toujours, vous êtes mise avec un goût parfait...

— Vous ne me trouvez pas mieux aujourd'hui... que les autres jours? Cher poète... je commence par vous déclarer que ce n'est pas pour moi que je vous demande cela... — ajouta gaîment Adrienne.

— Je m'en doute — répondit la Mayeux en souriant un peu; — eh bien! à vrai dire, il est impossible d'imaginer une toilette plus à votre avantage. Cette robe d'un vert tendre et d'un rose pâle, relevée par le doux éclat de ces garnitures de jais blanc qui s'harmonisent si merveilleusement avec l'or de vos cheveux, tout cela fait que de ma vie, je vous le répète, je n'ai vu un aussi gracieux tableau...

Ce que la Mayeux disait, elle le sentait; et elle se trouvait heureuse de pouvoir l'exprimer, car nous avons dit la vive admiration de cette âme poétique pour tout ce qui était beau.

— Eh bien! — reprit gaîment Adrienne — je suis ravie de ce que vous me trouvez mieux aujourd'hui qu'un autre jour, mon amie.

— Seulement... — reprit la Mayeux en hésitant.

— Seulement? — dit Adrienne en regardant la jeune ouvrière d'un regard interrogatif.

— Seulement, mon amie — reprit la Mayeux — si je ne vous ai jamais vue plus jolie... jamais je n'ai vu non plus sur vos traits l'expression résolue, ironique que vous aviez tout à l'heure... C'était comme un air d'impatient défi.

— C'est cela même, ma douce petite Madeleine — dit Adrienne en se jetant au cou de la Mayeux avec une joyeuse tendresse; — il faut que je vous embrasse pour m'avoir si bien devinée; car si j'ai, voyez-vous, cet air un peu agressif... c'est que j'attends ma chère tante.

— Madame la princesse de Saint-Dizier — s'écria la Mayeux avec crainte — cette grande dame si méchante qui vous a fait tant de mal?

— Justement; elle m'a demandé un moment d'entretien, et je me fais une joie de la recevoir...

— Une joie!...

— Une joie... un peu moqueuse, un peu ironique... un peu méchante, il est vrai — reprit gaîment Adrienne... — Jugez donc... Elle regrette ses galanteries, sa beauté, sa jeunesse; enfin son embonpoint même la désole, cette sainte femme!... et elle va me voir belle, aimée, amoureuse, et mince... oui, surtout mince... — ajouta mademoiselle de Cardoville en riant comme une folle; puis elle reprit : — Or, vous ne pouvez vous imaginer, mon amie, l'envie forcenée, le désespoir atroce que cause aux ridicules prétentions d'une grosse femme mûre... la vue d'une jeune femme... mince...

— Mon amie!... — dit sérieusement la Mayeux — vous plaisantez... et pourtant, je ne sais pourquoi la venue de la princesse m'effraie.

— Cher et tendre cœur, rassurez-vous donc — reprit affectueusement Adrienne; — cette femme, je ne la crains pas... je ne la crains plus;... pour le lui bien prouver, et aussi pour la désoler beaucoup, je vais la traiter, elle, un monstre d'hypocrisie, de noirceur;... elle, qui vient sans doute ici dans quelque dessein affreux... je vais la traiter en femme inoffensive et ridicule... pour tout dire en grosse femme!... — Et Adrienne se prit à rire de nouveau.

Un valet de chambre entra, interrompit l'accès de folle gaîté d'Adrienne, et lui dit : — Madame la princesse de Saint-Dizier fait demander si mademoiselle peut la recevoir.

— Certainement — dit mademoiselle de Cardoville.

Le domestique sortit.

La Mayeux allait, par discrétion, se lever et quitter la chambre. Adrienne la retint et lui dit avec un accent de sérieuse tendresse en lui prenant la main : — Mon amie... restez... je vous en prie...

— Vous voulez...

— Oui... je veux... toujours par vengeance — reprit Adrienne en souriant — montrer à madame de Saint-Dizier... que j'ai une tendre amie... qu'enfin je jouis de tous les bonheurs à la fois...

— Mais Adrienne — reprit timidement la Mayeux — pensez donc... que...

— Silence! Voici la princesse, restez... Je vous le demande en grâce et comme un service. Votre rare instinct de cœur... devinera peut-être le but caché de sa visite ;... les pressentimens de votre affection ne m'ont-ils pas éclairée sur les trames de cet odieux Rodin?

Devant une telle prière, la Mayeux ne pouvait hésiter ; elle resta, mais fit quelques pas pour se reculer de la cheminée. Adrienne la prit par la main, la fit se rasseoir dans le fauteuil qu'elle occupait au coin du foyer et lui dit : — Ma chère Madeleine, gardez votre place ; vous ne devez rien à madame de Saint-Dizier ; moi, c'est différent : elle vient chez moi.

A peine Adrienne avait-elle prononcé ces mots, que la princesse entra, la tête haute, l'air imposant (et elle avait, on l'a dit, le plus grand air du monde), le pas ferme, la démarche altière.

Les caractères les plus entiers, les esprits les plus réfléchis cèdent presque toujours par quelque endroit à de puériles faiblesses ; une envie féroce, excitée par l'élégance, par la beauté, par l'esprit d'Adrienne, avait toujours eu une large part dans la haine de la princesse contre sa nièce ; quoiqu'il lui fût impossible de songer à rivaliser avec Adrienne, et qu'elle n'y songeât même pas sérieusement, madame de Saint-Dizier n'avait pu s'empêcher, pour se rendre à l'entrevue qu'elle lui avait demandée, de mettre plus de recherche dans sa toilette et de se faire corser, serrer, sangler à triple tour, dans sa robe de taffetas changeant ; compression qui lui rendait le visage beaucoup plus coloré qu'elle ne l'avait habituellement. En un mot, la foule des haineux sentimens qui l'animaient contre Adrienne avait, à la seule pensée de cette rencontre, jeté une telle perturbation dans l'esprit ordinairement calme et mesuré de la princesse, qu'au lieu de ces toilettes simples et peu voyantes, qu'en femme de tact et de goût elle portait d'ordinaire, elle avait commis la maladresse d'une robe gorge de pigeon et d'un chapeau grenat orné d'un magnifique oiseau de paradis.

La haine, l'envie et l'orgueil du triomphe (la dévote songeait à l'habileté perfide avec laquelle elle avait envoyé à une mort presque assurée les filles du maréchal Simon), l'exécrable espérance mal dissimulée de réussir dans de nouvelles trames, se partageaient, pour ainsi dire, l'expression de la physionomie de la princesse de Saint-Dizier lorsqu'elle entra chez sa nièce.

Adrienne, sans faire un pas au-devant de sa tante, se leva néanmoins très poliment du sofa où elle était assise, fit une demi-révérence remplie de grâce et de dignité, puis elle se rassit ; montrant alors du geste à la princesse un fauteuil placé en face de la cheminée dont la Mayeux occupait un angle, et elle, Adrienne, un autre côté, elle dit : — Donnez-vous la peine de vous asseoir, madame.

La princesse devint très rouge, resta debout, et jeta un regard de dédaigneuse et insolente surprise sur la Mayeux, qui, fidèle à la recommandation d'Adrienne, s'était légèrement inclinée à l'entrée de madame de Saint-Dizier sans lui offrir sa place. La jeune ouvrière avait agi de la sorte et par réflexion de dignité, et en écoutant aussi la voix de sa conscience, qui lui disait que la véritable supériorité de position n'appartenait pas à cette princesse lâche, hypocrite et méchante, mais à elle, la Mayeux, si admirablement bonne et dévouée.

— Ayez donc la bonté de vous asseoir, madame — reprit Adrienne de sa voix douce en désignant à sa tante le siége vacant.

— L'entretien que je vous ai demandé, mademoiselle — dit la princesse — doit être secret.

— Je n'ai pas de secret, madame, pour ma meilleure amie ; vous pouvez donc parler devant mademoiselle.

— Je sais depuis longtemps — reprit madame de Saint-Dizier avec une ironie amère — qu'en toutes choses vous vous souciez fort peu du secret et que vous êtes facile sur le choix de ce que vous appelez vos amis... Mais vous me permettrez d'agir autrement que vous. Si vous n'avez pas de secrets, mademoiselle, j'en ai... moi... et je n'entends pas en faire confidence à la première venue...

Et la dévote jeta un nouveau coup d'œil de mépris sur la Mayeux.

Celle-ci, blessée du ton insolent de la princesse, répondit doucement et simplement : — Je ne vois pas jusqu'ici, madame, la différence si humiliante qui peut exister entre la première... et la dernière venue chez mademoiselle de Cardoville.

— Comment?... Ça parle? — s'écria la princesse d'un ton de pitié superbe et insolente.

— Du moins, madame... ça répond — reprit la Mayeux de sa voix calme.

— Je veux vous entretenir seule; est-ce clair, mademoiselle? — dit impatiemment la dévote à sa nièce.

— Pardon... je ne vous comprends pas, madame, — fit Adrienne d'un air étonné; — mademoiselle, qui m'honore de son amitié, veut bien consentir à assister à l'entretien que vous m'avez demandé. Je dis qu'elle le veut bien... parce qu'il lui faut, en effet, une très affectueuse condescendance pour se résigner à entendre... pour l'amour de moi... toutes les choses gracieuses, bienveillantes... charmantes... dont vous venez sans doute me faire part...

— Mais, mademoiselle... — dit vivement la princesse.

— Permettez-moi de vous interrompre, madame — reprit Adrienne avec l'accent d'une aménité parfaite, et comme si elle eût adressé à la dévote les complimens les plus flatteurs. — Afin de vous mettre tout de suite en confiance avec mademoiselle, je m'empresse de vous apprendre qu'elle est instruite de toutes les saintes perfidies... de toutes les pieuses noirceurs... de toutes les dévotes indignités... dont vous avez voulu et failli me rendre victime ;... elle sait enfin que vous êtes une mère de l'Eglise... comme on en voit peu... Puis-je espérer, maintenant, madame, voir cesser votre délicate et intéressante réserve?

— En vérité — dit la princesse avec une sorte d'ébahissement courroucé — je ne sais si je veille ou si je rêve...

— Ah! mon Dieu! — dit Adrienne d'un air alarmé — ce doute que vous manifestez sur l'état de vos facultés est inquiétant, madame. Le sang vous monte sans doute à la tête... car votre visage est très coloré ;... vous semblez oppressée... comprimée... déprimée... peut-être... (l'on peut se dire cela entre femmes) peut-être êtes-vous un peu serrée... madame?

Ces mots, dits par Adrienne avec un adorable semblant d'intérêt et de naïveté, manquèrent de faire suffoquer la princesse, qui, malgré elle, devint cramoisie, et s'écria en s'asseyant brusquement : — Eh bien! soit, mademoiselle... Je préfère cet accueil à tout autre, il me met à l'aise... en confiance, comme vous dites...

— N'est-ce pas, madame? — dit Adrienne en souriant; — au moins l'on peut franchement dire tout ce que l'on a sur le cœur... ce qui doit avoir pour vous le charme de la nouveauté... Voyons, entre nous, avouez que vous me savez gré de vous mettre ainsi à même de déposer un instant ce fâcheux masque de dévotion, de douceur et de bonté qui doit tant vous peser...

En entendant les sarcasmes d'Adrienne, innocente vengeance, bien excusable si l'on songe à tout le mal que la princesse avait fait ou voulu faire à sa nièce, la Mayeux sentait son cœur se serrer, car, plus qu'Adrienne, et avec raison, elle redoutait la princesse, qui reprit avec plus de sang-froid : — Mille grâces, mademoiselle, de vos excellentes intentions et de vos sentimens pour moi; je les apprécie tels qu'ils sont, et comme je dois, j'espère, sans plus attendre, vous le prouver.

— Voyons, voyons, madame — répondit Adrienne avec enjouement. — Contez-nous donc cela tout de suite... Je suis d'une impatience... d'une curiosité...

— Et pourtant — dit la princesse en feignant à son tour un enjouement ironique et amer — vous êtes à mille lieues de vous douter de ce que je vais vous annoncer...

— Vraiment!... Moi je crains, madame, que votre candeur, que votre modestie ne vous abusent — reprit Adrienne avec la même affabilité railleuse; — car il est bien peu de choses qui, de votre part, puissent me surprendre, madame; ne savez-vous pas... que, de vous... je m'attends à tout?

— Peut-être, mademoiselle... — dit la dévote en articulant lentement ses paroles; — si, par exemple... je vous disais... qu'en vingt-quatre heures, d'ici à demain... je suppose... vous allez être réduite... à la misère?...

Ceci était si imprévu, que mademoiselle de Cardoville fit malgré elle un vif mouvement de surprise, et que la Mayeux tressaillit.

— Ah!... mademoiselle — dit la princesse avec une joie triomphante et d'un ton doucereusement cruel en voyant la surprise croissante de sa nièce

— avouez maintenant que je vous étonne... quoique peu de chose de ma part, disiez-vous, dût avoir le droit de vous surprendre. Combien vous avez eu raison de donner à notre entretien le tour qu'il a pris... Il m'aurait fallu toutes sortes de périphrases pour vous dire : Mademoiselle, demain vous serez aussi pauvre que vous êtes riche aujourd'hui... tandis que je vous apprends cela tout simplement... tout bonnement... tout naïvement...

Son premier étonnement passé, Adrienne reprit en souriant avec un calme qui stupéfia la dévote : — Eh bien ! je vous l'avoue franchement, madame, oui, j'ai été surprise... car je m'attendais, de votre part, à quelqu'une de ces noires méchancetés où vous excellez, à quelque perfidie bien ourdie, bien cruelle... mais pouvais-je croire que vous feriez un si grand éclat d'une pareille insignifiance?...

— Être ruinée... complètement ruinée... — s'écria la dévote — ruinée d'ici à demain, vous si audacieusement prodigue; voir non-seulement tous vos revenus, mais cet hôtel, mais vos meubles, vos chevaux, vos bijoux, voir tout enfin, jusqu'à ces ridicules parures dont vous êtes si vaine... mis sous le séquestre, vous appelez cela une insignifiance? Vous qui dépensez indifféremment des milliers de louis, vous voir réduite à une pension alimentaire bien inférieure aux gages que vous donnez à une de vos femmes, vous appelez cela une insignifiance?...

Au cruel désappointement de sa tante, Adrienne, qui paraissait de plus en plus rassérénée, allait répondre à la princesse, lorsque la porte du salon s'ouvrit, et sans qu'il eût été annoncé, le prince Djalma entra.

Une folle et orgueilleuse tendresse resplendit sur le front radieux d'Adrienne à la vue du prince, et il est impossible de rendre le regard de bonheur triomphant et dédaigneux qu'elle jeta sur madame de Saint-Dizier.

Jamais non plus Djalma n'avait été plus idéalement beau, jamais bonheur plus ineffable n'avait rayonné sur un visage humain. L'Indien portait une longue robe de cachemire blanc à mille raies de pourpre et d'or; son turban était de même couleur et de même étoffe; un magnifique châle à palmes lui servait de ceinture.

A la vue de l'Indien, qu'elle n'avait pas espéré rencontrer chez mademoiselle de Cardoville, la princesse de Saint-Dizier ne put cacher d'abord son profond étonnement.

Ce fut donc entre madame de Saint-Dizier, Adrienne, la Mayeux et Djalma, que se passa la scène suivante :

CHAPITRE LIV.

SOUVENIRS.

Djalma, n'ayant jamais jusqu'alors rencontré chez Adrienne madame de Saint-Dizier, avait d'abord paru assez surpris de sa présence. La princesse, gardant un morne silence, contemplait tour à tour avec une haine sourde et une envie implacable ces deux êtres si beaux, si jeunes, si amoureux, si heureux; tout à coup elle tressaillit comme si un souvenir d'une grande importance s'offrait brusquement à son esprit, et, durant quelques secondes, elle resta profondément absorbée.

Adrienne et Djalma profitaient de ce moment pour se *couver* des yeux, avec une sorte d'idolâtrie ardente qui remplissait leurs yeux d'une flamme humide ; puis, à un mouvement de madame de Saint-Dizier, qui parut sortir de sa préoccupation momentanée, mademoiselle de Cardoville dit en souriant au jeune Indien : — Mon cher cousin, je vais réparer un oubli, je vous l'avoue, très volontaire (vous en saurez la cause), en vous parlant pour la première fois d'une de mes parentes à laquelle j'ai l'honneur de vous présenter... madame la princesse de Saint-Dizier.

Djalma s'inclina.

Mademoiselle de Cardoville reprit vivement, au moment où sa tante allait répondre : — Madame de Saint-Dizier venait me faire très gracieusement part d'un événement on ne peut plus heureux pour moi... et dont je vous instruirai plus tard, mon cousin, à moins que cette bonne princesse ne veuille me priver du plaisir de vous faire cette confidence.

L'arrivée inattendue de Djalma, les souvenirs qui venaient subitement frapper l'esprit de la princesse, modifièrent sans doute beaucoup ses premiers projets; car, au lieu de poursuivre l'entretien au sujet de la ruine d'Adrienne, madame de Saint-Dizier répondit en souriant d'un air doucereux, qui cachait une odieuse arrière-pensée : — Je serais désolée, prince, de priver mon aimable et chère nièce du plaisir de vous annoncer bientôt l'heureuse nouvelle dont elle parle, et dont, en bonne parente... je me suis hâtée de venir l'instruire... Voici à ce sujet quelques notes — et la princesse remit un papier à Adrienne — qui, je l'espère, lui démontreront jusqu'à la plus entière évidence... la réalité de ce que je lui annonce.

— Mille grâces, ma chère tante — dit Adrienne en prenant le papier avec une souveraine indifférence — cette précaution, cette preuve, étaient superflues; vous le savez, je vous crois toujours sur parole... lorsqu'il s'agit de votre bienveillance envers moi.

Malgré son ignorance des perfidies raffinées, des cruautés perlées de la civilisation, Djalma, doué d'un tact très fin comme toutes les natures un peu sauvages et violemment impressionnables, ressentait une sorte de malaise moral en entendant cet échange de fausses aménités; il n'en devinait pas le sens détourné; mais, pour ainsi dire, elles sonnaient faux à son oreille; puis, instinct ou pressentiment, il éprouvait une vague répulsion pour madame de Saint-Dizier. En effet, la dévote, songeant à la gravité de l'incident qu'elle s'apprêtait à soulever, contenait à peine son agitation intérieure, que trahissaient la coloration croissante de son visage, son sourire amer et l'éclat méchant de son regard ; aussi, à la vue de cette femme, Djalma, ne pouvant vaincre une antipathie croissante, resta silencieux, attentif, et ses traits charmans perdirent même de leur sérénité première.

La Mayeux se sentait aussi sous le coup d'une impression de plus en plus pénible; elle jetait tour à tour des regards craintifs sur la princesse, implorans vers Adrienne, comme pour supplier celle-ci de cesser un entretien dont la jeune ouvrière pressentait les suites funestes.

Mais, malheureusement, madame de Saint-Dizier avait alors trop d'intérêt à prolonger cet entrevue, et mademoiselle de Cardoville, puisant un nouveau courage, une nouvelle et audacieuse confiance dans la présence de l'homme qu'elle adorait, ne voulait que trop jouir du cruel dépit que causait à la dévote la vue d'un amour heureux, malgré tant de complots infâmes tramés par elle et par ses complices.

Après un instant de silence, madame de Saint-Dizier prit la parole et dit d'un ton doucereux et insinuant : — Mon Dieu, prince, vous ne sauriez croire combien j'ai été ravie d'apprendre par le bruit public (car on ne parle pas d'autre chose, et pour raison), d'apprendre, dis-je, votre adorable affection pour ma chère nièce, car, sans vous en douter, vous me tirez d'un furieux embarras.

Djalma ne répondit pas; mais il regarda mademoiselle de Cardoville d'un air surpris et presque attristé, comme pour lui demander ce que voulait dire sa tante.

Celle-ci, s'étant aperçue de cette muette interrogation, reprit : — Je vais être plus claire, prince ; en un mot, vous comprenez que, me trouvant la plus proche parente de cette chère et mauvaise petite tête... — elle désigna Adrienne du regard — j'étais plus ou moins responsable de son avenir aux yeux de tous;... et voici, prince, que vous arrivez justement de l'autre monde pour vous charger candidement de cet avenir qui m'effrayait si fort;... c'est charmant, c'est excellent ; aussi, en vérité, l'on se demande ce qu'il y a de plus à admirer en vous, de votre bonheur ou de votre courage.

Et la princesse, jetant un regard d'une méchanceté diabolique sur Adrienne, attendit sa réponse d'un air de défi.

— Ecoutez bien ma bonne tante, mon cher cousin — se hâta de dire la jeune fille en souriant avec calme; — depuis un instant que cette tendre parente nous voit, vous et moi, réunis et heureux, son âme est tellement inondée de joie, qu'elle a besoin de s'épancher; et vous ne pouvez vous imaginer ce que sont les épanchemens d'une si belle âme... Un peu de patience... et vous en jugerez...— Puis Adrienne ajouta le plus naturellement du monde:

— Je ne sais pourquoi, à propos de ces épanchemens de ma chère tante, car cela y a peu de rapport, je me souviens de ce que vous me disiez, mon cousin, de certaines espèces de vipères de votre pays : souvent dans une morsure impuissante elles se brisent les dents qui filtrent le venin, et l'absorbent ainsi mortellement; de sorte qu'elles sont elles-mêmes victimes du poison qu'elles distillent... Voyons, ma chère tante, vous qui avez un si bon, un si noble cœur... je suis sûre que vous vous intéressez tendrement à ces pauvres vipères...

La dévote jeta un regard implacable à sa nièce, et reprit d'une voix altérée :
— Je ne vois pas beaucoup le but de cette histoire naturelle ; et vous, prince?

Djalma ne répondit pas; accoudé à la cheminée, il jetait un regard de plus en plus sombre et pénétrant sur la princesse; une haine involontaire pour cette femme lui montait au cœur.

— Ah! ma chère tante — reprit Adrienne d'un ton de doux reproche — aurais-je donc trop présumé de votre cœur?... Vous n'avez pas de sympathie, même... pour les vipères;... pour qui en aurez-vous donc, mon Dieu ? Après tout, cela se conçoit — ajouta Adrienne comme se parlant à elle même par réflexion — elles sont si *minces*... Mais laissons ces folies — reprit-elle gaîment en voyant la rage contenue de la dévote.—Dites-nous donc vite, bonne tante, toutes les tendres choses que vous inspire la vue de notre bonheur.

— Mais, je l'espère bien, mon aimable nièce : d'abord, je ne saurais trop féliciter ce cher prince d'être venu du fond de l'Inde pour se charger de vous... en toute confiance... les yeux fermés... le digne nabab... de vous, pauvre chère enfant, que l'on a été obligé de renfermer comme folle (afin de donner un nom décent à vos débordemens), vous savez bien... à cause de ce beau garçon que l'on a trouvé caché chez vous ;... mais aidez-moi donc... est-ce que vous auriez déjà oublié jusqu'à son nom, vilaine petite infidèle?... un très beau garçon, et poète, s'il vous plaît : un certain Agricol Baudoin, que l'on a découvert dans un réduit secret attenant à votre chambre à coucher... ignoble scandale dont tout Paris s'est occupé;... car vous n'épousez pas une femme inconnue, cher prince... le nom de la vôtre est dans toutes les bouches.

Et comme, à ces paroles imprévues, effrayantes, Adrienne, Djalma et la Mayeux, quoique obéissant à des ressentimens divers, restèrent un moment muets de surprise, la princesse, ne jugeant plus nécessaire de contenir et sa joie infernale et sa haine triomphante, s'écria en se levant, les joues enflammées, les yeux étincelans, s'adressant à Adrienne :—Oui, je vous défie de me démentir; a-t-on été forcé de vous enfermer sous prétexte de folie? a-t-on, oui ou non, trouvé cet artisan... votre amant d'alors, caché dans votre chambre à coucher?

A cette horrible accusation, le teint de Djalma, transparent et doré comme de l'ambre, devint subitement mat et couleur de plomb; sa lèvre supérieure, rouge comme du sang, se relevant par une sorte de rictus sauvage, laissa voir ses petites dents blanches convulsivement serrées ; enfin sa physionomie devint à ce moment si épouvantablement menaçante et féroce, que la Mayeux frissonna d'effroi. Le jeune Indien, emporté par l'ardeur, par la violence du sang, éprouvait un vertige de rage irréfléchie, involontaire, une commotion fulgurante, pareille à celle qui de son cœur fait jaillir le sang à ses yeux qu'il trouble, à son cerveau qu'il égare, lorsque l'homme d'honneur se sent frappé au visage... Si pendant ce moment terrible, rapide comme la clarté de la foudre qui sillonne la nue, l'action avait remplacé la pensée de Djalma, la princesse, Adrienne, la Mayeux et lui-même eussent été anéantis par une explosion aussi effroyable, aussi soudaine que celle d'une mine qui éclate.

Il eût tué la princesse, parce qu'elle accusait Adrienne d'une trahison infâme ; Adrienne, parce qu'on pouvait la soupçonner de cette infamie ; la Mayeux, parce qu'elle était témoin de cette accusation; lui-même enfin se fût tué pour ne pas survivre à une si horrible déception.

Mais, ô prodige !... son regard sanglant, insensé, a rencontré le regard d'Adrienne, regard rempli de dignité calme et de sereine assurance, et voilà que l'expression de rage féroce qui transportait l'Indien a passé... fugitive comme l'éclair.

Bien plus, à la profonde stupeur de la princesse et de la jeune ouvrière, à mesure que les regards que Djalma jetait sur Adrienne devenaient plus profonds, plus pénétrans, et, pour ainsi dire, plus intelligens de cette âme si belle, si pure, non-seulement l'Indien s'apaisa, mais, se transfigurant, sa physionomie, d'abord si violemment troublée, se rasséréna, et bientôt refléta comme un miroir la noble sécurité du visage de la jeune fille.

Maintenant, traduisons pour ainsi dire physiquement cette révolution morale, si charmante pour la Mayeux, d'abord si épouvantée, si désespérante pour la dévote.

A peine la princesse venait-elle de distiller son atroce calomnie de sa lèvre venimeuse, que Djalma, alors debout devant la cheminée, avait, dans le paroxysme de sa fureur, fait brusquement un pas vers la princesse; puis, comme s'il eût voulu se modérer dans sa rage, il s'était, pour ainsi dire, retenu au marbre de la cheminée, qu'il semblait pétrir de sa main d'acier; un tressaillement convulsif agitait tout son corps; ses traits, contractés, méconnaissables, étaient devenus effrayans.

De son côté, en entendant la princesse, Adrienne, cédant à un premier mouvement d'indignation courroucée, de même que Djalma avait cédé à un premier mouvement de fureur aveugle, Adrienne s'était brusquement levée, le regard étincelant de fierté révoltée; mais, presque aussitôt apaisée par la conscience de sa pureté, son charmant visage était redevenu d'une adorable sérénité... Ce fut alors que ses yeux rencontrèrent ceux de Djalma. Pendant une seconde, la jeune fille fut encore plus affligée qu'effrayée de l'expression menaçante, formidable de la physionomie de l'Indien... — Une stupide indignité l'exaspère à ce point! — s'était dit Adrienne; — il me soupçonne donc?... — Mais à cette réflexion, aussi rapide que cruelle, succéda une joie folle lorsque, les yeux d'Adrienne s'étant longuement arrêtés sur ceux de l'Indien, elle vit instantanément ces traits si farouches s'adoucir comme par magie, et redevenir radieux et enchanteurs comme ils l'étaient naguère.

Ainsi l'abominable trame de madame de Saint-Dizier tombait devant l'expression digne, confiante et sincère de la physionomie d'Adrienne.

Ce ne fut pas tout. Au moment où, témoin de cette scène muette si expressive qui prouvait la merveilleuse sympathie de ces deux êtres, qui, sans prononcer une parole et grâce à quelques regards muets, s'étaient compris, expliqués et mutuellement rassurés, la princesse suffoquait de dépit et de colère, Adrienne, avec un sourire adorable et un geste d'une coquetterie charmante, tendit sa belle main à Djalma, qui, s'agenouillant, y imprima un baiser de feu dont l'ardeur fit monter un léger nuage rose au front de la jeune fille.

L'Indien se plaçant alors sur le tapis d'hermine aux pieds de mademoiselle de Cardoville, dans une attitude remplie de grâce et de respect, appuya son menton sur la paume de l'une de ses mains, et, plongé dans une adoration muette, il se mit à contempler silencieusement Adrienne, qui, penchée vers lui, souriante, heureuse, mirait, comme dit la chanson, *dans ses yeux ses yeux*, avec autant d'amoureuse complaisance que si la dévote, étouffant de haine, n'eût pas été là.

Mais bientôt Adrienne, comme si quelque chose eût manqué à son bonheur, appela d'un signe la Mayeux et la fit asseoir auprès d'elle; alors, une main dans la main de cette excellente amie, mademoiselle de Cardoville, souriant à Djalma en adoration devant elle, jeta sur la princesse, de plus en plus stupéfaite, un regard à la fois si suave, si ferme, et qui peignait si noblement l'invincible quiétude de sa félicité et l'inabordable hauteur de ses dédains pour la calomnie, que madame de Saint-Dizier, bouleversée, hébétée, balbutia quelques paroles à peine intelligibles d'une voix frémissante de colère, puis, perdant complètement la tête, se dirigea précipitamment vers la porte.

Mais à ce moment, la Mayeux, qui redoutait quelque embûche, quelque complot ou quelque perfide espionnage, se résolut, après avoir échangé un coup d'œil avec Adrienne, de suivre la princesse jusqu'à sa voiture.

Le désappointement courroucé de madame de Saint-Dizier, lorsqu'elle se vit ainsi accompagnée et surveillée par la Mayeux, parut si comique à mademoiselle de Cardoville, qu'elle ne put s'empêcher de rire aux éclats; ce fut donc au bruit de cette dédaigneuse hilarité que la dévote, éperdue de rage et de désespoir, quitta cette maison, où elle avait espéré apporter le trouble et le malheur.

Adrienne et Djalma restèrent seuls.

Avant de poursuivre la scène qui se passa entre eux, quelques mots rétrospectifs sont indispensables.

L'on croira sans peine que, du moment où mademoiselle de Cardoville et l'Indien furent rapprochés l'un de l'autre après tant de traverses, leurs jours s'écoulèrent dans un bonheur indicible; Adrienne s'appliqua surtout à faire naître l'occasion de mettre en lumière et pour ainsi dire une à une toutes les généreuses qualités de Djalma, dont elle avait lu, dans les livres des voyageurs, de si brillans récits.

La jeune fille s'était imposé cette tendre et patiente étude du caractère de Djalma, non-seulement pour justifier l'amour exalté qu'elle éprouvait, mais encore parce que cette espèce de temps d'épreuve, auquel elle avait assigné un terme, l'aidait à tempérer, à distraire les emportemens de l'amour de Djalma... tâche d'autant plus méritoire pour Adrienne, qu'elle ressentait les mêmes impatiens enivremens, les mêmes ardeurs passionnées;... chez ces deux êtres, les brûlans désirs des sens et les aspirations de l'âme les plus élevées s'équilibraient, se soutenaient merveilleusement dans leur mutuel essor, Dieu ayant doué ces deux amans de la plus rare beauté du corps et de la plus adorable beauté du cœur, comme pour légitimer l'irrésistible attrait qui les attachait l'un à l'autre.

Quel devait être le terme de cette épreuve si pénible qu'Adrienne imposait à Djalma et à elle-même? C'est ce que mademoiselle de Cardoville projette d'apprendre à Djalma dans l'entretien qu'elle va avoir avec lui, après le brusque départ de madame de Saint-Dizier.

CHAPITRE LV.

L'ÉPREUVE.

Mademoiselle de Cardoville et Djalma restèrent seuls.

Telle était la noble confiance qui avait succédé dans l'esprit de l'Indien à son premier mouvement de fureur irréfléchie, en entendant l'infâme calomnie de madame de Saint-Dizier, qu'une fois seul avec Adrienne, il ne lui dit pas un mot de cette accusation indigne.

De son côté, touchante et admirable entente de ces deux cœurs! la jeune fille était trop fière, elle avait trop la conscience de la pureté de son amour, pour descendre à une justification envers Djalma. Elle aurait cru l'offenser et s'offenser elle-même.

Les deux amans commencèrent donc leur entretien, comme si l'incident soulevé par la dévote n'avait pas eu lieu.

Le même dédain s'étendit aux notes qui, selon la princesse, devaient prouver l'imminence de la ruine d'Adrienne. La jeune fille avait posé, sans le lire, ce papier sur un guéridon placé à sa portée. D'un geste rempli de grâce, elle fit signe à Djalma de venir s'asseoir auprès d'elle; celui-ci, obéissant à ce désir, quitta, non sans regret, la place qu'il occupait aux pieds de la jeune fille.

— Mon ami — lui dit Adrienne d'un ton grave et tendre — vous m'avez souvent... et impatiemment demandé quand arriverait le terme de l'épreuve que nous nous imposions;... cette épreuve touche à sa fin.

Djalma tressaillit et ne put retenir un léger cri de bonheur et de surprise; mais cette exclamation presque tremblante fut si suave, si douce, qu'elle semblait plutôt le premier cri d'une ineffable reconnaissance, que l'accent passionné du bonheur.

Adrienne continua: — Séparés... environnés d'embûches, de mensonges, mutuellement trompés sur nos sentimens, pourtant nous nous aimions, mon ami;... en cela nous suivions un irrésistible et sûr attrait, plus fort que les événemens contraires; mais depuis, durant ces jours passés dans une longue retraite où nous venons de vivre isolés de tout et de tous, nous avons appris à nous estimer, à nous honorer davantage... Livrés à nous-mêmes, libres tous deux... nous avons eu le courage de résister à tous les brûlans enivremens de la passion, afin de nous acquérir le droit de nous y livrer plus tard sans regrets. Pendant ces jours où nos cœurs sont demeurés ouverts l'un à l'autre, nous y avons lu... tout lu... Aussi, Djalma... je crois en vous et vous croyez en moi... Je trouve en vous ce que vous trouvez en moi, n'est-ce pas?... toutes les garanties possibles, désirables, humaines, pour notre bonheur. Mais à cet amour il manque une consécration... et aux yeux du monde où nous sommes appelés à vivre il n'en est qu'une seule... une seule... le mariage, et il enchaîne la vie entière.

Djalma regarda la jeune fille avec surprise.

— Oui, la vie entière... et pourtant, quel est celui qui peut répondre à jamais des sentimens de toute sa vie? — reprit la jeune fille. — Un Dieu... qui saurait l'avenir des cœurs pourrait seul lier irrévocablement certains êtres... pour leur bonheur; mais, hélas! aux yeux des créatures humaines, l'avenir est impénétrable : aussi, lorsqu'on ne peut répondre sûrement que de la sincérité d'un sentiment présent, accepter des liens indissolubles, n'est-ce pas commettre une action folle, égoïste, impie?

— Cela est triste à penser — dit Djalma après un moment de réflexion, mais cela est juste... — Puis il regarda la jeune fille avec une expression de surprise croissante.

Adrienne se hâta d'ajouter tendrement d'un ton pénétré : — Ne vous méprenez pas sur ma pensée, mon ami ; l'amour de deux êtres qui, comme nous, après mille patientes expériences de cœur, d'âme et d'esprit, ont trouvé l'un dans l'autre toutes les assurances de bonheur désirables; un amour comme le nôtre enfin est si noble, si grand, si divin, qu'il ne saurait se passer de consécration divine... Je n'ai pas la religion de la messe, comme ma vénérable tante, mais j'ai la religion de Dieu; de lui nous est venu notre brûlant amour, il doit en être pieusement glorifié : c'est donc en l'invoquant avec une profonde reconnaissance que nous devons, non pas jurer de nous aimer toujours, non pas d'être à jamais l'un à l'autre...

— Que dites-vous? — s'écria Djalma.

— Non — reprit Adrienne — car personne ne peut prononcer un tel serment sans mensonge ou sans folie;... mais nous pouvons, dans la sincérité de notre âme, jurer de faire l'un et l'autre loyalement tout ce qui est humainement possible pour que notre amour dure toujours et que nous soyons ainsi l'un à l'autre : nous ne devons pas accepter des liens indissolubles; car, si nous nous aimons toujours, à quoi bon ces liens? Si notre amour cesse, à quoi bon ces chaînes, qui ne seront plus alors qu'une horrible tyrannie?... Je vous le demande, mon ami?

Djalma ne répondit pas, mais d'un geste presque respectueux, il fit signe à la jeune fille de continuer.

— Et puis, enfin, — reprit-elle avec un mélange de tendresse et de fierté — par respect pour votre dignité et pour la mienne, mon ami, jamais je ne ferai serment d'observer une loi faite par l'homme *contre* la femme avec un égoïsme dédaigneux et brutal, une loi qui semble nier l'âme, l'esprit, le cœur de la femme, une loi qu'elle ne saurait accepter sans être esclave ou parjure, une loi qui, *fille*, lui retire son nom; *épouse*, la déclare à l'état d'imbécillité incurable, en lui imposant une dégradante tutelle; *mère*, lui refuse tout droit, tout pouvoir sur ses enfans; et, *créature humaine* enfin, l'asservit, l'enchaîne à jamais au bon plaisir d'une autre créature humaine, sa pareille et son égale devant Dieu. Vous savez, mon ami... — ajouta la jeune fille avec une exaltation passionnée — vous savez combien je vous honore, vous dont le père a été nommé le père du Généreux; je ne crains donc pas, noble et valeureux cœur, de vous voir user contre moi de ces droits tyranniques;... mais de ma vie je n'ai menti, et notre amour est trop saint, trop céleste, pour être soumis à une consécration achetée par un double parjure;... non, jamais je ne ferai serment d'observer une loi que ma dignité, que ma raison repoussent; demain le divorce serait rétabli... demain les droits de la femme seraient reconnus, j'observerais ces usages, parce qu'ils seraient d'accord avec mon esprit, avec mon cœur, avec ce qui est juste, avec ce qui est possible, avec ce qui est humain;... — puis, s'interrompant, Adrienne ajouta, avec une émotion si profonde, si douce, qu'une larme d'attendrissement voila ses beaux yeux : — Oh! si vous saviez, mon ami... ce que votre amour est pour moi; si vous saviez combien votre félicité m'est précieuse, sacrée, vous excuseriez, vous comprendriez ces superstitions généreuses d'un cœur aimant et loyal, qui verrait un présage funeste dans une consécration mensongère et parjure; ce que je veux... c'est vous fixer par l'attrait, vous enchaîner par le bonheur, et vous laisser libre pour ne vous devoir qu'à vous-même.

Djalma avait écouté la jeune fille avec une attention passionnée. Fier et généreux, il idolâtrait ce caractère fier et généreux. Après un moment de silence méditatif, il lui dit de sa voix suave et sonore, et d'un ton presque solennel : — Comme vous, le mensonge, le parjure, l'iniquité me révoltent ;... comme vous, je pense qu'un homme s'avilit en acceptant le droit d'être tyrannique et lâche. Quoique résolu de ne pas user de ce droit... comme vous il me serait impossible de penser que ce n'est pas à votre cœur seulement, mais à l'éternelle contrainte d'un lien indissoluble que je dois tout ce que je ne veux tenir que de vous; comme vous, je pense qu'il n'y a de dignité que dans la liberté... Mais, vous l'avez dit, à cet amour si grand, si saint, vous voulez une consécration divine... et si vous repoussez des sermens que vous ne sauriez faire sans folie, sans parjure, il en est d'autres que votre raison, que votre cœur accepteraient. Cette consécration divine... qui nous la donnera? Ces sermens, entre les mains de qui les prononcerons-nous?

— Dans bien peu de jours, mon ami... je pourrai, je crois, vous le dire;... chaque soir... après votre départ... je n'avais pas d'autre pensée que celle-là : trouver le moyen de nous engager, vous et moi, aux yeux de Dieu, mais en dehors des lois, et dans les seules limites que la raison approuve, ceci sans heurter les exigences, les habitudes d'un monde dans lequel il peut nous convenir de vivre plus tard... et dont il ne faut pas blesser les susceptibilités apparentes; oui, mon ami, lorsque vous saurez entre quelles nobles mains je vous offrirai de joindre les nôtres... quel est celui qui remerciera et glorifiera Dieu de cette union... union sacrée qui pourtant nous laissera libres pour nous laisser dignes... vous direz comme moi, j'en suis certaine, que jamais mains plus pures n'auraient pu nous être imposées... Pardonnez, mon ami... tout ceci est grave... grave comme le bonheur... grave comme notre amour... Si mes paroles vous semblent étranges, mes pensées déraisonnables... dites... dites, mon ami, nous chercherons, nous trouverons un meilleur moyen de concilier ce que nous devons à Dieu, ce que nous devons au monde, avec ce que nous nous devons à nous-mêmes... On prétend que les amoureux sont fous — ajouta la jeune fille en souriant — je prétends, moi, qu'il n'y a rien de plus sensé que les vrais amoureux.

— Quant je vous entends parler ainsi de notre bonheur — dit Djalma profondément ému — en parler avec cette sérieuse et calme tendresse, il me semble voir une mère sans cesse occupée de l'avenir de son enfant adoré... tâchant de l'entourer de tout ce qui peut le rendre vaillant, robuste et généreux, tâchant d'écarter de sa route tout ce qui n'est pas noble et digne... Vous me demandez de vous contredire si vos pensées me semblent étranges, Adrienne. Mais vous oubliez donc que ce qui fait ma foi, ma confiance dans notre amour, c'est que je l'éprouve avec les mêmes nuances que vous? Ce qui vous blesse me blesse ; ce qui vous révolte... me révolte; tout à l'heure, quand vous me citiez les lois de ce pays, qui, dans la femme, ne respectent pas même la mère... je pensais avec orgueil que dans nos contrées barbares, où la femme est esclave, du moins elle devient libre quand elle devient mère... Non, non, ces lois ne sont faites ni pour vous ni pour moi. N'est-ce pas prouver le saint respect que vous portez à notre amour que de vouloir l'élever au-dessus de tous ces indignes servages qui l'auraient souillé ? Et... voyez-vous, Adrienne, j'entendais souvent dire aux prêtres de mon pays qu'il y avait des êtres inférieurs aux divinités, mais supérieurs aux autres créatures... je ne croyais pas ces prêtres; ici, je les crois.

Ces derniers mots furent prononcés, non pas avec l'accent de la flatterie, mais avec l'accent de la conviction la plus sincère, avec cette sorte de vénération passionnée, de ferveur presque intimidée qui distingue le croyant lorsqu'il parle de la croyance ;... mais ce qu'il est impossible de rendre, c'est l'ineffable harmonie de ces paroles presque religieuses et du timbre doux et grave de la voix du jeune Indien. Ce qu'il est impossible de peindre, c'est l'expression d'amoureuse et brûlante mélancolie qui donnait un charme irrésistible à ses traits enchanteurs.

Adrienne avait écouté Djalma avec un indicible mélange de joie, de reconnaissance et d'orgueil. Bientôt, posant sa main sur son sein, comme pour en comprimer les violentes pulsations, elle reprit en regardant le prince avec enivrement : — Le voilà bien... toujours bon, toujours juste, toujours grand!... O mon cœur!... mon cœur, comme il bat!... fier et radieux...

Soyez béni, mon Dieu ! de m'avoir créée pour cet amant adoré. Vous voulez donc étonner le monde par les prodiges de tendresse et de charité qu'un pareil amour peut enfanter ! L'on ne sait pas encore la toute-puissance souveraine de l'amour heureux, ardent et libre !... Oh ! grâce à nous deux, n'est-ce pas, Djalma, le jour où nos mains seront jointes, que d'hymnes de bonheur, de reconnaissance, monteront de toutes parts vers le ciel !... Non, non, l'on ne sait pas de quel immense, de quel insatiable besoin de joie et d'allégresse deux amans comme nous sont possédés... L'on ne sait pas tout ce qui rayonne d'inépuisable bonté de la céleste auréole de leur cœur embrasé !... Oh ! oui. oui, je le sens, bien des larmes seront séchées ! bien des cœurs glacés par le chagrin seront ravivés par le feu divin de notre amour !... Et c'est aux bénédictions de ceux que nous aurons sauvés que l'on connaîtra la sainte ivresse de nos voluptés !

Aux regards éblouis de Djalma, Adrienne devenait de plus en plus un être idéal, participant de la divinité par les inépuisables trésors de sa bonté... de la créature sensuelle par l'ardeur... car Adrienne, cédant malgré elle à l'entraînement de la passion, attachait sur Djalma des regards étincelans d'amour.

Alors éperdu, insensé, l'Indien, se jetant aux pieds de la jeune fille, s'écria d'une voix suppliante :

— Grâce !... je n'ai plus de courage !... pitié ! ne parle plus ainsi... Oh ! ce jour... que d'années de ma vie... je donnerais pour le hâter !...

— Tais-toi... tais-toi... pas de blasphème... tes années... m'appartiennent...

— Adrienne !... tu m'aimes ?

La jeune fille ne répondit pas ;... mais son regard profond, brûlant, à demi voilé... porta le dernier coup à la raison de Djalma. Saisissant les deux mains d'Adrienne dans les siennes, il s'écria d'une voix palpitante : — Ce jour... ce jour suprême... ce jour, où nous toucherons au ciel... ce jour qui nous fera dieux par le bonheur et par la bonté... ce jour, pourquoi l'éloigner encore ?...

— Parce que notre amour, pour être sans réserve, doit être consacré par la bénédiction de Dieu.

— Ne sommes-nous pas libres ?

— Oui, oui, mon amant, mon idole, nous sommes libres ; mais soyons dignes de notre liberté.

— Adrienne... grâce !

— Et à toi aussi je demande grâce et pitié ;... oui, pitié pour la sainteté de notre amour ;... ne profane pas dans sa fleur... Crois mon cœur, crois mes pressentimens ; ce serait le flétrir... ce serait le tuer que l'avilir... Courage, mon ami, amant adoré, quelques jours encore... et le ciel... sans remords, sans regrets !...

— Mais jusque-là, l'enfer... des tortures sans nom ; car tu ne sais pas, toi, non, tu ne sais pas quand, après chaque journée, je quitte ta maison... tu ne sais pas que ton souvenir me suit, qu'il m'entoure, qu'il me brûle ; il me semble que c'est ton souffle qui m'embrase ; tu ne sais pas ce que sont mes insomnies... Je ne te disais pas cela .. mais, vois-tu, dans mon égarement, chaque nuit, je t'appelle, je pleure, j'éclate en sanglots... comme je t'appelais, comme je pleurais, quand je croyais que tu ne m'aimais pas... et pourtant je sais que tu m'aimes, que tu es à moi ! Mais aussi te voir... te voir chaque jour plus belle, plus adorée... et chaque jour te quitter plus enivré... non, tu ne sais pas...

Djalma ne put continuer.

Ce qu'il disait de ses tortures dévorantes, Adrienne l'avait aussi ressenti, peut-être encore plus vivement que lui ; aussi, troublée, enivrée par l'accent électrique de Djalma si beau, si passionné, elle sentit son courage faiblir... Déjà une langueur irrésistible paralysait ses forces, sa raison, lorsque tout à coup, par un suprême effort de chaste volonté, elle se leva brusquement, et, se précipitant vers une porte qui communiquait à la chambre de la Mayeux, elle s'écria : — Ma sœur !... ma sœur !... sauvez-moi !... sauvez-nous !

Une seconde à peine s'était écoulée, et mademoiselle de Cardoville, le visage inondé de larmes, toujours belle, toujours pure, serrait entre ses bras la jeune ouvrière, tandis que Djalma était respectueusement agenouillé aux seuil de la porte, qu'il n'osait franchir.

CHAPITRE LVI.

L'AMBITION.

Très peu de jours après l'entrevue de Djalma et d'Adrienne, que nous avons racontée, Rodin se promenait seul dans sa chambre à coucher de la maison de la rue de Vaugirard, où il avait si vaillamment subi les moxas du docteur Baleinier. Les deux mains plongées dans les poches de derrière de sa redingote, la tête baissée sur sa poitrine, le jésuite réfléchissait profondément. Son pas, tantôt lent, tantôt précipité, trahissait son agitation.

— Du côté de Rome — se disait Rodin — je suis tranquille, tout marche ;... l'abdication est pour ainsi dire consentie... et si je peux les payer... le prix convenu... le cardinal-prince m'assure neuf voix de majorité au prochain conclave... notre GÉNÉRAL est à moi... les doutes que le cardinal Malipieri avait conçus sont dissipés... ou n'ont pas d'écho là-bas !... Néanmoins... je ne suis pas sans inquiétude sur la correspondance que le père d'Aigrigny a, dit-on, avec le Malipieri ;... il m'a été impossible d'en rien surprendre ;... il n'importe... cet ancien sabreur est un homme... *jugé;* son affaire est dans le sac ; un peu de patience, et il sera... *exécuté...*

Et les lèvres livides de Rodin se contractèrent par un de ces sourires affreux qui donnaient à sa figure une expression diabolique.

Après une pause, il reprit : — Les funérailles du libre penseur... du philanthrope ami de l'artisan, ont eu lieu avant-hier à Saint-Hérem... François Hardy s'est éteint dans un accès de délire extatique... J'avais sa donation ; mais ceci est plus sûr ;... tout se plaide... les morts ne plaident point...

Rodin resta quelques minutes pensif ; puis il dit avec un accent concentré : — Restent cette rousse et son mulâtre... nous sommes au 27 mai ; le 1er juin approche... et ces deux étourneaux amoureux semblent invulnérables... La princesse avait cru trouver un bon joint ; je l'aurais cru comme elle... C'était excellent de rappeler la découverte d'Agricol Baudoin chez cette folle... car le tigre indien a rugi de jalousie féroce ; oui, mais à peine la colombe amoureuse a-t-elle eu roucoulé du bout de son bec rose... que le tigre imbécile... est venu se tortiller à ses pieds... en rentrant les griffes ; c'est dommage... il y avait quelque chose là...

Et la marche de Rodin devint de plus en plus agitée.

— Rien n'est plus étrange — reprit-il — que la succession génératrice des idées. En comparant cette péronnelle rousse à une colombe, pourquoi est-ce qu'il me vient à l'esprit le souvenir de cette infâme vieille appelée Sainte-Colombe, que ce gros drôle de Jacques Dumoulin courtise, et que l'abbé Corbinet finira par exploiter à notre profit, je l'espère ? oui, pourquoi le souvenir de cette mégère me revient-il à l'esprit ?... J'ai souvent remarqué que, de même que les hasards les plus incroyables apportent d'excellentes rimes aux rimeurs, le germe des meilleures idées se trouve quelquefois dans un mot, dans un rapprochement absurde comme celui-ci... la Sainte-Colombe, abominable sorcière... et la belle Adrienne de Cardoville... Cela, en effet... va ensemble comme une bague à un chat, comme un collier à un poisson... Allons... il n'y a rien là...

A peine Rodin avait-il prononcé ces mots qu'il tressaillit ; sa figure rayonna d'abord d'une joie sinistre ; puis elle prit bientôt une expression d'étonnement méditatif, ainsi que cela arrive lorsque le hasard apporte au savant, surpris et charmé, quelque découverte imprévue.

Bientôt, le front haut, l'œil découvert, étincelant, ses joues flasques et creuses palpitantes sous une sorte de gonflement orgueilleux, Rodin se redressa, croisa ses bras avec une indicible expression de triomphe, et s'écria : — Oh ! c'est quelque chose de beau, d'admirable, de merveilleux, que les mystérieuses évolutions de l'esprit... que les incompréhensibles enchaînemens de la pensée humaine... qui partent souvent d'un mot absurde pour aboutir à une idée splendide, lumineuse, immense... Est-ce infirmité? est-ce grandeur? Étrange... étrange... étrange... Voici que je compare cette rousse à une colombe;... cette comparaison me rappelle cette mégère qui a trafiqué du corps et de l'âme de tant de créatures... De vulgaires dictons me viennent à l'esprit... une bague à un chat... un collier à un poisson... Et tout à coup de ce mot COLLIER... la lumière jaillit à ma vue, et éclaire les ténèbres où je m'agitais en vain depuis longtemps en songeant à ces amoureux invulnérables... Oui, ce seul mot, COLLIER, a été la clef d'or qui vient d'ouvrir une case de mon cerveau, bêtement bouchée depuis je ne sais quand...

Et, après avoir marché avec une nouvelle précipitation, Rodin reprit : — Oui,... c'est à tenter... plus j'y réfléchis, plus ce projet me semble possible... Seulement cette mégère de Sainte-Colombe... par quel intermédiaire?... Mais ce gros drôle... ce Jacques Dumoulin... bien;... l'autre?... l'autre... où la trouver?... puis comment la décider?... là est la pierre d'achoppement;... allons, je m'étais trop hâté de crier victoire.

Et Rodin se remit à se promener çà et là, en rongeant ses ongles d'un air violemment préoccupé; pendant quelques momens, la tension de son esprit fut telle, que de grosses gouttes de sueur perlèrent son front jaune et sordide; et le jésuite allait, venait, s'arrêtait, frappait du pied;... tantôt levant les yeux au ciel pour y chercher une inspiration; tantôt, pendant qu'il rongeait les ongles de sa main droite, grattant son crâne de sa main gauche; enfin, de temps à autre, il laissait échapper des exclamations de dépit, de colère, ou de désespoir tour à tour naissant et déçu.

Si la cause de la préoccupation de ce monstre n'avait pas été horrible, c'eût été un spectacle curieux, intéressant, que d'assister invisible à l'enfantement de ce puissant cerveau en travail... que de suivre pour ainsi dire une à une toutes les péripéties bonnes ou mauvaises de l'éclosion du projet sur lequel il concentrait toutes les ressources, toute la puissance de sa forte intelligence.

Enfin, l'œuvre parut avancer et devoir bientôt s'accomplir, car Rodin reprit: — Oui... oui... c'est risqué, c'est hardi, c'est aventureux; mais c'est prompt... et les conséquences peuvent être incalculables... Qui peut prévoir les suites de l'explosion d'une mine?

Puis, cédant à un mouvement d'enthousiasme qui lui était peu naturel, le jésuite s'écria, le regard rayonnant : — Oh! les passions!... les passions!... quel magique clavier... pour qui sait promener sur ses touches une main légère, habile et vigoureuse! Mais que c'est beau, le pouvoir de la pensée!... mon Dieu! que c'est donc beau!... Que l'on vienne, après cela, parler des merveilles du gland qui devient chêne, du grain de blé qui devient épi; mais, au grain de blé, il faut des mois pour se développer; mais, au gland, il faut des siècles pour acquérir sa splendeur; tandis que ce seul mot, composé de sept lettres, COLLIER... oui, ce seul mot, ce seul germe est tombé il y a quelques minutes dans mon cerveau, et grandissant, grandissant tout à coup, il est devenu, à cette heure, quelque chose d'aussi immense qu'un chêne; oui, ce seul mot a été le germe d'une idée qui, comme le chêne, a mille rameaux souterrains... qui, comme le chêne, s'élance vers le ciel... car c'est pour la plus grande gloire du Seigneur que j'agis... oui, du Seigneur... tel qu'ils le font, tel qu'ils le donnent, tel que je le maintiendrai... si j'arrive... et j'arriverai... car ces misérables Rennepont auront passé comme des ombres. Et que fait, après tout, à l'ordre moral, dont je serai le messie, que ces gens-là vivent ou meurent? qu'est-ce qu'auraient pesé de pareilles vies dans les balances des grandes destinées du monde?... Tandis que cet héritage que je vais y jeter, moi, dans la balance, d'une main audacieuse, me fera monter jusqu'à une sphère d'où l'on domine encore bien des rois, bien des peuples, quoi qu'on fasse, quoi qu'on crie... Les niais... les doubles crétins!... non, non, au contraire, les bons, les saints, les adorables crétins!... ils croient nous écraser, nous autres gens d'Église, en nous disant... d'une grosse voix :... — Vous aurez le *spirituel*;... mais nous, morbleu! nous gardons le *mporel*... Oh! que leur conscience et leur modestie les inspirent bien en leur disant de ne rien revendiquer du *spirituel*... d'abandonner le le *spirituel*, de mépriser le *spirituel*! ça se voit, du reste, qu'ils ne doivent avoir rien de commun avec le spirituel... O les vénérables ânes! ils ne voient pas que, de même qu'ils vont, eux, tout droit au moulin, c'est par le spirituel qu'on va tout droit au temporel; comme si ce n'était pas par l'esprit qu'on domine le corps... Ils nous laissent le *spirituel*... ils dédaignent le *spirituel*... c'est-à-dire la domination des consciences, des âmes, des esprits, des cœurs, des jugemens; le *spirituel*... c'est-à-dire le pouvoir de dipenser au nom du ciel le châtiment, le pardon, la récompense et la rémission... et cela sans contrôle, et cela dans l'ombre et le secret du confessionnal, et cela sans que ce lourdaud de *Temporel* ait rien à y voir;... à lui tout ce qui est corps et matière; et, de joie, le bonhomme s'en frotte la panse. Seulement, de temps à autre, il s'aperçoit, un peu tard, que, s'il prétend avoir les corps, nous avons les âmes, et que, les âmes dirigeant les corps, les corps finissent par venir avec nous; le tout, au naturel hébétement du bonhomme *Temporel*, qui reste béant, les mains sur sa panse, ses gros yeux écarquillés, en disant : — Ah bah!... c'est-y Dieu possible!...

Puis, poussant un éclat de rire de dédain sauvage, Rodin reprit en marchant à grands pas : — Oh! que j'arrive... que j'arrive... à la fortune de Sixte-Quint... et le monde verra... un jour, à son réveil... ce que c'est que le pouvoir spirituel entre des mains comme les miennes, entre les mains d'un prêtre qui, jusqu'à cinquante ans, est resté crasseux, frugal et vierge, et qui même, s'il devient pape, mourra crasseux, frugal et vierge!

Rodin devenait effrayant en parlant ainsi. Tout ce qu'il y a eu d'ambition sanguinaire, sacrilége, exécrable, dans quelques papes trop célèbres, semblait éclater en traits sanglans sur le front de ce fils d'Ignace; un éréthisme de domination dévorante brassait le sang impur du jésuite, une sueur brûlante l'inondait, et une sorte de vapeur nauséabonde s'épandait autour de lui.

Tout à coup, le bruit d'une voiture de poste qui entrait dans la cour de la maison de Vaugirard attira l'attention de Rodin; regrettant de s'être laissé emporter à tant d'exaltation, il tira de sa poche son sale mouchoir à carreaux blancs et rouges, le trempa dans un verre d'eau et s'en imbiba le front, les joues et les tempes, tout en s'approchant de sa fenêtre pour regarder à travers la persienne entr'ouverte quel voyageur venait d'arriver. La projection d'un auvent dominant la porte près de laquelle la voiture était arrêtée intercepta le regard de Rodin.

— Peu importe... — dit-il en reprenant son sang-froid peu à peu, tout à l'heure je saurai qui vient d'arriver... Ecrivons d'abord à ce drôle de Jacques Dumoulin de se rendre ici immédiatement; il m'a déjà bien et fidèlement servi à propos de cette misérable petite fille, qui, rue Clovis, me faisait horripiler avec ses refrains de cet infernal Béranger... Cette fois Dumoulin peut me servir encore. Je le tiens dans ma main;... il obéira.

Rodin se mit à son bureau et écrivit.

Au bout de quelques secondes on frappa à sa porte, fermée à double tour, contre la règle; mais, de temps à autre, sûr de son influence et de son importance, Rodin, qui avait obtenu de son *général* d'être débarrassé, pendant un certain temps, de l'incommode compagnie d'un *socius*, sous prétexte des intérêts de la société, Rodin s'échappait souvent jusqu'à d'assez nombreuses infractions aux ordonnances de l'ordre.

Un servant entra et remit une lettre à Rodin. Celui-ci la prit, et, avant de l'ouvrir, dit à cet homme : — Quelle est cette voiture qui vient d'arriver?

— Cette voiture vient de Rome, mon père — répondit le servant en s'inclinant.

— De Rome!... — dit vivement Rodin; et, malgré lui, une vague inquiétude se peignit sur ses traits; puis, plus calme, il ajouta, en tenant toujours, sans l'ouvrir, la lettre qu'il avait entre les mains : — Et qui est dans cette voiture?

— Un révérend père de notre sainte compagnie, mon père...

Malgré son ardente curiosité, car il savait qu'un révérend père voyageant en poste est toujours chargé d'une mission importante et hâtée, Rodin ne fit pas une question de plus à ce sujet, et dit en montrant la lettre qu'il tenait : — D'où vient cette lettre?

— De notre maison de Saint-Hérem, mon père.

Rodin regarda plus attentivement l'écriture et reconnut celle du père d'Aigrigny, qui avait été chargé d'assister M. Hardy à ses derniers momens. Cette lettre contenait ces mots :

« Je dépêche un exprès à Votre Révérence pour lui apprendre un fait peut-
» être plus étrange qu'important. Après les funérailles de M. François Har-
» dy, le cercueil contenant ses restes avait été provisoirement déposé dans
» un caveau de notre chapelle, en attendant qu'il fût possible de conduire le
» corps au cimetière de la ville voisine ; ce matin, au moment où nos gens
» sont descendus dans le caveau pour faire les apprêts nécessaires à la trans-
» lation du corps... le cercueil avait disparu... »

Rodin fit un mouvement de surprise, et dit : — En effet, cela est étrange...

Puis il continua.

« Toutes recherches ont été vaines pour découvrir les auteurs où les traces
» de cet enlèvement sacrilége ; la chapelle étant isolée de notre maison, ainsi
» que vous le savez, et n'étant pas gardée, on a pu s'y introduire sans don-
» ner l'éveil ; nous avons seulement remarqué, sur un terrain détrempé par
» la pluie, les traces récentes d'une voiture à quatre roues ; mais à quelque
» distance de la chapelle, ces traces se sont perdues dans les sables, et il a
» été impossible de rien découvrir. »

— Qui a pu enlever ce corps — dit Rodin d'un air pensif — et qui peut
avoir intérêt à l'enlèvement de ce corps?

Il continua :

« Heureusement l'acte de décès est en règle et parfaitement légalisé ; un
» médecin d'Etampes est venu, à ma demande, constater le décès ; la mort
» est donc parfaitement et régulièrement établie, et conséquemment la subs-
» titution des droits à nous accordés par la donation et l'abandon des biens,
» valable et irrécusable de tous points. En tout état de cause, j'ai cru devoir
» vous envoyer un exprès pour instruire Votre Révérence de cet événement,
» afin qu'elle avise, etc. »

Après un moment de réflexion, Rodin se dit : — D'Aigrigny a raison,
c'est plus étrange qu'important ; néanmoins, cela me donne à penser... Nous
songerons à cela.

Se retournant vers le servant qui lui avait apporté cette lettre, Rodin lui
dit en lui remettant le mot qu'il venait d'écrire à Nini-Moulin : — Faites
porter à l'instant cette lettre à son adresse ; on attendra la réponse.

— Oui, mon père.

A l'instant où le servant quittait la chambre de Rodin, un révérend père
y entra et lui dit : — Le révérend père Caboccini, de Rome, arrive à l'instant,
chargé d'une mission pour Votre Révérence de la part de notre révérendissime général.

A ces mots, le sang de Rodin ne fit qu'un tour, mais il garda un calme imperturbable, et il dit simplement : — Où est le révérend père Caboccini?

— Dans la pièce voisine, mon père.

— Priez-le d'entrer, et laissez-nous — dit Rodin.

Une seconde après, le révérend père Caboccini, de Rome, entrait et restait
seul avec Rodin.

CHAPITRE LVII.

A SOCIUS, SOCIUS ET DEMI.

Le révérend père Caboccini, jésuite romain, qui entra chez Rodin, était un
petit homme de trente ans au plus, grassouillet, rondelet, et dont l'abdomen
gonflait la noire soutanelle. Ce bon petit père était borgne ; mais l'œil qui
lui restait brillait de vivacité ; sa figure fleurie souriait, avenante, joyeuse,
splendidement couronnée d'une épaisse chevelure châtaine, frisée comme
celle d'un enfant Jésus de cire ; un geste cordial jusqu'à la familiarité, des
manières expansives et pétulantes s'harmonisaient à merveille avec la physionomie de ce personnage.

En une seconde, Rodin eût *dévisagé* l'émissaire italien ; et, comme il connaissait sa compagnie et les habitudes de Rome sur le bout du doigt, il éprouva tout d'abord une sorte de pressentiment sinistre à la vue de ce bon petit père aux façons si accortes; il eût moins redouté quelque révérend père long et osseux, à la face austère et sépulcrale, car il savait que la compagnie tâchait autant que possible de dérouter les curieux, par la physionomie et les dehors de ses agents. Or, si Rodin pressentait juste, à en juger par les cordiales apparences de cet émissaire, celui-ci devait être chargé de la plus funeste mission.

Défiant, attentif, l'œil et l'esprit au guet, comme un vieux loup qui évente et flaire une attaque ou une surprise, Rodin, selon son habitude, s'était lentement et tortueusement avancé vers le petit borgne, afin d'avoir le temps de bien examiner et de pénétrer sûrement sous cette joviale écorce; mais le Romain ne lui en laissa pas le temps; dans l'élan de son impétueuse affectuosité, il s'élança presque de la porte au cou de Rodin, en le serrant entre ses bras avec effusion, l'embrassant, le réembrassant encore, et toujours sur les deux joues, et si plantureusement, et si bruyamment, que ses baisers monstres retentissaient d'un bout de la chambre à l'autre.

De sa vie Rodin ne s'était trouvé à pareille fête; de plus en plus inquiet de la fourbe que devaient cacher de si chaudes embrassades, sourdement irrité d'ailleurs par ses mauvais pressentimens, le jésuite français faisait tous ses efforts pour se soustraire aux marques de la tendresse assez exagérée du jésuite romain; mais ce dernier tenait bon et ferme: ses bras, quoique courts, étaient vigoureux, et Rodin fut baisé et rebaisé par le gros petit borgne jusqu'à ce que celui-ci manquât d'haleine.

Il est inutile de dire que ces accolades enragées étaient accompagnées des exclamations les plus amicales, les plus affectueuses, les plus fraternelles; le tout en assez bon français, mais avec un accent italien des plus prononcés, dont nous ferons grâce au lecteur, en le priant de suppléer par la pensée cette espèce de patois assez comique, après que nous en aurons donné une phrase comme spécimen.

On se souvient peut-être que, comprenant les dangers que pouvaient attirer ses machinations ambitieuses, et sachant par l'histoire que l'usage du poison avait été souvent considéré à Rome comme nécessité d'État et de politique, Rodin, mis en défiance par l'arrivée du cardinal Malipieri, et brusquement attaqué du choléra, mais ignorant encore que les douleurs atroces qu'il ressentait étaient les symptômes de la contagion, s'était écrié en lançant un regard furieux sur le prélat romain: — *Je suis empoisonné!*...

Les mêmes appréhensions vinrent involontairement au jésuite pendant qu'il tâchait, par d'inutiles efforts, d'échapper aux embrassades de l'émissaire de son général, et il se disait à part soi: — *Ce borgne me paraît bien tendre;... pourvu qu'il n'y ait pas de poison sous ces baisers de Judas!*

Enfin, le bon petit père Caboccini, soufflant d'ahan, fut obligé de 'arracher du cou de Rodin, qui, rajustant son collet graisseux, sa cravatte et son vieux gilet, de plus incommodé par cet ouragan de caresses, dit d'un ton bourru: — Serviteur, mon père, serviteur;... il n'est point besoin de me baiser si fort...

Mais, sans répondre à ce reproche, le bon petit père, attachant sur Rodin son œil unique avec une expression d'enthousiasme et accompagnant ces mots de gestes pétulans, s'écria dans son patois: — *Enfin ze la vois, citte souparbe loumière de noutre sinte compagnie, ze pouis la sarrer contre mon cûr... si... encoûre... encoûre...*

Et, comme le bon petit père avait suffisamment repris haleine, il s'apprêtait à s'élancer, afin d'accoler de nouveau Rodin; celui-ci recula vivement en étendant les bras en avant comme pour se garantir, et dit à cet impitoyable embrasseur, en faisant allusion à la comparaison illogiquement employée par le père Caboccini: — Bon, bon, mon père; d'abord, on ne serre pas une lumière contre son cœur; puis je ne suis pas une lumière... je suis un humble et obscur travailleur de la vigne du Seigneur.

Le Romain reprit avec exaltation (nous traduirons désormais le patois, dont nous ferons grâce au lecteur après l'échantillon ci-dessus), le Romain reprit donc avec emphase: — Vous avez raison, mon père; on ne serre pas une lumière contre son cœur, mais on se prosterne devant elle pour admirer son éclat resplendissant, éblouissant.

Et le père Caboccini allait joindre l'action à la parole, et s'agenouiller devant Rodin, si celui-ci n'eût prévenu ce mouvement d'adulation, en retenant le Romain par le bras, et lui disant avec impatience : — Voici qui devient de l'idolâtrie, mon père; passons, passons sur mes qualités, et arrivons au but de votre voyage : quel est-il ?

— Ce but, mon cher père, me remplit de joie, de bonheur, de tendresse ; j'ai tâché de vous témoigner cette tendresse par mes caresses et mes embrassemens, car mon cœur déborde ; c'est tout ce que j'ai pu faire que de le retenir pendant toute la route, car il s'élançait toujours ici vers vous, mon cher père; ce but, il me transporte, il me ravit : ce but... il...

— Mais ce but qui vous ravit — s'écria Rodin exaspéré par ces exagérations méridionales, et interrompant le Romain — ce but, quel est-il ?

— Ce rescrit de notre révérendissime et excellentissime général vous en instruira, mon très cher père...

Et le père Caboccini tira de son portefeuille un pli cacheté de trois sceaux, qu'il baisa respectueusement avant de le remettre à Rodin, qui le prit et, après l'avoir baisé de même, le décacheta avec une vive anxiété.

Pendant qu'il lut, les traits du jésuite demeurèrent impassibles; le seul battement précipité des artères de ses tempes annonçait son agitation intérieure. Néanmoins, mettant froidement la lettre dans sa poche, Rodin regarda le Romain et lui dit : — Il en sera fait ainsi que l'ordonne notre excellentissime général.

— Ainsi, mon père — s'écria le père Caboccini avec une recrudescence d'effusion et d'admiration de toute sorte — c'est moi qui vais être l'ombre de votre lumière, votre second vous-même ; j'aurai le bonheur de ne vous quitter ni le jour ni la nuit, d'être votre *socius*, en un mot, puisque, après vous avoir accordé la faculté de n'en point avoir pendant quelque temps, selon votre désir, et dans le meilleur intérêt des affaires de notre sainte compagnie, notre excellentissime général juge à propos de m'envoyer de Rome auprès de vous pour remplir cette fonction ; faveur inespérée, immense, qui me remplit de reconnaissance pour notre général et de tendresse pour vous, mon cher et digne père.

— C'est bien joué — pensa Rodin — mais, moi, on ne me prend pas *sans vert*, et ce n'est que dans le royaume des aveugles que les borgnes sont rois.

Le soir du jour même où cette scène s'était passée entre le jésuite et son nouveau *socius*, Nini-Moulin, après avoir reçu en présence de Caboccini les instructions de Rodin, s'était rendu chez madame de la Sainte-Colombe.

CHAPITRE LVIII.

MADMAE DE LV SAINTE-COLOMBE.

Madame de la Sainte-Colombe, qui, au commencement de ce récit, était venue visiter la terre et le château de Cardoville dans l'intention d'acheter cette propriété, avait fondé sa fortune en tenant un magasin de modes sous les galeries de bois du Palais-Royal, lors de l'entrée des alliés à Paris. Singulier magasin, dans lequel les ouvrières étaient toujours plus jolies et beaucoup plus fraîches que les chapeaux qu'elles accommodaient.

Il serait assez difficile de dire par quels moyens cette créature était parvenue à se créer une fortune considérable, sur laquelle les révérends pères, parfaitement insoucieux de l'origine des biens, pourvu qu'ils les puissent empocher (*ad majorem Dei gloriam*), avaient de sérieuses visées. Ils avaient procédé selon l'A B C de leur métier. Cette femme était d'un esprit faible, vulgaire, grossier. Les révérends pères, parvenant à s'introduire auprès d'elle, ne l'avaient pas trop blâmée de ses abominables antécédens. Ils avaient même trouvé moyen d'atténuer ses *peccadilles*, car leur morale est facile et complaisante ; mais ils lui avaient déclaré que, de même qu'un veau devient taureau avec l'âge, les peccadilles grandissaient dans l'impénitence, et que, croissant avec la vieillesse, elles finissaient par atteindre les proportions de péchés énormes ; et alors, comme punition redoutable de ces péchés énormes, était venue la fantasmagorie obligée du diable et de ses cornes, de ses flammes et de ses fourches ; dans le cas, au contraire, où la répression de ces peccadilles arriverait en temps utile et se formulerait par quelque belle et bonne donation à leur compagnie, les révérends pères se faisaient fort de renvoyer Lucifer à ses fourneaux, et de garantir à la Sainte-Colombe, toujours moyennant valeur mobilière ou immobilière, une bonne place parmi les élus.

Malgré l'efficacité ordinaire de ces moyens, cette conversion avait présenté de nombreuses difficultés. La Sainte-Colombe, sujette, de temps à autre, à de terribles retours de jeunesse, avait usé deux ou trois directeurs. Enfin, brochant sur le tout, Nini-Moulin, qui convoitait sérieusement la fortune et forcément la main de cette créature, avait quelque peu nui aux projets des révérends pères.

Au moment où l'écrivain religieux se rendait auprès de la Sainte-Colombe comme mandataire de Rodin, elle occupait un appartement au premier, rue Richelieu ; car, malgré ses velléités de retraite, cette femme trouvait un plaisir infini au tapage assourdissant, à l'aspect tumultueux d'une rue passante et populeuse. Ce logis était richement meublé, mais presque toujours en désordre, malgré les soins, ou à cause des soins de deux ou trois domestiques, avec qui la Sainte-Colombe fraternisait tour à tour de la façon la plus touchante ou se querellait avec furie.

Nous introduirons le lecteur dans le sanctuaire où cette créature était depuis quelque temps en conférence secrète avec Nini-Moulin.

La néophyte ambitionnée des révérends pères trônait sur un canapé d'acajou recouvert de soie cramoisie. Elle avait deux chats sur ses genoux et un chien caniche à ses pieds, tandis qu'un gros vieux perroquet gris allait et venait, perché sur le dos du canapé ; une perruche verte, moins privée ou moins favorisée, glapissait de temps à autre, enchaînée à son bâton, près de l'embrasure d'une fenêtre ; le perroquet ne criait pas, mais parfois il intervenait brusquement dans la conversation en faisant entendre d'une voix retentissante les juremens les plus effroyables, ou en grasseyant le plus distinctement du monde un vocabulaire digne des halles ou des lieux déshonnêtes où s'était passée son enfance ; pour tout dire, cet ancien commensal de la Sainte-Colombe, avant sa conversion, avait reçu de sa maîtresse cette éducation peu édifiante, et avait même été baptisé par elle d'un nom des plus malsonnans, auquel la Sainte-Colombe, abjurant ses premières erreurs, avait depuis substitué le nom modeste de *Barnabé*.

Quant au portrait de la Sainte-Colombe, c'était une robuste femme de cinquante ans environ, au visage large, coloré, quelque peu barbu, et à la voix virile ; elle portait ce soir-là une manière de turban orange et une robe de velours violâtre, quoiqu'on fût à la fin de mai ; elle avait en outre des bagues à tous les doigts, et sur le front une ferronnière de diamans.

Nini-Moulin avait abandonné le paletot-sac quelque peu sans façon qu'il portait habituellement, pour un habillement noir complet et un large gilet blanc à la Robespierre ; ses cheveux étaient aplatis autour de son crâne bourgeonné, et il avait pris une physionomie des plus béates, dehors qui lui semblaient devoir mieux servir ses projets matrimoniaux et contrebalancer l'influence de l'abbé Corbinet, que les allures de *Roger-Bontemps* qu'il avait d'abord affectées.

Dans ce moment, l'écrivain religieux, laissant de côté ses intérêts, ne s'occupait que de réussir dans la délicate mission dont il avait été chargé par Rodin, mission qui, d'ailleurs, lui avait été adroitement présentée par le jésuite sous des apparences parfaitement acceptables, et dont le but, à tout prendre honorable, faisait excuser les moyens quelque peu hasardeux.

— Ainsi — disait Nini-Moulin en continuant un entretien commencé depuis quelque temps — elle a vingt ans ?

— Tout au plus — répondit la Sainte-Colombe, qui paraissait en proie à une vive curiosité ;—mais c'est tout de même bien farce ce que vous me dites là... mon gros bibi (la Sainte-Colombe était, on le sait, déjà sur un pied de douce familiarité avec l'écrivain religieux).

— Farce... n'est peut-être pas le mot tout à fait propre, ma digne amie

— fit Nini-Moulin d'un air confit; c'est touchant... intéressant, que vous voulez dire... car si vous pouvez retrouver d'ici à demain la personne en question...

— Diable... d'ici à demain, mon fiston — s'écria cavalièrement la Sainte-Colombe — comme vous y allez! voilà plus d'un an que je n'ai entendu parler d'elle... Ah! si... pourtant; Antonia, que j'ai rencontrée il y a un mois, m'a dit où elle était.

— Alors... par le moyen auquel vous aviez d'abord pensé, ne pourrait-on pas la découvrir?

— Oui... gros bibi; mais c'est joliment sciant, ces démarches-là, quand on n'en a plus l'habitude...

— Comment, ma belle amie! vous si bonne, vous qui travaillez si fort à votre salut... vous hésitez devant quelques démarches... désagréables... soit, lorsqu'il s'agit d'une action exemplaire, lorsqu'il s'agit d'arracher une jeune fille à Satan et à ses pompes?...

Ici le perroquet Barnabé fit entendre deux effroyables jurons, admirablement bien articulés.

Dans son premier mouvement d'indignation, la Sainte-Colombe s'écria en se retournant vers Barnabé d'un air courroucé et révolté : — Ce... (un mot aussi gros que celui prononcé par Barnabé) ne se corrigera jamais... veux-tu te taire?... (ici une kirielle d'autres mots du vocabulaire de Barnabé.) C'est comme un fait exprès... Hier encore il a fait rougir l'abbé Corbinet jusqu'aux oreilles... Te tairas-tu?

— Si vous reprenez toujours Barnabé de ses écarts avec cette sévérité-là — dit Nini-Moulin conservant un imperturbable sérieux — vous finirez par le corriger. Mais, pour en revenir à notre affaire, voyons, soyez ce que vous êtes naturellement, ma respectable amie, obligeante au possible; concourez à une double bonne action : d'abord à arracher, je vous le disais... une jeune fille à Satan et à ses pompes, en lui assurant un sort honnête, c'est-à-dire le moyen de revenir à la vertu, et ensuite, chose non moins capitale, le moyen de rendre ainsi peut-être à la raison une pauvre mère devenue folle de chagrin... Pour cela que faut-il faire?... quelques démarches... voilà tout.

— Mais pourquoi cette fille-là plutôt qu'une autre, mon gros bibi? C'est donc parce qu'elle est comme une espèce de rareté?

— Certainement, ma respectable amie;... sans cela, cette pauvre mère folle... que l'on veut ramener à la raison, ne serait pas, à sa vue, frappée comme il faut qu'elle le soit.

— Ça, c'est juste.

— Allons, voyons, un petit effort, ma digne amie.

— Farceur... allez! — dit la Sainte-Colombe avec un mol abandon; — il faut faire tout ce que vous voulez.

— Ainsi — dit vivement Nini-Moulin — vous promettez...

— Je promets... et je fais mieux que ça... je vais tout de suite... aller où il faut; ça sera plus tôt fait. Ce soir... je saurai de quoi il retourne, et si ça se peut ou non.

Ce disant, la Sainte-Colombe se leva avec effort, déposa ses deux chats sur le canapé, repoussa son chien du bout du pied et sonna vigoureusement.

— Vous êtes admirable... — dit Nini-Moulin avec dignité. — Je n'oublierai de ma vie...

— Faut pas vous gêner... mon gros — dit la Sainte-Colombe en interrompant l'écrivain religieux — c'est pas à cause de vous que je me décide...

— Et à cause de qui? ou de quoi?... — demanda Nini-Moulin.

— Ah! c'est mon secret — dit la Sainte-Colombe.

Puis, s'adressant à sa femme de chambre qui venait d'entrer, elle ajouta :
— Ma biche, dis à Ratisbonne d'aller me chercher un fiacre, et donne-moi mon chapeau de velours coquelicot à plumes.

Pendant que la suivante allait exécuter les ordres de sa maîtresse, Nini-Moulin s'approcha de la Sainte-Colombe, et lui dit à mi-voix d'un ton modeste et pénétré : — Vous remarquerez du moins, ma belle amie, que je ne vous ai pas dit ce soir un seul mot de mon amour;... me tiendrez-vous compte de ma discrétion?

A ce moment la Sainte-Colombe venait d'enlever son turban; elle se retourna brusquement et planta cette coiffure sur le crâne chauve de Nini-Moulin, en riant d'un gros rire.

L'écrivain religieux parut ravi de cette preuve de confiance, et, au moment où la suivante rentrait avec le châle et le chapeau de sa maîtresse, il baisa passionnément le turban, en regardant la Sainte-Colombe à la dérobée.

. . . .

Le lendemain de cette scène, Rodin, dont la physionomie paraissait triomphante, mettait lui-même une lettre à la poste.

Cette lettre portait pour adresse :

A monsieur Agricol Baudoin,

Rue Brise-Miche, n. 2.

PARIS.

(Très pressée.)

CHAPITRE LIX.

LES AMOURS DE FARINGHEA.

Djalma, on s'en souvient peut-être, lorsqu'il eut appris pour la première fois qu'il était aimé d'Adrienne, avait, dans l'enivrement de son bonheur, dit à Faringhea, dont il pénétrait la trahison :

— Tu t'es ligué avec mes ennemis, et je ne t'avais fait aucun mal... Tu es méchant parce que tu es sans doute malheureux ;... je veux te rendre heureux pour que tu sois bon ; veux-tu de l'or ? tu auras de l'or ;... veux-tu un ami ? tu es esclave, je suis fils de roi, je t'offre mon amitié.

Faringhea avait refusé l'or et parut accepter l'amitié du fils de Kadja-Sing.

Doué d'une intelligence remarquable, d'une dissimulation profonde, le métis avait facilement persuadé de la sincérité de son repentir, de sa reconnaissance et de son attachement, un homme d'un caractère aussi confiant, aussi généreux que Djalma ; d'ailleurs, quels motifs celui-ci aurait-il eus de se défier désormais de son esclave devenu son ami ? Certain de l'amour de mademoiselle de Cardoville, auprès de laquelle il passait chaque jour, il eût été défendu par la salutaire influence de la jeune fille contre les perfides conseils ou contre les calomnies du métis, fidèle et secret instrument de Rodin, qui l'avait affilié à sa compagnie ; mais Faringhea, dont le tact était parfait, n'agissait pas légèrement ; il ne parlait jamais au prince de mademoiselle de Cardoville, et attendait discrètement les confidences qu'amenait parfois la joie expansive de Djalma.

Très peu de jours après qu'Adrienne, par un tout-puissant effort de chaste volonté, eût échappé au contagieux enivrement de la passion de Djalma, le lendemain du jour où Rodin, certain du bon succès de la mission de Nini-Moulin auprès de la Sainte-Colombe, avais mis lui-même une lettre à la poste à l'adresse d'Agricol Baudoin, le métis, assez sombre depuis quelque temps, avait semblé ressentir un violent chagrin qui alla bientôt tellement empirant, que le prince, frappé de l'air désespéré de cet homme, qu'il voulait ramener au bien par l'affection et par le bonheur, lui demanda plusieurs fois la cause de cette accablante tristesse ; mais le métis, tout en remerciant le prince de son intérêt avec une reconnaissante effusion, s'était tenu dans une réserve absolue.

Ceci posé, on concevra la scène suivante.

Elle eut lieu, vers le milieu du jour, dans la petite maison de la rue de Clichy, occupée par l'Indien.

Djalma, contre son habitude, n'avait pas passé cette journée avec Adrienne. Depuis la veille, il avait été prévenu par la jeune fille qu'elle lui demanderait le sacrifice de ce jour entier, afin de l'employer à prendre les mesures nécessaires pour que leur mariage fût béni et acceptable aux yeux du monde, et que pourtant il demeurât entouré des restrictions qu'elle et Djalma désiraient. Quant aux moyens que devait employer mademoiselle de Cardoville pour arriver à ce résultat, quant à la personne si pure, si honorable, qui devait consacrer cette union, c'était un secret qui, n'appartenant pas seulement à la jeune fille, ne pouvait être encore confié à Djalma.

Pour l'Indien, depuis si longtemps habitué à consacrer tous ses instans à Adrienne, ce jour entier passé loin d'elle était interminable. Enfin, depuis la scène passionnée pendant laquelle mademoiselle de Cardoville avait failli succomber, elle avait, se défiant de son courage, prié la Mayeux de ne plus la quitter désormais : aussi l'amoureuse et dévorante impatience de Djalma était à son comble.

Tour à tour en proie à une agitation brûlante ou à une sorte d'engourdissement dans lequel il tâchait de se plonger pour échapper aux pensées qui lui causaient de si enivrantes tortures, Djalma était étendu sur un divan, son visage caché dans ses mains, comme s'il eût voulu échapper à une trop séduisante vision.

Tout à coup Faringhea entra chez le prince sans avoir frappé à la porte selon son habitude.

Au bruit que fit le métis en entrant, Djalma tressaillit, releva la tête et regarda autour de lui avec surprise; mais, à la vue de cette physionomie pâle, bouleversée de l'esclave, il se leva vivement, et, faisant quelques pas vers lui, s'écria —Qu'as-tu, Faringhea?

Après un moment de silence, et comme s'il eût cédé à une hésitation pénible, Faringhea, se jetant aux pieds de Djalma, murmura d'une voix faible avec un accablement désespéré, presque suppliant : — Je suis bien malheureux;... ayez pitié de moi, monseigneur !

L'accent du métis fut si touchant, la grande douleur qu'il semblait éprouver donnait à ses traits, ordinairement impassibles et durs comme ceux d'un masque de bronze, une expression tellement navrante, que Djalma se sentit attendri, et, se courbant pour relever le métis, lui dit avec affection : —Parle, parle;... la conscience apaise les tourmens du cœur... Aie confiance, ami... et compte sur moi;... l'ange me le disait il y a peu de jours encore : L'amour heureux ne souffre pas de larmes autour de lui.

— Mais l'amour infortuné, l'amour misérable, l'amour trahi... verse des larmes de sang — reprit Faringhea avec un abattement douloureux.

— De quel amour trahi parles-tu? — dit Djalma surpris.

— Je parle de mon amour... — répondit le métis d'un air sombre.

— De ton amour?... — dit Djalma de plus en plus surpris; non que le métis, jeune encore et d'une figure d'une sombre beauté, lui parût incapable d'inspirer ou d'éprouver un sentiment tendre, mais parce qu'il n'avait pas cru jusqu'alors cet homme capable de ressentir un chagrin aussi poignant.

— Monseigneur — reprit le métis — vous m'aviez dit : — Le malheur t'a rendu méchant... sois heureux, et tu seras bon... — Dans ces paroles... j'avais vu un présage; on aurait dit que pour entrer dans mon cœur un noble amour attendait que la haine, que la trahison fussent sorties de ce cœur... Alors, moi, à demi sauvage, j'ai trouvé une femme belle et jeune qui répondait à ma passion; du moins, je l'ai cru;... mais j'avais été traître envers vous, monseigneur, et, pour les traîtres, même repentans, il n'est jamais de bonheur;... à mon tour, j'ai été trahi... indignement trahi.

Puis, voyant le mouvement de surprise du prince, le métis ajouta, comme s'il eût été écrasé de confusion : — Grâce, ne me raillez pas... monseigneur; les tortures les plus affreuses ne m'auraient pas arraché cet aveu misérable... mais vous, fils de roi, vous avez daigné dire à votre esclave :... — Sois mon ami...

— Et cet ami... te sait gré de ta confiance — dit vivement Djalma;—loin de te railler, il te consolera... Rassure-toi; mais... te railler... moi !

— L'amour trahi... mérite tant de mépris, tant de huées insultantes!... — dit Faringhea avec amertume... Les lâches mêmes ont le droit de vous montrer au doigt avec dédain... car dans ce pays la vue de l'homme trompé dans ce qui est l'âme de son âme, le sang de son sang... la vie de sa vie... fait hausser les épaules et éclater de rire...

— Mais es-tu certain de cette trahison? — répondit doucement Djalma; puis il ajouta avec une hésitation qui prouvait la bonté de son cœur : —

Ecoute... et pardonne-moi de te parler du passé... Ce sera, d'ailleurs, de ma part, te prouver encore que je n'en garde contre toi aucun mauvais souvenir... et que je crois au repentir, à l'affection que tu me témoignes chaque jour... Rappelle-toi que moi aussi j'ai cru que l'ange qui est maintenant ma vie ne m'aimait pas... et pourtant cela est faux... Qui te dit que tu n'es pas, comme je l'étais, abusé par de fausses apparences?...

— Hélas! monseigneur... je le voudrais croire... mais je n'ose l'espérer ;... dans ces incertitudes, ma tête s'est perdue, je suis incapable de prendre une résolution, et je viens à vous, monseigneur.

— Mais qui a fait naître tes soupçons?...

— Sa froideur, qui parfois succède à une apparente tendresse. Les refus qu'elle me fait au nom de ses devoirs... et puis... — Mais le métis ne continua pas, parut céder à une réticence, et ajouta, après quelques minutes de silence : — Enfin, monseigneur... elle raisonne son amour... preuve qu'elle ne m'aime pas ou qu'elle ne m'aime plus.

— Elle t'aime peut-être davantage, au contraire, si elle raisonne l'intérêt, la dignité de son amour.

— C'est ce qu'elles disent toutes — reprit le métis avec une ironie sanglante, en attachant un regard profond sur Djalma ; — du moins ainsi parlent celles qui aiment faiblement ; mais celles qui aiment vaillamment ne montrent jamais cette outrageante méfiance ;... pour elles, un mot de l'homme qu'elles adorent est un ordre ;... elles ne se marchandent pas, pour se donner le cruel plaisir d'exalter la passion de leur amant jusqu'au délire, et de le dominer ainsi plus sûrement... Non, non, ce que leur amant leur demande, dût-il leur coûter la vie, l'honneur... elles l'accordent, parce que, pour elles, le désir, la volonté de leur amant est au-dessus de toute considération divine et humaine... Mais ces femmes... et celle qui me fait souffrir est de ce nombre... ces femmes rusées qui mettent leur méchant orgueil à dompter l'homme, à l'asservir, plus il est fier et impatient du joug ; ces femmes qui se plaisent à irriter en vain sa passion, en semblant parfois sur le point d'y céder... ces femmes sont démons ;... elles se réjouissent dans les larmes, dans les tourmens de l'homme fort qui les aime avec la malheureuse aiblesse d'un enfant. Tandis que l'on meurt d'amour à leurs pieds, ces perfides créatures, dans leurs blessantes méfiances, calculent habilement la portée de leurs refus, car il ne faut pas tout à fait désespérer sa victime... Oh qu'elles sont froides et lâches auprès de ces femmes passionnées, valeureuses, qui, éperdues, folles d'amour, disent à l'homme qu'elles adorent : — Être à toi aujourd'hui... selon ton désir... à toi... toute à toi... et demain viennent pour moi l'abandon, la honte, la mort, que m'importe! sois heureux ;... ma vie ne vaut pas une de tes larmes...

Le front de Djalma s'était peu à peu assombri en écoutant le métis. Ayant gardé envers cet homme le secret le plus absolu sur les divers incidens de sa passion pour mademoiselle de Cardoville, le prince ne pouvait voir dans ces paroles qu'une allusion involontaire et amenée par le hasard aux enivrans refus d'Adrienne ; et pourtant Djalma souffrit un moment dans son orgueil en songeant qu'en effet, ainsi que le disait Faringhea, il était des considérations, des devoirs qu'une femme aimante mettait au-dessus de son amour ; mais cette amère et pénible pensée s'effaça bientôt de l'esprit de Djalma, grâce à la douce et bienfaisante influence du souvenir d'Adrienne ; son front se rasséréna peu à peu, et il répondit au métis qui, d'un regard oblique, l'observait attentivement : — Le chagrin t'égare ; si tu n'as pas d'autre raison pour douter de celle que tu aimes... que ces refus, que ces vagues soupçons dont ton esprit ombrageux s'effarouche, rassure-toi... tu es aimé... plus peut-être que tu ne le penses.

— Hélas! puissiez-vous dire vrai, monseigneur! — répondit le métis avec abattement après un moment de silence et comme touché des paroles de Djalma ; — et pourtant je me dis : Il est donc pour cette femme quelque chose au-dessus de son amour pour moi ; délicatesse, scrupule, dignité, honneur... soit ;... mais elle ne m'aime pas assez pour me sacrifier ses délicatesses, ses scrupules, sa dignité, son honneur... Il n'importe... je me dirai... après tout cela... vient peut-être le tour de mon amour.

— Ami, tu te trompes — reprit doucement Djalma, quoiqu'il eût encore ressenti une impression pénible aux paroles du métis ; — oui, tu te trompes ;

plus l'amour d'une femme est grand, plus il est digne et chaste;... c'est l'amour seul qui éveille ces scrupules, ces délicatesses; il domine tout... au lieu d'être dominé par tout.

— Cela est juste. monseigneur... — reprit le métis avec une ironie amère. — Cette femme m'impose sa façon d'aimer, de me prouver son amour; c'est à moi de me soumettre...

Puis, s'interrompant tout à coup, le métis cacha son visage dans ses mains, et poussa un long gémissement; ses traits exprimaient un mélange de haine, de rage et de désespoir, à la fois si effrayant et si douloureux, que Djalma, de plus en plus ému, s'écria, en saisissant la main du métis : — Calme ces emportemens, écoute la voix de l'amitié; elle conjurera cette influence mauvaise;... parle... parle...

— Non, non, c'est trop affreux...

— Parle, te dis-je...

— Abandonnez un malheureux à son désespoir incurable...

— M'en crois-tu capable? — dit Djalma avec un mélange de douceur et de dignité qui parut faire impression sur le métis.

— Hélas! — reprit-il en hésitant encore — vous le voulez, monseigneur?

— Je le veux.

— Eh bien!... je ne vous ai pas tout dit... car, au moment de cet aveu... la honte... la peur de la raillerie m'a retenu;... vous m'avez demandé quelles raisons j'avais de croire à une trahison;... je vous ai parlé de vagues soupçons... de refus... de froideur;... ce n'était pas tout; ce soir... cette femme...

— Achève... achève...

— Cette femme... a donné un rendez-vous... à l'homme qu'elle me préfère...

— Qui t'a dit cela?...

— Un étranger à qui mon aveuglement a fait pitié.

— Et si cet homme te trompait... se trompait?

— Il m'a offert les preuves de ce qu'il avançait.

— Quelles preuves?...

— De me rendre ce soir témoin de ce rendez-vous. — « Il se peut — m'a-t-il dit — que cette entrevue ne soit pas coupable, malgré les apparences contraires. Jugez-en par vous-même — a ajouté cet homme — ayez ce courage, et vos cruelles indécisions cesseront. »

— Et qu'as-tu répondu?

— Rien, monseigneur; j'avais la tête perdue, comme maintenant; c'est alors que j'ai songé à vous demander conseil...

Puis, faisant un geste de désespoir, le métis reprit d'un air égaré avec un éclat de rire sauvage : — Un conseil... un conseil... c'est à la lame de mon kandjiar que je devais le demander... Elle m'aurait dit : Du sang... du sang.

Et le métis porta convulsivement la main à un long poignard attaché à sa ceinture.

Il est une sorte de contagion funeste, fatale, dans certains emportemens. A la vue des traits de Faringhea, boulversés par la jalousie et par la fureur, Djalma tressaillit; il se souvenait de l'accès de rage insensée dont il s'était senti possédé lorsque la princesse de Saint-Dizier avait défié Adrienne de nier qu'on eût trouvé caché dans sa chambre à coucher Agricol Baudoin, son amant prétendu.

Mais, à l'instant rassuré par le maintien fier et digne de la jeune fille, Djalma n'avait bientôt éprouvé qu'un souverain mépris pour cette horrible calomnie, à laquelle Adrienne n'avait pas même daigné répondre.

Deux ou trois fois cependant, ainsi qu'un éclair sillonne par hasard le ciel le plus pur et le plus radieux, le souvenir de cette indigne accusation avait traversé l'esprit de l'Indien comme un trait de feu, mais s'était presque aussitôt évanoui au milieu de la sérénité de son bonheur et de son ineffable confiance dans le cœur d'Adrienne.

Ces souvenirs et ceux des refus passionnés de la jeune fille, en attristant quelques instans Djalma, le rendirent cependant encore plus pitoyable envers Faringhea qu'il ne l'eût été sans ce rapprochement secret et étrange entre la position du métis et la sienne. Sachant par lui-même à quel délire peut vous pousser une fureur aveugle, voulant continuer de dompter le métis à force d'affection et de bonté, Djalma lui dit d'une voix grave et douce : — Je t'ai offert mon amitié... je veux agir avec toi selon cette amitié.

Mais le métis, semblant en proie à une sourde et muette fureur, les yeux fixes, hagards, ne parut pas entendre Djalma.

Celui-ci, posant sa main sur l'épaule du métis, reprit : — Faringhea... écoute-moi...

— Monseigneur — dit le métis en tressaillant brusquement comme s'il se fût éveillé en sursaut — pardon... mais...

— Dans les angoisses où de cruels soupçons te jettent... ce n'est pas à ton kandjiar que tu dois demander conseil... c'est à ton ami... et, je te l'ai dit, je suis ton ami.

— Monseigneur...

— A ce rendez-vous... qui te prouvera, dit-on, l'innocence... ou la trahison de celle que tu aimes... à ce rendez-vous... il faut aller.

— Oh! oui — dit le métis d'une voix sourde et avec un sourire sinistre — oui... j'irai...

— Mais tu n'iras pas seul...

— Que voulez-vous dire, monseigneur? — s'écria le métis ; — qui m'accompagnera?...

— Moi...

— Vous, monseigneur?

— Oui... pour t'épargner un crime peut-être ;... car je sais... combien le premier mouvement de colère est souvent aveugle et injuste...

— Mais aussi... le premier mouvement nous venge — reprit le métis avec un sourire cruel.

— Faringhea... cette journée est à moi tout entière : je ne te quitte pas... — dit résolument le prince. — Ou tu n'iras pas à ce rendez-vous... ou je t'y accompagnerai.

Le métis, paraissant vaincu par cette généreuse insistance, tomba aux pieds de Djalma, prit sa main, qu'il porta respectueusement d'abord à son front, puis à ses lèvres, et dit : — Monseigneur... il faut être généreux jusqu'au bout et me pardonner.

— Que veux-tu que je te pardonne?...

— Avant de venir auprès de vous... ce que vous m'offrez... j'avais eu l'audace de songer à vous le demander ;... oui, ne sachant pas où pourrait m'emporter ma fureur... j'avais songé à vous demander cette preuve de bonté que vous n'accorderiez pas peut-être à vos égaux ;... mais, ensuite, je n'ai plus osé... J'ai aussi reculé devant l'aveu de la trahison que je redoute, et je suis seulement venu vous dire que j'étais bien malheureux... parce qu'à vous seul... au monde... je pouvais le dire.

On ne peut rendre la simplicité presque candide avec laquelle le métis prononça ces mots, l'accent pénétrant, attendri, mêlé de larmes, qui succéda à son emportement sauvage.

Djalma, vivement ému, lui tendit la main, le fit relever et lui dit : — Tu avais le droit de me demander une preuve d'affection. Je suis heureux de t'avoir prévenu... Allons... courage !... espère... A ce rendez-vous je t'accompagnerai, et si j'en crois mes vœux... de fausses apparences t'auront trompé.

Lorsque la nuit fut venue, le métis et Djalma, enveloppés de manteaux, montèrent dans un fiacre. Faringhea donna au cocher l'adresse de la maison de la Sainte-Colombe.

CHAPITRE LX.

UNE SOIRÉE CHEZ LA SAINTE-COLOMBE.

Djalma et Faringhea étaient montés en voiture, et se dirigeaient vers la demeure de la Sainte-Colombe.

UNE SOIRÉE CHEZ LA SAINTE-COLOMBE.

Avant de poursuivre le récit de cette scène, quelques mots rétrospectifs sont indispensables.

Nini-Moulin, continuant d'ignorer le but réel des démarches qu'il faisait à l'instigation de Rodin, avait, la veille, selon les ordres de ce dernier, offert à la Sainte-Colombe une somme assez considérable, afin d'obtenir de cette créature, toujours singulièrement cupide et rapace, la libre disposition de son appartement pendant toute la journée. La Sainte-Colombe, ayant accepté cette proposition, trop avantageuse pour être refusée, était partie dès le matin avec ses domestiques, auxquels elle voulait, disait-elle, en retour de leurs bons services, offrir une partie de campagne.

Maître du logis, Rodin, le crâne couvert d'une perruque noire, portant des lunettes bleues, enveloppé d'un manteau, et ayant le bas du visage enfoui dans une haute cravate de laine, en un mot, parfaitement déguisé, était venu le matin même, accompagné de Faringhea, jeter un coup d'œil sur cet appartement et donner ses instructions au métis. Celui-ci, après le départ du jésuite, avait, en deux heures, grâce à son adresse et à son intelligence, fait certains préparatifs des plus importans, et était retourné en hâte auprès de Djalma jouer avec une détestable hypocrisie la scène à laquelle on a assisté.

Pendant le trajet de la rue de Clichy à la rue de Richelieu, où demeurait la Sainte-Colombe, Faringhea parut plongé dans un accablement douloureux; tout à coup il dit à Djalma d'une voix sourde et brève : — Monseigneur... si je suis trahi... il me faut une vengeance pourtant.

— Le mépris est une terrible vengeance — répondit Djalma.

— Non, non — reprit le métis avec un accent de rage contenue; — non, ce n'est pas assez;... plus le moment approche, plus je vois qu'il faut du sang.

— Écoute-moi...

— Monseigneur, ayez pitié de moi... j'étais lâche, j'avais peur... je reculais devant ma vengeance; maintenant... je donnerais pour elle... torture pour torture. Monseigneur... laissez-moi vous quitter... j'irai seul à ce rendez-vous...

Ce disant, Faringhea fit un mouvement comme s'il eût voulu se précipiter hors de la voiture.

Djalma le retint vivement par le bras et lui dit : — Reste... je ne te quitte pas;... si tu es trahi, tu ne répandras pas le sang; le mépris te vengera... l'amitié te consolera.

— Non... non... monseigneur... j'y suis décidé... quand j'aurai tué... je m'etuerai... s'écria le métis avec une exaltation farouche. — Aux traîtres ce kandjiar;... — et il mit la main sur un long poignard qu'il avait à la ceinture. — A moi le poison... que ce poignard renferme dans sa garde...

— Faringhea...

— Monseigneur, si je vous résiste... pardonnez-moi, il faut que ma destinée s'accomplisse...

Le temps pressait; Djalma, désespérant de calmer la rage féroce du métis, résolut d'agir par ruse.

Après quelques minutes de silence, il dit à Faringhea : — Je ne te quitterai pas;... je ferai tout pour t'épargner un crime;... si je n'y parviens pas... si tu méconnais ma voix... que le sang que tu auras répandu retombe sur toi... De ma vie ma main ne touchera la tienne...

Ces mots parurent produire une profonde impression sur Faringhea; il poussa un long gémissement, et, courbant sa tête sur sa poitrine, il resta silencieux et sembla réfléchir. Djalma s'apprêtait, à la faible clarté que projetaient les lanternes dans l'intérieur de la voiture, à user de surprise ou de force pour désarmer le métis, lorsque celui-ci, qui d'un regard oblique avait deviné l'intention du prince, porta brusquement la main à son kandjiar, le retira de sa ceinture, lame et fourreau; puis, le tenant toujours à la main, il dit au prince d'un ton à la fois solennel et farouche : — Ce poignard, manié par une main ferme, est terrible;... dans ce flacon est renfermé un poison subtil comme tous ceux de notre pays.

Et le métis ayant fait jouer un ressort caché dans la monture du kandjiar, le pommeau se leva comme un couvercle, et laissa voir le col d'un petit flacon de cristal caché dans l'épaisseur du manche de cette arme meurtrière.

— Deux ou trois gouttes de ce poison sur les lèvres — reprit le métis — et la mort vient lente... paisible et douce... sans agonie... au bout de quelques heures ;... pour premier symptôme les ongles bleuissent... Mais qui viderait ce flacon d'un trait... tomberait mort... tout à coup, sans souffrance, et comme foudroyé...

— Oui — répondit Djalma — je sais qu'il est dans notre pays de mystérieux poisons qui glacent peu à peu la vie ou qui frappent comme la foudre ;... mais... pourquoi s'appesantir ainsi sur les sinistres propriétés de cette arme ?...

— Pour vous montrer, monseigneur, que ce kandjiar est la sûreté et l'impunité de ma vengeance... avec ce poignard je tue, avec ce poison, j'échappe à la justice des hommes par une mort rapide... Et pourtant... ce kandjiar... je vous l'abandonne, prenez-le... monseigneur ;... plutôt renoncer à ma vengeance que de me rendre indigne de jamais toucher votre main...

Et le métis tendit le poignard au prince.

Djalma, aussi heureux que surpris de cette détermination inattendue, passa vivement l'arme terrible à sa ceinture pendant que le métis reprit d'une voix émue : — Gardez ce kandjiar, monseigneur, et lorsque vous aurez vu... et entendu ce que nous allons voir et entendre, ou vous me donnerez le poignard, et je frapperai une infâme... ou vous me donnerez le poison... et je mourrai sans frapper ;... à vous d'ordonner... à moi d'obéir...

Au moment où Djalma allait répondre, la voiture s'arrêta devant la maison de la Sainte-Colombe.

Le prince et le métis, bien encapés, entrèrent sous un porche obscur.

La porte cochère se referma sur eux.

Faringhea échangea quelques mots avec le portier ; celui-ci lui remit une clef.

Les deux Indiens arrivèrent bientôt devant une des portes de l'établissement de la Sainte-Colombe. Ce logis avait deux entrées sur ce palier et une sortie dérobée donnant sur la cour.

Faringhea, au moment de mettre la clef dans la serrure, dit à Djalma d'une voix altérée : — Monseigneur... ayez pitié de ma faiblesse ;... mais, à ce moment terrible... je tremble... j'hésite ; peut-être vaut-il mieux rester en proie à mes doutes... ou bien oublier...

Puis, à l'instant où le prince allait répondre, le métis s'écria : — Non... non... pas de lâcheté...

Et, ouvrant précipitamment, il passa le premier. Djalma le suivit.

La porte refermée, le métis et le prince se trouvèrent dans un étroit corridor au milieu d'une profonde obscurité.

— Votre main, monseigneur... laissez-vous guider, et marchez doucement — dit le métis à voix basse.

Et il tendit sa main au prince, qui la prit.

Tous deux s'avancèrent silencieusement dans les ténèbres.

Après avoir fait faire à Djalma un assez long circuit, en ouvrant et fermant plusieurs portes, le métis, s'arrêtant tout à coup, dit tout bas au prince en abandonnant sa main, qu'il avait jusqu'alors tenue : — Monseigneur, le moment décisif approche ;... attendons ici quelques instans.

Un profond silence suivit ces mots du métis. L'obscurité était si complète, que Djalma ne distinguait rien ; au bout d'une minute, il entendit Faringhea s'éloigner de lui, puis tout à coup le bruit d'une porte brusquement ouverte et fermée à double tour.

Cette disparition subite commença d'inquiéter Djalma. Par un mouvement machinal, il porta la main sur son poignard et fit vivement quelques pas à tâtons du côté où il supposait une issue.

Tout à coup la voix du métis frappa l'oreille du prince, et, sans qu'il lui fût possible de savoir où se trouvait alors celui qui lui parlait, ces mots arrivèrent jusqu'à lui : — Monseigneur... vous m'avez dit : — Sois mon ami ;— j'agis en ami... J'ai employé la ruse pour vous conduire ici... L'aveuglement de votre funeste passion vous eût empêché de m'entendre et de me suivre... La princesse de Saint-Dizier vous a nommé Agricol Baudoin... l'amant d'Adrienne de Cardoville... Ecoutez... voyez... jugez...

Et la voix se tut. Elle avait paru sortir de l'un des angles de cette chambre.

Djalma, toujours plongé dans les ténèbres, reconnaissant trop tard dans quel piége il était tombé, tressaillit de rage et presque d'effroi.

— Faringhea... — s'écria-t-il — où suis-je?... où es-tu? Sur ta vie, ouvre-moi, je veux sortir à l'instant...

Et Djalma, étendant les mains en avant, fit précipitamment quelques pas, atteignit un mur tapissé d'étoffe et le suivit à tâtons, espérant trouver une porte; il en trouva une en effet : elle était fermée;... en vain il ébranla sa serrure; elle résista à tous ses efforts; continuant ses recherches, il rencontra une cheminée dont le foyer était éteint, puis une seconde porte, également fermée; en peu d'instans il eut fait ainsi le tour de la chambre, et se retrouva près de la cheminée qu'il avait d'abord rencontrée.

L'anxiété du prince augmentait de plus en plus; d'une voix tremblante de colère il appela Faringhea.

Rien ne lui répondit.

Au dehors régnait le plus profond silence. Au dedans, les ténèbres les plus complètes.

Bientôt une sorte de vapeur parfumée d'une indicible suavité, mais très subtile, très pénétrante, se répandit insensiblement dans la petite chambre où se trouvait Djalma; on eût dit que l'orifice d'un tube, passant à travers une des portes de cette pièce, y introduisait ce courant embaumé.

Djalma, au milieu de préoccupations terribles, frémissant de colère, ne fit aucune attention à cette senteur;... mais bientôt les artères de ses tempes battirent avec plus de force, une chaleur profonde, brûlante, circula rapidement dans ses veines; il éprouva une sensation de bien-être indéfinissable; les violens ressentimens qui l'agitaient semblèrent s'éteindre peu à peu malgré lui, et s'engourdir dans une douce et ineffable torpeur, sans qu'il eût presque la conscience de l'espèce de transformation morale qu'il subissait malgré lui.

Cependant, par un dernier effort de sa volonté vacillante, Djalma s'avança au hasard pour essayer encore d'ouvrir une des portes, qu'il trouva en effet; mais, à cet endroit, la vapeur embaumée était si pénétrante, que son action redoubla, et bientôt Djalma, n'ayant plus la force de faire un mouvement, s'appuya contre la boiserie (1).

Alors il advint une chose étrange : une faible lueur se répandant graduellement dans une pièce voisine, Djalma, plongé dans une hallucination complète, s'aperçut de l'existence d'une sorte d'œil-de-bœuf qui prenait ou donnait du jour dans la chambre où il se trouvait.

Du côté du prince, cette ouverture était défendue par un treillis de fer aussi léger que solide, et qui à peine interceptait la vue; de l'autre côté, une épaisse vitre de glace, placée dans l'épaisseur de la cloison, était éloignée du treillis de deux ou trois pouces.

La chambre, qu'à travers cette ouverture Djalma vit ainsi éclairer faiblement d'une lueur douce, incertaine et voilée, était assez richement meublée.

Entre deux fenêtres drapées de rideaux de soie cramoisie, il y avait une grande armoire à glace servant de psyché; en face de la cheminée, seulement remplie de braise ardente, d'un rouge de sang, était un large et long divan garni de ses carreaux.

Au bout d'une seconde à peine, une femme entra dans cet appartement; on ne pouvait distinguer ni sa figure ni sa taille, soigneusement enveloppée qu'elle était d'une longue mante à capuchon d'une forme particulière et de couleur foncée.

La vue de cette mante fit tressaillir Djalma : au bien-être qu'il avait d'abord ressenti succédait une agitation fiévreuse, pareille à celle des fumées croissantes de l'ivresse; à ses oreilles bruissait ce bourdonnement étrange que l'on entend lorsque l'on plonge au fond des grandes eaux.

---

(1) Voir les effets étranges du wambay, gomme résineuse provenant d'un arbuste de l'Himalaya, dont la vapeur a des propriétés exhilarantes d'une énergie extraordinaire et beaucoup plus puissantes que celles de l'opium, du hachich, etc. On attribue à l'effet de cette gomme l'espèce d'hallucination qui frappait les malheureux dont le *prince des Assassins* (le Vieux de la Montagne) faisait les instrumens de ses vengeances.

Djalma regardait toujours avec une sorte de stupeur ce qui se passait dans la chambre voisine.

La femme qui venait d'y apparaître était entrée avec précaution, presque avec crainte; d'abord elle alla écarter l'un des rideaux fermés, et jeta au travers des persiennes un regard dans la rue; puis elle revint lentement vers la cheminée, où elle s'accouda un moment, pensive, et toujours soigneusement enveloppée de sa mante.

Djalma, complétement livré à l'influence croissante de l'exhilarant qui troublait sa raison, ayant complétement oublié Faringhea et les circonstances qui l'avaient conduit dans cette maison, concentrait toute la puissance de son attention sur le spectacle qui s'offrait à sa vue, et auquel il assistait comme s'il eût été spectateur de l'un de ses rêves... les yeux toujours ardemment fixés sur cette femme.

Tout à coup Djalma la vit quitter la cheminée, s'avancer vers la psyché; puis, faisant face à cette glace, cette femme laissa glisser jusqu'à ses pieds la mante qui l'enveloppait entièrement.

Djalma resta foudroyé.

Il avait devant les yeux Adrienne de Cardoville.

Oui, il croyait voir Adrienne de Cardoville telle qu'il l'avait encore vue la veille, et vêtue, ainsi qu'elle l'était lors de son entrevue avec la princesse de Saint-Dizier... d'une robe vert-tendre, tailladée de rose et rehaussée d'une garniture de jais blanc. Une résille, aussi de jais blanc, cachait la natte qui se tordait derrière sa tête, et qui s'harmonisait si admirablement avec l'or bruni de ses cheveux... C'était enfin, autant que l'Indien pouvait en juger à travers une lueur presque crépusculaire et le treillis du vitrage, c'était la taille de nymphe d'Adrienne, ses épaules de marbre, son cou de cygne, si fier et si gracieux. En un mot, c'était mademoiselle de Cardoville... il ne pouvait en douter, il n'en doutait pas.

Une sueur brûlante inondait le visage de Djalma; son exaltation vertigineuse allait toujours croissante; l'œil enflammé, la poitrine haletante, immobile, il regardait sans réfléchir, sans penser.

La jeune fille, tournant toujours le dos à Djalma, après avoir rajusté ses cheveux avec une coquetterie pleine de grâce, ôta la résille qui lui servait de coiffure, la déposa sur la cheminée, puis fit un mouvement pour dégrafer sa robe; mais, quittant alors la glace devant laquelle elle s'était d'abord tenue, elle disparut aux yeux de Djalma pendant un instant. — *Elle attend Agricol Baudoin, son amant...* — dit alors dans l'ombre une voix qui semblait sortir de la muraille de la pièce obscure où se trouvait le prince.

Malgré l'égarement de son esprit, ces paroles terribles : *Elle attend Agricol Baudoin, son amant...* traversèrent le cerveau et le cœur de Djalma, aiguës, brûlantes comme un trait de feu... Un nuage de sang passa devant sa vue; il poussa un rugissement sourd, que l'épaisseur de la glace empêcha de parvenir jusqu'à la pièce voisine, et le malheureux se brisa les ongles en voulant arracher le treillis de fer de l'œil-de-bœuf...

Arrivé à ce paroxysme de rage délirante, Djalma vit la lumière, déjà si indécise, qui éclairait l'autre chambre, s'affaiblir encore, comme si on l'eût discrètement ménagée; puis, à travers ce vaporeux clair-obscur, il vit revenir la jeune fille, vêtue d'un long peignoir blanc, qui laissait voir ses bras et ses épaules nus; sur celles-ci flottaient les longues boucles de ses cheveux d'or. Elle s'avançait avec précaution, se dirigeant vers une porte que Djalma ne pouvait apercevoir...

A ce moment une des issues de l'appartement où se trouvait le prince, pratiquée dans la même cloison que l'œil-de-bœuf, fut doucement ouverte par une main invisible. Djalma s'en aperçut au bruit de la serrure et au courant d'air plus frais qui le frappa au visage, car aucune clarté n'arriva jusqu'à lui.

Cette issue, que l'on venait de laisser à Djalma, donnait, ainsi qu'une des portes de la pièce voisine, où se trouvait la jeune fille, sur une antichambre communiquant à l'escalier, où l'on entendit bientôt monter quelqu'un qui, s'arrêtant au dehors, frappa deux fois à la porte extérieure.

— *C'est Agricol Baudoin... Ecoute et regarde...* — dit dans l'obscurité la voix que le prince avait déjà entendue.

Ivre, insensé, mais ayant la résolution et l'idée fixe de l'homme ivre et de l'insensé, Djalma tira le poignard que lui avait laissé Faringhea... puis immobile, il attendit.

À peine les deux coups avaient-ils été frappés au dehors, que la jeune fille, sortant de sa chambre, d'où s'échappa une faible lumière, courut à la porte de l'escalier, de sorte que quelque clarté arriva jusqu'au réduit entr'ouvert où Djalma se tenait blotti, son poignard à la main.

Ce fut de là qu'il vit la jeune fille traverser l'antichambre, et s'approcher de la porte de l'escalier en disant tout bas : — Qui est là ?

— Moi ! Agricol Baudoin — répondit du dehors une voix mâle et forte.

Ce qui se passa ensuite fut si rapide, si foudroyant, que la pensée pourrait seule le rendre.

À peine la jeune fille eut-elle tiré le verrou de la porte, à peine Agricol Baudoin eut-il franchi le seuil, que Djalma, bondissant comme un tigre, frappa pour ainsi dire à la fois, tant ses coups furent précipités, et la jeune fille qui tomba morte, et Agricol, qui, sans être mortellement blessé, chancela et roula auprès du corps inanimé de cette malheureuse.

Cette scène de meurtre, rapide comme l'éclair, avait eu lieu au milieu d'une demi-obscurité ; tout à coup la faible lumière qui éclairait la chambre d'où était sortie la jeune fille s'éteignit brusquement, et une seconde après Djalma sentit dans les ténèbres un poignet de fer saisir son bras, et il entendit la voix de Faringhea lui dire : — Tu es vengé... viens... la retraite est sûre.

Djalma, ivre, inerte, hébété par le meurtre, ne fit aucune résistance, et se laissa entraîner par le métis dans l'intérieur de l'appartement qui avait deux issues.

. . . .

Lorsque Rodin s'était écrié, en admirant la succession génératrice des pensées, que le mot COLLIER avait été le germe du projet infernal qu'alors il entrevoyait vaguement, le hasard venait de rappeler à son souvenir la trop fameuse affaire du *collier*, dans laquelle une femme, grâce à sa vague ressemblance avec la reine Marie-Antoinette, et s'étant d'ailleurs habillée comme cette princesse, avait, à la faveur d'une demi-obscurité, joué si habilement le rôle de cette malheureuse reine... que le cardinal prince de Rohan, familier de la cour, fut dupe de cette illusion.

Une fois son exécrable dessein bien arrêté, Rodin avait dépêché Jacques Dumoulin à la Sainte-Colombe, sans lui dire le véritable but de sa mission, qui se bornait à demander à cette femme expérimentée si elle ne connaîtrait pas une jeune fille, belle, grande et rousse ; cette fille trouvée, un costume en tout pareil à celui que portait Adrienne, et dont la princesse de Saint-Dizier avait fait le récit devant Rodin (il faut le dire, la princesse ignorait cette trame), devait compléter l'illusion.

On sait ou l'on devine le reste : la malheureuse fille, *Sosie* d'Adrienne, avait joué le rôle qu'on lui avait tracé, croyant qu'il s'agissait d'une plaisanterie.

Quant à Agricol, il avait reçu une lettre dans laquelle on l'engageait à se rendre à une entrevue qui pouvait être d'une grande importance pour mademoiselle de Cardoville.

CHAPITRE LXI.

LE LIT NUPTIAL.

Une douce lumière s'épandant d'une lampe sphérique d'albâtre oriental, suspendue au plafond par trois chaînes d'argent, éclaire faiblement la chambre à coucher d'Adrienne de Cardoville.

Le large lit d'ivoire, incrusté de nacre, n'est pas occupé et disparaît à demi sous des flots de mousseline blanche et de valenciennes, légers rideaux diaphanes et vaporeux comme des nuages.

Sur la cheminée de marbre blanc, dont le brasier jette des reflets vermeils sur le tapis d'hermine, une grande corbeille est, comme d'habitude, remplie d'un véritable buisson de frais camélias roses à feuilles d'un vert lustré. Une suave odeur aromatique, s'échappant d'une baignoire de cristal remplie d'eau tiède et parfumée, pénètre dans cette chambre, voisine de la salle de bains d'Adrienne.

Tout est calme, silencieux au dehors.

Il est à peine onze heures du soir.

La porte d'ivoire opposée à celle qui conduit à la salle des bains s'ouvre lentement.

Djalma paraît.

Deux heures se sont écoulées depuis qu'il a commis un double meurtre, et qu'il croit avoir tué Adrienne dans un excès de jalouse fureur.

Les gens de mademoiselle de Cardoville, habitués à voir venir Djalma chaque jour, et qui ne l'annonçaient plus, n'ayant pas reçu d'ordre contraire de leur maîtresse, alors occupée dans l'un des salons du rez-de-chaussée, n'ont pas été surpris de la visite de l'Indien.

Jamais celui-ci n'était entré dans la chambre à coucher de la jeune fille ; mais sachant que l'appartement particulier qu'elle occupait se trouvait au premier étage de la maison, il y était facilement arrivé.

Au moment où il entra dans ce sanctuaire virginal, la physionomie de Djalma était assez calme, tant il se contraignait puissamment ; à peine une légère pâleur ternissait-elle la brillante couleur ambrée de son teint... Il portait ce jour-là une robe de cachemire pourpre rayée d'argent, de sorte que l'on n'apercevait pas plusieurs taches de sang qui avaient jailli sur l'étoffe lorsqu'il avait frappé la jeune fille aux cheveux d'or et Agricol Baudoin.

Djalma ferma la porte sur lui, et jeta au loin son turban blanc, car il lui semblait qu'un cercle de fer brûlant étreignait son front ; ses cheveux d'un noir bleu encadraient son pâle et beau visage ; croisant ses bras sur sa poitrine, il regarda lentement autour de lui... Lorsque ses yeux s'arrêtèrent sur le lit d'Adrienne, il fit un pas, tressaillit brusquement, et son visage s'empourpra ; mais, passant sa main sur son front, il baissa la tête, et demeura quelques instans rêveur et immobile comme une statue...

Après quelques instans d'une morne et sombre méditation, Djalma tomba à genoux en levant sa tête vers le ciel.

Le visage de l'Indien, ruisselant alors de larmes, ne révélait aucune passion violente ; on ne lisait sur ses traits ni la haine, ni le désespoir, ni la joie féroce de la vengeance assouvie ; mais, si cela se peut dire, l'expression d'une douleur à la fois naïve et immense...

Pendant quelques minutes les sanglots étouffèrent Djalma ; les pleurs inondèrent ses joues.

— Morte !... morte !... murmura-t-il d'une voix étouffée — morte !... elle qui, ce matin encore, reposait si heureuse dans cette chambre ; je l'ai tuée. Maintenant qu'elle est morte, que me fait sa trahison ? Je ne devais pas la tuer pour cela... Elle m'avait trahi... elle aimait cet homme que j'ai aussi frappé ;... elle l'aimait... C'est que, hélas ! je n'avais pas su me faire préférer, ajouta-t-il avec une résignation pleine d'attendrissement et de remords. — Moi, pauvre enfant, à demi-barbare... en quoi pouvais-je mériter son cœur ?... quels droits ?... quel charme ! Elle ne m'aimait pas ! c'était ma faute... et elle, toujours généreuse, me cachait son indifférence sous des dehors d'affection... pour ne pas me rendre trop malheureux ;... et pour cela je l'ai tuée... Son crime, où est-il ? n'était-elle pas venue librement à moi ?... ne m'avait-elle pas ouvert sa demeure ? ne m'avait-elle pas permis de passer des jours près d'elle... seul avec elle ?... Sans doute... elle voulait m'aimer et elle n'a pas pu... Moi, je l'aimais de toutes les forces de mon âme ; mais mon amour n'était pas celui qu'il fallait... à son cœur... Et pour cela, je ne devais pas la tuer... Mais un fatal vertige m'a saisi... et, après le crime... je me suis éveillé comme d'un songe... Et ce n'est pas un songe, hélas !... je l'ai tuée... Et pourtant, jusqu'à ce soir, que de bonheur je lui ai dû !... que d'espérances ineffables... que de longs enivremens !... Et comme elle avait... rendu... mon cœur meilleur, plus noble, plus généreux !... Cela venait d'elle... cela me restait, au moins — ajouta l'Indien en redoublant de sanglots. — Ce trésor du passé... personne ne pouvait me le reprendre, cela devait me consoler !... Mais pourquoi penser à cela ?... elle et cet homme... je les ai frappés tous deux... meurtre lâche et sans lutte... férocité de tigre, qui rugit et déchire une proie innocente...

Et Djalma cacha son visage dans ses mains avec douleur; puis il reprit en essuyant ses larmes : — Je sais bien que je vais me tuer aussi;... mais ma mort ne lui rendra pas la vie, à elle...

Et se relevant avec peine, Djalma tira de sa ceinture le poignard sanglant de Faringhea, prit dans la monture de cette arme le flacon de cristal contenant du poison, et jeta la lame sanglante sur le tapis d'Adrienne, dont la blancheur immaculée fut légèrement rougie.

— Oui — reprit Djalma en serrant le flacon dans sa main convulsive — oui, je le sais bien, je vais me tuer; je le dois :... sang pour sang; ma mort la vengera... Comment se fait-il que le fer ne se soit pas retourné contre moi... quand je l'ai frappée?... Je ne sais;... mais enfin, elle est morte... de ma main... Heureusement, j'ai le cœur rempli de remords, de douleur et d'une inexprimable tendresse pour elle; aussi j'ai voulu venir mourir ici.

— Ici, dans cette chambre — reprit-il d'une voix altérée — dans ce ciel de mes brûlantes visions...

Puis il s'écria avec un accent déchirant, en cachant sa figure dans ses mains : — Et morte... morte!...

Puis, après quelques sanglots, il reprit d'une voix ferme : — Allons, moi aussi je vais être bientôt mort;... non, je veux mourir lentement, pas bientôt... — et d'un regard assuré il regarda le flacon. — Ce poison peut être foudroyant, et peut aussi être d'un effet moins rapide, mais toujours sûr, m'a dit Faringhea. Pour cela, quelques gouttes suffisent;... il me semble que lorsque je serai certain de mourir... mes remords seront moins affreux... Hier, lorsqu'en me quittant, elle m'a serré la main... qui m'aurait dit cela pourtant?

Et l'Indien porta résolument le flacon à ses lèvres. Après avoir bu quelques gouttes de la liqueur qu'il contenait, il le replaça sur une petite table d'ivoire placée auprès du lit d'Adrienne.

— Cette liqueur est âcre et brûlante — dit-il; — maintenant, je suis certain de mourir... Oh! que j'aie du moins le temps de m'enivrer encore de la vue et du parfum de cette chambre;... que je puisse reposer ma tête mourante sur ce lit où a reposé la sienne...

Et Djalma tomba agenouillé devant le lit, où il appuya son front brûlant.

A ce moment la porte d'ivoire qui communiquait à la salle de bains roula doucement sur ses gonds, et Adrienne entra...

La jeune fille venait de renvoyer ses femmes qui avaient assisté à sa toilette de nuit.

Elle portait un long peignoir de mousseline d'une éblouissante blancheur; ses cheveux d'or, coquettement tressés pour la nuit en petites nattes, formaient ainsi deux larges bandeaux qui donnaient à sa ravissante figure un caractère d'une juvénilité charmante; son teint de neige était légèrement animé par la tiède moiteur du bain parfumé où elle se plongeait quelques instans chaque soir. Lorsqu'elle ouvrit la porte d'ivoire et qu'elle posa son petit pied rose et nu, chaussé d'une mule de satin blanc, sur le tapis d'hermine, Adrienne était d'une resplendissante beauté; le bonheur éclatait dans ses yeux, sur son front, dans son maintien;... toutes les difficultés relatives à la forme de l'union qu'elle voulait contracter étaient résolues, dans deux jours elle serait à Djalma... Et la vue de la chambre nuptiale la jetait dans une vague et ineffable langueur.

La porte d'ivoire avait roulé si doucement sur ses gonds, les premiers pas de la jeune fille s'étaient tellement amortis sur la fourrure du tapis, que Djalma, le front appuyé sur le lit, n'avait rien entendu.

Mais soudain un cri de surprise et d'effroi frappa son oreille... Il se retourna brusquement.

Adrienne apparaissait à ses yeux.

Par un mouvement de pudeur, Adrienne croisa son peignoir sur son sein nu et se recula vivement, encore plus affligée que courroucée, croyant que Djalma, emporté par un fol accès de passion, s'était introduit dans sa chambre avec une espérance coupable.

La jeune fille, cruellement blessée de cette tentative déloyale, allait la reprocher à Djalma, lorsqu'elle aperçut le poignard qu'il avait jeté sur le tapis d'hermine. A la vue de cette arme, à l'expression d'épouvante, de stupeur, qui pétrifiait les traits de Djalma, toujours agenouillé, immobile, le corps renversé en arrière, les mains étendues en avant, les yeux fixes, démesurément ouverts, cerclés de blanc... Adrienne, ne redoutant plus une amoureuse surprise, mais ressentant un indicible effroi, au lieu de fuir le prince, fit quelques pas vers lui et s'écria d'une voix altérée en lui montrant du geste le kandjiar : — Mon ami, comment êtes-vous ici ? Qu'avez-vous ?... pourquoi ce poignard ?

Djalma ne répondait pas...

Tout d'abord la présence d'Adrienne lui avait semblé être une vision qu'il attribuait à l'égarement de son cerveau, déjà troublé, pensait-il, par l'effet du poison.

Mais lorsque la douce voix de la jeune fille eut frappé son oreille ;... mais lorsque son cœur eut tressailli à l'espèce de choc électrique qu'il ressentait toujours dès que son regard rencontrait le regard de cette femme si ardemment aimée ;... mais lorsqu'il eut contemplé cet adorable visage, si rose, si frais, si reposé, malgré son expression de vive inquiétude... Djalma comprit qu'il n'était le jouet d'aucun rêve, et que mademoiselle de Cardoville était devant ses yeux...

Alors et à mesure qu'il se pénétrait pour ainsi dire de cette pensée qu'Adrienne n'était pas morte, et quoiqu'il ne pût s'expliquer le prodige de cette résurrection, la physionomie de l'Indien se transfigura, l'or pâli de son teint redevint chaud et vermeil ; ses yeux, ternis par les larmes du remords, s'illuminèrent d'un vif rayonnement ; ses traits enfin, naguère contractés par une terreur désespérée, exprimèrent toutes les phases croissantes d'une joie folle, délirante, extatique...

S'avançant, toujours à genoux, vers Adrienne, en élevant vers elle ses mains tremblantes ;... trop ému pour pouvoir prononcer un mot, il la contemplait avec tant de stupeur, tant d'amour, tant d'adoration, tant de reconnaissance... oui, de reconnaissance de ce qu'elle vivait... que la jeune fille, fascinée par ce regard inexplicable, muette aussi, immobile aussi, sentait aux battemens précipités de son sein, à un sourd frémissement de terreur, qu'il s'agissait de quelque effrayant mystère.

Enfin... Djalma, joignant les mains, s'écria avec un accent impossible à rendre : — Tu n'es pas morte !...

— Morte !... — répéta la jeune fille stupéfaite.

— Ce n'était pas toi... Ce n'est pas toi... que j'ai tuée... Dieu est bon et juste...

En prononçant ces mots avec une joie insensée, le malheureux oubliait la victime qu'il avait frappée dans son erreur.

De plus en plus épouvantée, jetant de nouveau les yeux sur le poignard laissé sur le tapis, et s'apercevant alors qu'il était ensanglanté... terrible découverte qui confirmait les paroles de Djalma, mademoiselle de Cardoville s'écria : — Vous avez tué... vous... Djalma ? O mon Dieu ! qu'est-ce qu'il dit ? C'est à devenir folle.

— Tu vis... je te vois ;... tu es là... — disait Djalma d'une voix palpitante, enivrée ; — te voilà, toujours belle, toujours pure... car ce n'était pas toi... Oh ! non... si ç'avait été toi... je le disais bien... plutôt que de te tuer, le fer se serait retourné contre moi...

— Vous avez tué ! — s'écria la jeune fille, presque égarée par cette révélation imprévue, en joignant les mains avec horreur. — Mais pourquoi ? mais qui avez-vous tué ?

— Que sais-je, moi ?... une femme... qui ressemblait, et puis un homme que j'ai cru ton amant ;... c'était une illusion... un rêve... affreux ; tu vis, car te voilà...

Et l'Indien sanglotait de joie.

— Un rêve !... mais ce n'est pas un rêve... A ce poignard il y a du sang !... — s'écria la jeune fille en montrant le kandjiar d'un geste effaré. — Je vous dis qu'il y a du sang à ce poignard...

— Oui... tout à l'heure, j'ai jeté là ce kandjiar... pour prendre le poison... quand je croyais t'avoir tuée...

— Le poison !... — s'écria Adrienne, et ses dents se heurtèrent convulsivement. — Quel poison ?...

— Je croyais t'avoir tuée; j'ai voulu venir mourir ici...
— Mourir !... comment, mourir ?... O mon Dieu ! pourquoi cela, mourir ?... mais qui, mourir ?... — s'écria la jeune fille presque en délire.
— Mais moi... je te dis — reprit Djalma avec une douceur inexprimable — je croyais t'avoir tuée;... alors j'ai pris du poison.
— Toi !... — dit Adrienne en devenant pâle comme une morte — toi !!!...
— Oui...
— Ce n'est pas vrai !... — dit la jeune fille avec un geste de dénégation sublime.
— Regarde, — dit l'Indien. Et machinalement il tourna la tête du côté du lit, vers la petite table d'ivoire, où étincelait le flacon de cristal.
Par un mouvement irréfléchi, plus rapide que la pensée, peut-être même que sa volonté, Adrienne s'élança vers la table, saisit le flacon et le porta à ses lèvres avides.
Djalma était jusqu'alors resté à genoux; il poussa un cri terrible, fut d'un bond auprès de la jeune fille, et lui arracha le flacon qu'elle tenait collé à ses lèvres...
— N'importe... j'en ai bu autant que toi... dit Adrienne avec une satisfaction triomphante et sinistre.
Pendant un instant, il se fit un silence effrayant.
Adrienne et Djalma se contemplèrent muets, immobiles, épouvantés.
Ce lugubre silence, la jeune fille le rompit la première et dit d'une voix entrecoupée qu'elle tâchait de rendre ferme : — Eh bien !... qu'y a-t-il là d'extraordinaire ? tu as tué... tu as voulu que la mort expiât ton crime ;... c'était juste... Je ne veux pas te survivre... c'est tout simple... Pourquoi me regardes-tu ainsi ?.. Ce poison est bien âcre... aux lèvres; son effet est-il prompt ?... dis, mon Djalma.
Le prince ne répondit pas; tremblant de tous ses membres, il jeta un coup d'œil sur ses mains...
Faringhea avait dit vrai... une légère teinte violette colorait déjà les ongles polis du jeune Indien.
La mort approchait... lente... sourde... encore presque insensible... mais sûre...
Djalma, écrasé par le désespoir en songeant qu'Adrienne aussi allait mourir, sentit son courage l'abandonner; il poussa un long gémissement, cacha sa figure dans ses mains; ses genoux se dérobèrent sous lui, et il tomba assis sur le lit, auprès duquel il se trouvait alors.
— Déjà !... — s'écria la jeune fille avec horreur, en se précipitant à genoux aux pieds de Djalma. — déjà la mort... tu me caches ta figure...
Et, dans son effroi, elle abaissa vivement les mains de l'Indien pour le contempler ;... il avait le visage inondé de larmes.
— Non... pas encore... la mort — murmura-t-il à travers ses sanglots ; — ce poison... est lent...
— Vrai ?... — s'écria Adrienne avec une joie indicible; puis elle ajouta en baisant les mains de Djalma avec une ineffable tendresse : — Puisque ce poison est lent... pourquoi pleures-tu alors ?
— Mais toi... mais toi !!!... — disait l'Indien d'une voix déchirante.
— Il ne s'agit pas de moi... — reprit résolument Adrienne; — tu as tué... nous expierons ton crime... J'ignore ce qui s'est passé... mais, sur notre amour... je le jure... tu n'as pas fait le mal pour le mal... il y a là quelque horrible mystère !
— Sous un prétexte auquel j'ai dû croire — reprit Djalma d'une voix haletante et précipitée — Faringhea m'a emmené dans une maison; là, il m'a dit que tu me trompais... je ne l'ai pas cru d'abord, mais je ne sais quel vertige s'est emparé de moi... et bientôt à travers une demi-obscurité, je t'ai vue...
— Moi ?...
— Non... pas toi... mais une femme vêtue comme toi; elle te ressemblait tant... que... dans le trouble de ma raison, j'ai cru à cette illusion... Enfin... un homme est venu... tu as couru à lui... Alors, moi, fou de rage, j'ai frappé la femme... et puis l'homme... je les ai vus tomber; ensuite je suis revenu pour mourir ici... et... je te retrouve... et c'est pour causer ta mort... Oh ! malheur ! malheur !... tu devais mourir par moi !!!

Et Djalma, cet homme d'une si redoutable énergie, se prit de nouveau à éclater en sanglots avec la faiblesse d'un enfant.

A la vue de ce désespoir si profond, si touchant, si passionné... Adrienne, avec cet admirable courage que les femmes seules possèdent dans l'amour, ne songea plus qu'à consoler Djalma... Par un effort de passion surhumaine, à cette révélation du prince qui dévoilait un complot infernal, la figure de la jeune fille devint si resplendissante d'amour, de bonheur et de passion, que l'Indien, la regardant avec stupeur, craignit un instant qu'elle n'eût perdu la raison.

— Plus de larmes, mon amant adoré — s'écria la jeune fille radieuse — plus de larmes, mais des sourires de joie et d'amour... rassure-toi ; non... non... nos ennemis acharnés ne triompheront pas.

— Que dis-tu ?

— Ils nous voulaient malheureux ;... plaignons-les... notre félicité ferait envie au monde.

— Adrienne... reviens à toi...

— Oh ! j'ai ma raison... toute ma raison... Ecoute-moi, mon ange... maintenant je comprends tout. Tombant dans le piége que ces misérables t'ont tendu, tu as tué... Dans ce pays... vois-tu... un meurtre... c'est l'infamie... ou l'échafaud... Et demain... cette nuit peut-être, tu aurais été jeté en prison. Aussi nos ennemis se sont dit : Un homme comme le prince Djalma n'attend pas l'infamie ou l'échafaud, il se tue... Une femme comme Adrienne de Cardoville ne survit pas à l'infamie ou à la mort de son amant... elle se tue... ou elle meurt de désespoir... Ainsi... mort affreuse pour lui... mort affreuse pour elle ;... et, pour nous... ont dit ces hommes noirs... l'héritage immense que nous convoitons...

— Mais pour toi !... si jeune, si belle, si pure... la mort est affreuse... et ces monstres triomphent ! — s'écria Djalma. — Ils auront dit vrai...

— Ils auront menti, — s'écria Adrienne ; — notre mort cela céleste... enivrante... car ce poison est lent... et je t'adore... mon Djalma !...

En disant ces mots d'une voix basse et palpitante de passion, Adrienne, s'accoudant sur les genoux de Djalma, s'était approchée si près... de lui, qu'il sentit sur ses joues le souffle embrasé de la jeune fille...

A cette impression enivrante, aux jets de flamme humide que lui dardaient les grands yeux nageans d'Adrienne, dont les lèvres entr'ouvertes devenaient d'un pourpre de plus en plus éclatant, l'Indien tressaillit ;... une ardeur brûlante le dévora ; son sang vierge, brassé par la jeunesse et par l'amour, bouillonna dans ses veines ; il oublia tout, et son désespoir et une mort prochaine qui ne se manifestait encore chez lui, ainsi que chez Adrienne, que par une ardeur fiévreuse. Sa figure, comme celle de la jeune fille, était redevenue d'une beauté resplendissante... idéale !

— O mon amant... mon époux adoré... comme tu es beau ! — disait Adrienne avec idolâtrie. — Oh ! tes yeux... ton front... ton cou... tes lèvres... comme je les aime !... Que de fois le souvenir de ta ravissante figure, de ta grâce... de ton brûlant amour... a égaré ma raison !... que de fois j'ai senti faiblir mon courage... en attendant ce moment divin où je vais être à toi... oui, à toi... toute à toi !... Tu le vois, le ciel veut que nous soyons l'un à l'autre, et rien ne manquera aux ravissemens de nos voluptés... car, ce matin même, l'homme évangélique qui devait dans deux jours bénir notre union a reçu de moi, en ton nom et au mien, un don royal qui mettra pour jamais la joie au cœur et au front de bien des infortunés... Ainsi, que regretter, mon ange ? Nos âmes immortelles vont s'exhaler dans nos baisers, pour remonter, encore enivrées d'amour... vers ce Dieu adorable qui est tout amour.

— Adrienne...

— Djalma...

. . . .

Et retombant, les rideaux diaphanes et légers voilèrent comme d'un nuage cette couche nuptiale et funèbre.

Funèbre : car, deux heures après, Adrienne et Djalma rendaient le dernier soupir dans une voluptueuse agonie.

CHAPITRE LXII.

UNE RENCONTRE.

Adrienne et Djalma étaient morts le 30 mai.

La scène suivante se passait le 31 du même mois, veille du jour fixé pour la dernière convocation des héritiers de Marius Rennepont.

On se souvient sans doute de la disposition de l'appartement que M. Hardy avait occupé dans la maison de retraite des révérends pères de la rue de Vaugirard, appartement sombre, isolé, et dont la dernière pièce donnait sur un triste petit jardin planté d'ifs et entouré de hautes murailles. Pour arriver dans cette pièce reculée, il fallait traverser deux vastes chambres, dont les portes, une fois fermées, interceptaient tout bruit, toute communication du dehors.

Ceci rappelé, poursuivons.

Depuis trois ou quatre jours, le père d'Aigrigny occupait cet appartement; il ne l'avait pas choisi, mais il avait été amené à l'accepter sous des prétextes d'ailleurs parfaitement plausibles que lui avait donnés le révérend père économe, à l'instigation de Rodin.

Il était environ midi.

Le père d'Aigrigny, assis dans un fauteuil auprès de la porte-fenêtre qui donnait sur le triste petit jardin, tenait à la main un journal du matin, et lisait ce qui suit aux nouvelles de Paris :

« *Onze heures du soir.* — Un événement aussi horrible que tragique vient de jeter l'épouvante dans le quartier Richelieu : un double assassinat a été commis sur une jeune fille et sur un jeune artisan. La jeune fille a été tuée d'un coup de poignard; on espère sauver les jours de l'artisan. On attribue ce crime à la jalousie. La justice informe. A demain les détails. »

Après avoir lu ces lignes, le père d'Aigrigny jeta le journal sur la table, et devint pensif.

— C'est incroyable — dit-il avec une envie amère, songeant à Rodin. — Le voici arrivé au but qu'il s'était proposé ;... presque aucune de ses prévisions n'a été trompée... Cette famille est anéantie par le seul jeu des passions, bonnes ou mauvaises, qu'il a su faire mouvoir... Il l'avait dit ! ! ! Oh !... je le confesse — ajouta le père d'Aigrigny avec un sourire jaloux et haineux — le père Rodin est un homme dissimulé, habile, patient, énergique, opiniâtre, et d'une rare intelligence... Qui m'eût dit, il y a quelques mois, lorsqu'il écrivait sous mes ordres, humble et discret *socius*... que cet homme était déjà depuis longtemps possédé de la plus audacieuse, de la plus énorme ambition, qu'il osait jeter les yeux jusque sur le saint-siége... et que, grâce à des intrigues merveilleusement ourdies, à une corruption poursuivie avec une incroyable habileté, au sein du sacré collége, cette visée... n'était pas déraisonnable... et que bientôt peut-être cette ambition infernale eût été réalisée, si, depuis longtemps, les sourdes menées de cet homme étonnamment dangereux n'eussent pas été surveillées à son insu, ainsi que je viens de l'apprendre... Ah !... — reprit le père d'Aigrigny avec un sourire d'ironie et de triomphe — ah! vous, crasseux personnage, vous voulez jouer au Sixte-Quint ! et, non content de cette audacieuse imagination, vous voulez, si vous réussissez, annuler, absorber notre compagnie dans votre papauté, comme le sultan a absorbé les janissaires! Ah! nous ne sommes pour vous qu'un marchepied !... Ah ! vous m'avez brisé, humilié, écrasé sous votre insolent dédain... Patience... — ajouta le père d'Aigrigny avec une joie concentrée — patience! le jour des représailles approche ;... moi seul suis dépositaire de la volonté de notre général; le père Caboccini, envoyé ici comme *socius*, l'ignore lui-même... Le sort du père Rodin est donc entre mes mains. Oh! il ne sait pas ce qui l'attend. Dans cette affaire Rennepont qu'il a admirablement conduite, je le reconnais, il croit nous évincer et n'avoir réussi que pour lui seul ; mais demain...

Le père d'Aigrigny fut soudain distrait de ses agréables réflexions; il entendit ouvrir les portes des pièces qui précédaient la chambre où il se trouvait. Au moment où il détournait la tête pour voir qui entrait chez lui, la porte roula sur ses gonds. Le père d'Aigrigny fit un brusque mouvement et devint pourpre.

Le maréchal Simon était devant lui...

Et derrière le maréchal... dans l'ombre... le père d'Aigrigny aperçut la figure cadavéreuse de Rodin. Celui-ci, après avoir jeté sur le père d'Aigrigny un regard empreint d'une joie diabolique, disparut rapidement; la porte se referma, le père d'Aigrigny et le maréchal Simon restèrent seuls.

Le père de Rose et de Blanche était presque méconnaissable : ses cheveux gris avaient complètement blanchi ; sur ses joues pâles, marbrées, décharnées, pointait une barbe drue, non rasée depuis quelques jours ; ses yeux caves, rougis, ardens et extrêmement mobiles, avaient quelque chose de farouche, de hagard ; un ample manteau l'enveloppait, et c'est à peine si sa cravate noire était nouée autour de son cou.

Rodin, en sortant, avait, comme par inadvertance, fermé au dehors la porte à double tour.

Lorsqu'il fut seul avec le jésuite, le maréchal fit, d'un geste brusque, tomber son manteau de dessus ses épaules, et le père d'Aigrigny put voir, passées à un mouchoir de soie qui servait de ceinture au père de Rose et de Blanche, deux épées de combat nues et affilées.

Le père d'Aigrigny comprit tout. Il se rappela que, plusieurs jours auparavant, Rodin lui avait opiniâtrément demandé ce qu'il ferait si le maréchal le frappait à la joue... Plus de doute, le père d'Aigrigny, qui avait cru tenir le sort de Rodin entre ses mains, était joué et acculé par lui dans une effrayante impasse ; car, il le savait, les deux pièces précédentes étant fermées, il n'y avait aucune possibilité de se faire entendre du dehors en appelant au secours, et les hautes murailles du jardin donnaient sur des terrains inhabités. La première idée qui lui vint, et elle ne manquait pas de vraisemblance, fut que Rodin, soit par ses intelligences avec Rome, soit par une incroyable pénétration, ayant appris que son sort allait dépendre entièrement du père d'Aigrigny, espérait se défaire de lui en le livrant ainsi à la vengeance inexorable du père de Rose et de Blanche.

Le maréchal, gardant toujours le silence, détacha le mouchoir qui lui servait de ceinture, déposa les deux épées sur une table, et, croisant ses bras sur sa poitrine, s'avança lentement vers le père d'Aigrigny.

Ainsi se trouvèrent face à face ces deux hommes qui pendant toute leur vie de soldat s'étaient poursuivis d'une haine implacable, et qui, après s'être battus dans deux camps ennemis, s'étaient déjà rencontrés dans un duel à outrance ; ces deux hommes, dont l'un, le maréchal Simon, venait demander compte à l'autre de la mort de ses enfans.

A l'approche du maréchal, le père d'Aigrigny se leva ; il portait ce jour-là une soutane noire, qui fit paraître plus grande encore la pâleur qui avait succédé à une rougeur subite.

Depuis quelques secondes, ces deux hommes se trouvaient debout, face à face, et aucun n'avait encore dit un mot.

Le maréchal était effrayant de désespoir paternel ; son calme, inexorable comme la fatalité, était plus terrible que les fougueux emportemens de la colère.

— Mes enfans sont morts — dit-il enfin au jésuite d'une voix lente et creuse, en rompant le premier le silence ; — il faut que je vous tue...

— Monsieur — s'écria le père d'Aigrigny — écoutez-moi... ne croyez pas.

— Il faut que je vous tue... reprit le maréchal en interrompant le jésuite : — votre haine a poursuivi ma femme jusque dans l'exil, où elle a péri ; vous et vos complices avez envoyé mes enfans à une mort certaine... Depuis longtemps vous êtes mon mauvais démon... C'est assez, il me faut votre vie... je l'aurai...

— Ma vie appartient d'abord à Dieu — répondit pieusement le père d'Aigrigny — ensuite à qui veut la prendre.

— Nous allons nous battre à mort dans cette chambre — dit le maréchal — et comme j'ai à venger ma femme et mes enfans... je suis tranquille.

— Monsieur — répondit froidement le père d'Aigrigny — vous oubliez que mon caractère me défend de me battre... Autrefois j'ai pu accepter le duel que vous m'avez proposé;... aujourd'hui ma position a changé.

— Ah! fit le maréchal avec un sourire amer — vous refusez de vous battre maintenant parce que vous êtes prêtre?...

— Oui... monsieur, parce que je suis prêtre.

— De sorte que, parce qu'il est prêtre, un infâme comme vous est certain de l'impunité, et qu'il peut mettre sa lâcheté et ses crimes à l'abri de sa robe noire?

— Je ne comprends pas un mot à vos accusations, monsieur; en tout cas, il y a des lois — dit le père d'Aigrigny en mordant ses lèvres blêmes de colère, car il ressentait profondément l'injure que venait de lui adresser le maréchal; — si vous avez à vous plaindre... adressez-vous à la justice... elle est égale pour tous.

Le maréchal Simon haussa les épaules avec un dédain farouche.

— Vos crimes échappent à la justice;... elle les punirait, que je ne lui laisserais pas encore le soin de me venger... après tout le mal que vous m'avez fait, après tout ce que vous m'avez ravi... — Et, au souvenir de ses enfans, la voix du maréchal s'altéra légèrement; mais il reprit bientôt son calme terrible. — Vous sentez bien que je ne vis plus que pour la vengeance... moi;... mais il me faut une vengeance que je puisse savourer... en sentant votre lâche cœur palpiter au bout de mon épée... Notre dernier duel... n'a été qu'un jeu; mais celui-ci... oh! vous allez voir celui-ci...

Et le maréchal marcha vers la table où il avait posé les épées.

Il fallait au père d'Aigrigny un grand empire sur lui-même pour se contraindre; la haine implacable qu'il avait toujours éprouvée contre le maréchal Simon, ses provocations insultantes, réveillaient en lui mille ardeurs farouches; pourtant il répondit d'un ton assez calme : — Une dernière fois, monsieur, je vous le répète, le caractère dont je suis revêtu m'empêche de me battre.

— Ainsi... vous refusez? — dit le maréchal en se retournant vers lui et s'approchant.

— Je refuse.

— Positivement?

— Positivement; rien ne saurait m'y forcer.

— Rien?

— Non, monsieur, rien.

— Nous allons voir — dit le maréchal.

Et sa main tomba d'aplomb sur la joue du père d'Aigrigny.

Le jésuite poussa un cri de fureur, tout son sang reflua sur sa face si rudement souffletée; la bravoure de cet homme, car il était brave, se révolta; son ancienne valeur guerrière l'emporta malgré lui; ses yeux étincelèrent, et, les dents serrées, les poings crispés, il fit un pas vers le maréchal en s'écriant: Les épées... les épées!

Mais, soudain, se rappelant l'apparition de Rodin et l'intérêt que celui-ci avait eu à amener cette rencontre, il puisa dans la volonté d'échapper au piége diabolique que lui tendait son ancien *socius* le courage de contenir un ressentiment terrible. A la fougue passagère du père d'Aigrigny succéda donc subitement un calme rempli de contrition; voulant jouer son rôle jusqu'au bout, il s'agenouilla, et, baissant la tête, il se frappa la poitrine avec contrition en disant : — Pardonnez-moi, Seigneur, de m'être abandonné à un mouvement de colère... et surtout pardonnez à celui qui m'outrage.

Malgré sa résignation apparente, la voix du jésuite était profondément altérée; il lui semblait sentir un fer brûlant sur sa joue; car, pour la première fois de sa vie de soldat ou de sa vie de prêtre, il subissait une pareille insulte; il s'était jeté à genoux autant par momerie que pour ne pas rencontrer le regard du maréchal, craignant, s'il le rencontrait, de ne pouvoir plus répondre de soi, et de se laisser entraîner à ses impétueux ressentimens.

En voyant le jésuite tomber à genoux, en entendant son hypocrite invocation, le maréchal, qui avait déjà mis l'épée à la main, frémit d'indignation et s'écria : — Debout... fourbe... infâme, debout à l'instant!

Et de sa botte le maréchal crossa rudement le jésuite.

A cette nouvelle insulte, le père d'Aigrigny se redressa et bondit comme s'il eût été mu par un ressort d'acier. C'était trop ; il n'en pouvait supporter davantage. Emporté, aveuglé par la rage, il se précipita vers la table où était l'autre épée, la saisit, et s'écria en grinçant des dents : — Ah !... il vous faut du sang !... eh bien !... du sang... le vôtre... si je peux...

Et le jésuite, dans toute la vigueur de l'âge, la face empourprée, ses grands yeux gris étincelans de haine, tomba en garde avec l'aisance et l'aplomb d'un gladiateur consommé.

— Enfin... — s'écria le maréchal en s'apprêtant à croiser le fer.

Mais la réflexion vint encore une fois éteindre la fougue du père d'Aigrigny ; il songea de nouveau que ce duel hasardeux comblerait les vœux de Rodin, dont il tenait le sort entre les mains, qu'il allait écraser à son tour et qu'il exécrait plus encore peut-être que le maréchal ; aussi, malgré la furie qui le possédait, malgré son secret espoir de sortir vainqueur de ce combat, car il se sentait plein de force, de santé, tandis que d'affreux chagrins avaient miné le maréchal Simon, le jésuite parvint à se calmer. et, à la profonde stupeur du maréchal, il baissa la pointe de son épée en disant : — Je suis ministre du Seigneur, je ne dois pas verser de sang. Cette fois encore, pardonnez-moi mon emportement, Seigneur, et pardonnez aussi à celui de mes frères qui a excité mon courroux.

— Puis, mettant aussitôt la lame de l'épée sous son talon, il ramena vivement la garde à soi, de sorte que l'arme se brisa en deux morceaux.

Il n'y avait plus ainsi de duel possible.

Le père d'Aigrigny se mettait lui-même dans l'impuissance de céder à une nouvelle violence, dont il ressentait l'imminence et le danger.

Le maréchal Simon resta un moment muet et immobile de surprise et d'indignation, car lui aussi voyait alors le duel impossible ; mais tout à coup, imitant le jésuite, le maréchal mit comme lui la lame de son épée sous son talon et la brisa à peu près à sa moitié, ainsi qu'avait été brisée l'épée du père d'Aigrigny ; puis, ramassant le tronçon pointu, long de dix-huit pouces environ, il détacha sa cravate de soie noire, l'enroula autour de ce fragment du côté de la cassure, improvisa ainsi une poignée, et dit au père d'Aigrigny : — Va pour le poignard...

Epouvanté de tant de sang-froid, de tant d'acharnement, le père d'Aigrigny s'écria : — Mais c'est donc l'enfer !...

— Non... c'est un père dont on a tué les enfans — dit le maréchal d'une voix sourde en assurant son poignard dans sa main ; et une larme fugitive mouilla ses yeux, qui redevinrent aussitôt ardens et farouches.

Le jésuite surprit cette larme... Il y avait dans ce mélange de haine vindicative et de douleur paternelle quelque chose de si terrible, de si sacré, de si menaçant, que, pour la première fois de sa vie, le père d'Aigrigny éprouva un sentiment de peur... de peur lâche... ignoble... de peur pour sa peau... Tant qu'il s'était agi d'un combat à l'épée, dans lequel la ruse, l'adresse et l'expérience sont de si puissans auxiliaires du courage, il n'avait eu qu'à réprimer les élans de sa fureur et de sa haine ; mais devant ce combat corps à corps, face à face, cœur contre cœur, un moment il trembla, pâlit, et s'écria : — Une boucherie à coups de couteau... jamais !

L'accent, la physionomie du jésuite, trahissaient tellement son effroi, que le maréchal en fut frappé et s'écria avec angoisse, car il redoutait de voir sa vengeance lui échapper : — Mais il est donc vraiment lâche ?... Ce misérable n'avait donc que le courage de l'escrime ou de l'orgueil... ce misérable renégat, traître à son pays... que j'ai souffleté... crossé... car je vous ai souffleté... marquis de vieille roche ! Je vous ai crossé... marquis de vieille souche !... vous, la honte de votre maison, la honte de tous les braves gentilshommes anciens ou nouveaux... Ah ! ce n'est pas par hypocrisie ou par calcul... comme je le croyais, que vous refusez de vous battre... c'est par peur... Ah ! il vous faut le bruit de la guerre ou les regards des témoins d'un duel pour vous donner du cœur...

— Monsieur... prenez garde — dit le père d'Aigrigny les dents serrées et en balbutiant, car, à ces écrasantes paroles, la rage et la haine lui firent oublier sa peur.

— Mais il faut donc que je te crache à la face, pour y faire monter le peu de sang qui te reste dans les veines !... — s'écria le maréchal exaspéré.

— Oh! c'est trop! c'est trop! — dit le jésuite.

Et il se précipita sur le morceau de lame acérée qui était à ses pieds en répétant : — C'est trop!

— Ce n'est pas assez — dit le maréchal d'une voix haletante — tiens, Judas!...

Et il lui cracha à la face.

— Et si tu ne te bats pas maintenant — ajouta le maréchal — je t'assomme à coups de chaise, infâme tueur d'enfans...

Le père d'Aigrigny, en recevant le dernier outrage qu'un homme déjà outragé puisse recevoir, perdit la tête, oublia ses intérêts, ses résolutions, sa peur, oublia jusqu'à Rodin; une ardeur de vengeance effrénée, voilà tout ce qu'il ressentit; puis, une fois son courage revenu, au lieu de redouter cette lutte, il s'en félicita en comparant sa vigoureuse carrure à la maigreur du maréchal presque épuisé par le chagrin; car, dans un pareil combat, combat brutal, sauvage, corps à corps, la force physique est d'un avantage immense. En un instant le père d'Aigrigny eut enroulé son mouchoir autour de la lame d'épée qu'il avait ramassée, et il se précipita sur le maréchal Simon, qui reçut intrépidement le choc.

Pendant le peu de temps que dura cette lutte inégale, car le maréchal était depuis quelque jours en proie à une fièvre dévorante qui avait miné ses forces, les deux combattans, muets, acharnés, ne dirent pas un mot, ne poussèrent pas un cri. Si quelqu'un eût assisté à cette scène horrible, il lui eût été impossible de dire où et comment se portaient les coups : il aurait vu deux têtes effrayantes, livides, convulsives, s'abaisser, se redresser, ou se renverser en arrière, selon les incidens du combat, des bras se raidir comme des barres de fer ou se tordre comme des serpens, et puis, à travers les brusques ondulations de la redingote bleue du maréchal et de la soutane noire du jésuite, parfois luire et reluire comme un vif éclair d'acier... il eût enfin entendu un piétinement sourd, saccadé, ou de temps à autre quelque aspiration bruyante.

Au bout de deux minutes au plus, les deux adversaires tombèrent et roulèrent l'un sur l'autre.

L'un d'eux, c'était le père d'Aigrigny, faisant un violent effort, parvint à se dégager des bras qui l'étreignaient et à se mettre à genoux... Ses bras retombèrent alourdis, puis la voix expirante du maréchal murmura ces mots : — Mes enfans!... Dagobert!...

— Je l'ai tué... — dit le père d'Aigrigny d'une voix affaiblie — mais... je le sens... je suis blessé à mort...

Et, s'appuyant d'une main sur le sol, le jésuite porta son autre main à sa poitrine. Sa soutane était labourée de coups... mais les lames, dites de carrelet, qui avaient servi au combat, étant triangulaires et très acérées, le sang, au lieu de s'épancher au dehors, se résorbait au dedans.

— Oh! je meurs... j'étouffe... — dit le père d'Aigrigny, dont les traits décomposés annonçaient déjà les approches de la mort.

A ce moment, la clef de la serrure tourna deux fois avec un bruit sec; Rodin parut sur le seuil de la porte, et avança la tête en disant d'une voix humble et d'un air discret : — Peut-on entrer?

A cette épouvantable ironie, le père d'Aigrigny fit un mouvement pour se précipiter sur Rodin; mais il retomba sur une de ses mains en poussant un sourd gémissement : le sang l'étouffait.

— Ah! monstre d'enfer!... — murmura-t-il en jetant sur Rodin un regard effrayant de rage et d'agonie... — c'est toi qui causes ma mort...

— Je vous avais toujours dit, mon très chère père, que votre vieux levain de batailleur vous serait fâcheux... — répondit Rodin avec un affreux sourire. — Il y a peu de jours encore... je vous ai averti... en vous recommandant de vous laisser patiemment souffleter par ce sabreur... qui ne sabrera plus rien du tout... et c'est bien fait; parce que, d'abord, qui tire le glaive... périt par le glaive, dit l'Ecriture. — Et puis, ensuite, le maréchal Simon... héritait de ses filles... Voyons, là... entre nous, comment vouliez-vous que je fisse, mon très cher père?... Il fallait bien vous sacrifier à l'intérêt commun, d'autant plus que je savais ce que vous me ménagiez pour demain. Or, moi, on ne *me prend pas sans vert.*

— Avant d'expirer... dit le père d'Aigrigny d'une voix affaiblie — je vous démasquerai...

— Oh! que non point — dit Rodin en hochant la tête d'un air futé — que non point!... Moi seul je vous confesserai, s'il vous plaît...

— Oh... cela m'épouvante — murmura le père d'Aigrigny, dont les paupières s'appesantissaient. — Que Dieu ait pitié de moi... s'il n'est pas trop tard... Hélas!... je suis à ce moment suprême... je... suis un grand coupable...

— Et surtout... un grand niais — dit Rodin en haussant les épaules et contemplant l'agonie de son complice avec un froid mépris.

Le père d'Aigrigny n'avait plus que quelques minutes à vivre; Rodin s'en aperçut et se dit : — Il est temps d'appeler du secours.

Ce que fit le jésuite en courant d'un air épouvanté, effaré, alarmé, dans la cour de la maison.

A ces cris, on arriva.

Ainsi qu'il l'avait dit, Rodin ne quitta pas le père d'Aigrigny jusqu'à ce que celui-ci eût rendu le dernier soupir.

. . . .
. . . .
. . . .

Le soir, seul au fond de sa chambre, à la lueur d'une petite lampe, Rodin était plongé dans une sorte de contemplation extatique devant la gravure représentant le portrait de Sixte-Quint.

Minuit sonna lentement à la grande horloge de la maison.

Lorsque le dernier coup eut vibré, Rodin se redressa dans toute la sauvage majesté de son triomphe infernal, et s'écria : — Nous sommes au 1er juin... il n'y a plus de Rennepont!!!... Il me semble entendre sonner l'heure à Saint-Pierre de Rome!...

CHAPITRE LXIII.

UN MESSAGE.

Pendant que Rodin restait plongé dans une ambitieuse extase en contemplant le portrait de Sixte-Quint, le bon petit père Caboccini, dont les chaudes et pétulantes embrassades avaient si fort impatienté Rodin, était allé trouver mystérieusement Faringhea, et, lui remettant un fragment de crucifix d'ivoire, lui avait dit ces seuls mots, avec son air de bonhomie et de joyeuseté habituel : — Son Excellence le cardinal Malipieri, à mon départ de Rome, m'a chargé de vous remettre ceci, seulement aujourd'hui... 31 mai.

Le métis, qui ne s'émouvait guère, tressaillit brusquement, presque avec douleur; sa figure s'assombrit encore, et, attachant sur le petit père borgne un regard perçant, il répondit : — Vous devez encore me dire quelques paroles?

— Il est vrai — reprit le père Caboccini. — Ces paroles, les voici : *Souvent de la coupe aux lèvres... il y a loin.*

— C'est bien, dit le métis.

Et, poussant un profond soupir, il rapprocha le fragment du crucifix d'ivoire du fragment qu'il possédait déjà; le tout s'ajustait à merveille.

Le père Caboccini le regardait faire avec curiosité, car le cardinal ne lui avait rien dit autre chose, sinon de remettre ce morceau d'ivoire à Faringhea, et de lui répéter les mots précédens, afin de bien établir l'authenticité de sa mission; le révérend père, assez intrigué, dit au métis : — Et qu'allez-vous faire de ce crucifix maintenant complet?

— Rien... — dit Faringhea, toujours absorbé dans une méditation pénible.

— Rien! — reprit le révérend père étonné. — Mais à quoi bon vous l'apporter de si loin?

Sans satisfaire à cette curieuse demande, le métis lui dit : — A quelle heure le révérend père Rodin se rend-il demain rue Saint-François?
— De très bon matin.
— Avant de sortir, il ira à la chapelle faire sa prière?
— Oui, selon l'habitude de tous nos révérends pères.
— Vous couchez près de lui?
— Comme son *socius*, j'occupe une chambre contiguë à la sienne.
— Il se pourrait — dit Faringhea après un moment de silence — que le révérend père, absorbé par les grands intérêts qui l'occupent... oubliât de se rendre à la chapelle... Rappelez-lui ce devoir pieux.
— Je n'y manquerai pas.
— Non... n'y manquez pas — ajouta Faringhea avec insistance.
— Soyez tranquille — dit le bon petit père — je vois que vous vous intéressez à son salut...
— Beaucoup...
— Cette préoccupation est louable ;... continuez ainsi, et vous pourrez appartenir un jour tout à fait à notre compagnie — dit affectueusement le père Caboccini.
— Je ne suis encore qu'un pauvre membre auxiliaire et affilié — dit humblement Faringhea ; mais nul plus que moi n'est dévoué, âme, corps, esprit, à la société — dit le métis avec une sourde exclamation. — Bohwanie n'est rien auprès d'elle !...
— Bohwanie !... qu'est-ce que cela, mon bon ami?
— Bohwanie fait des cadavres qui pourrissent... et la sainte société fait des cadavres qui marchent...
— Ah! oui... *Perindè ac cadaver* ;... c'est le dernier mot de notre grand saint Ignace de Loyola; mais qu'est-ce que c'est que Bohwanie?
— Bohwanie est à la sainte société ce que l'enfant est à l'homme... — répondit le métis de plus en plus exalté. — Gloire à la compagnie !! gloire !! Mon père serait son ennemi... que je frapperais mon père... L'homme dont le génie m'inspirerait le plus d'admiration, de respect et de terreur, serait son ennemi... que je frapperais cet homme malgré l'admiration, le respect et la terreur qu'il m'inspirerait — dit le métis avec effort; puis, après un instant de silence, il ajouta en regardant en face le père Caboccini : — Je parle ainsi, pour que vous reportiez mes paroles au cardinal Malipieri, en le priant de les rapporter... au...
Faringhea s'arrêta court.
— A qui le cardinal rapportera-t-il vos paroles?
— Il le sait — dit brusquement le métis. — Bonsoir.
— Bonsoir, mon bon ami; je ne puis que vous louer de vos sentimens à l'endroit de notre compagnie. Hélas! elle a besoin de défenseurs énergiques... car il se glisse, dit-on, des traîtres jusque dans son sein...
— Pour ceux-là — dit Faringhea — il faut surtout être sans pitié.
— Sans pitié — dit le bon petit père... nous nous entendons.
— Peut-être ; — dit le métis; — n'oubliez pas surtout de faire songer au révérend père Rodin à aller à la chapelle avant de sortir.
— Je n'y manquerai pas — dit le révérend père Caboccini.
Et les deux hommes se séparèrent.
En rentrant, le père Caboccini apprit qu'un courrier, arrivé de Rome la nuit même, venait d'apporter des dépêches à Rodin.

CHAPITRE LXIV.

LE PREMIER JUIN.

La chapelle de la maison des révérends pères de la rue de Vaugirard était coquette et charmante ; de grandes verrières colorées y jetaient un mystérieux demi-jour; l'autel éblouissait de dorures et de vermeil ; à la porte de cette petite église, sous les assises du buffet d'orgues, dans un obscur renfoncement, était un large bénitier de marbre richement sculpté.

Ce fut auprès de ce bénitier, dans un recoin ténébreux où on le distinguait à peine, que Faringhea vint s'agenouiller le 1ᵉʳ juin, de grand matin, dès que les portes de la chapelle furent ouvertes.

Le métis était profondément triste; de temps à autre il tressaillait et soupirait comme s'il eût contenu les agitations d'une violente lutte intérieure; cette âme sauvage, indomptable, ce monomane possédé du génie du mal et de la destruction, éprouvait, ainsi qu'on l'a peut-être deviné, une profonde admiration pour Rodin, qui exerçait sur lui une sorte de fascination magnétique; le métis, bête féroce à intelligence et à face humaine, voyait dans le génie infernal de Rodin quelque chose de surhumain. Et Rodin, trop pénétrant pour ne pas être certain du dévoûment farouche de ce misérable, s'en était, on l'a vu, fructueusement servi pour amener le dénoûment tragique des amours d'Adrienne et de Djalma. Ce qui excitait à un point incroyable l'admiration de Faringhea, c'était ce qu'il connaissait ou ce qu'il comprenait de la société de Jésus. Ce pouvoir immense, occulte, qui minait le monde par ses ramifications souterraines, et arrivait à son but par des moyens diaboliques, avait frappé le métis d'un sauvage enthousiasme. Et si quelque chose au monde primait son admiration fanatique pour Rodin, c'était son dévoûment aveugle à la compagnie d'Ignace de Loyola, qui faisait des *cadavres qui marchaient*, ainsi que le disait le métis.

Faringhea, caché dans l'ombre de la chapelle, réfléchissait donc profondément, lorsque des pas se firent entendre; bientôt Rodin parut, accompagné de son *socius*, le bon petit père borgne.

Soit préoccupation, soit que les ténèbres projetées par le buffet d'orgues ne lui eussent pas permis de voir le métis, Rodin trempa ses doigts dans le bénitier auprès duquel se tenait Faringhea, sans apercevoir ce dernier, qui resta immobile comme une statue, sentant une sueur glacée couler de son front, tant son émotion était vive.

La prière de Rodin fut courte, on le conçoit; il avait hâte de se rendre rue Saint-François. Après s'être, ainsi que le père Caboccini, agenouillé pendant quelques instans, il se leva, salua respectueusement le chœur, et se dirigea vers la porte de sortie, suivi à quelques pas de son *socius*.

Au moment où Rodin approchait du bénitier, il aperçut le métis, dont la haute taille se dessinait dans la pénombre au milieu de laquelle il s'était jusqu'alors tenu; s'avançant un peu, le métis s'inclina respectueusement devant Rodin, qui lui dit tout bas et d'un air préoccupé : — Tantôt, à deux heures... chez moi.

Ce disant, Rodin allongea le bras afin de plonger sa main dans le bénitier; mais Faringhea lui épargna cette peine en lui présentant vivement le goupillon qui restait d'ordinaire dans l'eau sainte.

Pressant entre ses doigts crasseux les brins humectés du goupillon que le métis tenait par le manche, Rodin imbiba suffisamment son index et son pouce, les porta à son front, où, selon l'usage, il traça le signe d'une croix; puis, ouvrant la porte de la chapelle, il sortit, après s'être retourné pour dire de nouveau à Faringhea : — A deux heures, chez moi.

Croyant pouvoir user de l'occasion du goupillon que Faringhea, immobile, atterré, tenait toujours, mais d'une main tremblante, agitée, le père Caboccini avançait les doigts, lorsque le métis, voulant peut-être borner sa gracieuseté à Rodin, retira vivement l'instrument; le père Caboccini, trompé dans son attente, suivit précipitamment Rodin, qu'il ne devait pas, ce jour-là surtout, perdre de vue un seul instant, et monta avec lui dans un fiacre qui les conduisit rue Saint-François.

Il est impossible de peindre le regard que le métis avait jeté sur Rodin au moment où celui-ci sortait de la chapelle.

Resté seul dans le saint lieu, Faringhea s'affaissa sur lui-même, et tomba sur les dalles, moitié agenouillé, moitié accroupi, cachant son visage dans ses mains.

A mesure que la voiture approchait du quartier du Marais, où était située la maison de Marius de Rennepont, la fiévreuse agitation, la dévorante impatience du triomphe se lisait sur la physionomie de Rodin; deux ou trois fois, ouvrant son portefeuille, il relut et classa les différens actes ou notifications de décès des membres de la famille de Rennepont, et, de temps en temps, il avançait la tête à la portière avec anxiété, comme s'il eût voulu hâter la marche lente de la voiture.

Le bon petit père son *socius* ne le quittait pas du regard ; ce regard avait une expression aussi sournoise qu'étrange.

Enfin la voiture, entrant dans la rue Saint-François, s'arrêta devant la porte ferrée de la vieille maison, naguère fermée depuis un siècle et demi.

Rodin sauta du fiacre, agile comme un jeune homme, et heurta violemment à la porte, pendant que le père Caboccini, moins leste, prenait terre plus prudemment.

Rien ne répondit aux coups de marteau retentissans que Rodin venait de frapper.

Frémissant d'anxiété, il frappa de nouveau : cette fois, prêtant l'oreille attentivement, il entendit s'approcher des pas lents et traînans ; mais ils s'arrêtèrent à quelques pas de la porte, qui ne s'ouvrit pas.

— C'est griller sur des charbons ardens — dit Rodin, car il lui semblait que sa poitrine en feu se desséchait d'angoisse. Après avoir violemment heurté de nouveau à la porte, il se mit à ronger ses ongles, selon son habitude.

Soudain la porte cochère roula sur ses gonds ; Samuel, le gardien juif, parut sous le porche...

Les traits du vieillard exprimaient une douleur amère ; sur ses joues vénérables on voyait encore les traces de larmes récentes, que ses mains séniles et tremblantes achevaient d'essuyer lorsqu'il ouvrit à Rodin.

— Qui êtes-vous, messieurs? — dit Samuel à Rodin.

— Je suis le mandataire chargé des pouvoirs et procurations de l'abbé Gabriel, seul héritier vivant de la famille Rennepont—répondit Rodin d'une voix hâtée. — Monsieur est mon secrétaire — ajouta-t-il en désignant d'un geste le père Caboccini, qui salua.

Après avoir attentivement regardé Rodin, Samuel reprit : — En effet... je vous reconnais. Veuillez me suivre, monsieur.

Et le vieux gardien se dirigea vers le bâtiment du jardin, en faisant signe aux deux révérends pères de le suivre.

— Ce maudit vieillard m'a tellement irrité en me faisant attendre à la porte — dit tout bas Rodin à son *socius* — que j'en ai, je crois, la fièvre... Mes lèvres et mon gosier sont secs et brûlans comme du parchemin racorni au feu...

— Vous ne voulez rien prendre, mon bon père, mon cher père?... Si vous demandiez un verre d'eau à cet homme?—s'écria le petit borgne avec la plus tendre sollicitude.

— Non, non — répondit Rodin — cela n'est rien... L'impatience me dévore... c'est tout simple.

Pâle et désolée, Bethsabée, la femme de Samuel, était debout à la porte du logement qu'elle occupait avec son mari, et qui donnait sous la voûte de la porte cochère ; lorsque l'Israélite passa devant sa compagne, il lui dit en hébreu : — Et les rideaux de la chambre de deuil?

— Ils sont fermés...

— Et la cassette de fer?

— Elle est préparée — répondit Bethsabée aussi en hébreu.

Après avoir prononcé ces paroles, complètement inintelligibles pour Rodin et pour le père Caboccini, Samuel et Bethsabée, malgré la désolation qui se lisait sur leurs traits, échangèrent une sorte de sourire singulier et sinistre.

Bientôt Samuel, précédant les deux révérends pères, monta le perron et entra dans le vestibule, où brûlait une lampe ; Rodin, d'une excellente mémoire locale, se dirigeait vers le salon rouge où avait eu lieu la première convocation des héritiers, lorsque Samuel l'arrêta et lui dit : — Ce n'est pas là qu'il faut aller...

Puis, prenant la lampe, il se dirigea vers un sombre escalier, car les fenêtres de la maison n'avaient pas été démurées.

— Mais — dit Rodin — la dernière fois... on s'était rassemblé dans ce salon du rez-de-chaussée !...

— Aujourd'hui... on se rassemble en haut — répondit Samuel.

Et il commençait de gravir lentement l'escalier.

— Où ça... en haut?... — dit Rodin en le suivant.

— Dans la chambre de deuil... — dit l'Israélite.

Et il montait toujours.

— Qu'est-ce que la chambre de deuil?... — reprit Rodin assez surpris.

— Un lieu de larmes et de mort — dit l'Israélite...

Et il montait toujours à travers les ténèbres, qui s'épassissaient davantage, car la petite lampe les dissipait à peine.

— Mais... — dit Rodin, de plus en plus surpris et en s'arrêtant court — pourquoi aller dans ce lieu?

— L'argent y est — répondit Samuel.

Et il montait toujours.

— L'argent y est, c'est différent — reprit Rodin.

Et il se hâta de gagner les quelques marches qu'il avait perdues pendant son temps d'arrêt.

Samuel montait... montait toujours.

Arrivé à une certaine hauteur, l'escalier faisant brusquement un coude, les deux jésuites purent apercevoir, à la pâle clarté de la petite lampe et dans le vide laissé entre la balustrade de fer et la voûte, le profil du vieil Israélite qui, les dominant, gravissait l'escalier en s'aidant péniblement de la rampe de fer.

Rodin fut frappé de l'expression de la physionomie de Samuel; ses yeux noirs, ordinairement doux et voilés par l'âge, brillaient d'un vif éclat... Ses traits, toujours empreints de tristesse, d'intelligence et de bonté, semblaient se contracter, se durcir, et de ses lèvres minces il souriait d'une façon étrange.

— Ce n'est pas excessivement haut — dit tout bas Rodin au père Caboccini — et pourtant j'ai les jambes brisées, je suis tout essoufflé... et les tempes me bourdonnent.

En effet, Rodin haletait péniblement; sa respiration était embarrassée. A cette confidence, le bon petit père Caboccini, toujours si rempli de tendres soins pour son compagnon, ne répondit pas; il paraissait fort préoccupé. — Arrivons-nous bientôt?... — dit Rodin à Samuel d'une voix impatiente.

— Nous y voici... — répondit Samuel.

— Enfin! c'est bien heureux — dit Rodin.

— Très heureux — répondit l'Israélite.

Et se rangeant le long d'un corridor où il avait précédé Rodin, il indiqua de la main dont il tenait sa lampe une grande porte d'où sortait une faible clarté.

Rodin, malgré sa surprise croissante, entra résolument, suivi du père Caboccini et de Samuel.

La chambre où se trouvaient alors ces trois personnages était très vaste; elle ne pouvait recevoir de lumière que par un belvédère carré, mais les vitres des quatre faces de cette espèce de lanterne disparaissaient sous des plaques de plomb percées chacune de sept trous formant la croix.

Aussi, le jour n'arrivant dans cette pièce que par ces croix ponctuées, l'obscurité eût été complète sans une lampe qui brûlait sur une grande et massive console de marbre noir appuyée à l'un des murs. On eût dit un appartement funéraire; ce n'étaient partout que draperies ou rideaux noirs frangés de blanc. On ne voyait d'autre meuble que la console de marbre dont on a parlé.

Sur cette console était une cassette de fer forgé du dix-septième siècle, admirablement travaillé à jour, une véritable dentelle d'acier.

Samuel, s'adressant à Rodin, qui, s'essuyant le front avec son sale mouchoir, regardait autour de lui très surpris, mais nullement effrayé, lui dit : « Les volontés du testateur, si bizarres qu'elles puissent vous paraître, sont sacrées... pour moi... je les accomplirai donc toutes... si vous le voulez bien.

— Rien de plus juste — reprit Rodin ; — mais que venons-nous faire ici?...

— Vous le saurez tout à l'heure, monsieur... Vous êtes le mandataire de l'unique héritier restant de la famille Rennepont, M. l'abbé Gabriel de Rennepont.

— Oui, monsieur, et voici mes titres — répondit Rodin.

— Afin d'épargner le temps — reprit Samuel — je vais, en attendant l'arrivée du magistrat, faire devant vous l'inventaire des valeurs montant de la succession Rennepont, renfermées dans cette cassette de fer, et que hier j'ai été retirer de la Banque de France.

— Les valeurs... sont là?... — s'écria Rodin d'une voix ardente en se précipitant vers la cassette.

— Oui, monsieur — répondit Samuel; — voici mon bordereau. M. votre secrétaire fera l'appel des valeurs; je vous en présenterai à mesure les titres, vous les examinerez, et ils seront ensuite replacés dans cette cassette, que je vous remettrai en présence du magistrat.

— Ceci est parfait de tous points — dit Rodin.

Samuel remit un carnet au père Caboccini, s'approcha de la cassette, fit jouer un ressort que Rodin ne put apercevoir; le lourd couvercle se leva, et, à mesure que le père Caboccini, lisant le bordereau, énonçait une valeur, Samuel en mettait le titre sous les yeux de Rodin, qui le remettait au vieux juif après un mûr examen.

Cette vérification fut rapide, car ces valeurs immenses ne se composaient comme on sait, que de huit titres (1) et d'un appoint de cinq cent mille francs en billets de banque, de trente-cinq mille francs en or, et de deux cent cinquante francs en argent; total : *deux cent douze millions cent soixante-quinze mille francs.*

Lorsque Rodin, après avoir compté le dernier des cinq cents billets de banque de mille francs, dit, en les remettant à Samuel : — C'est bien cela... total : DEUX CENT DOUZE MILLIONS CENT SOIXANTE-QUINZE MILLE FRANCS, il eut sans doute une espèce d'étouffement de joie, d'éblouissement de bonheur, car un instant sa respiration s'arrêta, ses yeux se fermèrent, et il fut forcé de s'appuyer sur le bras du bon petit père Caboccini, en lui disant d'une voix altérée : — C'est singulier... je me croyais... plus fort contre les émotions... Ce que je ressens est extraordinaire.

Et la lividité naturelle du jésuite augmenta tellement, il fut agité de frémissemens convulsifs si saccadés, que le père Caboccini s'écria tout en le soutenant : — Mon cher père... revenez à vous... revenez à vous...; il ne faut pas que l'ivresse du succès vous trouble à ce point...

Pendant que le petit borgne donnait à Rodin cette preuve de sa tendre sollicitude, Samuel s'occupait de replacer les titres et les valeurs dans la cassette de fer...

Rodin, grâce à son indomptable énergie et à l'indicible joie qu'il ressentait en se voyant sur le point de toucher à un but si ardemment poursuivi, Rodin surmonta cet excès de faiblesse, et, se redressant, calme, fier, il dit au père Caboccini : — Ce n'est rien... je n'ai pas voulu mourir du choléra; ce n'est pas pour mourir de joie le 1er juin.

Et, en effet, quoique d'une lividité effrayante, la face du jésuite rayonnait d'orgueil et d'audace.

Lorsqu'il eut vu Rodin complètement remis, le père Caboccini sembla se transformer : quoique petit, obèse et borgne, ses traits, naguère si riants, prirent tout à coup une expression si ferme, si dure, si dominatrice, que Rodin recula d'un pas en le regardant.

Alors le père Caboccini, tirant de sa poche un papier, qu'il baisa respectueusement, jeta un regard d'une sévérité extrême sur Rodin, et lut ce qui suit d'une voix sonore et menaçante :

« Au reçu du présent rescrit, le révérend père Rodin remettra tous ses
» pouvoirs au révérend père Caboccini, qui demeurera seul chargé, ainsi que
» le révérend père d'Aigrigny, de recueillir la succession Rennepont, si, dans
» sa justice éternelle, le Seigneur veut que ces biens, qui ont été autrefois
» dérobés à notre compagnie, nous soient rendus.

» De plus, au reçu du présent rescrit, le révérend père Rodin, surveillé
» par un de nos pères, que désignera le révérend père Caboccini, sera con-

---

(1) A savoir : deux millions de rente française en 5 pour 100 français, *au porteur*; 900,000 fr. de rente française 3 pour 100 aussi *au porteur*; 5,000 actions de la Banque de France, *au porteur*; 3,000 actions des Quatre Canaux, *au porteur*; 125,000 ducats de rente de Naples, *au porteur*; 3,900 métalliques d'Autriche, *au porteur*; 75,000 livres sterling de rente 3 pour 100 anglais, *au porteur*; 1,200,000 florins hollandais, *au porteur*; 28,860.000 florins des Pays-Bas, *au porteur*.

» duit dans notre maison de la ville de Laval, où, mis en cellule, il restera
» en retraite et claustration absolue jusqu'à nouvel ordre. »

Et le père Caboccini tendit le rescrit à Rodin pour que celui-ci pût y lire la signature du général de la compagnie.

Samuel, vivement intéressé par cette scène, laissant la cassette entr'ouverte, se rapprocha de quelques pas.

Tout à coup Rodin éclata de rire... mais d'un rire de joie, de mépris et de triomphe, impossible à rendre.

Le père Caboccini le regardait avec un étonnement irrité, lorsque Rodin, se grandissant encore, et redevenant plus impérieux, plus hautain, plus souverainement dédaigneux que jamais, écarta du revers de sa main crasseuse le papier que lui tendait le père Caboccini, et lui dit : — De quelle date est ce rescrit ?

— Du 11 mai... — dit le père Caboccini stupéfait.

— Voici un bref que j'ai reçu cette nuit de Rome, il est daté du 18... et m'apprend que je suis nommé général de l'ordre... Lisez...

Le père Caboccini prit la cédule, lut, et resta d'abord atterré. Puis il rendit humblement le rescrit à Rodin en ployant respectueusement le genou devant lui.

Ainsi se trouvait accomplie la première visée ambitieuse de Rodin... Malgré tous les soupçons, toutes les défiances, toutes les haines qu'il avait soulevées dans le parti dont le cardinal Malipieri était le représentant et le chef, Rodin, à force d'adresse, de ruse, d'audace, de persuasion, et surtout à raison de la haute idée que ses partisans de Rome avaient de sa rare capacité, était parvenu, grâce à l'activité, aux intrigues de ses séides, à faire déposer son général et à se faire élever à ce poste éminent... Or, selon les combinaisons de Rodin, garanties par les millions qu'il allait posséder, de ce poste au trône pontifical... il ne lui restait plus qu'un pas à faire...

Muet témoin de cette scène, Samuel sourit aussi, lui, d'un air de triomphe, lorsqu'il eut fermé la cassette au moyen du secret que lui seul connaissait.

Ce bruit métallique rappela Rodin des hauteurs d'une ambition effrénée aux réalités de la vie, et il dit à Samuel d'une voix brève : — Vous avez entendu ?... A moi... à moi seul... ces millions... — Et il étendit ses mains impatientes et avides vers la caisse de fer, comme pour en prendre possession avant l'arrivée du magistrat.

Mais alors Samuel, à son tour, se transfigura; croisant les bras sur sa poitrine, redressant sa taille courbée par le grand âge, il apparut imposant, menaçant; ses yeux, de plus en plus brillans, lançaient des éclairs d'indignation ; il s'écria d'une voix solennelle : — Cette fortune, d'abord humble débris de l'héritage du plus noble des hommes, que les trames des fils de Loyola ont forcé au suicide... cette fortune, devenue royale, grâce à la sainte probité de trois générations de serviteurs fidèles... ne sera pas le prix du mensonge, de l'hypocrisie... et du meurtre... Non, non... dans son éternelle justice... Dieu ne le veut pas...

— Que parlez-vous de meurtre, monsieur ? — demanda témérairement Rodin.

Samuel ne répondit pas... il frappa du pied... et étendit lentement le bras vers le fond de la salle.

Alors Rodin et le père Caboccini virent un spectacle effrayant.

Les draperies qui cachaient les murailles s'écartèrent comme si elles eussent cédé à une main invisible...

Rangés autour d'une sorte de crypte éclairée par la lueur funèbre et bleuâtre d'une lampe d'argent, six corps étaient couchés sur des draperies noires et vêtus de longues robes noires...

C'étaient : Jacques Rennepont,
François Hardy,
Rose et Blanche Simon,
Adrienne et Djalma.

Ils paraissaient endormis;... leurs paupières étaient closes... leurs mains croisées sur leur poitrine...

Le père Caboccini, tremblant de tous ses membres, se signa et recula jusqu'à la muraille opposée, où il s'appuya en cachant sa figure dans ses mains.

Rodin, au contraire, les traits bouleversés, les yeux fixes, les cheveux hérissés, cédant à une invincible attraction, s'avança vers ces corps inanimés.

On eût dit que ces derniers des Rennepont venaient d'expirer à l'instant même, car ils semblaient être dans la première heure du sommeil éternel.

— Les voilà... ceux que vous avez tués... — reprit Samuel d'une voix entrecoupée de sanglots. — Oui, vos horribles trames ont dû causer leur mort;... car vous aviez besoin de leur mort... Chaque fois que tombait, frappé par vos maléfices... un des membres de cette famille infortunée... je parvenais à m'emparer de ses restes avec un soin pieux... car, hélas! ils doivent tous reposer dans le même sépulcre. Oh!... soyez maudit... maudit... maudit, vous qui les avez tués!... Mais leurs dépouilles échapperont à vos mains homicides.

Rodin... toujours attiré malgré lui, s'était peu à peu approché de la couche funèbre de Djalma : surmontant sa première épouvante, le jésuite, pour s'assurer qu'il n'était pas le jouet d'une effrayante illusion... osa toucher les mains de l'Indien qu'il avait croisées sur sa poitrine... Ces mains étaient glacées, mais leur peau était souple et humide.

Rodin recula d'horreur... pendant quelques secondes il frémit convulsivement; mais, sa première stupeur passée, la réflexion lui vint, et, avec la réflexion, cette infernale opiniâtreté de caractère qui lui donnait tant de puissance; alors, se raffermissant sur ses jambes chancelantes, passant sa main sur son front, redressant la tête, mouillant deux ou trois fois ses lèvres avant de parler, car il se sentait de plus en plus la poitrine, la gorge et la bouche en feu sans pouvoir s'expliquer la cause de cette chaleur dévorante, il parvint à donner à ses traits altérés une expression impérieuse et ironique, se retourna vers Samuel, qui pleurait silencieusement, et lui dit d'une voix rauque et gutturale : — Je n'ai point besoin de vous montrer les actes de décès ;... les voici... en personne.

Et de sa main décharnée il désigna les six cadavres.

A ces mots de ce général, le père Caboccini se signa de nouveau avec effroi, comme s'il eût vu le démon.

— O mon Dieu! — dit Samuel — vous vous êtes donc tout à fait retiré de lui?... De quel regard il contemple ses victimes!...

— Allons donc! monsieur — dit Rodin avec un affreux sourire — c'est une exposition de *Curtius* au naturel... rien de plus... Mon calme vous prouve mon innocence. Allons au fait... car j'ai un rendez-vous chez moi à deux heures. Descendons cette cassette...

Et il fit un pas vers la console.

Samuel, saisi d'indignation, de courroux et d'horreur, devança Rodin, et pesant avec force sur un bouton placé au milieu du couvercle de la cassette, bouton qui céda sous cette pression, il s'écria : — Puisque votre âme infernale ne connaît pas les remords... peut-être la rage de la cupidité trompée l'ébranlera-t-elle...

— Que dit-il?... — s'écria Robin. — Que fait-il?...

— Regardez; — dit à son tour Samuel avec un farouche triomphe; — je vous l'ai dit, les dépouilles de vos victimes échapperont à vos mains homicides.

A peine Samuel eût-il prononcé ces mots, qu'à travers les découpures de la cassette de fer travaillé à jour s'échappèrent quelques jets de fumée, et une légère odeur de papier brûlé se répandit dans la salle...

Rodin comprit.

— Le feu!... s'écria-t-il en se précipitant sur la cassette pour l'enlever.

Elle était rivée à la pesante console de marbre.

— Oui... le feu... — dit Samuel; — dans quelques minutes... de ce trésor immense il ne restera que des cendres... et mieux vaut qu'il soit réduit en cendres que d'être à vous et aux vôtres... Ce trésor ne m'appartient pas... il ne me reste plus qu'à l'anéantir, car Gabriel de Rennepont sera fidèle au serment qu'il a fait.

— Au secours!... de l'eau!... de l'eau!... — criait Rodin en se précipitant sur la cassette, qu'il couvrait de son corps, tâchant en vain d'étouffer la flamme, qui, activée par le courant d'air, sortait par les mille découpures de fer; puis bientôt son intensité diminua peu à peu, quelques filets de fumée bleuâtre s'échappèrent encore de la cassette... et tout s'éteignit!...

C'en était fait...

Alors Rodin, éperdu, haletant, se retourna ; il s'appuyait d'une main sur la console ;... pour la première fois de sa vie... il pleurait ;... de grosses larmes... larmes de rage, ruisselaient sur ses joues cadavéreuses.

Mais soudain d'atroces douleurs, d'abord sourdes, mais qui avaient peu à peu augmenté d'intensité, quoiqu'il usât de toute son énergie pour les combattre, éclatèrent en lui avec tant de furie, qu'il tomba sur ses genoux en portant ses deux mains à sa poitrine, et il murmura, tâchant encore de sourire :

— Ce n'est rien... ne vous réjouissez pas ;... quelques spasmes, voilà tout. Le trésor est détruit ;... mais je... reste toujours... général... de l'ordre... et ja... Oh !... je souffre... Quelle fournaise ! — ajouta-t-il en se tordant sous d'horribles étreintes. — Depuis... que je suis entré dans cette maison maudite... — reprit-il — je ne sais... ce que j'ai ;... si... je ne vivais... depuis longtemps... que de racines... d'eau et de pain... que je vais... acheter moi-même... je croirais... au poison ;... car... je triomphe... et le... cardinal Malipieri... a les bras longs... Oui... je triomphe ;... aussi... je ne mourrai pas ;... non... pas plus cette fois que les autres... Je ne veux pas... mourir, moi.

Puis, faisant un bond convulsif et raidissant les bras : — Mais c'est du... feu... qui me dévore les entrailles ;... plus de doute... on... a voulu... m'empoisonner... aujourd'hui ?;... mais... où ? mais qui ?...

Et, s'interrompant encore, Rodin cria de nouveau d'une voix étouffée : — Au secours !... mais secourez-moi donc, vous me regardez là... tous deux... comme des spectres... Au secours !

Samuel et le père Caboccini, épouvantés de cette horrible agonie, ne pouvaient faire un mouvement.

— Au secours !—criait Rodin d'une voix stranguiée ;... — car ce poison est horrible... Mais comment... me l'a-t-on...? — Puis, poussant un terrible cri de rage, comme si une idée subite se fût offerte à sa pensée, il s'écria : — Ah !... Faringhea... ce matin... ce matin... l'eau bénite... qu'il m'a donnée ;... il connaît des poisons si subtils..; Oui... c'est lui... il avait... eu une entrevue... avec Malipieri... Oh ! démon... C'est bien joué... je l'avoue ;... les Borgia... chassent de race... Oh !... c'est fini... je meurs... Ils me regretteront... les niais... Oh !... enfer !... enfer !... Oui... l'Eglise ne sait pas... ce qu'elle perd !... Mais je brûle ! Au secours !

On vint au secours de Rodin.

Des pas précipités se firent entendre dans l'escalier ; bientôt le docteur Baleinier, suivi de la princesse de Saint-Dizier, parut à la porte de la chambre de deuil...

La princesse, ayant appris vaguement le matin même la mort du père d'Aigrigny, accourait interroger Rodin à ce sujet.

Lorsque cette femme, entrant brusquement, eut jeté un regard sur l'effrayant spectacle qui s'offrait à ses yeux... lorsqu'elle eut vu Rodin se tordant au milieu d'une affreuse agonie, puis, plus loin, éclairés par la lampe sépulcrale, les six cadavres... et parmi eux le corps de sa nièce et ceux des deux orphelines qu'elle avait envoyées à la mort... la princesse resta pétrifiée ;... sa raison ne put résister à ce formidable choc... Après avoir lentement regardé autour d'elle, elle leva les bras au ciel et éclata d'un rire insensé...

Elle était folle...

Pendant que le docteur Baleinier, éperdu, soutenait la tête de Rodin, qui expirait entre ses bras, Faringhea parut à la porte, resta dans l'ombre, et dit en jetant un regard farouche sur le cadavre de Rodin : — Il voulait se faire chef de la compagnie de Jésus pour la détruire ;... pour moi, la compagnie de Jésus remplace Bohwanie... j'ai obéi au cardinal.

ÉPILOGUE.

CHAPITRE PREMIER.

QUATRE ANS APRÈS.

Quatre années s'étaient écoulées depuis les événemens précédens.

Gabriel de Rennepont écrivait la lettre suivante à M. l'abbé *Joseph Charpentier*, curé desservant de la paroisse de Saint-Aubin, pauvre village de Sologne.

« Métairie des *Vives-Eaux*, 2 juin 1836.

» Voulant hier vous écrire, mon bon Joseph, je m'étais assis devant cette vieille petite table noire que vous connaissez; la fenêtre de ma chambre donne, vous le savez, sur la cour de notre métairie : je puis, de ma table, en écrivant, voir tout ce qui se passe dans cette cour.

» Voici de bien graves préliminaires, mon ami; vous souriez : j'arrive au fait.

» Je venais donc de m'asseoir devant ma table, lorsque, regardant au hasard par ma fenêtre ouverte, voilà ce que je vis; vous qui dessinez si bien, mon bon Joseph, vous eussiez, j'en suis sûr, reproduit cette scène avec un charme touchant.

» Le soleil était à son déclin, le ciel d'une grande sérénité, l'air printanier, tiède et tout embaumé par la haie d'aubépine fleurie qui, du côté du petit ruisseau, sert de clôture à notre cour; au-dessous du gros poirier qui touche au mur de la grange était assis sur le banc de pierre mon père adoptif, Dagobert, ce brave et loyal soldat que vous aimez tant; il paraissait pensif; son front blanchi était baissé sur sa poitrine, et d'une main distraite il caressait le vieux Rabat-Joie, qui appuyait sa tête intelligente sur les genoux de son maître; à côté de Dagobert était sa femme, ma bonne mère adoptive, occupée d'un travail de couture, et auprès d'eux, sur un escabeau, Angèle, la femme d'Agricol, allaitant son dernier né, tandis que la douce Mayeux, tenant l'aîné assis sur ses genoux, lui apprenait à épeler ses lettres dans un alphabet.

» Agricol venait de rentrer des champs ; il commençait de dételer ses bœufs du joug, lorsque, frappé sans doute comme moi de ce tableau, il resta un instant immobile à le regarder, la main toujours appuyée au joug sous lequel ployait, puissant et soumis, le large front de ses deux grands bœufs noirs.

» Je ne puis vous exprimer, mon ami, le calme enchanteur de ce tableau éclairé par les derniers rayons du soleil, brisés çà et là dans le feuillage. Que de types divers et touchans ! la figure vénérable du soldat... la physionomie si bonne et si tendre de ma mère adoptive, le frais et charmant visage d'Angèle souriant à son petit enfant, la douce mélancolie de la Mayeux appuyant de temps à autre ses lèvres sur la tête blonde et rieuse du fils aîné d'Agricol; et enfin Agricol lui-même, d'une beauté si mâle, où semble se refléter cette âme loyale et valeureuse !...

» O mon ami ! en contemplant cette réunion d'êtres si bons, si dévoués, si nobles, si aimans et si chers les uns aux autres, retirés dans l'isolement d'une petite métairie de notre Sologne, mon cœur s'est élevé vers Dieu avec un sentiment de reconnaissance ineffable. Cette paix de la famille, cette soirée si pure, ce parfum de fleurs sauvages et des bois que la brise apportait, ce profond silence seulement troublé par le bruissement de la petite chute d'eau qui avoisine la métairie, tout cela me faisait monter au cœur de ces *bouffées* de vague et suave attendrissement que l'on ressent et que l'on n'exprime pas, vous le savez, mon ami... vous qui, dans vos promenades solitaires au milieu de vos immenses plaines de bruyères roses entourées de grands bois de sapins, sentez si souvent vos yeux devenir humides sans pouvoir vous expliquer cette émotion mélancolique et douce, émotion que j'éprouvai aussi tant de fois, durant d'admirables nuits passées dans les profondes solitudes de l'Amérique.

» Mais, hélas ! un incident pénible vint troubler la sérénité de ce tableau.

» J'entendis tout à coup la femme de Dagobert s'écrier : Mon ami, tu pleures !

» A ces mots, Agricol, Angèle, la Mayeux, se levèrent et entourèrent spontanément le soldat ; l'inquiétude était peinte sur tous les visages :... alors lui, ayant brusquement relevé la tête, on put voir, en effet, deux larmes qui coulaient de ses joues sur sa moustache blanche...

» Ce n'est rien... mes enfans — dit-il d'une voix émue — ce n'est rien ;... mais c'est aujourd'hui le 1er juin... et il y a quatre ans...

» Il ne put achever ; et, comme il portait les mains à ses yeux pour essuyer ses larmes, on s'aperçut qu'il tenait une petite chaîne de bronze à laquelle une médaille était suspendue. C'était sa relique la plus chère ; car, il y a quatre ans, presque mourant du chagrin désespéré que lui causait la perte de ces deux anges dont je vous ai tant de fois parlé, mon ami, il avait trouvé au cou du maréchal Simon, ramené mort après un combat à outrance, cette médaille que ses enfans avaient si longtemps portée. Je descendis à l'instant, comme bien vous pensez, mon ami, afin de tâcher aussi de calmer les douloureux ressouvenirs de cet excellent homme ; peu à peu, en effet, ses regrets s'adoucirent, et la soirée se passa dans une tristesse pieuse et calme. Vous ne sauriez croire, mon ami, lorsque je fus monté dans ma chambre, toutes les cruelles pensées qui me revinrent en songeant à ce passé dont je détourne toujours mon esprit avec crainte et horreur.

» Alors m'apparurent les touchantes victimes de ces terribles et mystérieux événemens dont on n'a jamais pu sonder et éclairer l'effrayante profondeur, grâce à la mort du père d'A... et du père R... ainsi qu'à la folie incurable de madame de Saint-D..., tous trois auteurs ou complices de tant d'affreux malheurs. Malheurs à jamais irréparables ; car ceux-là qui ont été sacrifiés à une épouvantable ambition auraient été l'orgueil de l'humanité par le bien qu'ils auraient fait...

» Ah ! mon ami, si vous saviez quels étaient ces cœurs d'élite ! Si vous saviez les projets de charité splendide de cette jeune fille, dont le cœur était si généreux, l'esprit si élevé, l'âme si grande..... La veille de sa mort et comme pour préluder à ses magnifiques desseins, ensuite d'un entretien dont je dois, même à vous, mon ami, taire le secret... elle m'avait confié une somme considérable, en me disant avec sa grâce et sa bonté habituelles : — On prétend me ruiner, on le pourra peut-être. Ce que je vous remets sera du moins à l'abri.... pour ceux qui souffrent... Donnez... donnez beaucoup... Faites le plus d'heureux possible... Je veux royalement inaugurer mon bonheur !

» Je ne sais si je vous ai dit, mon ami, que par suite de ces sinistres événemens, voyant Dagobert et sa femme, ma mère adoptive, réduits à la misère, la douce Mayeux pouvant vivre à peine d'un salaire insuffisant, Agricol bientôt père, et moi-même révoqué de mon humble cure et interdit par mon évêque pour avoir donné les secours de notre religion à un protestant et pour avoir prié sur la tombe d'un malheureux poussé au suicide par le désespoir, me voyant moi-même, à cause de cette interdiction, bientôt sans ressources, car le caractère dont je suis revêtu ne me permet pas d'accepter indifféremment tous les moyens d'existence, je ne sais si je vous ai dit qu'après la mort de mademoiselle de Cardoville, j'ai cru pouvoir distraire, de ce qu'elle m'avait confié pour être employé en bonnes œuvres, une somme bien minime dont j'ai acquis cette métairie au nom de Dagobert.

» Oui, mon ami, telle est l'origine de ma *fortune*. Le fermier qui faisait valoir ces quelques arpens de terre a commencé notre éducation agronomique ; notre intelligence, l'étude de quelques bons livres pratiques l'ont achevée ; d'excellent artisan, Agricol est devenu excellent cultivateur ; je l'ai imité ; j'ai mis avec zèle la main à la charrue sans *déroger*, car ce labeur nourricier est trois fois saint ; et c'est encore servir, glorifier Dieu, que de féconder la terre qu'il a créée. Dagobert, lorsque ses chagrins se sont un peu apaisés, a retrempé sa vigueur à cette vie agreste et salubre ; dans son exil en Sibérie, il était déjà presque devenu laboureur. Enfin, ma bonne mère adoptive, l'excellente femme d'Agricol, la Mayeux, se sont partagé les travaux intérieurs, et Dieu a béni cette pauvre petite colonie de gens, hélas ! bien éprouvés par le malheur, qui ont demandé à la solitude et aux rudes travaux des champs une vie paisible, laborieuse, innocente, et l'oubli de grands chagrins.

» Quelquefois vous avez pu, dans nos veillées d'hiver, apprécier l'esprit si délicat, si charmant, de la douce Maveux, la rare intelligence poétique d'Agricol, l'admirable sentiment maternel de sa mère, le sens parfait de son père, le naturel gracieux et exquis d'Angèle; aussi dites, mon ami, si jamais l'on a pu réunir tant d'élémens d'adorable intimité. Que de longues soirées d'hiver nous avons ainsi passées autour d'un foyer de sarmens pétillans, lisant tour à tour, ou commentant ces quelques livres toujours nouveaux, impérissables, divins, qui réchauffent toujours le cœur, agrandissent toujours l'âme... Que de causeries attachantes, prolongées ainsi bien avant dans la nuit!... Et les poésies pastorales d'Agricol! Et les timides confidences littéraires de la Mayeux! Et la voix si pure, si fraîche d'Ang le, se joignant à la voix mâle et vibrante d'Agricol dans des chants d'une mélodie simple et naïve!... Et les récits de Dagobert, si énergiques, si pittoresques dans leur naïveté guerrière! Et l'adorable gaîté des enfans, et leurs ébats avec le bon vieux Rabat-Joie, qui se prête à leurs jeux plus qu'il n'y prend part!... Bonne et intelligente créature qui *semble toujours chercher quelqu'un* — dit Dagobert qui le connaît; et il a raison... Oui... ces deux anges dont il était le gardien fidèle, lui aussi les regrette...

» Ne croyez pas, mon ami, que notre bonheur nous rende oublieux; non, non, il ne se passe pas de jour que des noms biens chers à tous nos cœurs ne soient prononcés avec un pieux et tendre respect... Aussi les souvenirs douloureux qu'ils rappellent, planant sans cesse autour de nous, donnent à notre existence calme et heureuse cette nuance de douce gravité qui vous a frappé...

» Sans doute, mon ami, cette vie, restreinte dans le cercle intime de la famille et ne rayonnant pas au-dehors pour le bien-être et l'amélioration de nos frères, est peut-être d'une félicité un peu égoïste; mais, hélas! les moyens nous manquent, et, quoique le pauvre trouve toujours une place à notre table frugale et un abri sous notre toit, il nous faut renoncer à toute grande pensée d'action fraternelle; le modique revenu de notre métairie suffit rigoureusement à nos besoins.

» Hélas! lorsque ces pensées me viennent, malgré les regrets qu'elles me causent, je ne puis blâmer la résolution que j'ai prise de tenir fidèlement mon serment d'honneur, sacré, irrévocable, de renoncer à cette succession devenue immense, hélas! par la mort des miens. Oui, je crois avoir rempli un grand devoir en engageant le dépositaire de ce trésor à le réduire en cendres, plutôt que de le voir tomber entre les mains de gens qui en eussent fait un exécrable usage, ou de me parjurer en attaquant une donation faite par moi librement, volontairement, sincèrement. Et pourtant, en songeant à la réalisation des magnifiques volontés de mon aïeul, admirable utopie, seulement possible avec ces ressources immenses, et que mademoiselle de Cardoville, avant tant de sinistres événemens, pensait à réaliser avec le concours de M. François Hardy, du prince Djalma, du maréchal Simon, de ses filles et de moi-même; en songeant à l'éblouissant foyer de forces vives de toutes sortes qu'une telle association eût fait resplendir; en songeant à l'immense influence que ses rayonnemens auraient pu avoir pour le bonheur de l'humanité tout entière, mon indignation, mon horreur, ma haine d'honnête homme et de chrétien, augmentent encore contre cette compagnie abominable, dont les noirs complots ont tué dans son germe un avenir si beau, si grand, si fécond...

» De tant de splendides projets, que reste-t-il?... Sept tombes... Car la mienne est aussi creusée dans ce mausolée que Samuel a fait élever sur l'emplacement de la rue Neuve-Saint-François, et dont il s'est constitué le gardien... fidèle jusqu'à la fin.

. . . .

» J'en étais là de ma lettre, mon ami, lorsque je reçois la vôtre.

» Ainsi, après vous avoir défendu de me voir, votre évêque vous défend de correspondre désormais avec moi.

» Vos regrets si touchans, si douloureux, m'ont profondément ému; mon ami... bien des fois nous avons causé de la discipline ecclésiastique et du pouvoir absolu des évêques sur nous autres, pauvres prolétaires du clergé, abandonnés à leur merci, sans soutien et sans recours... Cela est douloureux, mais cela est la loi de l'Eglise, mon ami; vous avez juré d'observer cette loi... il faut vous soumettre comme je me suis soumis; tout serment est sacré pour l'homme d'honneur.

» Pauvre et bon Joseph, je voudrais que vous eussiez les compensations qui me restent après la rupture de relations si douces pour moi... Mais, tenez, je suis trop ému... je souffre, oui, beaucoup... car je sais ce que vous devez ressentir...

» Il m'est impossible de continuer cette lettre... je serais peut-être amer contre ceux dont nous devons respecter les ordres...

» Puisqu'il le faut, cette lettre sera la dernière; adieu, tendrement, mon ami; adieu encore et pour toujours, adieu... J'ai le cœur brisé...

» GABRIEL DE RENNEPONT. »

CHAPITRE II.

LA RÉDEMPTION.

Le jour allait bientôt paraître...

Une lueur rose, presque imperceptible, commençait de poindre à l'orient; mais les étoiles brillaient encore, étincelantes de lumière, au milieu de l'azur du zénith.

Les oiseaux, s'éveillant sous la fraîche feuillée des grands bois de la vallée, préludaient par quelques gazouillemens isolés à leur concert matinal.

Une légère vapeur blanchâtre s'élevait des hautes herbes baignées de la rosée nocturne, tandis que les eaux calmes et limpides d'un grand lac réfléchissaient l'aube blanchissante dans leur miroir profond et bleu.

Tout annonçait une de ces joyeuses et chaudes journées du commencement de l'été...

A mi-côte du versant du vallon, et faisant face à l'orient, une touffe de vieux saules moussus, creusés par le temps, et dont la rugueuse écorce disparaissait presque sous les rameaux grimpans de chèvre-feuilles sauvages et de liserons aux clochettes de toutes couleurs, une touffe de vieux saules formait une sorte d'abri naturel, et sur leurs racines noueuses, énormes, recouvertes d'une mousse épaisse, un homme et une femme étaient assis : leurs cheveux entièrement blanchis, leurs rides séniles, leur taille voûtée, annonçaient une grande vieillesse...

Et pourtant cette femme était naguère encore jeune, belle, et de longs cheveux noirs couvraient son front pâle.

Et pourtant cet homme était naguère encore dans toute la vigueur de l'âge.

De l'endroit où se reposaient cet homme et cette femme on découvrait la vallée, le lac, les bois, et au-dessus des bois la cime âprement découpée d'une haute montagne bleuâtre, derrière laquelle le soleil allait se lever.

Ce tableau, à demi voilé par la pâle transparence de l'heure crépusculaire, était à la fois riant, mélancolique et solennel...

— O ma sœur! — disait le vieillard à la femme qui, comme lui, se reposait dans le réduit agreste formé par le bouquet de saules — ô ma sœur, que de fois... depuis tant de siècles que la main du Seigneur nous a lancés dans l'espace, et que, séparés, nous parcourions le monde d'un pôle à l'autre; que de fois nous avons assisté au réveil de la nature avec un sentiment de douleur incurable! Hélas! c'était encore un jour à traverser... de l'aube au couchant;... un jour inutilement ajouté à nos jours, dont il augmentait en vain le nombre, puisque la mort nous fuyait toujours.

— Mais, ô bonheur! depuis quelque temps, mon frère, le Seigneur, dans sa pitié, a voulu qu'ainsi que pour les autres créatures, chaque jour écoulé fût pour nous un pas de plus fait vers la tombe. Gloire à lui!... gloire à lui!...

— Gloire à lui, ma sœur... car depuis hier que sa volonté nous a rapprochés... je ressens cette langueur ineffable que doivent causer les approches de la mort...

— Comme vous, mon frère, j'ai aussi peu à peu senti mes forces, déjà bien affaiblies, s'affaiblir encore dans un doux épuisement; sans doute le terme de notre vie approche... La colère du Seigneur est satisfaite.

— Hélas! ma sœur, sans doute aussi... le dernier rejeton de ma race maudite... va, par sa mort prochaine, achever ma rédemption... car la volonté de Dieu s'est enfin manifestée; je serai pardonné lorsque le dernier de mes rejetons aura disparu de la terre... A celui-là... saint parmi les plus saints... était réservée la grâce d'accomplir mon rachat... lui qui a tant fait pour le salut de ses frères.

— Oh! oui, mon frère, lui qui a tant souffert, lui qui sans se plaindre a vidé de si amers calices, a porté de si lourdes croix; lui qui, ministre du Seigneur, a été l'image du Christ sur la terre, il devait être le dernier instrument de cette rédemption...

— Oui... car je le sens à cette heure, ma sœur, le dernier des miens, touchante victime d'une lente persécution, est sur le point de rendre à Dieu son âme angélique... Ainsi... jusqu'à la fin... j'aurai été fatal à ma race maudite... Seigneur, Seigneur, si votre clémence est grande, votre colère aussi a été grande.

— Courage et espoir, mon frère... songez qu'après l'expiation vient le pardon, après le pardon la récompense... le Seigneur a frappé en vous et dans votre postérité l'artisan rendu méchant par le malheur et par l'injustice; il vous a dit: Marche!... marche!... sans trêve ni repos, et ta marche sera vaine, et chaque soir, et te jetant sur la terre dure, tu ne seras pas plus près du but que tu ne l'étais le matin en recommençant ta course éternelle... Ainsi, depuis les siècles, des hommes impitoyables ont dit à l'artisan: Travaille!... travaille... travaille... sans trêve ni repos, et ton travail, fécond pour tous, pour toi seul sera stérile, et chaque soir, en te jetant sur la terre dure, tu ne seras pas plus près d'atteindre le bonheur et le repos que tu n'en étais près la veille, en revenant de ton labeur quotidien... Ton salaire t'aura suffi à entretenir cette vie de douleurs, de privations et de misère...

— Hélas!... hélas!... en sera-t-il donc toujours ainsi?...

— Non, non, mon frère, au lieu de pleurer sur ceux de votre race, réjouissez-vous en eux; s'il a fallu au Seigneur leur mort pour votre rédemption, le Seigneur, en rédimant en vous l'artisan maudit du ciel... rédimera aussi l'artisan maudit et craint de ceux qui le soumettent à un joug de fer... Enfin, mon frère... les temps approchent... les temps approchent;... la commisération du Seigneur ne s'arrêtera pas à nous seuls... Oui, je vous le dis, en nous seront rachetés et la femme et l'esclave moderne. L'épreuve a été cruelle, mon frère... depuis tantôt dix-huit siècles... elle dure; mais elle a assez duré... Voyez, mon frère, voyez à l'orient cette lueur vermeille, qui peu à peu gagne... gagne le firmament... Ainsi s'élèvera bientôt le soleil de l'émancipation nouvelle — émancipation pacifique, sainte, grande, salutaire, féconde, qui répandra sur le monde sa clarté, sa chaleur vivifiante comme celle de l'astre qui va bientôt resplendir au ciel...

— Oui, oui, ma sœur, je le sens, vos paroles sont prophétiques;... oui... nous fermerons nos yeux appesantis en voyant du moins l'aurore de ce jour de délivrance... jour beau, splendide, comme celui qui va naître... Oh! non... non... je n'ai plus que des larmes d'orgueil et de glorification pour ceux de ma race qui sont morts peut-être pour assurer cette rédemption! saints martyrs de l'humanité, sacrifiés par les éternels ennemis de l'humanité; car les ancêtres de ces sacrilèges qui blasphèment le saint nom de Jésus en le donnant à leur compagnie sont les pharisiens, les faux et indignes prêtres, que le Christ a maudits. Oui, gloire aux descendans de ma race d'avoir été les derniers martyrs immolés par ces complices de tout esclavage, de tout despotisme, par ces impitoyables ennemis de l'affranchissement de ceux qui veulent penser et qui ne veulent plus souffrir, de ceux qui veulent jouir, comme fils de Dieu, des dons que le Créateur a départis sur la grande famille humaine... Oui, oui, elle approche, la fin du règne de ces modernes pharisiens, de ces faux prêtres, qui prêtent un appui sacrilège à l'égoïsme impitoyable du fort contre le faible, en osant soutenir, à la face des inépuisables trésors de la création, que Dieu a fait l'homme pour les larmes, pour le malheur et pour la misère... ces faux prêtres qui, séides de toutes les oppressions, veulent toujours courber vers la terre, humilié, abruti, désolé, le front de la créature. Non, non, qu'elle relève fièrement son front; Dieu l'a faite pour être digne, intelligente, libre et heureuse.

— Ô mon frère!... vos paroles sont aussi prophétiques... oui, oui, l'aurore de ce beau jour... approche;... elle approche... comme approche le lever de ce jour qui, par la miséricorde de Dieu, sera le dernier de notre vie... terrestre...

— Le dernier... ma sœur... car je ne sais quel anéantissement me gagne;... il me semble que tout ce qui est en moi matière se dissout; je sens les profondes aspirations de mon âme qui semble vouloir s'élancer vers le ciel.

— Mon frère... mes yeux se voilent; c'est à peine si, à travers mes paupières closes, j'aperçois à l'orient cette clarté tout à l'heure si vermeille...

— Ma sœur... c'est à travers une vapeur confuse que je vois la vallée... le lac... les bois... mes forces m'abandonnent...

— Mon frère... Dieu soit béni... il approche, le moment de l'éternel repos.

— Oui... il vient, ma sœur;... le bien-être du sommeil éternel... s'empare de tous mes sens...

— O bonheur!... mon frère... j'expire...

— Ma sœur... mes yeux se ferment...

— Pardonnés... pardonnés...

— Oh!... mon frère... que cette divine rédemption s'étende sur tous... ceux qui souffrent... sur la terre.

— Mourez... en paix... ma sœur... L'aurore de ce... grand jour... a lui;... le soleil se lève... voyez.

— O Dieu!... soyez béni...

— O Dieu!... soyez béni...

. . . .

Et au moment où ces deux voix se turent pour jamais, le soleil parut radieux, éblouissant, et inonda la vallée de ses rayons.

CONCLUSION.

Notre tâche est accomplie, notre œuvre achevée.

Nous savons combien cette œuvre est incomplète, imparfaite; nous savons tout ce qui lui manque, et sous le rapport du style, et de la conception, et de la fable.

Mais nous croyons avoir le droit de dire cette œuvre honnête, consciencieuse et sincère.

Pendant le cours de sa publication, bien des attaques haineuses, injustes, implacables, l'ont poursuivie; bien des critiques sévères, pures, quelquefois passionnées, mais loyales, l'ont accueillie.

Les attaques violentes, haineuses, injustes, implacables, nous ont diverti, par cela même, nous l'avouons, en toute humilité, par cela même qu'elles tombaient formulées en mandemens contre nous, du haut de certaines chaires épiscopales. Ce plaisantes fureurs, ces bouffons anathèmes qui nous foudroient depuis plus d'une année, sont trop divertissans pour être odieux ; c'est simplement de la haute et belle et bonne comédie de mœurs cléricales.

Nous avons joui, beaucoup joui de cette comédie ; nous l'avons goûtée, savourée ; il nous reste à exprimer notre bien sincère gratitude à ceux qui en sont à la fois, comme le divin Molière, les auteurs et les acteurs.

Quant aux critiques, si amères, si violentes qu'elles aient été, nous les acceptons d'autant mieux, en tout ce qui touche la partie littéraire de notre livre, que nous avons souvent tâché de profiter des conseils qu'on nous donnait peut-être un peu âprement. Notre modeste déférence à l'opinion d'esprits plus judicieux, plus mûrs, plus corrects que sympathiques et bienveillans, a, nous le craignons, quelque peu déconcerté, dépité, contrarié ces mêmes esprits. Nous en sommes doublement aux regrets, car nous avons profité de leurs critiques, et c'est toujours involontairement que nous déplaisons à ceux qui nous obligent... même en espérant nous désobliger.

Quelques mots encore sur des attaques d'un autre genre, mais plus graves.

Ceux-ci nous ont accusé d'avoir fait un appel aux passions, en signalant à l'animadversion publique tous les membres de la société de Jésus.

Voici notre réponse :

Il est maintenant hors de doute, il est incontestable, il est démontré par les textes soumis aux épreuves les plus contradictoires, depuis Pascal jusqu'à nos jours ; il est démontré, disons-nous, par ces textes, que les œuvres théologiques des membres les plus accrédités de la compagnie de Jésus contiennent l'excuse ou la justification

DU VOL — DE L'ADULTÈRE — DU VIOL — DU MEURTRE.

Il est également prouvé que des œuvres immondes, révoltantes, signées par les révérends pères de la compagnie de Jésus, ont été plus d'une fois mises entre les mains de jeunes séminaristes.

Ce dernier fait, établi, démontré par le scrupuleux examen des textes, ayant été d'ailleurs solennellement consacré naguère encore, grâce au discours rempli d'élévation, de haute raison, de grave et généreuse éloquence, prononcé par M. l'avocat-général Dupaty lors du procès du savant et honorable M. Busch, de Strasbourg, comment avons-nous procédé ?

Nous avons supposé des membres de la compagnie de Jésus inspirés par les détestables principes de *leurs théologiens classiques*, et agissant selon l'esprit et la lettre de ces abominables livres, leur catéchisme, leur rudiment ; nous avons enfin mis en action, en mouvement, en relief, en chair et en os, ces détestables doctrines ; rien de plus — rien de moins.

Avons-nous prétendu que tous les membres de la société de Jésus avaient le noir talent, l'audace ou la scélératesse d'employer ces armes dangereuses que contient le ténébreux arsenal de leur ordre ? Pas le moins du monde. Ce que nous avons attaqué, c'est l'abominable esprit des *Constitutions* de la compagnie de Jésus, ce sont les livres de ses théologiens classiques.

Avons-nous enfin besoin d'ajouter que, puisque des papes, des rois, des nations, et dernièrement encore la France, ont flétri les horribles doctrines de cette compagnie, en expulsant ses membres ou en dissolvant leur congrégation, nous n'avons, à bien dire, que présenté sous une forme nouvelle des idées, des convictions, des faits depuis longtemps consacrés par la notoriété publique ?

Ceci dit, passons.

L'on nous a aussi reproché d'exciter les rancunes des pauvres contre les riches, d'envenimer l'envie que fait naître chez l'infortuné l'aspect des splendeurs, de la richesse.

A ceci nous répondrons que nous avons, au contraire, tenté, dans la création d'Adrienne de Cardoville, de personnifier cette partie de l'aristocratie de nom et de fortune qui, autant par une noble et généreuse impulsion que par l'intelligence du passé et par la prévision de l'avenir, tend ou devrait tendre une main bienfaisante et fraternelle à tout ce qui souffre, à tout ce qui conserve la probité dans la misère, à tout ce qui est dignifié par le travail. Est-ce, en un mot, semer des germes de division entre le riche et le pauvre, que de montrer Adrienne de Cardoville, la belle et riche patricienne, appelant la Mayeux sa sœur, et la traitant en sœur, elle, pauvre ouvrière, misérable et infirme ?

Est-ce irriter l'ouvrier contre celui qui l'emploie que de montrer M. François Hardy jetant les premiers fondemens d'une maison commune?

Non, nous avons au contraire tenté une œuvre de rapprochement, de conciliation, entre les deux classes placées aux deux extrémités de l'échelle sociale; car, depuis tantôt trois ans, nous avons écrit ces mots: — SI LES RICHES SAVAIENT!!!

Nous avons dit et nous répétons qu'il y a d'affreuses et innombrables misères; que les masses, de plus en plus éclairées sur leurs droits, mais encore calmes, patientes, résignées, demandent que ceux qui gouvernent s'occupent enfin de l'amélioration de leur déplorable position, chaque jour aggravée par l'anarchie et l'impitoyable concurrence qui règne dans l'industrie.

Oui, nous avons dit et nous répétons que l'homme laborieux et probe *a droit* à un travail qui lui donne un salaire suffisant.

Que l'on nous permette enfin de résumer en quelques lignes les questions soulevées par nous dans cette œuvre.

— Nous avons essayé de prouver la cruelle insuffisance du salaire des femmes, et les horribles conséquences de cette insuffisance.

— Nous avons demandé de nouvelles garanties contre la facilité avec laquelle quiconque peut être renfermé dans une maison d'aliénés.

— Nous avons demandé que l'artisan pût jouir du bénéfice de la loi à l'endroit de la *liberté sous caution*, caution portée à un chiffre tel (500 fr.) qu'il lui est impossible de l'atteindre; liberté dont pourtant il a plus besoin que personne, puisque souvent sa famille vit de son industrie, qu'il ne peut exercer en prison. Nous avons donc proposé le chiffre de *soixante à quatre-vingts francs*, comme représentant à peu près la moyenne d'un mois de travail.

— Nous avons enfin, en tâchant de rendre pratique l'organisation d'une maison commune d'ouvriers, démontré, nous l'espérons, quels avantages immenses, même avec le taux actuel des salaires, si insuffisant qu'il soit, les classes ouvrières trouveraient dans le principe de l'association et de la vie commune, si on leur facilitait les moyens de les pratiquer.

Et afin que ceci ne fût pas traité d'utopie, nous avons établi par des chiffres que des *spéculateurs* pourraient à la fois faire une action humaine, généreuse, profitable à tous, et retirer cinq pour cent de leur argent, en concourant à la fondation de maisons communes.

Humaine et généreuse spéculation que nous avons aussi recommandée à l'attention du conseil municipal, toujours si rempli de sollicitude pour la population parisienne. La ville de Paris est riche; ne pourrait-elle pas placer fructueusement quelques capitaux en établissant, dans chaque quartier de la capitale, une maison commune modèle? D'abord l'espoir d'y être admis, moyennant un prix modique, exciterait une louable émulation parmi les classes ouvrières; ensuite elles puiseraient dans ces exemples les premiers et féconds rudimens de l'association.

Maintenant, un dernier mot pour remercier du plus profond de notre cœur les amis connus et inconnus dont la bienveillance, les encouragemens, la sympathie, nous ont constamment suivi et nous ont été d'un si puissant secours dans cette longue tâche...

Un mot encore de respectueuse et inaltérable reconnaissance pour nos amis de Belgique et de Suisse qui ont daigné nous donner des preuves publiques de leur sympathie, dont nous nous glorifierons toujours et qui auront été une de nos plus douces récompenses.

FIN DU JUIF ERRANT.

TABLE DES CHAPITRES

DU SECOND VOLUME.

Douzième partie.
(SUITE.)

		Pages.
VI.	L'Accusateur	1
VII.	Le Secrétaire de l'abbé d'Aigrigny	6
VIII.	La Sympathie	11

Treizième partie.

CHAPITRE I.	Les Soupçons	17
II.	Les Excuses	22
III.	Révélations	27
IV.	Pierre Simon	32
V.	L'Indien à Paris	37
VI.	Le Réveil	42
VII.	Les Doutes	47
VIII.	La Lettre	52
IX.	Adrienne et Djalma	57
X.	Les Conseils	61
XI.	Le Journal de la Mayeux	68
XII.	Suite du journal de la Mayeux	72
XIII.	La Découverte	77

Quatorzième partie.

CHAPITRE I.	Le Rendez-vous des Loups	81
II.	La Maison commune	88
III.	Le Secret	95
IV.	Révélations	102
V.	L'Attaque	107
VI.	Les Loups et les Dévorans	111
VII.	Le Retour	114

Quinzième partie.

Pages.

CHAPITRE I.	Le Négociateur.	119
II.	Le Secret	125
III.	Les Aveux	128
IV.	Amour	132
V.	Exécution	136
VI.	Les Champs-Elysées	141
VII.	Derrière la toile	145
VIII.	Le Lever du rideau	148
IX.	La Mort	151

Seizième partie.

CHAPITRE I.	Le Voyageur	157
II.	La Collation	160
III.	Le Bilan	167
IV.	Le Parvis Notre-Dame	174
V.	La Mascarade du Choléra	179
VI.	Le Combat singulier	182
VII.	Cognac à la rescousse	186
VIII.	Souvenirs	189
IX.	L'Empoisonneur	192
X.	La Cathédrale	197
XI.	Les Meurtriers	200
XII.	La Promenade	204
XIII.	Le Malade	209
XIV.	Le Piége	213
XV.	La Bonne nouvelle	217
XVI.	La Note secrète	221
XVII.	L'Opération	223
XVIII.	La Torture	227
XIX.	Vice et Vertu	230
XX.	Suicide	235
XXI.	Les Aveux	240
XXII.	Les Aveux (Suite)	245
XXIII.	Les Rivales	248
XVIV.	L'Entretien	252
XXV.	Consolations	257
XXVI.	Les Deux voitures	262
XXVII.	Le Rendez-vous	267
XXVIII.	L'Attente	270
XXIX.	Adrienne et Djalma	273
XXX.	L'Imitation	276
XXXI.	La Visite	282
XXXII.	Agricol Baudoin	288
XXXIII.	Le Réduit	292
XXXIV.	Un Prêtre selon le Christ	294
XXXV.	La Confession	297
XXXVI.	La Visite	301
XXXVII.	La Prière	304
XXXVIII.	Les Souvenirs	310
XXXIX.	Jocrisse	313
XL.	Les Anonymes	315
XLI.	La Ville d'or	320
XLII.	Le Lion blessé	324
XLIII.	L'Epreuve	329

		Pages.
XLIV.	Les Ruines de l'abbaye de Saint-Jean-le-Décapité	333
XLV.	Le Calvaire.	334
XLVI.	Le Conseil	336
XLVII.	Le Bonheur	342
XLVIII.	Le Devoir	346
XLIX.	La Quête	351
L.	L'Ambulance	356
LI.	L'Hydrophobie.	360
LII.	L'Ange gardien	364
LIII.	La Ruine	368
LIV.	Souvenirs	372
LV.	L'Epreuve.	376
LVI.	L'Ambition.	380
LVII.	A Socius, socius et demi	383
LVIII.	Madame de la Sainte-Colombe.	385
LIX.	Les Amours de Faringhea.	388
LX.	Une soirée chez la Sainte-Colombe	392
LXI.	Le Lit nuptial.	397
LXII.	Une Rencontre	403
LXIII.	Un Message	408
LXIV.	Le Premier juin	409

Epilogue.

Chapitre I.	Quatre ans après	416
II.	La Rédemption	420
Conclusion		422

PARIS. — Imprimerie SERRIERE et Ce, rue Montmartre, 151.

PRIMES DU DICTIONNAIRE UNIVERSEL.

Les abonnés reçoivent en prime à la fin de la publication :

UNE BELLE MONTRE EN OR

(pour homme ou pour femme) à cylindre, guillochée et non repassée,

ou UNE BELLE PENDULE DE SALON, HORS LIGNE,

EN MARBRE OU EN BRONZE, A SONNERIE, MARCHANT 15 JOURS ET GARANTIE DEUX ANS,

ou UN TRÈS-BEAU TABLEAU-HORLOGE AVEC SONNERIE A BOURDON,

ou

DEUX PRIMES ORDINAIRES A CHOISIR DANS LES OBJETS SUIVANTS :

1° **UNE BELLE PENDULE DE SALON,**
Avec groupe de deux sujets en composition, le corps de la pendule tout bronze et marbre, à sonnerie, marchant quinze jours, et garantie deux ans par l'administration.

2° **DEUX BONNES LAMPES MODÉRATEUR,**
HISTORIÉES EN BRONZE,
Le corps de la lampe à cannelures ou en sujets repoussés, garnies de pieds riches en composition, avec globes opaques et verres.

3° UNE PAIRE DE CANDÉLABRES EN BRONZE DORÉ A QUATRE BRANCHES.

4° UNE MONTRE EN ARGENT A CYLINDRE, AVEC QUATRE TROUS EN RUBIS,
GUILLOCHÉE ET NON REPASSÉE.

5° UN COUVERT EN ARGENT, AVEC GARANTIE DE LA MONNAIE, PESANT 153 GRAMMES.

6° **UNE BELLE GLACE**
de 1 mètre de hauteur sur 75 centimètres de largeur, avec riche encadrement.

7° UN BEAU FAUTEUIL VOLTAIRE EN ACAJOU, COUVERT EN DAMAS.

8° UNE CAVE A LIQUEURS AVEC 4 CARAFONS ET 16 VERRES,

9° UN SPLENDIDE OUVRAGE ILLUSTRÉ
EN 8, 10 ET MÊME 15 VOLUMES AU CHOIX.

10° **UNE CHAINE DE MONTRE EN OR POUR HOMME OU POUR FEMME.**

11° SOIXANTE BOUTEILLES DE VIN DE BORDEAUX OU DE VIN BLANC DE SAUTERNE,

12° ABONNEMENT d'une année au MONITEUR UNIVERSEL, seul journal officiel du GOUVERNEMENT.

OUVRAGES ILLUSTRÉS A 50 CENTIMES LA LIVRAISON,
Paraissant en séries de 3 livraisons par semaine ou par quinzaine,
PUBLIÉS AVEC PRIME DE LA MONTRE EN OR.

DICTIONNAIRE UNIVERSEL
Par MAURICE LA CHATRE,
2 volumes grand in-4°, illustrés de 50,000 gravures.
L'OUVRAGE RENFERME 100 SÉRIES.

LES MYSTÈRES DU PEUPLE
OU HISTOIRE D'UNE FAMILLE DE PROLÉTAIRES A TRAVERS LES AGES,
PAR EUGÈNE SUE,
Édition illustrée de 64 gravures sur acier. 10 volumes divisés en 90 séries.

HISTOIRE DE LA BASTILLE,
DEPUIS SA FONDATION, 1374, JUSQU'A SA DESTRUCTION, 1789
Mystères de la Bastille, ses prisonniers, ses archives, détail des tortures et supplices usités envers les prisonniers, révélations sur le régime intérieur de la Bastille, aventures dramatiques, lugubres, scandaleuses, évasions,
Par ALBOIZE et MAQUET,
SUIVIE DU

DONJON DE VINCENNES,
Depuis sa fondation jusqu'à nos jours :
Vincennes maison royale, orgies et débauches. — Vincennes forteresse; sièges et batailles. — Vincennes prison d'Etat; histoire des principaux prisonniers. — Le donjon, les oubliettes, la chambre des tortures, etc.; sa transformation en forteresse et son histoire jusqu'à nos jours,
Par ALBOIZE et MAQUET,
Magnifique édition splendidement illustrée. — L'ouvrage renferme 8 volumes divisés en 87 séries.

OEUVRES DE CHATEAUBRIAND,
ILLUSTRÉES DE 54 GRAVURES. 16 VOLUMES DIVISÉS EN 106 SÉRIES.

ŒUVRES COMPLÈTES DE BUFFON,
Edition in-8° sur papier raisin vélin, illustrée de 126 gravures coloriées au pinceau, et ornée de paysages. — L'ouvrage renferme 20 volumes divisés en 104 séries.

VOYAGES AUTOUR DU MONDE,
Par le capitaine GABRIEL LAFOND,
Illustrés de 80 gravures sur acier, dont 40 coloriées. L'ouvrage renferme 8 volumes divisés en 96 séries.

LES MYSTÈRES DE PARIS,
2 beaux volumes illustrés.

LE JUIF ERRANT,
2 beaux volumes illustrés.

LES MISÈRES DES ENFANTS TROUVÉS,
PAR EUGÈNE SUE,
4 beaux volumes illustrés. Chaque volume renferme 22 livraisons. La publication est composée de 8 volumes divisés en 87 séries.

CRIMES CÉLÈBRES ET CAUSES CÉLÈBRES,
Par ALEXANDRE DUMAS.
Crimes, meurtres, empoisonnements, parricides, séquestrations, etc., etc.
8 volumes divisés en 87 séries.

HISTOIRE DES PAPES
MYSTÈRES D'INIQUITÉS DE LA COUR DE ROME;
CRIMES DES ROIS, DES REINES ET DES EMPEREURS,
PAR MAURICE LA CHATRE,
Édition illustrée de 50 gravures sur acier. — L'ouvrage renferme 10 volumes divisés en 100 séries.

HISTOIRE DE FRANCE,
Par ANQUETIL,
Révolution, Empire, Restauration et Révolution de 1830.
OUVRAGE ILLUSTRÉ DE GRAVURES SUR ACIER. — LA PUBLICATION RENFERME 8 VOLUMES DIVISÉS EN 87 SÉRIES,
SUIVIS, A LA VOLONTÉ DES ABONNÉS, par

L'HISTOIRE DE LA RÉVOLUTION DE FÉVRIER 1848,
Par SARRANS.
2 VOLUMES DIVISÉS EN 13 SÉRIES.

LES PRISONS DE L'EUROPE,
Par ALBOIZE et MAQUET.
Bicêtre, la Conciergerie, la Force, la Salpêtrière, For-l'Évêque, le Châtelet, la Tournelle, l'Abbaye, Sainte-Pélagie, Pierre-en-Cize, Poissy, Ham, Fenestrelles, le Château d'If, Château Trompette, le Mont-Saint-Michel, Clairvaux, Doullens, les Iles Sainte-Marguerite, la Colonie de Mettray, Petit-Bourg, etc.; la Tour de Londres, les Pontons de l'Angleterre, Pignerol, le Spielberg, les Plombs de Venise, les Prisons d'esclaves aux Colonies, les Mines de Sibérie, les Sept Tours, les Cachots de l'Inquisition, etc.

Édition illustrée de Gravures sur acier. — L'ouvrage renferme 8 vol. divisés en 87 séries.

ŒUVRES COMPLÈTES DE WALTER-SCOTT,
NOUVELLE ÉDITION IN-8°, ILLUSTRÉE DE 100 GRAVURES SUR ACIER.
L'OUVRAGE RENFERME 25 VOLUMES DIVISÉS EN 125 SÉRIES.

Paris. Imp. de M⁽ᵛᵉ⁾ Dondey-Dupré, r. St-Louis, 46, au Marais.

www.ingramcontent.com/pod-product-compliance
Lightning Source LLC
Chambersburg PA
CBHW070607230426
43670CB00010B/1443